普什图社会的政治生活

钱雪梅 | 著

中国社会科学出版社

图书在版编目（CIP）数据

普什图社会的政治生活/钱雪梅著.—北京：中国社会科学出版社，2019.9

ISBN 978-7-5203-4958-1

Ⅰ.①普… Ⅱ.①钱… Ⅲ.①政治生活—研究—阿富汗 Ⅳ.①D737.29

中国版本图书馆 CIP 数据核字（2019）第 203266 号

出 版 人	赵剑英
责任编辑	张　林
特约编辑	刘健煊
责任校对	周　昊
责任印制	戴　宽

出　　版	中国社会科学出版社
社　　址	北京鼓楼西大街甲 158 号
邮　　编	100720
网　　址	http://www.csspw.cn
发 行 部	010-84083685
门 市 部	010-84029450
经　　销	新华书店及其他书店
印　　刷	北京明恒达印务有限公司
装　　订	廊坊市广阳区广增装订厂
版　　次	2019 年 9 月第 1 版
印　　次	2019 年 9 月第 1 次印刷
开　　本	710×1000　1/16
印　　张	30.75
插　　页	2
字　　数	473 千字
定　　价	158.00 元

凡购买中国社会科学出版社图书，如有质量问题请与本社营销中心联系调换
电话：010-84083683

版权所有　侵权必究

目 录

导言 ……………………………………………………………… (1)

第一章 普什图人及其部落谱系 ………………………………… (7)
  第一节 普什图与阿富汗 ……………………………………… (8)
    一 概念起源 ………………………………………………… (8)
    二 民族国家框架内的普什图与阿富汗 …………………… (11)
  第二节 普什图人的起源 ……………………………………… (18)
    一 以色列起源说 …………………………………………… (19)
    二 穆斯林起源说 …………………………………………… (24)
    三 两种起源说的关系 ……………………………………… (27)
  第三节 普什图部落谱系 ……………………………………… (28)
    一 萨尔班世系 ……………………………………………… (30)
    二 比坦世系 ………………………………………………… (32)
    三 古尔胡西特世系 ………………………………………… (34)
    四 卡兰世系 ………………………………………………… (34)
    五 部落迁移 ………………………………………………… (37)

第二章 普什图部落社会的基本样态 …………………………… (42)
  第一节 从家庭到部落 ………………………………………… (43)
    一 核心家庭的裂变和扩散 ………………………………… (43)
    二 部落社会的结构 ………………………………………… (49)
  第二节 婚姻制度 ……………………………………………… (55)
    一 基本特点 ………………………………………………… (55)

二　主要类型 …………………………………………… (58)
　　三　变化趋势 …………………………………………… (62)
　第三节　土地制度 ………………………………………… (71)
　　一　集体土地 …………………………………………… (72)
　　二　私有土地 …………………………………………… (74)
　　三　土地矛盾 …………………………………………… (79)

第三章　普什图社会的基本规范 …………………………… (84)
　第一节　普什图法则 ……………………………………… (84)
　　一　核心内容 …………………………………………… (85)
　　二　日常实践 …………………………………………… (105)
　第二节　宗教信仰 ………………………………………… (111)
　　一　普什图社会的伊斯兰化 …………………………… (112)
　　二　普什图人的伊斯兰实践 …………………………… (116)
　第三节　两大基本规范的关系 …………………………… (119)
　　一　主要差异 …………………………………………… (120)
　　二　"和而不同" ………………………………………… (123)

第四章　普什图部落政治结构 ……………………………… (126)
　第一节　议事会 …………………………………………… (127)
　　一　基本功能 …………………………………………… (128)
　　二　基本类型 …………………………………………… (132)
　　三　确立为国家正式制度 ……………………………… (134)
　第二节　部落首领 ………………………………………… (153)
　　一　部落权威 …………………………………………… (154)
　　二　成为首领 …………………………………………… (158)
　　三　维持首领权威 ……………………………………… (161)
　第三节　宗教权威 ………………………………………… (167)
　　一　类别及其基础 ……………………………………… (168)
　　二　宗教人士的经济生活 ……………………………… (173)
　　三　与世俗权威的关系 ………………………………… (174)

第四节　部落民兵 ··· (178)
　　一　传统制度 ··· (178)
　　二　部落民兵的"国家化" ··· (179)
　　三　20世纪以来的变化 ·· (186)
第五节　部落与国家政治秩序 ·· (191)
　　一　阿富汗 ·· (192)
　　二　巴基斯坦 ··· (194)
　　三　部落与国家共生 ·· (197)

第五章　主要的普什图部落 ··· (202)
第一节　部落社会的多样性 ··· (202)
　　一　地域差异 ··· (203)
　　二　城乡之别 ··· (207)
第二节　阿富汗的普什图部落 ··· (212)
　　一　杜兰尼部落 ··· (212)
　　二　加尔吉部落 ··· (219)
第三节　巴基斯坦的普什图部落 ·· (227)
　　一　普什图地区政治简况 ·· (227)
　　二　瓦济尔和马苏德部落 ·· (232)
　　三　优素福扎部落 ·· (241)
　　四　阿夫里德部落 ·· (245)
第四节　部落跨境联系 ·· (255)
　　一　英国人的建构 ·· (255)
　　二　巴基斯坦部落对阿富汗政治的影响 ·································· (257)

第六章　普什图民族主义 ·· (260)
第一节　阿富汗抗英战争 ··· (260)
　　一　第一次阿富汗战争（1839—1842年） ································ (261)
　　二　第二次阿富汗战争（1879—1881年） ································ (265)
　　三　第三次阿富汗战争（1919年） ··· (271)
第二节　西北边疆的"反英圣战" ··· (278)

一　英国吞并普什图地区 …………………………………………（278）
　　二　劫掠、控制与反控制(1849—1890年) ……………………（281）
　　三　抵制兼并(1890—1900年) …………………………………（285）
　　四　争取独立解放(1901—1947年) ……………………………（296）
　第三节　普什图尼斯坦问题 ………………………………………（309）
　　一　"普什图尼斯坦"概念的发明 ………………………………（310）
　　二　巴基斯坦的"普什图尼斯坦"运动 …………………………（311）
　　三　阿富汗的"普什图尼斯坦政策" ……………………………（330）
　　四　巴阿两国的较量 ……………………………………………（339）

第七章　现代化改革的震荡 ………………………………………（356）
　第一节　阿曼努拉汗国王的现代化改革 …………………………（357）
　　一　改革思想奠基人塔尔齐 ……………………………………（358）
　　二　国王的改革措施 ……………………………………………（362）
　　三　社会政治后果 ………………………………………………（371）
　第二节　穆萨希班政权的现代化改革 ……………………………（376）
　　一　达乌德·汗总理执政 ………………………………………（376）
　　二　查希尔·沙国王的改革 ……………………………………（378）
　　三　1973年政变 …………………………………………………（380）
　第三节　人民民主党政权的现代化改革 …………………………（383）
　　一　上台初期的大改革 …………………………………………（384）
　　二　社会反抗:从反对具体改革措施到反对政权 ……………（394）
　　三　政策调整 ……………………………………………………（396）
　　四　改革失败的主要原因 ………………………………………（408）

第八章　抗苏战争 …………………………………………………（417）
　第一节　战争的基本情况 …………………………………………（418）
　　一　战争性质 ……………………………………………………（418）
　　二　战争进程 ……………………………………………………（420）
　　三　战争的影响 …………………………………………………（422）
　　四　阿富汗本土抗苏力量的构成 ………………………………（426）

第二节　普什图抵抗力量 …………………………………(442)
　　一　普什图人抗苏 ………………………………………(442)
　　二　抗苏力量的部落结构 ………………………………(443)
　　三　希克马蒂亚尔及其伊斯兰党 ………………………(445)
第三节　穆贾希丁老兵创建"塔利班" ……………………(452)
　　一　"塔利班"的兴起 …………………………………(452)
　　二　"塔利班"与穆贾希丁的关系 ……………………(453)
　　三　"塔利班"政权及其垮台 …………………………(456)

结语 ………………………………………………………………(460)

附录 ………………………………………………………………(472)
　　附录一　普什图政治大事记(截至2001年) ………………(472)
　　附录二　巴基斯坦联邦直辖部落区的部落分布 …………(478)
　　附录三　阿富汗普什图族国王的家族世代谱系和执政时间 ……(479)

图 目 录

图0—1	普什图地区	(2)
图1—1	阿富汗主要族群的地区分布	(16)
图1—2	普什图部落体系的源头	(29)
图1—3	西部普什图人部落体系（夏克班）	(31)
图1—4	东部普什图人部落体系（卡西班）	(32)
图1—5	比坦世系	(33)
图1—6	古尔胡西特世系	(34)
图1—7	卡兰世系	(35)
图1—8	普什图部落的地域分布	(41)
图2—1	家庭扩展为部落	(45)
图2—2	"堂兄弟敌对"	(52)
图2—3	部落私有土地的形成	(75)
图3—1	加兹尼王朝马茂德国王的征服	(115)
图4—1	普什图部落的政治结构	(127)
图4—2	阿富汗地方警察力量的组织结构	(190)
图4—3	杜兰尼帝国疆域版图（1772年）	(193)
图5—1	杜兰尼部落体系	(213)
图5—2	苏莱曼克部落	(221)
图5—3	巴基斯坦普什图地区及主要部落分布	(227)
图5—4	巴基斯坦联邦直辖部落地区	(230)
图5—5	大瓦济尔部落	(233)
图5—6	瓦济尔阿赫迈德扎部落	(235)
图5—7	瓦济尔乌特曼扎部落	(236)

图 5—8　马苏德部落体系 …………………………………………（238）
图 5—9　狭义的优素福扎部落 …………………………………（243）
图 5—10　阿夫里德部落体系 ……………………………………（247）
图 6—1　杜兰线与阿富汗疆域变化 ……………………………（270）
图 6—2　阿富汗的"大普什图尼斯坦"构想 …………………（337）
图 7—1　阿富汗人民民主党规模变化：1978—1990 年 ………（411）

表 目 录

表1—1　担任巴基斯坦国家和政府首脑的普什图人……………（18）
表2—1　开普省（KPK）汗谷某村的婚姻类型　………………（63）
表2—2　巴基斯坦莫赫曼德部落新郎的结婚开销
　　　　（1976年）……………………………………………（68）
表2—3　阿富汗部分地区结婚（聘礼和婚礼）开销
　　　　（2015年）……………………………………………（69）
表4—1　阿富汗议事会与国家法院的公信力比较
　　　　（2012年）……………………………………………（132）
表4—2　20世纪阿富汗主要的大议事会………………………（139）
表4—3　阿富汗紧急大议事会和立宪大议事会的代表构成………（152）
表4—4　阿富汗民众的"制度信任"：2006—2012年…………（177）
表4—5　开伯尔县各部落基本情况及联邦政府补贴
　　　　（2005年）……………………………………………（197）
表4—6　部落传统权威和政府机构在阿富汗社会的影响力
　　　　（2012年）……………………………………………（200）
表5—1　巴基斯坦普什图地区城乡人口（1998年）……………（209）
表5—2　阿富汗国王称谓的变化…………………………………（217）
表5—3　坎大哈省人口和政府官员的部落构成（2010年）……（218）
表5—4　阿夫里德部落各宗族人口数量（1998年）……………（248）
表6—1　19世纪下半叶山地部落与英国的斗争………………（282）
表6—2　英国授予1897年远征军事行动的维多利亚十字勋章……（291）
表6—3　西北边境省1947年公投结果…………………………（318）
表7—1　人民民主党政权的八道政令（1978年）………………（385）

表7—2　阿富汗扫盲课程教学人员规模变化：1980—1986年 ……（399）
表7—3　人民民主党的党员结构 ……………………………………（411）
表7—4　人民民主党政权的派系构成（1978年年底）……………（414）
表8—1　苏联给阿富汗的军费援助：1980—1990年 ………………（423）
表8—2　阿富汗军队的人员和装备损失：1980—1988年 …………（424）
表8—3　阿富汗穆贾希丁主要派别（1988年）……………………（439）
表8—4　阿富汗各民族武装抵抗力量（1983年）…………………（442）
表8—5　阿富汗军队中的普什图人和塔吉克人比例
　　　　（1978—1989年）………………………………………（443）
表8—6　阿富汗普什图部落的武装抵抗力量（1983年）…………（444）
表8—7　"塔利班"主要创始人及其所属部落 ……………………（454）

导　　言

　　普什图人世代居住在兴都库什山南麓及其以西、以南地区。以国家而论，他们主要集中分布在阿富汗和巴基斯坦两国交界处，通称为"普什图地区"（如图0—1所示）。关于普什图人口的数量，目前还没有公认的准确数字，大多数人认为，当前普什图人口总计在4500万到6000万之间，其中约2/3生活在巴基斯坦，1/3生活在阿富汗。① 另有少量普什图人生活在其他国家。

　　根据巴基斯坦1998年的人口普查，普什图人是第二大民族群体，仅次于旁遮普人，占全国总人口的15.42%。照此计算，巴基斯坦的普什图人超过3000万。在阿富汗，普什图是第一大民族，占全国总人口的44%左右，约1500万。自1747年阿富汗王国建立以来，普什图人在国家政治体系中居于主导地位。

　　一般认为，普什图社会有四大基本特征：语言、部落、土地和普什图法则。生活在普什图地区的其他民族也说普什图语，而普什图法则乃普什图人所独有。阿富汗学者齐亚姆丁·卡蒂姆如此描述这四大要素的内在关联：②

---

①　有人认为，普什图人口总计约4960万，其中1870万生活在巴基斯坦，1700万生活在阿富汗。Leo Karrer, "Pashtun Traditions versus Western Perceptions", http://books.openedition.org/iheid/546?lang=en。Anonymous, "Pashto", http://www.ethnologue.com/language/pbu。Peter Tomsen, *The Wars of Afghanistan: Missianic Terrorism, Tribal Conflicts, and the Failures of Great Powers*, New York: Public Affairs, 2011, p.53.

②　转引自 Lutz Rzehak, *Doing Pashto*, AAN Thematic Report 01, 2011, http://www.afghanistan-analysts.org/wp-content/uploads/downloads/2012/10/20110321LR-Pashtunwali-FINAL.pdf。

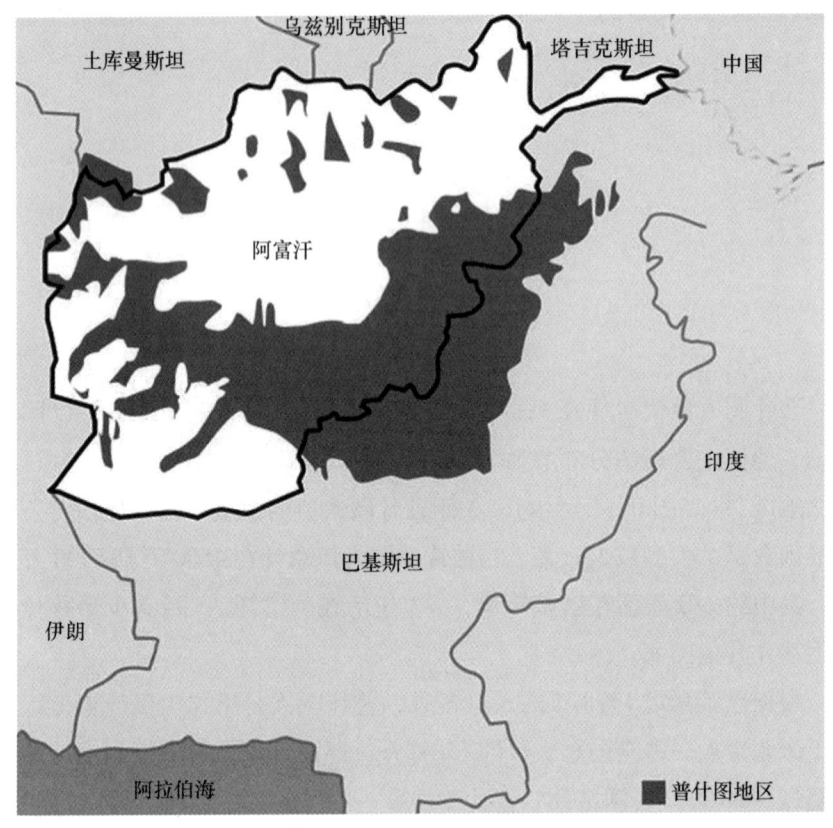

图 0—1 普什图地区

在普什图人中,普什图法则(Pashtunwali)这个词汇意味着其部落精神、历史辉煌和民族传统的基础和根源中的一切要素。他们的民族语言被称为"普什图"(Pashto),他们的部落被称为"普什图"(Pashtun),他们的土地被称"普什图赫瓦"(Pashtunkhwa);从这几个词汇中,创造出来一个重要的词汇,即"普什图法则"(Pashtunwali)。

在普什图地区,普什图语、普什图法则,以及普什图部落共同体至今仍是社会日常生活的基本框架。随着 19 世纪以来的政治变迁,普什图人如今已遍及世界各地;阿富汗和巴基斯坦的各大城市,欧洲、美洲和亚洲的一些大都市都有普什图人居住,形成了规模大小不等的普什图社区。

一　为什么要研究普什图社会

普什图人集中居住的巴基斯坦—阿富汗边境地区，与中国山水相连。在19世纪末普什图地区被建构为"边境地区"、普什图人相应成为"跨界民族"之前，普什图社会就是世界和地区地缘政治的重要环节。19世纪中期到20世纪上半叶，它是英印帝国秩序的软肋，沙皇俄国、土耳其、德国、意大利等曾试图把它加工成为打击英国的武器。巴基斯坦独立后，普什图问题是巴基斯坦对阿富汗政策的核心关切。20世纪80年代，巴基斯坦普什图部落区是穆贾希丁的集散地和阿富汗难民的大本营，是美国借以打击苏联的一个桥头堡。21世纪初，美国政府多次称之为"恐怖主义震源"：各类非国家行为体（包括跨国武装力量和极端主义恐怖主义力量）集结在此，不断搅动地区和世界政治。

"一带一路"倡议的实施方兴未艾。近年来，国内学术界对阿富汗和巴基斯坦的关注空前加强，目前已出版多部有关巴基斯坦和阿富汗历史、政治、国际关系的著作，但还没有专门研究普什图社会的著作。译著也只有一本，即著名人类学家巴特的《斯瓦特巴坦人的政治过程》①。专门的论文屈指可数，且主要集中于巴阿之间的普什图尼斯坦争端。总体来看，国人迄今对这个与我们比邻而居、有数千万人口的社会，这个与中国国家安全息息相关的地区缺乏必要的基础研究和了解。

实际上，对许多国家来说，普什图社会都还是一个谜。比如，2011年，当美国在阿富汗的战争已持续约10年之际，华盛顿国际战略研究中心的一份研究报告强调，美国的知识界、媒体和决策界对普什图人"缺乏广泛、深入的了解，最为重要的是，对其现状缺少必要的知识"。历史学家哈尼夫教授则认为，美国的阿富汗研究流行一种混杂着普什图部落主义、族群性和民族主义的叙事，学者们没有真正了解普什图人的谱系、

---

① ［挪威］弗雷德里克·巴特：《斯瓦特巴坦人的政治过程：一个社会人类学研究的范例》，黄建生译，上海人民出版社2005年版。巴特（F. Barth）是享誉世界的人类学家，他的这项研究是在剑桥大学完成的，主要关注巴基斯坦今开普省斯瓦特地区的普什图社会。这部著作在英语学界影响很大，争议也较多。

历史和思想，关于普什图人、阿富汗和巴基斯坦的大多数著述都是为了回应具体的军事或政策需求，而这种状况对美国相关的计划和政策产生了严重的不利影响。①

毫无疑问，如果不了解普什图人的历史、其社会的基本结构和政治进程，就不可能理解阿富汗及巴阿两国边境地区的政治生态，也不可能明白巴基斯坦—阿富汗之间复杂关系的症结所在，"民心相通"就只能停留在口头上和愿望中，切实的政治经济合作亦难深入。有鉴于此，本书尝试探究普什图社会的历史和部落谱系、文化价值规范和基本习俗、社会政治结构及其在20世纪经历的重要政治事件，希望以此勾勒出普什图社会政治生活的基本样貌，为今后更多、更深入的研究奠定基础，也为人们理解当代阿富汗和地区政治现象，以及与该地区民众和国家的交往提供一些基本的背景知识。

有限的文字不可能全景呈现活生生的、有数千年历史的普什图社会。任何文本和叙事都必然意味着对一个鲜活社会及其复杂历史文化的武断切割，本书亦然。不过笔者相信，对社会和历史片段的哪怕初步探究，也是我们以自身有限的存在去认识和探索无限世界的一种努力，自有其价值所在。基于此，笔者才敢不揣浅陋，以此书就教于方家，同时愿与读者分享在此书写作过程中始终萦绕于心的一个感受，即窥斑或可知豹之局部，但豹的灵动与活力绝非是一斑所能全部呈现的。

受个人能力和资料等条件所限，本书难免挂一漏万。不当之处，还望方家不吝赐教。

二　本书基本结构

全书共八章，按内容可分三大部分。

第一部分（第一至三章）主要研究普什图社会的基本生态，包括其历史、部落谱系和分布，社会基本制度和行为规范，以及普什图法则和宗教在普什图人日常生活中的关系。

第二部分（第四至五章）重点研究普什图社会的基本政治结构和主

---

① Amin Tarzi, Robert D. Lamb, *Measuring Perceptions about the Pashtun People*, CSIS Report, 2011, pp. 4, 15–16.

要部落行为体。第四章研究部落政治结构,包括议事会、部落首领、宗教权威和部落民兵。在此基础上,探讨部落与国家政治秩序的关系。普什图地区的国家化过程至今已有数百年历史,但部落政治结构仍根深蒂固,作为强大的非正式制度发挥着效用,在很大程度上决定着各种正式制度能否在该地区落地生根并良性运转。在阿富汗,议事会已成为国家正式制度的一部分。在巴基斯坦部落区,马里克(部落首领)和议事会是地方秩序的支柱。可以说,部落政治结构是普什图社会政治生活的基本框架,是普什图地区其他政治现象的底色。

第五章研究阿富汗和巴基斯坦几个主要的普什图部落。所谓"主要"乃指其在地区政治进程中长期的角色和作用。普什图社会不是铁板一块,每个部落各有其特色。在阿富汗政治生活中最重要的普什图部落是杜兰尼部落和加尔吉(又称"吉尔扎")部落。在英印帝国和巴基斯坦,大瓦济尔部落(包括瓦济尔和马苏德)、优素福扎部落、阿夫里德部落始终是西北边境地区政治生活的主角。本章梳理了这几大部落的基本情况,以及它们在历史上与国家政权的关系。

第三部分(第六至八章)主要研究19—20世纪普什图社会经历的重大政治事件,包括民族主义斗争、现代化改革、抗苏战争。这三大事件既是普什图社会19—20世纪政治史的主线,同时也是这一时期世界政治主要论题的典型案例,即"民族主义"、"现代化/发展"、"冷战/大国政治"。就此而言,本部分内容既属于普什图政治史研究的范畴,也是对世界政治三大理论问题的普什图个案研究。从中可以看到世界局势与普什图社会的密切互动。

第六章研究普什图民族主义。民族主义本身是流变的,其在普什图社会的具体样态和内容也随历史和政治环境而变化。19世纪,它主要表现为反抗英国殖民主义控制的斗争,但各部落的表达方式各不相同。20世纪上半叶,印度、土耳其、德国、意大利等国在唤醒和建构普什图民族主义意识方面发挥了重要作用。奥斯曼土耳其帝国发明的"普什图尼斯坦",在第二次世界大战后演化成为英属印度西北边境省普什图政治精英的"建国"要求。1947年巴基斯坦独立,阿富汗积极支持"普什图尼斯坦"运动。普什图问题是世界政治(大国博弈)影响普什图地区的重要表征,是英国留给巴基斯坦的一笔负资产,也是当前中南亚地区国际关系结构的基本环节。过去几十年，巴阿两国围绕"普什图尼斯坦"问题多次激烈交锋，给双方均带来了损害；由此衍生出其他一系列矛盾，致使两国间政治互疑迄今依然根深蒂固。

第七章主要以阿富汗为个案，研究现代化改革。如今看似落后保守的阿富汗其实是伊斯兰世界现代化改革的先行者，其现代化探索可溯至19世纪中后期。20世纪20年代，锐意改革的阿曼努拉汗国王与土耳其的凯末尔（Mustafa Kemal Atatürk）和伊朗的老巴列维（Reza Khan Pahlavi）国王齐名。不过，相较于土耳其和伊朗而言，阿富汗的现代化道路格外艰难，甚至可谓"凶险"：阿曼努拉汗国王的改革激起民变，不足十年时间，国王被迫退位，国家陷入内战，终致王权归于另一部落。之后大约50年，人民民主党政权重蹈覆辙，上台仅半年就因大刀阔斧的改革而四面楚歌且无力自救，其直接后果是苏联出兵阿富汗。阿富汗和地区政治发展的轨迹由此发生重大改变。

第八章研究抗苏战争。从大国政治的角度看，抗苏战争是美苏较量的重要组成部分，是苏联的最后一场战争，于1989年2月结束。对阿富汗和地区政治秩序而言，抗苏战争是长期战乱和动荡的启动器，是穆贾希丁军阀成长的摇篮，是阿富汗内战的孵化器。可以说，苏联入侵是阿富汗政治进程的转折点，在许多方面改变了其国内乃至整个中南亚地区的政治生态。抗苏战争还孕育了当代跨国极端主义和恐怖主义网络，塑造了21世纪世界政治舞台上的一类重要行为体，其中的典型代表当属1988年一批阿拉伯战士在阿富汗建立的"基地组织"，20世纪90年代初一批阿富汗穆贾希丁老兵在坎大哈建立的"塔利班"至今依然是重要的政治力量。受篇幅和主题所限，本书不专门讨论"基地组织"和塔利班。①

最后是结语。结语主要立足于比较政治学，从本书所论内容中摘取三个当代理论研究中热议的话题——"民主与民主化"、"部落—民族—国家关系"、"现代化"——做一些简要评论，供有兴趣的读者在进一步深入和拓展研究时参考。当然，普什图社会有理论研究价值的政治现象远不止这三个，本书各章都有提及，此处无须赘述。

---

① 笔者对"基地组织"的认识可参见钱雪梅《基地的"进化"：重新审视当代恐怖主义威胁》，《外交评论》2015年第1期。

第 一 章

普什图人及其部落谱系

普什图人的历史迄今已有三四千年了。他们传统居住的地区在地理上大体相连,主要集中在兴都库什山以西和以南地区。19世纪末阿富汗政治强人阿卜杜·拉赫曼汗(Abd al-Rahman Khan)把坎大哈地区的一些部落迁移到中部和北部地区,加上数百年来社会经济生活方面的变动,普什图人已遍布阿富汗和巴基斯坦各地,是两国城市公共生活各领域的重要建设者。目前,卡拉奇是最大的普什图人聚居城市,有500万—700万普什图人①,他们与印度移民后裔(Muhajirs)之间的矛盾冲突是当地公共秩序的重大挑战。②

从当代民族国家体系的角度看,普什图人是跨界民族,跨巴基斯坦—阿富汗边境线(杜兰线)而居。在印度、阿拉伯联合酋长国、科威特、沙特阿拉伯、伊朗、英国、德国、加拿大和美国等地也有不少普什图人。

---

① 关于卡拉奇的人口数字及其构成,一直存有争议。700万之说来自 Humayun Khan, "The Pashtuns", in: *Afghanistan Revealed: Beyond the Headlines*, ed. by Lisa Choegyal, London: Frontline Books, 2013, p. 85。

② 详可参见 Salma Jafar, "Karachi Politics: Make Space for the Pashtuns", Jul. 16, 2011, http://blogs.tribune.com.pk/story/7034/karachi-politics-make-space-for-the-pashtuns/. Ali Arqam, "The Pashtun Vote in Karachi", Apr. 12, 2013, http://www.pakistantoday.com.pk/2013/04/12/the-pashtun-vote-in-karachi/. Amir Mir, "Karachi Bloodbath: It is Mohajir vs. Pushtuns", Sep. 20, 2011, http://www.rediff.com/news/slide-show/slide-show-1-karachi-bloodbath-it-is-mohajir-vs-pushtuns/20110920.htm。

第一节　普什图与阿富汗

立足于国际政治和国际关系，普什图与阿富汗之间的区别似乎一目了然："阿富汗"为国家的名称，而"普什图"则属于非国家群体，是一个民族的称谓。就中文习惯表达的字面含义而言，"普什图人"是指具有特定的文化和民族归属的人群，"阿富汗人"则是指阿富汗国家的公民。

然而，立足于阿富汗国内政治和普什图人的认同，问题就不这么简单了：一方面，"阿富汗人"与"普什图人"这两个词汇的含义在历史进程中多有交叉；另一方面，在当今阿富汗，这两个词的内在联系和区别已经成为关系到其国内民族关系及国家和国族建设的重要变量。

一　概念起源

"普什图"（Pashtun）和"阿富汗"（Afghan）都是古老的词汇。它们的本源究竟是指地区还是人群，至今依然众说纷纭。

（一）普什图

关于普什图的起源及其原初含义，主要有两类说法。一种认为它最早用来指代人群，另一种认为它最早用于指代一个地区。

1. 指代人群

持此观点的人认为，"普什图"原本是印度人用来指称居住在次大陆以北地区居民的词汇，不是普什图语原生的词汇。[①] 据称，《吠陀经》中提到的 Paktua 就是指普什图人。还有人认为，希罗多德在《历史》中多次提到的"帕克提伊克"（Pactiyica）是今天阿富汗的帕克提卡和帕克提亚，帕克提亚人（Pactiyans）即普什图人。[②]

希罗多德对"普什图部族"的描述是：

[①] H. W. Bellew, *The Races of Afghanistan*, Lahore, Sang-e-Meel Publications, 1979, p. 56.

[②] Amin Saikal, "Afghanistan and Pakistan: The Question of Pashtun Nationalism?" *Journal of Muslim Minority Affairs*, Vol. 30, No. 1 (Mar. 2010), pp. 5 – 18. Taj Muhammad, *The Pashtuns of Waziristan and the Custom Based Waziri Law from Sharia Perspective*, trans. by Muhammad Umer Dar, Islamabad: Mr. Books, 2014, pp. 58 – 59.

他们居住在卡斯帕提鲁斯城和帕克提伊克地区附近，在所有其他印度人以北。这些人的生活方式和巴克特里亚人的生活方式相似，他们比所有其他部族都更为好战，而出去采金的人也是出自这个部族。①

贝柳认为，希罗多德所说的"帕克提亚"是指整个苏莱曼山区，包括从潘集阔拉河、斯瓦特河、杜马山脉，到喀布尔河、卢格尔河、直到贾拉拉巴德的大片地区。这一片地区是普什图人的传统领地。②

2. 指代地区

认为"普什图"一词起初为地名的说法主要有两种。其一，认为在今天阿富汗古尔地区有一个名叫"帕什特"（Pasht）的城镇，普什图人的始祖——凯斯（Qais Abdul Rashid）居住于此。这个部落的方言称为"普什图"（Pashtu），意为"帕什特的语言"。由于整个部落长期居住在这里，所以被称为"普什图人"（Pashtun）。③

其二，认为普什图的词根是波斯语"普什塔"（Pushta），本意为"大山"，即今天的苏莱曼山。世代居住在山里的人被称为"普什图"，意为"山地居民"。相应地，他们所居住的地区被称为"普赫图赫瓦"（Pashtun Khwa），意为"普什图人之地"。

经过历史演变，后来"普什图"一词基于不同的方言口音而出现多个变体，它的英文拼写包括 Pakhtun, Pakhtoon, Pashtoon, Pukhtun 等，其复数形式为 Pukhtanah 或 Pashtana。莫卧儿帝国早期，不同的普什图部落被统称为"阿富汗人"（Afghans），18 世纪前后，印度逐渐更多地使用"帕坦"（Pathan）来称呼普什图人，今天，巴基斯坦非普什图人还在使用这个词。中文有"普什图""普赫图""帕坦"或"巴坦"等音译。④

---

① ［古希腊］希罗多德：《历史》，徐松岩译注，上海三联书店 2008 年版，第 182、372—373 页。

② H. W. Bellew, *The Races of Afghanistan*, pp. 24–25.

③ Taj Muhammad, *The Pashtuns of Waziristan and the Custom Based Waziri Law from Sharia Perspective*, p. 55.

④ M. Ewans, *Afghanistan: A Short History of Its People and Politics*. New York: Curzon Press, 2002, p. 5. "巴坦"见于黄建生所译巴特的《斯瓦特巴坦人的政治过程》一书。

(二)"阿富汗"词源

关于"阿富汗"(Afghan)一词的缘起,也有多种说法。一说指向波斯,认为是波斯人最早称普什图人为"阿富汗人"(Afghan),这一称呼可以追溯到尼布甲尼撒时代。据说当时的普什图人总是在悲泣,所以波斯人称之为"阿富汗"(Ahofughan),本意为"悲泣的人"。据说3世纪萨珊王朝的文献中已经出现"阿富汗"一词,当时写作 Abgan。①

第二种说法指向印度,认为是印度人最早使用"阿富汗"一词。根据《伊朗大百科全书》,"阿富汗"(Afgan)是 Avagana 的变体,而 Avagana 则最早出现在6世纪初印度天文学家瓦拉哈·米希拉的记录中。②

第三种说法也指向印度,不过时间稍晚,且对其原初含义的解释接近第一种说法。相传在760年前后,一些已皈依伊斯兰教的普什图人夺占了白沙瓦周边地区。拉合尔王公率大军出征,打败了普什图人,迫使他们退守喀布尔和古尔。拉合尔王公班师回朝后,有人问及科西斯坦③地区穆斯林的状况,王公的手下用波斯语回答说:"不要说科西斯坦,要说阿富汗斯坦(Afghanistan),因为除了哀号(Fughan),那里什么也没有。"由此,"阿富汗"(Afghan)这个名号便流行开来,他们的国家也称为"阿富汗"(Afghanistan)。卡洛伊也认为,"阿富汗"这个词最早是在伊斯兰早期出现的。④

基于上述第一种和第三种说法,塔基·穆罕默德提出了一种社会学解释,即"阿富汗"是普什图人的对手对普什图人的贬称和蔑称。从波斯语词源来说,原意为"悲泣者"和"恸哭者"的"阿富汗"是非普什

---

① Taj Muhammad, *The Pashtuns of Waziristan and the Custom Based Waziri Law from Sharia Perspective*, p. 56. Jayaram V., "The Origin of the Name Afghan", http://www.hinduwebsite.com/history/afghan_name.asp.

② Ch. M. Kieffer, "Afghan", in *Encyclopedia Iranica*, Online Edition, 1982, http://www.iranicaonline.org/articles/afgan-in-current-political-usage-any-citizen-of-afghanistan-whatever-his-ethnic-tribal-or-religious-affiliation

③ 科西斯坦位于白沙瓦以北约200千米处。

④ Taj Muhammad, *The Pashtuns of Waziristan and the Custom Based Waziri Law from Sharia Perspective*, p. 57. Olaf Caroe, *The Pathans*, 550 B.C. to A.D. 1957 (12th edition). Karachi: Oxford University Press, 2015, pp. 58, 112.

图人对普什图人的称谓。①

（三）基本关系

从形形色色的起源说可见，"普什图"与"阿富汗"起初都是外界的指认。其实更宽泛一点说，名称多半是从外部指认开始的，就如同绝大多数人的名字一样，先是被命名，而后才逐渐形成被指认者对名字的认同。这是"身份"与"认同"的基本关系，即被赋予的角色和身份在被内化之后成为认同。

"阿富汗"一词所包含的感情和价值色彩由前述可以略见一斑。在普什图人那里，"阿富汗"也是一个带着特殊感情色彩的词汇，只不过与印度人和波斯人所指的方向完全相反。对普什图人而言，"阿富汗"是特殊血统和荣耀的标志，不是悲苦，更无贬义。在他们关于阿富汗的诸多叙事中，"阿富汗"是以色列第一位国王扫罗的子嗣，是普什图人的祖先。还有传说认为，一位母亲给她的儿子取名为"阿富汗纳"（Afghana），意为"自由"，他的子孙就是普什图人。时至今日，阿富汗的杜兰尼部落和加尔吉部落、巴基斯坦的优素福扎部落，都为"阿富汗人"这个称谓感到自豪和自傲。

二 民族国家框架内的普什图与阿富汗

从国际政治的角度看，"阿富汗"是国名，"普什图"则是一个民族的名称，这个民族的语言和传统世居地都被称为"普什图"。二者的区别似乎很清楚。但在当代民族国家政治框架中，二者间的关系相当复杂。

（一）普什图人创立阿富汗国家

今天阿富汗国家的前身阿富汗王国是普什图人创立的。1747年6月，普什图阿布达里部落（今杜兰尼部落）年轻贵族阿赫迈德·汗（Ahmed Khan）趁波斯帝国皇帝纳迪尔·沙（Nadir Shah）遇害身亡之机，逃回坎大哈，在九大部落长老的拥戴下称王，正式建立阿富汗王国。在当时，"普什图人"与"阿富汗人"是同义词，所以国家的名称是"阿富汗人"（Afghan）加上表示"家园、土地"的后缀 -stan 构成。

值得一提的是，这种国家命名方式是中亚地区的传统习俗，及至20

---

① Taj Muhammad, *The Pashtuns of Waziristan and the Custom Based Waziri Law from Sharia Perspective*, p. 57.

世纪 90 年代初，中亚五国独立时，也采用这种方式给新国家命名。就此而言，不能狭隘地把阿富汗理解为普什图人的土地。在普什图人从属于民族国家的 20—21 世纪，"普什图人的土地"有不同的表达，比如 20 世纪中叶的"普什图尼斯坦"（Pushtunistan）和 21 世纪初巴基斯坦开普省名称中的"普赫图赫瓦"（Pakhtunkhwa）。

阿富汗从来不是纯粹的普什图人的国家。1747 年杜兰尼国王建立阿富汗王国时，并未把王国限定于普什图人和普什图地区。相反，他选定波斯语为唯一国语，并且把疆域扩展到从今天的马什哈德（伊朗）到德里和克什米尔，从阿姆河到阿拉伯海的广大地域。在这片土地上有多个世居民族：除了普什图人，还有塔吉克人、乌兹别克人、土库曼人、波斯人、蒙古人（哈扎拉人）、印度人等。中亚、西亚和南亚的多个民族，在不同力量的推动下，在这片土地上相遇和共同居住。由于阿富汗自古便为多民族、多文化交汇地，不少学者称之为"文明的大熔炉"和"民族的博物馆"。苏联学者曾经指出：亚洲大陆上的所有文化都曾在阿富汗留下其印记，鲜有例外。① 古希腊和欧洲人也远道而来：公元前 4 世纪，马其顿国王亚历山大大帝远征波斯，在今阿富汗的赫拉特、坎大哈、喀布尔、巴尔赫分设总督辖区，建立起统治秩序。今天努里斯坦人相信自己是希腊人的后裔，而开伯尔山口附近的普什图阿夫里德部落也被认为有希腊血统。

在文化方面，阿富汗与波斯文化、伊斯兰文化和中亚文化关系密切。从语言来看，塔吉克人、哈扎拉人说波斯语，普什图人说普什图语，乌兹别克人、克尔克孜人、土库曼人则说突厥语②。1964 年阿富汗宪法明文

---

① Ahmad Salim, *Loya Jirga: The Afghan Grand Assembly*, Lahore: Sang-e-Meel Publications, 2006, p. 8.
② 值得一提的是，突厥语族不是一个民族（ethnic group, nation），无论从民族学、人种学、文化人类学还是政治学的角度，突厥人都不是单一民族实体。与此相关的现代政治现象之一是泛突厥主义设法把突厥语族建构为"民族"。根据杨圣敏先生的研究，"突厥"作为一个族称，有广义和狭义两种。狭义的突厥是 552 年建立的突厥汗国，744 年被唐朝联合回纥（今维吾尔族先民）所灭。突厥汗国时期，回纥一直与突厥统治者为敌，回纥从来不被认为是突厥族。广义的"突厥"则包括突厥汗国境内的众多部落，这些部落都使用自己的部落名，不自称为"突厥"，只是因为曾受突厥统治、同操突厥语的缘故，所以中亚和西亚的一些民族的文献称之为"突厥人"。19 世纪末 20 世纪初，沙俄鞑靼人和土耳其社会中出现一种思潮，宣称所有操突厥语的数十个民族都是突厥族，应该以土耳其为中心联合起来，建立一个突厥国家，即泛突厥主义。但实际上，土耳其与历史上的维吾尔族没有关系，它们从来都不是一个民族。详见杨圣敏《历史上维吾尔族与突厥及土耳其的关系》，《西北民族研究》2016 年第 3 期。

规定普什图语和达里语（波斯语的一种方言）同为官方语言，所以今天也有非普什图人说普什图语。①

19世纪末，阿富汗国王阿卜杜·拉赫曼汗在强化中央权力的同时，强化了阿富汗政治的普什图色彩，提升了普什图语的政治地位。但真正把普什图语与达里语并列为阿富汗国语，是1919年阿富汗经过第三次反英战争并获得独立之后。20世纪下半叶涌现了大量普什图语文献。

（二）阿富汗人认同与普什图认同

前述"阿富汗人"和"普什图人"这两种认同之间的密切关系，在阿富汗当代政治生活中，正凸显为国家认同、民族认同问题。在阿富汗，这个问题的复杂性不光在于两种认同之间的张力，还在于两种认同的内涵本身。

1. 认同之间的张力

简单地说，阿富汗的普什图人大多认同于阿富汗国家，但非普什图人则不尽然，问题的关键是"阿富汗人"这个概念的模糊性。在中文表达中，人们习惯用国名加"人"来表示某国公民，比如"中国人"、"日本人"、"韩国人"、"巴基斯坦人"、"印度人"等，但是在阿富汗国内语境中，"阿富汗人"（Afghan）与"阿富汗国民"（Afghanistani）的含义不同，后者是阿富汗国家衍生出来的词汇，指代国家公民，前者的适用范围则存有争议。

国家认同问题在阿富汗政治生活中的具体表现因时间地点而有所变化。实际上，在阿富汗，"阿富汗人"作为国民身份，以及喀布尔政府培育国民的"阿富汗人"认同的努力，都是20世纪下半叶的新现象。1964年9月，阿富汗政府和大议事会在讨论制定新宪法时，首次提出用"阿富汗人"一词来统称所有的居民，代替之前使用的族群身份，比如普什图人、塔吉克人、哈扎拉人等。时至今日，并非全部阿富汗公民都接受"阿富汗人"这个身份。由于现代阿富汗国家的前身——阿富汗王国是普什图人创建的，普什图人长期主导国家政权，所以一些非普什图族公民倾向于把阿富汗等同于普什图，强调"阿富汗人"是普什图人的别称，不愿意被指称为"阿富汗人"。当然，他们大多愿意接受"阿富汗公民"

---

① Haroon Rashid, *Histoy of the Pathans*, Vol. 1, Islamabad: Printo Graphic, 2002, p. v.

的身份,但越来越强调自己的民族身份,比如要求在身份证上标明自己的民族归属等。这是当前在阿富汗政治生活中争论较多的话题。

另一方面,在一些普什图人看来,"阿富汗人"代表着某种特殊的血统和地位,所以他们反对把"阿富汗人"等同于"普什图人"。有人主张,生活在阿富汗国土上的所有人(包括哈扎拉人、塔吉克人等)都可以是"普什图人"①,但只有凯斯的子孙才是"阿富汗人"。

也就是说,在阿富汗,非普什图人要求以自己的民族身份附注"阿富汗人"这个国民身份,而一些普什图人则反对把"阿富汗人"普遍适用于所有民族。

2. 认同的内涵

上述两种认同之间紧张关系的内在吊诡之处是,阿富汗的非普什图人倾向于把"阿富汗人"等同于"普什图人",而普什图人则强调唯有正统的普什图人才可以称为"阿富汗人"。这个现象的实质正在于:在言说者那里,"阿富汗人"和"普什图人"这两个称谓各意味着什么?

普什图人的理解也不尽相同。部分普什图人认为,"阿富汗人"是真正的普什图人。比如,杜兰尼部落和优素福扎部落就以"阿富汗人"自居,并以此作为自己区别于其他普什图部落的标志,因为只有真正的普什图人才配称"阿富汗人"。在被问及"你是谁"时,他们一般不说"我是普什图人",而说"我是阿富汗人"。用贝柳的话来说,即"每个阿富汗人都是普什图人,但并非每个普什图人都是阿富汗人。"长期主导阿富汗国家政权的杜兰尼部落怀有优越感,自称为"阿富汗人",同时贬称其老对手加尔吉部落为"普什图人"。巴基斯坦最大的普什图部落优素福扎也认为,相邻而居的瓦济尔、马苏德、奥拉克扎、阿夫里德等"山地普什图人"是很好的普什图人,却未必可被称为"阿富汗人"。②

---

① 这种有趣的归类习惯实际上是阿富汗社会常见的"我与波斯人"表达。比如,杜兰尼部落认为,所有非普什图人逊尼派都是"波斯人",这就把说突厥语的乌兹别克人、土库曼人和哈萨克人等都包括其中了,但却不包括信奉什叶派的哈扎拉人(说波斯语)。北部地区的一些杜兰尼部落甚至把自己以外的其他普什图部落都称为"波斯人"。乌兹别克人则用"波斯人"来称呼所有的非乌兹别克人(包括普什图人)。这种状况反映出一个值得进一步探究的历史现象,即波斯/伊朗对阿富汗的影响。

② H. W. Bellew, *The Races of Afghanistan*, p. 25.

也有部分普什图人认为，真正的普什图人不是阿富汗人，阿富汗人是蜕变了的普什图人。比如，巴阿边境地区的山地普什图人以"真正的普什图人"自居和自豪。他们拒绝认同于"阿富汗人"这个标签；在他们看来，生活在坎大哈等地的阿富汗人受波斯文化影响，已经失去了宝贵的普什图特性。①

即便暂时不讨论普什图人各部落间的关系，凭此已足可想见，被现代外部世界想象为一个整体的"普什图社会"的内部关系是相当复杂的。

3. 普什图人的部落认同与民族认同

"普什图人"是否等于"普什图民族"？这个从政治学的逻辑上看来颇为荒诞的问题，在现实政治生活中却是真实存在的。在学理层面，这个问题可表述为部落认同与民族认同间的张力。历史上，普什图人长期忠于自己的血亲部落和乡村共同体，对现代普什图民族和现代民族国家的认同则是不稳定的。

"普什图民族"实际上来自外部世界（非普什图人）的指认。近代欧洲人按照他们的世界观和方法论，把按部落、乡村而居的普什图人称为"普什图民族"。的确，普什图人居住地较为集中，普遍共同遵守"普什图法则"并尊奉伊斯兰教，这在很大程度上符合欧洲人基于自身经验而提出的"族群"和"民族"等抽象概念的内涵。但时至今日，普什图人在日常社会生活中，首先认同于其家族、宗族和部落；之后是大部落联盟，比如杜兰尼部落、加尔吉部落、优素福扎部落等；对"普什图民族"的认同和感情还没有成为普什图人普遍共有的特征。

恩格斯曾经指出，"部落从分散状态团结为永久联盟"是"朝民族（nation）的形成跨出第一步"②。这种"永久联盟"在普什图各大部落之间还没有出现，甚至在部落内部也没有正式形成。诚然，20 世纪的"普什

---

① Richard Tapper, "Who are the Kuchi? Nomad Self-identities in Afghanistan", *The Journal of the Royal Anthropological Institute*, Vol. 14, No. 1 (Mar. 2008), pp. 97 – 116. M. Ewans, *Afghanistan: A Short History of Its People and Politics*, p. 4. Olaf Caroe, *The Pathans*, pp. 14, 24. H. A. Rose, *A Glossary of the Tribes and Castes of the Punjab and North-West Frontier Province*, New Delhi: Asian Educational Services, 1990, Vol. III, p. 217.

② ［德］恩格斯：《家庭、私有制和国家的起源》，《马克思恩格斯选集》第四卷，人民出版社 1972 年版，第 89 页。

图尼斯坦运动"的确是普什图民族主义的一种表达，但它还主要是一场精英运动，一种政治建构，并没有被普什图人普遍内化为归属感和认同。

根据塔佩尔的研究，在阿富汗，除了极少数大城市居民外，普通阿富汗人社会身份和自我认同的重要因素依次为：年龄、性别、宗教、语言、职业、阶级、地区。① 他们的社会行为和社会交往也大体遵循这个顺序。语言、宗教、地区分布的总和，构成了阿富汗不同族群的核心特点及其相互差异。比如普什图部落的核心特点是说普什图语，信奉逊尼派伊斯兰教②。阿富汗的塔吉克人和乌兹别克人也信奉逊尼派伊斯兰教，但塔吉克人说达里语，乌兹别克人说突厥语。哈扎拉人则是说波斯语的什叶派穆斯林。从地区分布来看，普什图人主要在阿富汗南部和东部与巴基斯坦交界的地区，塔吉克人和乌兹别克人传统上居住在北部地区，哈扎拉人世代居住的中部地区被称为"哈扎拉贾特"。如图1—1所示。

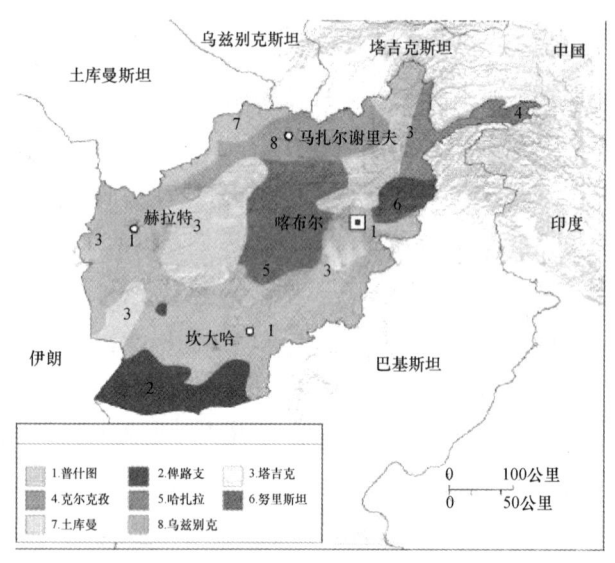

图1—1 阿富汗主要族群的地区分布

---

① Richard Tapper, "Who are the Kuchi? Nomad Self-identities in Afghanistan", *The Journal of the Royal Anthropological Institute*, Vol. 14, No. 1 (Mar. 2008), pp. 97–116.

② 随着普什图人迁移到城市和其他国家，普什图语不再是普什图人的首要标志。比如长期生活在印度的普什图人大多失去了说普什图语的能力，而改说印地语、旁遮普语或其他方言。在宗教信仰方面，极少数普什图部落属于什叶派穆斯林。

（三）跨界民族

"跨界民族"首先是一个政治学概念，是现代民族国家体系的衍生物：因为有国家领土边界，所以产生了民族居住地与国家疆域不完全重叠的现象。若同一个民族跨国界线而居，则称其为"跨界民族"。普什图人就是这样一个群体。规模庞大的跨界民族是民族国家治理和国家建设的重要论题，在政治实践中被认为是国家政治秩序的挑战或风险。

普什图人成为跨界民族要归因于英国的殖民统治。首先，英国通过包括战争在内的各种方法从阿富汗攫取普什图土地。其次，为了巩固英属印度的边防，1893年英国划定"杜兰线"，把地理、文化上统一的普什图地区在政治上一分为二，使之分属于两个政治实体，由此确立为新的地缘政治事实。1947年英国撤离次大陆，阿富汗政府的领土收复主义热情高涨，公开支持"普什图尼斯坦运动"，但终究没能改变杜兰线。经过抗苏战争以后，普什图人口的地区结构发生变化，生活在巴基斯坦的普什图人多于阿富汗。

普什图人在巴、阿两国政治社会生活中的地位举足轻重。它是阿富汗第一大人口群体。自阿富汗建国以来，喀布尔政权基本掌控在普什图人手中，只有极少数时间例外。在巴基斯坦，普什图人占总人口的15%左右，是第二大人口群体。普什图地区的政治价值相当特殊。19世纪下半叶到20世纪初，西北边疆是英帝国在南亚面临的最大挑战，普什图人不断奋起反英。巴基斯坦建国以后，它的政治特殊性不在于普什图人能主导联邦政府，而在于联邦政府不能主导普什图部落地区，特别是联邦直辖部落区。还有研究显示，普什图人有强大的游说集团，足以影响巴基斯坦军方，尤其是三军情报局的决策。[①] 到目前为止，巴基斯坦已有四位国家和政府首脑是普什图人（如表1—1所示），其中，阿尤布汗和叶海亚汗都是将军出身。

---

① ［巴基斯坦］艾哈迈德·拉希德：《塔利班》，孙鹰翔译，重庆出版社2015年版，第14页。

表 1—1　　担任巴基斯坦国家和政府首脑的普什图人

姓名	职务	任职时间	所属部落
穆罕默德·阿尤布·汗（Mohammad Ayub Khan）	总统	1958—1969 年	塔林（夏克班支系）
阿伽·穆罕默德·叶海亚·汗（Agha Mohammad Yahya Khan）	总统	1969—1971 年	不详
古拉姆·伊夏克·汗（Ghulam Ishaq Khan）	总统	1988—1993 年	班加西部落
伊姆兰·汗（Imran Khan）	总理	2018 年至今	尼亚兹部落

第二节　普什图人的起源

关于普什图人的起源有多种说法。据说普什图文字已有 2500 多年的历史①，但迟至 16 世纪后才有史家记述普什图人的历史。一般认为，莫卧儿皇帝贾汗吉是普什图人历史研究的重要推动者，他曾问及阿富汗人的起源问题，并由此启动了探寻普什图人起源的首次有据可查的努力。② 大多数学者认为，普什图人是亚欧大陆多个种族数百年在阿富汗地区往来和交融的结果，不仅有雅利安人，还有波斯人、印度人、希腊人、闪米特人、蒙古人、白匈奴和中亚其他族群。作为一个具有明显人种和语言文化特点的稳定社会群体，它形成于 10 世纪初。关于其诞生地，主要有两种说法，一是古尔山以及苏莱曼山，即今坎大哈西北部地区，位于法拉河、哈里河、穆尔加布河之间。二是位于帕米尔高原和阿姆河之间的地区，即今阿富汗、塔吉克斯坦和乌兹别克斯坦三国交界处。③ 中国古

---

① Jolanta Sierakowska-Dyndo, *The Boundaries of Afghans' Political Imagination*: *The Normative-Axiological Aspects of Afghan Tradition*, Cambridge Scholars Publishing, 2013, p. 3.

② Sayed Wiqar Ali Shah, *North-West Frontier Province*: *History and Politics*, Rawalpindi: M/S S. T. Printers, 2007, pp. 1 – 2.

③ Sayed Wiqar Ali Shah, *North-West Frontier Province*, p. 4. James W. Spain, *The Pathan Borderland*, The Hague: Mouton & Co. 1963. Jolanta Sierakowska-Dyndo, *The Boundaries of Afghans' Political Imagination*, p. 6. 在普什图最古老的诗集 *Pata Khazana* 中，古尔山是欢乐之地，山清水秀，百花盛开，女孩子们跳着阿坦舞。

书称之为"大夏"。

但是，普什图民众对自己的起源和演化却有另外一套说法和信仰。几乎所有的普什图人都相信，普什图人并非多个人种汇聚交融形成的，而是有共同的祖先和独立的血统体系的群体。

在关于谁是普什图人祖先的问题上，也有多种假说。普什图人本身没有谱系史料作为证据，各种起源说都是靠口述代代相传。由于没有文字记载，即便是有关同一个起源的故事，也有多个不同细节的版本。东方学家拉斐尔提曾感叹说，没有任何一个种族像普什图人一样有如此多样且充满争议的起源说。在诸多说法中，以"以色列人子孙说"、"穆斯林起源说"、"雅利安人后裔说"流传最广。有人认为，普什图民族是古代雅利安人的后裔。也有人认为普什图人是埃及科普特人的后裔，他们在《圣经》记载的法老与摩西斗法的时代东迁，来到苏莱曼地区，后又发生分化，其中一支为阿富汗人，另一支为乌兹别克人。①

和其他所有民族一样，普什图人关于自身起源的传述其实是无法考证的。不过这些故事在很大程度上反映了普什图人对自身和历史的认识，也包含着他们对世界的认知，所以值得简单了解一下。

一 以色列起源说

阿富汗不少历史学家支持这一传说。卡洛伊甚至写道，在阿富汗，除了极个别受纳粹思想影响的作家以外，绝大多数人都相信普什图人起源于犹太人。② 根据这种传述，普什图人自称为"以色列的子孙"。

"犹太起源说"的创立者是莫卧儿皇帝贾汗吉时期的文书尼玛特·乌拉（Khwaja Nimat Ullah），他在实地考察的基础上提出该假说。现在演化出多个版本。其中主要有两个版本：一个追溯到亚伯拉罕，另一个追溯到扫罗。根据《圣经》，亚伯拉罕和扫罗之间相隔数千年。

（一）亚伯拉罕说

这一传述认为，亚伯拉罕在撒拉死后，迎娶卡图拉为妻，育有6个

---

① 张敏：《阿富汗文化和社会》，昆仑出版社2007年版，第169页。Henry Raverty, *Pashtu Grammer*, p. 4. 转引自 Taj Muhammad, *The Pashtuns of Waziristan and the Custom Based Waziri Law from Sharia Perspective*, p. 30.

② Olaf Caroe, *The Pathans*, p. 3.

儿子。亚伯拉罕奉神命把这6个儿子送到东部地区，他们在帕西特地区（Pasht）安顿下来，后来在此建立了帝国，中国史书称之为"安息帝国"。伊斯兰教早期，他们所住的地区被称为Tabaristan①，中国史书将其记录为"陀拔思单"。

根据这种说法，今天的"普什图"或者"帕坦"不过是由地名"帕西特"演化而来的，普什图人乃得名于其居住地。

(二) 扫罗子孙

这种说法认为，普什图人起源于以色列人的第一位国王——扫罗。关于扫罗子孙的故事，普什图人的传说与《圣经》旧约不完全相同。根据《圣经·撒母耳记》，扫罗共有4个儿子，2个女儿。4个儿子分别叫作约拿单、亦施韦、麦基舒亚和伊施波设。前三个儿子和扫罗一起死于非利士人之手，伊施波设后来做了以色列王，在位两年。扫罗失去神宠后，让位于女婿大卫。大卫及其儿子所罗门在位时期，以色列臻于鼎盛。所罗门曾违背神意，在他身后，以色列国疆土一分为二，即北部的以色列国和南部的犹大国。以色列国很快为巴比伦所灭。②

普什图人的传述则是，扫罗有10个儿子。他在传位给女婿大卫时，把2位已有身孕的妻子托付给大卫照顾，并说2个待产的孩子都是男婴，其中一个儿子的子孙将以勇敢而闻名于世。不久扫罗和10个儿子都战死疆场。扫罗的2位妻子在同一天产下2名男婴。大卫给其中一人取名为伊尔米亚。伊尔米亚生了2个儿子，分别取名为阿斯夫和阿富汗纳（Afghana），阿富汗纳又名阿富汗（Afghan）。即是说，阿富汗纳/阿富汗是扫罗的孙子。

伊尔米亚死后，大卫王把阿富汗纳抚养成人，任命他为武装部队总司令。大卫死后，所罗门继承王位，阿富汗纳受命建造圣殿，同时继续担任军队最高指挥官。他深得所罗门信任，因而被称为"所罗门派"。这一时期，阿富汗纳的顾问发明了普什图语，作为在宫廷中进行秘密交谈

---

① Sayed Wiqar Ali Shah, *North-West Frontier Province*, p. 4.
② 《撒母耳记上》两次说到扫罗有三个儿子，其中两个人的名字相同，第三个人则不同。第一次说三个儿子是约拿单、亦施韦和麦基舒亚（14：49）。第二次则是约拿单、亚比拿达和麦基舒亚（31：2）。关于扫罗另一个儿子，即伊施波设及其任以色列王，见《撒母耳记下》2：10。

的语言。

所罗门死后，阿斯夫和阿富汗纳一起辅佐所罗门的儿子，维持帝国繁荣。阿斯夫和阿富汗纳离世后，所罗门帝国才一分为二：南部的犹大国和北部的以色列王国。

相传阿富汗纳有18个儿子，另一说为40个儿子。无论哪种说法，人们相信，阿富汗纳离世时，他的子孙已遍布近东整个地区。

阿富汗纳的子孙是在以色列国灭亡之后前往今天阿富汗的。关于其由近东东迁的缘由，主要有两种版本。第一个版本与巴比伦王尼布甲尼撒有关。第二个版本与波斯王居鲁士相关。

1. 尼布甲尼撒版本

该版本共有三种说法。第一种说法是，公元前598年，巴比伦王尼布甲尼撒二世灭犹大国之后，失踪的10个犹太人部落是阿富汗纳的子孙。耶路撒冷沦陷以后，他们中的一些人逃到麦加，另一些人逃往苏莱曼山区，成为普什图人的祖先。阿拉伯人称之为"苏莱曼人"。

第二种说法是，尼布甲尼撒把阿富汗纳的部落从叙利亚掳到今阿富汗古尔省。相传《圣经·旧约》中所说尼布甲尼撒拘押10个失踪的部落之地——阿扎罗兹是今天阿富汗的哈扎拉地区。[①] 今巴基斯坦境内最大的普什图群体——优素福扎部落（Yusufzai）相传为约瑟的后代，部落名称的字面含义是"约瑟之子"。

第三种说法认为，尼布甲尼撒征服耶路撒冷时，阿富汗纳的子孙与10个犹太人部落一起逃亡。分为三路：阿斯夫和阿富汗纳的部落大多逃往呼罗珊地区，并在当地居住下来，主要集中在古尔、法兹鲁拉等地。一个较小的团体（包括阿富汗纳的部分子孙）逃往阿拉伯半岛，在希贾兹和雅斯里布（今麦地那）居住下来。第三支队伍则是犹大部落的子孙，因为拒绝臣服于尼布甲尼撒而被屠杀，只有极少数人存活了下来。

无论持哪种说法，人们都相信，阿富汗纳的子孙到达苏莱曼山区/呼罗珊后迅速兴盛起来。他们人数增长极快，迅速超过了居住在当地的异

---

① Taj Muhammad, *The Pashtuns of Waziristan and the Custom Based Waziri Law from Sharia Perspective*, p. 37.

教徒。他们还相信，呼罗珊地区的阿富汗纳子孙同阿拉伯半岛的阿富汗纳子孙之间保持着联系。

2. 居鲁士版本

相传，当时居鲁士大帝在帝国征服区常常推行的一项政策是，强令部落和部族整体从一地迁往另一地。犹太人一向以不服从异族的王而著称，这惹恼了居鲁士。于是居鲁士下令让他们中最爱惹事的人（以斯拉）集体迁往波斯帝国人烟稀少的边疆地区。之后，犹太人设法逃离了波斯的管制。但他们别无选择，只能继续往东，于是在今天的阿富汗扎下根来。①

这一传述与《圣经·以斯拉记》相去甚远。在《圣经》中，波斯王居鲁士是神恩的象征。他奉神的指派，在耶路撒冷为神建造殿宇，把尼布甲尼撒从耶路撒冷掠夺的器皿全部奉还，送到神殿，"各按原来的地方放在神的殿中"，他还准许被掳的以色列人回到耶路撒冷和犹大，"各归自己的城镇"，回归者总数约5万人。以斯拉则是一位祭司，精通神赐给摩西的律法。他奉神恩从巴比伦回到耶路撒冷，同时得到波斯王的授权治理耶路撒冷。在耶路撒冷，以斯拉专心研究神的律法，教导以色列人遵行律例和典章。②

（三）争论

支持"犹太起源说"的人把《圣经》中的亚伯拉罕、以撒和雅各都追认为普什图人的祖先。近现代一些人类学家强调普什图人的生物学特征与犹太人的相似之处。阿拉伯人至今依然称阿富汗人为"所罗门派"。普什图一些部落的名称，如优素福扎、达乌德扎、苏莱曼扎、穆萨克等等，因其与犹太人名字相似而被当作证明普什图人为"以色列子孙"的证据。③ 还有历史学家发现，波斯王纳迪尔沙在率军进入次大陆，到达白

---

① Olaf Caroe, *The Pathans*, pp. 6-7. 在普什图人中流传更广的另一个版本，是把这个情节的主角更换为尼布甲尼撒。

② 《圣经·以斯拉记》1-9。

③ H. C. Wylly, *Tribes of Central Asia: From the Black Mountain to Waziristan*, Leiden & Boston: Global Oriental, 2012, p. 3. Sayed Wiqar Ali Shah, *North-West Frontier Province*, p. 3. Taj Muhammad, *The Pashtuns of Waziristan and the Custom Based Waziri Law from Sharia Perspective*, p. 57.

沙瓦时，优素福扎部落的长老把希伯来文的《妥拉》①当作礼物赠送给纳迪尔沙，以示礼敬。有人还提出普什图人在文化习俗、社会经济规范方面也与犹太人有颇多相似之处，比如可迎娶亡兄或亡弟的遗孀、女儿无权继承家庭财产，等等。

怀疑和反对"犹太起源说"的人则提出，阿拉伯人所谓"所罗门派"其实是苏莱曼人，其所指并不是色列人的所罗门王，而是得名于今天位于阿富汗和巴基斯坦的苏莱曼山，指在山区居住的人。在他们看来，普什图部落名称中的所谓犹太元素，其实只能说明伊斯兰教早期阿拉伯人对印度次大陆的影响。普什图人与犹太人在习俗方面的相似性，也是由阿拉伯人传入的，因为先知穆罕默德受启传达的《古兰经》与犹太人的圣书有共同之处。

反对者更强大的论据是，犹太人的圣经《塔木德》/《妥拉》中没有关于"阿富汗纳"和"阿斯夫"的记述。卡洛伊提出，没有人能够证明普什图人在皈依伊斯兰教之前曾信奉犹太教。他还表示，假若普什图人真是犹太人后裔，那么犹太历史学家当不会保持沉默，而犹太历史学家在这个问题上一直沉默不语。语言学家们也论证说，普什图语言中有若干梵语、波斯语、阿拉伯语、鞑靼语元素，但没有任何希伯来语元素。②

在这类争议中，埃尔芬斯通的观点尤其值得一提。他认为，犹太人和普什图人之间的确有许多相似之处，而且各民族在社会经济生活方面都有一些相似之处。他指出，如果把这些相似点作为同一谱系的依据，那么人们同样也可以说鞑靼人、阿拉伯人、日耳曼人、俄罗斯人都是同一种族的分支。③也就是说，同为人类，不同民族共同体之间必然有或多或少的相似之处，这不构成任何意义上的单一起源说。文明亦然。

---

① Torah，犹太人的宗教经典。马坚先生的《古兰经》译本中称其为"讨拉特"。本书所用《古兰经》文本都来自马坚先生译本（中国社会科学出版社1996年版）。

② Olaf Caroe, *The Pathans*, pp. 6-7. George B. Scott C. I. E, *Afghan and Pathan: A Sketch*, London: The Mitre Press, 1929, p. 23. T. L. Pennell, *Among the Wild Tribes of the Afghan Frontier*, London: Seeley & Co. Limited, 1909, pp. 32-33.

③ Mounstuart Elphinstone, *An Account of the Kingdom of Caubul*, London: Longman, 1815.

二 穆斯林起源说

第二大类起源说把普什图人与伊斯兰教的穆罕默德联系了起来。这类起源说与以色列起源说的关键区别在于：穆罕默德不是普什图人在生物学意义上的起源，而是他们皈依伊斯兰教的指引者和见证者。由此足见普什图人自我认知的两大基本内容：其一，相信自己是受先知亲自教化的穆斯林；其二，强调伊斯兰教的重要地位，把伊斯兰教作为普什图人历史的起点。

（一）普什图人使团皈依

这种传述认为，普什图人是阿富汗纳的子孙，生活在苏莱曼山区。他们建立了古尔王国，保持了几百年的独立，有自己的宗教、语言和社会习俗，人口向南扩张到坎大哈，向东扩张到印度河流域。

穆罕默德奉召成为先知后，普什图人闻讯派人前往雅斯里布（麦地那）打探消息。先知对普什图人派去的代表讲述了有关火狱（地狱）和末日审判的启示。他们为此感到悲伤。先知得悉后安慰他们说，火狱不是普什图人的末日，而是那些不接受任何统治者的后裔的末日。先知还为普什图人的后裔祈祷，祈祷他们坚守正道。

于是，这些普什图人立即皈依了伊斯兰教，并和先知一起与反伊斯兰教的力量作战。普什图人代表团中的妇女在麦地那也参加战斗，她们为战士们送水，先知并未加以阻拦。普什图使团在返乡后宣教，普什图人由此皈依了伊斯兰教。

（二）凯斯皈依论

这是在普什图人中间流传最广的起源说，即普什图人的祖先是凯斯，在凯斯的带领下，普什图人经由先知穆罕默德的点拨而皈依了伊斯兰教。就细节而言，又有若干不同的传述。下面两种传述都把先知穆罕默德描绘成见证人和昭示者，只不过见证的内容不同。第一种是通过先知的言语，证明了普什图人是扫罗子孙的故事。第二种则是通过先知的预言，说明了普什图人代代相传的伊斯兰信仰。总之，都是以"先知言说"（逊奈）的方式，说明了普什图人起源和宗教信仰的神圣性。

1. 先知见证凯斯是扫罗子孙

相传，7世纪，新先知降临阿拉伯人中间的消息传开以后，居住在苏莱曼山区的普什图人奉先知伙伴哈里德·本·瓦里德（Khalid bin Walid）①的召唤，派遣代表团前往麦地那学习伊斯兰教。代表团的团长名叫凯斯，相传是扫罗的第27代孙，易卜拉欣（亚伯拉罕）的第45代孙，阿丹（亚当）的第603代子孙。②

凯斯率领代表团拜见穆罕默德。先知说代表团的成员都是马里克塔鲁特（即扫罗王）的子孙。③他还说，以色列人的一个支系在几百年前因为迷误而颠沛流离，迁移到波斯帝国的呼罗珊地区。哈里德是奉命召唤他们回归正道（伊斯兰教）的人。凯斯及其代表团由此皈依伊斯兰教。

先知穆罕默德还说，凯斯是希伯来人的名字。他赐给凯斯一个阿拉伯名字："阿卜杜·拉希德"（Abdur Rashid），意为"正道之仆"。同时授予凯斯"马里克"（malik）的称号。先知说，凯斯为扫罗的后代，而扫罗是真主选立的"国王"，即马里克，所以凯斯应该继续沿用这个封号。

此后，凯斯就被称为"马里克阿卜杜·拉希德"。他的子孙便是后来的普什图各部落。

2. 先知称凯斯为"巴坦"

相传凯斯率领的代表团到达麦地那以后，与先知并肩一道迎战和进攻麦加。在征服麦加的战争中，凯斯本人就杀死了70名敌人。凯斯及其团队的热情和勇气得到了先知的赞赏。先知借用船的底梁对于船的重要性的比喻，褒称凯斯为"巴坦"（Battan）④，同时还预言说，凯斯的子孙将是永续不断的勇士，将永远捍卫伊斯兰教信仰。

凯斯等人离开先知回国时，哈里德·本·瓦里德把自己的女儿嫁给

---

① 相传哈里德·本·瓦里德骁勇善战，被先知称为"真主之剑"。普什图人认为，先知的这位伙伴也是阿富汗纳的子孙。

② "凯斯"也写作 Kis, Kais 或 Qyas。Taj Muhammad, *The Pashtuns of Waziristan and the Custom Based Waziri Law from Sharia Perspective*, p. 44. Jolanta Sierakowska-Dyndo, *The Boundaries of Afghans' Political Imagination*, p. 7.

③ "塔鲁特"其实是扫罗王的另一个称呼。Olaf Caroe, *The Pathans*, p. 8. 《古兰经》明示："真主确已为你们立塔鲁特为国王了。"（2：247）

④ Taj Muhammad, *The Pashtuns of Waziristan and the Custom Based Waziri Law from Sharia Perspective*, p. 33.

了凯斯。先知则派遣了最忠诚的追随者随行。先知的这些伙伴到阿富汗传播伊斯兰教，普什图人多个部落由此集体皈依伊斯兰教。相传凯斯活了87岁，今天的阿富汗人都是他与哈里德·本·瓦里德女儿的后裔。

根据这一传述，"巴坦"是先知穆罕默德对凯斯的赞誉和肯定。这个称号被变体为"帕坦"（Pattan, Pathan）①。因为凯斯是帕坦，所以他的子孙便被称为"帕坦人"。

值得一提的是，如今普什图人极少自称为"帕坦人"。还有学者提出，"帕坦"（Pathan）一词实际上来自印地语，字面含意为"意外袭击"。据说印度人用这个词汇来指称普什图人，是因为后者骁勇善战且一向速战速决。②

（三）质疑和争论

"穆斯林起源说"其实肯定了一个客观事实，即普什图人早在伊斯兰教诞生以前就已存在。与此同时，它还把普什图人描述为最早追随先知穆罕默德、最早皈依伊斯兰教的群体之一。普什图人相信自己是真正的穆斯林，是祖先亲受先知穆罕默德感化而皈依伊斯兰教的，不像伊朗人、突厥人或者其他非阿拉伯民族的穆斯林那样是"改宗者"。③

和以色列起源说一样，这种传述也不乏质疑和反对者。其中主要有两大质疑。一是关于从亚当、亚伯拉罕、扫罗、尼布甲尼撒征服到凯斯之间的年代问题。质疑者认为，凯斯身为扫罗第27代孙，亚伯拉罕第45代孙，亚当第603代孙，从时间来看是完全错乱的。二是关于凯斯因先知穆罕默德而皈依伊斯兰教的历史依据。不少穆斯林学者提出，凯斯率团前往麦地那及其在当地与先知的交流往来等传述，在《圣训》中找不到任何依据，但《圣训》却记录了同一时期来自阿拉伯半岛其他地方的70多个代表团，因而关于凯斯的传述不足为信。④

---

① Taj Muhammad, *The Pashtuns of Waziristan and the Custom Based Waziri Law from Sharia Perspective*, p. 33.

② Ibid., pp. 41, 45.

③ Bernt Glazter, *Essays on South Asian Society: Culutre and Politics II*, Berlin: Das Arabische Buch, 1998, p. 91.

④ 631年在伊斯兰教历史上被称为"代表团之年"。穆罕默德领导的麦地那公社威服四方，半岛各部落纷纷派出代表团前往麦地那表示归顺。详见金宜久：《伊斯兰教》，中国社会科学出版社2009年版，第21页。

实际上，关于普什图人何时普遍皈依伊斯兰教的问题，大多数历史学家的基本共识是，伊斯兰教可能在先知时代便已进入阿富汗，但普什图人真正的伊斯兰化，则是在300多年以后的加兹尼王朝时期。

三 两种起源说的关系

表面看来，上述两种起源说之间相去甚远。但就内容而言，穆斯林起源说完成了对以色列起源说的整合：根据凯斯皈依版本，先知穆罕默德证明了普什图人的以色列世系渊源，先知还通过赐予凯斯"马里克"的封号而确认了凯斯身为扫罗后代的身份；根据使团皈依版，也可以与《古兰经》关于迷误和正信的内容联系起来，即由于迷误而失国的以色列人后裔在苏莱曼山区生活了数百年之后重返正道，皈依了伊斯兰教。

普什图族历史学家巴哈杜尔·沙·扎法尔把普什图人的历史分为两个阶段：伊斯兰教出现之前和伊斯兰教出现之后。他认为，伊斯兰教出现之前，普什图人的历史同犹太人经典，即《妥拉》或《塔木德》相关；伊斯兰教出现之后，普什图人的生活则与《古兰经》和《圣训》紧密联系在一起。"但不幸的是，在《妥拉》/《塔木德》或《古兰经》/《圣训》中完全找不到任何有关普什图人的记述。"[①]

上述两大传述对我们当代人所具有的价值，超越了故事的真实性本身。它们足以让我们反思我们看待世界的极化方式。20世纪以来，人们习惯了透过现当代地缘政治以及稍晚时期的"文明冲突"棱镜去观察伊斯兰世界，充斥媒体头条的信息是阿拉伯人与以色列人的冲突和战争，伊斯兰文明与西方文明之间的对立和较量。在这种思维定式的影响下，人们不再关注古老的历史叙述，忽视不同民族之间、文明之间、宗教之间内在的、非对立冲突的关系。其实，除了上述普什图人两大起源说之外，在伊斯兰教和犹太教的教义经典中我们也能找到若干亲缘性和共同元素。对照《圣经·旧约》和《古兰经》，不同民族、不同宗教与文明在起源和世系方面的相关性一目了然。因此，导致政治矛盾和对抗冲突的，既不是民族身份，也不是宗教信仰，而是活生生的人及其现实利益，民

---

① Taj Muhammad, *The Pashtuns of Waziristan and the Custom Based Waziri Law from Sharia Perspective*, p. 67.

族和宗教不过是其旗号和武器而已。

各种普什图起源说的有趣之处还在于，现当代的普什图人以虔信伊斯兰教而闻名，但他们几乎都坚信自己是犹太人第一位国王扫罗的子孙①，他们的谱系都追溯到先知穆罕默德时代便已皈依伊斯兰教的凯斯。与此同时，他们并不执念于弄清自己究竟是起源于以色列人还是起源于穆斯林。在一定程度上，这与中华民族自我认知中的"炎黄子孙"的观念有类似之处：神话传说中激烈的炎帝与黄帝之战，已在中国文化进程中交融沉淀为国人的自我认知，当年交战的双方在"炎黄子孙"的观念中完成了和解。就此而言，从大历史的角度来看，在漫漫历史长河中，许多矛盾和冲突不过是一朵朵浪花，其中的一些水珠可能高高溅出水面，彼此暂时分离，但它们大多数都会重回河流之中，重新交融在一起。

第三节　普什图部落谱系

关于普什图人具体有多少个部落，并无定论。有人说60多个，有人说有200多个，也有人考证出359个之多②。各种说法的差异主要在于对"部落"的不同理解。在上千年的历史进程中，普什图社会不断分化组合，其居住地也不断扩展，从加兹尼高原扩展到今巴基斯坦。

史家一般认为，普什图各大部落都可以追溯到凯斯的儿子。但凯斯有几个儿子，学界还没有达成共识。学者们公认，凯斯生了三个儿子，长子名叫萨尔班，另外两个儿子分别是比坦和古尔胡西特③。其中比坦是老三还是老二，人们各执己见。本书采用卡洛伊的说法，即比坦为次子。许多学者认为，在这三个儿子之外，凯斯还有一个养子名叫卡兰。这四个人的子孙繁衍成为今天普什图的四大部落体系。④

---

① Harron Rashid, *History of the Pathans*, Vol.1, p.72.
② James B. Minahan, *Ethnic Groups of North, East, and Central Asia: An Encyclopedia*, California: ABC-CLIO, LLC, 2014, p.222. Harron Rashid, *History of the Pathans*, Vol.1, p.5.
③ 张敏老师采用的译名分别是：萨拉本、比特尼和加尔格什特。参见张敏：《阿富汗文化和社会》，第175页。
④ Olaf Caroe, *The Pathans*, p.12.

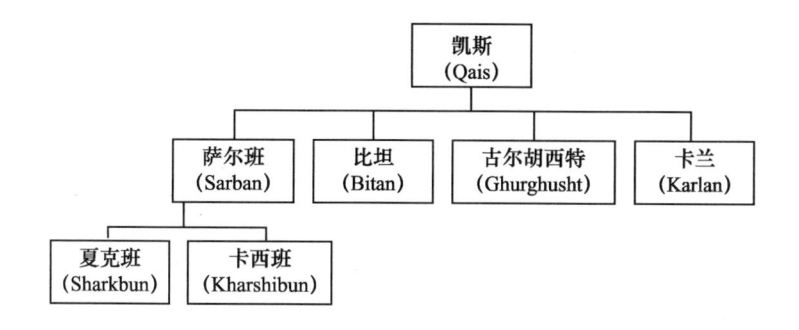

```
                    凯斯
                   (Qais)
        ┌────────┬────┴────┬─────────┐
      萨尔班     比坦    古尔胡西特   卡兰
     (Sarban)  (Bitan)  (Ghurghusht) (Karlan)
     ┌───┴────┐
   夏克班   卡西班
 (Sharkbun)(Kharshibun)
```

图 1—2 普什图部落体系的源头

资料来源：Olaf Caroe, *The Pathans*, 550 B.C. to A.D. 1957, chap. 1。

就如同大树生长过程中不断生出新的枝杈一样，四大部落不断衍生出新的部落，普什图人的居住地随之扩大。这个发展过程既是普什图人自身繁衍和人口增加的自然结果，也是与周围其他民族（特别是印度人）之间社会交往的产物。实际上，凯斯抚养卡兰并由此育成普什图人四大部落体系之一，本身就是民族间交融关联的例证。根据贝柳所言，凯斯三个亲生儿子的名字其实也表明了普什图人同当地其他民族之间的密切关系。他指出，"萨尔班"和"比坦"都是典型的印度人名字，而且萨尔班的两个儿子"夏克班"和"卡西班"，以及夏克班的儿子"谢兰尼"也都是婆罗门种姓的变音。他还考证发现，比坦和古尔胡西特后来南迁到印度，只有长子萨尔班依然留在坎大哈。①

相传凯斯和他的族人居住在苏莱曼山，随着部落的发展，普什图人的居住地也发生了变化。就四大部落世系而言：

（1）萨尔班世系子孙是当今普什图人的主干，广泛分布在今巴阿边境的普什图部落地区，以坎大哈和白沙瓦为中心。这个世系有若干著名部落，其中在阿富汗境内有建立和主导阿富汗王国的阿布达里/杜兰尼部落，在巴基斯坦境内，则有优素福扎、卡里里等部落。

（2）比坦的子孙主要居住在普什图部落地区的东部，包括今巴基斯

---

① H. W. Bellew, *The Races of Afghanistan*, pp. 19, 21. H. W. Bellew, *Afghanistan and the Afghans*, Delhi: Shree Publication House, 1982, pp. 213–214.

坦的瓦济里斯坦等地。这个世系在阿富汗的主要传承是加尔吉部落，也是阿富汗政治生活的主要角色，"塔利班"前最高领导人毛拉奥马尔便出自加尔吉部落。

（3）古尔胡西特世系主要分布在俾路支斯坦北部地区和白沙瓦、巴焦尔等地。

（4）凯斯的养子卡兰则是山地普什图人的祖先，其子孙主要居住在今巴基斯坦阿富汗边境的东段，特别是阿富汗的库拉姆、楠格哈尔等省以及巴部落地区。

一 萨尔班世系

萨尔班有两个儿子，名叫夏克班和卡西班。由于其世居地不同，人们习惯称夏克班的子孙为"西部普什图人"，称卡西班的子孙为"东部普什图人"。世居地差异是由于持续发生的部落分化和迁移。比如卡西班世系的坎德分支是今巴基斯坦境内和巴阿边境地区的主要居民，他们大约在15世纪从喀布尔附近的山区迁往贾拉拉巴德谷地和印度河流域。

萨尔班世系从坎大哈地区向外扩展。其两大支系因长期生活在不同的政治文化环境中，逐渐形成了语言和习俗方面的差异。简单地说，西部支系（夏克班）受波斯文化影响较深。实际上，西部普什图人的根据地赫拉特和坎大哈都是萨珊王朝的文化中心，即所谓"呼罗珊"地区，属于波斯文化重镇。久而久之，西部支系，尤其是杜兰尼部落的方言便掺杂了不少波斯语元素。东部支系（卡西班）则较少受波斯文化影响，普什图的特性和文化相对更加突出。因此，东部支系不少部落，比如优素福扎、郭里亚和卡海等常常以"真正的阿富汗人"自居，并以此区别于居住在同一地区的卡兰世系各部落（瓦济尔、马苏德等）。

（一）夏克班支系（西部普什图人）

在史书中常见的"白塔林"和"黑塔林"部落就属于夏克班支系。这个支系最著名的部落是创建阿富汗王国的阿布达里部落，相传阿布达尔本人是萨尔班子孙。该部落11世纪主要居住在苏莱曼山区，15世纪迁移到坎大哈地区定居。1747年阿富汗王国建立后，阿布达里部落改名为"杜兰尼部落"。杜兰尼部落长期执掌阿富汗政权，除了1929年不到10个月的时间之外，它一直执政到1978年人民民主党政变上台。

西部普什图人（见图1—3）的乌尔马尔部落分布在巴基斯坦的瓦济里斯坦、白沙瓦和阿富汗的卢格尔等地。杜兰尼部落下属的博帕尔扎和阿里克扎分布在西部地区，集中在从锡斯坦到赫拉特的广大地域；他们的东面是阿夏克扎和萨多扎，一直延伸到托巴山区；再往东北到喀布尔谷地则主要是巴拉克扎。①

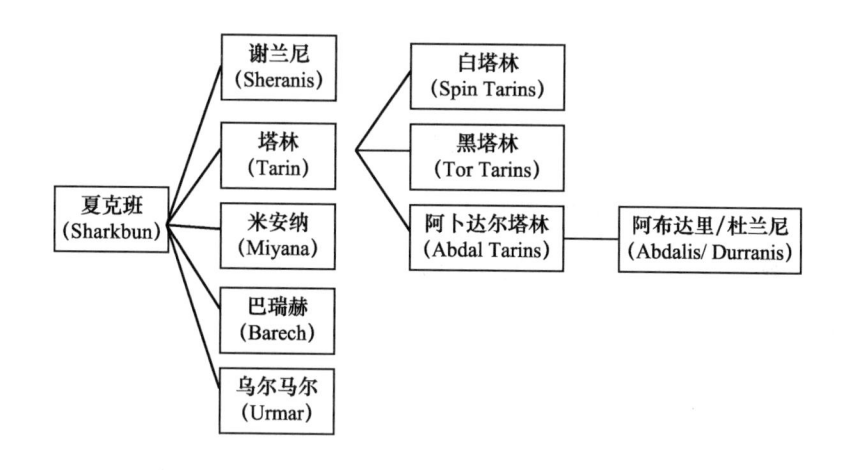

图1—3　西部普什图人部落体系（夏克班）

资料来源：Olaf Caroe, *The Pathans*, 550 B.C. to A.D.1957, p.12. H. A. Rose, *A Glossary of the Tribes and Castes of the Punjab and North-West Frontier Province*, Vol. III, p.272。

注：一说乌尔马尔为养子。卡洛伊认为，乌尔马尔部落不是普什图人。潘集包三个部落居住在阿富汗以及巴基斯坦的木尔坦地区，所以又称"木尔坦帕坦人"。

（二）卡西班支系（东部普什图人）

卡西班支系活跃在巴基斯坦政治舞台上。其中最著名的是优素福扎部落。总体看来，东部普什图人（见图1—4）的坎德支系以白沙瓦为中心，以巴基斯坦开普省为根据地。其中卡里里、达乌德扎、莫赫曼德等部落居住在白沙瓦地区，卡斯部落居住在奎达地区，查穆坎尼部落集中在库拉姆和白沙瓦地区。优素福扎部落居住在迪尔、斯瓦特、本努等地区，曼丹优素福扎部落主要在马尔丹和斯瓦特地区，塔克兰里部落主要

---

① Olaf Caroe, *The Pathans*, pp.12, 23. 关于杜兰尼部落及其关系，参见本书第五章。

集中在巴焦尔地区。郭里亚克和卡斯克居住在巴焦尔、斯瓦特、本努、白沙瓦等地。

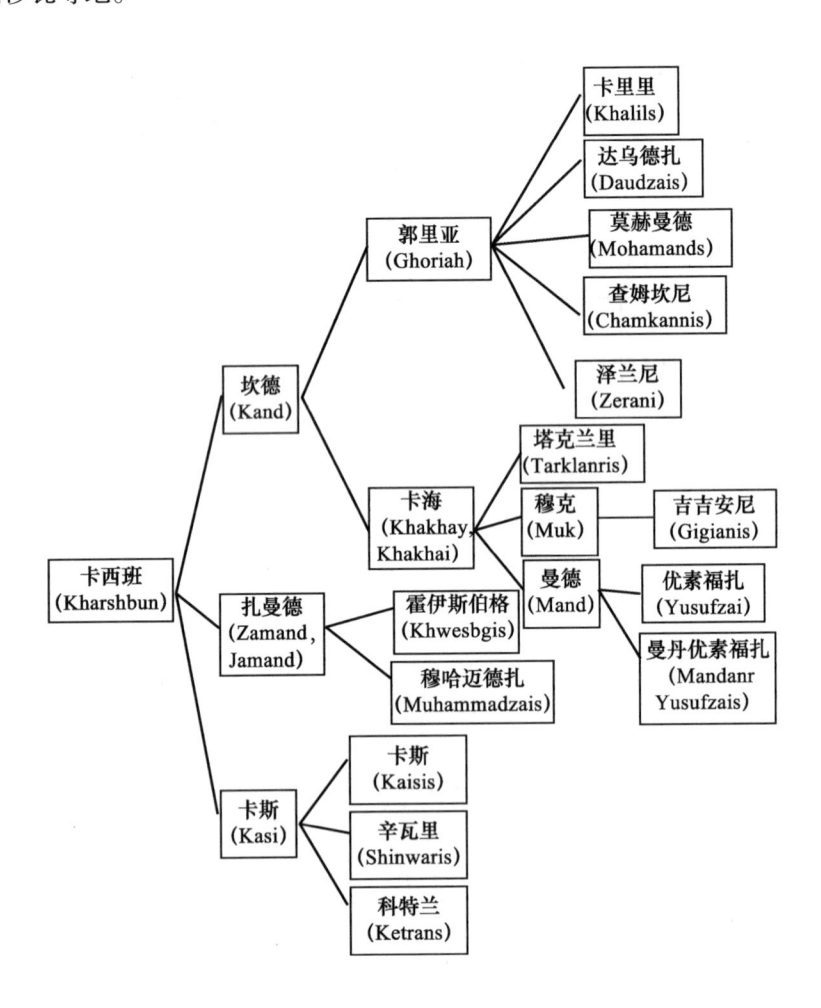

```
卡西班          ┌ 坎德      ┌ 郭里亚 ┌ 卡里里(Khalils)
(Kharshbun)    │ (Kand)   │(Ghoriah)├ 达乌德扎(Daudzais)
               │          │         ├ 莫赫曼德(Mohamands)
               │          │         └ 查姆坎尼(Chamkannis)
               │          │
               │          │         ┌ 泽兰尼(Zerani)
               │          └ 卡海     ├ 塔克兰里(Tarklanris)
               │           (Khakhay  ├ 穆克(Muk)─┬ 吉吉安尼(Gigianis)
               │            Khakhai) │          │
               │                     └ 曼德(Mand)┼ 优素福扎(Yusufzai)
               │                                └ 曼丹优素福扎
               │                                  (Mandanr Yusufzais)
               │          ┌ 霍伊斯伯格(Khwesbgis)
               ├ 扎曼德   │
               │ (Zamand, └ 穆哈迈德扎(Muhammadzais)
               │  Jamand)
               │
               └ 卡斯     ┌ 卡斯(Kaisis)
                 (Kasi)   ├ 辛瓦里(Shinwaris)
                          └ 科特兰(Ketrans)
```

图1—4　东部普什图人部落体系（卡西班）

资料来源：Olaf Caroe, *The Pathans, 550 B. C. to A. D. 1957*, p. 13。

二　比坦世系

比坦世系又被称为"巴坦"（Batan）。其传统居住地是今巴基斯坦的瓦济里斯坦、马苏德、本努、德拉贾特等地。18世纪起，一些部落陆续西迁，分布在今阿富汗西南部和北部的若干地区。

比坦有四个孩子，分化出四大支系。其中最有名的是加尔吉部落，又称"吉尔扎伊部落"。它号称人口规模最大的普什图部落，同时也被普遍认为是阿富汗最勇敢的部落。加尔吉部落大约在10世纪前后形成，曾是加兹尼王朝军队主力。他们讲普什图语，主要特点是刚烈、剽悍、不驯服、无所畏惧、勇敢好斗。[①] 14—15世纪，该部落占领加兹尼高原，15—16世纪征服德里，并创建了两大普什图人王朝：洛提王朝（1451—1526年）和苏尔王朝（1539—1555年），18世纪初它一度征服波斯。1747年阿富汗王国建立后，加尔吉部落与杜兰尼部落长期为敌。实际上，这两大部落之间的世仇，至少可追溯到16世纪双方在坎大哈发生的土地纠纷。

有一种说法认为，比坦有三个儿子和一个女儿。图1—5中的比比马托（马提部落）是女儿。除了瓦西朋和卡进以外，还有一个儿子名叫伊斯玛仪。有人说伊斯玛仪无后，也有人说他的后代退出了比坦世系，加

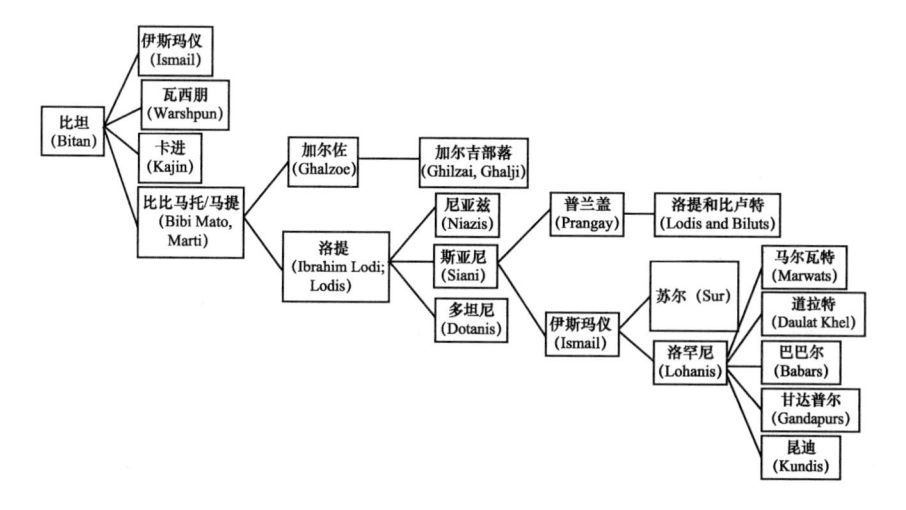

图1—5 比坦世系

资料来源：Olaf Caroe, *The Pathans*, 550 B.C. to A.D. 1957, p. 15. H. A. Rose, *A Glossary of the Tribes and Castes of the Punjab and North-West Frontier Province*, Vol. III, p. 222。

---

① 张敏：《阿富汗文化和社会》，第170页。

入了萨尔瓦尼部落。萨尔瓦尼部落位于今天俾路支斯坦。① 由此可见普什图部落间关系的一类现象,即部落融合。

三 古尔胡西特世系

古尔胡西特世系主要分布在俾路支斯坦及其以东的库纳尔、喀布尔地区,人口众多。卡洛伊认为,这个世系(见图1—6)下属的一些部落,特别是卡卡尔部落与俾路支人世代相邻而居,吸收了俾路支文化的若干元素,由此形成了与众不同的特性:相对于其他绝大多数普什图部落而言,卡卡尔部落是最具组织纪律性的群体。

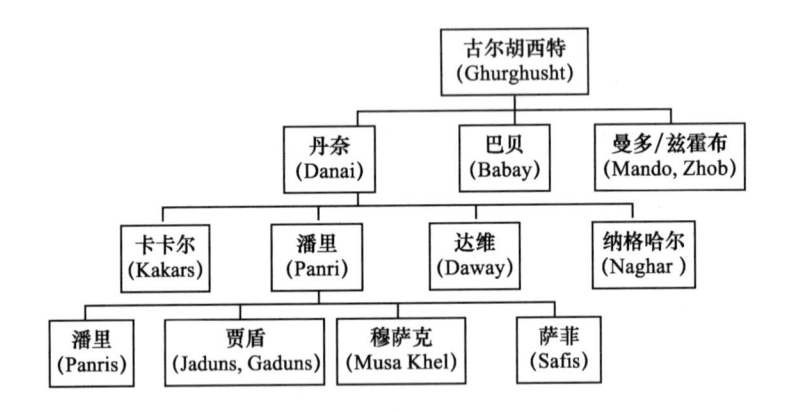

```
                    古尔胡西特
                    (Ghurghusht)
          ┌──────────────┼──────────────┐
        丹奈            巴贝          曼多/兹霍布
      (Danai)         (Babay)      (Mando, Zhob)
    ┌────┬────┬────┐
  卡卡尔  潘里  达维  纳格哈尔
 (Kakars)(Panri)(Daway)(Naghar)
 ┌────┬────┬────┐
 潘里  贾盾  穆萨克  萨菲
(Panris)(Jaduns,Gaduns)(Musa Khel)(Safis)
```

图1—6 古尔胡西特世系

资料来源:Olaf Caroe, *The Pathans*, p. 19. H. A. Rose, *A Glossary of the Tribes and Castes of the Punjab and North-West Frontier Province*, Vol. III, p. 228。

在古尔胡西特世系中,居住在巴焦尔地区的萨菲部落是最晚皈依伊斯兰教的普什图部落,这也是他们对伊斯兰教具有最强烈热忱的一个原因。

四 卡兰世系

卡兰世系(见图1—7)主要分布在旁遮普以西和西北部地区、苏

---

① Harron Rashid, *History of the Pathans*, Vol. 1, p. 36. H. A. Rose, *A Glossary of the Tribes and Castes of the Punjab and North-West Frontier Province*, Vol. III, p. 227.

莱曼山麓两侧、杜兰线东段等地，他们是巴基斯坦普什图人的主干，其中包括21世纪以来不断见诸报端的若干部落，如阿夫里德、哈塔克、奥拉克扎、瓦济尔、马苏德等。他们在政治舞台上相当活跃。卡洛伊甚至说，在英印帝国西北边疆地区，除白沙瓦的优素福扎部落出自卡西班世系以外，许多重要人物都出自卡兰世系。

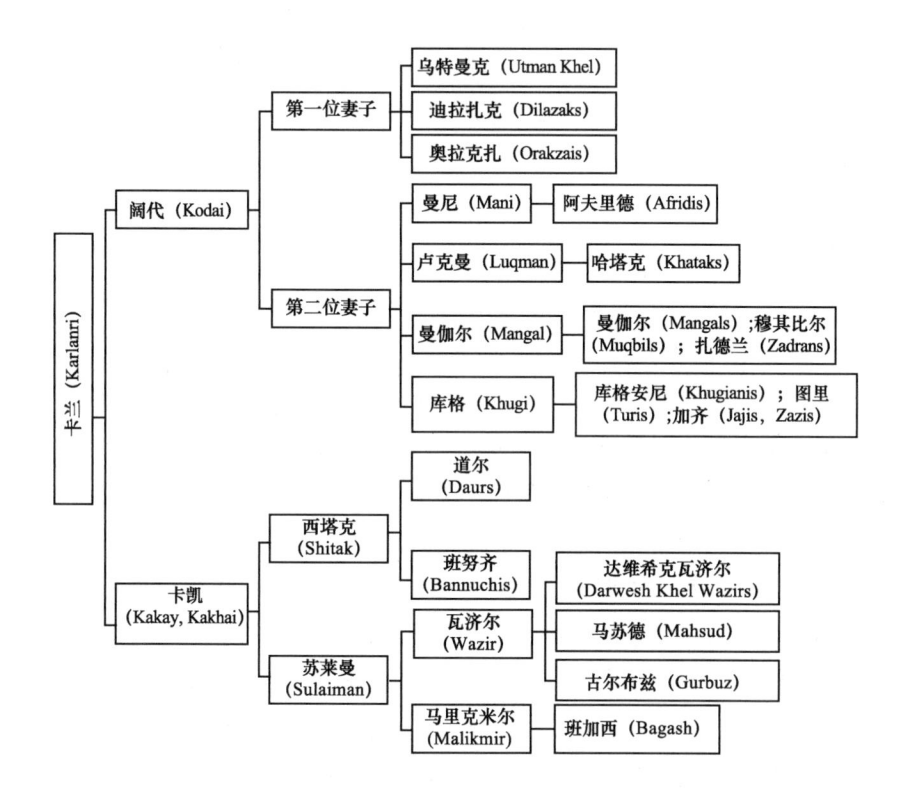

```
卡兰(Karlanri)
├── 阔代(Kodai)
│   ├── 第一位妻子
│   │   ├── 乌特曼克(Utman Khel)
│   │   ├── 迪拉扎克(Dilazaks)
│   │   └── 奥拉克扎(Orakzais)
│   └── 第二位妻子
│       ├── 曼尼(Mani)── 阿夫里德(Afridis)
│       ├── 卢克曼(Luqman)── 哈塔克(Khataks)
│       ├── 曼伽尔(Mangal)── 曼伽尔(Mangals); 穆其比尔(Muqbils); 扎德兰(Zadrans)
│       └── 库格(Khugi)── 库格安尼(Khugianis); 图里(Turis); 加齐(Jajis, Zazis)
└── 卡凯(Kakay, Kakhai)
    ├── 西塔克(Shitak)
    │   ├── 道尔(Daurs)
    │   └── 班努齐(Bannuchis)
    └── 苏莱曼(Sulaiman)
        ├── 瓦济尔(Wazir)
        │   ├── 达维希克瓦济尔(Darwesh Khel Wazirs)
        │   ├── 马苏德(Mahsud)
        │   └── 古尔布兹(Gurbuz)
        └── 马里克米尔(Malikmir)── 班加西(Bagash)
```

图 1—7　卡兰世系

资料来源：Olaf Caroe, *The Pathans*, p. 21. 另一种谱系叙事为：阔代世系包括瓦尔达克、迪拉扎克、奥拉克扎、曼伽尔等部落；卡凯世系包括阿夫里德、哈塔克、乌特曼克、库格安尼、图里、加齐等部落。H. A. Rose, *A Glossary of the Tribes and Castes of the Punjab and North-West Frontier Province*, Vol. III, p. 228。

萨尔班世系以"阿富汗人"自称为傲，卡兰世系则自称为"普赫图人（Pakhtun）"。① 印度人称卡兰世系为"帕坦人"。与普什图其他世系相比，卡兰世系下属各部落的部落认同和地方认同更强，部落内聚力更强，他们的口头禅是"我们瓦济尔人""我们阿夫里德人""我们马苏德人"等等，他们把普什图人热爱独立和自由的个性演绎得淋漓尽致。正因为如此，历史上先后征服和统治今阿富汗和巴基斯坦地区的波斯人、蒙古人、阿富汗人、锡克人以及英国人，都明智地避免直接统治这群山地普什图人；历代统治者在名义统治权框架下，都以不同方式给予了他们很大的政治自由和自主权。这是我们理解当代巴基斯坦开普省和部落地区政治生态的基本背景。

如前所述，卡兰在血统上并不属于普什图人，他是凯斯的养子。关于卡兰的生身父母，学者们有各种猜测。有人直接称"不详"，有人则考证卡兰为先知的堂弟——阿里的后人，还有人认为他带有印度血统。其实关于谁是卡兰的养父，学界也有争论。大多数谱系学家认为是凯斯，但也有人说是凯斯的三儿子古尔胡西特，还有人认为是萨尔班的孙子乌尔马尔。根据最后一种传述，乌尔马尔没有儿子，某天发现一个孩子躲藏在一口大锅下面，于是把他带回了家。在普什图语中，"锅"读作"卡兰"（kareiai，karhai），这便是"卡兰"这一名字的由来。不仅如此，卡兰成年以后，乌尔马尔把女儿嫁给了他，其子孙就形成了卡兰世系。② 这种传述于是把卡兰世系从血统上归并到凯斯子孙的序列中。

无论哪种传述，学者们大多认为，卡兰本人在血统上不是正统的普什图人。③ 但是，近代以来，卡兰世系下属多个部落以其恪守普什图法则和虔信伊斯兰教而被认为是真正的普什图人。由此可见伊斯兰信仰在普什图认同中的特殊地位。当然，这种不以血统，而以文化作为民族身份标识的例子，在历史上并不鲜见，尤其是在古代中国。

卡兰世系的许多部落不满足于以文化认同而获得的身份承认，他们试

---

① Harron Rashid, *History of the Pathans*, Vol. 1, p. 44.

② 另一个版本是，卡兰的父母用孩子交换了一口铁锅，故名"卡兰"。Olaf Caroe, *The Pathans*, pp. 20–21. Harron Rashid, *History of the Pathans*, Vol. 1, pp. 44, 71. H. A. Rose, *A Glossary of the Tribes and Castes of the Punjab and North-West Frontier Province*, Vol. III, p. 225.

③ H. A. Rose, *A Glossary of the Tribes and Castes of the Punjab and North-West Frontier Province*, Vol. III, p. 223.

图从血统上证实自己的普什图人正统性，因而坚决反对"收养说"。比如哈塔克部落就相信，他们的祖先——卡兰是萨尔班的孙子，是乌尔马尔的亲兄弟，年幼时与家人走散，后被乌尔马尔在一口大锅边寻回。①

总体看来，在普什图人四大世系中，关于卡兰世系各部落的起源和归属争议最多。有人认为阿夫里德部落、大瓦济尔部落、班加西部落、道尔部落等都不是普什图人，而是来自印度、塔吉克、蒙古、阿拉伯等其他民族。其中班加西部落自称其祖先与先知穆罕默德出自同一部落，即古莱什部落。② 这些争议本身一方面反映出当代民族人类学研究中的"纯正血统"倾向，另一方面也印证了人类社会发展演化的一个基本事实：没有纯粹单一血统的民族，任何稍大规模社会群体的发展必然伴随着不同群体间的融合。

五　部落迁移③

普什图人相信，他们的祖先——凯斯居住在古尔地区。但有学者把普什图人追溯到更古老的中亚人口变迁史，认为随着大夏地区人口增加，当地居民逐渐迁出绿洲，而普什图人的祖先是其中的一支，他们或西进定居在巴尔赫、赫拉特等地，或往南穿越兴都库什山，到达喀布尔、拉格曼谷地、斯瓦特谷地和印度河地区。

无论如何，如今许多人认为，坎大哈是普什图人的中心。目前还没有可靠史料说明普什图人何时、出于何种原因从古尔或大夏南迁到坎大哈。贝柳推测，普什图人很可能是在7—8世纪时期迁往坎大哈的，主要的动力是伍麦叶王朝派军征服次大陆。他认为，当时居住在古尔、赫拉特等地的普什图人加入阿拉伯帝国大军随同南下，之后便留在坎大哈生活，同当地人通婚，由此导致赫拉特和查布尔斯坦人口结构发生变化，普什图人逐渐占据主导地位。他还提出，由于这个原因，古尔地区的普什图人认为自己有别于坎大哈人，他们自称为"以色列子孙"。在古尔人

---

① H. A. Rose, *A Glossary of the Tribes and Castes of the Punjab and North-West Frontier Province*, Vol. III, p. 225.

② Ibid..

③ Haroon Rashid, *History of the Pathans*, Vol. 1, chap. 10.

看来，普什图人分为三类：（1）阿富汗人，主要有塔林、阿布达里、西兰尼等部落；（2）迁往坎大哈继而在15—16世纪东迁到白沙瓦地区的阿富汗人，包括优素福扎、莫赫曼德等部落；（3）其他普什图人。①

历时地看，普什图部落迁移首先是人口增长的后果。帝国政治也是一个重要变量，部落之间争夺地盘的斗争贯穿始终。历史上曾经发生大规模整体迁徙的部落主要是卡西班世系、比坦世系和卡兰世系。夏克班世系和古尔胡西特世系主要根据地的变化不明显。但夏克班世系是驱动卡西班世系迁徙的力量。

（一）卡西班世系

5世纪，卡西班世系居住在赫尔曼德河地区。6—7世纪，夏克班世系的塔林部落夺占了卡西班世系扎曼德部落的阿伽桑河下游地区，扎曼德部落被迫南迁至木尔坦一带。后来，卡西班部分氏族进入兴都库什山区，另一部分在莫卧儿帝国巴布尔大帝时代随军继续南下，定居在拉合尔附近。②

11世纪中叶，卡西班世系人口增多，其中比较弱小的部落如卡海分支下属的优素福扎部落、吉吉安尼部落和塔克兰里部落、扎曼德分支所属的穆罕默德扎部落等都陆续东迁，进入喀布尔地区。

15世纪末，鞑靼人把卡海分支驱逐出喀布尔。卡海各部落向东南逃往楠格哈尔和贾拉拉巴德谷地一带，吉吉安尼部落安顿在楠格哈尔东部地区，穆罕默德扎安顿在楠格哈尔西部地区，塔克兰里部落进入拉格曼，优素福扎和乌特曼克则穿过开伯尔山口进入白沙瓦谷地，并赶走了此前已经居住在当地的卡兰世系的迪拉扎克部落。

16世纪初，郭里亚克下属的莫赫曼德、卡里里、达乌德扎等部落，以及卡斯分支的辛瓦里部落从阿富汗腹地到达开伯尔山口西部地区。其中莫赫曼德部落的一个氏族穿越喀布尔河，占领了犍陀罗，把当地居民驱逐到卡菲尔斯坦（今努里斯坦）。辛瓦里、卡里里、达乌德扎和莫赫曼德部落的其他氏族穿过开伯尔山口，安顿在白沙瓦谷地。

---

① H. W. Bellew, *The Races of Afghanistan*, pp. 17 – 18. H. A. Rose, *A Glossary of the Tribes and Castes of the Punjab and North-West Frontier Province*, Vol. III, p. 215.

② H. W. Bellew, *The Races of Afghanistan*, p. 19.

有人认为，最晚到达开伯尔山口以西地区的辛瓦里部落原本不是普什图人。18世纪上半叶他们居住在波斯帝国的希尔凡（今阿塞拜疆境内），后来迁移至此并被同化，成为一个普什图部落。①

（二）比坦世系

13世纪初，比坦世系的洛提分支和萨尔瓦尼分支从加兹尼迁移到今巴基斯坦的德拉伊斯梅尔汗地区，赶走了当地的西徐亚人，占领了今开普省的坦克、罗里和兰尼河等地。加尔吉部落则从卡兰世系（奥拉克扎和班加西部落）手中夺占了今阿富汗加迪兹地区。

1451年洛提人夺取德里，建立洛提王朝并统治该地，直至1526年败于蒙古人。洛提王朝时期，比坦世系部落向东、向南扩展。加尔吉部落从加兹尼东迁，占领了苏莱曼山脉北段的西部地区；普兰盖支系、苏尔部落和尼亚兹部落从坦克地区前往印度大陆。

16世纪中叶，加尔吉下属的苏莱曼克部落把洛罕尼部落驱逐出加兹尼山区。洛罕尼各部落穿越苏莱曼山到达德拉伊斯梅尔汗地区，同早先迁来此处的尼亚兹、普兰盖和苏尔部落争抢土地。尼亚兹人逃往库拉姆河东岸，普兰盖和苏尔部落顽强抵抗却险些被消灭，少数幸存者逃往印度。17世纪，洛罕尼下属各部落之间再度发生土地争夺战，道拉特部落把马瓦特部落驱逐出了坦克地区。马瓦特部落遂北上夺占尼亚兹部落的土地。尼亚兹人被迫退让，穿过库拉姆河和盐山，进入伊萨克地区后同当地阿万部落发生激烈争战，武装对抗持续了一个半世纪。1748年，尼亚兹部落回撤到米安瓦里地区。

（三）卡兰世系

卡兰世系的早期迁移主要是突厥人和比坦世系推动的。阿夫里德部落在突厥部落的劫掠和驱赶之下不断向山区撤退，最后到达险峻的开伯尔山区。②

13世纪，曼伽尔部落离开今阿富汗的比尔米尔进入今巴基斯坦本努地区和库拉姆谷地。哈塔克部落离开沙瓦尔高原，定居在印度河西段，特别是今巴基斯坦开普省的卡拉克和科哈特地区。乌特曼克则迁移到喀

---

① H. W. Bellew, *The Races of Afghanistan*, p. 80.

② Ibid., p. 79.

布尔。被加尔吉部落夺占领土的奥拉克扎部落进入科哈特地区，班加西部落则占据库拉姆地区。在这个过程中，哈塔克部落与奥拉克扎部落发生冲突，班加西部落则联合哈塔克部落打击奥拉克扎部落。其结果是，哈塔克部落占领了科哈特地区的南部和中部，班加西部落占据了科哈特地区的北部和西北部地区。

14世纪，瓦济尔人离开霍斯特山脉的比尔米尔山区东迁，进入本努山和托奇河以北地区后，驱逐在当地已生活约一百年的曼伽尔部落和霍奈部落，之后继续东进进入科哈特和库拉姆山区。

1581年，阿克巴大帝征服喀布尔，把喀布尔河以南的一片土地赏赐给了哈塔克部落，以保持对德里到喀布尔通道的控制权。哈塔克部落在头人阿阔尔的率领下就势向北扩展，从优素福扎部落手中夺取了喀布尔河以北一片土地，势力日渐强盛。

（四）当前的地理分布

普什图各部落的主要居住地在18世纪基本定型。20世纪七八十年代，阿富汗普什图人成批逃往巴基斯坦、伊朗和其他国家。但是，部落主体依然在普什图地区，其分布格局没有太大变化。

一个重要的变化是，20世纪中期以来，人们已不太用四大世系来指代普什图部落了。普什图人自己也更多地认同于具体的部落。常见的说法是，普什图人主要有三大部落体系，一说为杜兰尼部落、加尔吉部落和优素福扎部落，这三大部落的规模也是最大的。另一说为山地普什图人（Rohilla）、平原部落、优素福扎部落。持第二种说法的库雷希认为，普什图人由以下三个支系组成。①

（1）居住在杜兰线附近山地的普什图人，主要包括阿夫里德、哈塔克、奥拉克扎、班加西、瓦济尔、马苏德、图里等部落，他们是"纯而又纯的普赫图人或帕坦人"。

（2）居住在西部平原和草地的普什图人，比如杜兰尼和加尔吉部落。

（3）以白沙瓦平原和东部谷地为中心的普什图人，主要是优素福扎部落。

---

① S. M. M. Qureshi, "Pakhtunistan: The Frontier Dispute between Afghanistan and Pakistan", *Pacific Affairs*, Vol. 39, No. 1/2 (Spring-Summer 1966), pp. 99–114.

边境地区其他普什图部落
阿夫里德
巴焦尔
查克马尔
达乌德扎
贾尼
卡卡尔
卡洛提
库格安尼
马赫比尔
曼伽尔
莫曼德
奥拉克扎
萨菲
辛瓦里
塔尼
图里
乌特曼克
瓦德克
扎德兰
扎姆希特

加尔吉/吉尔扎部落
阿赫迈德扎
阿里克
安达尔
霍塔克
贾德兰
贾吉
哈鲁提
纳斯尔
苏莱曼克
塔拉基
托赫
瓦济尔

杜兰尼部落
阿夏克扎
阿里阔扎
阿里扎
巴拉克扎
穆罕默德扎
努尔扎
博帕尔扎

图1—8 普什图部落的地域分布

资料来源：http://uwf.edu/atcdev/afghanistan/images/People/PashtunTribalMap.jpg。关于优素福扎部落的分布，详见本书第五章。

第二章

普什图部落社会的基本样态

摩尔根依照血亲关系远近，把美洲部落社会组织分为四级结构，由近及远依次为氏族、胞族、部落、部落联盟。其中，"氏族"是基本单位，是具有共同氏族名称的血亲群体，亲属关系最紧密，氏族内禁止通婚。"胞族"是氏族集团，由几个有亲属关系的氏族出于某些目的结合而成，组成胞族的各氏族之间为兄弟关系。"部落"则由若干胞族构成，是更大规模的氏族集团，部落成员讲同一种方言。"部落联盟"由几个部落组成，联盟成员可能讲多种方言。①

这与普什图部落社会有类似之处。在普什图社会，血亲体系的发展首先是家庭开枝散叶，继而扩大为家族、宗族、部落。这个过程是血亲关系弥散，并且在弥散中淡化的过程，由血亲共同体扩大成为地缘、政治经济共同体。如果着眼于部落共同体的变化本身，则可以看到其内部衍生分化次级部落，发生裂变，或者若干氏族或部落重新联合的现象。

除血亲之外，土地也是普什图部落社会的重要纽带。绝大多数部落过着定居的农耕生活，小麦是其主要农作物。阿富汗有大约150万游牧民，其中约80%为普什图人。在普什图社会，极少有完全以游牧为生的部落，但许多部落都有少量游牧民，杜兰尼部落和加尔吉部落也不例外。

---

① ［美］路易斯·亨利·摩尔根：《古代社会》，杨东莼等译，商务印书馆1995年版，第65页。摩尔根用"部落联盟"来描述美洲土著人的社会组织，用"民族"来描述希腊罗马部落社会的部落联盟，认为希腊人的民族是比部落联盟更高级的一个阶段。

游牧民大多有其专属的固定草场，同时也随季节变化而转场。①

第一节 从家庭到部落

家庭是普什图部落社会的基础。核心家庭是普什图社会在制度层面唯一不可分的单位。② 家庭的主要社会功能是增殖人口、负责家庭成员的生计和安全。部落的社会功能在很大程度上也是保障部落成员的生计安全。

一 核心家庭的裂变和扩散

与现代人口学意义上的"核心家庭"不同，普什图社会的核心家庭有一个真实的、真正的核心，即父亲。③ 父亲是家庭的灵魂，只要父亲还在，一个家庭就是核心家庭。因此，普什图社会与中国传统社会类似，只要男性家长长寿，便可形成三世、四世或五世同堂的大家庭，家庭成员常有数十人之多。父亲去世后，儿子们另立门户。如此循环，经过几代子孙繁衍后，一个核心家庭就扩大为家族、宗族、氏族。从家庭到部落社会，是人类繁殖和代际更替的自然结果。

（一）家庭内部关系

普什图家庭的最高权威归父亲专有，家庭内部事务不存在任何意义上的分权或"民主"。父亲的绝对权威是普什图社会的一大基本特征。曾有学者把普什图人的社会关系规范区分为三个层面：就世界观而言，普什图人秉持穆斯林的基本信仰，即"万物非主，唯有真主"；在社会生活中，普什图人相信"安拉之下人人平等"；在家庭生活中，普什图人则信奉"别无权威，父权至上"。④ 父亲独自裁断所有事务，家庭其他成员必

---

① Jon W. Anderson, "Khan and Khel: Dialectics of Pakhtun Tribalism", *The Conflict of Tribe and State in Iran and Afghanistan*, ed. by Richard Tapper, New York: St. Martin's Press, 1983, p. 146. Bernt Glatzer, "Political Organization of Pashtun Nomads and the State", *The Conflict of Tribe and State in Iran and Afghanistan*, ed. by Richard Tapper, p. 212.

② Rob Hager, "State, Tribe and Empire in Afghan Inter-Polity Relations", *The Conflict of Tribe and State in Iran and Afghanistan*, ed. by Richard Tapper, p. 129.

③ 绝大多数情况下，普什图社会是父系传承，有少数部落和宗族以女性为共同祖先。

④ R. E. Newman, *Pathan Tribal Patterns*, New Delhi: The Caxton Press Private Ltd., 1965, pp. 11–12.

须服从，不能质疑和抗拒。儿子即便已经结婚并成为父亲乃至祖父，或者已经在外统帅数百军士，但只要他的父亲还在世，那他在家庭生活中就只能是顺从的孩子；在父亲面前，他不得随意和自己的妻子儿女嬉笑。

普什图家庭各成员都没有私人财产，包括父亲在内。家庭财产归家庭共有，由父亲代为支配。家庭所有成年男性成员都有守护家庭财产、家庭成员人身安全和尊严/荣誉的义务。女子是家庭的私有财产。未嫁女子依靠父亲生活，父亲死后依靠最年长的兄弟生活。女儿出嫁时，新郎家要支付聘金。女子婚后成为夫家财产；如若丈夫身亡，一般也不回娘家，而是改嫁给丈夫的兄弟或叔伯，或遵从夫家家长的安置。如果娘家要接她回家，则须返还结婚时的聘礼。

女性成员在家庭中的地位总体不如男性，不过母亲的地位也很高；儿媳受婆婆管制。普什图女孩往往惧怕婚姻，不是由于不认识新郎，更多的是害怕遭到婆婆的虐待。①

父亲死后，长子接管祖居房屋，其他儿子另立门户。家庭土地由所有儿子均分，女性成员无权继承遗产。儿子们成为新的核心家庭的核心和主宰者。兄弟们的核心家庭一起构成家族，最终扩大为宗族、氏族、部落或部落联盟（如图2—1所示）。家庭、家族、宗族和部落规模，在很大程度上取决于男性成员的数量。

在社会生活中，普什图人的自我认同也呈现出图2—1所示结构：一方面有多重身份和多重认同，另一方面，认同的核心顺序由近及远依次为家长—家族—宗族—部落—民族。比如，阿夫里德部落下属阿达姆克支系一位名叫贾姆谢德·汗（Jamshed Khan）的人：他会首先想到他自己，继而是其为头人夏巴兹·汗（Malik Shahbaz Khan）的次子的身份，然后是夏巴兹家族，然后是阿达姆克，之后是阿夫里德部落。他不会按照另一种顺序来认识自己，即生活在开伯尔县贾姆鲁德村的贾姆谢德·汗。②

值得一提的是，如果说"身份"是社会标识，相对比较稳定，那么"认同"作为一种主观的、心理层面的现象，则随情境而变动。个人在社

---

① Mohammed Ali, *The Afghans*, Lahore: The Panjuab Educational Press, 1965, p. 27.
② Teepu Mahabat Khan, *The Land of Khyber*, Lahore: Sang-e-Meel Publications, 2005, p. 57.

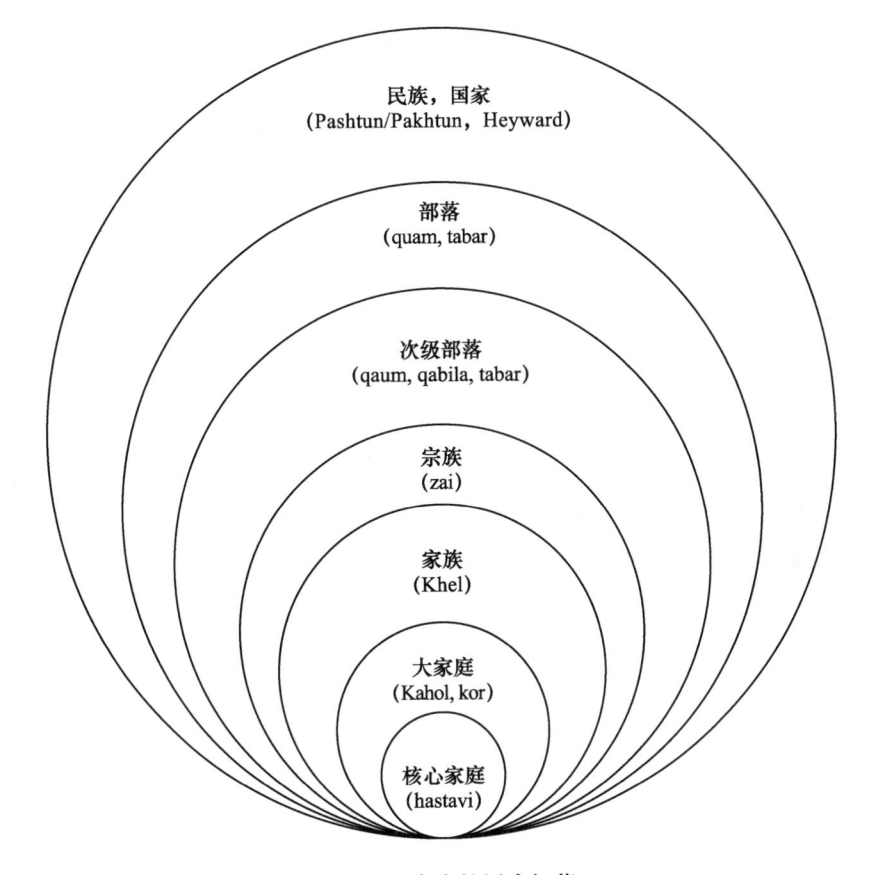

民族，国家
(Pashtun/Pakhtun，Heyward)

部落
(quam, tabar)

次级部落
(qaum, qabila, tabar)

宗族
(zai)

家族
(Khel)

大家庭
(Kahol, kor)

核心家庭
(hastavi)

图 2—1　家庭扩展为部落

会交往中认同于自己的哪个身份，与其所处环境、交谈对象的身份，以及二人间的关系底色直接相关。

（二）部落共同体的称谓

18—19 世纪欧洲人类学家用"部落""氏族""宗族""家族"等概念来描述普什图社会，构建起有关普什图部落社会的基本结构。如果用普什图人自己的表述，常见表达"部落"共同体的词汇主要有"扎/扎伊"（zai）、克（khel）、"塔帕"（tappa）、"考姆"（qawm）、"卡比拉"（qabila）等。在英文文献中，它们都被等同于"部落"，但是在普什图部落社会，这几个词的用法和含义不尽相同。

"扎"（zai, zaey, 复数形式为 zi）是普什图语 zoe 的变体，原意为"某某之子"，是普什图部落名称中最常见的后缀，中文也音译为"扎伊"。这个词用来表示拥有"共同祖先"的血缘纽带。常见于普什图南部地区各部落。

"克"（khel）来自阿拉伯语，含有"联合"、"伙伴"、"因果关系"之意。与"扎""扎伊"互换使用，也强调成员之间的血亲关系。"克"的成员相信自己出自同一祖先。常见于普什图西部地区各部落。

"塔帕"（tappa, taber, tabar）本意为"地区"，是一个地域概念。引申为"宗族"，表示特定部落群体与其世居地的关系。比如优素福扎部落称他们的居住地为"优素福扎塔帕"（Yusufzai Tappa）。与之类似但具有较少地域含义的词汇还有"霍尔"（khol，有时写作 kahol）。霍尔由有血亲关系的若干家庭组成，大体类似于中国古代"九族"。不过中国古代所说的本宗九族，一般以高祖到玄孙的 9 个世代为亲。在普什图社会，霍尔大多是以七、八代同宗同祖为纽带，绝大多数成年男子都能说出自己的霍尔谱系。

"考姆"（qawm, qaum）一般不出现在部落名称中。它是一个更具一般意义的词汇，可指代各种类型和规模的群体，包括家庭、宗族、氏族、部落和部落联盟，乃至民族等等。

"卡比拉"（qabila, qabeela），达里语，也一般不出现在部落名称中，更多的是对部落群体的泛称。

不少英语文献把"考姆"和"卡比拉"译为"部落"（tribe）或"次级部落"（sub-tribe）。在此之外还使用"部落联盟"（tribal confederacy）来描述普什图部落。比如不少学者称阿富汗的两大部落——杜兰尼部落和加尔吉部落——为"部落联盟"。

对普什图人而言，真正具有"部落"含义的词汇就是"克"和"扎"。它们是普什图社会结构的支点，在内涵方面与"宗族"（clan）或"氏族"（sept）相近。一般情况下，一个"克"往往共有一片土地。马苏德部落在这方面是例外，其下属各宗族和家族混杂居住，没有明确的地界划分。"部落区"（tappa）这个词在巴基斯坦和阿富汗学者所写的文献中常见，指代有世居地的氏族或家族，在欧洲人的文献中不常见。

"考姆"（qaum，或称 qaumiyat）则更加抽象，用途更广。它突出群体的团结，强调共同体的抽象价值和内涵。奥利弗·罗伊认为，"考姆"首先强调的是一个团结的群体，其次才是一个部落群体，这种团结并不一定与具体的土地（乡村）相联系。① 实际上，"考姆"相当于"圈子"，存在于普什图社会生活的方方面面；人们基于乡村、部落、职业群体、信仰、政治主张等纽带，都可以组成一个"考姆"。

（三）部落标识

普什图部落的标识总体而言是清晰的。一般来说，部落名称常用后缀"扎"或"克"标示出来。这两个后缀在阿富汗其他民族（讲波斯语、俾路支语和其他语言）的部落名称中不常见。

1. 部落名称后缀

"扎"和"克"作为后缀表示普什图部落名称，多为约定俗成，没有特别差异。有人提出，这两个后缀可以交互使用，比如，一个部落既可以称为"克"也可以称为"扎"，像"Ali Khel"也可以称为 Alizi，"Musa Khel"写作 Musazi 等等。② 但一般都有相对固定的习惯用法，比如优素福扎（Yousufzai）、苏莱曼克（Sulaiman Khel）等。

有些部落名称相近，但后缀差别标示出其所属部落支系的不同：比如"乌特曼扎"是瓦济尔人，而"乌特曼克"则是卡兰世系阔代的后代。根据巴联邦直辖部落区政府的官方网站，共同生活在奥拉克兹县的"阿里克"和"阿里扎"是不同的部落。③

普什图部落的不同支系常有重名现象。比如东部和西部普什图人的两大支系都有"穆罕默德扎"（Muhammadzai）。它们除了都出自凯斯长子后裔以外，是两个完全独立的部落。在巴基斯坦境内则有"莫赫曼德"（Mohmands）部落。④

卡兰世系也有两个部落名称类似：属于阔代支系的"乌特曼克"和属于瓦济尔部落（苏莱曼克）的"乌特曼扎"。这两个部落都分布在巴基

---

① Olivier Roy, "Afghanistan: Back to Tribalism or on to Lebanon?" *Third World Quarterly*, Vol. 11, No. 4 (Oct. 1989), pp. 70–82. Richard Tapper, "Who are the Kuchi? Nomad Self-identities in Afghanistan", *The Journal of the Royal Anthropological Institute*, Vol. 14, No. 1 (Mar. 2008), pp. 97–116. Jon W. Anderson, "Khan and Khel: Dialectics of Pakhtun Tribalism", in: *The Conflict of Tribe and State in Iran and Afghanistan*, ed. by Richard Tapper, p. 125.

② Harron Rashid, *History of the Pathans*, Vol. 1, p. 36.

③ https://www.fata.gov.pk/Global-fac.php?iId=330&fid=34&pId=290&mId=83.

④ T. H. Holdich, "Swatis and Afridis", *The Journal of the Anthropological Institute of Great Britain and Ireland*, Vol. 29, No. 1/2 (1899), pp. 2–9.

斯坦部落地区，但并不相同。

更宽泛一点说，不同部落有相似乃至相同的名称，是普什图研究中常碰到的问题。除上述"穆罕默德扎"以外，加尔吉和瓦济尔部落都有"苏莱曼克"和"阿赫迈德扎"。加尔吉部落下属的阿赫迈德扎生活在加迪兹到贾拉拉巴德之间，一向以富庶而闻名；卡兰世系的"阿赫迈德扎"则主要居住在南瓦济里斯坦地区。两者需要小心分辨。

2. 个人的部落身份

传统上，普什图人的名字一般带有部落或宗族的名称。部落名称被用于不同的性别时，发音会有细微变化。以优素福扎为例：加在女子名字中一般念作 Yousufzai，在男子名字中则读作 Yousufzaey。① 不过，这种现象近二三十年来有所变化，生活在城市中的知识精英可能不再附加部落名字。比如白沙瓦大学某教授来自优素福扎部落，他的名字中没有部落名称。据他介绍，这是巴基斯坦受过高等教育的普什图人中间常见的现象。相映成趣的另一类现象是，2014 年阿什拉夫·加尼（Ashraf Ghani）在参加阿富汗总统竞选过程中，特地在自己姓名后面加上了部落名称"阿赫迈德扎"（Ahmadzai）。

受波斯文化传统的影响，地名时常也体现在普什图人的名字中，即附加地名在人名后，表示其出生地。在普什图东部地区，不少地方本身就以部落名称命名，比如南瓦济里斯坦和北瓦济里斯坦传统上都是瓦济尔部落的世居地。在地名与部落名称重叠，或部落相对固定居住在某个地区的情况下，当一个普什图人说他来自某个地区，那么人们便大体能够猜到他所属的部落；假如他不属于该地名所指代的部落，那他一般会主动说明自己所属部落，以及如何、为何来自该地。一般而言，部落地区的普什图人在对非普什图人作自我介绍时，他会说：个人姓名——家族/宗族/部落——普什图人。

> 在同部落马里克们一系列的交谈中，笔者问每一个人："你是谁？""谁是你的首领？""你的国家在哪里？"得到的回答惊人相同。他会说他的名字，他的宗族或部落，以及部落头人或所属地区行政

---

① Haroon Rashid, *History of the Pathans*, Vol. 2, p. iii.

首领的名字。所有人最后都说"我是普什图人"。尽管(设问者)一再努力以不同的方式来表达这几个问题,答案均无二致。①

如今,部落身份在阿富汗和巴基斯坦都是敏感话题,人们一般不直接询问对方的部落归属,更多的是通过姓名中的部落元素来判断。在阿克巴·阿赫迈德看来,无论一个人的名字中是否有部落名称,无论他是否生活在普什图地区,是否说普什图语,判断他是否为普什图人的依据都是看他是否把自己的谱系沿着父亲血统追溯到某个普什图部落,并认同于一位普什图先祖。②

二 部落社会的结构

普什图部落社会的结构从外部来看,呈现出多部落林立、彼此互不统属的现象。在部落内部,成员之间依血亲关系不同而形成次级部落、宗族、家族等结构关系,彼此有大小贫富之别,但不存在现代政治学意义上的等级关系和阶级区分。

(一) 以血缘和地缘为基础

部落关系的基础是血缘和地缘。部落成员出自共同的祖先,社会生活的组织原则是典型的父系社会结构,人们的社会地位主要根据父系血缘确定。偶有部落外通婚,但鲜有把外人纳入部落体系的情况。外人一般很难加入普什图部落体系,成为部落的平等成员。

普什图部落生活传统上以乡土为中心,大多数部落都有自己的土地,以村庄为单位集体居住。各部落之间互不统属,各自占地为主,形成若干原子化的村社:"一个部落就是一个有组织的团体,一个小国家,自给自足,几乎拥有村民们所需要的一切。它自成体系,近乎独立,对外部世界漠不关心。"③

然而,在当代,一个部落独占一个乡村全部土地的情况,不是常态,

---

① James W. Spain, "Pakistan's North West Frontier", *Middle East Journal*, Vol. 8, No. 1 (Winter 1954), pp. 27 – 40.
② Akbar S. Ahmed, *Pukhtun Economy and Society*, Routledge & Kegan Paul, 1980, p. 84.
③ 张敏:《阿富汗文化和社会》,第174页。

而是例外。一片土地往往由多个部落共同居住。随着部落本身的分化和人口流动,大多数乡村都是若干部落杂居。在瓦济里斯坦地区的马苏德部落,三大支系混杂居住,没有各自专属的土地。土地纠纷是多地部落间世仇的症结。

基于普什图人特别的血亲观念,研究者大多强调普什图社会是封闭和排外的。安德森和巴特都以此区分普什图人与俾路支人。他们发现,没有血缘关系的人难以融入普什图部落体系,但有外流情况发生。比如,在普什图地区南端与俾路支部落接壤的地带,常有普什图人加入俾路支部落,俾路支马里部落和布格提部落都有普什图人。但不存在反向的人口流动,即没有俾路支人加入并被承认为普什图人。[①] 不过,长期居住在巴阿边境东段普什图地区的一些非普什图人,比如锡克人和旁遮普人,乐于自称为普什图某部落;在血缘上不属于普什图部落,但与该部落共同生活在一个地区的个人或家庭,在普什图部落社会生活中的角色是"被保护者"[②],依靠部落的庇护而确保安全。

(二) 部落团结和冲突

仅仅着眼于血亲和土地的重要性,往往容易把普什图部落想象为内部高度团结的,乃至铁板一块的同质体,其实不然。

部落只是每个普什图人固有的多重身份、多重认同之一,不是唯一的或永远居于首要位置的认同,也不是个人社会行为的唯一和最高依据。毫无疑问,共同的祖先是家庭、家族、宗族、部落成员联合的纽带,但人口增长带来的资源压力,尤其是日常生活中关于水源、土地财产和其他利益纠纷,则是各部落内部次级部落之间、宗族之间、家庭之间矛盾的起因。血亲认同并不能超越实际利益冲突,也不能降低普什图人对现实生活的需求,因而不能消弭人与人之间的矛盾。

在普什图部落社会关系中,团结与争斗并存。维系家庭和家族团结

[①] Jon W. Anderson, "Khan and Khel: Dialectics of Pakhtun Tribalism", *The Conflict of Tribe and State in Iran and Afghanistan*, ed. by Richard Tapper, p. 132. F. Barth, "Pathan Identity and Its Maintenance", in *Ethnic Groups and Boundaries*, ed. by F. Barth, Boston: Little Brown and Company, 1969, pp. 123 - 125. C. Collin Davies, *The Problem of the North-West Frontier* 1890 - 1908, London: Curzon Press, 1975, p. 45.

[②] Hamsaya 本意为"邻居",即分享他人影子的人,引申为"被保护人"。可参见第三章。

是家长的责任之一。尤其是在精英阶层中间，家族和部族团结直接关系到成员的社会地位和权力。统治精英一般都设法用各种方式扩大这一核心权力基础，最常见的方法是任用亲属担任要职。阿富汗王国就是典型的家族统治。比如，在查希尔·沙国王（Mohammed Zahir Shah）时期，总理和部长多是他的亲属。特别是在沙·马赫穆德·汗（Shah Mahmud Khah）担任总理期间（1946—1953年），几乎所有部长和外交官都出自国王的家族：总理是国王的叔父，国防部长和公共事业部长是国王的堂兄弟和侄子，交通部长是国王的女婿。1964年宪法改变了这种状况，宪法第24章明文禁止王室成员参加政党和担任总理、部长、议员、最高法院法官等国家公职。①

发放津贴也是重要策略。阿卜杜·拉赫曼汗国王给本部落（杜兰尼—穆罕默德扎）所有成员发放津贴，以换取忠诚。津贴按年度发放到每一位成员，无分男女长幼，外嫁的女子和流亡在外的王室成员也不例外，只是有额度差异，比如部落普通成员男子每年400卢比，女子每年300卢比，前国王希尔·阿里（Sher Ali Khan）的儿子易卜拉欣·汗（Ibrahim Khan）流亡在印度，每年能领到4.8万卢比。②

王室成员之间的权力斗争始终存在，王子夺权更曾是阿富汗的政治常态。1964年查希尔·沙国王制定宪法禁止王室成员参政的初衷，就是为了防止当时刚刚被迫辞职的达乌德·汗（M. Dawood Khan）东山再起。在普通民众层面，乡村近邻和部落近亲之间也常彼此为敌。21世纪初阿富汗战争期间，美国军队编制了有关阿富汗部落社会的小册子，描述了这种"结构性冲突"，如图2—2所示。

图2—2显示的主要是三个层面关系：血亲、结构性对抗、内部分化组合。

（1）X，Y，a，b，c，d都出自同一祖先，有血亲关系。其中X和Y为亲兄弟，他们分别生养儿子a，b和c，d。

（2）在遗产分配和使用方面，血亲之间存在结构性矛盾和对抗。X

---

① 宪法明确说明，王室成员包括国王的子女、兄弟姐妹及其直系亲属，以及国王叔伯及其儿子。

② Jolanta Sierakowska-Dyndo, *The Boundaries of Afghans' Political Imagination*, p. 119.

与 Y，a 与 b，c 与 d 都是结构性的对抗关系，互为对手。

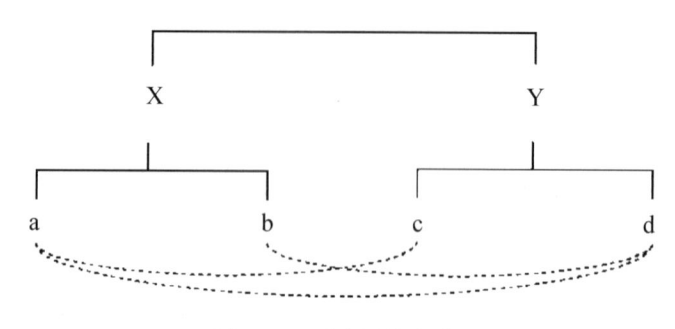

图 2—2　"堂兄弟敌对"

资料来源：Joshua Foust, Nathan Hamm, *Afghan Tribal Structure Versus Iraqi Tribal Structure*, Sep. 26, 2008, p. 222. https：//info. publicintelligence. net/USArmy-*AfghanTribalStructure*. pdf。

（3）近亲对抗过程中可能出现结盟和联合。a 可能与 c、d 结盟，c 可能与 a、b 结盟，以此类推。

（4）在面对更严峻的外部共同威胁时，邻近部落会暂时团结起来一致对敌。

英语学界不少人强调，兄弟家庭和家族内斗是普什图部落社会的标志性特点。他们大多引借同一个证据，即普什图语中的"敌人""敌意"（tarburwali, turburghanay）与"叔伯兄弟"（turbur）之间的关系。这两个词的词根相同，即"堂兄弟"（tarbur）。他们按照英语构词法，把 tarburghanay 分解为词根 turbur 和后缀 ghanay，进而把普什图语中的"敌人"重新解读为"堂兄弟间的仇恨"，以此证明普什图部落近亲仇恨的论点[①]。

杜普里认为，这种解读不符合普什图社会实情，他研究发现，普什图人大多不能接受这种解读，因为这两个词毫不相关：

> 堂兄弟是堂兄弟，敌人是敌人。它们是两个不同的词，怎么会有关联呢？我怎么可能仇恨我的堂兄弟？我将和他并肩作战到最

[①] Hugh Beattie, *Imperial Frontier: Tribe and State in Waziristan*, Oxford: Routledge, 2002, p. 181.

我绝对不会把他一个人留在战场。我将为他流尽我胸腔里的最后一滴血。①

杜普里虽然注意到普什图人不赞成西方构词法的望文生义，但最终没能避开西方路径，也主张这两个词有内在关系。他指出，普什图人予以否认的原因在于，绝大多数普什图人是文盲，不懂得构词法。他还从普什图谚语中找到两个词之间存在内在联系的证据，比如"堂兄弟的牙齿是被另一个堂兄弟的铁牙咬断的""让堂兄弟贫穷然后利用他"等等。

堂兄弟敌对问题并无定论，但普什图社会历史进程的一个基本事实是，部落之间存在长期冲突敌对。比如，阿富汗最大的两个部落杜兰尼和加尔吉之间敌对数百年。在巴基斯坦，也有马苏德部落与瓦济尔人之间的长期敌对。不少学者认为，"部落主义"是普什图政治文化的重要特点，是阿富汗国家建设与社会团结的重大障碍。

不过，另一个贯穿普什图部落历史始终的事实是，无论其内部关系如何，只要家族、乡村、部落和国家共同体面临外部威胁，成员就会团结起来，一致对外。在这个意义上可以说，真正维持和巩固普什图社会团结的，往往是共同的外部威胁和敌人。普什图社会流行的一句谚语是："我与我的兄弟争斗，我将和我的兄弟一起与我的堂兄弟较量，我将同我的兄弟和堂兄弟一道去打击外人。"其间的亲疏次第一目了然。不过，普什图跨部落的联合常常难以持久，外敌撤离之时，内斗就成为政治的中心。1992—1996年间穆贾希丁军阀混战就是明证。

（三）部落社会变化的动力

普什图部落不是封闭和固定、单向分化的社会组织形式，在同一部落联盟内部，部落裂变以及次级部落之间的重组经常发生。部落发展变化的总体趋势是，随人口增加而不断扩大和分散。也有相反的情况，比如某些部落走向衰落，消亡在历史长河中。

部落人口减少的直接原因常常是原部落裂变、分化为若干新的部落。

---

① Louis Dupree, "Tribal Warfare in Afghanistan and Pakistan: A Reflection of the Segmentary Lineage System", in: *Islam in Tribal Societies: From the Atlas to the Indus*, eds. by Akbar S. Ahmed and David M. Hart, London: Routledge & Kegan Paul, 1984.

另一个常见的原因则是政治或经济问题。比如，在复杂的部落间关系中，一些部落出于生存和斗争需要而加入其他部落。对于彼此有血亲关系的部落来说，做到这一点并不难，只需要重新建构认同，特别是强调双方共同的祖先对于本族本部落的重要性即可。①

理查德·塔佩尔跟踪研究居住在阿富汗中北部地区的杜兰尼部落发现，各次级部落间的组织合作并无定数，而是一系列要素综合作用的产物，主要因素包括宗族血亲、近亲、联盟、友情等。基于各种现实的或者观念感情的原因，人们追随富人和有抱负的领导人而不断结成新的部落组织。他写道："各种类型的居民点比如营地、乡村、次级部落等，其成分相当复杂，其构成是可变的。对于杜兰尼来说，至关重要的边界就是族群成员资格；在这个边界范围内，只有家庭才具有具体明确的边界和界定。"②

贯穿普什图社会历史进程始终的一类经验是，征服战争往往促成部落结构在短期内发生急剧变动：战败的部落消失；战胜的部落人口急剧增加和重组。加尔吉部落是这方面的典型代表。它的庞大规模并非源于特殊的强大生育能力，而是来自其能征善战，在持续征战中不断吸纳中南亚地区的其他部落，包括突厥人、蒙古人、印度人、波斯人、俾路支人等。

至此，可以归纳出普什图部落结构变化的两个主要类型：

（1）随着部落人口自然增殖和代际更替而发生的裂变。特别是在大家庭的父亲去世、留下几个儿子的情况下，部落常常发生分裂。今天各大部落及其支系由此而形成，许多部落支系的名字都来自其先祖个人的名字。

（2）雄心勃勃的部落领导人谋求与其他部落领导人联盟或对抗，扩展政治军事权威，直至从部落变成国家实体。阿富汗王国正是在这个基础上建立起来的。

---

① Jon W. Anderson, "Khan and Khel: Dialectics of Pakhtun Tribalism", *The Conflict of Tribe and State in Iran and Afghanistan*, ed. by Richard Tapper, p. 130.

② Richard Tapper, "Holier than Thou: Islam in Three Tribal Societies", *Islam in Tribal Societies: From the Atlas to the Indus*, eds. by Akbar S. Ahmed and David M. Hart, p. 259.

第二节　婚姻制度

普什图人偏爱内婚制，婚姻关系一般都很稳固，除非一方亡故，否则罕有变化，离婚率极低。在聘礼、女性继承权和解除婚约等问题上，普什图人更多地遵循传统的部落习惯，而不是伊斯兰教法原则。比如，聘礼不归新娘所有；女性在家里没有财产继承权；婚约一旦缔结便不可解除；丈夫死后，妻子一般再嫁给丈夫的兄弟；迎娶亡故兄弟的遗孀，是普什图男子的义务；等等。

一　基本特点

婚姻与普什图法则中的荣誉和尊严直接相关，同时也体现了普什图社会关系中"男主女从"的特征。普什图婚姻制度的典型特点是：偏好部落内婚；婚姻关系稳定；男性家长主导婚约；婚礼庆典为部落公共仪式；女子被视为家庭私有财产。

（一）内婚制

普什图部落与近邻俾路支人的重大区别之一在于内婚制。在普什图社会，部落内部婚姻占到90%以上，而俾路支社会则占大约30%。[1]

堂表亲是普什图人缔结婚约的首选，其次为本部落成员。部落间通婚不常见，与非普什图人通婚更是十分罕见。即便偶有族外通婚，主要也是迎娶媳妇，极少外嫁闺女。这从一个侧面反映出根深蒂固的父系血亲观念。塔佩尔甚至认为，"禁止通婚"是普什图人与非普什图人关系的标志性特点之一[2]。

我们也应注意，不能过分机械地理解内婚制。如前所述，普什图人的先祖为凯斯，他的妻子是阿拉伯人。贝柳在19世纪末发现，最早离开古尔的普什图人之所以能在南部地区扎根，全凭与当地非普什图人通

---

[1]　Akbar S. Ahmed, *Pukhtun Economy and Society*, p. 245.
[2]　塔佩尔认为，普什图人有别于非普什图人的另外两个要素是语言以及普什图人在经济交换中的优越地位。Richard Tapper, "Introduction", *The Conflict of Tribe and State in Iran and Afghanistan*, ed. by Richar Tapper, p. 44.

婚。① 20 世纪末以来，内婚制正在发生变化。

（二）婚姻关系稳定

尽管阿富汗和巴基斯坦的法律都规定婚姻自由，但普什图社会的离婚率极低。巴基斯坦联邦直辖部落区政府官网的说法是，普什图人离婚的可能性几乎为零。② 阿富汗普什图人大体也是如此，许多部落都恪守"婚约不可解除"的成规。塔佩尔的研究显示，杜兰尼部落还没有过离婚的先例。③

离婚率低并不能说明婚姻在普什图社会具有不可侵犯和不可破坏的神圣性与严肃性。实际上，在婚姻缔结过程中，作为婚姻关系当事一方的女性完全没有发言权，婚后也得不到与丈夫平等的地位和权利。妻子的责任是服从丈夫，尊重丈夫，照顾他的生活。尽管如此，许多普什图男人都珍惜并依赖妻子。阿克巴·阿赫迈德在实地调研中发现，妻子离世让一位普什图硬汉悲伤不已，他当众"如无助的孩童一样大哭"，反复念叨亡妻，称之为挚友、顾问和同志。④

从社会学的角度来看，离婚现象罕见的原因主要有两点。（1）基于普什图法则，妻子是丈夫的私人财产，"丈夫把妻子休了就意味着丈夫承认自己的失败"。女子也从未想过要离开丈夫生活。在普什图语中，有一个专门指代离婚男子的词"离弃妻子的人"（Zantalaq）。这个词被认为是对成年男子最轻蔑的称呼和最大的侮辱。⑤（2）在经济方面，妻子是家庭生活的重要劳动力，不是纯粹的"被供养者"。在许多部落，女性实际是家里的"苦工"，负责劈柴、打水、种田等重体力活。所以巴特说，普什图人没有任何理由去离婚，但有充分的理由不离婚。⑥

---

① H. W. Bellew, *The Races of Afghanistan*, p. 18.
② https：//www. fata. gov. pk/Global. php? iId = 32&fid = 2&pId = 28&mId = 13.
③ Nancy Tapper, "Direct Exchange and Brideprice: Alternative Forms in a Complex Marriage System", *Man*, New Series, Vol. 16, No. 3 (Sep. 1981), pp. 387 – 407.
④ Akbar S. Ahmed, *Pukhtun Economy and Society*, pp. 250 – 251.
⑤ Mohammed Ali, *The Afghans*, p. 28.
⑥ Farhat Taj, *Taliban and Anti-Taliban*, Cambridge Scholars Publishing, 2011, pp. 9, 107. ［挪］弗雷德里克·巴特：《斯瓦特巴坦人的政治过程》，第 56 页。在山地普什图人地区，水井数量极少，许多家庭离水井很远，打水属于重体力活。C. Collin Davies, *The Problem of the North-West Frontier* 1890 – 1908, p. 62.

(三) 集体庆祝婚礼

部落成员的结婚仪式是普什图乡村和部落的重大公共事件，与普什图法则中的诸多原则相联系。巴特和阿克巴·阿赫迈德都认为，在普什图社会，婚礼庆典至少从以下几个方面有利于巩固部落团结和联系①：

(1) 为部落全体成员提供食物和服务；

(2) 部落成员大多会参加典礼。参加婚礼是一种强制责任，逃避意味着公开表达对主人的敌意；

(3) 庆典的规模与主人的财富地位相符；

(4) 婚礼是人们建立政治纽带的机会。

部落成员集体参加喜气洋洋的庆祝活动，在准备食物和典礼的过程中相互协作支持，是增强部落集体内聚力和共同意识的重要方法。部落内婚制本身也是部落团结意识的一种表达和巩固。除此之外，普什图社会还盛行补偿婚姻、政治联姻等把婚姻工具化的习俗，不少人相信，通过联姻可以化解纠纷，建立或巩固家庭、家族之间的政治经济纽带。

由于婚礼庆典是集体参与的喜气洋洋的局面，还有聚餐、舞蹈等活动，所以普什图人的婚期一般主要在秋收之后。在伊斯兰教历1月、3月和斋月，普什图人一般不举行婚礼。

(四) 家庭模式

《古兰经》准许有条件的一夫多妻制，但绝大多数普什图男人只有一位妻子。根据社会学家的调查，多妻制的比率不超过1%，在受教育阶层中更为少见。② 男子再娶一般主要出于三类原因。一是妻子亡故，二是妻子不能生育，三是迎娶兄弟的遗孀。很明显，第三种情况更多是为了替故去的兄弟承担起抚养家庭的责任。男子在第二种情况下再婚，多会事先征得妻子的同意。妻子亡故后，鳏夫也不是必然再婚。部落乡村头人则可能出于政治考虑而迎娶新妇。普什图人传统的结婚年龄是：男子18—20岁，女子14—16岁。

普什图人家长的绝对权威也体现在婚姻制度中。完全掌控女儿的婚姻、彻底主导妻子儿女是普什图成年男子的荣誉所在。男性家长对家庭

---

① Akbar S. Ahmed, *Pukhtun Economy and Society*, p. 243.

② Akbar S. Ahmed, *Pukhtun Economy and Society*, p. 251. Mohammed Ali, *The Afghans*, p. 28.

女性成员有排他性的主导和控制权。19世纪上半叶埃尔芬斯通发现，在普什图部落社会也有妻子（母亲）主导家庭和家族事务的案例①，但不是常态。普什图部落习俗是：夫妻一起外出时，妻子走在丈夫后面，妻子在公共场合一般不与丈夫及其朋友一起吃饭。

20世纪末以来，国际社会一些机构站在保护妇女权益的角度，批评普什图婚姻家庭制度对女子的歧视和不平等是落后的，有违于人权云云。这其实是一种价值判断。在普什图文化框架中，所谓"男尊女卑"的关系模式以及女子在这种关系中的"不平等地位"，在男女日常生活的非正式接触中常常被软化，并不像外界想象的那么不堪忍受。女性在家庭生活中其实很受尊重，妻子不仅不低人一等，反而常常是家庭的女主人，对丈夫和孩子有很大影响。普什图人相信，父母的咒骂是致命的，被咒骂的子女在后世会坠入火狱，因而总是避免忤逆父母。女性的成长和生活环境并不像外界想象的那样糟糕。用喀布尔大学教授穆罕默德·阿里的话来说，在普什图社会，女性"作为母亲，她享有孩子们的热爱；作为妻子，她常常能得到丈夫的尊重；作为姐妹，她备受宠爱。她的童年是快乐的，在婚后生活中她作为妻子和母亲，是重要的"。②

文化是一种意义框架，同一现象在不同文化语境中被赋予的意义不尽相同。本书第七章我们会看到，阿曼努拉汗国王和人民民主党政权自上而下地改变现状、推进男女平等的改革措施在许多地区引起了社会抵抗。

二 主要类型

可根据双方家长缔结姻亲关系的原初动力，以及双方家庭关系是否平等，识别出另外两类婚姻：互换婚和代偿婚。阿克巴对莫赫曼德部落的研究发现，尽管普什图人的婚姻往往包含着经济、政治等现实因素的考虑，有不少政治联姻的案例，但部落内婚依然是首选，族内婚则可称为底线。21世纪西方人类学家的研究显示，普什图人的婚姻与内婚或血亲没有多少关系，而是更多地受到政治、经济、部落认同等外部因素的

---

① Mountstuart Elphinstone, *An Account of the Kingdom of Caubul*, Vol. II, pp. 122–123.

② Mohammed Ali, *The Afghans*, p. 29.

影响。①

(一) 互换婚

对等交换婚通常发生在两个平等的家庭之间,双方直接交换女儿与对方的儿子结婚。只要双方家长同意结亲,那么便可直接订婚并确定婚期。两位新娘在同一天结婚。因为是女儿互换,所以双方都不必支付聘礼。

在中国语境中,互换婚容易让人联想到贫穷落后。的确,旧中国的互换婚大多发生在贫困的两个家庭之间。但是,在普什图诸多部落中,互换婚是常见的婚姻形式,尤其是兄弟家庭之间;它与家庭经济状况无关。普什图人认为,互换婚是最便捷平安的娶妻方式,婚姻的风险和压力也最小。

在普什图社会,互换婚姻具有的社会政治内涵超过婚姻本身:它意味着一种承认,即两个男人及其家庭对双方地位平等的承认。只有承认双方的平等,才会愿意交换女儿成婚。正是由于这种特殊的内涵,加上程序相对简单,所以这种互换婚姻的方式在杜兰尼部落的婚姻中的占比高达20%。②

(二) 代偿婚

代偿婚的社会目的和功能也超过婚姻本身。还可进一步区分为两类:换取金钱财物的婚姻,以及换取和解的婚姻。值得注意的是,用来"换取"金钱与和解的"等价物"是女子,而非男子。更直接一些,女子在普什图社会被当作一种特殊的"生产资源"。南希·塔佩尔在杜兰尼部落发现,人们用土地和财物来换取妻子。

> 妻子生养儿子,儿子成长为劳动力并捍卫家庭的各种生产和再生产资源,尤其是土地和女人。女儿作为生产者和再生产者,对其原生家庭的价值不那么直接,但可用于交换妻子,或用于换取聘礼以帮助

---

① Akbar S. Ahmed, *Pukhtun Economy and Society*, p. 248. Jeanne Berrenbetg, "Beyond Kinship Algebra: Values and the Riddle of Pashtun Marriage Structure", *Zeitschrift fuer Ethnologie*, Vol. 128, No. 2 (2003), pp. 269-292.

② Nancy Tapper, "Direct Exchange and Brideprice: Alternative Forms in a Complex Marriage System", *Man*, New Series, Vol. 16, No. 3 (Sep. 1981), pp. 387-407.

（家庭）娶妻。人们把控制所有这些资源理解为责任和荣誉……控制力减弱即意味着荣誉减损，控制力增强则意味着更多荣誉。①

1. 化解纠纷仇怨

换取和解的婚姻常发生在有流血冲突并导致伤亡的两个家庭/家族之间。施害者把女儿当作补偿品，赠送给被害方，以求平息事端，终止血亲复仇。这种姻亲关系与互换婚的最大区别，在于两个家庭之间在道义方面的不平等。

这种婚姻一般没有聘金，因为女子本就被当作"等价赔偿物"送给男方。它对婚姻当事双方来说常常也是悲剧，特别是作为补偿死者而嫁入男方家庭/家族的女子，无论如何也不能真正弥补夫家的丧亲之痛。结婚前后，当事双方都必须先和原生家庭一起经历来自对方家庭的伤害，然后才能作为终止报复的符号共度一生。

这种补偿婚姻的前提条件之一是，加害者在伤害发生后主动致歉并表达补偿/赔偿意愿，而且需要得到受害方的同意。受害方愿意以这种方式结束血亲复仇，是代偿婚必不可少的条件。加害方献出女儿作为补偿，并不一定等于屈辱求和。根据南希·塔佩尔的研究，杜兰尼部落的代偿惯例是：杀死一名男子往往需要两名女子作为补偿，但是，"荣誉属于'夺走'男人（生命）、'给予'两个女人的杀人者一方"。②

2. 买卖婚姻

直接买卖婚姻往往是女方家庭在遭遇严重经济困难时迫不得已的选择。比如2007年阿富汗一个十四五岁的小女孩阿其扎被父母嫁给一位60多岁的老男人，原因是阿其扎的父亲病重，家里付不起医药费，需要一笔钱，而当时只有这个男人愿意支付阿其扎家人所希望的聘金数额，由此成婚。③

---

① Nancy Tapper, *Bartered Brides: Politics, Gender and Marriage in an Afghan Tribal Society*, Cambridge: Cambridge University Press, 1991, p. 280.

② Nancy Tapper, *Bartered Brides: Politics, Gender and Marriage in an Afghan Tribal Society*, p. 282.

③ Fazal Muzhary, "The Bride Price: The Afghan Tradition of Paying for Wives", Oct. 25, 2016, https://www.afghanistan-analysts.org/the-bride-price-the-afghan-tradition-of-paying-for-wives/.

不少案例表明，女方父母为了换到预期的生活费，不在意把女儿嫁给谁，甚至可能在婚礼前都没有见过女婿的面。还有的父母为了获取高额聘礼，不惜把年幼的女儿嫁出去。阿富汗婚姻法规定，男性适婚年龄为 18 岁，女性为 16 岁。但是联合国 2011 年的研究报告显示，阿富汗已婚妇女的 3% 是在不满 15 岁时结婚的。①

普什图地区还普遍存在"预订新娘"的现象——一名女婴初降人世，便被男方家庭"预订"。在双方缔约之后，任何一方毁约都构成对另一方"荣誉和尊严"的伤害，进而招致复仇。这种婚约往往在女孩尚未成年便举行完婚仪式，即童婚。阿富汗政府为了改变童婚问题，曾严令禁止强迫 15 岁以下女童结婚，违者将被处以两年以上监禁；同时规定，只要女孩提出要求，低于合法婚龄的所有婚约都可以取消。但是，在普什图社会文化环境中，这些法律的落实相当困难。

值得一提的是，普什图社会把买卖婚姻作为"平等"的一种体现。一方面，男方支付给女方父母的聘礼、土地财物，意味着对女方价值的承认，事关女方家庭的荣誉，同时也关乎男方家庭的尊严。另一方面，用一定数额的礼金超越贵贱贫富和年龄差异而缔结婚约，实际是承认普什图男人一律平等这个基本的价值观。这不是诡辩，而是人类学家在普什图社会观察到的事实，是普什图人自己对买卖婚姻的解读。部落社会其实还有另一种与此性质类似的"交换婚姻"，即青年男子用劳动和服务换取"东家"女儿为妻。南希·塔佩尔发现，杜兰尼部落不少家境殷实但缺少男丁的家庭，往往愿意把女儿嫁给贫穷能干的小伙子，小伙子只需为岳丈家提供一定时间的劳动服务即可。如此结婚常常意味着男方社会地位和财富状况的改善。② 毫无疑问，劳动能创造价值。这种"交换"既说明了聘礼形式的多样性和普什图人的灵活性，也说明了普什图人对"平等"的理解。

---

① UNCEDAW, 2011, http://www2.ohchr.org/english/bodies/cedaw/docs/CEDAW.C.AFG.1-2.pdf.

② Nancy Tapper, *Bartered Brides: Politics, Gender and Marriage in an Afghan Tribal Society*, p. 283.

三 变化趋势

家庭是普什图部落社会的基本单元，婚姻制度是认识部落社会制度和文化观念的重要窗口。上述婚姻制度中包含的普什图价值观及其行为规范至少有三个要点：(1) 对等。用女子交换收益，或者互换女儿。(2) 防御性的私有财产观念。女人是私产，故不外嫁女儿，偏好近亲联姻。但可接纳族外女子为媳。(3) 务实。迫不得已时也能结亲于外。

婚姻制度随着普什图社会自身发展、普什图地区与外界关系的变化而变化。近代以来的变化主要体现为两大现象，一是族际婚开始出现，二是结婚费用迅速增加。

(一) 族际婚

近代之前，普什图部落地区与外界交往不多，进入普什图地区生活的外人很少，通婚现象十分罕见。直至20世纪80年代，包括杜兰尼在内的许多部落几乎完全不接受族外通婚。[①] 但是20世纪末开始，随着大量外国武装战士滞留在部落地区，族外通婚的状况逐渐增多。与普什图人结婚成家，是外国武装分子在当地立足扎根、融入当地社会的主要手段。这一趋势及其政治影响值得关注。

贝尔根研究发现，2001年以前，普什图部落地区与外族通婚的案例有15个，其中只有1个案例是普什图女子外嫁，其余14个案例都是外族女子嫁入（主要是阿拉伯女子）。这种状况的主要成因在于，阿富汗抗苏战争期间，一些阿拉伯穆贾希丁携带家眷来到阿富汗参战。2001年以后，由于美国的反恐战争，武装分子跨地区流动的成本大大提高，滞留在部落地区的阿拉伯和中亚战士越来越多，他们迎娶当地女子的数量也有所增加。不过，跨族婚姻在普什图部落各地都遇到阻力，程度不一。总体数量目前还不太多。开普省汗谷地区某乡村的调查数据显示（见表2—1），族外婚依然以迎娶外族女子为主，普什图女子外嫁的情形依然少见。

[①] Nancy Tapper, "Direct Exchange and Brideprice: Alternative Forms in a Complex Marriage System", *Man*, *New Series*, Vol. 16, No. 3 (Sep. 1981), pp. 387–407.

表 2—1　　　　　　开普省（KPK）汗谷某村的婚姻类型

性别	族内婚	族外婚	平均婚龄
男	54 对	24 对	22.4 岁
女	18 对	4 对	19.8 岁
总计	72 对	28 对	21.1 岁

注：表中数字是过去三十年某小村的结婚状况。汗谷地区的主要部落是班加西、奥拉克扎、阿夫里德、哈塔克、阿里谢尔扎等，1998 年人口统计为 31.4 万居民。

资料来源：Noor Elahi et al., *Pukhtoon Society in Transition*. Saarbruecken: LAP LAMBERT Academic Publishing 2010, pp. 114 – 115。

根据"基地组织"发布的消息，2002—2006 年其在阿富汗和巴基斯坦丧生的 103 名外国武装分子中，有 1/3 是已婚者；其中 8 人迎娶了普什图女子，5 人成婚于 2001 年以后。[①] 外国战士主要是依靠支付高额聘礼的方式打动一些普什图人。除此而外，这种婚姻还包含着政治联姻的色彩，即当事双方通过联姻来改善政治经济处境。这是人类社会历史上司空见惯的一类行为方式。在普什图部落地区，这意味着政治生态环境的变化。比如，"基地组织"现任最高领导人扎瓦赫里（Ayman al-Zawahiri）在 2002 年逃亡途中失去妻子和女儿。辗转逃入巴基斯坦巴焦尔地区后，迎娶当地莫赫曼德部落的一个女子为妻。这个婚姻为他赢得了当地人的友好与支持，由此建立起与巴基斯坦"塔利班"领导人毛拉纳法齐尔·穆罕默德（Faqir Mohammed）等"地方显贵"的合作。不久，巴焦尔即成为"基地组织"的枢纽和指挥中心。[②]

政治联姻并非现代发明，在普什图历史上早已有之。莫卧儿帝国皇帝巴布尔、阿富汗开国君主阿赫迈德·沙·杜兰尼和他的儿子提姆尔·沙（Timur Shah）等都通过迎娶普什图部落首领女儿的方式缔结联盟，维持对部落地区的名义控制，巩固其在当地的政治权力基础。阿赫迈德·沙在位时期，莫卧儿皇帝把女儿嫁给阿富汗王子提姆尔·沙，并陪送拉

---

① Peter Bergen, Katherine Tiedemann eds., *Talibanistan : Negotiating the Borders between Terror, Politics, and Religion*, New York: Oxford University Press, 2013, pp. 80 – 81.

② Rohan Gunaratna, Anders Nielsen, "Al Qaeda in the Tribal Areas of Pakistan and Beyond", *Studies in Conflict & Terrorism*, Vol. 31 (2008), pp. 775 – 807.

合尔和整个旁遮普地区作为嫁妆。当然，与其说这是因为莫卧儿皇帝格外慷慨大方，不如说是由于当时的莫卧儿帝国已趋于衰落。提姆尔的妻子也远不止这一个公主。①

政治联姻是理解普什图社会和阿富汗政治的重要线索。一方面，联姻的确能够换取部落的政治支持；另一方面，多妻多子的直接后果是王权争夺战。普什图人没有长子继承的传统，提姆尔·沙生养了23个儿子，王权争夺战在他身后异常激烈。当然，王权争夺战也不一定是所有王子间的斗争，卡洛伊研究发现，出自敌对部落母亲的同父异母兄弟之间必然是敌对仇视的，同父同母兄弟之间则常常一致对外。②

（二）结婚费用趋高

传统上，普什图家庭最昂贵的开销就是结婚。③ 随着消费主义和物质主义浪潮席卷全球，普什图人的结婚费用在20世纪显著提高。根据阿克巴的调查研究，20世纪二三十年代，结婚在普什图地区十分简单，整个婚礼花费不过三五百卢比。但是到70年代末，结婚开销增加了十多倍。④ 聘金不断提高的趋势已令不少待娶男子及其家庭不堪重负。南希·塔佩尔认为，这是一种新的婚姻形式，即"聘金婚姻"。在这种婚姻中，女方家长实际承认了娶亲者潜在或真实的优越地位，这是其接受聘金的心理前提。⑤

1. 缔结婚约的一般程序

在普什图社会，无论是哪种方式缔结婚约，结婚程序都大同小异。一般以媒妁之言开始⑥，主要包括提亲、订婚、正式婚礼三个环节。至今依然如此，且无分农村与城市。发生变化的主要是聘礼和婚庆娱乐方式。总体来说，聘礼金额不断上涨，婚庆节目表演也趋于专业化——从20世纪70年代开始，部落区逐渐流行的一种做法是，聘请专门的婚庆公司负

---

① H. W. Bellew, *The Races of Afghanistan*, p. 31. Olaf Caroe, *The Pathans*, p. 260.
② Olaf Caroe, *The Pathans*, p. 260.
③ Nancy Tapper, *Bartered Brides*, p. 280.
④ Akbar S. Ahmed, *Pukhtun Economy and Society*, pp. 252-253.
⑤ Nancy Tapper, "Direct Exchange and Brideprice: Alternative Forms in a Complex Marriage System", *Man*, New Series, Vol. 16, No. 3 (Sep. 1981), pp. 387-407.
⑥ Fazal Muzhary, "The Bride Price: The Afghan Tradition of Paying for Wives", Oct. 25, 2016, https://www.afghanistan-analysts.org/the-bride-price-the-afghan-tradition-of-paying-for-wives/.

责婚庆音乐舞蹈表演。

首先，男方请媒人到女方家提亲。提亲有可能遭到拒绝。如果得到同意，则进入下一个环节。即两个家庭的代表开始商议婚礼和婚约细节。第二个环节其实是一系列谈判，场所一般主要选在女方家，两个家庭的男性代表出面讨论，女性成员没有发言权。谈判的核心是钱，包括婚礼的程序和花销，比如邀请多少宾客，提供什么样的食物和餐饮服务，给新娘亲属购买什么服装，给证婚的伊玛目①支付多少报酬等等。这些问题相对还比较容易达成协议。双方争议和谈判的重点主要在"新娘价格"，即男方支付的聘礼数量。一般是女方家长说出预期数目，男方还价，然后开始谈判。一旦双方就数量和交付日期达成共识，则进入第三个环节，即举行订婚和结婚仪式。

订婚仍按照穆斯林的习俗，由伊玛目出面主持和见证，宣布婚姻合乎教法。正式的结婚典礼一般在订婚之后两年内完成。在一些部落地区，婚礼程序与伊斯兰教教法不同。比如，在阿富汗的多个部落，婚礼庆典通常在白天举行，新娘在白天被迎娶进入男方家门，晚上再由伊玛目念证婚词（尼卡，nikah）②。男方家大宴宾客的规模和奢俭程度因人因地而异。结婚后，新娘正式成为夫家一员，随夫姓，与原生家庭父母兄弟的联系一般不多，外祖父母不记得外孙儿女名字的情况在不少部落地区是较为常见的。③

在普什图部落社会，婚姻双方当事人在缔结婚约的整个过程中都没有决定权，婚约完全是家长之命。城市中的普什图男女青年或可参与第一阶段的讨论，即是否提亲和接受提亲，不过最终决定权仍在父亲或者长兄。婚姻当事人完全不能参与第二阶段讨论，它更多的是双方家长之间的议程，婚姻当事人只能服从。从程序来说，前述第二个环节是整个婚姻的关键环节。即便是双方都有意，但能否成为眷属、何时完婚、婚

---

① "伊玛目"本意为"领拜者"，即在清真领做礼拜的人，中国许多地方统称为"阿訇"。传统上，穆斯林结婚的一个环节是请阿訇念经（尼卡），称为"证婚"。
② Mohammed Ali, *The Afghans*, p. 33.
③ Akbar S. Ahmed, *Pukhtun Economy and Society*, p. 250. Nancy Tapper, "Direct Exchange and Brideprice: Alternative Forms in a Complex Marriage System", *Man*, *New Series*, Vol. 16, No. 3 (Sep. 1981), pp. 387–407.

后双方家庭的关系等等一系列问题，都取决于礼金问题能否顺利解决。

普什图部落把迎娶兄弟的遗孀视为家庭内部事务。这种婚事一般不会特别操办婚礼，也不大宴宾客，只是请伊玛目来念尼卡证婚即可，通常是在晚上悄悄进行的。如果女方孩子年幼，也会一并带入新家。

2. 聘礼

普什图人婚俗中的聘礼与伊斯兰教的规定不同。巴基斯坦和阿富汗学者在普什图地区的调研都发现，当地极少有人在聘礼、嫁妆问题上遵循伊斯兰教教法规定，即便人们知道教法的相关内容，也只按照普什图习俗行事。①

根据普什图人普遍信奉的哈乃斐教法，女子在订婚时应得到一定数量的礼金：礼金不得少于 10 个迪尔汗②，上不封顶；这些礼金属于新娘的个人财产，归她自由支配；婚后她可自由决定是否返还部分给夫家，是否赠予家里其他亲人，或者选择自己保存全部礼金。如果离婚，丈夫及其家人均不得向女方索回礼金。礼金的目的是确保女子及其孩子在丈夫早亡或离异的情况下能够维持生计。关于嫁妆是婚约的必要条件的问题，在阿富汗学者中间有争议。比如喀布尔大学沙利亚学院伊斯兰文化系主任阿卜杜拉·哈克亚尔（Abdullah Hagyar）认为，嫁妆数量应由年轻夫妇自己商议决定，他人不得干预；嫁妆不是尼卡的前提条件，无论是否说明嫁妆数量，只要年轻夫妇接受对方誓言，那么尼卡都是有效的。但一些宗教学者认为，如果不确定嫁妆数目，则尼卡无效。③

普什图婚姻实践中的礼金不遵循上述教法规定。根据通行的习俗，聘礼是男方赠送给女方家庭的，归女方家长所有，新娘无权支配和过问。个别家长可能会把聘金的一部分作为嫁妆陪送给男方，但没有硬性规定。即便陪送嫁妆，支配权也不归新娘所有，因为一旦嫁入男方，新娘本身

---

① Fazal Muzhary, "The Bride Price: The Afghan Tradition of Paying for Wives", Oct. 25, 2016, https://www.afghanistan-analysts.org/the-bride-price-the-afghan-tradition-of-paying-for-wives/.

② "迪尔汗"（dirham，又称"迪拉姆"）是伊斯兰教先知穆罕默德时代就已流通的货币单位。后通用于奥斯曼帝国和欧洲地区。如今还有摩洛哥、阿联酋、卡塔尔等国使用。汇率各不相同。阿联酋迪尔汗（AED）与美元的比价是：1USD = 3.39AED。

③ Fazal Muzhary, "The Bride Price: The Afghan Tradition of Paying for Wives", Oct. 25, 2016, https://www.afghanistan-analysts.org/the-bride-price-the-afghan-tradition-of-paying-for-wives/.

也成为丈夫及其家庭的私有财产，新娘的监护人独占聘金。丈夫亡故后，遗孀会嫁给亡夫的兄弟。因此，在普什图社会中，不存在聘礼返还的情况。只有两种例外。一是女子新婚早亡或者严重残疾而导致不能履行婚姻义务。在这种情况下，女方家长不必全额返还聘礼，但需要向男方新定的结婚对象支付聘金，确保男方家庭不蒙受损失。二是女婿亡故，女方要把女儿接回娘家生活的情况下，需要返还部分聘礼。

在普什图社会，聘金是婚姻不可或缺的必要程序和条件。人们对聘礼的两个基本认识值得一提。其一，它被当作女儿对原生家庭的经济贡献。特别是对多女少男的家庭来说，女儿出嫁后一般极少能照顾娘家事务，聘礼在一定意义上是父母暮年生活的重要保障。其二，它被等同于新娘的价值。也就是说，人们普遍相信，聘金越高的新娘越金贵。阿克巴记录的一个故事说明了聘金的必要性。相传莫赫曼德部落一位父亲未收取一分一毫，就把女儿嫁给了一个年轻人。迎亲队伍回家途中遇到一条小河。新郎让新娘自己涉水过河。新娘愤怒地抱怨丈夫不尊重自己，新郎的回答是："你是免费给我的，你没有花我一分钱。"于是新娘返回家向父亲哭诉。父亲随后向新郎收取了聘金。这一次，新郎在过河时为新娘准备了一副担架。[①]

聘礼数额在普什图各地并没有所谓的"统一行市"，但各部落乡村有约定俗成的标准。除了惯例外，影响聘礼数量的要素还包括准新娘的家庭信誉和她的个人条件，包括受教育程度、技能、年龄、相貌、名声等。男方的财力和媒人的谈判技巧、两个家庭的社会地位差距等因素也非常重要。

3. 婚礼花费

传统上，普什图人的婚礼花费相当于普通家庭年收入的几倍。部落社会的贫富差距不仅表现在结婚典礼的排场上，还表现在结婚难易程度的差别上。穷人结婚往往意味着负债。[②]

一般而言，普什图人的结婚开销主要有五大部分：聘礼、新娘用品、

[①] Akbar S. Ahmed, *Pukhtun Economy and Society*, p. 249.

[②] Nancy Tapper, "Direct Exchange and Brideprice: Alternative Forms in a Complex Marriage System", *Man*, New Series, Vol. 16, No. 3 (Sep. 1981), pp. 387–407.

婚宴食物、亲属礼品、交通费。聘礼不一定以现金形式交付，比如表2—2中的新郎乙就是如此，他在征得女方家长同意后，用额外的贵重首饰来支付聘礼，也就是说，把聘礼直接赠送给新娘本人。新娘用品一般包括黄金首饰、衣服、化妆品、全套洗漱用品。婚宴食物也是女方家长所关切的，因为大米、肉等基本食材的品质良莠不齐，品质直接关系到家庭和家族的声誉。

表2—2　　巴基斯坦莫赫曼德部落新郎的结婚开销（1976年）

	新郎甲	新郎乙
聘礼	2000 卢比	0
新娘用品	黄金首饰：2460 卢比 衣服等：1000 卢比	黄金首饰：3355 卢比 衣服等：3500 卢比
婚宴食物	1185 卢比	3680 卢比
交通费	0	560 卢比
亲属礼品	200 卢比	1200 卢比
总计	6845 卢比	12295 卢比

资料来源：Akbar S. Ahmed, *Pukhtun Economy and Society*, p.253。1973年阿富汗尼与美元的比值约为67∶1。

近几十年，普什图人的聘礼数额不断上升，婚礼庆典也日趋奢华，结婚变得越来越昂贵。比如在喀布尔，如今一场婚礼费用至少要1万美元。农村地区费用少一些，但当地收入也更低。比如帕克提卡省萨洛扎地区，20世纪90年代的聘礼一般为1500美元，2010年涨到1万美元，远远超过当地经济增长速度。阿富汗人均GDP在2001年为119.8美元，2010年为569.9美元。[①] 表2—3是2015年阿富汗各地婚姻费用的数据，当年阿富汗人均GDP为623.9美元。[②]

[①] http：//data.worldbank.org/indicator/NY.GDP.PCAP.CD? locations=AF.
[②] http：//data.worldbank.org/indicator/NY.GDP.PCAP.CD? locations=AF&page=1.

表2—3　　阿富汗部分地区结婚（聘礼和婚礼）开销（2015年）

地区	金额	
	阿富汗尼	约合美元
楠格哈尔	10万—50万	0.14万—0.73万
霍斯特、帕克提亚、帕克提卡	100万—120万	1.45万—1.73万
法拉	80万—150万	1.18万—2.17万
曼丹瓦尔达克	40万—80万	0.59万—1.18万
法里亚布	60万—140万	1万—2万
坎大哈、赫尔曼德	100万—300万	1.45万—4.35万

资料来源：Fazal Muzhary, "The Bride Price: The Afghan Tradition of Paying for Wives", Oct. 25, 2016, https://www.afghanistan-analysts.org/the-bride-price-the-afghan-tradition-of-paying-for-wives/。

高昂的聘礼和婚礼费用是新郎及其家人的巨大负担，目前已产生若干负面影响。主要表现在三个方面：第一，商定聘礼以后，准新郎为挣钱而离开本乡本土，甚至前往伊朗、海湾国家和巴基斯坦打工。婚期因此会拖延几年。不少年轻男子在这个过程中遭受意外伤亡。

第二，男方为了凑够聘礼而举债或变卖家产。在一些地区，新娘的家人同意接受羊、土地、房屋或者汽车等财物作为聘礼。许多地方通行的惯例是，聘礼以部分现金加部分实物的方式支付。2014年帕克提卡省穆塔汗地区的年轻人为了抵付1.7万美元的聘礼，无奈把自家4万平方米的耕地交给新娘的兄长，仅剩下不足1/4的土地供全家人生活。[1] 为了支付聘礼而抵押借贷、变卖家产的做法，在加剧新郎家经济困境的同时，也容易引发新郎家人对新娘及其家人的憎恨，成为新娘婚后生活中的阴影。

第三，引发个人心理问题，乃至自杀。有案例显示，阿富汗一些年轻人因聘礼压力过大而自杀。或者出现聘礼分歧妨碍结婚，导致心理障碍、家庭纷争、出走和自杀等现象。[2]

---

[1] Nancy Tapper, "Direct Exchange and Brideprice: Alternative Forms in a Complex Marriage System", *Man*, *New Series*, Vol. 16, No. 3 (Sep. 1981), pp. 387–407.

[2] Fazal Muzhary, "The Bride Price: The Afghan Tradition of Paying for Wives", Oct. 25, 2016, https://www.afghanistan-analysts.org/the-bride-price-the-afghan-tradition-of-paying-for-wives/.

4. 政府的治理措施

在普什图社会，聘礼相对人均收入而言过于昂贵的问题早就存在。早在约 100 年前，阿富汗政府就试图采取干预措施。1921 年阿曼努拉汗国王颁布的婚姻法就规定聘礼额度不得超过 30 阿富汗尼，严禁索要聘礼。但是，和国王锐意推进的其他社会改革措施一样，这个规定遭到人们的激烈批判和抵制，最终和其他现代化方案一起流产。

在阿富汗和巴基斯坦，人们把聘礼和嫁妆统称为 mahr，即"婚约礼金"，这是伊斯兰教教法的一个概念。在实践中，宗教人士认为这是他们的专属领地，抵制王权介入。在这种状况下，20 世纪从 30 年代到 70 年代，阿富汗政府颁布了总共 5 部《婚姻法草案》，都避免触碰"聘礼"问题，只着力限制婚礼费用。直到 1978 年，人民民主党总统塔拉基发布第 7 号总统令，规定新娘聘礼不得超过 300 阿富汗尼（约合现在的 3 万阿富汗尼，或 450 美元）。这条规定被宗教人士拒斥为"不符合伊斯兰教教法"，遭到抵制，并成为民众反抗运动的导火索之一。①

鉴于超高聘礼和婚礼费用带来的若干社会问题，也有普什图人积极行动，呼吁改变聘礼无度增长的趋势。2010 年帕克提卡萨洛扎和优素福克地区的部落长老规定，聘礼上限不得超过 3000 美元。朱兹詹省法扎巴德地区的长老们决定把聘礼从 40 万阿富汗尼（5796 美元）降至 20 万阿富汗尼（2898 美元）。加兹尼省安达尔地区的长老主张把聘礼从 1.1 万美元降至 5000 美元。萨曼甘省库拉姆地区的长老主张从 1 万美元降至 4000 美元。他们还建议限制婚礼宾客数量及其礼品。比如，以前可能需要为数十位宾客订做新衣，建议减少到不足 10 套，婚车数量不超过三辆或四辆等等。各地方权威都表示，违反者将受到部落长老的处罚。"塔利班"也曾加入这一行动，在卡比萨省塔伽布地区规定聘礼为 3800 美元。②

目前在阿富汗北部或东部地区还没有类似的限制聘礼的努力。采取相关限制措施的地区始终有反对声音。比如加兹尼省安达尔地区，有毛拉反对降低聘礼，认为这是侵犯新娘的权益。不过，阿富汗学者研究发现，这位毛拉

---

① Fazal Muzhary, "The Bride Price: The Afghan Tradition of Paying for Wives", Oct. 25, 2016, https://www.afghanistan-analysts.org/the-bride-price-the-afghan-tradition-of-paying-for-wives/.

② Ibid..

反对减少聘礼多少是基于个人原因：他家里女儿多、儿子少，减少聘礼意味着他的收入减少。①

2015年4月阿富汗议会通过新的婚姻法草案，鼓励摒弃聘礼习俗。新法案要求新郎按照伊斯兰教教法支付聘礼，同时规定，必须减少婚礼费用支出。具体细则是：婚礼宾客人数不得超过500人，每人餐费不得超过400阿富汗尼（约合5.8美元）。如果宾客超过500人，那么出租婚礼大厅的老板将面临重罚。不过，这个法案到2016年10月为止还没有得到总统的批准，还不具有法律效力。②

第三节　土地制度

许多研究普什图社会的论著都会提到一个波斯谚语：zar zan zamin，其字面含义是黄金、女人和土地，指代普什图人的生活目标。由此足见土地在普什图社会生活中的重要性。在部落乡村，有地居民与无地居民的社会政治地位区别明显，无地居民无权参加议事会。③

当前普什图人既有以游牧为生的库奇人（Kuchi），也有定居农耕的农民，还有生活在城镇的手工业者、商人和专业人士。对所有人而言，土地都具有重要价值，差别只在于土地的使用价值，比如，农民更看重可耕地，牧民更看重草场，工厂需要厂房、矿产资源和基础设施等。

在游牧地区，草场归部落公有，牲畜则属于游牧民家庭/家族私有。④定居地区的土地所有制有两个突出特点。其一，土地分为两类，即共同体公有土地、家庭私有土地。私有土地可继承，也可有偿转让或抵押。其二，土地分配不均现象长期存在，各部落都有大地主、少地和无地农民。一般而言，部落首领都是大地主，土地是其保有权威和影响力的重

---

① Fazal Muzhary, "The Bride Price: The Afghan Tradition of Paying for Wives", Oct. 25, 2016, https://www.afghanistan-analysts.org/the-bride-price-the-afghan-tradition-of-paying-for-wives/.

② Ibid..

③ Isaac Kfir, "The Role of the Pashtuns in Understanding the Afghan Crisis", *Perspectives on Terrorism*, Vol. 3, No. 4 (Dec. 2009), pp. 37–51.

④ Ernest Gellner, "The Tribal Society and Its Enemies", *The Conflict of Tribe and State in Iran and Afghanistan*, ed. by Richard Tapper, pp. 441–442.

要资源：他们用其土地产出的食物款待部落民众，通过租佃土地给本乡本土无地、少地民众提供生计。

一　集体土地

顾名思义，"集体土地"乃归部落全体成员集体共有，是部落的公共财产。这其实是普什图人最早的土地观念，也是最早形成的土地制度。在这个前提下，为了确保部落成员的生存，部落才将部分可耕地分配给家庭。后来，随着人口增加，未经分配的可耕地面积越来越少，加上耕地可在家庭和家族内部继承，土地归家庭和家族"私有"的现象才日益突出。

时至今日，"集体土地"依然是普什图土地所有制的重要类别。以阿富汗为例。学者们一般认为，阿富汗当前的土地分为五类：政府土地、公有土地、私有土地、集体土地和清真寺土地[①]。部落地区的非农耕地、公共空间、山地、牧场和沼泽，都属于集体土地。

（一）土地争议

阿富汗在集体土地问题上存在三类争议。第一类是部落同国家的所有权之争。大多数部落都有自己界线清晰的固定地盘[②]，并把部落土地视为自己的领土。国家主权制度相对晚近才被引入普什图社会。在这种新的制度框架内，部落地区的森林、河流以及一些闲置或废置土地究竟归国家所有（公有土地）还是归部落集体所有的问题，至今仍存在争执。基于普什图人的土地观念，如果未经当地部落许可，政府实际上就没有办法在部落地区修建公路和其他公共设施。这是20世纪70年代达乌德政府和人民民主党政权推进现代化建设的重大障碍。

第二类是部落内部的使用权之争。理论上，部落共同体所有成员对集体土地享有同等权利。但实际情况却并非如此。部落首领（汗）拥有优先支配权，其他人要想使用或支配这些土地相对困难。一般情况下，

[①] Liz Alden Wily, "Land Rights in Crisis: Restoring Tenure Security in Afghanistan", *AREU Papers*, Mar. 2003, p. 17.

[②] 马苏德部落是例外，它下属各宗族混杂居住，没有专属土地。

部落民也不挑战和质疑首领对集体土地的支配权,但对支配权行使过程中的具体细则却常有不满和争议,包括如何处置集体土地及集体共有的季节性牧场,如何界定哪些共有土地是不可耕种的,等等。

第三类争议与土地分配/再分配相关。长期以来,不少部落在使用集体土地方面形成了一个惯例:把土地分为若干小块耕地,分配给各个家庭耕作。这些耕地在位置、水源、土质等方面不可能均等。为了确保最大限度的平等原则,他们会定期重新分配土地。重新分配的时间间隔从 2 年到 20 年不等,一般采用抽签的方式,但总有对结果表示不满的人。[1] 土地频繁更换易手,实际不利于土地肥力的养育,会妨碍农业生产改进。今巴基斯坦大部分普什图部落在 19 世纪已停止了这种制度,但是,在迪尔、斯瓦特和巴焦尔等地,以及阿富汗楠格哈尔和库纳尔省的部落地区,这种制度持续到 20 世纪中叶,坎大哈省持续到 20 世纪 80 年代[2]。目前,分配/再分配土地的周期不像以前那么短,但每逢集体土地的总面积发生改变,就必然要进行土地分配或再分配,也总是会引发矛盾和冲突。

(二) 重新分配制度

定期重新分配土地的初衷是为了促进部落内部的团结和平等,但其实践却一再引起矛盾纠纷。从经验案例来看,土地分配/再分配引发的争议,关键不在于分配/再分配行为本身,也不在于分配的执行机构,而主要在于分配土地的标准。

一般来说,部落乡村分配/再分配集体土地,主要由议事会负责执行,程序公开透明。但是,分配标准却不完全以各家庭不断变动的人口数量及其所需土地为准。也就是说,不是让土地回归到它自然的,同时也是首要的功能——给人的生存提供给养,而是赋予它一些新的内容,在很大程度上把它作为一种赏赐或者奖品。这就容易引起争议。

---

[1] W. R. H Merk, "The North-West Frontier Province of India", *Journal of the Royal Society of Arts*, Vol. 59, No. 3054 (Jun. 2, 1911), pp. 745 – 763.

[2] Lutz Rzehak, *Doing Pashto*, AAN Thematic Report 01, 2011, http://www.afghanistan-analysts.org/wp-content/uploads/downloads/2012/10/20110321LR-Pashtunwali-FINAL.pdf.

比如，在当前阿富汗东南部地区，普什图人的土地分配/再分配主要有以下四大标准①：

（1）在为本部落/乡村（集体）捍卫和争夺土地的斗争（特别是流血冲突）中付出的代价。

（2）依靠待分土地为生的家庭成员数量。

（3）参照部落男性青壮年劳动力总数确定分配比例，然后结合各家青壮年男劳力数量进行分配。

（4）参照集体土地总面积增加之前，每个家庭原有土地占集体土地总面积的比例，来分配新增加的土地，确保比值不变。比如阿赫迈德从父亲手里继承的土地占村子耕地总面积的5%，那么在分配部落新增土地时，他将获得其中的5%。

以上原则在很大程度上体现了普什图法则，特别是其中的荣誉、公平和男性主导等观念。需要说明的是，不能离开普什图语境去抽象地理解"公平"。上述标准中，代价与酬劳挂钩，人口数量与土地面积挂钩，按男性壮劳力比例，沿袭先在的土地面积比例等，都符合普什图人观念中的"平等"法则。但是这些分配原则实施的结果，却往往产生或增强现实的不平等，因而总是激发受损者或失利者的反抗，导致矛盾和冲突的发生。

二 私有土地

普什图部落地区的私有土地主要指部落分给各家庭/家族的农地、各家房屋所用宅基地。就其在部落/乡村总土地中的构成来说，私有土地有两大类：一是专门分配给宗教人士（毛拉）和清真寺的土地；二是在部落民之间分配的土地。由此可见宗教人士在普什图社会中的特殊地位。有趣的是，专门划给宗教人士和清真寺的土地位置也比较特殊，一般而言，这类土地位于两大部落地区之间，或是部落/乡村之间有争议的土地。

---

① The Liaison Office, *Implications for Collaboration between Traditional Dispute Resolution Mechanism and ARAZI*, Oct. 2014, p. 22.

(一) 所有权确认

部落民对土地的所有权来自于部落/乡村分配。分配给部落民的土地一般经过部落—宗族—家族三级划分,如图2—3所示。(1) 部落把土地分成若干单位,称为"塔帕"(tappas),划给下属的各宗族。(2) 宗族把"塔帕"再分为若干小块,称为"达福塔"(daftar),在家族间分配。(3) 各家族把达福塔进一步划分成若干"布拉卡"或"巴卡"(bakhras),分给各核心家庭。① 完成分配的土地在名义上归家庭所有,但实际上,私有土地归男性家长支配。

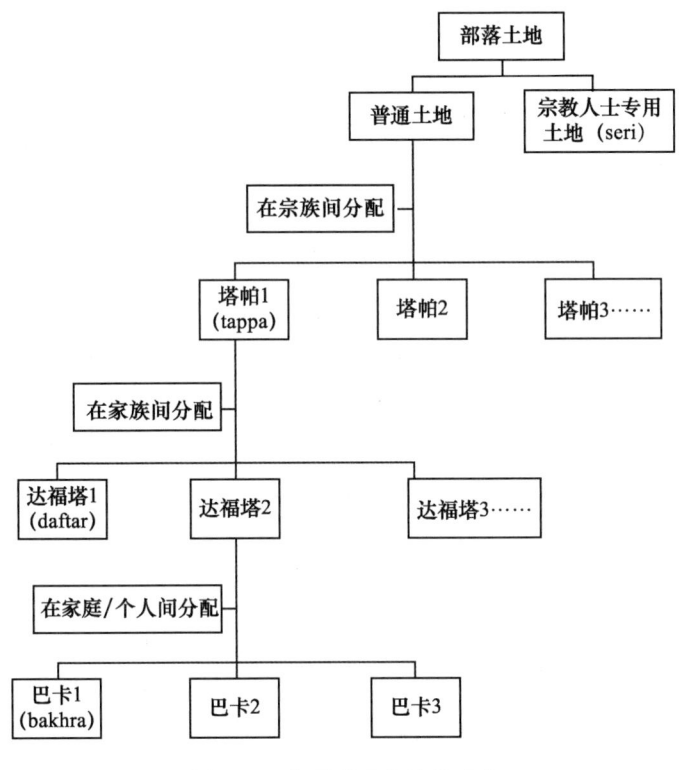

图2—3 部落私有土地的形成

---

① H. A. Rose, *A Glossary of the Tribes and Castes of the Punjab and North-West Frontier Province*, Vol. III, p. 207.

(二) 所有权变更

除了部落分配土地以外，普什图人获得土地的方式至少还有四种：继承、买卖、代偿/酬报、暴力夺取。这四种方式也是普什图社会土地所有权发生改变的主要方式。

1. 代偿、酬报和抵押

在普什图社会，馈赠土地其实是一种常见的酬报方式。如前所述，男方家庭可把土地作为聘金代偿物转让给新娘家庭，用土地换婚姻。日常生活中常见以土地为抵押物换取贷款的例子。巴特在斯瓦特地区发现，普什图部落首领（汗）常慷慨地把一块土地赠予宗教人士或清真寺，或者作为政治投资，或者作为酬谢，褒奖其做出的特殊贡献。这是当地宗教人士获得土地的最重要渠道。[1]

20世纪末以来，在阿富汗土地问题研究中，学者们集中关注的重点话题是，农村贫困的小土地所有者为借钱而抵押土地所衍生的各种问题，其中最严重的后果是借钱者因无力偿还贷款而失去土地。

2. 买卖

土地买卖的情况稍微复杂一些，21世纪初，阿富汗土地纠纷的56%都涉及土地买卖。[2] 有学者称，当前阿富汗的土地所有权为"完全保有"，即所有权人对土地及其附着的其他资源（矿产资源除外）有绝对的控制权。[3] 不过，在普什图乡村，私人对土地的绝对控制权更多的还只是理论，而不是实践，在日常生活中是例外而非常态。除了靠抵押放贷而获取土地外，私人土地买卖还不常见；出让私有土地在很大程度上还受部落集体意识和社会舆论的制约。

普什图人不能随心所欲地出卖自己的土地。一方面，土地是部落社会生活和政治实力的直接资源。拥有土地实际是生活安全保障和政治权势的基础。[4] 除非情势所迫，否则人们不会轻易转让土地。对于普通农民来说，土地是首要的生活来源，普通家庭并无多余的土地可以出售。对

---

[1] ［挪］弗雷德里克·巴特：《斯瓦特巴坦人的政治过程》，第7—8章。
[2] Liz Alden Wily, "Land Rights in Crisis: Restoring Tenure Security in Afghanistan", *AREU Papers*, Mar. 2003, p. 20.
[3] Ibid., p. 19.
[4] ［挪］弗雷德里克·巴特：《斯瓦特巴坦人的政治过程》，第107页。

于拥有较多土地的大地主而言，土地是他们在本部落和本乡本土享有特殊权力地位的核心资本。因此，尽管行市紧俏，不乏急切的买主，但大地主一般都会特别谨慎。偶尔也有强买现象发生，其直接结果是被强迫者会迅速集结其家族、宗族和部落的防卫力量，强迫者如果执意坚持，就会导致械斗和流血冲突。

另一方面，普什图绝大多数地区默认的规则是，成员的土地可在本部落、本乡村居民内部转让，不能擅自决定出售给外人。许多部落都通行一个基本的土地转让原则，即亲戚邻里优先。这意味着土地转让者的亲戚、邻里有优先购买待转让土地的权利。尽管家长能够支配家庭事务，但家长一般不能独自决定变卖土地房屋等重大问题，事先需要征求家族所有成年男子的意见，达成一致以后方能采取行动。

在普什图部落地区，土地是部落认同的重要组成部分，与血亲纽带同等重要，二者往往相辅相成。部落分配土地只在部落成员间进行，客居的非本部落成员无权参与。如果部落成员失去土地后，不能设法在本村获得新的土地，那么他就失去了参与乡村部落公共事务管理的许多权利和资格。与此同时，与本部落无血亲关系的人也不能仅靠购得的土地而获得部落成员的资格，其在部落乡村的处境也会遭遇尴尬和困难。巴特在斯瓦特地区的研究证明了这两点。他发现，失去土地的人同时也失去了部落成员资格，而获取该土地的外人也遭到当地部落社会关系网的拒绝和排斥，包括不得参加部落议事会，不被邀请参加乡邻宴请婚庆等等。[1] 总之，在普什图部落地区，跨部落、跨地区买卖土地的社会成本很高。

3. 继承

继承父亲遗产，始终是普什图人获取土地所有权的首要方式。[2] 子承父权，也是土地作为私有财产的重要体现。

土地继承只限于家庭/家族内部，必须基于血亲关系，而且只发生在

---

[1] F. Barth, "Pathan Identity and Its Maintenance", in: *Ethnic Groups and Boundaries*, ed. by F. Barth, p. 127.

[2] Liz Alden Wily, "Land Rights in Crisis: Restoring Tenure Security in Afghanistan", *AREU Papers*, p. 20.

男性家长过世或儿子成家并获准另立门户的情况下。女子不能继承土地，也不能拥有土地所有权。① 也就是说，土地所有权只在家庭/家族内部男性亲属间传承。在某些地方，亡夫的寡妇可分得一些土地，但这在普什图社会是例外情况，不是通行法则。

土地继承的优先权顺序遵循血亲由近及远的原则。男性家长过世之后，其名下土地继承人顺序依次为：儿子、父亲、儿子的儿子、父亲的父亲、兄弟、父亲的兄弟、兄弟的儿子、父亲的兄弟的儿子，以此类推。但并非所有亲属都能分享被继承的土地。只要有人出现在前一个位置，那么他之后的其他人便不具继承权。比如，如果被继承人有儿子，则其父亲不能继承。如果被继承人没有直系亲属，有父亲的兄弟，和兄弟的儿子，那么父亲的兄弟优先占有，兄弟的儿子便不能继承。

在有同等继承权的成员中，被继承的土地平等分配。为了尽可能减少遗产分配不均引发兄弟阋墙，有的部落在长期的实践中形成了细致复杂的均分机制。比如，父亲身后，三个儿子甲、乙、丙继承父亲的土地。土地均分为三块 a，b，c。要做到三块土地面积等同并不难，但每块土地的位置、条件、墒情等却几乎不可能完全等同。为确保公平，兄弟三人将定期轮换其继承的土地：甲、乙、丙分别轮换耕种 a，b，c，十年或二十年轮换一次，以此实现完全平等。不过问题依然存在：假如所继承的土地面积很大，那么每 10 年或 20 年，甲、乙、丙三个家庭就必须举家搬迁。

我们继续假设这位父亲原是大地主，他在世时已把部分土地租给乡民耕种。那么他的儿子在继承土地的同时就继承了土地既有的租佃关系。佃农继续耕种土地，到时只需与新地主延续土地租赁关系即可。由此产生一类现象："地主乡绅"的土地所有权在流动，佃农与土地的关系则相对固定，但"佃农—东家"关系也会随所有权易手而变动。这种复杂的生产关系是普什图部落社会关系复杂性的一个构成要素。

土地所有权在家庭/家族内部的代际传承，必然衍生出的现象是，随着家庭规模扩大和代际变化，一片土地被多次重新划分。这就构成了普

---

① 尽管伊斯兰教教法、阿富汗宪法和民法都规定，女子有权拥有土地，也有继承权。但是部落地区的日常生活实践会更多地遵奉普什图法则，而非教法或国家法律。

什图部落同其所在乡土之间盘根错节的关系。在这个演进过程中,大家庭维持到共同的祖先去世和家族内部的土地重新分配前为止。在此之前,儿子的婚姻不会改变原生家庭的结构,不会立即导致大家庭的裂变,除非得到父亲特许而分家单独生活。①

三 土地矛盾

土地是普什图社会生活的重要内容。土地矛盾始终是普什图社会矛盾冲突的主要症结之一,主要表现为两种类别,一是土地分配不均,二是争夺土地资源的纠纷。

(一)分配不均

土地分配不均是人类社会的普遍现象。根据土地占有的多寡,乡村普什图民众可分为三大群体:无地农民,小土地所有者,大地主。他们都以土地为生,但他们对土地的依赖关系不尽相同。一般而言,大地主不亲自耕种土地,主要把土地分割租佃给需要的人耕种,然后靠收取租金生活。无地农民则主要依靠耕种别人的土地生活,或是作为佃农,或是帮人打工。小土地所有者首先会耕种自己的土地;人多地少、土地产出不足以维持生计的家庭,则也要租佃别人的土地。

以阿富汗为例。20世纪60年代,无地农民占农业人口总数的43%,70年代占35%,80年代占18%—30%,90年代占30%左右。1980年前后,全国农村人口的40%没有土地,另外40%的农民占有土地不超过4公顷;北部8个省总人口的2%占有可耕地的73%,全国约60%的村民无地,以佃农身份,靠为大地主打工为生。接近无地的佃农在农民中的比例是:1970年22%,1978年19%,1988年17%。②

这种状况极大地制约了社会经济的发展。在普什图地区,无地和少地农民的贫困现象十分普遍,许多人为了生存而不得不求援借贷,在贫穷的恶性循环中苦苦挣扎,在缺地—贫困—借贷的泥潭中越陷越深。

---

① [挪]弗雷德里克·巴特:《斯瓦特帕坦人的政治过程》,第2章。
② Raimo Vaeyrynen, "Afghanistan", *Journal of Peace Research*, Vol. 17, No. 2 (1980), pp. 93 – 102. Liz Alden Wily, "Land Rights in Crisis: Restoring Tenure Security in Afghanistan", *AREU Papers*, pp. 17 – 18.

2000 年在帕克提亚省的调查显示，除了与农业生产相关的借贷以外，47% 的借贷都直接用于购买食物。在赫尔曼德省，借贷已从金钱和农业生产要素如种子、化肥、人力等，扩展到食物、衣服、医药等物品。还有研究发现，在阿富汗普什图地区，人们借贷抵押的物品包括土地、珠宝、衣物等生活用品，还有人甚至以孩子作为抵押，继而以孩子作为抵偿物来"避免因借贷而产生的牢狱之灾"。部落民因还不起贷款而被迫转让土地的案例随处可见。① 佃农辛苦劳作一年，到头来只能获得所产粮食的 1/5 左右。一般而言，农业生产需要投入五大要素：种子、土地、水源、牲畜或机械、人力。按照阿富汗惯例，谁投入其中一个要素，谁就能分享最终产品的五分之一。② 根据《阿富汗民法》，佃农须精心耕种，如果在租用土地的有效期内蓄意损坏土地，将追究佃农的责任（1416条）。如果土地租约期满或被取消，农作物归提供种子的人所有（1430条）。因此，即便只能占据土地产出的极少部分，农村无地和少地农民一般也不敢轻易撕毁条约，极少出现像詹姆斯·斯科特在马来西亚发现的那种"弱者的反抗"③，没有出现明显的农民阶级运动和"阶级冲突"。由于获取新的土地相当困难，无地少地贫民改变自身社会经济处境的希望比较渺茫。

阿富汗政府曾试图改变这种状况。1965 年前后，查希尔国王下令在全国范围内进行土地调查，正式把解决土地占有严重失衡的问题提上国家议事日程。1975 年达乌德（Daud Khah）总统发布《土地改革法令》，规定每户可拥有土地的面积上限为 20—40 公顷④，超过上限部分将由政府有偿回购后酌情再分配。作为配套措施，1976 年又颁布了征收土地税的政令。达乌德还把土地改革方案纳入第一个七年发展计划（1976—1983 年）和 18 点国家政策等宏观战略框架。这些改革措施都遭到大地主的阻挠，政府回购超限土地的法令在执行中困难重重。1978 年 4 月，达

---

① Liz Alden Wily, "Land Rights in Crisis: Restoring Tenure Security in Afghanistan", *AREU Papers*, p. 21.
② L. Dupree, *Afghanistan*, Princeton University Press, 1980.
③ ［美］詹姆斯·斯科特：《弱者的武器》，郑广怀等译，译林出版社 2007 年版。
④ Anthony Arnold, *Afghanistan's Two-Party Communism: Parcham and Khalq*, Stanford: Hoover Institution Press, 1983, p. 75.

乌德政权被政变推翻。同年 11 月，人民民主党政权颁布《革命土地法令》，再度限制每户持有土地数量，要求农民登记其土地所有权，同时宣布把部分土地收归国有。其结果，国家和地方政府成为土地矛盾的当事人，社会冲突激化。

多数学者把人民民主党政权的土地改革视为"世俗化"改革的一部分，普什图抵抗力量也高举伊斯兰大旗，批判政府的改革措施不符合伊斯兰原则。实际上，人们之所以反对土地改革，关键在于土地对普什图人的特殊意义——拥有土地被普什图人认为是独立和尊严的标志。人民民主党颁布土改法令后，一位普什图艺术家说，国家把土地收归国有是一个阴谋，是为了增加个人对国家的依赖："终止个人的土地所有权以后，每个人就像是被阉割的山羊……他将只能为果腹而活。"[①]

(二) 土地资源争端

土地矛盾是普什图社会纠纷的主要内容，主要有三类：一是部落或家族内部的土地矛盾；二是相邻部落之间围绕土地资源（水、草场等）展开的争夺；三是政府与部落之间的土地矛盾。根据 2011 年美国和平研究所的一个研究项目显示，阿富汗地方民众纠纷和争端的首要原因是财产所有权，其中土地所有权是许多其他形式冲突的根源。[②]

传统上，普什图社会不能容忍"擅自改动邻居的土地界标"。[③] 但是，由于家庭人口增多、大家庭裂变、部落扩大和人口迁移等日常社会事实，土地界标实际上不可能一以贯之，而是经常面临修正调整的压力。普什图各部落没有普遍通行或公认的土地制度和规则。即便在同一地区和同一部落内部，游牧民和农耕民之间的土地制度也有差异。这增加了问题的复杂性。

普什图农村地区的土地矛盾主要依靠部落长老、乡村议事会协调解决，械斗和暴力冲突也是解决矛盾的一种方式，不过，暴力冲突总是引发更多问题。随着国家权力的扩展和深入，国家领土主权与部落世居地

[①] Asta Olesen, *Islam and Politics in Afghanistan*, Curzon Press Ltd., 1995, pp. 278 – 279.

[②] Hamid M. Khan, "Islamic Law, Customary Law, and Afghan Informal Justice", *Speicial Report No.* 363, the United States Institute of Peace, Mar. 2015, p. 6.

[③] George B. Scott C. I. E., *Afghan and Pathan: A Sketch*, p. 33.

主导权之间也有张力。这类分歧和争端相对更难解决，因为找不到双方都认可的第三方仲裁。在这类对抗中，国家政府总是援引现代法律政策为依据，部落则更多强调习俗惯例。在阿富汗，部落长老对喀布尔政府组建的"土地争端特别法庭"缺乏足够的信任和认同，在巴基斯坦，联邦直辖部落区在许多方面是"法外之地"。就此而言，土地争端还将长期存在。

21世纪以来，各类土地纠纷在阿富汗不断上演，并随难民的陆续回国返乡而局部激化。对此，许多评论家习惯高高在上地拿着抽象的"治理"标尺，动辄归咎于政府治理能力和腐败等问题。但深入阿富汗社会内部就会发现，土地观念和既有归属状况、普什图法则、大地主等社会客观力量的存在是不可忽视的。即便假想这些障碍都不存在，假设阿富汗是一个吏治清明、政治稳定的国家，只要它依然是农业社会，人口依然在增长，那土地矛盾就始终存在且难有万全之策。归根结底，在土地资源有限、土地总量固定、人口不断增加的历史条件下，土地资源的稀缺性持续增强，纠纷很难避免。在普什图历史上，家族之间、部落之间争夺土地资源的纷争从未间断；农民与牧民争夺草场、城市与农村抢地等矛盾也多有发生。

实际上，阿富汗的土地矛盾在很大程度上是其自然地理条件的产物。在这个以农业为国民经济支柱的内陆国，可耕地严重匮乏。全国80%以上的人口生活在农村，可耕地面积仅占国土面积的12%，而且绝大多数可耕地所在地区年降水量不足100毫米。45%的国土适宜放牧，但库奇人只有150万左右。理想的出路可能是改变国家经济发展的方向，比如借力于欧亚大陆经济一体化浪潮，充分利用阿富汗作为"亚洲心脏"的地缘优势，把阿富汗打造为联通中亚—南亚、东亚—西亚的枢纽，把国民经济大厦建立在服务业而不是农业的基础上，才可能真正缓解土地矛盾。但是，这不仅需要阿富汗国家和社会自身的努力，还需要地区和全球相关国家毫无保留的支持与协助。基于当前该地区的矛盾，特别是该地区的地缘政治现实，这个美好的愿景还很难实现。

2002年，阿富汗2.2%的人口拥有全国19%的可耕地。① 在当前和未来的一段时期，如何建立更加公平的土地制度，并把数百万难民纳入其中，将是阿富汗战后重建面临的重大挑战。

---

① Liz Alden Wily, "Land Rights in Crisis: Restoring Tenure Security in Afghanistan", *AREU Papers*, pp. 17 – 18.

第 三 章

普什图社会的基本规范

绝大多数普什图人都是虔诚的穆斯林,尊奉伊斯兰教。普什图社会规范有两大支柱:普什图法则和伊斯兰教。普什图法则是普什图社会原生的行为规范,伊斯兰教是从外部传入的宗教信仰。对于穆斯林来说,"伊斯兰"是一套生活方式,研究阿富汗历史文化的学者则称普什图法则为"普什图人的生活方式"。从时间来看,普什图法则早在伊斯兰教传入之前就已经存在了。

20 世纪以前,今巴阿边境的普什图地区在名义上先后归属多个王朝、王国和帝国,但始终保持政治自治,王权和帝国权力未能真正渗透该地区,各部落依循普什图法则和伊斯兰教法维持公共秩序。在 20 世纪的民族国家框架内,伊斯兰教和普什图法则的效力也没有明显弱化。当前阿富汗和巴基斯坦都是"伊斯兰共和国"。在阿富汗,普什图法则是其建国以来的立法基础之一;在巴基斯坦普什图部落地区,普什图法则的效力在范围和程度方面都明显强于联邦法律。

第一节 普什图法则

普什图法则(Pushtunwali)是普什图社会生活特有的道德和行为准则的总称[①],也常音译为"普什图瓦里"。有学者发现,普什图地区东部普遍使用"普什图瓦里"这个词,西部常用"部落习惯法"(rawaj)指

---

① 张敏:《阿富汗文化和社会》,第 177 页。

代普什图传统法则。① 本书统称为"普什图法则"。

普什图法则是普什图社会的根本标志,是普什图人区别于其他穆斯林群体的关键所在。阿克巴·阿赫迈德认为,普什图法则是"普什图社会组织和社会行为的核心,是普什图社会的理想型"。托马斯·巴菲尔德也强调,"普什图人相信,作为一个'真正的普什图人',不仅要说普什图语,而且要'行普什图事'(do Pukhto),即是说,遵循普什图法则的规范。"②

严格说来,"法则"一词或许不能完全反映普什图法则在普什图社会的地位和作用,因为普什图法则带有"普什图属性"(Pashtunness)的含义,包含着普什图人的自我认知,是他们自认为区别于其他族群的标志性特点。普什图法则是普什图人的世界观和生活方式,是普什图人的行为准则和规范,包含一整套社会经济、政治和文化制度,是普什图社会共同遵守的"不成文宪法"③。

一 核心内容

要全面而准确地描述普什图法则的内容,是非常困难的。阿富汗有关普什图法则的文献最早出现于 17 世纪,相传为普什图伟大诗人胡夏尔汗·哈塔克(Khushal Khan Khattak)所写,但他其实没有使用"普什图瓦里"这个词汇,他只是描述了普什图人必须具备的 20 种能力和美德:美德包括尊严和荣誉、勇敢、温和、忠诚、协商、自知、有抱负、尊重长者等;基本技能则包括驯鹰、捕猎、下棋、诗歌、音乐、绘画等。20

---

① Bernt Glazter, *Essays on South Asian Society: Culutre and Politics II*, p. 85. 狭义的 rawaj 意为部落习惯法,是与普什图法则并列的规范体系,比如,买卖女子就属于部落习俗,而非普什图法则。

② Akbar S. Ahmed, *Pukhtun Economy and Society*, p. 89. Thomas. J. Barfield, *Afghan Customary Law and Its Relationship to Formal Judicial Institutions*, Boston University, Produced for the United States Institute for Peace, Washington, D. C., Jun. 26, 2003, http://www.usip.org/sites/default/files/file/barfield2.pdf. Fredrik Barth, "Pathan Identity and Its Maintenance", *Ethnic Groups and Boundaries*, ed. by Fredrik Barth, p. 119.

③ Lutz Rzehak, *Doing Pashto*, AAN Thematic Report 01, 2011, http://www.afghanistan-analysts.org/wp-content/uploads/downloads/2012/10/20110321LR-Pashtunwali-FINAL.pdf. Ahmad Salim, *Loya Jirga: The Afghan Grand Assembly*, p. 12. Jolanta Sierakowska-Dyndo, *The Boundaries of Afghans' Politcal Imagination*, p. 6.

世纪以来，阿富汗学者加强了对普什图法则的探寻和研究，出版了若干文献，其中包括1953年齐亚姆丁·哈蒂姆（Qiyamuddin Khadim）在喀布尔出版的《普什图法则》一书，但还没有各方公认的法则"样本"。人类学方法是研究普什图法则的重要途径。但这种方法也有其内在局限。比如，外部观察者难以超越文化个体承载者对其文化的认知差异和表达差异，也难以超越观察研究的"外部性"。

19世纪，欧洲人对普什图社会及其规则的关注增强，取得了不少成果。不过，在现有讨论普什图法则的众多英文文献中，几乎找不到一致的主张。总体来看，现有英文文献像是从普什图法则这个巨大无比的"仓库"中各取所需，都以"普什图法则"的名义呈现出来。许多作者往往根据其所论主题和个人价值偏好来决定取舍，其中不乏"六经注我者"。比如，西方一些学者为了解释"塔利班"的思想和行为，格外强调复仇、无畏、敌意等观念在普什图法则中的"核心地位"，或者干脆把"塔利班"指定为普什图法则的活代表。普什图学者的研究角度则完全不同。比如哈桑·优素福扎等人强调普什图法则的主要内容是忏悔与宽恕、休战、热情好客等，强调普什图法则的和平价值取向。丁铎则认为，普什图法则的核心内容是勇敢、荣誉、慷慨、平等、独立。①

这种状况自然不利于我们对知识"确定性"和"无谬性"的期待。但它恰恰说明了普什图社会的复杂性，普什图法则内容的丰富多彩。它同时也提醒我们注意，研究者内在的局限性以及研究者的预设与偏好对研究对象的建构作用。基于此，笔者只能从各方已有的主要研究成果的公约数中找出核心内容。

（一）尊严和荣誉

荣誉（nang，也写作nanga）是普什图法则的核心，意味着"捍卫权利和荣誉"。尊严（ghayrat）一词的字面含义是"热心""自尊"，引申为"自主"或"自决"。这蕴含着普什图人观念中自由与荣誉的关系。他们相信，要捍卫自由，捍卫尊严和荣誉，人必须充满热情、勇气并无所

---

① 详见 Hasan M. Yousufzai & Ali Gahar, *Towards Understanding Pukhtoon Jirga*, Peshawar: Just Peace International 2005. Jolanta Sierakowska-Dyndo, *The Boundaries of Afghans' Political Imagination*, pp. 15, 17.

畏惧。①

捍卫自身、家人和部落的尊严与荣誉，是普什图人首要的行为准则，是所有法则的内核。普什图法则被称为"荣誉法则"（nangwali）②，由此可见"荣誉"在普什图法则中的特殊地位。捍卫荣誉和尊严是普什图成年男子的责任，也是一种性别特权；女子在其中是受保护的客体，而非行为主体。

对普什图男子而言，尊严荣誉是其他社会行为的基础。政治结盟、仇杀纷争、热情待客、提供庇护等行为都与尊严、荣誉息息相关。在很大程度上可以说，普什图社会行为准则遵循荣辱二分法：尽力捍卫和弘扬尊严荣誉，避免和雪清耻辱，为此不惜一切代价。如其谚语所说："为了家人或朋友的荣誉而死。为了头颅我可以牺牲财富，但为了荣誉我可以牺牲头颅。"为捍卫家庭、家族和部落荣誉而战死，是最荣耀和光彩的死法。诗人哈塔克写道："捐躯沙场的人永垂不朽，他们不会老去，他们将永远与我们在一起"③。

1. 荣誉观

在普什图社会，涉及尊严、荣誉和耻辱的问题可以很小、很具体，比如争夺某个山头的柴火或其他资源纠纷。问题也可能很抽象，比如不守承诺、质疑某人自诩的忠诚，以轻蔑的方式称呼对方的名字，或者直接称对方为 Bighairata（字面意思是"不热心"）等，都可能引发你死我活的荣誉尊严捍卫战。

社会评价与普什图人的尊严感息息相关："当一个行为在他人眼里看来是荣耀或者耻辱，那么它就是荣耀或耻辱。"普什图人宁愿失去生命，也不愿意辱没荣誉。所以有谚语说：可以杀死一个男人，但不要毁掉他的好名声。④

---

① M. Ibrahim Atayee et al., *A Dictionary of the Terminology of Pashto's Tribal Customary Law and Usages*. Kabul: International Centre for Pashto Studies Academy of Sciences of Afghanistan, 1979, pp. 34, 66.

② Akbar S. Ahmed, *Pukhtun Economy and Society*, pp. 91, 92.

③ Louis Dupree, "Tribal Warfare in Afghanistan and Pakistan: A Reflection of the Segmentary Lineage System", in: Akbar Ahmad and David M. Hart (eds.), *Islam in Tribal Societies*, p. 270. Jolanta Sierakowska-Dyndo, *The Boundaries of Afghans' Political Imagination*, p. 16.

④ Lutz Rzehak, "Doing Pashto", ANN Thematic Report, No. 1, 2011, http://www.afghanistan-analysts.org/wp-content/uploads/downloads/2012/10/20110321LR-Pashtunwali-FINAL.pdf. Jolanta Sierakowska-Dyndo, *The Boundaries of Afghans' Political Imagination*, p. 17.

除了个人荣辱之外，家庭和家族是最重要的"荣誉主体"，家长是家庭和家族荣誉的担纲者。

在部落乡村，家族和家庭荣誉的核心基础有三点：经济实力、保卫自身安全的能力、捍卫自己财产资源的能力。如果在政治和经济方面依靠别人或听令于他人，会被认为有损于尊严。在普什图社会中，交好本土精英、地区与国家显贵，被认为是一种荣誉。所以许多部落首领都热衷于维护同政权的友好关系。

2. 捍卫荣誉

为尊严和荣誉战斗到生命最后一息的精神被称为"捍卫荣誉"（tureh）和"勇敢无畏"（turyalai, shuja'at）。普什图社会通行的评判标准是，如果成年男子在受到羞辱后，能够用恰当的方式实施报复，表明自己不是废物，有能力捍卫自己的利益，那他就保住了荣誉。①

于是，千百年来，普什图社会为捍卫荣誉而进行仇杀的例子比比皆是。男人们为了捍卫荣誉会战斗至死。忍气吞声、投降或临阵逃脱都被认为是耻辱。诗人胡夏尔汗·哈塔克表示，"如果你不喜欢武器，那你就不该自称为男人"。他还写道："头可抛，财可失，荣誉绝不能丢，因为一个人的全部尊严都在于荣誉。"②

由荣誉感受损和捍卫荣誉行为而引发的争端，在所有时代、所有社会都普遍存在。普什图社会的特殊之处主要在于两点。其一，树立和捍卫荣誉尊严，是专属于成年男人的责任和义务。荣誉尊严的破坏者、威胁者则可能是所有人，包括女子。其二，荣誉和尊严不是当事人个体的事务，而是属于共同体的事务。除了同一家庭、家庭、部落的成员之间的伤害外，其他任何两个人间的恩怨就等于两个家庭之间、家族之间，乃至两个部落之间的恩怨。换言之，"外人"对家庭、家族和部落成员的任何伤害，都会被当作对整个家庭、家族和部落全部成员的伤害，其成员有责任采取行动。

这两点集合起来就形成了普什图社会的基本法则：每个成年男子都

---

① ［挪］弗雷德里克·巴特：《斯瓦特巴坦人的政治过程》，第119页。
② Yasmeen Aftab Ali, "Understanding Pashtunwali", Aug. 6, 2013, http://nation.com.pk/columns/06-Aug-2013/understanding-pashtunwali.

有责任和义务保护家庭财产和所有成员的安全与声誉，有权利和义务进行追讨或报复，以此恢复荣誉。如果他对挑衅和伤害无动于衷，放弃报复的权利和义务，那么必然会遭到嘲笑和蔑视，他所在的群体（家庭、宗族、部落）也将因此而蒙羞。

3. 与女子相关的荣誉法则

普什图传统社会关系的基本特征是男性主宰。女子不参与社会公共生活，她们以家庭生活为中心，主要从事家务劳动，她们不掌握生产资料，完全依赖于家长，在家从父，出嫁从夫。巴特称普什图社会是真正的父系社会：

> 在家庭内部丈夫/父亲主宰一切，他主宰着全家人的社会交往，他只要高兴就能够切断妻子同她所有亲戚之间的联系。他控制着所有的家庭财产，他可以用暴力来行使他的权力。唯独他有权通过离婚或剥夺孩子的继承权来解散家庭，或把家庭成员逐出门外。这些都是他的正式权力……在比较亲近的亲戚关系圈子之外的所有交往中，男子代表着家庭，他们有权代表全家人与其他人签订合同，做决定或其他事情。（妇女地位比较低）虽然她们没有完全被禁止与外人往来，但从法律上来说她们仍然要预先告诉自己的丈夫，在得到他们的允许后，才能与外界交往。①

捍卫家庭女性成员的尊严和安全，是普什图男人荣誉的重要组成部分。普什图语中有一些专门的词汇来表达这类荣誉，如"托尔"（tor）、"纳木斯"（namus）等。namus 的本来含义是"贞洁"。作为与荣誉相关的普什图法则，其含义是"捍卫女子的贞洁"，指成年男子有义务和责任保护母亲、姐妹、妻子、女儿的安全和名声。在社会交往中，无视他人的纳木斯，是不可饶恕的大罪。即便是口头侵犯，也会引起报复。普什图社会广为人知的谚语是：② 牺牲财产以保全头颅，牺牲头颅以保护纳

---

① ［挪］弗雷德里克·巴特：《斯瓦特巴坦人的政治过程》，第32—33页。
② 这是前引谚语"为了头颅我可以牺牲财富，但为了荣誉我可以牺牲头颅"的另一种版本。M. Ibrahim Atayee et al., *A Dictionary of the Terminology of Pashtun's Tribal Customary Law and Usages*, p. 65. 在普什图西部地区，纳木斯还指涉土地。所以也指保护土地安全，后世引申为"爱国主义"。

木斯。

由此形成了一系列社会行为和交往规范。主要有三个要点：

其一，男女隔离，即"深闺制度"（Purdah）。巴特和阿克巴·艾哈迈德等人都把女子隔离制度作为普什图法则的主要内容。在今天的普什图地区，男女一般不同桌吃饭，即便同在一屋，也有帷幕分隔。不过，男女隔离制度不是普什图社会专有，而是许多国家在不同历史时期都曾经或者仍在流行的习俗。中国曾经也是如此。在当代伊朗和沙特阿拉伯等地，女子外出戴面纱、住所内的深闺禁地、高墙小窗等，也是这一制度的表现。普什图女子外出要遮掩面部，以保护自己和家族的荣誉。妇女一般不单独外出参加社会活动。在诸如婚礼等公共庆典时，男女分别在用幕布分隔开来的各自所属性别的空间中活动。①

其二，禁止男人在公开场合谈论女人。对普什图男人而言，自己的母亲、妻女和姐妹是私人财产，他人无权问津；如果她们的尊严受损，遭到别人的挖苦讽刺，则是莫大的侮辱。为此他必须索取公开道歉和补偿，并可采取一切行动予以反击。

其三，严惩女子犯下的有损家庭和家族荣誉的行为。此类常见的行为包括通奸、偷情，或未婚私奔等。青年男女自由恋爱也会遭到严惩。惩罚措施除了向男方家长索赔外，还常见"荣誉处决"，即由女性"过错者"的父亲、兄弟或丈夫亲手处决该女子，以恢复家庭和家族受损的名誉和尊严。这一习惯流传至今，引起舆论的广泛关注和人权机构的挞伐。据巴基斯坦人权委员会统计，2014 年开普省"荣誉处决"事件 869 起，2016 年被荣誉处决的女子 1096 人，男子 88 人。②

阿富汗杜兰尼部落严禁本部落女子外嫁给除赛义德家族以外的其他任何部落或民族。这种婚姻观念也体现了他们的荣誉观。1970—1972 年间有一个著名的案例。杜兰尼部落的一个女孩同哈扎拉族（什叶派）的

---

① 这一点正在发生变化，如今妇女越来越多地参与到社会政治公共生活中，女权主义运动在阿富汗一些大城市蓬勃兴起。一些政党和 NGO 的领导人，以及阿富汗国家和省级政府议会中都有活跃的女性成员。2014 年 10 月，笔者在赫拉特市参加一个国际会议，有来自数十个国家的代表与会。各国女子中，只有一个人始终不戴头巾，她是喀布尔的一位女权活动家。

② Editorial, "Killing in the Name of Honour", *Daily Times*, Mar. 5, 2017, https：//dailytimes.com.pk/24959/killing-in-the-name-of-honour/.

一个小伙子相好并成功私奔。女孩的父亲在追逃两天未果后求助于部落首领。部落立即聚集 14 人组成的民兵力量，在兴都库什山区搜索一个多月依然未见踪影。该部落于是求助于上级部落，他们一起前往喀布尔求助于政府官员，试图借助国家机器的力量寻找女孩。此间，女孩所属部落首领要求部落成员分摊搜捕行动所需费用，并公开扬言，如果找到女孩，将当着整个大部落所有妇女的面进行公开处决。他们花了一年时间游说当局，但最后没有成功。①

（二）平等

平等（musawwat）是普什图法则的核心内容之一。平等的依据是普什图人都来自同一祖先的信念。在普什图社会，"平等"这一观念和原则渗透在社会生活的方方面面，包括血亲复仇、部落议事会的基本组织制度、前述土地分配和婚姻制度等。

1. 社会政治含义

"平等"是普什图社会关系的基本特点，它没有制度化的统治者和被统治者等阶级区分。普什图学者常引以为傲的是，纯正的普什图语中没有诸如"奴隶、仆人、主人"之类表征人与人不平等关系的词汇。普什图的一则谚语说："每个普什图人都相当于一个曼，他们当中不存在半个曼。"② 普什图语有专门的词汇来表达平等理念——siyal，意为"平等的人"，引申为"竞争者""对手"。

平等是普什图社会原生的公共事务管理原则。它特别典型地体现在本书稍后要讨论的部落"议事会"（jirga）制度中。在部落乡村成员中，所有成年男子均有权参与讨论本地公共事务，议事会的参与者拥有完全平等的发言权。

---

① Nancy Tapper, "Direct Exchange and Brideprice: Alternative Forms in a Complex Marriage System", *Man*, *New Series*, Vol. 16, No. 3 (Sep. 1981), pp. 387–407. Jolanta Sierakowska-Dyndo, *The Boundaries of Afghans' Political Imagination*, p. 12.

② 这句话的英文原文是：Every Pashtun weighs one man; there are no half man among them。在普什图地区，"曼"（man）是一个重量单位，它同"公斤"之间的换算值，因不同地区而有差异。比如在坎大哈地区，man 约合 4 公斤，喀布尔地区为 565 公斤，而白沙瓦地区则合 32 公斤。Lutz Rzehak, "Doing Pashto: Pashtunwali as the Ideal of Honourable Behaviour and Tribal Life among the Pashtuns", ANN Thematic Report, No. 1, 2011, http://www.afghanistan-analysts.org/wp-content/uploads/downloads/2012/10/20110321LR-Pashtunwali-FINAL.pdf.

平等与政治自由密切相关。这个西方政治哲学中的经典命题，在普什图社会也得到了验证。平等法则的核心内容是个人的自由与独立，三者同为普什图人尊严、荣誉的构成性要素，是普什图部落政治生活的支柱。在日常实践中，普什图人既强调平等是每个人内在的权利，同时也强调每个人都有尊重他人平等权利和自由的义务。这构成了普什图社会在世界政治中的突出个性。如果梳理普什图社会的政治史，则可发现，它内部未能建立起真正统一的中央集权，对外反抗一切控制企图，一再成为"帝国的坟墓"。换言之，它的典型特征是拒绝任何形式的外力约束。19世纪中叶普什图一位部落首领对英国驻喀布尔代表艾尔芬斯通说：

> 我们安于争吵，安于流血，但我们绝不能接受任何主人（a master）。①

自由平等的精神自近代以来支撑着普什图人反抗外力控制和外敌侵略的不懈斗争，给英国、苏联和美国留下了深刻的教训。

普什图人不会为了别的东西而牺牲自由。达乌德·汗担任阿富汗总理期间曾如此描述他的普什图同胞：

> 我们全部的生命，我们整个的存在，都围绕一个焦点在运转：自由。如果我们感觉到我们的自由受到哪怕一丁点威胁，无论这种威胁来自何方，那么我们都宁愿啃干馕，甚至饿肚子，也绝不接受可能会限制我们自由的任何帮助。②

丁铎提出，普什图人对自由的推崇已经达到这样的地步：他们实际上不能忍受任何长期协议对个人行动自由的约束。表现在政治生活中，则是各种政治联盟都难以长久，政治协定也多是暂时的。③

---

① Moutstuart Elphinstone, *Comprehensive History of India Empire*, Delhi: Anmol Publications, 1986, p. 70. 这话如今还广为流传。Brigadier Harron Rashid, *History of the Pathans*, Vol. 1, p. 6。

② Guenther Nollau and Hans Juergen Wiehe, *Russia's Southern Flank: Soviet Operations in Iran, Turkey, and Afghanistan*, New York: Praeger, 1963, p. 136.

③ Jolanta Sierakowska-Dyndo, *The Boundaries of Afghans' Political Imagination*, p. 11.

2. 平等与不平等

在普什图法则中，平等不是抽象的、绝对的、没有边界的平等。作为价值原则，它具有普遍性，但在实践中有特定的适用范围。

首先，平等主要是成年男人之间的平等，不包括性别平等这类现代观念。普什图女子不参与部落公共生活，不享有"平等"权利。

其次，平等是共同体内部的平等，即本家族、乡村、部落成员之间的平等。普什图人不承认非普什图人的平等价值和地位。客居者在普什图地区只能在普什图人的庇护下生活。在价值层面，普什图人相信自己是选民，拥有真主的特别恩宠，是穆斯林中最优秀的群体。为此，他们要求所有人都必须尊重自己，同时绝不承认任何人比自己更好，有一种内在的优越感。[1] 这在19—20世纪被英国人记述为桀骜不驯。伊朗作家也有不少生动的描述。比如：

> 你即便问一个穷困的阿富汗人他是谁——他衣衫褴褛，是你的仆人——他也会自豪地回答说，他是阿富汗人。从他的表情、语气和声调中，你可以看出他为自己是阿富汗人而感到骄傲。他的音调之坚定以及他毫不犹豫的神色，不禁让你感觉到，他是主人，而你是他的仆人。[2]

再次，平等原则总是与社会生活中实际存在的权威秩序并存。这种等级不一定是基于制度或政治结构，但同样表现为"支配—服从"关系，比如父子之间、部落首领与部落民之间、议事会与部落成员之间，都存在这种与现代权力关系类似但不相同的次序。

在普什图家庭中，父亲享有崇高地位，年迈的父亲会得到家人很好的照料，子孙会尽全力满足父亲的需求。在社会生活中，长者也享有特殊礼遇和权威。表面上看，这仿佛与平等原则相反。实则不然，因为普什图社会中父亲的权威是基于血缘，长者的特殊权威则是基于人们对智

---

[1] Jolanta Sierakowska-Dyndo, *The Boundaries of Afghans' Political Imagination*, p.14.
[2] Mohammad Ali, *The Afghans*, p.20. 这里的"阿富汗人"即普什图人。

慧的敬重①，没有形成固定的等级结构，更非正式的制度性权力。

在普什图社会，平等、不平等与荣誉密不可分。南希·塔佩尔在描述杜兰尼部落的荣誉与平等观念时指出："杜兰尼人所说的'荣誉'同时表达了平等和不平等。"② 换言之，人们既遵从平等原则，同时也恪守基于差异的荣誉法则，平等与差异并不矛盾。一方面，普什图人认为，平等是所有人在真主面前应有的地位，是人与人之间关系的本然状态。做到人人平等是享有后世荣誉的前提之一。另一方面，他们也相信，现世生活的荣誉必然基于不平等，即我比同侪更胜一筹（siyali），并获得他人对我杰出（不平等）才干的承认。荣誉还意味着优胜者的利他与慷慨大方。所以，为了优胜和荣誉，普什图人常常彼此竞争。

3. 日常生活中的平等实践

尊严和平等是普什图人的核心价值观念。二者密切相关，平等是尊严的基础，平等是独立人格之间的平等。这是普什图社会从未真正接受等级制度的关键所在。胡马云·汗写道：

> 他绝不会奴颜婢膝地臣服于人。他有强烈的平等主义意识。他会表达敬意但绝不阿谀奉承。他期待别人尊重自己，即便他可能会接受外人或本部落同胞的君权。与比邻而居的俾路支人不同，他绝不承认任何萨达尔（sadar）为绝对的支配者，在他看来，他的马里克（malik）只是平等人中间的头人。③

平等法则在普什图社会日常交往中的主要表现是尊重他人。人们相信，要捍卫自己的荣誉和尊严，就必须同等尊重他人的荣誉和尊严。为此，普什图人格外重视言行得当。这常常表现为程序性的语言对等交换。比如甲、乙两人相见。假设甲问及乙的身体状况，乙一般不会直接正面

---

① 在普什图社会，长者权威还包括一些社会性构成要素，比如已婚、有自己的房屋和土地、有子女等等。

② Nancy Tapper, "Direct Exchange and Brideprice: Alternative Forms in a Complex Marriage System", *Man*, New Series, Vol. 16, No. 3 (Sep. 1981), pp. 387–407.

③ Humayun Khan, "The Pashtuns", in: Lisa Choegyal ed., *Afghanistan Revealed*, p. 91. 萨达尔是俾路支部落社会的首领，在部落内部享有至高无上的支配权。

回答，而是先以同样的问题询问甲。这种简单问题的"对等往来"可能就需要好几分钟。假如乙直接快速回答甲的询问，就会被理解为他想成为对话的中心。而这在普什图社会被认为是不好的。为了避免这种状况，乙必须表明对方才是彼此交谈的重点。问题交换完毕之后，他们还得先说一切都好、感谢真主之类，而后才有实质性的关于个人身体状况的讨论。①

"平等"还常常被普什图社会理解为简单的对等。由此形成若干在外界看来匪夷所思的司法实践。下文将会讨论的血亲复仇以简单数量对等为限是一类典型案例。另一个案例是2017年在巴基斯坦的木尔坦地区，一个乡村议事会判定，为了惩罚某男子的强奸行为，受害者家属有权强奸这名男子的妹妹。② 这个判定在巴基斯坦引发了热议，议事会的"公正"与"非正义"成为争论焦点。批评者认为，议事会的这一对等判决有违基本人权和宪法原则，呼吁国家司法机关出面干涉。但正义运动党（PTI）主席伊姆兰·汗③等人则坚持捍卫议事会的正当性，称其为规范社会秩序的有效机制。

（三）血亲复仇

血亲复仇，即 badal 或 badala，其中 badal 一词的字面含义是"交换"（exchange）、"复仇"（revenge）。根据普什图法则，所有侵害名誉、尊严和财产、生命的行为都应受到惩罚。与现代司法公正不同，普什图社会的执法主体是受害方及其所在的共同体（比如家庭、家族、部落）。与西方语境中的"复仇"相比，普什图的 badal 实践的重点与其说在于仇杀，不如说在于"对等"和平等，以对等来讨还公正、恢复荣誉和尊严。其实，除了"复仇"以外，普什图社会生活中的 badal 还有另一种用法，即指代"互换婚"。

损害赔偿是人类社会通行的规则。在普什图社会，有仇必报是成年

---

① Lutz Rzehak, "Doing Pashto: Pashtunwali as the Ideal of Honourable Behaviour and Tribal Life among the Pashtuns", ANN Thematic Report, No. 1, 2011, http://www.afghanistan-analysts.org/wp-content/uploads/downloads/2012/10/20110321LR-Pashtunwali-FINAL.pdf.

② Editorial, "Enough of Jirga Injustice", Daily Times, Sep. 12, 2017, https://dailytimes.com.pk/117335/enough-of-jirga-injustice/.

③ 2018年当选为巴基斯坦总理。

男子义不容辞的责任，不能履行义务的人会被认为是懦夫。用恰当的方式对等惩罚施害者，直接关乎受害者个人、其家族和部落的荣誉与尊严。所以阿克巴认为，复仇是普什图法则的首要内容。① 不少部落都把复仇视为一种集体责任，即部落成员有义务为成员所受伤害报仇，成员个体所受伤害被视为对部落整体的伤害。这是真正意义上共荣辱、共存亡的命运共同体。

1. 对等公正原则

无论是报恩还是报仇，普什图社会都格外强调"等量"。比如，假设甲、乙两方为世仇，若甲方经年（可能历代）累计死于乙方之手的人数多于乙方死于甲方之手的数量，则是甲方所有成员最大的耻辱。在双方死伤人员数量达到等同以前，甲方对乙方追讨血债的杀戮行为都是正当的。当然，普什图社会也不鼓励无休止滥杀，所以给合法追讨血债的行为设定了上限，即双方伤亡数量相等。这就是著名的"死者算术"（calculation of counting kills）。因此，有人也把 badal 翻译为"公正"（justice）。②

由此形成了一种看似矛盾的现象：在世代相续的血亲复仇关系中，具体的复仇行为不仅体现和延续仇恨，而且也是解决复仇恶性循环的机会。当敌对双方有等量的人死于仇杀时，便是双方最有可能坐下来谈判和结束仇杀的时候。这是我们理解普什图社会复仇法则的关键。在普什图人的观念中，它是一种实现公正的方式，而公正的依据就是数量平等。

各部落的复仇实践不尽相同。大多数部落都坚持血亲复仇，仇恨代代相传，由施害者个人扩及其所在的家庭、家族、部落整体。但是瓦济尔和马苏德部落就只追溯施害者的个人责任，不牵连责任者的家庭和家族，它们坚持"只向施害者本人讨还血债"的原则，血仇不涉及施害者的亲戚家属。这一原则避免了冤冤相报的代际传递和从家庭到家族到部落的扩展，在很大程度上保障了部落内部和部落之间的和平秩序。由于这个缘故，瓦济尔部落和马苏德部落内部很少发生宗族之间世代相传的

---

① M. Ibrahim Atayee et al., *A Dictionary of the Terminology of Pashtun's Tribal Customary Law and Usages*, p. 11. Akbar S. Ahmed, *Pukhtun Economy and Society*, p. 90.

② Hasan M. Yousufzai & Ali Gahar, *Towards Understanding Pukhtoon Jirga*, p. 36.

流血冲突①，但是瓦济尔部落与马苏德部落之间长期的仇恨对立则远近闻名。

2. 终结仇杀

并非所有的非正常死亡都会导致复仇的恶性循环。被确证为意外事件导致的死亡，往往会被普什图人当作真主的意志，只要肇事者赔偿一定数额的金钱，加上公开致歉，一般就能得到死者家属的原谅。蓄意谋杀，或敌对群体发动袭击导致的死伤，则会引起伤亡一方追偿血债的行为，开启个人、家庭、家族和部落共同体之间的敌对关系。

在普什图日常实践中，除了血债血偿、让施害方付出同等数量的代价以外，伤亡还有非暴力解决方式，即加害方以支付实物补偿、献女联姻的方式求得和解。当然，求取和解必不可少的环节是加害方对受害方公开正式道歉。

（1）实物补偿

伤害事件发生后，实力明显弱于加害方的受害方，可能选择接受一定数额的实物作为赔偿。

这种情况并不少见，因为许多部落都形成了一套惯例，有各自不同的"偿命钱"通则，乃至每种致残的人身伤害都有通行的补偿价格清单。在清单中，人命价格自然最高，但也因地而异。许多研究者认为，马苏德人和瓦济尔人的生命在普什图各部落中最昂贵。比如20世纪初，各部落平均的"人命价格"是每人180卢比到300卢比不等，但瓦济尔部落成年男子的价格高达每人1200卢比，女子价格为每人600卢比。根据瓦济尔部落的规则，1200卢比可由三个部分组成：600卢比现金，价值300卢比的土地或牲畜，另外赠送两名小女孩（价值共计300卢比）。②

受害方如果同意接受财物补偿，那么施害方在调停人（一般是部落长老或者本地区德高望重的首领）的见证下，支付相当数量的金钱、实物或土地作为赔偿后，该伤害事件就此得到解决，之后受害方不得再以

---

① George B. Scott, C. I. E., *Afghan and Pathan: A Sketch*, pp. 153 – 154. Annonymous, *Reprot on Waziristan and Its Tribes*, Lahore: Sang-e-Mell Publications, 1901 (Reprint 2005), p. 22.

② Ludwig W. Adamec, *Historical Dictionary of Afghanistan*, 2nd edition, London: The Scarecrow Press, Inc., 1997, p. 251. H. A. Rose, *A Glossary of the Tribes and Castes of the Punjab and North-West Frontier Province*, Vol. III, pp. 496 – 497.

复仇的名义寻衅滋事。

(2) 联姻

伤害事件发生后，经过中人调解，征得受害方许可，加害方把自家姑娘嫁入受害方家庭或家族，以了结纷争。这在普什图社会是常见的化解血仇的方式，把女子嫁入对方家族，是化解矛盾、主动表达善意、建立并巩固友好关系的重要机制。更宽泛一点说，这是婚姻的政治功能，在人类社会历史上由来已久。相类似的联姻还包括部落首领间、首领与其亲信随从间、地方权威间通过联姻结成政治或经济同盟。

血仇双方的联姻主要是为了化干戈为玉帛。各部落通行的规则不同，但一般不是一人抵一命。比如杜兰尼部落内部的通行规则是，一个男子被打死，施害者需要赠送两名以上的女子给受害一方。瓦济尔部落的惯例则是，如果瓦济尔人商队遭到劫掠，那受害者有权杀死劫掠者，但劫掠者可以通过赠送女子的方式来实现和平：需要给受害者送上18个年轻女子，其中9个须立即交送，另外9个则可等到她们出生后再"支付"。①

值得一提的是，把女子作为血债抵偿品，施害者所属家庭往往不会觉得屈辱。相反，在许多部落的社会舆论中，荣誉归施害者一方。比如，杜兰尼部落就这样认为，因为"只用两个女子就换到了一个男人的命"。②

3. 影响

血亲复仇的首要影响当然是延续暴力。暴力无疑是社会经济发展的主要障碍。第一次世界大战前后曾在瓦济里斯坦工作过的豪威尔提出，血亲复仇严重制约了当地个体的创造力和各种形式的集体事业，因为普什图人的时间和金钱都用于复仇，常为此延误农耕。③

与血亲复仇相关的社会影响则主要体现在多子多福观念上。普什图人普遍相信，多子意味着安全，因为有更多的力量把敌人阻挡在门外，

---

① H. A. Rose, *A Glossary of the Tribes and Castes of the Punjab and North-West Frontier Province*, Vol. III, pp. 496 – 497.

② Nancy Tapper, "Causes and Consequences of the Abolition of Brideprice in Afghanistan", in: M. Nazif Shahrani and Robert L. Canfield eds., *Revolutions and Rebellions in Afghanistan: Anthropological Perspectives*, Berkeley: University of California Press, 1984, p. 301.

③ Evelyn Howell, *Mizh A Monograph on Government's Relations with the Mahsud Tribe*, Karachi: Oxford University Press, 1979. Hugh Beattie, *Imperial Frontier: Tribe and State in Waziristan*, p. 7.

以及更多的力量捍卫家庭和家族荣誉。

"复仇"是阿富汗历史上政治暗杀的重要原因之一，因而有可能改变国家的历史轨迹。有历史学家哀叹纳迪尔·沙（Nadir Shah）国王之死是阿富汗国家遭遇的重挫。1933年11月8日，纳迪尔·沙遭遇仇杀，刺客年龄不足20岁。他被捕后承认，自己刺杀国王完全是为了替一名被国王处死的官员报仇。在一些历史学家看来，纳迪尔·沙是"阿富汗最伟大的统治者之一"，而这次暗杀使他没有来得及施展其才能，因而是国家的不幸。①

（四）慷慨待客

慷慨待客是普什图社会最珍视的原则之一，是普什图人认为自己有别于其他群体和文化的首要特点。主要有两大原则："宾客礼遇"（melmastia）和"安全庇护"（hamsaya）。有人认为，这两大原则的重要性超过了血亲复仇原则，假如有人不守此待客之道，就是完全违背了普什图传统。②

1. 宾客礼遇

melma意为"客人"，英语文献一般把melmastia译为hospitality（热情好客）。在普什图社会，"宾客礼遇原则"至少有三层含义：（1）主人（korba）要拿出自己力所能及的食物和条件招待来客。无论来客是亲朋好友还是不速之客或路过的陌生人，无论其来自哪个地方、种族、宗教和社会阶层，主人都要热情提供餐食和款待，有的部落还要赠送礼物。待客之道的基本方式是先吃饭，后谈事。（2）无论来客是谁，无论他之前与主人有无关系或者无论是什么关系，只要他获准进入主人的领地（院子或住房），就与主人形成了一种命运共同体关系，即主人将保护客人的安全和荣誉，任何其他人（包括追杀者）不得伤害他，不得强行带走他，否则就等同于对主人的伤害和侮辱。（3）提供保护不等于保护者与被保护者的融合，不等于被保护者成为保护者宗族或部落的正式成员；主人的保护以其自己的领地范围为限，一旦客人离开主人的住所或领地，保

---

① Percy Sykes, *A History of Afghanistan*, Vol. II, London: Macmillan & CO. Ltd., 1940, p. 328.

② Mountstuart Elphinstone, *An Account of the Kingdom of Caubul*, pp. 225–226.

护就自动失效。部落地区普遍遵循的一个规则是确保过客安全。根据这一规则，只要部落准许外人经过本部落地区，就负有确保过客在本地区人身财产安全的责任。普什图社会有专门的词汇来强调这一点，即 badragga。

也就是说，"宾客礼遇原则"要求普什图人周全地、尽心竭力地待客。即便是最骄傲的头人，也会亲自给来宾奉送茶点和餐食。[①] 宾客只要获准踏入主人的院门或领地，便自动成为贵客，主人会尽全力提供食物、和平与安全。因此，它在日常生活中往往能阻止或延缓一些悲剧的发生。

当代城市普什图人的待客之道有一些变化。"宾客礼遇原则"更多限于对待亲朋好友，不再具有传统上的绝对开放性。所以20世纪70年代末以来，战火中背井离乡的普什图人若无亲友可投靠，就多居住在难民营中。

2. 安全庇护

hamsaya 意为"寻求保护者"或"求助者"，引申为"被保护人"。部落地区寻求保护的人主要有三类：一是前来部落地区生活的非普什图人。他们要想安全生存，前提是投靠当地某普什图人家庭或宗族，成为"被保护人"。[②] 二是路过或短暂驻留的外地商人和旅者。他们的行程安全需要当地部落成员的保护。三是其他部落的普什图人。由于部落地区常有堂表兄弟反目、邻里成仇、血亲复仇的事件，所以常有人不得不离开本乡土宗族，转去其他宗族和部落寻求保护。

被保护人与宾客的重要区别在于，宾客一般客居在主人家中，而被保护人则不一定。他们需要通过特别的仪式来确立庇护关系。比如在瓦济尔人地区，求助者会带着一只羊前去投靠主人，当着主人的面宰羊为礼，主人全家和朋友享用羊肉以后，便承担起保护献羊者的责任。

被保护人与宾客都同样受到主人的安全保护。给求助者提供保护的

[①] Akbar S. Ahmed, *Pukhtun Economy and Society*, p. 90.
[②] 长期居住在普什图地区的非普什图人可能以"普什图人"自居，"赛义德"宗族便是如此。他们一面自称为"先知穆罕默德后裔"，一面认同于居住地的某部落。马苏德部落和优素福扎部落中都有"赛义德人"。

人称为"耐客"（naik）。一旦承诺提供庇护，任何第三方对被保护人的袭击都会被当作对主人的攻击。被保护人获得在某个部落乡村生活乃至建房居住的权利，不等于他们是部落的正式成员。他们和宾客一样，不享受部落成员在土地分配和公共事务管理方面的权利。由于他们的存在，部落乡村极少是纯粹的宗族、部落居住地。

依靠当地人的保护是普什图地区在进入民族国家时代之前重要的安全机制。为求助者提供庇护，在普什图社会被视为一种荣誉，为了这种荣誉，主人有时可能会付出沉重的代价。

3. 近现代政治影响

19 世纪以来，宾客礼遇和安全庇护的实践一再给相关部落带来灾祸。19 世纪末，一些人在英印政府辖区内犯罪后逃往普什图地区寻求庇护。发生这种情况后，英国人对普通犯罪分子一般不予深究。但对政治反叛者，英国人则会设法予以打击和预防。

为防止部落区成为政治反叛力量的根据地，英国人主动与部落议事会或头人签订协议，压缩反英武装力量的生存空间。1860 年前后，英国分别与马苏德部落三大支系首领签订协定。协定的具体内容各不相同，但有一项共同条款，即部落首领承诺放弃对反英力量的庇护权："假如马苏德其他两大支系……的任何成员在英印政府地界内犯罪，他将得不到我们的庇护和帮助，任何盗窃所得赃物也不准藏匿在本地区。"这实际把部落与反英力量彼此隔离开来，也阻断了庇护机制为反英力量所用。1893—1894 年，英国人遭遇毛拉珀温达（Mullah Powindah）领导的武装打击。为了扭转局面，英国人再次设法与马苏德各部落代表达成协议：英国给部落首领提供物资和金钱，部落首领承诺不庇护珀温达，并将其驱逐出马苏德部落地区。[①] 然而，与这类协定相比，部落传统法则的生命力更强大，所以常有部落首领未能如约履行"杜绝"、"驱逐"反英力量的合同义务，其结果就是英国人进入部落地区搜捕罪犯，对坚持庇护反英力量的部落实行连坐、清剿、包围并阻断其与外界联系等强力打击政策，部落利益常因此严重受损。

慷慨待客的古老法则与大国利益冲突的最新典型表现是 2001 年的阿富汗战争。战争的直接导火索是本·拉登（Osama bin Laden）和基地组

[①] Annonymous, *Reprot on Waziristan and Its Tribes*, pp. 33–34, 55–59.

织制造的"9·11"恐怖袭击事件。实际上,早在1998年,本·拉登从苏丹来到阿富汗不久,美国就为了报复"基地组织"在非洲袭击美国使领馆而对阿富汗发动导弹袭击。按照美国的逻辑,本·拉登是恐怖分子,容留他的"塔利班"政权是庇护者和纵容者。普什图法则提供的意义解释则完全不同。根据部落习俗,本·拉登是受保护人,主人当尽庇护之责,不能把他交给他的"仇家"①。因此,"9·11"事件爆发后,"塔利班"坚持顶住来自美国、巴基斯坦和沙特阿拉伯的各种外交压力,坚持拒绝把本·拉登引渡给美国,但在10月初表示愿意把本·拉登交还给沙特阿拉伯。小布什总统断然表示:凡支持和庇护恐怖分子的力量,都与恐怖分子同罪,"世界各地的所有国家,现在都要做出抉择:是与美国为友还是与恐怖分子为伍","塔利班""必须交出所有窝藏的恐怖分子,不然就和恐怖分子一起接受被毁灭的命运"。② "塔利班"依然不妥协。10月7日反恐战争爆发。"塔利班"失去政权,战火延续了14年。

(五)敌意(doshmani, dokhman)

敌意,即 doshmani, dokhman,其中 doshman 一词本意为"敌人",引申为"敌意"(enmity)。在普什图社会中,敌人不一定总是基于血仇。这类"敌意"常与男子气概、部落团结、部落荣誉等比较抽象的价值追求相关。宣布与某人为敌并与之作战,在一切可能的地方胜出,被认为是男子气概的象征,也是一种部落责任,即部落成员必须担当的职责和义务。③

"敌意"其实是人类社会普遍存在的现象,非普什图人所独有。康德曾经指出,人类这个"有理性的地球生物"物种本身就存在相互敌视的倾向。④ 普什图社会的特殊之处或许在于,它的社会文化规范(普什图法

---

① 值得一提的是,日常生活实践的惯例是,普什图社会容留和庇护求助者有一个基本前提,即被保护人客居期间绝不能做任何危及东道主的事情。本·拉登和"基地组织"显然没有遵守这一点。关于"基地组织"与"塔利班"的关系,还有许多细节值得进一步探究。

② [美]乔治·布什:《抉择时刻》,杨晨曦等译校,中信出版社2011年版,第181页。

③ M. Ibrahim Atayee, *A Dictionary of the Terminology of Pashtun's Tribal Customary Law and Usage*, p. 32.

④ 这种倾向的外在表现多种多样,详见[德]伊曼努尔·康德:《实用人类学》,邓晓芒译,上海人民出版社2005年版。

则)坦率地承认"敌意"的合法性与正当性。① 他们不回避现实,把敌对关系视为正常状态而非例外。历史上,普什图人始终在严酷的斗争中求生存:艰苦的自然环境,从未间断的外部入侵者,代代相传的部落矛盾,等等。暴力冲突实际上是普什图人生活的基本事实。他们崇尚强者和勇者,因为在严酷的自然和社会环境中,弱者和懦夫只能迁徙或死亡。时至今日,普什图父亲教给儿子的第一课仍是"做一名勇士"。②

敌对的主体不光是个人。在普什图社会中,个人之间的敌意必然牵涉双方的家庭、家族或部落。亲兄弟之间一般不公开敌对,但堂亲和表亲常常互相敌视。阿克巴·阿赫迈德研究发现,在莫赫曼德部落,堂亲敌对是当地普什图法则的两大核心内容之一:"普什图人的敌意总是指向他的叔伯兄弟。"是否怀有敌意,是亲兄弟与堂亲兄弟之间的最大区别。③可见,血亲纽带和共同地域不一定是普什图社会友好关系的保障,反而是敌对和冲突的生发点。

日常生活中敌对关系的形成方式主要有两种:单方挑起(新的敌意)或世代承袭(宿怨)。在普什图社会,如果甲公开单方面宣布乙为敌,乙必须应战,不得退缩,否则有损尊严和荣誉。若乙认为自己无意犯错在先,比如无意冒犯或误伤甲方,则可按约定俗成的惯例公开致歉并支付赔偿,或通过第三方调解仲裁,来消除甲的敌意;若是觉得自己并无过错而被宣布为敌,那么他除了勇敢迎战之外别无选择,否则会被认为是懦夫而让自己和家庭、家族、部落蒙羞。

敌对关系一旦确立,双方的敌对行动(包括暴力在内)就具有了正当性。敌对意识还会融入下一代的社会化过程中:当伤害发生时,受害方小孩子接受的教育内容之一是,要为父亲、叔叔、舅舅等人之死报仇,要为家族或部落雪耻。因此,敌对关系可能会经过较长时间的沉寂,然后才爆发为暴力袭击。

敌对关系的结束主要依靠和解。和解需要双方的意愿与恰当的行动,

---

① Hasan M. Yousufzai & Ali Gahar, *Towards Understanding Pukhtoon Jirga*, p. 35.
② Brigadier H. Rashid, *History of the Pathans*, Vol. 1, p. 5.
③ 另一个核心是保护女子荣誉(tor)。Akbar S. Ahmed, *Pukhtun Economy and Society*, pp. 3, 6.

包括一方主动致歉，另一方接受道歉并予以宽恕。

（六）宽恕

必须强调，普什图社会并非只有争端、仇杀和敌意，也有宽恕（nanawati）与谅解，否则这个群体是不会长期生存并不断发展壮大的。

nanawati 的字面含义是"进入安全屋""避难"。引申为"宽恕"。其核心规范是：冒犯者向被冒犯者致以无条件的道歉，真心忏悔，并表示完全听凭对方的发落；被冒犯者则在特定的仪式后表示接受道歉并予以宽恕。

换言之，"宽恕"是一种乞求宽宥，达成和解的仪式规范，它以冒犯者的致歉与求和为前提。在普什图社会，宽恕意味着敌对关系的结束，以及新关系的开始。有人认为，宽恕是普什图法则的三大基石之一，与"血亲复仇""宾客礼遇"并列。① 与通过等量复仇来结束敌对关系相比，"宽恕"意味着以更小的代价来恢复双方荣誉。

求和者请求宽恕和表示忏悔的方式多样，比如馈赠对方一只羊作为礼物，献上一件武器，带上妇女儿童去对方住所致歉，等等。如果涉及命案，求恕者还需交出武器，并承诺永不伤害对方。有些部落的仪式在形态上与中国古代负荆请罪有几分相似。比如，过错方为表真心忏悔，会口衔杂草低头进入对方住所，诚恳认错，请求对方饶恕。帕克提亚地区的请罪者还会在脖子上套一条草绳，以表示自己完全听命于对方。

有人把"宽恕"同"宾客礼遇"联系在一起，因为宾客礼遇也与"走进主人院墙"直接相关。② 不过，二者之间的差异也相当明显。"宾客礼遇"是普什图人普遍的义务，但"宽恕"却不是被害方的义务，他完全有自由和权利拒绝求和者。而且，被害方在正式接受对方的道歉以前，有权提出若干要求和条件，作为宽恕的前提，比如要求忏悔者在更大范围内公开道歉，给予更多补偿，推迟和解日期，等等。

一般而言，普什图人在面对公开真诚表达悔过和歉意的敌对者，尤其是徒手上门认错的敌人时，通常都会搁置愤怒和痛苦，答应休战、宽恕的请求，就此化干戈为玉帛。一旦接受致歉并表示予以原谅，那么旧

---

① H. C. Wylly, *Tribes of Central Asia*, p. 7.

② Akbar S. Ahmed, *Pukhtun Economy and Society*, p. 90.

有的敌对关系和纠纷便立即终止了。

接受敌人的忏悔并予以宽恕，以及给求助者提供庇护，在普什图社会都是备受赞扬的高贵和优雅品质，被看作施予者的荣誉。

二 日常实践

普什图法则对社会生活方式的塑造力，从部落地区的居住格局中可以略见一斑。一般而言，每个家庭的房舍都自成一体，彼此间用土石围墙隔离。部落民多选择具有天然战略防御条件的地方建造居所。每家都有围墙，院角有一座约10英尺高的瞭望塔。即使在和平时期，父亲和儿子们也会轮流值岗，防备敌人入侵。院墙之内房间的数量依据家庭人口多少而各不相同，最常见的是两层建筑。女眷有独立闺房，与男性成员的住房相对独立。未婚的儿子们共用寝室。每个已婚儿子都有独立卧室。绝大多数家庭都有专门的客房，在建筑结构上独立于主人的住房，用于招待外客。

普什图法则是普什图社会秩序的核心稳定器，是普什图社会区别于其他社会的关键。与此同时，法则在日常实践中，因地区和部落不同而各有侧重和细节差异。如阿克巴·阿赫迈德所说，普什图法则是普什图社会的"理想型"[①]，它在现实生活中的功效和实践要复杂得多。和所有其他社会规范一样，普什图法则有两大基本属性：历史性和规范性。其历史性在于，法则本身是在普什图社会的历史演进中形成的，它不是超越历史的、静止不变的教条，而是随社会生活的改革而变化，是鲜活的，带有生产力水平和经济生活的印记。这个过程构成了它具体实践的复杂性、时代性和地域性特点。因此，在普什图法则的支撑之上，形成了丰富多彩的普什图社会。普什图法则不是抽象死板的，也没有普遍唯一的样态；它是理解普什图社会的一把钥匙，但不能依据它的字面表述，刻板机械地想象普什图社会。

实际上，普什图法则不是普什图人的唯一行为规范，伊斯兰教长期与之并行。现代民族国家建立以后，成文法和正式制度在社会规范体系中的地位不断加强。受此影响，20世纪晚期以来，普什图部落社会的公

[①] Akbar S. Ahmed, *Pukhtun Economy and Society*, p. 3.

共决策机制、长老的作用、战争技艺、部落内部关系等,都正在发生变化。

(一) 复杂性

普什图法则描述的是普什图人的理想生活方式。① 它是一套行为准则,但不等于普什图个人真实的社会行为本身。在任何社会,行为准则与行为实践之间都有差距。不同的行为实践构成了普什图社会的多样性。

从认知的角度看,多样性在一定程度上等于复杂性。外部世界对普什图社会缺乏统一认识的主要原因之一正在于此。在 19 世纪末英国人的笔下,普什图人的形象常常是矛盾的。有人强调他们的野蛮落后,也有人认为他们拥有诸多令人钦佩的美德,如勇敢、足智多谋、有主见、直言不讳等。还有人参照英国经验,称他们是"生活在他们自己光荣孤立中的高贵野蛮人"②。1855 年,东印度公司旁遮普首席专员的秘书滕坡(Mr. Temple) 对普什图人的描写是:

> 这些部落还没有开化,它们可能是高贵的野蛮人。他们不缺乏美德和慷慨,但依然是彻头彻尾的野蛮人……他们有宗教……但是在他们的眼中,一个伟大的戒条是血债血偿,以烈火和利剑对付所有异教徒……他们信仰虔诚,受阿訇支配。但阿訇和他们一样无知且顽固,只会利用自己的影响力来宣扬对非穆斯林的征伐,并反复教导人们对平原上无防御能力的人实施劫掠和杀害……他们喜欢感官享受。他们非常爱财;为了金子他们几乎可以不顾一切,除了出卖他们的客人以外。普什图社会的一位母亲会祈祷神让她的儿子劫掠成功。他们在公共交往中完全没有诚信;他们从来不会认为,面对《古兰经》发出的誓言是有约束力的,假若这个誓言违背他们自己的利益的话……他们残忍而嗜血……他们相互之间始终处于交战状态。每个部落之间、部落内部各支系之间都有战争,每个家庭都有它世袭的血仇,每个人都有敌人。几乎找不到双手清白的男人。

---

① Lutz Rzehak, *Doing Pashto*, AAN Thematic Report 01, 2011, http://www.afghanistan-analysts.org/wp-content/uploads/downloads/2012/10/20110321LR-Pashtunwali-FINAL.pdf.

② Hugh Beattie, *Imperial Frontier: Tribe and State in Waziristan*, p. 225.

每个人都在数算他的谋杀（成果）。每个部落同其邻居之间都有一个债权债务关系账户，以命抵命……他们认为回报和复仇是首要义务。他们英勇坚强，并敬重别人的这些品质……在他们看来，热情好客是首要美德。任何能够进入他们住所的人都不仅得享安全，而且还会受到热情款待。但只要他离开客居之处，就可能被洗劫，乃至被杀害。①

当代许多学者注意到了普什图人行为中的自相矛盾之处，斯科特曾指出，普什图人的基本特点是："既英勇无畏又残忍嗜血；既热情好客又不可信任；既虔信又堕落；热衷于战争同时却懈怠于家务；看不起商人却又贪婪……"②

事实上，所有社会群体都是复杂的。人类历史上不存在单纯到只有和平，或者只有武斗的社会，也没有只崇尚非暴力，完全排除任何斗争的文化。只有冲突而没有安宁和只有团结而没有斗争的社会，都同样是不真实的。

（二）时代性和地域性

与其他民族文化相比，普什图法则既带有地域性特点，也包含着时代性内容。其中一些内容是人类社会在特定生产力水平条件下所共有的。19世纪末英国陆军中尉恩瑞奎兹（Lieut. Enriguez）曾把普什图社会与早期英格兰人进行比较：

> 帕坦人（的肤色）不像人们所描画的那么黑……他们的习俗并不比英格兰人定居的头几个世纪更糟糕。那种封建制度的环境，每位男爵居住在他自己的城堡中，为了土地和女人而与左邻右舍持续争战等状况，只不过正在英国以外的地方重复着。关于那些常见的背信弃义的故事，或冷血谋杀和家族内讧的故事，只需要回去翻翻我们自己的历史书（就可以找到）。实际上，按照20世纪的标准来判断帕坦人，是很不公正的。对他们来说，现在还是10世纪。而且

---

① H. C. Wylly, *Tribes of Central Asia*, pp. 5-6.
② George B. Soctt. C. I. E, *Afghan and Pathan: A Sketch*, p. 33.

必须承认，在他们中间有许多高贵的特例……当你遇见一个帕坦人，你是遇见了一个和你自己相像的人……他决不允许你伤害或侮辱他，否则他必定追讨，并且是以你所不喜欢的方式……他认为他的独立是理所当然的，但极少以粗鲁的方式来炫耀。①

维柯（G. Vico）早就在《新科学》中揭示了一个历史规律，即不同地域范围的人类群体在类似的社会经济发展水平阶段上，有大体相似的习俗规范和生活方式。如果对照摩尔根对北美易洛魁人"氏族法"的研究，我们能够看到普什图法则并非举世无双。摩尔根发现，易洛魁人有互相支援、保卫和代偿损害的义务，有氏族会议和集体宗教仪式。易洛魁人也重视部落成员的自由和平等，有强烈的独立意识和自尊心。虽然他们有首领和酋帅，但首领"不能要求任何优越权"②。

恩格斯还专门讲述了易洛魁人的血亲复仇。他写道：

> 从氏族的血族关系中便产生了那为易洛魁人所绝对承认的血族复仇的义务。假使一个氏族成员被外族人杀害了，那么被害者的全氏族必须实行血族复仇。起初是试行调解：行凶者的氏族议事会开会，大抵用道歉与赠送厚礼的方式，向被害者的氏族议事会提议和平了结事件。如果提议被接受，事情就算解决了。否则，受害的氏族就指定一个或几个复仇者，他们的义务就是去寻出行凶者，把他杀死。如果这样做了，行凶者的氏族也没有申诉抱怨的权利，事情就算了结了。③

回到中南亚历史环境中，可以看到，普什图法则的核心内容如尊严、荣誉、忠诚等，是这个地区各民族群体所共同推崇的。尔泽哈克专门研究了普什图人的荣誉法则与邻居俾路支社会的基本法则。他认为二者几

---

① H. C. Wylly, *Tribes of Central Asia*, pp. 9–10.
② [美] 摩尔根：《古代社会》，第69、82页。
③ [德] 恩格斯：《家庭、私有制和国家的起源》，《马克思恩格斯选集》第四卷，第83页。

乎一样，不同只在于所用的词汇和语言①，俾路支社会也通行荣誉至上、庇护客人安全、恩仇必报和血亲复仇等规则。

（三）灵活性

普什图法则在各地区和部落的践行细节不尽相同。一般认为，巴基斯坦部落地区的阿夫里德、莫赫曼德、瓦济尔等部落最严格遵守普什图法则。②但不能由此臆断，认为社会经济发展水平越低，普什图法则的有效性和完整性越强。影响法则实践的因素很多，城乡和贫富差异只是其中之一，不一定居于主导地位。

以"深闺制度"为例。根据普什图法则总体规范，女子不能公开抛头露面，不能单独参加社会活动。20世纪80年代以前，喀布尔等阿富汗城市随处可见年轻女子身着西式短裙外出。90年代起，特别是"塔利班"政权时期，这种现象发生逆转。女子在部分农村地区的行动比城市更为自由。比如，农村女子在本乡本镇出门时并不总是穿戴布卡（Burka），不必遮面。在部落乡村，富家女子长在闺阁中，出门多穿戴布卡，从头到脚罩得严严实实，但穷人家女子则需外出务农，她们可以和人交谈，只是同男子说话需格外谨慎。

普什图法则的灵活性还体现在其效力的维护方面。部落乡村议事会是法则的捍卫者，拥有法则的解释权。一般情况下，绝大多数普什图人在社会化过程中已经将法则内化，能自觉遵守。但也时有争议发生，诉诸部落乡村议事会。由于法则本身不是成文法，没有文本作为凭据，所以议事会常根据具体争议对法则内容做出解释。同一法则在不同纠纷案件中的解释并不一定相同。换言之，现实社会生活中的普什图法则其实是"可以谈判和创制的"③。这是部落古老的习俗，解释中的创造性和多样性迄今没有影响法则的权威，只要议事会的权威依然存在，那么它的解释和仲裁就具有权威。实际上，根据现实需要解释和重新解释古老法则，不仅是现实政治智慧，而且也是普什图法则得以历经数千年依然有

---

① Lutz Rzehak, *Doing Pashto*, AAN Thematic Report 01, 2011, http://www.afghanistan-analysts.org/wp-content/uploads/downloads/2012/10/20110321LR-Pashtunwali-FINAL.pdf.

② Richard Tapper, "Introduction", *The Conflict of Tribe and State in Iran and Afghanistan*, ed. by Richar Tapper, p. 44.

③ Farhat Taj, *Taliban and Anti-Taliban*, pp. 1, 3.

效的关键环节。

（四）与国家法律的关系

普什图地区被纳入国家体系后，普什图法则就与国家的政策法规并存，成为今阿富汗和巴基斯坦两国政治文化的内容之一。有阿富汗学者提出，当代阿富汗政治文化主要有三大体系：伊斯兰教教义、普什图法则、欧洲王权政体。这三大体系还没有完全调谐，舶来的中央集权政体与阿富汗本土政治文化（特别是普什图法则的某些内容）不相符合，是这个国家内部不断发生冲突的原因之一。[①]

的确，普什图法则的一些内容及部落习惯法有别于现代国家法律的部分理念。19 世纪英国就已经发现了这一点并因此极为苦恼。比如，大多数社会都把劫掠视为犯罪，为法律所不容，但马苏德部落个别宗族却乐此不疲。英印政府起初以为这是由于劫掠者贫困，为生计所迫而为，于是想方设法增加马苏德部落的收入，包括推进安置计划、鼓励发展贸易、扩大部落民在政府和军队的就业名额[②]等，同时还在当地推行"现代和文明的"司法制度。这些措施宣告无效之后，英印政府才发现，劫掠在当地人的理解中是一种荣耀。1872 年前后，英印政府开始调整政策，颁布系列新规定，"承认现实状况，承认部落的社会结构特质"，吸收部落社会传统的管理方式，借助普什图法则维持地方法律秩序，其中包括把几类诉讼案的审理仲裁权从普通法庭转移/回交给部落议事会。[③]

20 世纪 80 年代阿富汗抗苏战争期间，美苏较量对杜兰线两侧的普什图地区产生了不同的政治影响。在阿富汗一侧，普什图部落的政治动员和军事装备水平大大提高，削弱了喀布尔对部落地区的控制力。在巴基

[①] M. Nazif Shahrani, "The Future of the State and the Structure of Community Governance in Afghanistan", in: William Maley (ed.), *Fundamentalism Reborn? Afghanistan and the Taliban*, London: Hurst & Co., 1998, pp. 212 – 242. David B. Edwards, *Heroes of the Age: Moral Fault Lines on the Afghan Frontier*, Berkeley: University of California Press, 1996.

[②] 1919 年阿富汗独立战争和 1929 年纳迪尔·汗举兵过程中，英印军队中的马苏德和瓦济尔部落士兵倒戈，帮助喀布尔政权，给帝国政府带来重大损失。随后，英印政府不再征召马苏德和瓦济尔部落民入伍。

[③] Hugh Beattie, *Imperial Frontier*, p. 209. 当然，英国没有放弃其"文明使命"和"文明开化"的立场。迟至 1931 年，英印政府依然坚持在部落地区"和平渗透，让各部落文明开化"，并为此建立了一批学校和医院，投入资金发展农业，但收效甚微。

斯坦一侧，齐亚·哈克政府在"分配和落实"美国援助的过程中，增强了国家权力对部落社会的渗透力，以及对阿富汗抵抗力量和阿富汗国家政治生活的影响力，在很大程度上重塑了地区政治格局。

21世纪初，巴基斯坦联邦法律体系和国家权威在其联邦直辖部落区的效能问题，备受国际社会关注。外界普遍注意到部落地区的失治和无政府状态。关于失治的原因分析主要有两类观点。一类观点认为是巴基斯坦政府故意放任。比如，美国政府在阿富汗战争期间反复强调巴基斯坦阳奉阴违，反复要求巴基斯坦"做更多"。一些学者也赞成这类观点。法拉特·塔基认为，部落地区表面上还维持着古老的普什图法则和部落政治秩序，但其实没有任何部落敢于公开对抗国家意志，庇护联邦政府的通缉犯，因为按照《边疆犯罪管理条例》，任何部落如果拒绝交出其所庇护的国家通缉犯，则国家有权铲平整个村庄和城镇。20世纪80年代，齐亚·哈克曾依据该条例惩罚擅自庇护通缉犯的部落民。在他看来，"只要巴基斯坦国家愿意，就绝不会有武装分子能够在瓦济里斯坦或者联邦直辖部落区的其他地方藏身。"①

另一类观点则完全相反，认为巴基斯坦对部落地区的有效治理"非不为也，是不能也"。对此本书稍后再行讨论。这里只介绍普什图民族主义政治家赛义德·阿拉姆·马苏德的观点。他说："可以把联邦直辖部落区当作世界上最大的非政府组织，它拥有300多万成员，它在生活的几乎每个方面都完全自理，完全没有国家的支持和保护。"②

第二节　宗教信仰

信奉伊斯兰教是普什图人的标志性特征之一。普什图族历史学家巴哈杜尔·沙·扎法尔认为，普什图人必然是穆斯林，不可能是印度教徒、基督教徒或犹太教徒。从教法学派来看，绝大多数普什图人属于逊尼派，遵循哈乃斐教法，另有个别属于什叶派。无论属于哪个教法学派，普什图人都以虔信著称。如阿克巴·阿赫迈德所说，"'伊斯兰'是普什图社

---

① Farhat Taj, *Taliban and Anti-Taliban*, pp. 1, 3.

② Ibid., p. 33.

会的别称"。①

一　普什图社会的伊斯兰化

作为信念的历史与作为经验的历史之间总有差距。根据普什图人的信念，他们的祖先早在先知穆罕默德时代便皈依了伊斯兰教。但历史学研究表明，迟至公元10世纪，普什图地区还流行佛教、拜火教、印度教等多种宗教崇拜。普什图社会的伊斯兰化是加兹尼王朝征服扩张的结果。

（一）作为信念

普什图人普遍相信，祖先在先知时代就皈依了伊斯兰教，最早让普什图人了解伊斯兰教的是哈里德·本·瓦里德。

这种传述与前述普什图人的穆斯林起源说有关。相传哈里德·本·瓦里德是阿富汗纳的后裔，与普什图人同根异枝。哈里德所属的部落居住在麦加附近。他皈依伊斯兰教后，前往古尔王国（阿富汗），联系生活在当地的亲戚，邀请他们放弃多神教和偶像崇拜，接受伊斯兰教。瓦里德的宣教颇有收获：在他动身返回麦地那时，阿富汗人派遣六七名代表同行，前去学习伊斯兰教，凯斯任代表团团长。阿富汗代表团在麦地那拜见先知穆罕默德，代表团全体成员立即被先知折服，当场全部皈依伊斯兰教，成为先知的先锋队，与麦加人作战。不久，他们奉先知之命返回古尔地区传播伊斯兰教。②

相传，先知还安排了一些阿拉伯人与凯斯代表团一同前往阿富汗，并明令他们广泛传播伊斯兰教。这些阿拉伯人大多出自先知家族。他们在阿富汗长期生活，他们的后裔即为"赛义德"（Sayyids）。"赛义德"的含义是"先知后裔"和"圣徒"，至今在阿富汗依然享有特殊的威望和地位。

（二）客观的历史过程

不少人认为伊斯兰教向外传播是阿拉伯人暴力扩张的结果，传教过

---

① Anonymous, "Cultural Islam in Afghanistan", MCIA Note, MCIA – 2634 – AFG – 046 – 08, https://info.publicintelligence.net/MCIA-AfghanCulturalIslam.pdf. Taj Muhammad, *The Pashtuns of Waziristan and the Custom Based Waziri Law from Sharia Perspective*, p. 66. Akbar S. Ahmed, "Religious Presence and Symbolism in Pukhtun Society", in: *Islam in Tribal Societies*, p. 311.

② Olaf Caroe, *The Pathans*, pp. 7 – 8. H. W. Bellew, *The Races of Afghanistan*, p. 16.

程伴随着杀戮和强制。赞成这种观点的人不限于西方。比如哈龙·拉希德提出，早期穆斯林的每次争夺都伴随流血冲突。他提出，663—665 年，伍麦叶王朝将军阿卜杜·拉赫曼·本—苏姆拉（Abdur Rahman bin Sumrah）率领阿拉伯人征服喀布尔，当时喀布尔的统治者因同意皈依伊斯兰教而保住了性命。①

梅特考夫则认为，伊斯兰教在中南亚的早期传播是商业贸易的结果。她提出，阿拉伯人军事征服波斯后，对传播伊斯兰教没有兴趣，更无规划。在阿拉伯帝国疆域内，非穆斯林可继续保持自己的宗教信仰，只需缴纳一种特别的赋税，即人头税（jizya），即可得到安全保护。阿拉伯帝国在印度以北地区保留了异教徒的大部分庙堂和偶像，只摧毁了少部分象征被征服王国王权的偶像崇拜场所。② 梅特考夫的这一论点可以解释巴米扬大佛历经沧桑得以保全的客观事实，也可看出伊斯兰早期政权与阿富汗"塔利班"在政治理念和治国方式方面的根本区别。

卡洛伊认为，阿富汗和普什图人的伊斯兰化并非阿拉伯人在 7—10 世纪的征服扩张战争所致。阿富汗的伊斯兰信仰是经由波斯传导的，最终在 11—12 世纪加兹尼王朝时期确立了根基。③

根据相关已有研究，可以把伊斯兰教从阿拉伯半岛向东传入普什图社会的历史过程分为如下三个阶段：

1. 阿拉伯人征服波斯

这是伊斯兰教向东进入普什图社会的准备阶段。7 世纪，今阿富汗西部地区在政治上属于波斯萨珊王朝。637—642 年，阿拉伯人征服萨珊王朝，后以波斯为根据地，分两路向东推进，北路到达赫拉特、巴尔赫和巴达赫尚，南路经锡斯坦到达扎兰季和赫尔曼德。大军所到之地，伊斯兰教一路相随。

相传哈里发欧麦尔（634—644 年在位）任命穆斯林官员治理赫拉特和巴尔赫地区。④ 742 年，伍麦叶王朝在巴尔赫建立的清真寺是今阿富

---

① Haroon Rashid, *History of the Pathans*, Vol. 1, pp. 20 – 21.

② Barbara D. Metcalf, "Introduction: A Historical Overview of Islam in South Asia", *Islam in South Asia in Practice*, ed. by Barbara D. Metcalf, Princeton: Princeton University Press, 2009, p. 4.

③ Olaf Caroe, *The Pathans*, chap. 7.

④ Haroon Rashid, *History of the Pathans*, Vol. 1, p. 20.

汗土地上第一座清真寺。① 王朝大军一度到达喀布尔,不久即因内讧而放缓步伐。8—9世纪,阿拔斯王朝在巴尔赫和锡斯坦建立统治,并以巴尔赫为基地向中亚扩张。在这个过程中,突厥人接受了伊斯兰教。

史家研究发现,阿拔斯王朝的扩张并没有对喀布尔和查布尔斯坦的政治秩序和社会生活产生重大影响,当地统治者多次打败阿拉伯帝国大军。当时已有阿拉伯人和波斯人进入今阿富汗腹地和白沙瓦的普什图地区生活,但普什图人并未大批皈依伊斯兰教。②

也就是说,伊斯兰教在其初兴的两百多年时间里,没有在喀布尔和坎大哈③建立主导地位,普什图人还游离于其之外。

2. 波斯萨法维王朝东进喀布尔

850年前后,锡斯坦的哈瓦利吉派穆斯林反抗阿拔斯政权,在今阿富汗扎兰季建立萨法维王朝。870年,萨法维国王雅库布(Yaqub-i Laith Saffari)打败查布尔斯坦王国统治者,征服喀布尔,次年征服巴米扬地区。

萨法维王朝的这次征服,是普什图人接触伊斯兰教的里程碑。④ 雅库布国王为了对抗阿拔斯帝国政权,最大限度地团结地方力量,大力征召普什图人入伍。尽管他没有强迫普什图人皈依伊斯兰教,但在喀布尔和加兹尼等地区,还是有不少普什图人成为穆斯林。与此同时,在与阿拔斯王朝的军事对抗过程中,加尔吉/吉尔扎伊部落逐渐崛起。

9世纪下半叶,萨曼王朝在兴都库什山以北地区兴起。874年,萨法维军队发起对萨曼王朝的远征,却在巴尔赫附近大败。萨曼王朝把雅库布移交给巴格达哈里发,雅库布被判处死刑。公元10世纪初,萨曼王朝征服了萨法维王朝的土地,包括加兹尼地区在内。

---

① 张敏:《阿富汗文化和社会》,第105页。
② Olaf Caroe, *The Pathans*, chap. 7.
③ 当时还没有"坎大哈"这个名称,史书记载为"阿尔甘达布"(Arghandab)。
④ Olaf Caroe, *The Pathans*, pp. 107–108.

萨曼帝国主要依靠突厥奴隶来统治阿富汗。① 956年,突厥奴隶将军阿尔普特金(Alptigin)受命治理巴尔赫省,兼任呼罗珊军队指挥官。962年,他宣布独立,自称"加兹尼国王"。一年之后他去世,他的奴隶塞布克提金(Sebüktigin)被拥戴为王,并很快把势力扩及喀布尔谷地和白沙瓦地区,加兹尼王国迅速走向强盛。

3. 加兹尼王朝与普什图的伊斯兰化

加兹尼王国的真正崛起是在塞布克提金之子马茂德(Mahmud of Ghazni,971—1030年)时期。他于999年继承王位。名义上,马茂德宣布效忠于阿拔斯帝国,但王国的行政和对外征战完全独立于巴格达。他首先出征呼罗珊和布哈拉,打败了萨曼王朝,之后对外发动20多次大规模征战,把王国从加兹尼扩大到覆盖今伊朗绝大部分土地,印度西北部地区和克什米尔,以及北起撒马尔罕,南至锡斯坦的广阔疆域。史称加兹尼王朝(如图3—1所示)。

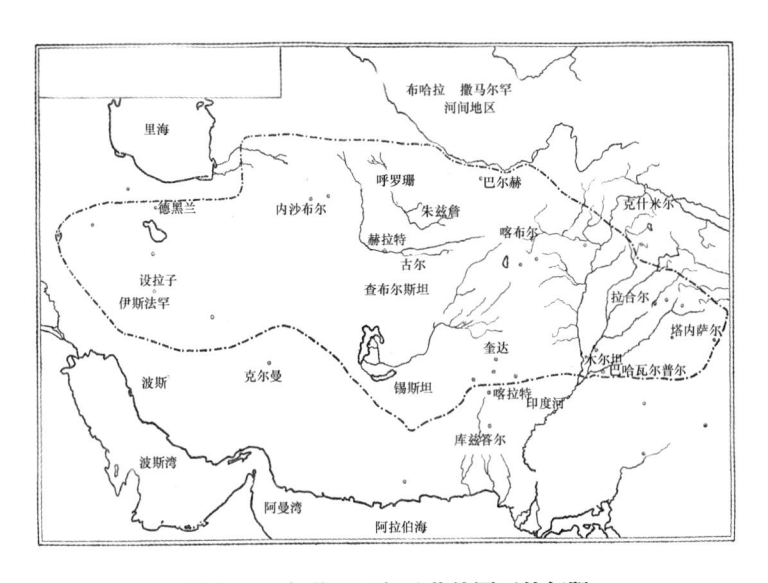

图3—1 加兹尼王朝马茂德国王的征服

---

① Olaf Caroe, *The Pathans*, p. 119. 突厥奴隶本是战争囚犯,因其骁勇善战而在奴隶市场上作为奴隶售卖。其中的佼佼者往往能够获得自由,并被其主人委以重任,成为地方官员和军队指挥官。他们在中南亚地区建立了一系列素丹王朝。

加兹尼王朝是阿富汗历史上第一个伊斯兰王朝。马茂德国王本人是虔诚的穆斯林,对传播伊斯兰教充满激情。他确立了对喀布尔和坎大哈地区的政治统治,大力推广伊斯兰教,最终使阿富汗成为世界上最纯粹的穆斯林国家之一。他还把伊斯兰教传入了印度,《大不列颠百科全书》称他"是第一个打着伊斯兰旗号进军印度腹地的人"。不少穆斯林学者称之为"伊斯兰世界的伟大征服者"。①

马茂德国王时期,居住在城镇地区的普什图人基本完成了伊斯兰化。部落地区皈依伊斯兰化的道路则更加漫长。1186 年前后,古尔王子阿拉乌丁·侯赛因(Ala-ud-Din Husayn)推翻加兹尼王朝,建立古尔王朝(也称"廓尔王朝")。新素丹国基本继承了加兹尼王朝的疆域。在这两大素丹王朝时期,阿拉伯裔宣教士、苏菲修士以及阿富汗本地穆斯林涌入普什图东部地区传教,普什图人最终在 12 世纪末完成了伊斯兰化。

古尔王朝之后,无论该地区政权如何更替,普什图社会的伊斯兰属性再未发生改变。不过,普什图人在皈依伊斯兰教的同时,并没有抛弃自身古老的文化和传统。于是形成了如今普什图社会的规范体系:部落习惯法、普什图法则和伊斯兰教并列,无分主次,共同构成如今人们所说的"普什图属性"。

二 普什图人的伊斯兰实践

"伊斯兰"是普什图社会的另一张名片②。伊斯兰符号在普什图社会随处可见。和其他地方的穆斯林一样,普什图人的名字多采用先知及其后裔的名字,一些部落也以此命名。清真寺每天准时响起召唤人们礼拜的声音,人们的日常问候也都是以伊斯兰式的语言和祝福进行的。

---

① Hafeez Malik, *Moslem Nationalism in India and Pakistan*, Washington, D. C.: Public Affair Press 1963, pp. 9 – 11. [美] 沙伊斯塔·瓦哈卜,巴里·杨格曼:《阿富汗史》,杨军等译,中国大百科全书出版社 2010 年版,第 59—60 页。[英] 爱德华·吉本:《罗马帝国衰亡史》,席代岳译,第五卷,吉林出版集团股份有限公司 2014 年版,第 2628—2630 页。严格来说,阿富汗的伊斯兰化进程的完成是 19 世纪末阿卜杜·拉赫曼汗国王时期,他用强力推广伊斯兰教,把"卡菲尔斯坦"的"异教徒"变成了穆斯林,并改地名为"努里斯坦"。

② Akbar S. Ahmed, "Religious Presence and Symbolism in Pukhtun Society", in: *Islam in Tribal Societies*, p. 311.

(一) 普什图穆斯林派别

数千万普什图人不可能以整齐划一的程度和方式信仰伊斯兰教，普什图穆斯林分为不同的派别。绝大多数普什图人属于逊尼派哈乃斐教法学派。

什叶派在普什图社会占比极低。主要分布在班加西部落、奥拉克扎部落下属个别次级部落、库拉姆地区的图里部落中间，在巴基斯坦主要分布在直辖部落区的库拉姆和奥拉克兹县。什叶派内部也有分化。普什图什叶派穆斯林主要属于伊玛目派，又称"十二伊玛目派"。从地域来说，大体以兴都库什山为界，山南地区主要属于十二伊玛目派，山北地区则主要信奉"七伊玛目"，又称"伊斯玛仪派"。就信众规模而言，伊玛目派大于伊斯玛仪派。① 在教义方面，两派的主要分歧在于伊玛目是否隐遁：伊玛目派相信，第十二任伊玛目已经隐遁②；伊斯玛仪派主张，伊玛目没有隐遁，现在是第49任伊玛目领导。在政治方面，20世纪80年代的抗苏战争中，伊斯玛仪派拒绝与抗苏力量（穆贾希丁）合作。"塔利班"兴起后，伊斯玛仪派联合军阀多斯塔姆（Abdul Rashid Dostum）（阿富汗现任副总统）对抗"塔利班"。在对外联系方面，伊斯玛仪派主要与阿迦汗（Agha Khan）交往，伊玛目派则亲近伊朗。

苏菲派在阿富汗和普什图人政治生活中影响巨大。早在9世纪，巴尔赫、赫拉特、契斯特等地就是最重要的苏菲中心，吸引着整个穆斯林世界的苏菲修行者。如今，纳克什班迪耶、卡迪里耶和契斯提等教团在城市普什图中产阶级中间拥有众多追随者。加入苏菲兄弟会是阿富汗绝大多数男子日常宗教生活的内在组成部分。③

(二) 日常生活的宗教④

普什图人对自己的穆斯林属性深信不疑。一方面，他们在日常生活

---

① H. C. Wylly, *The Borderland: The Country of the Pathans*, Karachi: Indus Publications, 1912, p. 14.

② 这是"十二伊玛目派"的由来。十二伊玛目派内部又有派别。可参见金宜久：《伊斯兰教小词典》，上海辞书出版社2001年版，第26—27页。

③ Jolanta Sirerakowska-Dyndo, *The Boundaries of Afghans' Political Imagination*, p. 33.

④ 这部分内容主要依据阿克巴·阿赫迈德的记述，不再标明出处。有关普什图社会文化生活中的伊斯兰元素，更多有趣的内容可参见 Akbar S. Ahmed, *Pukhtun Economy and Society*, chap. 4.

中严守伊斯兰教的五项基本仪轨，即念、礼、斋、课、朝；另一方面，他们对待身边非穆斯林和非伊斯兰元素（包括人和规范）的态度相当宽厚。锡克教徒、印度教徒等非穆斯林可在普什图部落区自由践行他们的宗教崇拜活动，并得享安全保障。普什图人日常也并不计较部落习俗中与伊斯兰教有出入的规则。阿克巴·阿赫迈德认为，普什图人对日常生活中各种非伊斯兰元素的这种宽厚和包容，以及各种宗教组织在普什图地区难以壮大的情况足以表明，他们对自己的穆斯林属性（Muslimness）有足够的信心。

清真言和礼拜是绝大多数普什图人始终坚持的宗教功修，无论长幼都是如此。阿克巴在莫赫曼德部落调查期间，发现他在当地招募的几名年轻助手（都是20多岁的年轻人）也能每天坚持礼拜。

斋月期间，普什图成年男女严格把斋。如果发现有人在斋戒时间吃东西或抽烟，会被认为是对整个部落的严重冒犯。英印政府官员曾经表示，他们从来没见过普什图人破坏斋月规矩，即便是在极端气候条件下也无例外。① 莫赫曼德部落的乡规民约是，如果有人被发现不守斋戒，大伙会把他的脸抹黑，架在驴背上，在村子里游街示众。在部落地区，10岁左右的小孩子开始学习斋戒，每年守斋 14—15 天。

普什图社会的"天课"（Zakat）② 与伊斯兰教早期确立的惯例有出入。按照惯例，穆斯林应把年收入的 2.5% 作为"天课"奉献给清真寺。普什图人更注重"天课"的"慈善"内涵，不太重视形式（量化标准）。一般通行的规则是，各人根据自己的实际情况尽力帮助需要帮助的人即可，收留和庇护穷亲戚，在秋收后把谷物赠送给穷人等义举，都算是履行天课义务，给毛拉提供财物资助也算此列。这种实践完全符合《古兰经》规定的"赈款只归于贫穷者、赤贫者、管理赈务者、心被团结者、无力赎身者、不能还债者、为主道工作者、途中穷困者"（9：60）。

"朝觐"对每个普什图人而言，既是义务也是梦想。但由于前往麦加

---

① H. R. C. Pettigrew, *Frontier Scouts*, Sussex, 1965, p. 35.
② 缴纳天课是伊斯兰教的"五功"之一，是"奉主命而定"的宗教赋税。按规定，穆斯林的资财达到一定数量时，每年要按比例缴纳天课。一般由清真寺收取和支配。可参见金宜久：《伊斯兰教小辞典》，第 303 页。

的路途遥远，花费较多，所以只有极少数人能够遂愿。和所有其他地方一样，朝觐归来的普什图人被尊为"哈吉"（Haji），来自圣地的任何物品都被乡邻视为珍宝。阿克巴发现，截至1978年，巴基斯坦莫赫曼德地区的个别乡村和次级部落（比如贝拉部落）从未有过哈吉，而有一个经济状况较好的部落（夏提克）则有13位哈吉，其中还包括4名女性。对可能有条件成行的普什图人而言，朝觐是其家庭开支计划的重中之重，优先于购买土地、修建房舍、教育投入等其他开销。在部落地区，朝觐者出发时会受到全村人的热烈欢送；归来时，部落全体成员张灯结彩热烈欢迎。

普什图人喜欢把自己个人的行为和见解追溯为先知传统（"逊奈"）。比如，部落地区一些中年人习惯用指甲花把胡子染成红褐色。对于这种行为，阿克巴在各地得到的解释是统一的：因为这是先知逊奈。在当地，人们一般不会专门去查证这所谓的"逊奈"是否属实。实际上，在普什图社会，先知符号无处不在，先知及其家族成员、先知伙伴的名字是普什图人最常用的名字，比如"穆罕默德""哈桑""侯赛因""乌玛尔""阿里"等。

第三节　两大基本规范的关系

在普什图人的日常生活中，伊斯兰规范和普什图法则紧密交织，难分主次。虔信真主已成为重要的普什图法则之一。普什图法则中正言、正思和正行（imandari）的重要内容之一是虔信伊斯兰教。所以巴里菲尔德认为，在当代普什图社会，普什图法则和伊斯兰教法已经融合在一起，不可分离，相互支撑。[①] 阿克巴在部落地区的建筑格局中找到了二者紧密联系的外在表现形式：部落的议事屋（hujra）与清真寺紧邻，就如同伊斯兰规范与普什图法则的关系一样。[②] 但不能就此把二者等同起来。它们的区别至少表现在三个方面。（1）伊斯兰教法以《古兰经》和《圣训》

[①] Thomas J. Barfield, *Afghan Customary Law and Its Relationship to Formal Judicial Institutions*, http://www.usip.org/sites/default/files/file/barfield2.pdf.

[②] Akbar S. Ahmed, *Pukhtun Economy and Society*, p. 105.

等经典为核心依据，普什图法则却没有经典文本为基础，主要依靠口口相传来延续。(2) 伊斯兰教是普世宗教，信徒遍布世界各地。普什图法则只见于普什图社会，带有鲜明的地方性色彩，是普什图穆斯林有别于其他民族和地方穆斯林的关键。(3) 在实践层面，普什图人是虔诚的穆斯林，但伊斯兰规范不是普什图人生活方式的全部。在普什图地区的历史和文化生活中，波斯文化和印度文化的影响先于伊斯兰教，至今依然体现在普什图人的语言、信仰、社会行为之中。伊斯兰教没有取代古老的普什图法则，很大程度上，普什图人遵循的伊斯兰规范，是经过普什图法则"筛选"的结果；伊斯兰教的某些规则在普什图社会没有发生效用，普什图人的生活实践规则包含非伊斯兰内容，但这没有妨碍普什图人深信自己所信奉的伊斯兰教是"最纯净、最正统的"。他们深信，"普什图人凭借普什图法则到达伊斯兰中的天国"①。

一 主要差异

对照普什图法则前述内容与《古兰经》，很容易看到二者之间的一致和相近之处。《古兰经》反复强调的穆斯林应该谦恭及相互尊重，主张杀人者抵债以为公平，要求穆斯林善待旅客和孤寡穷困者，褒扬和解与中道，反对"过分者"等诫命，都可在普什图法则中找到相似规定。但是，二者也有不一致的地方。主要体现在三个方面：血亲复仇、婚姻家庭财产、借贷利息。

(一) 血亲复仇

血亲复仇是普什图法则的重要内容，是部落传统的公平正义观念的基本内涵之一。千百年来，血亲复仇是各部落普遍遵循的惯例。

但是，《古兰经》和圣训规定，个人或家族的荣誉和仇恨不构成暴力行动的正当理由，没有"正当的"理由便不得发生斗殴和杀戮。《古兰经》明确禁止穆斯林之间相互残杀。误杀者须用释放奴隶、支付血金或悔过等方式来补偿，故意杀人者将受"火狱"的惩罚：

---

① R. E. Newman, *Pathan Tribal Patterns*, p. 11. Asta Olesen, *Islam and Politics in Afghanistan*, p. 33.

> 信士不致于杀害信士，除非是误杀。谁误杀一个信士，谁当释放一个信道的奴隶，并以血锾交付尸亲，除非他们自愿让与。被杀信士，如果他的宗族是你们的敌人，那么凶手应当释放一个信道的奴隶。如果被杀者的宗族是你们的盟友，那么，凶手应当以血锾交付尸亲，并释放一个信道的奴隶。谁不能释放奴隶，谁当连续斋戒两月，这是因为真主准许他悔过自新……谁故意杀害一个信士，谁要受火狱的报酬，而永居其中，且受真主的谴怒和弃绝，真主已为他预备重大的刑罚。（4：92—93）

可见，如果只着眼于血亲复仇原则，伊斯兰教与普什图法则之间的差距比较明显。但是，如果综合理解普什图法则的补偿和宽恕原则，那么《古兰经》中关于误杀信士者通过支付血金、悔过赔偿等方式作为弥补的规定，就找到了它的对应物。

（二）婚姻家庭财产制度

在普什图社会，妇女没有财产继承权①和婚姻自主权，女性不具有独立的人格，被看作家庭（男性家长）的私人财物，与土地、金钱类似。新娘的聘礼也不归新娘支配。寡妇没有再婚的自由，而是像财产一样"转让"给亡夫的兄弟。当家庭/家族陷入争端时，年轻女子被当作"代偿物"献给对方，这种补偿被称为"巴达"（baad）。

应该说，妇女在家庭和社会中的地位极其低下，是当今不少穆斯林社会在前伊斯兰时代共有的特点。伊斯兰教在很大程度上改变了这种状况，规定女子有继承权和拥有财产的权利，有离婚再嫁的权利等等。比如《古兰经》规定：结婚聘仪归新娘所有；女子在婚后可拥有自己的财产。女子可以离婚，离婚时丈夫"丝毫不得取回""已经给过她们的财产"（2：229）；"凡被休的妇女，都应得一份照例的离仪"，丈夫应该"把她们的聘仪照例交给她们"（5：15）。寡妇有再婚自由，女子有财产

---

① 阿克巴·阿赫迈德认为，普什图社会的女子隔离其实就包含着剥夺女性财产权的内容。Akbar S. Ahmed, *Social and Economic Changes in the Tribal Areas*: 1972–1976, Karachi: Oxford University Press, 1977.

继承权，亡人的妻子、女儿、姐妹和母亲都可获得遗产。①

普什图法则对通奸者的认定标准及其处罚，相较于伊斯兰教法来说更加严格。在普什图社会，妇女是家庭和家族荣誉的关键，女子的贞洁丝毫不容怀疑，但凡有任何传言都足以构成实施惩罚的理由。② 但是，《古兰经》规定，通奸行为必须要有四个男人作证，同时强调，凡作伪证或诽谤者都将受到重罚。"你们的妇女，若作丑事，你们在你们的男人中寻求四个人作见证；如果他们已作见证，你们就应当把她们拘留在家中，直到她们死亡，或真主为她们开辟一条出路。"（4：15）关于二者之间差异的原因，罗伊认为，主要在于这两大规范体系对该行为的价值判断悬殊：在伊斯兰教法中，通奸是一个道德问题，而在普什图法则中，它却是一个比生命更重要的荣誉问题。③

普什图社会对非法性关系双方毫不姑息。少数部落准许男方逃离，或强迫他离开本地，不过这并非法外施恩。因为在部落地区，离开本乡本部落，意味着失去家族和部落的庇护，失去生存安全的支撑和保证。而且，准许男方逃离的习俗一般还规定，女方亲属可以追杀他。

未婚私奔的青年男女，按普什图法则应遭到"荣誉处决"，由女方的父亲和兄弟负责执行。在实践中，私奔男女可寻求其他家族或部落的庇护以保全性命。有少数私奔关系得以合法化的例子，即女方家庭/家族承认和接受这种关系为合法婚姻，其前提条件一般是，男方给女方家庭支付荣誉损失赔偿金，同时以男方家庭/家族中的一两名女子作为"补偿"，嫁入女方所在家庭或家族。

（三）贷款利息

伊斯兰教明令禁止收取利息，特别禁止高利贷行为。《古兰经》反复劝诫穆斯林要以自己的财产去施济所有需要帮助的人，把赈济穷困褒为"正义"和"正道"；要求穆斯林的"财产当用于父母、至亲、孤儿、贫民、旅客"，且施舍财产当只有一个目的，即"求真主的喜悦并确定自身

---

① 《古兰经》4：4；2：229－230；2：241；4：11－12。
② Peter Marsden, *The Taliban: War, Religion and the New Order in Afghanistan*, London: Zed Books Ltd., 1998, pp. 85－86.
③ Asta Olesen, *Islam and Politics in Afghanistan*, p. 34.

信仰"（2：265）。《古兰经》规定的行为底线是：穆斯林不能以任何方式去"侵蚀别人的财产"，"不要吃重复加倍的利息"，当敬畏真主（3：130）。然而，在普什图社会，借贷一律以支付利息为前提，不少人因债务负担过重而不得不出卖土地等抵押物。

《古兰经》要求借贷需立下字据，写明数额和归还日期。债权人也可收取抵押物，但不能收取利息，否则将受真主讨伐。真正的信士不应该逼迫到期无力还债的债务者，最好能够免除窘困者的债务，因为"真主是喜爱行善者的"。借贷不等于买卖，商业利润是合法的，贷款利息则是真主禁止的：

> 吃重利的人，要像中了魔的人一样，疯疯癫癫地站起来。这是因为他们说："买卖恰像重利。"真主准许买卖，而禁止重利……真主褫夺重利，增加赈物。真主不喜爱一切孤恩的罪人……如果你们真是信士，那么，你们当敬畏真主，当放弃余欠的重利。如果你们不遵从，那么，你们当知道真主和使者将对你们宣战。如果你们悔罪，那么你们得收回你们的资本，你们不致亏枉别人，你们也不致受亏枉。如果债务者是窘迫的，那么，你们应当待他到宽裕的时候；你们若把他所欠的债施舍给他，那对于你们是更好的，如果你们知道。（2：275—280）
>
> 你们为吃利而放的债，欲在他人的财产中增加的，在真主那里，不会增加；你们所施的财物，欲得真主的喜悦的，必得加倍的报酬。（30：39）

二 "和而不同"

普什图法则与伊斯兰规范之间的差异是历史形成的：二者发端于不同的时代，由不同的地方文化孕育而成。即便把普什图人皈依伊斯兰教的历史追溯到先知时代，在那之前，普什图社会也早已存在，普什图法则也已经在位了。历史事实是，普什图社会信奉过佛教等其他宗教。因此，二者之间的差异其实不足为奇。问题在于，观察者大多还没有发自内心地真正接受文化多元的复杂社会现实，基于普什图法则与伊斯兰教法之间不一致的现象，人们总想搞清楚，二者孰为大，孰为先，孰为主导。比如，有学者提出，虽然虔信伊斯兰教是普什图人的标志性特点，但普什图法则和部落习俗对普什图人的约束力，在许多方面都高于宗教。①

必须强调，对这类论题感兴趣的主要是宗教人士、部落领导人、政治伊斯兰力量和学者，绝大多数普通的普什图民众在日常生活中并不为这类问题而烦恼。有学者调查发现，在普通普什图人看来，"他们的部落法与伊斯兰规范是相同的，二者没有区别"②。许多普什图人普遍相信，自己是真正的穆斯林，普什图法则就是伊斯兰规范的真实体现，是伊斯兰教法的实践原则。

伊斯兰教与普什图法则之间的矛盾之处，也没有困扰普什图人的生活。即便面对研究者的特别提醒和询问，他们的回答也相当轻松。比如曾有受访者对阿克巴表示，"是的，的确有矛盾，我们是错的，但一个普什图人除了是穆斯林以外，还能是别的什么呢？"阿克巴发现，普什图人坦率承认自己的一些做法偏离伊斯兰教法，并把它们解释为普什图习俗，由此实现了"偏离"的合法化，减轻了他们内心的愧疚。③

实际上，我们大概有理由怀疑所谓"愧疚"很可能是研究者的预设和想象，是一种建构。基本常识和生活经验告诉我们，通常情况下，绝大多数普通民众是社会习俗和传统规范的遵行者或容器，而非拷问者和反思者。普什图社会也不例外，因为至今普什图地区平均教育水平依然很低，并非每个人都有能力进行这类深刻的文化追问和自我反省。绝大多数普通普什图人不是哲学家、宗教学者或政治家，他们只因循着代代相续的社会传统，过着平常的生活，他们一般不会深究，甚至可能不会了解和关注普什图法则与伊斯兰教之间的差异。

换言之，普什图法则与伊斯兰教之间的差异并不妨碍二者在普什图

---

① Hasan M. Yousufzai & Ali Gahar, *Towards Understanding Pukhtoon Jirga*, p. 28. Anthony Hyman, "Nationalism in Afghanistan", *International Journal of Middle East Studies*, Vol. 34 (2002), pp. 299 – 315.

② Rob Hager, "State, Tribe and Empire in Afghan Inter-Polity Relations", in: *The Conflict of Tribe and State in Iran and Afghanistan*, p. 94.

③ Akbar S. Ahmed, "Religious Presence and Symbolism in Pukhtun Society", in: *Islam in Tribal Societies*, p. 312.

社会的共生。1000多年来,它们一起规范普什图人的行为,支撑着普什图社会的基本秩序。有普什图族学者指出,"伊斯兰规范和普什图法则之间的关系古老而坚不可摧:一个是精神指导,另一个则是世俗原则",二者之间相互尊重是彼此增长进步的动力。在他看来,"这种和谐是普什图社会的特点,使它成为相比较其他穆斯林社会而言更好的穆斯林。"[①] 更宽泛一点说,活生生的人类社会总是极为复杂的,充斥着看似逻辑上彼此矛盾的"规范体系"。假如执念于差异预设,或过分追求抽象的逻辑自洽性,则要么削足适履,要么目之所及皆"文化冲突"的例子。普什图法则与伊斯兰教内容虽不尽一致但却长期共生的现实告诉我们,社会生活的现实不必总是符合既有的逻辑规则,文化体系的差异并不必然导致冲突或对立,我们要开放自己的头脑和心灵去认识和接纳世界,而不是用主观的学理建构去扭曲现实或制造对立。

[①] Muhammad Ayub Jan, Shahida Aman, "Islam and Pakhtunwali: Convergence and Divergence of Religious and Cultural Identities among the Pakhtuns of Pakistan", *Peshawar Islamicus*, Vol. 6, Iss. 2 (Jul. -Dec. 2015), pp. 15 – 27.

第四章

普什图部落政治结构

如果仅仅依据当代西方媒体头条,很容易把普什图地区想象为秩序阙如的空间。实际并非如此。尽管这个地区的战火已延续数十年,部落政治结构受到严重冲击,但秩序并未崩溃。

普什图社会秩序的核心支柱是普什图法则和伊斯兰教,分别由议事会和宗教权威加以维持。换言之,部落政治结构有两大平行共生的体系:世俗权威与宗教权威。世俗权威包括议事会和部落首领,传统上没有常设的暴力机器,但议事会在必要时可组织部落民兵。世俗权威负责维护基本秩序,惩戒破坏者,抵御外敌,保护民众安全。宗教权威则主要是毛拉、圣人、圣徒和宗教学者,他们在普什图地区广受拥戴,拥有强大的影响力。部落乡村世俗权威的中心场所是议事屋,宗教权威的主要场所则是清真寺。影响部落政治秩序的环境变量则主要包括:周围其他部落、非普什图人、国家政权、外国力量等。

总起来说,普什图部落社会的政治体系由四大基本要素构成(见图4—1):(1) 普什图法则和伊斯兰教。这是秩序和体系的核心和根本。(2) 议事会、部落首领、宗教权威、部落民兵是秩序的维护者。它们负责捍卫普什图法则和伊斯兰教的基本秩序,保护部落成员和乡村安全。(3) 部落成员和乡村居民。他们是构成部落社会肌体的生命细胞,是部落社会的存在形式,也是部落基本秩序的载体。(4) 部落社会的外部生存环境,即其他部落、民族、国家政权、外国力量。

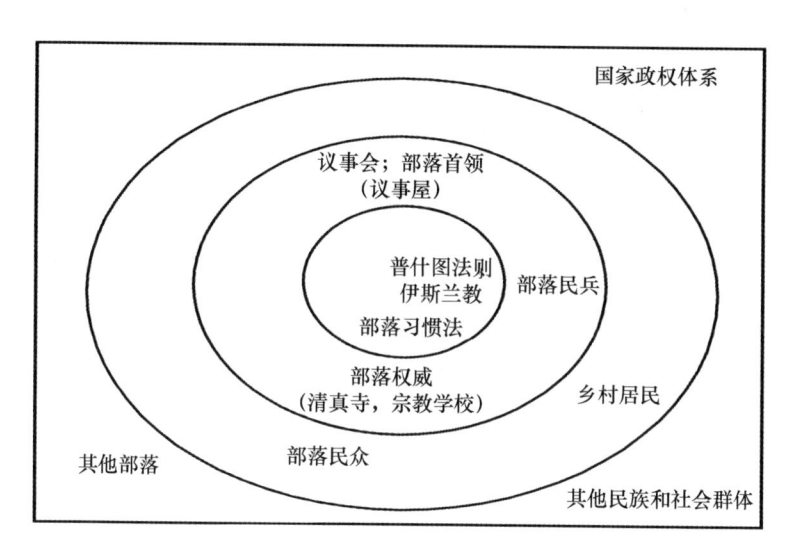

图 4—1　普什图部落的政治结构

第一节　议事会

在普什图语中，"议事会"被称作 jirga，本意指"一群成年男子"，引申为"集会"，英语对应词汇为 assembly。大多数英文文献直接使用 jirga，中文文献也常用其音译词"支尔格"。

关于 jirga 一词的起源，有若干假说。多数学者认为它是普什图语原生词汇，也有人认为它可能源自古代雅利安人和波斯人。还有人提出，突厥语和蒙古语中也有这个词汇。由此我们可以推测，议事会是中亚地区部落社会共有的原生制度。至少在今天被称为"阿富汗"的土地上长期生活的各部落，包括普什图人、塔吉克人、乌兹别克人、哈扎拉人、努里人、土库曼人、俾路支人，都有历史悠久的协商议事制度。根据摩尔根的研究，北美印第安人也有议事会制度。① 当然，各地议事会的组织形式不尽相同。

在普什图语中，jirga 的词根 jar 原意为"公开言论"，后缀 ga 意为

---

① Ahmad Salim, *Loya Jirga: The Afghan Grand Assembly*, pp. 68 – 69.［美］摩尔根：《古代社会》，第 15 章。

"地点""场所"①。另有解释认为，jirga 源自普什图语中的"火"（jirqa），普什图社会传统习俗之一是，部落男子在冬天常围绕房屋中央的火堆坐成圆圈。这些解说综合起来，其实就勾勒出了普什图议事会的基本形态：部落成员（成年男子）聚集于一处，以表示平等的圆形围坐在一起，发表言论（讨论公共问题）。

普什图部落乡村都有专门的议事会场所，称为"议事屋"。日常生活中，议事屋的功能不限于召开议事会，它还是当地成年男子的社交中心以及部落乡村的信息交流中心，同时也是别宗他乡的来访者和旅行者的暂时栖身地。

一 基本功能

在普什图部落社会，议事会主要有三大基本政治功能：维持社会秩序和安全、调解内部纠纷、强化部落/乡村认同与团结。普什图法则是议事会的章程。维护法则权威，进而维护部落秩序与安全，是议事会的首要使命。议事会的合法性和组织原则都以法则为基础。

如果把部落视为一个独立的政治实体，那么议事会就是集立法权、司法权、行政权于一身的机构，它在维持内部秩序的同时，还负责对外交往。因此，严格意义上说，很难在现代政治体系中找到它的对应物。如一位普什图学者所言：

> 支尔格既不是政府也不是统治机构。它不是纯粹的立法机构，也不是司法实体。我们把支尔格视为一系列程序，其目的和其他许多社会实践一样，在于和平建设和发展。支尔格在普什图地区运转，它实质上依照普什图法则进行治理。②

（一）维持社会秩序和社会团结

议事会是普什图法则的捍卫者、执行者和解释者，是部落社会政治

---

① Hasan M. Yousufzai & Ali Gahar, *Towards Understanding Pukhtoon Jirga*, p. 63. Barakatullah Advocate, Imran Ahmad Sajid, "Jirga System in Pakhtun Society: An Informal Mechanism for Dispute Resolution", Vol. 5, iss. 2 (Jul.-Dec. 2013), pp. 45–60.

② Hasan M. Yousufzai & Ali Gahar, *Towards Understanding Pukhtoon Jirga*, p. 13.

秩序的中枢，也是部落乡村的核心决策机构。在正常情况下，部落公共事务都由议事会决定。

如果我们把普什图社会的合法性来源区分为"观念"和"制度"两个层面，那么制度层面最重要的合法性来源当属议事会，而普什图法则和伊斯兰教法是观念层面的合法性依据。在崇尚平等、独立和自由的普什图社会，没有等级制度和所谓"天生领导人"的观念，但是，服从议事会决定是普什图人必须遵守的义务；故意违令者将受到严惩，比如罚款、没收财产、焚毁房屋等。① 奥尔森指出，普什图人只服从三大权威，即普什图法则、伊斯兰教法、议事会。日常生活中，人们也服从部落首领，但前提是该部落首领得到议事会的认可和授权。② 就此而言，议事会的权威高于部落首领的权威。

在实践中，议事会制度的合法性基础主要有两个方面，一是普什图法则，二是部落成员民主平等参与的组织形式。

1. 与普什图法则相互支撑

议事会的权威首先借重普什图法则。阿克巴·阿赫迈德等人把议事会视为普什图法则的核心内容之一。③ 从政治学的角度看，议事会与普什图法则之间是彼此支撑、相辅相成的关系。

这种关系至少有三个维度：其一，议事会通过捍卫和延续普什图法则的权威，来维持社会基本秩序，防止社会陷入无政府状态；其二，议事会凭借普什图法则，来获得自己的权威和影响力；其三，议事会通过调解本乡本土日常生活中的各种纠纷，维持基本的社会团结。

在维护社会秩序的过程中，议事会遵照普什图法则行事，以贯彻普什图法则为核心职责，但它不是普什图法则的被动执行者。相反，许多时候它是古老法则的解释者——它会依据变化的社会现实不断重新解释普什图法则并加以应用；它做出的决定对本部落乡村所有人都具有约束力，人们必须遵守，否则将受到严惩。就此而言，议事会是普什图法则

---

① Claud Herbert, Alwyn Field, *With the Afghans*, London: Marshall Brothers, Ltd., 1908, p. 18. Akbar S. Ahmed, *Pukhtun Economy and Society*, p. 87.

② Asta Olesen, *Islam and Politics in Afghanistan*, p. 34.

③ 比如，Akbar S. Ahmed, *Pukhtun Economy and Society*, p. 90, 以及 Dipali Saha, *Socio-Economic Behaviour of Pukhtun Tribe*, New Delhi: Global Vision Publishing House, 2006, chap. 1。

历经数千年而仍能保持权威和效力的制度保障。

2. 以平等参与和协商民主维护社会团结

部落乡村的公共事务都须经过议事会讨论。讨论重大问题时，议事会可能多次开会，没有次数和时间限制。每次会议都公开举行，部落所有成员（成年男子）都可参加，并有充分发表个人意见的权利，与会者有义务相互认真倾听，之后讨论协商，直到全体一致同意为止。因此，"平等参与"、"充分讨论协商"、"一致同意"，是理解部落议事会组织原则的关键，是议事会权威和有效性得以长期存在的程序保障，也是议事会权威必不可少的社会心理基础。

用政治学术语去描述普什图人的议事会制度，可称之为"民主"。有不少学者提出，议事会其实就是阿富汗原生的宪政制度，已有5000多年的历史。[①] 斯派恩甚至提出，"帕坦支尔格是最为近雅典民主本色"的制度。[②] 部落首领是议事会成员，但在议事会框架内，部落首领不再是领导人，而是作为平等一员参与全过程。

和古希腊城邦公民权一样，普什图议事会的参与权也有门槛：仅限"本部落成年男子"。部落女子、未成年男子和客居本村的非部落成员，都无权参与议事会。这种"民主权利"归本部落成年男子专有的原则，是普什图议事会与印第安人议事会的不同之处。根据摩尔根和恩格斯的研究，易洛魁人的议事会是"一切成年男女享有平等表决权的民主集会"。[③]

不少人把议事会等同于伊斯兰/阿拉伯传统的协商制度"舒拉"（shura）。的确，阿富汗非普什图地区称协商议事会为"舒拉"，与"支尔格"意义相近。1964年宪法的英文版同时出现了"舒拉"和"议事会"两个术语，用"舒拉"指代议会（parliament），用"议事会"指代人民院（Wolesi Jirga）和长老院（Meshrano Jirga）。不过，普什图乡村习惯称其协商会议制度为"议事会"或"长老会"，偶尔还使用其他一些指代会议的词，比如 jalasa, maraca, mashran, majlis, rish safidan 等等。

---

① S. Rahel, "Constitutional Developments", *Kabul Times Annual*, 1967, pp. 15–17.

② James W. Spain, *The Pathan Borderland*, p. 69. Akbar S. Ahmed, *Pukhtun Economy and Society*, p. 90.

③ ［德］恩格斯：《家庭、私有制和国家的起源》，《马克思恩格斯选集》第四卷，第84页。

"舒拉"这个词汇真正在普什图部落地区普及，是在阿富汗抗苏战争期间，即 20 世纪 80 年代。① 二者在普什图地区的实践和表现方式也有不同。（1）并非每个部落乡村都有舒拉，但每个部落乡村都有议事会。（2）舒拉的组织方式属于代议制范畴，而议事会则不同：乡村一级的议事会采用直接民主制，即所有具备资格的成员都可平等参与，乡村一级往上，议事会实行代表制。（3）舒拉成员主要是宗教人士，议事会的核心成员一般是部落长老。客居的宗教人士与其他客居者一样没有议事权。

在某些方面，普什图乡村一级议事会与乡土中国②的"长老权力"有几分相似之处。两者的仲裁决定在本乡本土都有强大的约束力，民众都十分重视长者及其智慧。"白胡子长者"是议事会的核心，所以又称"长老会"③。德高望重的长者是部落/乡村议事会的核心力量。在崇尚平等的普什图社会，长老享有特殊的影响力。英印政府时期，英国人主要与议事会讨论和交涉有关普什图部落的重大问题。④ 在古代和近代中国，士绅长老也是国家权力所倚重的社会力量。

（二）调解纠纷

议事会是部落社会重要的争端调解和仲裁机制。它负责调解私人之间、家庭/家族之间、部落之间的纠纷和矛盾。

在部落乡村内部的矛盾中，议事会以第三方的身份出面调解。虽然它不一定能立即化解矛盾，但是它居间调停，让冲突各方坐在一起对话交流，有助于避免冲突的蔓延和扩大。当部落之间的矛盾争端危及安全和发展时，议事会立即动员并组织民众，根据具体情况采取相应措施，包括与对方交涉、组建部落民兵并开战等等。

议事会调解纠纷的功能没有随现代国家司法体系的建立而明显削弱。以阿富汗为例，生活在农村地区的民众（占人口绝大多数）在发生纠纷

---

① Bernt Glatzer, "The Pashtun Tribal System", *Concept of Tribal Society*, eds. by G. Pfeffer and D. K. Behera, Delhi: Concept Publishers, 2002, pp. 265 – 282. Jennifer Brick Murtazashvili, *Informal Order and the State in Afghanistan*, New York: Cambridge University Press, 2016, p. 69.

② 费孝通：《乡土中国》，北京大学出版社 2012 年版。

③ 阿克巴·阿赫迈德把 jirga 翻译为"长老会"（council of elders）。Akbar S. Ahmed, *Pukhtun Economy and Society*, p. 90.

④ Hugh Beattie, *Imperial Frontier*, chap. 10.

时，依然主要诉诸议事会和部落首领。亚洲基金会的调查表明，议事会在百姓心中的地位和威望超过政府司法部门。2012年的数据显示，86%的受访者认为议事会公正可信；74%的人认为它恪守本地规范和价值观；75%的人认为它能够有效推行正义；70%的人认为它能及时解决问题。调查还显示，如果遭受侵害或发生纠纷，59%的民众会求助于议事会；30%的人会求助于部落首领。

表4—1　　阿富汗议事会与国家法院的公信力比较（2012年）　　单位：%

	国家法院	乡村和本地议事会
是公正和可信的	68	86
遵循本地规范，符合我们的价值观	55	74
在实现正义方面是有效的	56	75
能够便捷高效地解决问题	42	70

资料来源：The Asia Foundation：*Afghanistan in* 2012，*A Survey of the Afghan People*，p.156。

随着时代变化，阿富汗人也期待议事会做出一些改革。比如，2012年70%的受访者表示，议事会应该接纳女成员。①

二　基本类型

议事会的组建和运转因地而异。有些部落和乡村有类似"常委会"的机制，少数德高望重的长老作为"常委"，负责决定召集议事会的时间和议程。在大多数地区，议事会随具体问题的发生而临时召开。基于此，大体可把议事会分为两类，即"临时议事会"和"常规议事会"。

（一）临时议事会

"临时议事会"即针对具体问题临时举行的议事会。调解民事纠纷是临时议事会的主要任务。专门解决纠纷的议事会被称为"第三方议事会"，一般由部落德高望重的长老出面，相关当事人参加。它没有固定成员，人数也不固定，完全取决于谁出面以及所议主题涉及的当事人是谁。

发生纠纷后，这类议事会的一般程序是：

---

① The Asia Foundation：*Afghanistan in* 2012，*A Survey of the Afghan People*.

（1）当事人一方找到乡村部落德高望重的长老，请求其出面干预。长老们组建议事会。经议事会成员同意，调解进程正式开始。

（2）议事会成员接触各方当事人，听取陈述，调查基本情况。如遇牵涉人命案件的重大纠纷，则议事会在仲裁前会把双方都禁足在住所内，以防血亲复仇事件发生。此间双方将停止暴力行动，等候裁决。

（3）议事会仔细审查，进行调解和裁决。在调解现场，议事会首先要求当事人宣誓，同意由该议事会仲裁，承诺全心全意接受裁定。议事会裁定后，双方按照裁定履行各自的义务。

（二）部落议事会

负责讨论决定部落共同体重大公共事务，包括土地、山林、灌溉资源的内部分配，启动发展项目，本乡本土的违法犯罪案件，部落间交往和矛盾，边界安全，战争，以及是否庇护外来求助者等问题。

这类议事会可能在居民点、村、乡、地区等不同级别召开，也可能召开部落间联合会议，依据所议事务涉及的范围而定。乡以下的议事会成员包括共同体所有成年男性。全部落（联盟）、地区和省级议事会则实行代表制：议事代表由各基层共同体选举产生，各部落的代表数量均等，而非按人口多少实行比例代表制。各级议事会都遵循平等原则进行讨论协商，与会者拥有同等的发言权。

经过一轮或若干轮会议，议事会最终达成决定。决议对所有人都有同等约束力。典型的会议进程是：

> 在这类会议中，所有与会者都有说话的权利，不过绝大多数成员更喜欢静默观察。会议没有任何正式发起人，每个人都把首先说话的机会让给别人。然后，有人从一个故事或传说讲起，为议题的讨论做个铺垫。会议将讨论该议题的各种要素，论及共同体每个人的担心和关切，会议召集人聆听并推动讨论走向深入。最后，人们会找到一个共同的立场，达成所有人一致同意的方案。[①]

[①] Fakhr-ul-Islam, Khan Faqir, Malik Amer Atta, "Jirga: A Conflict Resolution Institution in Pukhtoon Society", *Gomal University Journal of Research*, Vol. 29, iss. 1（Jun. 2013）, http://www.gu.edu.pk/new/gujr/pdf/june-2013/87-95.jarga.pdf.

议事会在许多方面充分体现了普什图法则的"平等"原则,包括不设主席、没有领导人、部落所有成年男子都可参加、所有会员都有平等的发言权等。它主要以公开、和平、公正和透明的方式,通过对话协商作出决定。人们一般承认并服从议事会决议的权威和效力。必要时,议事会将依靠部落民兵为后盾,强力推行决定,或保障决定的落实。①

三 确立为国家正式制度

议事会的时间起点其实如今已难以考证。可以肯定的是,在国家权力覆盖普什图地区之先,议事会是普什图社会政治秩序的核心柱石。随着普什图地区成为近现代国家的一部分,议事会制度也融入国家建设过程中。这在由普什图人创建的国家——阿富汗十分明显。

阿富汗王国本身是部落联合议事会决定创建的。杜兰尼王朝的统治主要以部落为根基。英国殖民政府在普什图地区的统治也借重议事会的权威。20世纪,议事会成为阿富汗国家正式制度的有机组成部分。在这个过程中,传统议事会的功能和样态都发生了一些变化。

(一) 英国人的"官办议事会"

议事会被嵌入近代国家机器,首先是由英印政府在今巴基斯坦普什图地区发起的,主要包括"利用"和"改造"两个维度,二者密切相关:利用的过程中逐渐改造,以使之更符合帝国利益,最终确立了沿用至今的边疆管理制度。

起初,英国人主要借助当地既有的议事会机制,维持交通要道安全和边疆地区基本秩序,这是19世纪上半叶英国在普什图地区的首要利益。为此它与议事会签订协定,通过提供津贴的方式换取合作。

1893年杜兰线划定以后,英国的首要目标是谋求相关部落承认杜兰线的合法性,遏制当时在边疆地区蓬勃兴起的反英力量。1895年3月,英国在瓦济里斯坦推动召开了"马苏德部落大支尔格",集合了马苏德下属各宗族代表开会。经过英国的努力,与会272名部落首领最后以马苏德部落的名义正式发表声明:"一致"承认和接受杜兰线作为英印边界线,

---

① Christine Fair, Peter Chalk, *Fortifying Pakistan: The Roles of US Internal Security Assistance*, Washington, D. C.: United States Institute of Peace Press, 2006, p. 11.

并承诺"敦促各自部落民遵守英印政府的命令"。① 事实证明，这次大议事会一度缓和了部落反英斗争，局部缓解了帝国边疆的政治危机。

19世纪末20世纪初，英国人积极采取各种措施，加强边疆防卫。其重要举措之一是，在部落地区创建新型议事会，即"官办议事会"。官办议事会的法律基础主要是英印政府在1901年修订的《边疆犯罪管理条例》。条例第三章规定，组建新型议事会②：

（1）议事会由地区副专员任命三位长老组成；
（2）副专员有权把当地民事和刑事案件提交给议事会讨论；
（3）副专员有权修改议事会的决定，并作出新的裁定；
（4）高级法院不得受理有关议事会决议或副专员裁定的争议诉讼案件。

可见，英国创立的官办议事会制度与普什图传统议事会完全不同，已经变成了帝国国家机器的内在环节。根据新的议事会制度，议事会成员由帝国指派，议程由政府决定；政府委派代表参加议事会并享有特权；议事会不再是最高权威，因为政府长官有权废弃议事会决定。

20世纪初，官办议事会在部落地区迅速普及。它的社会政治功能是在部落地区执行英印政府的法律条例，维持地方法律秩序，对英国负责。与此同时，英印政府在借用部落议事会制度框架的过程中，把普什图地区塑造成为帝国秩序体系中的"例外"：政治代表主宰一切。对下，他可以否决议事会决定；对上，他的决定不受高等法院干预和监督。这可算为部落地区在国家体系中正式成为"法外之地"的开端。当然，"法外之地"在英帝国政治实践中的日常表现，主要是普什图人的桀骜不驯，不断反抗和暴动。

英国撤离后，议事会仍然是巴基斯坦国家治理边疆地区的基石，但不再是国家正式制度的组成部分，属于非政府组织范畴。为了争取普什图部落的支持，1948年4月，真纳（Muhammad Ali Jinnah）召集了第一个覆盖全国普什图部落的大议事会，得到积极响应，由此基本确立了新国家的主权疆域。如今，在普什图地区的社会生活中，议事会依然发挥

---

① Annonymous, *Report on Waziristan and Its Tribes*, p. 61.
② Baha Lal, *NWFP Adimimistration under the British Rule 1901－1919*, Islamabad: National Commission on Historical and Cultural Research, 1978, p. 30.

着重要作用。21世纪以来，部落地区自发召开过多次大议事会，讨论反恐、和解和建设等问题。

（二）阿富汗的议事会

1747年，阿布达里等多个部落以议事会的方式在坎大哈建立阿富汗王国。自那时起，议事会就成为国家政治制度的一部分，国家大事莫不经由议事会讨论决定。

阿富汗王国时期，议事会是国王与各地方首领商议重大事务、谋求部落支持的主要机制。第一次大战期间，哈比布拉汗国王（Habibullah Khan）召集大议事会讨论并决定与土耳其等协约国的关系。阿富汗独立后，阿曼努拉国王（Amanullah Khan）多次召开大议事会，为自己的重大政策背书，包括制定宪法（1923年）、实行全面改革（1928年）等。1929年内战期间，南部和东部地区部落长老召开议事会，推举纳迪尔·汗为新国王。1931年纳迪尔·沙国王正式把议事会确立为国家议会。议会制度在1964年宪法中得到进一步完善。人民民主党政权时期，卡尔迈勒（Babrak Karmal）和纳吉布拉（Muhammad Najibullah）也诉诸大议事会来缓和社会政治对抗。21世纪以来，阿富汗在建立临时政府、制定和批准宪法、决定政治和解、处理与美国关系等重大问题上，都以大议事会的方式来讨论决定。

1. 国家议会

阿富汗王国1931年宪法把议事会正式纳入国家体制。宪法规定成立国家议会，古老的议事会由此演变为现代议会。之后的几部宪法进一步完善了议会制度。

1931年宪法规定，成立议事会，议事会是阿富汗人民意志的体现（第27章）。议会成员分两部分：选举产生的"全国协商会议"，以及由国王任命的贵族院。政府各部部长对议会负责，各省设立协商会议。各省级协商会议的构成及其选举，由相应的立法机构负责。国王有权否决议会通过的法案。

1964年宪法设立两院制议会。下议院成员全部由选举产生。原有的议会改为上议院，成员的产生方式分为三种：1/3的成员由国王任命，1/3直接选举产生，1/3间接选举产生。

2004年宪法第五章规定：国民议会是阿富汗的立法机构，体现人民的意志，代表整个国家。国民议会由上议院和下议院组成。下议院250名议员全部通过直接普选方式选举产生，任期5年。上议院议员总数为102人，其中1/3由总统任命，其余由各省级和地区级议会代表选举产生；其中总统任命的议员任期5年，省级议会推选的代表任期4年，地区议会推选的代表任期3年。根据宪法第90条，国民议会的职责包括：

(1) 批准、修订或废除法律、法律条令；
(2) 批准社会、文化、经济和技术开发项目；
(3) 批准政府预算，准许接受和发放贷款；
(4) 创建、调整或取消行政机构设置；
(5) 批准国际条约和协定，或取消阿富汗在国际组织中的成员身份；
(6) 宪法赋予的其他权力。

2010年9月选举产生的下议院成员249人。按宪法规定，这届议会应该在2015年换届。但由于各种原因，换届工作推迟到2018年10月。

2. 大议事会

大议事会，即 Loya Jirga，其中 Loya（也写作 loi）一词本意为"大"。英语文献一般把 Loya Jirga 翻译为 Grand Council 或 Grand Assembly，有中文文献将其音译为"大支尔格"。大议事会与普通议事会的区别在于，普通议事会多以部落乡村为单位，或者是较小地理范围内的几个部落召开议事会；大议事会则是较大地区范围内所有部落召开的议事会。在现当代阿富汗政治实践中，大议事会的代表来自全国各地。

传统上，大议事会不是常设机制，只在需要讨论重大问题时才由国王临时召集。1930年前后，纳迪尔·沙国王把它设定为正式制度。他规定：每三年召集一次全国"大议事会"；凡增设新的税目、推行重要改革，都须事先得到大议事会许可。[①] 然而，大议事会与议会不同，大议事会不是常设机构，其主要成员是国家各级机构工作人员，部分成员由国家首脑挑选，只有国家首脑才有权召集大议事会。

关于大议事会在当代阿富汗的政治法律地位，1987年宪法（修正案）和2004年宪法称之为"阿富汗人民意志的最高表现"。2002年大议事会

[①] V. Gregorian, *The Emergence of Modern Afghanistan*, Stanford: Stanford University Press, 1969, p. 305.

章程文本明确宣布，大议事会是阿富汗人民意志的最高表现，它代表全体人民。它的决议和认可具有法律效力。2016年8月，前总统卡尔扎伊（Hamid Karzai）表示，"传统的大议事会高于阿富汗法律。现行宪法是大议事会制定的。"①

（1）缘起和功能

关于大议事会的起源，有多种说法。有人提出，大议事会是阿曼努拉国王发明的，第一次大议事会于1924年召开，之后凡废立或修改宪法，以及关系到国家独立、主权、领土等问题，都经过大议事会讨论决定。按照这种说法，大议事会迄今还不到一百年。也有人考证发现，大议事会已有数千年历史，公元前72年在坎大哈召开大议事会选举产生的"王"曾把其领地扩展到旁遮普地区。还有人追溯到加尔吉部落领导人米尔维斯·汗（Mir Wais Khan），说他在1709年把各部落领导人召集在一起，以大议事会的名义决定发动起义，反叛波斯统治。还有学者把大议事会追溯到阿富汗王国创建者杜兰尼国王，认为是他确立了这一制度。还有人追溯到19世纪末，即阿卜杜·拉赫曼汗时期。②

从现当代实践看，大议事会主要讨论与民族和国家全局利益相关的重大问题，一般在政治中心召开。坎大哈、喀布尔、贾拉拉巴德等战略重地都是主要的大议事会场所。迄今为止，阿富汗大议事会从未在国外召开过。20世纪历次大议事会（见表4—2）讨论的议题都直接关系到国家的政治命运和前途，包括批准和修改7部正式宪法，用共和制取代君主制，重大的外交战略如在两次大战期间保持中立、支持"普什图尼斯坦运动"等问题。

---

① 大议事会章程文本收录于 Ahmad Salim, *Loya Jirga*, p. 129. Hamid Karzai, "Regional Powerplay and Rise of Radicalism in Afghanistan", Aug. 20, 2016, http://www.ipcs.org/article/terrorism/regional-power-play-and-rise-of-radicalism-in-afghanistan-5118.html。

② Benjiamin Buchholz, "The Nation's Voice? Afghanistan's Loya Jirgas in the Historical Context", Nov. 19, 2013, https://www.afghanistan-analysts.org/the-nations-voice-afghanistans-loya-jirgas-in-the-historical-context/. Ahmad Salim, *Loya Jirga*, p. 11. Fakhr-ul-Islam, Khan Faqir, Malik Amer Atta, "Jirga: A Conflict Resolution Institution in Pukhtoon Society", *Gomal University Journal of Research*, Vol. 29, iss. 1（Jun. 2013）, http://www.gu.edu.pk/new/gujr/pdf/june-2013/87-95.jarga.pdf. Afghanland.com, "The Loya Jirga", http://www.afghanland.com/history/loyajirga.html.

表4—2　　　　　　　20世纪阿富汗主要的大议事会

年份	召集人	中心议题	会期（天）	大致与会人数（人）
1923年	阿曼努拉·汗	讨论第一部宪法	2	不详（有870名各省代表）
1924年	阿曼努拉·汗	宪法修订；颁行新规；国际关系	21	1054
1928年	阿曼努拉·汗	政策法规调整；王位继承人	5	1000—1100
1930年	纳迪尔·沙	讨论新的政策法规	11	530
1941年	查希尔·沙	阿富汗在"二战"中的中立地位	3	2000
1955年	查希尔·沙	普什图尼斯坦冲突	6	不详（370名各省代表）
1964年	查希尔·沙	讨论新宪法	10	450
1977年	达乌德·汗	讨论新宪法；选举国家首脑	16	350
1985年	卡尔迈勒	政府执政原则	3	1800人外加200位列席者
1987年	纳吉布拉	讨论新宪法，选举国家首脑	2	1650人外加400位列席者
1989年	纳吉布拉	政府执政原则	2	1000—1100
1990年	纳吉布拉	讨论新宪法	2	800

资料来源：Benjamin Buchholz, *Loya Jirga*: *Afganischer Mythos*, *Ratsversammlung und Verfassungorgan*, Freiburg: Rombach Verlag, 2011, S. 257。

大议事会类似部落传统的议事会，根据现实需要而召开，每次会议集中讨论一个专门问题。根据A.萨利姆的归纳，阿富汗历史上的大议事会迄今共有11类议题[①]：

①与宣战或议和相关的事务；
②选举新的统治者；
③制订行动方案以捍卫国家民族尊严，尤其是捍卫宗教价值观和领

---

① Ahmad Salim, *Loya Jirga*, p.71.

土完整；

④组建政府；

⑤谋求全国在社会、经济和政治立法方面的共识；

⑥制订国家社会发展战略；

⑦讨论通过国家行政管理的重大措施；

⑧采用或废止宪法和法律，尤其是废止前国王、前政府的宪法法律；

⑨让世界相信，阿富汗在实践民主制度；

⑩决定与邻国的关系；

⑪决定国家在全球冲突和全球集团中的地位。

（2）确立为正式制度

阿富汗独立之后的第一次大议事会是阿曼努拉国王在1923年召集的。之后，宪法和现代化改革措施引发广泛不满，霍斯特地区发生武装反叛。为平息事端，1924年7月，国王在帕格曼召集大议事会，为期15天，讨论宪法和改革措施引发的争议。大议事会最终决定，以修改宪法部分内容为前提条件，支持宪法和国王改革。

关于大议事会组织和职能的明文规定出现在1964年宪法中。因此，1964年可算作大议事会制度的正式确立，其后每个宪法文本都有对大议事会的专门说明。各宪法对大议事会的基本定位是：大议事会是国家意志的最高体现。

① 1964年宪法

1964年宪法规定了大议事会的召集者、职能权限和基本程序。确立了大议事会的基本框架。宪法规定，只有国家最高统治者才能召集大议事会。具体而言：①

A. 召集大议事会是国王的权利和责任。

B. 大议事会的职能权限包括：

第一，如果国王决定退位，必须在7天内召集大议事会进行讨论。如果大议事会同意，则退位从大议事会同意之日算起。选举新国王的委员会由总理负责召集，成员包括大议事会、政府和最高法院法官；候选人只要获得选举委员会的简单多数即当选为新国王。

---

① 宪法文本参见 http://www.afghangovernment.com/Constitution1963.htm。

第二，如果政府任期届满，或议会被解散，或政府与议会间发生弹劾等纠纷时，大议事会召开会议，任命调查委员会。调查委员会就受托问题向大议事会提交报告，大议事会按照宪法规定程序，以法定与会成员的2/3多数通过为裁决。

第三，在国家面临战争、战争威胁、严重动荡等危急存亡关头，由国王宣布紧急状态。如果紧急状态超过三个月，则须得到大议事会同意和批准。

第四，宪法修订须经大议事会同意：得到大议事会多数成员批准，由大议事会成员组成修宪委员会。修宪委员会在征询最高法院和部长委员会的建议后，把修正案提交给大议事会。大议事会表决以多数通过宪法修正案以后，提交给国王。国王应该解散议会，把宪法修正案公之于众，并确定新的选举日期。新的选举应在议会解散4个月内举行。新议会和新政府组建完成后，国王召集大议事会，大议事会以法定与会成员的2/3多数同意来决定是否通过宪法修正案。大议事会的表决结果经国王签字后生效。

C. 大议事会的构成：国会（舒拉）成员、各省级议事会主席。如果议会被解散，在新议会成立前，已解散议会的成员依然是大议事会成员。如果没有省级议事会，则可在省级议事会主席缺席的情况下召开大议事会。

D. 大议事会程序细节：a. 下议院主席主持大议事会。下议院主席因故缺席时，由长老院主席代为主持。大议事会的第一项议程是从大议事会成员中选举一位书记。b. 大议事会所有讨论都对外开放。除非应政府要求，或者大议事会至少20名成员集体要求，并征得大议事会同意，才可召开闭门会议。c. 除本宪法说明的特殊情况以外，大议事会的决定应由与会成员表决，以多数为准。大议事会程序要遵守法律和本宪法的规定。

② 20 世纪 70—90 年代

1973 年，达乌德发动不流血政变，推翻查希尔国王政权，改行共和制。政变之后，他立即召集大议事会，背书其政变和制度变革。他主持制定的1977年宪法规定，大议事会的职能包括通过、修订和解释宪法；决定国家的战争与和平；决定关系到国家民族命运的所有事务。宪法宣布，大议事会是国家权力机器关键部件的集合体。根据第66章，大议事会的组成人员包括：国家首脑、国民议会全体成员、各省省长和喀布尔市长、部长委员会成员、最高法院成员、大检察官及其副手、民族祖国阵线执行委员会成员、总统任命的杰出个人代表。

1978 年政变上台的人民民主党政权同样诉诸大议事会机制来缓解政治困境，谋求政权和重大决策的合法性。1985 年 4 月 23—25 日卡尔迈勒召集大议事会，约 1800 名代表参加，其中包括 796 名来自 29 个省的正式代表，以及农民、工人、手工业者、知识分子代表约 200 人。卡尔迈勒在议事会开幕式上呼吁全民团结，共同反击危害国家秩序的外国力量，实现阿富汗的和平稳定。他还批评巴基斯坦、美国、沙特阿拉伯支持反阿富汗的非国家行为体。[①] 会议把 1980 年的临时宪法通过为宪法，宣布将遵守联合国宪章，捍卫人权。

1987 年 11 月，纳吉布拉在喀布尔召集大议事会，共 1650 名代表参加。会议通过新宪法，确立了民族和解政策的基本框架。会议还选举纳吉布拉为国家总统。宪法写明，阿富汗人民民主党是促进国家和解的组织者和保卫者，大议事会是人民主权的表达，符合阿富汗国家的历史传统。1990 年，人民民主党政权通过宪法修正案，其对大议事会的界定是[②]：

> 大议事会：这是阿富汗人民意志的最高表现。其组成人员包括：总统和副总统、众议院成员、总检察长、各部部长、首席检察官及其副手（以及最高检察院成员）、宪法委员会主席、各省议事会负责人、各省代表（按照众议院代表的数量）、无记名选举产生的代表（最少 50 人，从政治、科学、社会和宗教界人士中选举）等。大议事会的权限是：批准和修改宪法；选举总统并接受总统辞呈；就事关国家命运的重大问题作出决定。大议事会应由总统召集、启动和主持。大议事会的每个分会至少需 2/3 的成员出席（方为有效）。依据多数原则作出决定。在众议院被解散、新的众议院尚未成立的情

---

① Jalal Khan, *Afghanistan Jirga System: Panacea for the 21ˢᵗ Century Afghan Quagmire*, Saarbruecken: LAP LAMBERT Academic Publishing, 2010, p. 76. 穆贾希丁和难民没有代表参会。

② Ahmad Salim, *Loya Jirga*, p. 75.

况下,被解散众议院的成员依然保留大议事会成员资格。大议事会的选举应该遵守法律和大议事会自身的章程。

事实证明,大议事会和宪法修正案都没能挽救人民民主党政权的政治危机。苏联撤军后,阿富汗陷入内战。流亡在罗马的前国王查希尔·沙提出三点倡议:停止战争、建立过渡政府、举行选举。他还呼吁召开紧急大议事会,讨论相关问题。由此产生了大议事会历史上的新现象,即民间力量呼吁召开会议,A. 萨利姆称之为"召集大议事会运动"[1]。

这个"召集大议事会运动"直到21世纪初才取得正式成果。2001年年底的波恩会议决定,委托前国王查希尔·沙召集在六个月内召集"紧急大议事会",选举过渡政府。2002年6月,紧急大议事会如期召开,选举产生了卡尔扎伊领导的过渡政府。

③ 2004年宪法地位

2004年宪法规定,大议事会是"阿富汗人民意志的最高表达"。具体而言:[2]

A. 召集。召集大议事会是总统的权限和责任。总统负责为大议事会开幕。

B. 构成。大议事会正式成员包括众议院成员、各省和地区议事会主席。各部部长、国家最高法院的首席大法官和其他成员、总检察长等应该列席会议,但他们没有表决权。

C. 以下三种情况下应召开大议事会:a. 决定有关国家独立、主权、领土完整统一,以及其他事关国家最高利益的事务;b. 修改本宪法的条款,需获法定与会人数2/3多数同意方能通过;c. 根据宪法规定弹劾总统。

D. 基本程序规则:a. 会议第一阶段,大议事会从成员中选举主席、副主任、书记和助理书记各一人;b. 除本宪法规定的专门具体事项外,大议事会投票表决需要多数成员到场、多数成员通过;c. 大议事会所有讨论都应对外开放,除非其成员要求召开闭门会议,并得到大议事会的批准。

---

[1] Ahmad Salim, *Loya Jirga*, p. 76.
[2] 宪法文本参见 http://www.afghanembassy.com.pl/afg/images/pliki/TheConstitution.pdf。

3. 21世纪的大议事会

21世纪的首次大议事会其实是"塔利班"召集的。面对"9·11"事件带来的压力,"塔利班"政权领导人奥马尔在2001年9月底召集大议事会,300多名代表参加。会议专门讨论了美国提出的要求引渡本·拉登的问题。奥马尔在会上说明了拒绝交出本·拉登的原因:本·拉登是阿富汗的客人,不能将其拒之门外。与会代表接受了这一说明,并一致要求奥马尔必须保护客人的安全,直到本·拉登自愿离开。其直接结果是10月7日美国发动阿富汗战争。

2002—2014年,阿富汗多次召开大议事会,分别讨论了成立过渡政府、制定宪法、民族和解、对美关系等重大问题。其中2002年的紧急大议事会由查希尔·沙召集,其余都由政府首脑卡尔扎伊召集。

(1) 紧急大议事会(2002年)和制宪大议事会(2003—2004年)

这两次大议事会的时间和议题都是由波恩会议决定的。这在阿富汗历史上没有先例,即由外部力量主导的会议决定召集大议事会——众所周知,波恩会议的主角是联合国和美国,阿富汗穆贾希丁、北方联盟和宗教界代表出席了会议,但没有"塔利班"力量参加,因而成为至今还在困扰阿富汗政治和解前景的一个症结。

2001年12月波恩会议决定[①]:①立即组建临时政府,成员包括:一位主席、5位副主席和24名其他成员。除主席外,政府各成员都负责领导一个部门。②临时政府组建后,一个月内成立"召集紧急大议事会之特别独立委员会"(大议事会委员会),由21名法律专业人士组成,有权决定紧急大议事会的程序、与会人数、代表名额分配标准等事宜,在大议事会召开日期前至少10周,公布相关细则和程序。任何人不得同时在临时政府和大议事会委员会任职。大议事应在临时政府组建后6个月内召开,由前国王穆罕默德·查希尔·沙主持,其任务是建立过渡政府。过渡政府一旦建立,临时政府将立即废止。③过渡政府负责在紧急大议事会召开起两年内举行公正自由的选举,建立具有完全代表性的政府。④过渡政府建立后18个月内召集立宪大议事会。

[①] 《波恩协定》全文可见 http://www.cfr.org/afghanistan/agreement-provisional-arrangements-afghanistan-pending-re-establishment-permanent-government-institutions-bonn-agreement/p20041。

可见，紧急大议事会和立宪大议事会的计划是同时问世的。波恩会议各方代表原本邀请前国王查希尔·沙任临时政府主席，但被婉拒。查希尔国王表示，希望另找合适人选，最后选定了哈米德·卡尔扎伊。

2001年12月22日，卡尔扎伊领导的临时政府成立。2002年6月10—16日，紧急大议事会在喀布尔召开，来自临时政府、各地教育界、企业、市民社会、宗教人士、民族、妇女和难民代表共1600多人与会。①卡尔扎伊在议事会上发表演讲说：

> 时隔25年，阿富汗人终于走到了一起。难民正在返回……我们需要安全、和平、稳定，我们需要政府来控制阿富汗全部领土……我们需要改善经济状况。我们希望人们彼此信任。我们需要投资。我们想启动重建工程，重建公路和灌溉系统。我们不想错过这次机会，这是我们最好的重建机会……②

紧急大议事会选举卡尔扎伊为过渡政府总统。会后，卡尔扎伊立即着手组建专门委员会起草宪法。2003年4月底，宪法草案基本完成。7月，卡尔扎伊发布召集制宪大议事会的命令。12月14日，来自全国各地502名代表在喀布尔参加制宪大议事会。会议原计划10天，但因与会代表在议会制和总统制之间争执不下，直到2004年1月4日才通过新宪法，美国式的总统制被确立为阿富汗基本政治制度。

（2）和平大议事会（2010年）

卡尔扎伊自上台之初便认识到与"塔利班"和解的重要性。他在2002年6月紧急大议事会上公开表示："我认识许多塔利班，他们被外国人劫持了。那些外国人反对阿富汗，他们制造了大屠杀和战火。"③ 然而，当时美国总统的反恐立场完全杜绝了和谈的可能性。直到2009年奥巴马调整政

---

① 一说为1601人。Ahmad Salim, *Loya Jirga*, p.184. 另一说为1650人。Jalal Khan, *Afghanistan Jirga System*, p.79.

② Kate Clark, "US-backed Karzai Sweeps to Power in Afghanistan", *The Independent*, Jun. 14, 2002, http://www.independent.co.uk/news/world/asia/usbacked-karzai-sweeps-to-power-in-afghanistan-606403.html.

③ Ibid..

策，正式提出"增兵—撤军"计划，和谈才提上议事日程。奥巴马政府认识到阿富汗问题不能通过军事手段来解决，在2010年5月12日表示，支持阿富汗政府对"塔利班战士""敞开大门"，只要他们愿意切断同"基地组织"和其他极端主义组织的联系，愿意放弃暴力，接受阿富汗宪法，愿意尊重人权和妇女权益。奥巴马还表示，希望"卡尔扎伊总统能够努力让这些人重新融入阿富汗社会"。① 这是和平大议事会的基本背景。

2010年6月2日，卡尔扎伊在喀布尔召集大议事会，讨论政治和解问题。来自各部落、政党、商界、宗教界、学界、市民社会、难民群体等约1600名代表与会，其中女性代表占20%。前穆贾希丁政府总统拉巴尼（Burhanuddin Rabbani）当选大议事会主席。会议目标是"找到接触反叛力量的办法"，尽早结束战争。

这次大议事会被称为"和平议事会"。然而，政治和解并不容易。首先，政府谋求政治和解的主要对象——塔利班没有出席会议。大议事会没有邀请"塔利班"参加。"塔利班"本身也不愿参与其中，它表示：除非外国军队撤出阿富汗，否则不会与喀布尔和谈。"塔利班"发言人发表评论说，这次大议事会的代表都附属于外国力量和阿富汗政府，都是"懦弱的小丑"。希克马蒂亚尔领导的伊斯兰党也称大议事会无效，因为与会者都是经过政府选择的。②

其次，美国和卡尔扎伊的分歧明显。奥巴马坚持边打边谈的战略：一面表示希望大议事会能搭建起政治和解的框架；一面毫不放松对"塔利班"的军事打击。在美国看来，边打边谈有利于促进和解。这种立场与卡尔扎伊完全不同。卡尔扎伊希望能够"尽快结束战争"。事实也证明，美国边打边谈没能迫使"塔利班"屈服，反而激发反抗不断升级和增多。大议事会开幕当天，"塔利班"对会场发动恐怖袭击，导致2死3伤。③

再次，阿富汗政府内部也没有达成共识。和平大议事会遇袭后辞职

---

① Stephen Kaufman, "Obama Offers Support for Afghan Peace Jirga", *State Department Documents*, May 12, 2010, http：//search.proquest.com/docview/189993028? pq-origsite = summon.

② VOA News, "Peace Jirga to Start in Afghan Capital", *VOA News*, Jun. 1, 2010, http：//search.proquest.com/docview/356835445? pq-origsite = summon.

③ "Afghan Jirga Continues, Likely to Extend into Fourth Day", *Radio Free Europe Documents and Publications*, Nov. 19, 2011, http：//search.proquest.com/docview/905147375? pq-origsite = summon（ProQuest数据库）。

的国家安全局局长阿姆鲁拉·萨利赫（Amrullah Saleh）在会前就公开反对和谈。他对美国之音记者表示："我想要的是有尊严的和平，不会逆转既有成就的和平，不会动摇我们宪法的和平，不准许一小撮恐怖分子主导阿富汗政治舞台的和平。因此，我想要和平，但我反对向'塔利班'卑躬屈膝。"他还批评卡尔扎伊为了和解而讨好"阿富汗的头号敌人"——巴基斯坦。2009年与卡尔扎伊角逐总统职位的政治家阿卜杜拉·阿卜杜拉（Dr. Abdullah Abdullah）也拒绝了此次大议事的邀请，理由是"它的议程不符合普通阿富汗人的关切"①。

和平大议事会的任务之一就是要凝聚共识，达成和解的共同意志，结成和解的全国统一阵线。这一点反映在会议的日程中。会议有三大议题：其一，政府应该同"塔利班"的哪一派谈判；其二，在哪里举行这类和谈；其三，谁出面代表阿富汗政府和人民去和谈。②

大议事会最后达成的决议感谢国际社会支持阿富汗和解，强调反叛力量必须切断与基地组织等外国恐怖主义组织的联系，同时要求联合国把参与和平进程的武装分子移出制裁名单。在议事会闭幕讲话中，卡尔扎伊以"兄弟"称呼"塔利班"和伊斯兰党，呼吁他们利用这个和平的机会，回到祖国，帮助实现祖国的和平与繁荣。为表示真诚和善意，他还承诺将立即释放一批因与"塔利班"有关联而被拘押，但无犯罪证据的人员。③

事后不少评论家表示，和平大议事会没有取得任何实际效果。④ 实际上，阿富汗问题本身的极端复杂性，决定了和平不可能通过一次大议事会就得以实现。客观地看，这次和平大议事会的意义至少有两点：第一，标志着阿富汗政府正式公开启动和解努力；第二，议事会决定组建专门委员会负责政治和解。2010年9月5日，卡尔扎伊宣布成立70人的"阿

---

① 对此，巴基斯坦驻喀布尔前大使阿亚兹·瓦济尔（Ayaz Wazir）称之为"别有用心"，他表示萨利赫在任时并没有说过类似的话。Sean Maroney, "Violence, Political Uncertainty Plague Post-Jirga Afghanistan", *VOA News*, Jun. 10, 2010, http://search.proquest.com/docview/366630126?pq-origsite=summon.

② Sean Maroney, "Talks with Taliban Take Center Stage at Afghan Peace Jirga", *VOA News*, May 26, 2010, http://search.proquest.com/docview/340277011?pq-origsite=summon.

③ Sean Maroney, "Afghan Peace Jirga Delegates Reach Out to Taliban Extremists", *VOA News*, Jun. 4, 2010, http://search.proquest.com/docview/357159773?pq-origsite=summon.

④ Tom A. Peter, "What is a Loya Jirga?" *The Christian Science Monitor*, Nov. 16, 2011.

富汗高级和平政务委员会",由前总统拉巴尼担任主席。

大议事会结束后,伊斯兰党发言人表示将会认真考虑议事会决议①。"塔利班"的反应则是一系列高调袭击,其中包括在南部地区导致近40人死亡的恐怖袭击,在东部和南部地区同时袭击北约军队并致北约士兵10人(其中7名美国人)死亡,等等。②

(3) 美阿关系与政治和解大议事会(2011年)

2011年的大议事会是在新的历史条件下召开的。所谓新条件是指,美国开始撤军,持续已10年的战争终于步入收官阶段,阿富汗再次走近历史转折点。当时地方安全责任开始移交给阿富汗国家安全部队,一年多的政治和解努力无果,各地安全形势恶化,反对和谈的声音增强。2011年9月,高级和平委员会主席拉巴尼死于"塔利班"自杀式炸弹袭击。

11月16日,卡尔扎伊会同约2000名代表在喀布尔召开大议事会。4天的会议主要讨论了两大问题:一是美阿关系,特别是2014年后美国在阿驻军问题;二是阿富汗的政治和解问题。

"塔利班"依然没有和解的政治意愿。10月底,它的发言人扎比胡拉·穆贾西德(Zabihullah Mujahid)公开号召"塔利班战士"袭击大议事会,警告与会代表将面临"严重报复"③。大会召开前夕,"塔利班"对会场的自杀式袭击未遂。会议开幕第二天,它用火箭炮袭击了会场。

大议事会继续进行,而且没有放弃和解议程。议事会最后发表声明,支持政府进一步推动和平进程,支持与"塔利班"谈判。同时提出三个建议:①政府应优先与巴基斯坦讨论和平进程问题;②政府要扩大和平努力,和平进程应该全民参与;③改革阿富汗高级和平委员会。④

---

① Sean Maroney, "Afghans Debate Value of Peace Jirga Resolution", *VOA News*, Jun. 6, 2010, http://search.proquest.com/docview/365401763?pq-origsite=summon.

② Sean Maroney, "Violence, Political Uncertainty Plague Post-Jirga Afghanistan", *VOA News*, Jun. 10, 2010, http://search.proquest.com/docview/366630126?pq-origsite=summon.

③ "Taliban Warns Afghanistan Against Loya Jirga", Oct. 26, 2011, *Radio Free Europe Documents and Publications*, http://search.proquest.com/docview/900525429?pq-origsite=summon(ProQuest 数据库).

④ "Afghan Jirga Continues, Likely to Extend into Fourth Day", *Radio Free Europe Documents and Publications*, Nov. 19, 2011, http://search.proquest.com/docview/905147375?pq-origsite=summon(ProQuest 数据库).

会议多数代表支持美军在 2014 年后继续留在阿富汗，但反对其永久驻留。大议事会最后表示，在美国和阿富汗即将专门为此问题签订的条约中，应设定准许美国驻军的前提条件，那就是美军须终止夜袭民居等有违阿富汗习俗的行为。①

会议没有真正推进与"塔利班"的和解进程，但卡尔扎伊政府在会后加强了与巴基斯坦的磋商，希望借助巴方力量实现阿富汗政治和解。这一努力也屡屡受挫。结果，两国政府间的口水战愈演愈烈，矛盾加深。与此同时，关于"塔利班"与美国接触的信息不断见诸报端，所谓"阿富汗政府主导和平进程"之说已成空洞的外交辞令。

阿富汗与美国的关系在大议事会之后取得重要进展。2012 年 5 月初，双方签订了《永久战略伙伴关系协定》，为 2014 年撤军后的美阿关系确立了基本框架，即阿富汗准许美国军队继续留驻，美国承诺撤军后 10 年内继续给阿富汗提供经济、社会和军事援助。双方同意就驻军相关细节问题进行谈判，签署专门的双边安全协定。2013 年 11 月，美阿双边安全协定（BSA）的文本完成起草。

（4）美阿关系大议事会（2013 年）

2011 年大议事会后，美国没有停止夜袭民居的军事行动，并继续绕开喀布尔直接接触"塔利班"，这些做法令卡尔扎伊极为不满。民众的反美情绪也不断高涨，2013 年下半年，阿富汗多地举行反美游行示威活动，抗议美军造成平民伤亡、不尊重阿富汗文化习俗、虐囚、公开烧毁《古兰经》等行为，反对美国在 2014 年以后继续留驻阿富汗。

在这种背景下，2013 年，卡尔扎伊坚持拒绝批准《美阿双边安全协定》。当时美国态度极为强硬，声称如果阿富汗不批准该协定，美国将选择彻底离开，撤出全部军队。双方僵持不下之际，卡尔扎伊提出要诉诸"人民的意志"，召开大议事会专门讨论"美国—阿富汗双边安全协定"。

---

① "Tight Security as Afghans Open Loya Jirga", *Radio Free Europe Documents and Publications*, Nov. 16, 2011, http://search.proquest.com/docview/904122053? pq-origsite = summon（ProQuest 数据库）. "Afghan Jirga Continues, Likely to Extend into Fourth Day", *Radio Free Europe Documents and Publications*, Nov. 19, 2011, http://search.proquest.com/docview/905147375? pq-origsite = summon（ProQuest 数据库）.

2013年11月21日，约2500名代表在喀布尔召开大议事会。经过3天讨论，会议以压倒性多数同意支持双边安全协定。议事会声明："鉴于当前的局势和阿富汗的实际需要，本次大议事会成员支持该协定的全部内容。"① 议事会还敦促卡尔扎伊在2013年年底前签署协定。

卡尔扎伊则在大议事会闭幕时发表长篇讲话。他表示，在阿富汗总统大选顺利举行以前，自己不会签署这个协定。他说，阿富汗需要时间来证明美国乃真心致力于阿富汗和平，而重要的指针就是即将到来的阿富汗总统大选。他说，美国"已经等了12年，显然可以再等5个月"。他还提出签署条约的前提条件，主要有三点：①美国在促成喀布尔—"塔利班"和解方面"积极合作"；②美国军队绝不能再夜袭阿富汗民居，"如果美国再一次袭扰阿富汗民居，这个协定就玩完"；③美国承诺不干预阿富汗的总统选举。他最后说：

> 和平是我们的条件。美国人应该合作，实现和平。如果这个协定能够通向和平，我将予以支持，并接受你们的命令签署它。我们想要安全、和平，我们想要一个真正的选举。你们要求我在一个月之内签字。你们认为和平会在一个月内实现么？如果我签了字但和平没有实现，那么将由谁来接受历史的审判？②

之后，奥巴马政府变换各种方式频繁对阿施加压力，均未成功。对此各方评论不一。无论如何，这次大议事会揭示出一些新现象，特别是议事会决定的效力问题。根据2004年宪法，大议事会是阿富汗人民最高意志的体现。这次大议事会召开前，卡尔扎伊自己也表示，只有大议事会才能决定美国驻军的重大问题。但最后他并没有接受大议事会的决定。可见，大议事会及其决议对现实政治关系的约束力是有限的，这次大议事会的决定演变成为一种姿态和象征。

---

① Khalid Iqbal, "Loya Jirga Endorses BSA: Pakistan must Ponder for Options", *Defense Journal*, Vol. 17, iss. 5（Dec. 2013），pp. 48–51.
② Frud Bezhan, "One Step Forward, One Step Back on U. S-Afghan Security Deal", *Radio Free Europe Documents and Publication*，Nov. 24，2013，http：//search. proquest. com/docview/1461393219/3A102C02F98D4327PQ/7? accountid = 13151.

"塔利班"照例反对这次大议事会,反对签署《美阿双边安全协定》。会前它公开警告大议事会代表不要同意这个"非法的、无关紧要的卖国协定,因为它既无助于美国侵略者,也无益于它罪恶的奴隶"。它宣称,批准该协定就等于背叛阿富汗人民,谁同意该协定,谁就是"卖国贼"。11月16日,它用汽车炸弹袭击会场,造成13人死亡,29人受伤。大议事会决定接受双边安全协定后,"塔利班"称之为"奴颜膝婢者做出的非法决定",并警告美国:"阿富汗将成为狂妄自大的外国人的永久坟墓,而非永久基地。"①

4. 议事会在国家制度中的变化

从上述可见,普什图传统的部落议事会被纳入国家政治制度后,发生了一些变化。至少体现在以下三个方面。

第一,议事会的权威和效力。在传统部落社会中,议事会决议对共同体全体成员具有强制性约束力,违者受到严惩。基于这个习俗,阿富汗宪法确认了大议事会的效力。但包括2013年大议事会在内的若干实践表明,大议事会决定的效力和权威与传统部落议事会不可同日而语。随着国家权力向下渗透,各级议事会在议程方面与政府议程的相关性增强,决议也须报呈政府,但不一定具有约束力。

第二,议事会的组织方式。阿富汗议会在很大程度上是传统议事会的一种新形式,但它至少在两个方面改变了传统的运作方式。首先,它是常设的、固定的机构,且有任期限制。其次,它的建立和运转都有成文法(宪法、议会章程等)作为依据。

大议事会更加特殊。依据部落传统,部落长老和首领在倡议召开议事会方面有平等权利,而大议事会自阿富汗王国时期起就是国家首脑的专属权力,政府其他官员无权召集。20世纪以来,这一点一再得到阿富汗宪法的确认。

第三,议事会成员的构成。有部落成员资格的成年男子都是乡村一级部落议事会成员,而且终身"任职"。地区以上和大部落议事会的成员

---

① Yaroslav Trofimov, Nathan Hodge, "Afghanistan's Karzai Stands Firm on U. S. Security Deal Delay", *Wall Street Journal* (Online), Nov. 24, 2013, http://search.proquest.com/docview/1461109480/fulltext/3A102C02F98D4327PQ/4?accountid=13151.

以自下而上的方式产生,但不举行正式的选举,而是下级议事会选派代表,比如村庄议事会派代表参加地区议事会,地区议事会再派代表参加部落联盟或跨部落大议事会。自从议事会被纳入近代国家体制后,其成员构成就增加了一个新的来源,即由上级政府向下委派代表。这其中既有合作协力,也有斗争和冲突,比如,政府任命的成员在某个议事会中究竟占多大比例、有多大权限等问题,往往引发政治斗争。

大议事会的官方色彩更加浓厚。阿富汗王国时期,大议事会成员起初主要由国王遴选,1964 年之后增加了民选代表。构成人员的另一个重大变化是成员性别。传统议事会是"成年男子俱乐部",不接纳女性参加。从 20 世纪 60 年代开始,阿富汗国家议会中就有女性代表。21 世纪的历次大议事会都有女性成员。在 2002 年紧急大议事会上,马苏达·贾拉尔(Massuda Jalal)女士还参选过渡政府总统,并获 171 张选票。2010年大议事会总计 1600 余名代表,女性成员占 20%。[①]

表 4—3 　　阿富汗紧急大议事会和立宪大议事会的代表构成　　单位:人

席位类别和产生方式		紧急大议事会(2002 年)	立宪大议事会(2003/2004 年)
与会人员总数		1601	500
选举代表	直接投票选举	785	344
	妇女保留席位	160	64
	海外难民和国内流离失所者	106	42
	小计	1051	450
指派代表		450(临时政府和紧急议事会委员会指派)	50(过渡政府指定)

资料来源:UN,"The Emergency Loya Jirga Process",http://www.un.org/News/dh/latest/afghan/concept.pdf;International Crisis Group,"The Loya Jirga:One Small Step Forward?",May 16,2002,http://www.crisisgroup.org/~/media/Files/asia/south-asia/afghanistan/The%20Loya%20Jirga%20One%20Small%20Step%20Forward;"Text of Presidential Decree on Constitutional Loya Jirga",http://www.constitutionnet.org/files/textofpresidentialdecreeonconstitutionalloyajirga1.pdf。

[①] Amin Saikal,"Afghanistan After the Loya Jirga",*Survival*,Vol. 44,iss. 3(2002),pp. 47 - 56. Sean Maroney,"Talks with Taliban Take Center Stage at Afghan Peace Jirga",May 26,2010,*VOA News*,http://search.proquest.com/docview/340277011?accountid=1315.

第二节 部落首领

普什图部落社会没有万人之上的酋长（chief），只有权威。为表述方便，暂称之为"首领"。部落首领有多种称呼，最常见的是"汗"（khan）、"马里克"（malik）、"阿巴巴"（arbab）。在普什图人心中，这些部落首领并非高人一等、与众不同，只不过是平等人中的头一号（first among equals）。①

"汗"是中亚地区原生词汇。在普什图地区，它是指影响力超出本家庭和家族范围的人，不是部落唯一的最高领袖。部落乡村有多个汗并存。"马里克"和"阿巴巴"意为"头人"。"汗"与"阿巴巴"常可互换使用。根据《阿富汗历史词典》，"马里克"是部落乡村的"大人物"或"小首领"，他们在战时是领导人，近代以来是代表部落乡村与政府代表打交道的人。19世纪下半叶，英国在部落区的"汗"中间选择潜在的合作者，扶持其成为部落首领，委托他们"代替"帝国治理当地部落乡村，称之为"马里克"。在这个意义上可以说，"马里克"是部落乡村在国家框架中的代表，是得到国家政权承认的汗。贝柳认为，"马里克"是部落村庄选举产生的，代表部落乡村与外部世界打交道。②

汗与马里克的关系并无定规，学者们亦见仁见智。根据巴特的观察，斯瓦特地区的马里克的级别比汗略低，比汗更高的首领称"纳瓦卜"（nawab）。詹妮弗提出，汗的权威可能覆盖若干乡村，而马里克则是一个乡村的头人；一个汗的土地上可能有十几个马里克。人民民主党政权时

---

① Jennifer Brick Murtazashvili, *Informal Order and the State in Afghanistan*, pp. 78 – 79.
② Ludwig W. Adamec, *Historical Dictionary of Afghanistan*, p. 211. Orzala Ashraf Nemat and Karin Werner, *The Role of Civil Society in Promoting Good Governance in Afghanistan*, AREU report, Oct. 2016, p. x. H. W. Bellew, *The Races of Afghanistan*, p. 16.

期大力扶持马里克，安德森认为，当时部落地区已不再有汗。①

除了"汗/阿巴巴""马里克""纳瓦卜"以外，普什图部落对地方权威的称呼还有"贝格"（beg）"米尔"（mir）"瓦克尔"（wakil）"卡兰塔"（qalantar）"拉伊斯"（rais）"纳马银达"（namayenda）"贾吉尔达"（jagirdar）"杜尔巴利"（Durbari）等等，与中南亚地区其他民族群体相似。

一 部落权威

"汗"是普什图社会古老的权威体系。一般认为，Khan 原是突厥语，本意为一个部落或宗族的地主或首领。② 在普什图地区，"汗"有多种用法。综合现有研究，至少发现如下四种：

（1）部落首领，即影响力超越本家庭/家族，在公私事务中能对其他人发号施令并得到遵奉的人。加尔吉部落的"汗"多为此意。

（2）对有威望和政治成就的长者的尊称。许多部落都尊德高望重的长者和权威为"汗"。

（3）土地所有者。在坎大哈地区的杜兰尼各部落，一个成年男子只要拥有土地便被称为"汗"，无论土地面积大小。汗的土地覆盖面积可能超过一个乡村的范围。

（4）用在男子名字中，不具特别的社会含义。这是"汗"最广泛的用法。女子名字中不使用这个字。

暂时不论上述第四种用法，可以说，"汗"在普什图部落社会中指代政治经济精英，他们有影响力，但不一定是政治学意义上的领导人。实际上，普什图人崇尚平等，有极强的独立意识，拒绝接受制度化的权力等级结构。他们敬重权威，但更多的是基于权威者自身的才能和威望，

---

① ［挪］弗雷德里克·巴特：《斯瓦特巴坦人的政治过程》，第 104 页。M. Athar Tahir, *Frontier Facets*, Islamabad: National Book Foundation, 2007, pp. 118 – 119. Jennifer Brick Murtazashvili, *Informal Order and the State in Afghanistan*, p. 79. Jon W. Anderson, "There are No Khans Anymore: Economic Development and Social Change in Tribal Afghanistan", *Middle East Journal*, Vol. 32, No. 2 (Spring 1978), pp. 167 – 183.

② Jon W. Anderson, "There are No Khans Anymore: Economic Development and Social Change in Tribal Afghanistan", *Middle East Journal*, Vol. 32, No. 2 (Spring 1978), pp. 167 – 183.

而非一种正式制度。拥有土地、财富资源、智慧知识等，都能成为权威的基础。

在20世纪的政治风云变幻中，马里克和毛拉的力量兴起。总体来看，"汗"更多成为一种对权威者的尊称，而非实际的地区管理者。民众对权威的称呼也各有偏好，比如坎大哈农村地区尊头人为"汗"，楠格哈尔等地则称"马里克"：

> （在楠格哈尔）我们有在政府办公室登记的正式的马里克（制度），这与坎大哈地区不同。在坎大哈没有马里克……在那里，汗非常重要，人们尊重汗，人们通过汗来解决他们的问题（就如同我们楠格哈尔的马里克一样）……楠格哈尔有许多部落，每个部落都有自己的马里克。马里克之间时有竞争。有的马里克较弱，有的则较强悍……这里的马里克制度枝繁叶茂。要想成为马里克，就必须得到所在部落的支持。①

在巴基斯坦部落地区，部落首领制度一般称为"马里克制度"。本节以下内容不再专门区分"汗"和"马里克"的所指，只遵循习惯称古老的权威体系为"汗"，"马里克/头人"则更多指代得到政府承认的部落乡村首领。

（一）部落权威

在普什图地区，汗不是制度化的权力者，而是一种权威，一种社会影响力的载体，是一些人以其杰出才能而获得的非正式地位。

部落首领不是特定空间范围和人群中的排他性权威，不垄断社会影响力。与汗和马里克并列的还有长老权威②和宗教权威。同一个乡村也可能有多个"汗"并存。普什图社会至今还保留着各部落互不统属的自治传统，但在人口分布和居住方面，已极少有某部落或宗族独占一个地区的现象，杂居是常态。所以真实的情况是，一个村庄分为不同的"社"，

---

① Jennifer Brick Murtazashvili, *Informal Order and the State in Afghanistan*, p. 80.
② 长老在普什图部落有多种称谓，比如 mashar, spin-zhirey, sar-khel, mastair, rish-safid, rispi, aq-saqal 等。

每个"社"都有自己的汗，表现在外，村民们追随不同的权威。这意味着，乡村头人的影响力和权威其实常有竞争者，在他们竞夺村民/影响力方面，议事会的确认和支持非常重要，更重要的是汗自身的实力。

由此形成普什图地区的政治景观：各部落/宗族有若干权威，但并非每个乡村都有统一的领导人和公认首领。多个互不统属的权威并立的社会空间往往充满张力。19世纪末阿富汗国王阿卜杜·拉赫曼汗称山地普什图地区为"雅吉斯坦"（Yaghistan，原意为"无首之地"），其基本特征是：没有统一领导、人人平等、自由无拘，共同的祖先是核心社会纽带，社会秩序主要依靠普什图法则和议事会来维持。[①] 当时，英印政府设法通过任命和扶持马里克的方式来改变这种状况，于是把某些权威确认为地方头人并予以支持。

20世纪70年代，安德森把普什图乡村区分为两种类型：一为无政府地区；二为有统一政治领导的地区。他在调查后得出的结论是，第二种类型占多数。[②]

（二）部落首领

部落权威首先经历了从若干权威并立到形成最高权威的变化。它主要发生在部落乡村内部，是一个自发的过程。霍布斯所论人类固有的"权势"追求[③]，是这一变化的内在动力。在这个过程中，部落社会政治趋于集中化。随着国家权力的介入，普什图社会逐渐形成较为稳定的部落首领制度。一些部落地区还产生了汗位世袭制度。

部落政治生活发生变化的第二大动力是外部政治环境。大体可以这样描述：近代以来，外部政治力量的介入逐渐改变了部落乡村以汗为中心的权力原子化状况，各自为阵的部落乡村被纳入国家等级权力体系中，一些汗得到政权支持，进而在诸汗并立的状况中脱颖而出，成为马里克。19世纪下半叶，英印政府在普什图地区既有权威中寻找合作者，然后以主权者的身份选择并承认某些汗为地区领导人和帝国代理人，给他们提

[①] James W. Spain, "Pakistan's North West Frontier", *Middle East Journal*, Vol. 8, No. 1 (Winter 1954), pp. 27–40.

[②] Jon W. Anderson: "Khan and Khel: Dialectics of Pakhtun Tribalism", in: *The Conflict of Tribe and State in Iran and Afghanistan*, p. 125.

[③] ［英］霍布斯：《利维坦》，黎思复等译校，商务印书馆1997年版，第十章。

供大量的物质支持。他们于是成为"马里克"。被国家政权承认和指定的部落首领从此具有一个新的使命:连接部落民与国家政权,对上支撑政权秩序,对下加强掌控力。这些马里克的存在及其合作,是英帝国和后来巴基斯坦在部落地区基本统治秩序的支点。

需要说明的是,部落政治生活的这一变化没有改变多权威并存的基本社会结构。马里克也并不总是能真正"控制"本部落乡村,他的权威始终面临若干竞争和压力。部落首领与部落成员之间的"支配—服从"关系不是基于抽象的合法性,也不是一劳永逸的。韦伯把权力界定为"哪怕遇到反对也能贯彻自己意志的机会"[①]。与俾路支人和其他民族相比,普什图社会中,权力者实现权力的机会偏低。受平等、自由、尊严等古老法则的影响,汗或马里克对其追随者都不享有理所当然的权力和权威,随时可能被民众抛弃。

(三)汗与部落秩序

汗是部落秩序的内在组成部分,在一定意义上可谓相互建构。一方面,部落乡村是汗的根据地,部落民的拥戴和追随造就了汗。另一方面,汗是部落乡村共同体团结的象征之一,他提供的公共服务有助于增进共同体的团结。稍后我们会看到,汗的权威与合法性基础在于他能否满足部落民的期待;部落民的福利则与他追随哪个汗息息相关。由此便确立起部落乡村的基本政治秩序。

汗与部落民的关系存在于复杂的现实世界中,因而必然受诸多因素影响。部落民的预期和需求变化、汗自身能力与可支配资源的变化、部落内部权威竞争者的活动、部落外部环境的异动等,都会影响到汗位的持续性以及部落乡村共同体的团结程度。这些要素的变化促成普什图部落政治生活的演变,其外在表现之一是汗位继替、首领权威增减、部落兴衰、部落分化组合等。

国家是近现代以来普什图部落政治生活最重要的外部环境,是影响部落权威归属及大小的重要变量。在现代国家框架中,部落民是国家公民,与政府地方部门有千丝万缕的直接联系,汗作为传统中介的活动空

---

① [德]马克斯·韦伯:《经济与社会(上)》,林荣远译,商务印书馆1998年版,第81页。

间受到若干限制和干扰。不过，迄今为止，国家还主要通过马里克来管理部落地区，在这方面，单一制国家（阿富汗）和联邦制国家（巴基斯坦）的区别不明显。

二 成为首领

普什图各部落产生头人的方式不尽相同。从历史来看，头人的权威起初是社会能力分化、杰出者获得民众拥戴的结果，这是自然产生的。经过数千年的历史变迁，许多部落确立了部落首领选举制度。

（一）自我成就

贤能之士受拥戴而自然具有权威和感召力，是普什图"汗"形成的原始方式，也是如今世袭汗位的开端，因而可谓普什图汗的原型。其典型路径是：普通部落民—人们发现他具有良好的德行和卓越的才干及见识—其声名远播于家庭和家族之外—其特殊才能转化为物质财富—他以自己的能力和财富给家族以外的同胞带来实际收益（如提供食物、礼品、田地、其他财物等）—他赢得许多追随者—他的权威和影响力扩大—被尊为"汗"或"头人"。

这种由民众追随和拥戴而形成的首领，属于韦伯所论魅力型（克里斯玛型）领袖：他所拥有的权威直接来源于个人的能力/魅力，与年纪或血统不一定相关。在普什图社会，年龄因素的权重是首领权威区别于长老权威的关键。简单地说，长老权威更多地与权威者的年纪和年纪阅历所附着的经验智慧相关，但年长和资历却不是成为汗的必要条件。换言之，年轻人不可能被尊为长老，但可能成为头人。二三十岁的部落首领在当代普什图地区比比皆是。

头人与长老的另一个区别是，头人的权威始终需要维护，自其成为头人开始，他就始终面临竞争压力。如果汗在生前能牢固确立自己的权威，那么在他身后，汗位便可能在家庭/家族内部世代传承。这方面的变量主要有三个：一是议事会是否支持，二是当地其他权威影响力的大小；三是国家是否承认。最后一个是近现代因国家体系而新生的变量：如果能得到国家政权和政府支持，那么汗位的基础更牢固，汗位也更容易世袭。

（二）世袭继承

"世袭"是指依靠血统出身而成为头人。这是现代普什图部落首领登上汗位的主要方式。在普什图社会，汗位家族世系传承是 18 世纪末期出现的现象，19 世纪由此生出诸多纷争。①

普什图部落首领世袭的一个显著特点是，大部落的首领地位往往在一个宗族内传承。于是，许多部落都有一个宗族名为"汗克"（Khan Khel）：它往往是该部落最古老的支系，汗克的首领就是整个部落或部落联盟的首领。杜兰尼部落的萨多扎是汗克；在加尔吉部落中，坎大哈地区的霍塔克、喀布尔谷地的贾巴克—阿赫迈德扎、卡洛提等宗族也是汗克。不过，和乡村宗族的汗一样，大部落首领并不等于汗在整个部落范围内享有实权，他的首要功能是作为部落象征，对外代表部落。②

世代传承的汗位本身自有其传统权威、道义权威与符号权威，但新的继位者能否真正把合法性转为现实的影响力和号召力，还主要取决于他自身的能力。

（三）选举产生

当前阿富汗普什图地区几乎每个乡村都有一位乡民选举的首领，称为"马里克"。各部落马里克产生的方式各不相同，有的地方由村民直接开会选举产生，有的是村民投票，有的由长老会选举产生，还有的是以议事会的方式确认世袭继位首领的合法性。无论哪种方式，都有一些基本的共同要素：首先，参选和当选者必是成年男性，且为本社区（部落乡村）成员；其次，通过民主选举方式产生；最后，当选的马里克被授权成为乡村/部落代表，是乡村在政府中的唯一合法代表，因而成为正式制度的一部分。在有的地区，行政长官会主持一个仪式，颁发委任状给马里克，承认他为当地的合法代表。③

到目前为止，关于马里克的选举、使命和职责，在阿富汗和巴基斯坦的法律中还没有专门规定，颁发委任状和正式承认的实践还只是一种惯例，始于阿富汗王国时期。20 世纪达乌德总统以及人民民主党政权沿

---

① Haroon Rashid, *History of the Pathans*, Vol. 2, p. 112.

② Jon W. Anderson, "Khan and Khel: Dialectics of Pakhtun Tribalism", *The Conflict of Tribe and State in Iran and Afghanistan*, p. 139. H. A. Rose, *A Glossary of the Tribes and Castes of the Punjab and North-West Frontier Province*, Vol. III, p. 221.

③ Oliver Roy, *Islam and Resistance in Afghanistan*, Cambridge: Cambridge University Press, 1990, p. 18.

袭了这种做法。① 其具体内容如阿富汗的一位马里克所述：

> 马里克都在内政部登记。我们有印章。如果人们要与政府交涉，则会要求我们帮助他们。在历史上，个别马里克滥用职权。但现在不是这样。我们都知道，马里克应该是非常宽容的人，应该乐于助人。我是作为一名志愿者在工作，没有工资。我是我们村选举出来的。选举之后人们去面见政府长官，告诉他选举结果。长官接受了人们的选举结果。于是我就成了马里克。作为我们共同体的马里克，我不过是连接乡村和政府的一个符号。②

马里克没有固定任期。但是，如果村民对马里克不满，则可以通过一定程序解除其职务，选举新的马里克。

（四）议事屋

部落乡村首领都有一个议事屋（hujra），既象征共同体团结，也是汗演示和增进个人影响力的专门场所。hujra 在普通家庭中是指"客房"，在部落乡村层面则是指"公共场所"，即部落民专门商讨集体事务、解决冲突、分享信息、规划前景的地方。传统上，这些社会活动仅成年男子才有资格参与。因此，巴特形象地称之为"男子之家"。他在斯瓦特地区的研究发现，汗在自己的"男子之家"提供餐食招徕民众，部落民以经常光顾某男子之家的方式表示对某汗的支持，由此便形成了以汗为中心，以"男子之家"为主要场所的共同体团结。③

乡村社区的汗都有自己的议事屋；每个议事屋都有核心成员，即汗的忠实追随者，但男子之家的大门永远对所有人敞开。由此，以汗为中心的团结不是固定封闭的共同体，其边缘成员常有流动和变化，如果流动人数超过一定规模，就意味着汗的影响力发生质的变化，进而意味着地方权力结构的变化。

---

① Jennifer Brick Murtazashvili, *Informal Order and the State in Afghanistan*, p. 81.
② Ibid., p. 85.
③ ［挪］弗雷德里克·巴特：《斯瓦特帕坦人的政治过程》，第129—131页。

三 维持首领权威

在普什图社会，获得汗位是一种荣耀，维持汗位却绝非易事。部落首领维持权威和地位须具备三个条件：（1）首领自身是公认的优秀普什图人，这意味着他能以言行服众，其言行须符合普什图法则和伊斯兰教规范；（2）他能够为追随者谋福利，能够胜任首领的职责；（3）处理好与周围环境的关系。这主要是指与其他部落、周围乡村的关系。在现代语境中，"环境"还包括部落与国家政权的关系。得到国家的承认和支持，是部落首领维持权威的重要条件。

用现代术语来表达，部落首领的合法性至少有三个要件：道义合法性、绩效合法性、法理合法性。三者紧密相关。

（一）脆弱的权威结构

部落首领的权威结构是脆弱的，主要有两大薄弱环节：其一，普什图政治文化不支持固定的"支配—服从"关系；其二，汗在部落乡村内部始终有竞争者。

普什图法则推崇平等，平等是尊严和荣誉的前提条件；"平等主义"是普什图社会的核心特点之一。这是理解普什图政治文化的关键。基于这种文化价值观，普什图人不接受除了父权以外的任何等级支配关系结构，而父权又限于家庭，没有像其他许多社会（包括中国在内）那样扩展到社会公共关系空间，演进为君权/王权秩序或其他垂直等级秩序。

普什图部落乡村以汗/部落首领为中心的秩序结构不是金字塔形，而是类似若干并存的圆形：圆心是汗，他有少数忠实的依附者，周围有若干普通追随者；圆周即势力范围，其大小与圆心（汗）的吸引力正相关；离圆心越远的地方，汗的影响力越弱；圆的边缘地带是不同汗的势力范围之交界/重叠和变动之处，民众自由游走于不同的汗之间；这些圆形都不是封闭稳定的状态。如巴特所说，普什图社会就是"政治上没有定型的大海"：汗的权威从中心向四周扩散，影响力逐渐减弱。①

权威与荣誉、尊严息息相关。尊严和荣誉在普什图法则中的核心地位，决定了多权威并存的结构。在普什图社会，贤能者在平等大众中脱

---

① ［挪］弗雷德里克·巴特：《斯瓦特巴坦人的政治过程》，第131页。

颖而出，获得追随者，成为号令者，这是巨大的荣誉，所以始终有人竞逐影响力。一旦在竞争中落败，或汗位得而复失，则是耻辱，为了避免这种状况的发生，汗们常常会为维护汗位而倾尽全力，乃至倾家荡产。

汗的实际影响力主要来自个人魅力和能力。魅力是一种精神特质，而能力则普遍体现为财富。因此，汗待人处事是否慷慨公正，他能给人们提供多少实利，是其维持影响力的关键。要维护权威，他必须保持德行与正义，同时持续不断地给追随者提供福利（礼品、招待、红利等）以证明自己与众不同的实力和才干，把追随者吸引、笼络在自己身边，否则他们可能离他而去，转而支持他的对手和其他部落的首领。

在普什图部落社会，维持首领权威的难度相当大。格拉泽尔指出，部落首领的影响力和权威主要以如下方式来实现：（1）控制佃户；（2）通过日常奢华的招待吸引宾客，所以汗的家中经常高朋满座；（3）把外部资源引入本部落乡村，使民众享受实惠；（4）卓越的口才以及在议事会中坚持公正立场，对纠纷做出公平裁决；（5）面临战争和冲突时，英勇善战。[①]由此呈现一类值得关注的现象：部落首领常把自己的财富资源用于公共福祉。

比如，首领为了吸引并维持一定数量的追随者，往往长期免费供养大批本乡食客，不断给追随者分发礼物。这种经济负担即便大地主也难以长期承受。于是常有首领陷入经济危机，而经济危机很容易转化为政治危机，即汗位不保，因为一旦他停止提供给养，追随者就会减少，影响力会减弱。这其实是汗位兴衰更替的内在动力。然而，汗位等于荣誉，失之则有损荣誉。所以，为了捍卫荣誉，不少汗往往不顾客观条件限制，竭尽全力掩盖和扭转颓势。在捉襟见肘且开源无路的情况下，一些汗会悄悄变卖土地以解燃眉之急。

巴特记述了这种状况。斯瓦特地区的某汗为保持原本早已不堪重负的高规格日常款待，维护其地位和权威，而悄悄出售土地。尽管汗自己很清楚这等于饮鸩止渴，因为土地减少意味着收入减少，将只会加重而不会改善经济危机，但他依然不愿意降低款待村民的规模和水平。他对巴特说，"如果人们不再来我的'男子之家'了，我的土地会丢失得更

[①] Bernt Glatzer, "The Pashtun Tribal System", *Concept of Tribal Society*, pp. 265-282.

快，只有不断表现自己的实力才能把这些贪心的人留在身边。"①

(二) 部落首领的基本职责

部落首领的职责涉及两个相关但不等同的社会空间：一是本部落乡村，二是国家体系。在乡村日常生活中，部落首领肩负内外两方面职责：对内，他要帮助部落民的生计并为其提供福利，把他们团结起来，维持基本社会秩序；对外他代表部落，协力维护部落的安全和利益。

部落民依靠议事会和汗来获取政治安全保障与公共服务。这是普什图社会的古老传统，在国家组织诞生之前便已存在。国家权力的覆盖和渗透，迄今还没有从根本上改变部落政治生活，只是重构并扩大了部落首领的使命。在国家体系中，部落首领的主要角色是桥梁和双重代理人。桥梁的功能在于他连接部落民和国家政府。双重代理是指他代理国家在部落乡村的利益，同时代理部落民在国家体系中的利益。更具体地说，他一面对国家负责，维持地方安宁和本地区交通要道及商路的安全畅通，一面也对部落民负责，代表部落乡村向国家争取有利的政策和资源，保护部落安全，增进部落的福利。

历史上多种形式的国家政府在普什图地区都主要是借重当地权威结构来实现主权管辖的，极少另立全新的代理人。一般情况下，相关国家政权正式确认/选择某汗为地方政治首领后，会给他提供物质支持，增强其维护权威的能力，以换取他在地方代理国家利益。外部力量为普什图人指定新权威和领导的事例曾多次发生，但除了阿卜杜·拉赫曼汗之外，都没有成功。在这方面惨痛的教训有很多，比如第一次阿富汗战争期间英国扶植舒贾·沙（Shah Shuja），20世纪苏联扶植人民民主党政权等。

(三) 提供公共福利

部落首领依靠提供公共福利来维持权威。餐食是部落民最基本的福利，招待客人是首领维持权威的重要方法。普什图谚语说，"没有餐桌就没有汗"。同桌共餐是部落乡邻团结共生关系的原始表达，也是普什图法

---

① ［挪］弗雷德里克·巴特：《斯瓦特巴坦人的政治过程》，第116页。

则中平等观念的重要表达。①

巴特和安德森的实地研究显示，汗只有通过款待同胞、赠送礼物等实惠行动，才能建立起地方权威和民众对他的依赖，赢得政治支持，进而获得军事支持。其中，提供免费餐食是汗把部落民团结在自己周围，进而把部落连接为共同体的重要工具；他通过长期提供餐食的方式，把就餐关系转变为以自己为主的依附关系实体。比如在加尔吉部落，一个人被供养的程度是他与主人（款待者）结盟程度的公开宣示和标志；"做客"就等于吃主人家的饭，成为主人的"当事人"，主人对客人就有了完全的代表权。免费餐食在建构"权威—服从"关系中发挥关键作用。根据巴特描述，斯瓦特部落民一天的典型生活是这样的：早起各自忙农活；10—12 点之间聚集到汗的"男子之家"吃饭；之后聊天并午睡，下午三四点再聚集到一起喝茶，然后散去；太阳落山的时候再到"男子之家"吃晚饭，夜里才各自回家。②

除餐食外，汗最好还能给部落民提供礼物或其他实利，加深部落民在日常生活各方面对自己的依赖。解决就业也是汗建立依附关系的常见方式：他雇佣部落民为自己干活，或者把土地分租给无地少地的部落民耕种。

无论是餐食、礼物，还是土地，其实都是汗的私人财产。可见，如果没有可观的财力，汗是难以维持其权威的。在这个意义上，安德森称普什图部落首领为"自费的公仆"③。普什图部落的这种政治文化也反映在阿富汗王国的高级政治中。餐食同样是王权凭以获得巩固和强化统治关系的手段之一。比如阿卜杜·拉赫曼汗就经常宴请大臣和将军，而且自 1891 年起成为定制：王室有一个能容纳 1500 人的大饭厅，王子哈比布拉每周在此举办一次宴会，邀朝臣共餐。当然，与部落首领完全自费不同，埃米尔（国王）和王子宴请费用由国库支出。19 世纪末，各省首脑

---

① Jon W. Anderson, "Khan and Khel: Dialectics of Pakhtun Tribalism", *The Conflict of Tribe and State in Iran and Afghanistan*, p. 137.

② Ibid., pp. 134 - 135, 137. [挪]弗雷德里克·巴特：《斯瓦特帕坦人的政治过程》，第 17、77—78 页。

③ Jon W. Anderson, "There are No Khans Anymore: Economic Development and Social Change in Tribal Afghanistan", *Middle East Journal*, Vol. 32, No. 2 (Spring 1978), pp. 167 - 183.

也纷纷效仿王室的做法，定期宴请幕僚。尽管宴会的开支巨大，但当时几乎没有人质疑其正当性。阿卜杜·拉赫曼汗表示："这种招待制度在阿富汗早就存在，尽管它非常昂贵，但必须保持下去。"①

部落首领提供的免费午餐不等于慈善，而是一种政治行为。这是它有别于清真寺斋饭的关键。汗提供公共福利的表象背后，其主观目的是为了换取对餐食者的影响力，换取民众的服从。用现代术语来说，汗的影响力来自于其私人财富资源的转化，是经济剩余转化为政治资本的典型例子。更进一步，它反映的是经济基础决定上层建筑这一基本原理。就此而言，部落成员之间的经济实力差别是部落政治结构的基础。汗以多种方式把个人财富资源再分配给部落民，把个人财富转化为影响力，通过全面依赖关系建构起"支配—服从"关系，即权力关系结构。

如前所述，这类权力关系不是一劳永逸、固定不变的，维持权威常要付出巨大代价。尽管如此，汗在权力鼎盛时期也往往专断霸道，有明确的支配等级。有的首领还乐于公开表演自己对追随者的高度支配和操控权。巴特记录了斯瓦特的一个案例：佃农甲外出打工一年后返乡，立即前往"男子之家"面见汗，以表达敬意。甲在"男子之家"自豪地向伙伴们展示他在外购买的一块手表。汗把手表拿过来说，"送给我了"，随即占为己有，甲几乎没有任何异议。据巴特现场观察，汗并非贪图这块好看的手表，他自己完全有能力买得起十几块同样的手表。他的夺占行为只是一种权力宣示，是为了向所有在场者表明，自己能完全支配追随者。②

（四）获得国家政权的承认和支持

国家依靠议事会和部落权威来维持部落地区秩序，不过并非所有的汗都能得到国家承认。汗得到国家承认和倚重的前提条件是，他在当地享有较高威望，能够号令多数民众。得不到民众拥戴的"汗"一般也得不到国家政府的青睐。在这个意义上可以说，汗的权威首先须内生并扎根于部落社会，而后才可能得到国家的承认和支持。

英国人称它挑选出来作为代理人的汗为"马里克"。他们深知，具体

---

① Jolanta Sierakowska-Dyndo, *The Boundaries of Afghans' Political Imagination*, p. 16.
② ［挪］弗雷德里克·巴特：《斯瓦特帕坦人的政治过程》，第131页。

的马里克和汗在部落中都没有制度化的权力。基于对普什图社会权威体系运转规律的了解，英国仿效阿富汗王国和莫卧儿帝国，主要用两大措施巩固国家在部落的权力基础。（1）给马里克提供薪酬等物质支持，帮助马里克按传统习俗维护权威和秩序。这是阿富汗王国的传统做法。（2）广封众赏。19世纪末，英印政府仿效莫卧儿帝国，授予长老等地方权威以格外的荣誉，比如赠予"荣誉长袍"（Khilat）、"荣誉头巾"（Lungi）①和特别的酬金奖励，把功勋卓著的普什图首领封为"纳瓦卜"。由此在部落长老阶层中培育亲英力量，使之服务于英国的利益，一起维持地方秩序。英国的这一政策促进了部落社会的分化：部落民称与英国关系密切的长老为 lungi 或 moajib。②客观上，他们都是政权的基石。

得到国家承认和支持的部落首领就是双重代理人。面对部落民，他代行国家职责，包括为政府征收赋税、征召士兵、维持地方基本政治法律和经济秩序、提供公共服务等。面对国家，他是部落共同体的代表，谋求扩大部落的公共利益。为此，国家会定期和不定期地以物质形式表示对汗的支持和对部落利益的照顾，比如准许汗保留部分税收，间或增拨土地、拨付款项等。

阿富汗王权始终注意维护与强大部落领导人的联系。从杜兰尼开始，王室就依靠这种联系来维持政权。学者们用"喀布尔纽带"（Kabul Connection）来描述部落首领的资源条件。研究阿富汗政治的学者们对这个词的解读各有侧重。比如安德森以此强调汗获得的国家支持，强调这种支持夯实了汗的资源和能力，有助于增强汗在部落内部的权威和地位。韦睿棱则认为，"喀布尔纽带"其实是指汗代表部落民与中央政权进行交涉的能力。③

对部落首领来说，得到国家的承认和政府支持，就是得到了更多的保全自己影响力的资源。官方头衔是一种荣誉，也是个人才干的标志，有助于增强其光环和魅力。国家赋权和政府保障是汗的支柱，确保其对

---

① 这种恩赏方式在中国历史上也屡见不鲜，比如清朝皇帝赏赐给功臣的黄马褂。

② M. Athar Tahir, *Frontier Facets*, p. 121.

③ Jon W. Anderson, "Khan and Khel: Dialectics of Pakhtun Tribalism", *The Conflict of Tribe and State in Iran and Afghanistan*, p. 141. Raimo Vaeyrynen, "Afghanistan", *Journal of Peace Research*, Vol. 17, No. 2 (1980), pp. 93–102.

同侪竞争者的优势地位。政府提供的物资有助于增强其财富实力,减轻他在维持汗位权威方面承受的经济压力。更充裕的物资自然能提供更多的福利,能更好地团结部落民。总之,国家提供的资源有助于部落首领巩固地位并规范地方秩序。

尽管如此,部落代理人与国家利益在实践中并非总是协调一致的。这是汗在政治生活中潜在的两难困境。以阿富汗为例。在部落内斗、部落间争斗、部落民反抗国家政权的情况下,"喀布尔纽带"可能成为汗的政治对手和竞争者对其发动攻击的有效武器。比如只需要简单批评某汗是政府扶植的,不能代表本部落的利益等,就可以抵销其物质资源优势。就此而言,与国家政权结盟的部落首领的最大利益在于,设法协调民众与国家的关系,防止二者分裂和对抗。阿富汗历史一再证明,要做到这一点相当困难。

20世纪80年代,阿富汗"圣战士"(穆贾希丁)得到美国的全方位大力支持,部落领导权逐渐从议事会和汗转移到毛拉和"圣战士"手中。苏联撤军后,"塔利班"兴起,普什图数千年的部落政治秩序正在经历重大的变化。

第三节　宗教权威

这里要讨论的宗教权威,不是指宗教教义所具有的权威,而是指宗教人士对普通穆斯林的影响力。宗教人士也是信徒,与普通穆斯林一样遵奉伊斯兰教规范。他们所具有的特殊地位和权威,乃在于他们有丰富的宗教知识,或者被认为有特殊的血统(比如先知后裔)。

宗教人士的权威源自一个基本的社会现实:普什图人几乎都是穆斯林,绝大多数人信仰虔诚。换言之,宗教权威的关键在于伊斯兰教信仰和伊斯兰教教法在穆斯林心中的地位。宗教人士被看作宗教信仰和教法的维护者、执行者。这类似于议事会与普什图法则之间的关系。特别需要说明的是,宗教人士不是宗教本身,他们的权威不等于真主的权威或先知的权威,而只是真主和先知权威的衍生品。两类权威的一个关键区别在于,真主和先知的权威更多地指向信徒的后世,恒在于穆斯林的心灵中,而宗教人士的权威则渗透在穆斯林日常生活中,表现为真实的社会关系。

宗教权威是普什图社会的重要现实，具有三大特点：（1）宗教人士的权威不是一种正式制度，没有教义原则为依据，而是一种习俗。（2）宗教人士类别繁多，相互之间没有等级支配关系。比如，乌莱玛（宗教学者）可能在宗教知识水平方面高于乡村阿訇/伊玛目，但后者不会自动听命于前者。（3）宗教权威的影响力范围不限于固定的部落乡村，他们游走各地，一些宗教人士拥有跨地区乃至跨国影响力。这是宗教权威与部落首领的最大区别。抗苏战争初期，阿富汗小村庄的宗教权威对全国和全世界穆斯林发出的宗教法令（fatwa，法特瓦），得到积极响应。

一　类别及其基础

普什图社会的宗教人士有多种尊称。除了"乌莱玛""伊玛目""阿訇""毛拉"之外，常见的还有"圣人"（darvish）、"巴巴"（Baba）、"帕夏"（Pasha）、"萨西卜"（Sahib）、"阿訇扎达"（Akhundzada）等。何时何地对何人使用这些称谓，没有具体规定，一般遵从地方的习惯。

宗教人士权威和影响力的基础主要有四种类型：丰富的宗教知识、特殊的血统、超凡的灵性能力、主持清真寺日常事务。如同韦伯所论"理想型"一样，在现实生活中，这四类权威基础之间没有楚河汉界，而是交错并存，一位德高望重的大伊玛目可能兼具四种权威特质。

（一）基于知识：宗教学者

具有丰富伊斯兰知识的人被尊为"尔林"（alim），其复数形式是乌莱玛（ulema）。"乌莱玛"指有广博深厚伊斯兰知识的宗教学者。在穆斯林世界广受尊重。

乌莱玛是穆斯林社会的知识精英，其社会地位和权威取决于他们的知识水平。他们掌管教育，有教授伊斯兰教、解读教法、司法和仲裁的权威。他们还有责任监督、规训穆斯林日常行为，以确保其符合伊斯兰规范。

乌莱玛还可进一步细分，比如通晓教法学的学者被称为"教法学家"（faqih）。接受过正规的、系统的宗教教育，且富于影响力的宗教学者被称为"毛拉维"（mawlawi）①。宗教法官被称为"卡齐"（Qazi），等等。

---

① 南亚地区穆斯林把苏菲教团的导师和宗教法官也称为"毛拉维"。

（二）基于血统：赛义德、和卓、米安

尽管先知曾说"在伊斯兰中没有家族谱系"①，但在穆斯林的政治历史进程中，血统和家族谱系始终占有重要地位。

1. 赛义德家族与和卓家族

在伊斯兰历史上，与先知穆罕默德和圣门弟子相关的许多人和物，都被奉为神圣纯净，具有特别的权威，至今依然如此。相传，赛义德家族（Sayyids）是先知后裔，即先知女儿法蒂玛同阿里所生的后代；和卓家族（Khwajas，Khovajazadas）则是圣门弟子后裔。时至今日，这两大家族的男性成员在姓名开头还会标注"赛义德""和卓"等符号，以示身份；其女性成员的子孙也常会提及"我母亲/外祖母/祖母来自某某家族"。

赛义德家族与和卓家族存在于中南亚地区多个民族中间，普什图人、哈扎拉人、俾路支人、旁遮普人、塔吉克人等都有自己的赛义德家族。赛义德家族自身也像部落一样分化出若干支系。普什图人中的班加西、谢兰尼、卡卡尔、卡兰尼、塔林、米安纳、比坦、甘达普尔、乌斯塔拉尼等部落，都自称起源于赛义德家族。这些"神圣家族"在伍麦叶王朝时期来到阿富汗。据说他们在普什图人皈依伊斯兰教的过程中发挥过重大作用，所以在一些地方又被尊为"王"（badshah）或"头领"（mir）。② 在巴基斯坦普什图地区，他们主要分布在杜兰线和盐山一带。在阿富汗，他们曾主要从事跨地区商贸。特殊血统是他们安全出入普什图山区，免遭劫掠和谋杀风险的护身符。③

赛义德家族在中南亚穆斯林社会普遍享有特殊地位。不过，它"高人一等"的地位究竟是基于血统，还是已泛化为社会经济等级差异，是值得进一步探究的话题。英印政府时期，大约25万赛义德人居住在旁遮普和西北边境省，其中不少是大地主。当前巴基斯坦一些地区还流行一句谚语："去年我是织布工（jolaha），今年我成了谢赫（Shaikh），明年

---

① Akbar S. Ahmed,"Religious Presence and Symbolism in Pukhtun Society", in: *Islam in Tribal Societies*, p. 321.

② Ibid., p. 322.

③ H. A. Rose, *A Glossary of the Tribes and Castes of the Punjab and North-West Frontier Province*, Vol. III, pp. 390 – 392.

如果价格上涨，我将成为赛义德（Sayyid）。"① 从中似乎可看到印度文化传统中"梵化"（Sanskritization）的影子。

2. 米安

普什图社会还有一类圣人，被称为"米安"（Mian），他们也把自己的祖先追溯到阿拉伯半岛。阿克巴·阿赫迈德说，"米安"一词在次大陆本来是对宗教人士的尊称，相当于"阁下"，类似英文中的 Master 或 Sir。但在莫赫曼德部落，米安是一个特殊群体。他们实行严格的内婚制，迟至 20 世纪 60 年代才与其他部落通婚。他们与其他普什图人明显不同，主要表现在：他们常身着白色衣服，举止优雅，绝不携带枪支，在部落争斗中保持中立。他们奉行和平主义，理想的人格形象是：柔声细语，不发脾气，从不争吵，"几乎是基督教徒的理想原型"②。

莫赫曼德部落的米安相信，自己的首要职责是调停冲突；给病痛者提供宗教福佑；提醒普什图人虔信伊斯兰教，并告知其身为穆斯林的义务。为此，他们常常像毛拉一样主持乡邻的宗教仪式，调解纷争。他们在部落冲突中保持中立，尽力斡旋。但是由于没有武装力量作为后盾，所以他们的斡旋能力实际上是有限的。尽管如此，每当部落乡村发生武装冲突时，米安都毫不畏惧，在枪林弹雨中奔走，与交战各方沟通，把伤病妇幼运离战火。经年日久，形成一种特殊的居住格局：米安总是居住在敌对家族或宗派之间的地带。比如在甘达布，米安宗族的住所就位于优素福克与夏提克、哈姆扎克、卡代克之间。

在和平时期，米安过着典型的圣人生活，远离政治。他们认为自己是位于俗世普什图人与虔信遁世的苏菲之间的"中介"，他们相信，最高的神圣性等于最低限度的政治活动。不过，20 世纪 80 年代以来，随着商业资本扩展，米安人的世俗化程度加深，其中不少人成为创业者和大商贾。

（三）苏菲圣人

苏菲导师或圣人一般称"皮尔"（pir），也称为"哈里发"（kha-

---

① Akbar S. Ahmed, "Religious Presence and Symbolism in Pukhtun Society", in: *Islam in Tribal Societies*, p. 321.

② Ibid., pp. 322-324.

lifa)、"圣人"(darvish)或"谢赫"(Sheikh)。

如果说乌莱玛的权威基础在于其伊斯兰知识,那么,苏菲圣人权威的基础则在于其神秘的通灵能力和个人魅力。世界各地的穆斯林都普遍相信,苏菲导师的神秘才能主要来自三种途径,一是教团学习;二是家族出身,比如出生于苏菲圣人家族;三是来自真主的神秘恩典和赐福。

中南亚地区广泛流行一个说法,即在末日审判时,苏菲圣人能够替穆斯林向真主说情。这是苏菲圣人享有特别威望的另一个缘由。苏菲教团的组织形式,特别是导师与学生之间的密切关系,也是构成苏菲圣人权威的重要元素。

(四)深度参与穆斯林的日常生活:伊玛目(阿訇、毛拉)

在诸多宗教权威中,绝大多数普通穆斯林日常最亲近的宗教人士是本地清真寺的毛拉或阿訇。更常见且示敬意的称呼是"伊玛目"。

阿訇和毛拉不一定有渊博的学识和高贵的出身。他们的权威基础主要在于同民众的直接密切联系。在众多宗教人士中,伊玛目在民众日常生活中的参与程度最高。他们在清真寺内领做礼拜、教授基本文化知识;在清真寺外提供各种服务,包括主持婚丧嫁娶等人生重要仪式。因此,他们与民众的日常生活融为一体,是人们宗教生活中不可或缺的组成部分,是民众的精神依靠。

1. 清真寺

清真寺与普什图人日常生活密不可分,每个乡村、牧场和城镇社区街道都有清真寺。每个清真寺都有一名伊玛目。成年男子的宗教生活以清真寺为中心,中老年人每天五次前往清真寺礼拜,伊玛目是领拜人。每逢宗教节日,所有男子都齐聚清真寺共同庆祝,伊玛目是主持人。对普什图人来说,清真寺和议事屋是同等重要的公共场所。在许多乡村,清真寺与议事屋仅一墙之隔,或干脆共用一个场院。[①]

清真寺还是偏远乡村的学校,伊玛目是初级文化教育的担纲者。普什图乡村的文化教育水平总体较低。不少贫困地区没有正规学校,毛拉是当地唯一有知识和智慧的人。于是,清真寺就是小学,毛拉就是老师。

---

① Akbar S. Ahmed, "Religious Presence and Symbolism in Pukhtun Society", in: *Islam in Tribal Societies*, p. 312.

即便是在有学校的乡村,孩子们在学龄前和课余时间也到清真寺跟伊玛目学习诵读《古兰经》。在许多地方,毛拉是村民了解外部世界、获取新鲜知识的重要渠道,也是年轻一代思想的塑造者,享有崇高的威望和切实的影响力。

2. 日常生活服务

一般认为,伊玛目的首要责任是确保村庄和部落生活不受异教徒侵犯,保持伊斯兰信仰的纯洁性。但实际上,伊玛目更重要的社会角色是参与普什图人从出生到下葬的每个人生环节。普什图人的一生都离不开伊玛目。比如,婴儿出生 24 小时内需要毛拉念经(azan);男孩割礼时需要毛拉念祷词(duca);合法婚姻的必要条件是毛拉证婚、念经(nikah)并主持典礼;死者入殓和下葬的仪式也需要毛拉念经和主持;有医术技艺的毛拉还能给人们治疗伤病;在日常生活中,伊玛目还参与调解民事纠纷和邻里矛盾。

因此,伊玛目广受尊重和保护。如果是从外地孤身前来长驻本地清真寺的毛拉,村民会轮流给他提供一日三餐,以及洗衣扫地等必要的家政服务。在一些部落地区,"毛拉几乎是唯一的圣人,他的生命神圣不可侵犯。凡让毛拉流血的,帕坦人必定追讨索还"①。

在普什图社会,毛拉往往是家族世袭的职业传承,到异地清真寺任职也是常见现象。乡村和社区清真寺迎请哪位毛拉主持寺务,一般由全体居民以自下而上的民主方式决定。选择新毛拉的首要标准是候选人的宗教虔诚、家世、人品和智慧。宗教知识水平反而不太重要,也没有统一标准。究其原因,一是普通大众无法判断毛拉的宗教知识水平;二是民众的期待值并不高。多数情况下,只要毛拉能够用阿拉伯语背诵一些经文,了解一些伊斯兰教法和圣训,便有资格参选。②

20 世纪晚期以来,毛拉的权威正在发生变化。变化的动力主要有两点:一是普什图地区不少人走出部落乡村,接受现代教育,成为新一代

---

① H. C. Wylly, *Tribes of Central Asia: From the Black Mountain to Waziristan*, p. 14.

② Akbar S. Ahmed, "Religious Presence and Symbolism in Pukhtun Society", in: *Islam in Tribal Societies*, p. 326. 阿克巴认为,普什图人的伊斯兰信仰或许类同于维多利亚时代的 muscular Christianity, 其基本特点是:重视简单的基本的信仰和仪轨,怀疑教条主义和抽象的教义争论,无须正规化的教职人员体系。

知识和社会精英；二是阿富汗战争期间大批难民在巴阿边境的宗教学校学习。随着文化和政治环境改变，土生土长、知识水平有限的毛拉的地位和威望受到冲击，新一代知识精英对传统毛拉不太尊重。① 这是"塔利班"势力得以在普什图乡村迅速崛起的重要背景，也是普什图部落政治生态变化的重要环节。

二 宗教人士的经济生活

宗教人士归根结底也生存于世，离不开社会经济基础。即便是出世隐修的苏菲，也有这样或那样的社会联系。伊斯兰教不像天主教或东正教那样限制专职宗教人士的婚姻世俗生活，宗教人士都有家庭。

在普什图社会，宗教人士的经济来源主要有三类：依靠教产或私产创造物质财富；通过提供宗教和教育服务获得收入；接受社会各界的各类捐赠。

（一）以教产和私产为生

教产（waqf，瓦克夫）的所有权归清真寺、宗教学校等机构，主要以土地、房屋、资金等方式存在。私产则是宗教人士的私有财产，与普通人的私有财产无异。

教产是由世俗财产转化而来的。印度和阿富汗自古就有王权向宗教人士和清真寺馈赠土地、房屋、资金等财产的传统。近代以来，普什图不少部落首领专门给宗教机构和宗教人士划拨土地。大地主亦常用类似方式表达宗教感情。各清真寺和宗教人士拥有的财产数量多寡不一。这些财产是宗教人士赖以生存的基础，也是宗教机构得以维持运转的首要经济来源。

在部落乡村，宗教人士大多也从事耕种、手工业、商贸等生产性活动。在土地规模和产出有限的地方，毛拉往往身兼数职：他既是伊玛目引导民众的精神生活，也是农民耕种自家的土地，还可能是老师在学校里教书，或兼做木匠、织毯艺人等等。在经济比较富裕的地方，宗教人士则较少直接从事生产劳动，而是通过租佃土地、提供贷款等方式以利润为生。《古兰经》禁止收取贷款利息，但根据埃尔芬斯通在《喀布尔王

---

① Oliver Roy, *Islam and Resistance in Afghanistan*, pp. 32 - 33.

国》第一卷中的记述，19世纪初，普什图部落中的许多毛拉都通过放贷收取利息的方式获取了大量财富。

（二）提供服务

这是宗教人士以其宗教知识和专业技能谋生的途径。他们的服务对象包括私人、社区、部落乡村、政府部门等。服务活动则包括主持各种仪式庆典、受聘为家庭教师、调解民间纠纷、主持清真寺事务、办学授课等，其收费标准则因人、因时、因地而异。

1978年之前，宗教人士是阿富汗王朝官僚体系和国家机器的重要组成部分。他们受命担任法官和道德监督官员监督司法程序、管理宗教人士队伍等等。这些工作同样都是有薪水或报酬的。

（三）接受捐赠

社会捐赠是清真寺和宗教人士收入的重要来源。普什图人的捐赠和其他穆斯林地区一样，主要有三类：

- 天课。缴纳天课是穆斯林的宗教义务。天课的管理者传统上就是清真寺。20世纪80年代，齐亚·哈克军政权把天课管理权收归联邦政府，但这条命令没有在普什图地区推行。
- 政府和部落首领定期给宗教人士支付报酬，以换取合作与支持。报酬一般按年支付，数额不确定。阿富汗、英印政府、巴基斯坦都实行这种政策。
- 其他馈赠。比如富人不定期的各种捐赠，或者农民在收割季节把谷物分给宗教人士等等，这类捐赠不属于天课定制，是普什图社会的古老习俗。

三　与世俗权威的关系

普什图乡村的宗教权威与世俗权威始终并行。在现代国家框架中，呈现为宗教权威、部落权威、国家主权三者共存的局面；三者并非鼎足之势，不过迄今也没有融为一体。

（一）部落权威

宗教权威与部落首领权威在动力和基础方面都有区别。部落首领常以物质实利来换取民众的追随和忠诚，或靠暴力来捍卫荣誉，维持权威。宗教权威则主要凭借伊斯兰教信仰和伊斯兰教法对普什图民众所具有的影响力，依靠知识的力量。普什图人虔信真主，宗教权威关于真主及其诫命（《古兰经》）的知识多于普通人，有的宗教人士（如苏菲圣人）被认为独享真主的特殊恩宠，这是其权威的依据。

基于自身内在的宗教信仰，普什图民众期待宗教权威过一种与众不同的生活。这种期待塑造出宗教权威某种外在的特殊性：

> 真正意义上的"圣徒般"的行为意味着节制、虔诚、不为声色所动，远离日常生活中低级、庸俗的东西；意味着智慧、知识和对神秘力量的操纵。所以，圣徒走路时大多脚步很轻，说起话来很温和但很有尊严；他们偏好没有污点的白色套服，小心遵守斋戒沐浴的各种礼仪，恪守礼拜、斋戒和其他……活动。①

无论如何，社会权威的本质是赢得民众的追随与服从。因此，宗教权威与世俗权威之间可能有张力，不过并无固定而统一的模式。双方的竞争主要取决于具体权威者的意志与能力。在一个部落乡村，若世俗权威强悍，则宗教权威处于从属乃至依附地位。阿富汗的加尔吉部落首领一再成功地把宗教权威排除在部落重大决策之外，毛拉被当作一种专业人士，只负责提供宗教方面的服务，以换取部落保护。② 而在另一些地方，部落首领可能需要借助宗教权威的支持。比如巴特在斯瓦特地区发现，部落酋长努力设法维持与宗教权威的友好关系，以巩固自己的影响力。

两种权威之间的矛盾和冲突在普什图社会屡见不鲜。每当这种情况发生，双方都会借助宗教符号，以"虔信"为武器。比如他们会质疑对手的虔信，以动摇和瓦解对手的合法性基础，或直接动员组织民众起来反抗部落首领。奥尔森描述了这种情况：

> ……宗教权威和部落首领一样，也热衷于争取民众的支持，

---

① ［挪］弗雷德里克·巴特：《斯瓦特巴坦人的政治过程》，第144—145页。
② Jon W. Anderson, "Khan and Khel: Dialectics of Pakhtun Tribalism", *The Conflict of Tribe and State in Iran and Afghanistan*, p. 144.

以便获得支配权。一个宗教领袖如果试图以索取物品或征税的方式来打击异教徒，但却不能取胜，也不能促进部落利益的话，那么他将遭遇困境：部落领导人背他而去，质疑他的人品，指控他贪婪，由此动摇他的精神权力的根基。与此同时，宗教领导人也会尝试摧毁部落领导人的地位，比如证明他们是堕落的穆斯林，指控他们与英国人合作，甚至判定他们为非穆斯林（Kafir，卡菲尔）。①

（二）国家政权

迄今为止，覆盖普什图地区的各种国家政权在维持地方秩序方面都奉行一个总体原则：收买部落权威，用实利换取合作，把地方权威变成政权的代理人；对不合作者施以暴力打击，或代之以愿意合作者。这一原则中的"地方权威"既指部落首领，也指宗教权威。

普什图人绝大多数是逊尼派穆斯林，逊尼派宗教人士素有接受、承认政治权力合法性的传统。②在阿富汗王国历史上，与坐拥一方土地的部落首领相比，经济资源相对不足的宗教人士更倾向于同政权合作，更愿意接受王权的委托和邀请。当国家面临外国力量干涉侵略时，普什图宗教人士积极投身于政治军事行动，站在反英、反苏战争的前沿，把民族独立、反抗霸权侵略的政治武装斗争包装为"宗教圣战"。

宗教人士是一个庞大的群体，在教育背景、经济状况、社会地位与民众联系等方面都各不相同，与世俗权威的关系也有亲疏、敌友之别。19 世纪末以来，在反英战争、反苏战争、阿富汗内战、反恐战争的作用下，普什图地区宗教力量的政治化、激进化倾向持续增强，国家政权的规约能力相对弱化。1952 年，阿富汗有 1.5 万座清真寺，约 10 万毛拉，大多受政府管控。2009 年，清真寺数量增至 20 万个，归政府管辖的只有

---

① Asta Olesen, *Islam and Politics in Afghanistan*, p. 40.
② 在这方面，什叶派则大不相同，尤其是十二伊玛目派，其在历史上长期拒绝接受外力主导政治秩序的合法性。他们相信，在十二伊玛目隐遁期间，人间事务归教法学家代理。这是理解 1979 年以来伊朗政治制度及其国际关系的一个基本点。

3500座。① 20世纪末21世纪初,巴基斯坦部落地区的毛拉和宗教权威公开挑战部落首领和国家政权的权威。② 当前,宗教权威已成两国和地区政治舞台上一支独立的政治力量。

(三) 当前在阿富汗的威望

根据亚洲基金会在阿富汗的调查,宗教领袖在民众中享有很高威望。2012年,约73%的民众表示非常信任宗教权威(见表4—4)。

表4—4 阿富汗民众的"制度信任":2006—2012年
(调查问题:你信任以下机制、人员吗?) 单位:%

公共机构	2006年	2007年	2008年	2009年	2010年	2011年	2012年
收音机和电视	84	74	76	70	71	72	75
宗教领袖	—	—	—	—	—	74	73
纸媒(报纸等)	77	62	63	62	57	69	72
议事会	—	71	69	67	66	70	68
社区发展委员会	—	64	65	64	61	68	66
省议会	—	69	65	62	62	67	66
公共行政机构	—	61	55	57	57	62	64
独立选举委员会	65	—	57	67	54	59	60
本国NGOs	57	59	62	61	55	54	54
国际NGOs	57	65	64	66	54	56	53
政府司法体系	38	48	46	46	48	55	50
政党	44	39	43	47	43	47	46
地方民兵	31	33	36	37	34	36	39

资料来源:The Asia Foundation, *Afghanistan in 2012: A Survey of the Afghan People*, p.84。

2016年的数据显示,宗教领袖是阿富汗民众最信任的对象,信任程度高达66.1%;民众对媒体的信任程度为64.5%;对社区议事会和舒拉为62.1%;对政府各部为35.6%;议会得到的信任率为37%;只有

---

① Donald N. Wilber, "The Structure and Position of Islam in Afghanistan", *Middle East Journal*, Jan. 1952, pp. 43 – 44. Anonymous, "Afghan Daily Criticizes Restriction on Election Campaigning in Mosques", BBC Monitering South Asia, Jun. 23, 2009.

② Akbar S. Ahmed, Forword for *Imperial Frontier*, p. x.

24.3%的阿富汗人表示他们的议员为本省做了点事情。①

第四节 部落民兵

部落民兵（arbaki 或 lashkar）是普什图部落乡村安全防卫的首要机制，是部落武装力量。它类似于国家军队，是部落乡村议事会支配的暴力机关，主要使命是保护本土安全，防止外敌入侵，维护地方秩序。近代以来，部落民兵的部分元素被纳入国家武装力量体系。

普什图人被认为是天生的战士，他们擅长捕猎，精于散兵作战。不少文献认为他们拥有远远优于欧洲人的战斗素质，称普什图部落是全世界最大的游击战士储备库。阿富汗人自己相信，如果所有国家都和他们一样，只用刀剑，不用火枪和其他高级武器，那么阿富汗将能够征服世界。②

一 传统制度

传统上，民兵不是部落常设机构，而是在特殊情况下经议事会授权组建的临时武装。一般而言，当部落乡村面临生存威胁，与其他部落发生水源土地等纠纷并发生暴力冲突的情况下，经议事会讨论，认为有必要建立部落武装时，则征召志愿者建立部落民兵。

这种组建部落武装力量的方式，是普什图部落有别于其他部落社会的地方。根据塔西佗的记述，日耳曼人有准常备军，即"扈从队伍"。恩格斯认为，易洛魁人的征服和防卫战争大多也由志愿兵完成，但其军队组织者不是议事会，而是一些优秀战士，他们通过一种公开表演的仪式（战争舞蹈）来吸引更多战士加入，凡参加舞蹈者便等于参加了出征队，"这种出征不需要得到部落议事会的同意，没有人去征求这种同意，也没有人给予这种同意。"③

普什图部落武装的创建权归议事会，指挥官也由议事会授权或任命。

---

① The Asia Foundation, *Afghanistan in 2016: A Survey of the Afghan People*, p. 9.
② Hassan Kawun Kakar, *Government and Society in Afghanistan: The Reign of Amir 'Abd al-Rahman Khan*, London: University of Texas Press, 1979, p. 96.
③ [德]恩格斯:《家庭、私有制和国家的起源》,《马克思恩格斯选集》第四卷, 第89页。

部落民兵在规定地区活动。每次组建民兵都有明确的目标；在完成既定目标后，议事会宣布解散民兵组织，官兵回归原来的身份，恢复正常生活。这里有两点值得注意：首先，部落民兵是议事会的政策工具，附着于议事会制度而存在，议事会的核心任务是管理部落公共事务，安全自然是其首要关切；其次，议事会对民兵的授权明确，有固定目标和规定地区，这种习俗有效防止了战争的扩大化以及部落间冲突的长期化。

议事会征召部落民兵的方式类似现代国家的义务兵役制。（1）议事会以部落最高权力机构的身份发布征兵命令，决定征兵规模，每个家庭或家族都要派青壮年男子参加，出兵人数按一定比例计算，以家庭/家族成年男子人口为根据，妇女儿童不得参与战斗。（2）部落民兵是自愿者，没有酬劳。与现当代国家征兵制度不同，部落民兵作战所需武器及一应支出，均由志愿者家庭和部落共同承担，士兵自带武器粮食和生活费入伍。如果议事会认为现有武器不足以保卫部落乡土安全，则以家庭/家族或部落为单位募集资金，购买重型武器。①

普什图社会重视荣誉尊严，推崇自由平等和战斗精神，战士享有崇高的社会地位。普什图谚语说："我高昂头颅，因为我的父亲加入了部落民兵"。部落地区有众多关于战斗英雄的传奇故事和诗歌。

二 部落民兵的"国家化"

普什图部落民兵作为建设性力量参与国家政治生活的历史可追溯到加兹尼王朝时期，许多部落都曾为历史上相关帝国/王国的远征和防卫作出重要贡献。英国殖民统治时期，把今巴基斯坦部落地区的武装力量纳入国家军警体系，设立了边疆警察。在阿富汗，部落民兵是杜兰尼国王向外扩张的核心力量，直到 19 世纪末阿卜杜·拉赫曼汗时期，王国才开始建立常备军。

（一）英印帝国的西北边疆

国家政权覆盖今巴基斯坦部落地区相对较晚。斯瓦特王国的武装力量是部落民兵，兵源主要来自优素福扎部落，王国辖地也很有限。19 世

---

① Ghulam Qadir Khan Aaur, *Cheegha: The Call from Waziristan, the Last Output*, l' Aleph, 2014, chap. 3.

纪英印帝国把部落民兵收编改组为帝国警察力量的过程艰难曲折，充满强制与反抗。

19世纪晚期，英国在部落地区建构"统治权"的努力主要集中于两点：一是派驻"政治代表"，其首要职责是"表明帝国政府的存在，以及帝国政府对杜兰线以内地区的权力"①；二是建立边疆警察，在个别极不驯服的地区派驻军队，维持基本政治秩序。二者密切相关。

边疆警察的主要成员是当地普什图人。英国警官担任领导者，数量极少。第一支边疆警察力量是1878—1879年在开伯尔地区建立的，主要成员是阿夫里德部落民众，核心任务是保护过往山口的商队。这支武装力量共449人，包括一名军官，400名步兵，48名骑兵。②和传统部落民兵的组建方式一样，他们也是自带武器入伍，且只在固定地区（开伯尔山口附近）活动。当时还没有统一制服。他们为了区别于当地其他部落武装，统一佩戴一种缝有红色布条的头巾。

开伯尔边疆警察模式很快在多地推广开来。1883年，兹霍布成立民兵武装，吉德拉尔建边警队；1892年，库拉姆成立图里斯部落民兵武装，后改编为库拉姆武装；1894年，北瓦济里斯坦成立托奇边警队；1900年，南瓦济里斯坦成立边警队；1913年成立吉尔吉特边警队。

普什图地区的这些民兵力量是英帝国武装力量的一部分，统称为"边疆军团"。它们的使命和职责是维护当地安全和秩序，守护帝国边疆。这支地方武装力量导致了一些治理方面的问题。英印政府军队并不信任部落民兵。19世纪末20世纪初，正规军一再要求政府把部落民兵排除在边疆平叛行动之外。英国不少情报官员也认为这些部落民兵不可信任。③

英国人或许有充分的理由怀疑部落民兵在部落与英国政府关系中扮演的角色。然而，部落武装在英俄大博弈中的积极作用不可否认。吉德拉尔和吉尔吉特边警有效抵御和遏制了俄国南下的企图。第一次世界大战和第二次世界大战期间，普什图部落民兵被编入军队在欧洲战场作战，

---

① Charles Chenevix Trench, *The Frontier Scouts*, Lonson: Jonathan Cape Ltd., 1985, p. xiv
② Teepu Mahabat Khan, *The Land of Khyber*, p. 95.
③ Milan Hauner, "One Man Against the Empire: the Faqir of Ipi and the British in Central Asia on the Eve of and During the Second World War", *Journal of Contemporary History*, Vol. 16 (SAGE, 1981), pp. 183–212.

为大英帝国立下汗马功劳。

(二) 阿富汗王国

部落武装力量在阿富汗的国家化至少经历了三个阶段。1840年之前，王国军队主要是各部落武装力量的简单集结；1840年到1880年，英国人推动了阿富汗建立真正意义上国家军队的进程；1880年阿卜杜·拉赫曼汗执掌政权后，才开始了自觉地、系统地发展国家武装力量的努力。

1. 集合部落武装力量

王国建立之初，部落民兵是杜兰尼国王征伐扩张的主力。当时王国没有常备军，武装力量由各部落出兵构成。各部落贡献的兵力多少不一，而且杜兰尼部落不是主力。比如，杜兰尼国王仿照波斯体制建立的国王卫队主要由齐兹勒巴什人（Qizilbash）[①]组成，完全没有杜兰尼部落民众。坎大哈骑兵部队总兵力12559人，其中5710人来自杜兰尼部落，其余来自卡卡尔部落，以及加尔吉部落下属的托赫、霍塔克等支系。[②]

杜兰尼国王和提姆尔·沙国王时期，国王卫队与骑兵部队的组织方式有很大差别。比如，国王卫队有统一建制，卫兵按人数分组，都统一受军官指挥。骑兵部队则基本按部落派出的兵力建制分组，各组头人都是本部落成员；国王委派军官管理头人。国王卫队的士兵是终身制，有报酬。骑兵则不领薪水，马匹装备由各部落汗提供，作为回报，国王给他们支付相应的酬金，或划拨土地，土地可传给子孙。

这种组建作战部队的模式一直持续到英国第一次阿富汗战争前夕。其间的变化仅限于军队规模、各部落贡献，以及国王给予的酬报等。比如，在多斯特·穆罕默德（Dost Mohammed Khan）第一次执政时期（1819—1839年），骑兵数量增至3.8万人，杜兰尼部落贡献兵力8000人；派兵效力于国王军队的部落获准享有自治权。[③]

[①] 齐兹勒巴什人又称"红帽军"，传统上生活在伊朗—阿塞拜疆地区，说波斯语和突厥语，素以忠诚于主人、骁勇善战而闻名。他们绝大多数是什叶派穆斯林，属于十二伊玛目派。

[②] Hassan Kawun Kakar, *Government and Society in Afghanistan*, pp. 93 - 94.

[③] Ibid., p. 94.

2. 创建国家军队的早期努力

阿富汗王国创建近代统一军队的首次努力，是英国人推动的。英国当时的意图是缓解阿富汗战争困局①，巩固舒贾·沙政权，以谋求对俄博弈的优势。

1840年6月，被英国扶上王位的舒贾·沙接受英国驻喀布尔特使的建议，同意创建一支新军队，取代由各部落民兵拼凑的王国武装力量；新军由英国人统率，王国给将士支付薪水。国王还决定组建一支国王卫队，也由英国军官督导。很快，阿富汗就有了第一支自上而下创建的军警力量：（1）三个兵团驻防喀布尔，总兵力1200人；一个兵团驻防坎大哈。（2）国王卫队约800人。② 这是阿富汗近代军队建设的开端。

部落民兵没有就此退出国家政治舞台。实际上，为了保持对王室的影响，也为了维护贡献兵力换来的经济收益，加之对英国人的仇恨，当时杜兰尼多个部落长老曾设法阻止国王组建新军。斗争的结果是，王国保留由各部落民兵组成的骑兵部队，但缩减其规模，杜兰尼部落的兵力份额减至750人。

第一次阿富汗战争结束后，多斯特·穆罕默德加强了建设军队的努力。他采取的主要措施包括：（1）强制征兵，严惩违抗者；（2）统一兵士薪酬——规定普通士兵每月报酬为5卢布；（3）严明军纪；（4）统一训练、装备、指挥和布防——他把军队分别部署在各省，把指挥权分别交给自己的儿子们。经过努力，他建立起一支3万人的军队③，由步兵和骑兵构成，官兵主要来自普什图人、塔吉克人、哈扎拉人和乌兹别克人。

19世纪70年代，军队建设步伐明显加快。希尔·阿里·汗（Sher Ali Khan）在第二个任期（1869—1879年）内，从英印政府延聘一批教官，帮助建设军队。他仿效英军建制，建成了现代炮兵、骑兵和步兵队伍，总兵力超过5.6万人。这支军队的军官都是阿富汗人。兵力分别驻防喀布尔、各省会城市和战略要地。官兵终身服役，统一着装（欧式制

---

① 参见本书第六章第一节。
② Hassan Kawun Kakar, *Government and Society in Afghanistan*, p. 95.
③ Antonio Giustozzi, *The Army of Afghanistan: A Political History of a Fragile Institution*, London: Hurst & Company, 2015, p. 5.

服），按月领取报酬①。

1879 年，英国发动第二次阿富汗战争。初具规模的王国军队被打散。1880 年，阿卜杜·拉赫曼汗登上王位。

3. 阿卜杜·拉赫曼汗的军队建设

阿卜杜·拉赫曼汗是阿富汗现代政治体系的创立者。军队建设是他的首要关切。他即位不久便对部落首领们表示：

> 我打算组建军队，目的是为了在遭受外国侵略时保护阿富汗。你们知道，你们的国家就像小村庄一样位于两个异教徒国家之间，它们都虎视眈眈想要入侵和控制阿富汗。因此，你们必须为紧急情况做好准备，防止侵略。否则你们将不得不接受像印度兄弟一样的命运……你们自己将成为女人，在家里没有发言权。②

拉赫曼汗决心建成中亚最强大的军队，让阿富汗成为世界最强大的国家之一。但他的建军理念与先辈不同，他不求助于外国人，也不接受英国主动提出的支援；他强调自力更生，完全依靠阿富汗人的力量。

他的建军努力重点在两个方面：首先是广纳贤才；其次是确保对军队的绝对控制权，并设法保持士气。

（1）广纳贤才

拉赫曼汗规定，凡 14 岁到 50 岁的阿富汗男子都可入伍。上台初期，由于地位未稳，他推行志愿兵役制，并以此在几个月内招募到 8 个团的兵力，其中大部分是希尔·阿里时期的老兵。国王起初不愿招募杜兰尼部落民，因为不相信他们的忠诚。直到加尔吉部落反叛后，他才对杜兰尼部落敞开大门。在杜兰尼部落若干支系中，他最喜爱穆罕默德扎部落，来自该部落的骑兵组成专门的"皇家骑兵队"，在军队中享有若干特权。

历任国王的武装力量都主要来自加尔吉部落，阿卜杜·拉赫曼汗也不例外。他还格外青睐山地部落民。1893 年，他一面接受英印政府划定

---

① 步兵每人每月 7 卢布，骑兵 14 卢布。当时军队将士大多来自加尔吉部落和瓦尔达克部落。

② Hassan Kawun Kakar, *Government and Society in Afghanistan*, p. 96.

的杜兰线为国界线，一面继续征召杜兰线另一侧的普什图人入伍。1897年，西北边疆多个部落爆发武装反英起义，他加紧从瓦济尔、阿夫里德、哈塔克等部落招募了大批将士。

阿卜杜·拉赫曼汗经过若干平叛和征服战争，在1890年前后基本坐稳了王位。随后，他立即改变征兵制度：改行义务兵役制，并以强力将之推广到王权根基已稳固的地区。不过，由于王国从来没有做过人口普查，义务兵役制的落实没有基本依据，难以确定统一比例。1887年，坎大哈地区的杜兰尼部落推行1/6比例制，即按各部落适龄健康男子总数的1/6征召兵士。1894年，国王在卢格尔、加兹尼、楠格哈尔等地推行一户一人的义务兵役制，引发激烈反对，遂于第二年改行1/4比例制。几经探索，国王在1896年通令全国实行"八选一"义务兵役制。规定，每个部落乡村有义务为国家军队提供兵役，以当地青壮年男子（15—50岁）总数的1/8的比例征兵；义务兵在服役期间，其家人由乡村部落集体供养。

1883年，阿富汗军队规模为45773人，其中常备军兵力43000人。1887年，这两个数字分别升至64000人和44469人。1890年，国王决定要把常备军扩大到10万人，部落武装力量增加到7万人。19世纪90年代末达到了这一目标；1898年，喀布尔、各省会城市、各战略重地都已有军队把守。①

（2）确保领导权和士气

阿卜杜·拉赫曼汗积极调动各地区、各民族的资源，他的征兵不分地区和民族，从志愿兵到义务兵都是如此。可以说，他建立的是真正意义上的"国民军队"，全国各地区、各民族都有人参军。

国王为了确保对军队的掌控权，主要采取了两大措施。其一，为牵制部落首领，确保他们的忠诚，从部落首领的儿子中间招募大批军官，并大力提拔其中的贤能者。这既显示了国王对部落首领的重视，同时也持有了牵制部落首领的砝码。国王自己说，这样做有助于"在紧急情况发生时，这些头人们会顾虑自己亲属的性命，不贸然起来造反"②。其二，

---

① Hassan Kawun Kakar, *Government and Society in Afghanistan*, pp. 98–99.
② Ibid., p. 97.

确立异地驻防制度。他规定，从各地招募的兵力不得在当地驻守。这一政策的目的是把武装力量与其所源部落隔离开来，以防二者联手造反。

为鼓舞士气，国王也采取了若干措施。比如，他给军官支付高薪，军官的报酬远高于政府文职人员。他还尽力关心将士的精神与身体。每个团级单位都配备一名毛拉、一名内科医生和一名外科大夫，由政府支付报酬。医生的重要性自不必多说。毛拉对官兵的"辅导"不仅在于解答宗教疑问，更在于解释和重新解释战争，通过把战争伊斯兰化而使之合法化、神圣化，由此驱散战场伤亡造成的阴影和恐惧。比如，毛拉们称官兵为"圣战士"，称战争是真正的穆斯林对异教徒/叛教者的战争，是为了传播伊斯兰教，乃真主所意欲等等。

（3）保留部落武装

国王的军队由两大部分组成：常备军、非常规武装力量。常备军包括皇家卫队和作战部队。作战部队除了希尔·阿里·汗确立的三大兵种即步兵、骑兵和炮兵以外，还新建了工兵部队和后勤保障力量。

非常规武装力量即部落武装力量。国王在战争、守卫和建设中广泛使用部落武装力量。哈桑·卡卡尔甚至认为，当时阿富汗的军事实力更多依靠非常规武装力量，而非常备军。[①] 国王遵循传统惯例，给部落负责征兵的头人长期支付报酬，赐予他们封号或土地。革新则体现在，国王规定，战争期间，国家给参战的部落民兵发放粮食和武器装备；同时把他们混编为十人组、五十人组、百人组和千人组，由受封为十夫长、五十夫长、百夫长、千夫长的部落首领带队，与正规军协同作战；部落武装归所在地区专员统一调度。

阿卜杜·拉赫曼汗时期，反叛起义此起彼伏，绝大多数部落都曾起来造反，时间先后和规模大小不一。国王主要依靠部落民兵平叛。为了激发斗志，他规定，参加平叛战争的部落民兵可获得其战利品的4/5。这项政策在很大程度上把平叛战争变成了赤裸裸的掠夺战争。部落民兵在战争中大肆洗劫杀戮，往往招致血亲复仇，由此制造和加深了部落间仇恨。有分析认为，拉赫曼汗大量使用部落民兵平叛，其政治意图正是为了制造部落敌对，以利于王权。历史证明，杜兰尼部落与加尔吉部落间

---

① Hassan Kawun Kakar, *Government and Society in Afghanistan*, p. 108.

的敌对仇恨在 19 世纪末持续加深。①

三 20 世纪以来的变化

19 世纪，普什图部落民兵在英印帝国和阿富汗王国内部经历了不同程度的"国家化"。但是，国家体系并没有取消古老的部落武装力量传统。20 世纪，部落民兵制度进一步发生变化，主要表现在两个方面：一是部落民兵的行动能力明显增强；二是部落民兵在一些地区变成常设机构。

（一）行动能力

重要的改变发生在 20 世纪 80 年代，反苏战争是催生变化的关键因素。它改变了部落民兵只守卫部落乡土安全的传统，同时极大地改进了他们的武器装备和技术。

20 世纪 70 年代以前，部落民兵只在本乡本土作战，只负责本部落乡村安全，远距离征战的情况只发生在响应帝国/王国号召及加入统一作战计划的情况下。

抗苏战争期间，部落民兵在美国的动员和支持下，加入"反苏圣战"。他们主要跟随本部落的指挥官征战，划地而守，各自为政，并无全国统一的调度和计划。无论是喀布尔政府军还是其他穆贾希丁力量，要通过相关地区，都得求助于当地民兵武装，方能保证其通行安全。在战争过程中，不少部落民兵武装夺取远离家乡的土地作为根据地，后进一步发展为军阀割据的局面。

20 世纪国家征兵制度和武器技术的巨大革命，原本确定了部落武装与国家武装的力量对比：国家军队明显居于优势地位，部落武装则远远落后。② 但反苏战争缩小了二者间的技术装备的鸿沟。部落武装力量得益于美国支持和延续战争的战略，在战备和技术方面明显精进，枪支弹药在部落地区泛滥，许多普什图人都拥有了轻型武器。

（二）常设民兵武装

部落民兵由传统的非常设机制向当代的常设机制变化，迄今主要有

---

① Hassan Kawun Kakar, *Government and Society in Afghanistan*, p. 111.
② Richard Tapper, "Tribe and State in Iran and Afghanistan: An Update", *Etudes Rurales*, No. 184 (Jul.-Dec. 2009), pp. 33 – 46.

两种类型。一是英国殖民统治时期推动的部落武装国家化,即把部落民兵纳入国家防卫力量体系。巴基斯坦建国以后承袭了这一点,边疆军团是巴基斯坦军队的重要组成部分。2010年开始,美国在阿富汗农村地区仿效当年英国人的做法,培育地方警察力量。

二是在国家军警体系之外,部落自发组建的地方武装力量。这是美国的阿富汗战争激活部落自我防卫体系的产物。战争把"塔利班"推进到巴基斯坦部落地区,一起南逃的还有外国武装力量,部落安全受到威胁,多个部落组建传统民兵力量进行自卫,由于"塔利班"威胁的长期化,这类部落武装力量已经变成了准常设机制。

1. 巴基斯坦部落民兵

21世纪,巴阿边境地区的普什图部落武装以前所未有的规模涌现,引发外界多种议论。比如有人认为,这是普什图人好战精神的表现。关于是谁组建了这些武装,也有多种猜测:有人称它们得到了政府的支持;有人认为它们完全不受政府控制,而是与反政府的武装分子合作,加剧了部落地区动荡;还有人称它们是前"塔利班"旧部等等。[1]

实际上,这些部落民兵大多站在反恐第一线。这是部落民在面对新挑战时,用传统方式保卫乡土安全和独立的行动。他们防御的对象主要是"塔利班"和外国武装力量。法拉特·塔基指出,21世纪部落地区大规模涌现部落民兵的主要原因是,联邦政府没能给当地部落民提供安全保障,各部落不得不按照传统习惯,组建民兵保卫自身安全。因此,部落民兵是自发的反"塔利班"力量,其蓬勃兴起的现象是部落共同体"绝望的反应"。他强调,部落民兵没有任何国际政治目标,其唯一的目的是捍卫自己和家园安全。他们自建立以来常与"塔利班"入侵者发生火拼。[2]

---

[1] Jason Motlagh, "Pakistan's Anti-Taliban Support Risky", *Washington Times*, Nov. 10, 2008. Raihimullah Yousufzai, "Tribe Fight Back", *The Newsline* (Karachi), Oct. 15, 2008. Bill Roggio, "Pakistan Engages the Tribes in Effort to Fight Against the Taliban", *The Long War Journal*, Sep. 2008, http://www.longwarjournal.org/archives/2008/09/pakistan_engages_the.php. ICG Asia Report No. 196, *Reforming Pakistan's Criminal Justice System*, Dec. 6, 2010, https://d2071andvip0wj.cloudfront.net/196-reforming-pakistan-s-criminal-justice-system.pdf.

[2] Farhat Taj, *Taliban and Anti-Taliban*, chap. 2.

"塔利班"进入巴基斯坦部落区以后,定点杀害不愿与之合作的部落首领和民兵指挥官。萨拉扎、阔伊克等部落失去了数十位部落首领和民兵将士。普什图人战斗意志坚定。一些部落首领拿出私人毕生积蓄用于战事,士兵的家人和邻居也慷慨提供力所能及的补贴。不过,由于部落地区原本贫穷,人们即便倾其所有,也不能改变缺少资金和武器弹药的困境,实际上难以真正有效抗衡资金雄厚且有外国金主支持的"塔利班"力量。

塔基经实地调查发现,部落民兵有与政府合作的愿望,也有进行合作的基础。部落民兵希望得到政府的资金和武器支持,联邦和省政府也希望得到部落武装的反恐协作,共同应对"巴基斯坦塔利班"(Tehrik-e-Taliban Pakistan, TTP)。过去几年,一些地区已开始探索这种反恐合作,但阻力较大。比如,2003 年,阿德扎部落民兵积极配合西北边境省警察部队的反恐行动;联邦和省政府也承诺要给民兵提供资金武器弹药支持。但是,由于军方反对,联邦和地方政府始终没有兑现这种承诺。尽管如此,部落民兵依然没有放弃反"塔利班"斗争,直到献出生命。①

2. 阿富汗地方警察力量

美国在阿富汗战争中也积极利用民兵武装这一古老机制。2002 年起,它和喀布尔政权在反恐重点区域推行多种形式的居民集体自我防卫项目,包括阿富汗辅警、阿富汗公共保护项目、社区防务倡议等。②

2009—2010 年,美国调整对阿富汗战略。奥巴马提出"先增兵、后撤军"的行动计划。阿富汗多地反恐形势随即恶化。在这种背景下,2010 年夏天,美国驻阿富汗军队最高司令官彼得雷乌斯(David H. Petraeus)将军正式提出建立"阿富汗地方警察力量"(Afghan Local Police,以下简称ALP),旨在解决阿富汗安全力量不足的问题,为美国撤军做准备。这项计划的要点是,让阿富汗村民拿起武器保护自己,抵抗"塔利班"。

(1)计划内容

彼得雷乌斯计划的要点有四个:第一,2018 年之前,在阿富汗按每

---

① Farhat Taj, *Taliban and Anti-Taliban*, chap. 2.
② Vanda Felbab-Brown, "Afghanistan Trip Report V: The Afghan Local Police", May 9, 2012, http://www.operationspaix.net/DATA/DOCUMENT/7084~v~The_Afghan_Local_Police_.pdf.

个村庄平均30人的规模，征召培训4.5万名地方警察；第二，征召和军事培训任务由国际安全援助部队协同阿富汗政府完成；第三，ALP将作为地方常设武装力量，与建设阿富汗国家安全力量的努力并行；第四，美国给ALP提供武器弹药、军事培训和薪水。薪水的标准是：普通士兵120—150美元/月，分队领导人180美元/月。入职时每人将获得5000美元启动资金，用于购买武器等物品。①

显而易见，这个ALP计划的初衷与普什图部落民兵武装的习俗一致，但实施方案却不同于传统部落民兵武装的三大基本原则，即议事会授权、军备后勤自给自足、临时机构。

（2）争议

彼得雷乌斯的计划是为了充实地方安全力量，扩大反"塔利班"战线。计划刚一出台就引发了争议，阿富汗国内质疑和担心的声音高于赞成的声音。卡尔扎伊总统公开表示强烈反对。反对者主要担心其政治风险。可能的风险至少有两个方面：一是给"塔利班"提供了渗透的便利；二是这支地方武装力量会加剧局势动荡。

然而，美国国防部决心已定，建立ALP的工作迅速展开。几年来的实践证实了起初人们的担心：地方警察力量参与毒品交易、强制征税、掠夺土地、滥用私刑，加剧了社会分裂。还有地方警察力量卷入地方冲突的案例发生。比如，2010年，楠格哈尔省阿钦地区发生敌对部落的武装冲突，其中一方的民兵武装以"有美国支持"为据抢夺另一方的土地。②

（3）2014年之后的发展状况

ALP起初由美国出钱征召、美国负责培训、归属美国特别行动部队管辖。2014年阿富汗战争结束，这支武装力量的辖制权转交给阿富汗内

---

① Jon Boone, "Afghans Fear Return of the Warlords as Anti-Taliban Militias Clash", *The Guardian*, Feb. 16, 2011.

② Thomas Ruttig, "Some Things Got Better-How Much Got Good?" Dec. 30, 2013, http://www.afghanistan-analysts.org/some-things-got-better-how-much-got-good-a-short-review-of-12-years-of-international-intervention-in-afghanistan. Vanda Felbab-Brown, "Afghanistan Trip Report V: The Afghan Local Police", May 9, 2012, http://www.operationspaix.net/DATA/DOCUMENT/7084~v~The_Afghan_Local_Police_.pdf.

政部。与阿富汗安全部队的其他力量一样，ALP立即陷入缺少资金武器装备和必要后勤支持的困境，绝大多数ALP士兵只能领到工资的50%到70%。实际上，拖欠工资是近年来阿富汗各级政府各个部门的普遍现象。

截至2016年夏天，阿富汗总计约2.9万名地方警察归入内政部下属的"地方警察局"①。近几年，地方警察战斗在安全一线。他们以小组为单位行动。小组分为三级，自下而上依次为：士兵、检查站领导人、地区领导人。一般每20名士兵设一位检查站领导人，每个地区设一位领导人。截至2016年年初，ALP有150名地区领导人，分布在34个省。② 其领导结构如图4—2所示。

国家级：内政部

省级：省警察厅厅长

地区级：地区警察局局长

地方：地区ALP领导人
　　　检查站领导人
　　　士兵

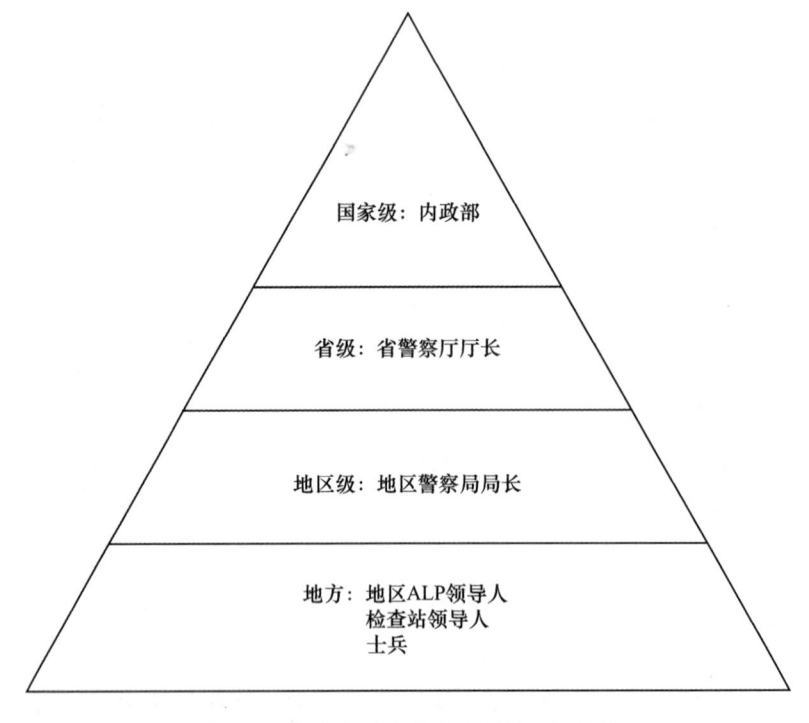

图4—2　阿富汗地方警察力量的组织结构

---

① John Friberg, "Afghan Local Police: A SOF Success Story", Oct. 7, 2016, https://sofrep.com/58478/afghan-local-police.

② *Afghan Local Police: A Critical Rural Security Initiative Lacks Adequate Logistic Support, Oversight, and Direction*, SIGAR 16-3 Audit Report, https://www.sigar.mil/pdf/audits/SIGAR-16-3-AR.pdf.

根据阿富汗内政部的界定，地方警察是"临时组建起来的安全力量，负责保护最容易受反叛力量袭击的乡村和地区"。它是"自卫力量"，除非其受命保护的地区面对威胁，否则不能发起主动攻势。其人员从当地征召，由阿富汗国民军和国际部队提供培训及实战支持，归属地区警察局领导和管理。其权力有限：它无权逮捕民众，但可以拘押嫌犯并移交给阿富汗国家警察或阿富汗国民军；它不得在规定地区以外的其他地方行动。其权限范围是：保护本地政府机构及其运转；保护关键基础设施；协力战后重建和发展；阻截反叛袭击活动；驱逐躲藏在本地的反叛分子；协助维护安全。[①]

就此而言，ALP在阿富汗政府框架内部分恢复了普什图部落武装的传统原则，包括"临时机构""本地活动"等。但是其授权明显超出了部落民兵传统的职责，更类似于英国人设置的边疆警察力量。

第五节　部落与国家政治秩序

如果简单依凭当代媒体头条，立足于西方政治学关于"国家—社会"对立关系的基本预设，以国家本位去观察普什图部落与国家政治秩序之间的关系，那么看到的可能主要是张力和挑战。部落间矛盾冲突，国家法律和权威在部落地区的效力虚弱，恐怖分子藏身于部落地区等现象，皆可成为证据。这类文献不胜枚举，实际上已经建构起一种"观念事实"或刻板印象，即普什图部落对于国家政权秩序来说是挑战和威胁。

然而，抛开抽象的理论预设，立足于普什图社会的历史进程，则可看到极不相同的景观。至少有三点值得注意。（1）在普什图地区，部落是比国家更古老的社会组织形式。国家权力覆盖这一地区之前，部落议事会、部落首领和权威、部落民兵、普什图法则与伊斯兰教教法，一起维持着部落的基本政治秩序，其功能与现代国家相似。（2）近代以来，部落是各种形式的国家政权在该地区的秩序基础。国家政权离不开部落权威的支持，部落在国家政权虚弱的情况下庇护民众的安全福祉。（3）部落存在于国家框架中，部落秩序与国家秩序并存。国家没有取消

---

① http://moi.gov.af/en/page/diretorates/directorate-of-local-police.

部落，而是把部落秩序整合到国家体系中，这个过程加速了部落政治生活的变化。大体可以说，二者互为对方成长变迁的环境与动力。

普什图部落民没有特殊的国体和政体偏好。迄今为止，覆盖该地区的国家政权形态有古代奴隶制和封建制王朝（比如波斯和印度帝国）、普什图人自己建立的王国（阿富汗王国）、西方帝国主义殖民主义政权（英印政府）、现代民族国家（阿富汗和巴基斯坦）。普什图部落制度与具体国家政权之间的互动值得做专门的深入研究。

一 阿富汗

部落先于国家存在，是自然发生的共同体。普什图人在其历史早期的政治生活不属于任何意义上的国家框架，希罗多德的记述证明了这一点。公元前7世纪末开始，波斯、印度和中亚汗国的权力先后触及该地区。但直到18世纪以前，普什图地区没有与国家政权建立起持续的密切关系，绝大多数部落处于自治和独立状态。1747年，杜兰尼王国建立，普什图人才进入持续的国家政治时代。

（一）阿富汗王国建立所带来的变化

阿富汗王国是由坎大哈的跨部落议事会建立的。在一定程度上可称之为部落政治的产物。但是，不能简单地把王国视为部落共同体在地理空间的扩展。王国秩序与部落政治秩序的差异相当明显。二者的不同直观地表现在许多方面，比如：

首先是阿布达里部落的地位。普什图社会本不存在居于主导政治地位的部落。1747年之前，阿布达里部落势单力薄，远不如加尔吉部落下属的霍塔克等部落强大。阿富汗建国改变了这一点。阿布达里王子阿赫迈德·汗执掌王权后，把阿布达里部落改名为"杜兰尼"（Durrani），意为"珍宝中的珍宝"。它从此主导阿富汗政权200多年。

其次是部落武装行动的规则发生变化。如前所述，部落民兵的首要任务是防御，其活动范围也大体固定，大多限于部落乡村附近，且极少联合协同作战。王国建立后，杜兰尼国王征召各部落武装，把他们聚集在一起，南征北战，从波斯、莫卧儿帝国手中夺得大片土地，许多战功卓著的部落民在远离故土的地方获得土地等财产。

最后是王国疆域面积远远超过普什图人的世居地。1772年，杜兰尼国王去世前，王国的统辖范围已经扩展到如图 4—3 所示地区。国王把国土分为 8 个大省和 15 个小省，任命省长和军队指挥官代为管辖。各省省长的职责是维护本地和平、每年按时纳贡，以及在需要时为国家征召军队。值得一提的是，杜兰尼国王及其后继者都自称为"所有阿富汗人/普什图人的国王"①，但阿富汗王国的政治大厦始终没有真正有效覆盖整个普什图地区。东部山区枭雄辈出，拒不接受任何外力控制。

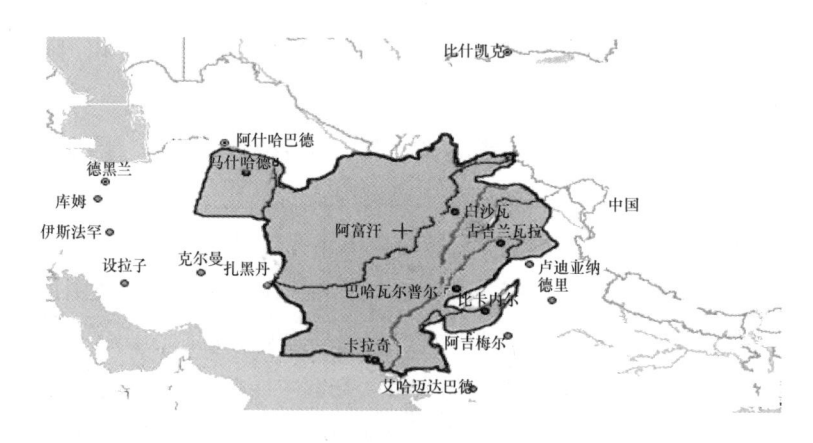

图 4—3　杜兰尼帝国疆域版图（1772 年）

（二）部落制度对王国政治的影响

部落是"国家原型"。摩尔根曾提出，"后来曾经对人类事务施加重大影响的制度都是以氏族制为基础的。"②

在阿富汗王国建立之初，政治秩序主要以普什图部落制度为基础。首先，王权的巩固和扩展得力于各部落首领鼎力相助。从杜兰尼国王开疆拓土到阿卜杜·拉赫曼汗国王的政权建设，以及阿曼努拉国王领导反英斗争赢得国家独立，都离不开部落首领的大力支持。这种支持更多的不是道义声援，而是人力、物力等方面的支持和政治效忠等。

其次，杜兰尼国王时期，阿富汗王国"本质上是一些独立的部落酋

---

① S. M. M. Qureshi, "The Frontier Dispute Between Afghanistan and Pakistan", *Pacific Affairs*, Vol. 39, No. 1/2, Spring-Summer 1966, pp. 99–114.

② ［美］摩尔根：《古代社会》，第 ii、374 页。

长国的联盟"①。经过19—20世纪的建设发展，国家政治制度中的普什图部落要素依然随处可见，比如大议事会制度和法律秩序等。

最后，普什图社会没有长子继承的习俗。这种文化对阿富汗王国政治秩序的影响也很大。杜兰尼国王身后，王权争夺战从未停歇。它先是把盛极一时的帝国弱化为王国，继而又使独立王国在1880年把外交权拱手让给英国。1919年获得独立后，阿富汗国体几经变化。阿曼努拉在独立后建立的是君主国。1976年，王室政变，达乌德·汗宣布建立阿富汗共和国。1978年，阿富汗人民民主党建立新的共和国。2002年，阿富汗进入伊斯兰共和国时代。

在国家政治风云变幻中，部落政治秩序不断经受冲击，"汗"、"马里克"、"议事会"、"舒拉"等传统非正式机构随国家政权变更而变化。阿富汗王国（1747—1975年）时期，王权主要依靠部落"汗"、"马里克"、"议事会"的支持来维持地方秩序。达乌德·汗和人民民主党政权试图加强对乡村的直接控制，在乡村部落地方大力扶植马里克的权威，任命一大批村长，汗和议事会的权威被弱化。"塔利班"夺取主导权后，大力培植毛拉和舒拉的权力，马里克制度和议事会遭受冲击。2002年开始，未被"塔利班"控制的部落乡村重新选举马里克，并在政府登记，作为乡村利益的代表。

二 巴基斯坦

直到19世纪中叶，山地部落还处于"非国家"和无政府状态。1893年，英国人划定杜兰线，把这个地区纳入帝国治权范围，并于1901年设西北边境省。1947年，巴基斯坦独立，山地部落进入民族国家时代。

（一）英国殖民统治时期

英印帝国在普什图地区实行间接统治，主要委托部落首领代为管理。政府任命和支持马里克，建立边警力量，设法把当地人的部落认同及其对部落权威的忠诚，转变为帝国在边疆的政治秩序。

---

① Martin Ewans, *Afghanistan*, p. 36. Peter Tomsen, *The Wars of Afghanistan*, p. 34. Altaf Qadir and Fatima Asghar, "Peshawar Valley under Durronos with Focus on Its Administration, 1747 – 1818", *Journal of Pakistani Historical Society*, Vol. 64, No. 1, Jan-Mar. 2016, pp. 57 – 66.

英国给马里克提供可观的经济补贴，以酬谢和维系其支持与合作。据统计，1895 年到 1900 年，德里政府给瓦济里斯坦马苏德部落 200 多名长老发放津贴，每人每年 2 万到 3.5 万卢比。为了酬谢部落民维护托奇、古马尔等帝国交通要道，英印政府每年定向拨付约 10 万卢比的佣金给相关部落。1940 年，英国给普什图马里克的津贴总计约 100 万卢比。①

英印帝国努力改造部落秩序，涉及经济、政治、法律等领域。划定杜兰线、镇压部落民反叛是这方面的重要举措。1896 年起，英国在部落地区推行收税官制度：政府统一在部落地区设立征税点，任命当地人为收税官，专门负责征收部落的赋税。为促进部落地区与帝国政权的整合，英国设法改善当地交通通信状况，兴修公路和其他基础设施。它还向部落地区派驻全权政治代表。根据 1901 年修订的《边疆犯罪管理条例》第 21—24 条，政治代表在其辖区内拥有惩罚整个部落的权力，可以采用罚款、逮捕、没收财产、摧毁财物等措施。

（二）1947 年以来

1947 年夏天，山地各部落召开大议事会，决定加入巴基斯坦并宣誓效忠。作为回报，真纳承诺保持部落地区现有的行政结构和特殊自治地位。因此，巴基斯坦在联邦直辖部落区（Federal Administrated Tribal Area，以下简称 FATA）基本承袭了英印政府的政策，包括收税官、政治代表、《边疆犯罪管理条例》等机制。联邦政府给每个县派遣一名政治代表，配备若干助手、乡长和副乡长、地方警察与安全力量。政治代表的主要职责包括监督当地政府各部门工作，调解部落土地资源纠纷，规范当地与邻近地区的商贸关系等。

与联邦其他地区相比，FATA 享有更高程度的自治权。它的宪政地位是：

> FATA 是巴基斯坦领土的一部分。它在联邦议会两院有代表，但归总统直接管辖。除非总统下令，否则联邦议会制定的法律不适用于 FATA。总统有权颁布涉及部落地区和平与良治的命令。如今，

---

① Annonymous, *Report on Waziristan and Its Tribes*, pp. 33, 54. Milan Hauner, "One Man Against the Empire", *Journal of Contemporary History*, Vol. 16 (1981), pp. 183 – 212.

FATA 治理的首要依据是 1901 年的《边疆犯罪管理条例》。开普省省长作为巴基斯坦总统的代表，在伊斯兰堡边疆地区部的监督下，负责 FATA 的行政事务。①

FATA 内部，按照行政司法差异分为两类地区：保护区和非保护区。保护区受政府直接控制，非保护区则由当地部落管理。保护区的民事、刑事案件由具有司法权的政治官员审理。非保护区的案件则由地方议事会负责仲裁。如遇政府司法部门和地方议事会不能解决的争端，则交由上级议事会处理。上级议事会的构成是：相关部落的马里克、长老、政治代表、联邦议会议员等；若案情需要，还可邀请邻县或其他地区的代表参加。②

20 世纪晚期，巴国内不断有呼声要求修订《边疆犯罪管理条例》，要求把 FATA 纳入"主流社会"的声音持续加强。1996 年，当地民众获得参加国家议会选举及选举代表参与决定国家事务的权利。21 世纪初，随着当地新一代知识精英的涌现，争取部落地区民众平等公民权和发展权、废除《边疆犯罪管理条例》，以及把部落地区纳入国家常规行政管理体系的运动声势进一步壮大。许多人认为，《边疆犯罪管理条例》的内容不仅远远落后于时代，而且违反了 1973 年宪法中的人权条款。2015 年，联邦政府成立"联邦直辖部落区改革委员会"，由总理国家安全事务顾问萨塔吉·阿齐兹（Sartaj Aziz）任主席。2016 年，改革委员会向联邦政府提出系列改革建议，其中包括建议 FATA 与开普省合并，废除《边疆犯罪管理条例》。2018 年 5 月，FATA 正式并入开普省，过渡期计划为两年。

自巴基斯坦建国以来，部落权威在维护国家秩序与当地民众安宁方面始终发挥着重要作用，即便在开普省内，联邦政府也主要依靠马里克、长老和议事会维持部落地区秩序。作为回报，国家财政给部落提供补助和特别津贴。1952 年，联邦财政预算（非军用）总额为 1.953 亿卢比，其中部落地区投入为 5826.5 万卢比，约占 1/3；在部落地区各种支出中，

---

① https：//www.fata.gov.pk/Global.php?iId=29&fId=2&pId=25&mId=13（来自 FATA 官网）。

② https：//www.fata.gov.pk/Global.php?iId=29&fId=2&pId=25&mId=13。

津贴发放额为 20.7 万卢比。① 近年来，随着国民经济的发展，部落津贴总额不断增多。

表4—5 开伯尔县各部落基本情况及联邦政府补贴（2005年）

部落名称	阿夫里德	辛瓦里	穆拉果尔	夏尔曼尼	斯托里克
人口（人）	34.2万	6.9万	1.9万	1.9万	1.0万
马里克（人）	20	3	1	0	0
长老（人）	2809	490	149	165	15
部落警察（人）	2076	250	118	294	15
政府津贴补助（卢比）	156.88万	18.56万	2.92万	2.97万	N.A.

资料来源：Teepu Mahabat Khan, *The Land of Khyber*, pp. 150 – 151。

上表中，夏尔曼尼和斯托里克没有设立马里克，这两个部落中领取政府津贴的长老和部落警察是国家政权在当地的代理人。联邦政府给部落的转移支付分津贴和补助两类。各部落都有长老津贴、特殊津贴和部落补助。扼守开伯尔山口的阿夫里德部落下属的三大宗族，即库吉克、马里克丁克、卡姆巴尔克还享受额外的"部落津贴"，每年总计6.63万卢比。

三 部落与国家共生

数百年来，无论中南亚地区的王朝如何兴衰更替，无论国家秩序是否缺位，"议事会"、"汗/马里克"、"部落民兵"等传统机制始终支撑着普什图村民的日常生活。时至21世纪，部落社会古老的非正式制度还保持着强盛的生命力，与国家正式制度共生互动。

（一）国家对境内普什图地区的治理

历史上，中央政权与普什图部落的关系始终处在变动中。一般而言，中央政权大多会以提供补贴等方式收买部落首领，换取合作；它强大时则能够从部落提取各种资源；如果它虚弱到连"间接统治"也难以为继时，便退而求其次，谋求名义上的主权。

---

① James W. Spain, *The Pathan Borderland*, pp. 220 – 221.

1. 间接统治

杜兰尼国王对各部落的政策各异。比如，对坎大哈地区的部落主要通过联姻的方式结盟；对开伯尔地区阿夫里德、辛瓦里部落，则主要通过支付补贴来维持关系；对瓦济里斯坦地区的优素福扎、奥拉克扎、莫赫曼德、卡里里等部落，国王则支付其首领佣金，换取他们把部落民兵计入阿富汗王国军队。据说当时瓦济里斯坦部落民兵有10.2万人，其中，瓦济尔部落下属的阿赫迈德扎和乌特曼扎分别为3万，马苏德部落为1.8万，道尔部落1.2万。①

阿卜杜·拉赫曼汗国王主要通过任命部落首领、扣押人质、离间部落内部和部落间关系等方式来控制各部落。他还把不驯服的加尔吉部落迁移到北部地区。阿曼努拉国王曾试图改变王权过分依赖部落支持的局面，采取一系列改革政策，结果激起哗变，王位被推翻。

20世纪，阿富汗和巴基斯坦的国家建设都取得了重大进步：制定宪法和法律、划定行政区域、任命行政长官、统一军队驻防、统一税收、发展现代教育和经济生活等等。但两国都不同程度地保留了部落自治权。两国中央政府都向普什图地区委派政治代表，地方日常治理则主要通过部落传统权威体系来实现。根据格拉泽的研究，即便是阿富汗"塔利班"政权也没有真正完全掌控其西部和南部地区。②

2. 部落矛盾与治理

普什图社会从来不是铁板一块的整体，部落间矛盾冲突是相关国家政治生活的重要变量。

部落间矛盾对国家政权的影响主要有两个维度。一方面，它是国家政治秩序的脆弱环节。阿富汗建国以来，强大的国家领袖如阿卜杜·拉赫曼汗国王和达乌德总统，都曾收服过宗教权威，但中央政权从未真正驯服过部落地区。今巴阿边境地区各部落几乎未曾同时服从于任何国家权力。阿富汗历届政权都主要靠协商、联姻、收买等方式勉力维持大局。一旦失去普什图主要部落的支持与合作，喀布尔政治秩序就徒有其名乃至岌岌可危。就此而言，普什图部落既是国王的缔造者，又是国王的终

---

① Olaf Caroe, *The Pathans*, p. 258.
② Bernt Glatzer, "The Pashtun Tribal System", *Concept of Tribal Society*, pp. 265–282.

结者。

另一方面，鹬蚌相争有时也有利于中央政权。实际上，管辖过普什图地区的各类国家政权都曾设法利用部落间敌对矛盾，推行分而治之的政策，巩固自身地位，以求得对该地区的总体掌控。19世纪以来，世界大国也积极利用部落矛盾，争夺在该地区的影响力。不过，历史已反复证明，部落矛盾固然可以成为政治工具，但普什图社会是分之既易，治之则难；国家政权在当地推行的分而治之政策最后常陷入"分而难治"的困境。

（二）部落支撑国家秩序

在普什图地区，部落是原生的社会政治制度，国家生长于部落政治土壤中。时至今日，国家在当地的根基依然是部落秩序，部落民众始终是捍卫国家独立的重要力量。

1. 弥补国家功能缺位

议事会和毛拉是司法权威，部落首领负责税收和其他行政管理事务，部落武装则负责地方安全防卫。当前，巴阿两国大城市的司法、税收和防务已在政权的统一掌控之中，但在普什图农村地区，部落还是日常公共秩序的主要提供者及维护者，在许多领域补充国家职能的不足或缺失。尤其是在近几十年来战火不断的阿富汗，部落首领、毛拉和议事会是民众生活的重要依靠。巴尔赫省的一个普什图劳工如此谈论他们的马里克：

> 我们敬重村长，他帮助社区有困难的民众。他为了我们四处奔走。他与地方政府长官关系密切。如果我们需要一张身份证或其他东西，或面临其他类似问题（需要与政府打交道），他会为了我们去找长官。村长就像是房屋顶棚：如果屋子没有顶棚，那我们这个村庄将脆弱不堪。①

当然也有为非作歹、搜刮民脂民膏的马里克。但民众总体上没有丧失对传统权威的希望和信任。在阿富汗部落地区，传统制度的有效性和威望明显高于国家正式制度。据调查，当前80%的民众依然诉诸部落传

---

① Jennifer Brick Murtazashvili, *Informal Order and the State in Afghanistan*, p. 82.

统的纠纷调解方式，而非求助于现代司法机关。埃文斯认为，主要原因既在于社会习俗本身的巨大惯性，也在于农村地区路途遥远、政府部门效率低下等客观和主观条件。他写道：

> 阿富汗90％的人口居住在城镇之外的农村地区。在绝大多数地区，居民按传统掌管他们自己的事务，几乎不受外来干预。他们的村庄总体而言始终是自给自足的共同体，依靠农业和饲养家畜维持生计。国家从来没有强大到在全国建立有效控制，实际上，国家在教育、医疗设施，或更宏观的发展领域，迄今鲜有作为。[①]

2012年，亚洲基金会在阿富汗的调查也表明，民众更多地诉诸议事会、部落首领、毛拉等部落传统权威来解决社会矛盾。如表4—6所示。

表4—6　部落传统权威和政府机构在阿富汗社会的影响力（2012年）
（调查问题："发生纠纷时，你向谁求助？"）　　　　　（单位：％）

地区	全国	中部	东部	东南部	西南部	西部	东北部	西北部
议事会长老	59	56	63	51	48	60	73	72
马里克/汗	30	35	38	21	32	23	33	30
毛拉	25	15	18	26	38	28	19	30
朋友和家人	25	12	31	28	33	29	30	24
阿富汗国家警察	22	19	34	21	32	28	10	13
政府部门/官员	15	19	7	20	9	16	17	12
社区发展委员会	15	15	7	14	6	17	25	19
省长/省政府	13	17	5	10	5	16	16	19
议会议员	11	15	15	12	11	10	7	9
阿富汗国民军	11	9	22	15	20	10	3	2

资料来源：The Asia Foundation：*Afghanistan in 2012, A Survey of the Afghan People*, p.144。

2. 捍卫国家独立

普什图部落社会在许多方面与马克思笔下的印度村社相似。比如，

[①] M. Ewans, *Afghanistan*, p.11.

它们在政治上都保持独立自治；都有一整套维持地方秩序的机制，包括公共事务管理、居民纠纷调解、边界守护等等；它们都不受王国政治变迁的影响，历经王国崩塌分裂而保持下来。

但是，普什图部落社会与印度村社也有重大区别。根据马克思的论述，印度村社的居民基于"不开化的人的利己性"，其全部注意力都集中在小得可怜的土地上：

> （他们）静静地看着整个帝国的崩溃、各种难以形容的残暴行为和大城市居民的被屠杀，就像观看自然现象那样无动于衷；至于他们自己，只要某个侵略者肯来照顾他们一下，他们就成为这个侵略者的无可奈何的俘虏……这些小小的公社身上带着种姓划分和奴隶制度的标记；它们使人屈服于环境，而不是把人提升为环境的主宰……①

普什图社会完全不同。普什图人不分种姓，也没有奴隶制度。虽然各部落内外矛盾重重，但都誓死捍卫尊严和荣誉，珍视独立、自由和平等，不甘沦为俘虏，不会对外国侵略者及其恶行袖手旁观。他们有极强的领土观念，为了捍卫"普什图土地"不惜付出生命。

基于这种精神，普什图部落自阿富汗王国建立以来就始终站在保卫国家独立自由的最前沿。他们在19世纪两度与英国人浴血奋战，使阿富汗免于沦为殖民地。尽管英国凭强力划定了杜兰线，掠夺了部分土地，但却因山地普什图部落持续数十年的武装反抗而付出了极为沉重的代价。20世纪，普什图人奋起反抗苏联的军事占领，经过10年浴血奋战，迫使苏联撤军，捍卫了国家独立和主权完整。21世纪他们中的一些力量又起来与美国战斗。

---

① ［德］马克思：《不列颠在印度的统治》，《马克思恩格斯选集》第二卷，人民出版社1976年版，第67页。

第 五 章

主要的普什图部落

共同的语言、宗教、社会规范和习俗，以及相对集中的地区分布，使得普什图社会对外呈现为一个整体。但任何一个人口多达几千万的群体都必然是多样化的，普什图社会也不例外，它内部有贫富分殊、现实矛盾、城乡差别。不同部落的社会政治和经济地位各异，自有其特性。多部落林立及其差异，构成普什图社会的活力与复杂关系，进而考验着阿富汗和巴基斯坦两国政府的治理能力。

普什图人在国家政治生活中的活跃程度不同。历史上特别活跃的部落主要有今阿富汗的杜兰尼部落和加尔吉部落、今巴基斯坦的瓦济尔部落、马苏德部落、优素福扎部落、阿夫里德部落等。

第一节 部落社会的多样性

普什图部落社会多样性的直观表现是部落林立，分布地区广。立足于国际政治，可把当代普什图社会区分为阿富汗普什图人与巴基斯坦普什图人。但这种区分显然不够细致。各部落间差别之大，可从19世纪末贝柳的《阿富汗各种族》一书中看出端倪。他把部落称为"种族和民族"（races and nationalities）："阿富汗的主要民族是阿富汗人、帕坦人、加尔吉人、塔吉克人和哈扎拉人"，唯一把这些"种族"联系起来的纽带是虔信宗教。[①]

贝柳所说的阿富汗人是指杜兰尼部落，帕坦人是王国东部山区普什

---

① H. W. Bellew, *The Races of Afghanistan*, pp. 12–13.

图人，加尔吉人是加尔吉部落，他们都是普什图人。不同部落间的差异和政治疏离，是1947年山地普什图人谢绝阿富汗邀请，并自愿加入巴基斯坦联邦的重要原因，也是部落多样性及其相互关系之复杂性的一个表现。

一　地域差异

世系繁衍和社会矛盾是部落在地理上分散居住的首要动力，地理空间的距离和隔阂反过来又巩固了部落间差异。近现代国家间政治以及国界线划定，是地理空间政治变化的重要内容，它对普什图社会的建构还在持续。

（一）部落迁移

部落大规模迁移的原因主要有两点，一是人口增长和代际更替导致的部落分化。这是根本原因。二是部落间的斗争和帝国政治。这是环境变量。

1. 人口增长和部落分化

如同家庭扩大裂变为家族和宗族的过程一样，"父亲部落"会孕育和分化出多个"儿子部落"。从"父亲部落"独立出来后，各兄弟部落往往分地居住。

受地形、地势和气候条件的限制，特定土地能够承载的人口数量有限。当人口增长超过部落既有土地资源的给养能力时，主要有两类解决方案。（1）扩张领土。如果居住地四周有无主土地，则部落领地将自然扩展。如果没有无主空地，任何扩展土地的努力都会引发相邻部落间冲突。（2）离开祖居地，外出寻找新的生活资源。这是游牧部落与生俱来的生产和生活方式。但14世纪前后，大部分普什图人完成了从游牧到农耕的过渡。在这种情况下，远离故土，另谋居住地的决定，往往是政治的产物：要么是在土地争夺战中落败后被迫离开；要么是出于明确的征服动机。总之，部落间围绕土地资源的斗争贯穿普什图社会历史始终。

2. 政治斗争

部落间斗争是促使普什图部落迁移的第二大动力。土地斗争的结果是失败者离开。但甲地的失败者可能成为乙地的征服者，迁移是获得新土地的机遇。当然，这意味着在乙地开启新的土地争端，产生新的迁徙者。优素福扎部落东迁的过程便是如此：它本身因为力量弱小而被迫东迁，但在东迁的过程中，它不断抢夺其他部落的资源。16—17 世纪它进入斯瓦特谷地成为主导者，它所取代的斯瓦特人则是在之前 200 年因追赶落败的迪拉扎克人而到达斯瓦特地区的。如今，优素福扎定居的白沙瓦地区也是从别的部落那里抢夺来的。①

　　普什图部落迁徙还受帝国和王国政治的影响。7 世纪以来，多个部落就为躲避战火，或协助帝国/王国远征，或被国家政权强令迁徙等缘由而改变居住地。13 世纪初到 14 世纪末，蒙古人征服造成的影响格外明显。1220 年，成吉思汗南下，在一年内就征服了赫拉特、巴尔赫、巴达赫尚、巴米扬、加兹尼、白沙瓦等地。各地民众的抵抗都以征服者屠城告终。巴米扬、喀布尔、加兹尼等城市变为废墟，幸存者退居山中。14 世纪末，帖木儿横扫波斯、阿富汗和印度，沿途大肆烧杀掳掠。各地居民为躲避战乱退进深山，许多城镇由此荒芜。历史学家认为，成吉思汗和蒙古人的征服"可能永久地改变了这个国家的特性"②。

　　15 世纪开始，普什图部落迁移到今巴基斯坦部落地区。关于他们迁徙的原因和细节，还没有统一的说法。普什图人关于这段历史的讲述主要强调自己征战获胜，但是卡罗伊认为，普什图人扩展领土的过程主要是和平的，是他们同化原住民的结果。里腾伯格则强调，无论其过程如何，结果都相同，即普什图人控制了这片土地，并在当地建立起普什图人独有的政治制度。③

　　该地区各帝国统治者都设法招募普什图人入伍征战。19 世纪上半叶，普什图人随锡克帝国兰吉特·辛格（Ranjit Singh）的大军南征。20 世纪初，英印政府军队中约有 1.1 万名帕坦官兵。④ 这些军人不少在印度定居，形成了如今印度的普什图人群体。当前印度有 16 个普什图部落，分布在 74 个地区，主要集中于德里、北方邦、中央邦、比哈尔邦、西孟加

---

① ［挪］弗雷德里克·巴特：《斯瓦特巴坦人的政治过程》，第 10 页。
② ［美］沙伊斯塔·瓦哈卜、巴里·杨格曼：《阿富汗史》，第 65 页。
③ Olaf Caroe, *The Pathans*, p. 166. Stephen Alan Rittenberg, *Ethinicity, Nationalism, and the Pakhtuns*. North Carolina: Carolina Academic Press, 1988, p. 29.
④ H. C. Wylly, *Tribes of Central Asia*, p. 10.

拉邦、喜马偕尔邦、拉贾斯坦邦、古吉拉特邦、卡纳塔克邦、安德拉邦和泰米尔纳德邦。他们也主要实行内婚制，部落间通婚十分罕见，女子可再婚。不过，他们已不再说普什图语，而说乌尔都语。①

阿富汗开国君王阿赫迈德·沙·杜兰尼和19世纪末铁血国王阿卜杜·拉赫曼汗执政时期，都有普什图部落大规模改变居住地的记录，不过原因各异。简单地说，杜兰尼国王主要是把王国新征服的土地分给战功卓著的将官或部落首领，而阿卜杜·拉赫曼汗则是在1886年平定加尔吉部落叛乱后，把约一万户加尔吉人迁往北部地区②，旨在切断其乡土根基，同时充实北部边塞。

(二) 地域差异的主要表现

坎大哈是阿富汗普什图人的中心。巴基斯坦普什图人则以白沙瓦、奎达、卡拉奇为中心，但居民主体生活在山地。按世系而论，阿富汗普什图人多属萨尔班、比坦和古尔胡西特世系，巴基斯坦普什图人除了优素福扎部落以外，多属卡兰世系。两国国内还有进一步区分。人们习惯把阿富汗普什图人分为西部普什图人和东部普什图人，把巴基斯坦普什图人分为"定居民"与"部落民"，或城镇普什图人与乡村普什图人、平原普什图人与山地普什图人等。他们的自我认知和相互印象也不尽相同。

1. 部落名称

部落名称是血亲体系的标志。一般来说，阿富汗部落名称多用后缀"扎"或"克"，比如"加尔吉/吉尔扎"、"博帕尔扎"、"努尔扎"、"巴拉克扎"、"萨多扎"、"伊夏克扎"等。他们的后裔迁移到今巴基斯坦后也继续沿用这一后缀，如"优素福扎"。而在今巴基斯坦东部边境地区的山地部落则较少用"扎"，比如"阿夫里德"、"莫赫曼德"、"辛瓦里"、"瓦济尔"、"马苏德"等。

2. 方言

普什图人的文字相同，方言按地区分为两类，英文分别写作"普赫

---

① 生活在印度的16个普什图部落是：阿夫里德、班加西、巴卡克扎、巴雷齐、达乌德扎、杜兰尼、古尔、古西提、高里、卡克纳尔、卡里里、洛提、穆罕默德扎、莫赫曼德、奥拉克扎和优素福扎等。详见 K. S. Singh, *India's Communities*, *National Series*, *People of India*, Vol. 6, Oxford: Oxford University Press, 1998。

② [美] 沙伊斯塔·瓦哈卜、巴里·杨格曼：《阿富汗史》，第94页。

图"（Pakhto）和"普西图"（Pashtu），或分别称为"白沙瓦语"和"坎大哈语"。

普赫图语口音较硬，以优素福扎部落方言为标准，主要在北部和东部地区使用。普西图语以坎大哈方言为基础，口音较"软"，主要在南部和西部地区使用。最常见的口音不同是，东部山区短促的［k］音在西部地区表达为更柔软的［ʃ］①。

两种方言的地理分界线大体在白沙瓦以南的科哈特。以北地区说普赫图语，以南地区说坎大哈语。② 今巴基斯坦的本努、瓦济里斯坦、德拉伊斯梅尔汗等地的方言更接近坎大哈，而非白沙瓦。跨界而居的哈塔克部落则两种方言都说：生活在科哈特南部地区的哈塔克人说坎大哈语；生活在阿阔拉和马尔丹地区的哈塔克人则说白沙瓦语。

3. 自我认同

巴基斯坦山地部落以"真正的普什图人"自居，不认同于"阿富汗人"。阿富汗的普什图人（特别是西部普什图人）以"阿富汗人"自傲，拒绝接受"帕坦"的称谓。总体来看，山地普什图人在恪守普什图法则和伊斯兰信仰方面更加严格，其实他们皈依伊斯兰教的时间晚于西部普什图人。

4. 政治身份

西部普什图人的根据地——"大坎大哈"地区③历史上长期隶属于波斯帝国。中东部普什图人地区如加兹尼、喀布尔和白沙瓦则与印度王国和帝国关系更紧密，17—18世纪属于莫卧儿帝国。山地普什图人的居住地名义上属于莫卧儿帝国，实际上没有真正接受过任何外部王权、帝国或主权国家统治。莫卧儿皇帝、阿富汗王国和英印帝国都不曾真正统治过山地普什图人和斯瓦特谷地。④

今天的阿富汗普什图人，包括加尔吉部落和杜兰尼部落在内，都不再有明确的地盘，没有"杜兰尼地区"或"加尔吉地区"。山地普什图部

---

① Willem Vogelsang, *The Afghans*, Blackwell Publishers, 2002, p. 17. H. W. Bellew, *The Races of Afghanistan*, p. 57.

② Haroon Rashid, *History of the Pathans*, Vol. 1, p. 82.

③ "大坎大哈地区"（Loy Kandahar）是历史上的一种地区称谓，包括今阿富汗的坎大哈、赫尔曼德、乌鲁兹甘、查希尔、法拉、尼姆鲁兹等省。

④ Olaf Caroe, *The Pathans*, pp. xvii, 258.

落大多还有自己的根据地及势力范围，比如开伯尔山口地区的阿夫里德、瓦济里斯坦的瓦济尔和马苏德等。

5. 社会经济联系

历史上，山地部落与杜兰尼部落之间的社会经济往来不密切，与加尔吉部落的联系也不多。他们的对外联系主要是向南联通印度，以及向北联通中亚。

中亚和波斯征服者屡次穿越山地部落区南下印度。莫卧儿帝国的开创者巴布尔大帝在穿越今开普省时建立了与优素福扎的密切关系，优素福扎的部落实力和地盘由此迅速扩展。20世纪初，英国在此设立了西北边境省，其初衷也是希望把这个地区打造为帝国通向中亚的走廊，确保开伯尔、库拉姆、吉德拉尔、托奇、古马尔等商路的安全。① 这种地缘政治传统决定了当代巴阿边境地区在中南亚的特殊地位，也决定了该地区政治生态的复杂性。

二 城乡之别

城乡之别是在社会历史发展的过程中自然形成的。时至今日，普什图人的主体还生活在乡村地区，但前往城市谋生者的数量在不断增加。过去40年的战火加速了这一进程。居住地的改变对于普什图人来说，意味着文化环境和行为规范的变化，由此也逐渐形成了普什图人内部的城乡之别。

已有若干专门词汇用于描述城乡普什图人的分别。比如巴特区分"偏远居民"（bar）和"城里人"（kuz）；梅恩区分"定居普什图人"和"独立普什图人"；安德森区分"城市人"（shahri）和"农村人"（atra-pi）。还有人用"帕坦"和"普什图"来表征差异，帕坦突出"定居"，而普什图则强调"独立性"。②

---

① 西北边境省是英印帝国的重要商路。1901—1910 年，英国经西北边境省实现的贸易价值约为每年 200 万到 225 万英镑。W. R. H Merk, "The North-West Frontier Province of India", *Journal of the Royal Society of Arts*, Vol. 59, No. 3054 (Jun. 2, 1911), pp. 745 – 763.

② [挪] 弗雷德里克·巴特：《斯瓦特巴坦人的政治过程》。P. Mayne, *The Narrow Smile*, London: Allen and Unwin, 1955. Jon W. Anderson: "Khan and Khel: Dialectics of Pakhtun Tribalism", in: *The Conflict of Tribe and State in Iran and Afghanistan*, p. 126.

关于城乡普什图人之间的区别，安德森提出，乡村普什图人是部落民，他们直率、坦诚、纯朴、英勇无畏；城市普什图人已不再是"部落民"，他们聪明、狡诈、独立；在生活习惯方面，城市普什图人的时间和空间观念较强，乡村普什图人则大多没有时间概念；城市普什图人的生活多元，山地普什图人则同一性更强；城市生活多意外和偶然，乡村生活则多必然，等等。①

（一）从乡村到城镇

普什图人的城镇化主要不是工业化的结果。直到 20 世纪末，阿富汗和巴基斯坦的工业化水平都还不高，大部分人口都生活在农村地区。根据巴基斯坦 1988 年和 1998 年人口普查，全国城镇化率分别是 28.3% 和 32.5%，开普省（西北边境省）从 15.1% 增加到 16.8%，联邦直辖部落区的城镇化率在 1998 年仍不足 3%。②

现当代普什图人改变居住地的主要动力是经济生活，这主要是部落民自发的、自下而上的、相对自主的选择。一些部落民出于各种缘由前往城市谋生，经过几代人的努力，成为城镇居民。游牧部落曾是普什图人城镇化的主体。他们传统上往来于次大陆和苏莱曼山之间，不少人在转场过程中做点小生意，成为流动商人。

如今阿富汗、巴基斯坦的不少大城市都有大量普什图居民，分布在社会生活各领域。卡拉奇是普什图人最大的城市中心，全市总人口的大约 20% 是普什图人，估计达 500 万—700 万。巴基斯坦的几乎每个城镇都有普什图工匠或茶叶商。长途汽车运输是普什图人居于主导地位的产业。由于他们与部落地区的特殊联系，在美国的阿富汗战争期间，一些普什图运输公司专门负责把货物从卡拉奇运往阿富汗美军基地，获取丰厚利润。③

---

① W. Anderson：" Khan and Khel：Dialectics of Pakhtun Tribalism"，in：*The Conflict of Tribe and State in Iran and Afghanistan*，pp. 126 – 128.

② Bereau of Statistics, KPK, " Demography Data 2014"，http：//www. kpbos. gov. pk/products. php? pid = 18. FATA 数字来自其政府网站，https：//www. fata. gov. pk/Global. php? iId = 35&fId = 2&pId = 32&mId = 13.

③ Matthias Weinreich, *Pashtun Migrants in the Northern Areas of Pakistan*, Karachi：Oxford University Press, 2009, p. vii. Robert Boggs, " Pakistan's Pashtun Challenge：Moving from Confrontation to Integration"，*Strategic Analysis*，Vol. 36，No. 2（Mar. 2012），pp. 206 – 216.

经过历史演变，普什图社会现已分化为三大类群体。（1）偏远地区的农牧民。他们依然生活在传统的部落共同体中，各部落相互独立，人们的生产劳动鲜有剩余，往往需要做点小生意或外出打工才能糊口度日。在当地，人们的社会政治关系是平等的，部落秩序基本保存完好。巴基斯坦部落地区的阿夫里德、莫赫曼德和瓦济尔等部落属于此类。（2）生活在水土资源条件优裕地区的农民。他们也远离城市，但农业生产常有大量剩余，已出现社会分层，地主显贵拥有大片土地但不必亲自耕种。斯瓦特地区的优素福扎部落是典型代表。（3）生活在城市中心地区的普什图人。其中一些人接近或执掌国家政权，如杜兰尼部落，有明确的阶级分化和职业分属。①

普什图社会的主体当前还主要生活在农村地区。阿富汗和巴基斯坦两个国家的城镇化水平本身不高，2017年阿富汗城镇化率为27%，巴基斯坦为32%左右。② 普什图人的城镇化水平低于两国平均水平。以巴基斯坦1998年人口普查的数据为例，联邦直辖部落区97%以上的居民生活在农村，西北边境省（今开普省）城镇化水平低于17%（如表5—1所示）。

表5—1　　巴基斯坦普什图地区城乡人口（1998年）

地区	面积（平方千米）	1998年人口		人口密度（人/平方千米）	分布	
		数量（人）	占全国人口比例（%）		城镇（%）	农村（%）
西北边境省	7.45万	1774.36万	13.41	238.1	16.9	83.1
联邦直辖部落区	2.72万	31.76万	2.40	116.7	2.7	97.3
全国	79.6万	1.32亿	100	166.3	32.5	67.5

资料来源：Pakistan Bereau of Statistics, "Area, Population, Density and Urban/Rural Proportion", http：//www.pbs.gov.pk/content/area-population-density-and-urbanrural-proportion。

---

① Richard Tapper, "Introduction", *The Conflict of Tribe and State in Iran and Afghanistan*, pp. 43-44.

② http：//www.worldometers.info/world-population/afghanistan-population/.

(二) 城镇普什图人与山地普什图人

远离部落社会的普什图人大多与故乡亲友保持直接的和感情上的联系①，但生活方式和习俗在逐渐变化。阿克巴·阿赫迈德认为，变化的关键是，在城镇普什图人中间，"普什图依然存活于语言中，却难以落实在行动上。"② 也就是说，他们依然说普什图语，但不再遵行普什图法则。

普什图社会内部把生活在城镇和平原地区的普什图人称为"纳税人"（qalang），把生活在山区的普什图人称为"荣誉战士"（nang）。这两个术语最早见于莫卧儿帝国时期。16—17世纪，波斯萨法维王朝控制普什图西部地区，莫卧儿控制兴都库什山以南和以东地区。莫卧儿帝国把其辖区内生活在苏莱曼山以东肥沃谷地和平原地区的普什图人称为"纳税人"，称崇山峻岭中的普什图部落为"荣誉战士"。纳税人受帝国权力支配，"荣誉战士"则毫不驯服，时常武装袭击帝国目标。还有学者指出，部落名称的后缀在很大程度上对应了这种区分，比如后缀为"扎"（zai）的部落多属于"纳税人"群体，而后缀为"克"（Khel）的部落则属于"荣誉战士"群体。③

1. 政治经济生活

城镇普什图人和山地普什图人对国家权力的态度不同。二者的法律身份都是公民，但前者认可并遵守国家法律，在国家的管理之下，从事现代生产经营，按规定纳税，分属不同的社会阶层；后者则不同程度地独立于国家权威体系之外，以部落为单位，依照普什图法则和伊斯兰教规范生活，各部落彼此平等，相互独立，没有共同的首领和制度化的等级结构，大多还没有真正嵌入现代国家权力体系中，他们主要从事农耕，

---

① Ludwig W. Adamec, *Historical Dictionary of Afghan Wars, Revolutions, and Insurgencies*, 2nd edition, Toronto: The Scarecrow Press, 2005, p. 252.

② Akbar S. Ahmed, *Pukhtun Economy and Society*, p. 7.

③ M. Nazif Shahrani, "State Builiding and Social Fragmentation in Afghanistan", in: *The State, Religion, and Ethnic Politics: Pakistan, Iran and Afghanistan*, eds. by Ali Banuazizi and Myron Weiner, Lahore: Vanguard Books (Pvt) Ltd., 1987, p. 27. David M. Hart, *Qabila: Tribal Profiles and Tribe-State Relations in Morocco and on the Afghanistan-Pakistan Frontier*, Armsterdam: Het Spinhuis 2001, p. 163.

少部分以游牧为生。

2. 相互的认知和意象

山地普什图人坚信自己是普什图法则的真正奉行者。他们认为，生活在平原地区和城市中的普什图人已受其他文化的侵蚀和影响，偏离了普什图语和普什图法则，已不再是真正意义上的普什图人。在一些城市普什图人看来，山地普什图人落后野蛮。

这种差异说明，社会环境对个人的塑造作用十分强大。巴菲尔德指出，生活在坎大哈的普什图人和在喀布尔的塔吉克人，与他们生活在山区的本族同胞之间有很大的差异，而在同一个城市生活的不同民族群体间却有不少重要的相似点。[1]

3. 社会交往礼仪

总体而言，山地普什图人严守普什图法则，而城市普什图人则缺乏严格遵行部落法则的诸多条件。不过，不能简单地把二者之间的差异定性为保守与开放之别。在某些方面，山地普什图社会其实更加灵活，更富弹性。以女子行为规范为例：在山地普什图部落乡村，经常能见到妇女在田间地头劳动，且一般只戴头巾，不一定遮面；相比之下，城市普什图人妇女的隔离制度更加严格——她们很少外出工作，外出一般遮面，有些家庭甚至规定，媳妇的面容不能让她丈夫的父亲和兄弟看到。[2]

多样性及其蕴含的复杂性是理解当代普什图政治生态的基本立足点。基于此，我们不能主观构想普什图社会的所谓本质特征。自然和社会环境对人的影响极大，城市普什图人与部落地区同胞的不同，主要是适应城市生活环境的结果；他们的存在足以证明，普什图人在社会和政治上并非总是反叛的。

山地普什图人生活的地区有特殊的自然条件，其地势地貌相对独立于外部世界；传统上，当地崇山峻岭中只有四个联通外界的自然通道，即印度河谷、开伯尔山口、科哈特山口和马拉坎山口，如今向北还有苏

---

[1] Thomas Barfield, *Afghanistan: A Cultural and Political History*, Princeton University Press, 2010, pp. 25, 64 – 65.

[2] Thomas Barfied, *Afghan Customary Law and Its Relationship to Formal Judicial Institutions*, Ghulam Shams-ur-Rehamn, "Pashtunwali and Islam: The Conflict of Authority in the Traditional Pashtun Society", *Pakistan Journal of Social Science*, Vol. 35, No. 1 (2015), pp. 297 – 307.

联帮助修通的萨朗隧道。这是当地部落社会得以保持传统秩序、政治上长期自治的重要原因。

第二节 阿富汗的普什图部落

阿富汗的普什图人主要属于两大部落体系：杜兰尼部落和加尔吉部落（又称"吉尔扎伊部落"）。这两大部落之间的关系可以用阿富汗谚语来概括："王权归杜兰尼，利剑归加尔吉"。

一 杜兰尼部落

1747年阿富汗王国建成以前，杜兰尼部落称"阿布达里部落"。他们传统上居住在"大坎大哈"地区。17世纪末向西北扩展到赫拉特，如今分布在从坎大哈到喀布尔和贾拉拉巴德的广大地区。

当前，杜兰尼部落的人口超过200万[①]，经济生活以农耕为主，少部分人以游牧为生[②]。杜兰尼部落绝大多数人都会说波斯语，贵族子弟普遍能用波斯语和普什图语背诵最著名的波斯文学作品。[③]

（一）部落支系

阿布达里部落的历史可追溯到嚈哒人（白匈奴人）。贝柳认为，普什图法则中的殷勤好客、全力保护避难者、英勇善战、不能受制于人、种族自豪感、重视集体荣誉和个人尊严等内容，也是嚈哒人的行为准则。[④] 杜兰尼部落相信自己出自凯斯长子长孙夏克班世系。它下属主要有两大支系：兹拉克和潘集包（见图5—1）。王权主要在兹拉克支系中的博帕尔扎和巴

[①] Richard Tapper, "Tribe and State in Iran and Afghanistan: an update", *Etudes Rurales*, No. 184 (2009), pp. 33 – 46.

[②] 游牧部落在阿富汗被称为"库奇人"（kuchi）或"马尔达"（maldar）。许多普什图人都把自己的祖先追溯到某个游牧部落。2005年，阿富汗政府估计，全国库奇人总数为242.6万（23.98万个家庭），其中142万人过着完全游牧生活，其余则新近定居，或半耕半牧。普什图人是库奇人的主体，占库奇总数的80%，其余20%来自其他族群。

[③] Richard Tapper, "Holier than Thou", in: *Islam in Tribal Societies*, p. 258. Mountstuart Elphinstone, *An Account of the Kingdom of Caubul*, Vol. II, p. 122.

[④] Olaf Caroe, *The Pathans*, p. 90. Peter Tomsen, *The Wars of Afghanistan*, p. 27. H. W. Bellew, *The Races of Afghanistan*, chap. 1.

拉克扎内部流传。

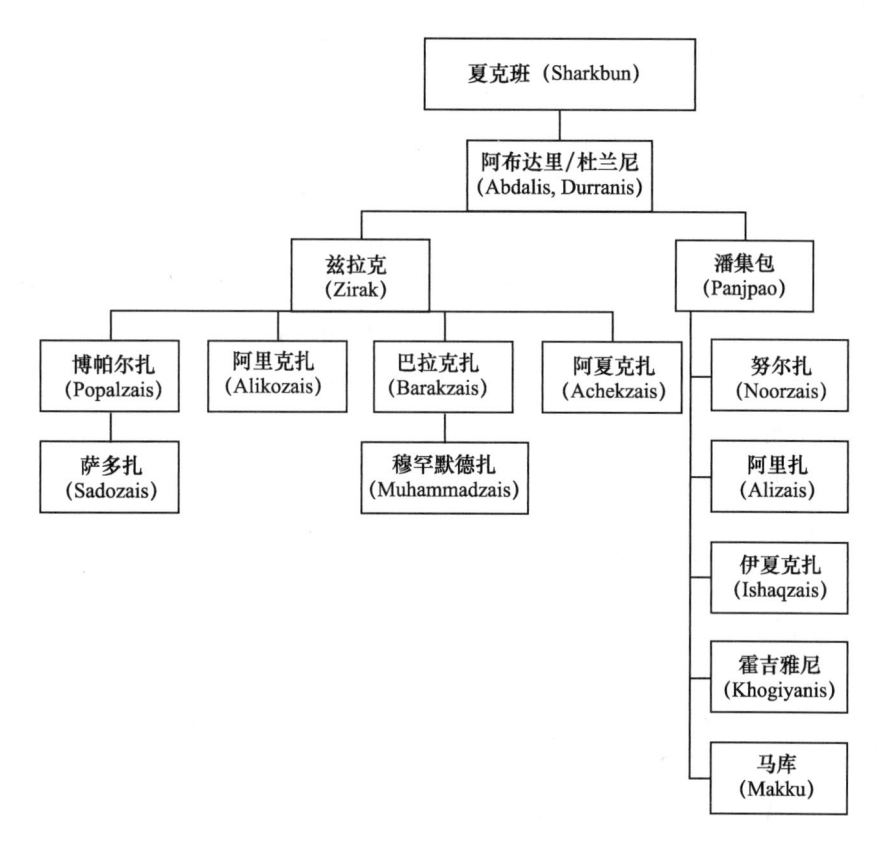

```
                    ┌─────────────────┐
                    │ 夏克班 (Sharkbun)│
                    └────────┬────────┘
                             │
                  ┌──────────┴──────────┐
                  │ 阿布达里/杜兰尼       │
                  │ (Abdalis, Durranis) │
                  └──────────┬──────────┘
                ┌────────────┴────────────┐
          ┌─────┴─────┐              ┌────┴─────┐
          │ 兹拉克     │              │ 潘集包    │
          │ (Zirak)   │              │ (Panjpao)│
          └─────┬─────┘              └────┬─────┘
   ┌──────┬────┼─────┬──────┐        ┌────┴─────┐
博帕尔扎 阿里克扎 巴拉克扎 阿夏克扎    │ 努尔扎    │
(Popalzais)(Alikozais)(Barakzais)(Achekzais) (Noorzais)
   │             │                   │ 阿里扎    │
萨多扎          穆罕默德扎             (Alizais)
(Sadozais)    (Muhammadzais)         │ 伊夏克扎  │
                                     (Ishaqzais)
                                     │ 霍吉雅尼  │
                                     (Khogiyanis)
                                     │ 马库      │
                                     (Makku)
```

图5—1　杜兰尼部落体系

资料来源：Olaf Caroe, *The Pathans*, 550 B. C. to A. D. 1957, p.12. Peter Bergen and Katherine Tiedemann, *Talibanistan*, p.16。

（二）建立阿富汗王国

1747年6月，阿布达里部落联合加尔吉部落、俾路支人和哈扎拉人，在坎大哈的谢赫苏尔克陵墓前，以议事会的方式，商讨建国事宜。经过9次讨论，与会者拥戴时年23岁的萨多扎王子阿赫迈德汗（Ahmed Khan Sadozai）为国王。① 阿赫迈德汗就任国王后，自称"珍宝中的珍宝"

---

① Kamal Matinuddin, *The Taliban Phenomenon: Afghanistan 1994–1997*, Karachi: Oxford University Press, 1999, p.1.

(Durr-i-Durran), 号阿赫迈德·沙·杜兰尼（Ahmad Shah Durrani）。自此，阿布达里部落的名称改为"杜兰尼"。①

年轻的阿赫迈德汗能够当选为国王，首先是由于他出身高贵②，是萨多扎部落王子。其次则是在当时更强大的部落间相互斗争中，他渔翁得利。当时巴拉克扎的实力更强大，其部落首领贾马尔·汗（Haji Jamal Khan）是坎大哈建国议事会召集人。与会各部落首领都有自己的候选人且互不相让。为了打破僵局，宗教权威萨比尔·沙（Sabir Shah）推举阿赫迈德汗为国王，得到多个部落首领认可。卡洛伊认为，多个部落之所以同意，主要是因为萨多扎是毫不起眼的部落，力量弱小；加上阿赫迈德汗年纪轻，刚从波斯首都马什哈德回来③，在坎大哈的根基不深。部落首领们都以为，这个没有靠山的年轻人比较好摆布，即便将来他不听话，要废黜也相对不那么麻烦。④

事实证明他们低估了阿赫迈德汗的才能。他上任后立即展现出卓越的军事天赋，这一点对新生的王国来说至关重要。阿赫迈德汗热衷于征战，且战无不胜，王国土地迅速扩大。不过，他在国家制度和政权建设方面却鲜有作为，王国的政治结构和秩序基本上是相关部落及其地域的简单聚合，没有系统整合的努力，甚至没有建立常备军。他出征依靠各部落提供军队，在征战中主要以战利品归个人所有的方式来激发将士的本能和战斗力。他治理国家则主要通过联姻、结盟和收买等方式，依靠部落酋长实现间接统治。及至他去世时，杜兰尼王国疆域扩展到从马什哈德到克什米尔、阿姆河到阿拉伯海的广大地区，但王国在"本质上是一些独立的部落酋长国的联盟，只有最少的国家属性"⑤。

1773年，提姆尔·沙国王把首都从坎大哈迁往喀布尔，停止远征，但也没有着手国家建设，他沉溺于骄奢淫逸的生活。王权在帝国的边疆

---

① Razia Sultana, "The Rule of the Durranis at Peshawar (1747-1818)", *Journal of Asian Civilizations*, Vol. 33, iss. 1 (Jul. 2010), pp. 162-185.

② Ibid..

③ 波斯国王纳迪尔·沙在世期间，阿赫迈德汗·萨多扎担任国王卫队负责人，统帅一支4000人的阿富汗卫兵。国王遇刺后，阿赫迈德汗连夜逃出王宫，直奔坎大哈。

④ Olaf Caroe, *The Pathans*, p. 255.

⑤ Peter Tomsen, *The Wars of Afghanistan*, pp. 33-34.

地区迅速衰落。提姆尔·沙之所以还能保全性命和王位，全赖父亲杜兰尼国王的威望犹存。由于提姆尔·沙行事悖谬，不奉普什图法则，山地部落民至今还称他"是波斯人，而非帕坦人"。① 1793年继位的扎曼·沙虽勤于政务，但却未能在王权争夺战中自我保全。1800年，他被弄瞎双眼，失去王权。杜兰尼帝国也在内讧中不断衰弱。

（三）主导国家政治生活

阿富汗王国从建立到1978年被人民民主党推翻，持续了200多年的时间，在此期间，除了约10个月的时间以外，都是杜兰尼部落执掌政权。21世纪，杜兰尼部落依然活跃在阿富汗的政治舞台上。

1. 王权更替

阿富汗的国家权力主要在杜兰尼兹拉克分支的萨多扎（属于博帕尔扎）和巴拉克扎部落之间转换。萨多扎王权历经三代人，共五位国王。巴拉克扎先后有两个家族执掌王权：以权力创立者多斯特·穆罕默德为第一代算起，前后历经五代人，共计十位国王，一位总统②。

（1）王权斗争的历史脉络

普什图社会没有长子继承权传统。先王遗嘱对王子们也不具约束力。因此，阿富汗王权更替充斥着暴力争夺和流血冲突。王权斗争主要有三大类参与者。首先是杜兰尼国王子孙，即王子之间；其次是王朝权臣参与竞夺；最后是外部力量：19—20世纪，英国、俄国/苏联和美国相继介入。

各种力量参与竞夺的结果是，王权起先在王族萨多扎内部传承，1826年转到权臣潘达·汗（Paindah Khan）所在的巴拉克扎。英国曾武力支持萨多扎王子舒贾·沙复位，但未能长久。在巴拉克扎统治下，王权从多斯特世系转到穆萨希班家族手中。穆萨希班家族堂表兄弟争夺王位，并导致1973年政变，结果是阿富汗由君主制转变为共和制。大约两年后，苏联干预，人民民主党推翻巴拉克扎政权，结束了杜兰尼部落的统治。

具体来说，可以把杜兰尼部落的王权史分为五个阶段，其大体轮

---

① Olaf Caroe, *The Pathans*, p. 262. H. W. Bellew, *The Races of Afghanistan*, p. 32.
② 详见本书附录三。

廓是:

阶段1: 萨多扎联手巴拉克扎巩固王国。巴拉克扎下属穆罕默德部落首领贾马尔·汗是阿赫迈德沙国王（萨多扎）的得力助手。父辈的君臣纽带关系延续下来，提姆尔·沙国王继位以后，主要依靠贾马尔·汗的儿子潘达·汗主持国务。

阶段2: 君臣恩怨叠加王子争权。1793年提姆尔·沙的儿子扎曼·沙继位。他锐意改革，遭遇潘达·汗反对。扎曼·沙杀死了潘达·汗。潘达·汗的儿子法塔赫·汗（Feteh Khan）立志为父报仇，并积极从觊觎王权的王子中寻找盟友。1800年，法塔赫·汗帮助扎曼沙的同父异母兄弟马赫穆德（Mahmud）夺权，他们弄瞎扎曼·沙的双眼，将其流放。1818年，由于政见分歧，马赫穆德的儿子卡姆兰（Kamlan）用近乎疯狂的方式把法塔赫·汗折磨致死，引发巴拉克扎部落全面暴动。潘达·汗的小儿子多斯特·穆罕默德被推举为反叛军领袖。

阶段3: 巴拉克扎夺取政权。1826年，多斯特·穆罕默德举兵为父兄报仇，夺得喀布尔政权，时值英俄大博弈序幕拉开。1835年，沙皇派人结交多斯特，触犯英国人大忌。英国欲拥立提姆尔·沙之子舒贾·沙为王。1839年，英国东印度公司派出军队，以"夺回萨多扎王权"的旗号，护送舒贾·沙回到喀布尔，推翻多斯特政权。由此引发第一次阿富汗战争。舒贾·沙不得人心，令英国深感意外和失望。1842年，多斯特重新登上王位，得到英国承认，巴拉克扎王权正式确立，开始在英俄博弈的挤压中艰难度日。第二次阿富汗战争之后，英国完全控制阿富汗外交。1919年，阿曼努拉国王发动第三次阿富汗战争，赢得政治独立。

阶段4: 巴拉克扎第一次失去政权。阿曼努拉国王大力推行现代化改革，引发社会政治矛盾，1928年爆发为政治危机，民怨沸腾，多地反抗。1929年1月，塔吉克族首领哈比布拉·卡拉坎尼（Habibullah Kalakanni）夺取喀布尔政权。

阶段5: 巴拉克扎政权复得又复失。1929年10月，多斯特·穆罕默德兄弟苏坦的子孙纳迪尔·汗在普什图部落和英国的支持下夺回王权，建立穆萨希班政权。1973年，穆萨希班家族内斗，查希尔国王的堂弟达乌德·汗发动政变，夺取王权，并宣布建立共和国，自立为总统。这次政变得到亲苏力量的支持。后来，苏联对达乌德·汗的亲美倾向不满，于1978年4月支持人民民主党发动政变,推翻达乌德总统,建立人民民主党政权。杜兰尼部落的统治正式终结。

（2）王权更替的外部标识

萨多扎和巴拉克扎都属于杜兰尼部落,政权在两个次级部落之间的更迭并没有改变其"杜兰尼属性"。但王权易主总有外在表现,最直观的表现是国王称谓——在"汗"（Khan）和"沙"（Shah）之间的变更。

从杜兰尼国王开始,萨多扎国王都称为"沙"。1842年巴拉克扎确立政权后,国王曾改称"汗"。1929年,纳迪尔·汗即位后,重新采用"沙"为国王称号,以此标示出穆萨希班王权的特性,具体如表5—2所示。

表5—2　　　　　　　　　阿富汗国王称谓的变化

启用时间	称谓	启用者	所属部落（由小群体及大群体）
1747年	"沙"	阿赫迈德·沙	萨多扎·博帕尔扎·兹拉克·杜兰尼
1842年	"汗"	多斯特·穆罕默德	穆罕默德扎·巴拉克扎·兹拉克·杜兰尼
1929年	"沙"	纳迪尔·沙	穆萨希班·穆罕默德扎·巴拉克扎·兹拉克·杜兰尼

2. 部落成员的优越感

长期执掌政权的经验沉淀为杜兰尼部落特殊的身份认同和集体心理事实。在其部落成员的心中,"杜兰尼"称号本身就是令人自豪乃至高人一等的象征。他们在面对其他部落时,普遍有一种优越感。实际上,杜兰尼是庞大的部落联盟,真正执掌国家政权的只是萨多扎和巴拉克扎下属的穆罕默德扎,部落贵族也是人口中的极少数。在杜兰尼部落内部,有诸多穷困、无权的部落,尤其是在萨尔普勒地区,杜兰尼部落民众多属于最贫困阶层。然而,根据塔佩尔的观察,杜兰尼部落中最贫穷的游牧民和农民也认为,自己比所有其他族群和部落（赛义德人除外）成员更高贵优越。①

这种骄傲的自我认知也表现在日常生活中。比如,杜兰尼各部落民众以"真正的阿富汗人"自居,不承认加尔吉人和东部普什图人是阿富

---

① Richard Tapper, "Holier than Thou", in: *Islam in Tribal Societies*, p. 257.

汗人。在宗教方面，他们认为自己的信仰最接近正统伊斯兰教，甚至"杜兰尼"本身就意味着正统性。当然，他们承认赛义德家族的宗教地位及其正统性，认为赛义德家族是一个独立的部落。①

通婚限制也体现了它的优越感。杜兰尼部落准许本部落男子迎娶非杜兰尼的女子，但严禁本部落女子外嫁其他部落和民族，唯赛义德家族例外。②尽管普什图不少部落都不赞成通婚，但是在杜兰尼部落民的观念中，禁止本部落女子外嫁体现的是优越感和正统性。

3. 当代政治角色

1978年以前，杜兰尼部落主要是阿富汗国家政权的主导者和秩序的维持者。1978年之后，它在政治舞台上的角色更趋复杂。约200万人口是其影响力的基础，其成员遍布全国各领域，中央政权、地方政府和"塔利班"骨干中都有许多杜兰尼部落成员。

（1）政府体系内

2002—2014年间主政喀布尔的卡尔扎伊总统及其政府多位高官都出自杜兰尼部落的博帕尔扎。在杜兰尼王朝的发祥地——坎大哈省，兹拉克分支的优势依旧十分明显，主导着地方的政府资源和商业渠道。这从坎大哈省政府官员的部落构成中可见一斑（如表5—3所示）。

表5—3　　　坎大哈省人口和政府官员的部落构成（2010年）

部落	人口比例（%）			政府职位数（个）
杜兰尼部落	兹拉克分支		61	69
		博帕尔扎	20	24
		阿夏克扎	9	19
	潘集包分支		27	10
加尔吉部落	2			8
其他部落	8			13

资料来源：Peter Bergen and Katherine Tiedemann, *Talibanistan*, p. 17。

---

① Peter Bergen and Katherine Tiedemann, *Talibanistan*, p. 20. 赛义德家族可能依附于某个普什图部落而存在，被当作该部落的一个宗族。
② Nancy Tapper, "Direct Exchange and Brideprice: Alternative Forms in a Complex Marriage System", *Man*, *New Series*, Vol. 16, No. 3 (Sep. 1981), pp. 387–407.

部落和宗族纽带在当前阿富汗政治生活中仍有重要作用。部落身份在很大程度上影响着个人在经济政治领域获得升迁的空间和机会。与部门掌权者来自同部落和宗族的人，往往能更便捷地获得相关资源和公共服务。在坎大哈等地，兹拉克扎所属部落长期占有政治优势地位并享有相关特权，这已引起杜兰尼其他部落的不满，失意者纷纷加入"塔利班"。部落矛盾由此融入更大范围、更高水平的政治对抗："塔利班"反抗政府的行动以及地方政府的平叛努力，都不同程度地带有部落矛盾的色彩，部落间对抗渗透到"塔利班"与政府的较量中，政治和解更加复杂。

（2）"塔利班"

坎大哈是"塔利班"的发祥地，毛拉奥马尔时期（1994—2013 年），"塔利班"最高领导委员会不少成员来自杜兰尼部落。2002 年以后，杜兰尼部落联盟内部的矛盾促使更多人加入"塔利班"。

以坎大哈省斯宾博达克地区为例。当地主体居民是杜兰尼下属的阿夏克扎和努尔扎。长期以来，这两个部落不断争夺地区控制权。21 世纪初，该地区的警察和公安力量主要来自阿夏克扎，当地"塔利班"指挥官则主要出自努尔扎。2006 年，"塔利班"在当地势头增强，省政府下令警察局尽快平息局势。时任警察局长阿卜杜·拉兹克（Abdul Razziq）属于阿夏克扎，他奉命行动。努尔扎部落立即把警察局的平叛措施解读为部落仇杀，称阿夏克扎部落利用职权打击努尔扎部落。努尔扎的"塔利班"还散布传言说"拉兹克会杀掉他见到的每个努尔扎人"。经此煽动，努尔扎部落民立即采取行动，赫尔曼德省的努尔扎人也闻讯赶来，为"保卫努尔扎"而战。结果是，当地"塔利班"力量数天内从 40 人增至 400 人。[①]

二 加尔吉部落

本书采用的"加尔吉"来自该部落自称的音译，写作 Ghalejih 或 Ghalijis, Ghiljies，意为"伊斯兰斗士"。中英文文献常用的"吉尔扎伊"

---

① Peter Bergen and Katherine Tiedemann, *Talibanistan*, p. 17.

(Ghilzai)，是外人对他们的称呼，意为"大山之子""山地居民"。①

加尔吉部落是公认的人口最多的普什图群体，但具体数字却众说纷纭。有人说它的人口相当于杜兰尼部落的两倍，还有人说它总计1300万人，其中900万在阿富汗，400万在巴基斯坦。②

传统上，加尔吉部落居住在阿布达里/杜兰尼部落以东地区，大约相当于今查布尔省一带。早年他们主要以游牧为生，足迹遍布阿富汗各地，17世纪曾主导大坎大哈。如今，它广泛分布在阿富汗各地和巴基斯坦普什图地区，在坎大哈反而成为少数群体。③ 今巴阿边境地区部分普什图人属于加尔吉部落。加尔吉下属的苏莱曼克和卡洛提部落集中在阿富汗的帕克提卡、帕克提亚、霍斯特、贾拉拉巴德，以及巴基斯坦的德拉伊斯梅尔汗、奎达等地。

(一) 部落支系

关于加尔吉部落的起源，主要有两类说法：一种说他们是普什图人，出自凯斯次子比坦世系；另一种说他们并非普什图人，而是塔吉克人、突厥人或印度人。④

加尔吉和杜兰尼一样都是大部落联盟。它属下有"十三大部落""八大部落""七大部落"之说。若采用"七大部落说"，则按其居住地由南到北依次为：霍塔克、托赫、纳斯尔、塔拉基、卡洛提、安达尔（包括梭哈克）、苏莱曼克。其中，以霍塔克和托赫部落在政治上最为强大。早在18世纪初，霍塔克部落就曾尝试建立普什图国家，并曾一度执掌波斯帝国政权，它还是加尔吉部落联盟的"汗克"，具有与众不同的影响力。

---

① Jon W. Anderson, "Khan and Khel: Dialectics of Pakhtun Tribalism", *The Conflict of Tribe and State in Iran and Afghanistan*, p. 124. H. A. Rose, *A Glossary of the Tribes and Castes of the Punjab and North-West Frontier Province*, Vol. II, p. 286. 英文文献常见的写法还有 Gharzay, Ghilzye, Khaljiya, Kahlji, Khaldji 等。

② Olaf Caroe, *The Pathans*, p. 131. H. W. Bellew, *The Races of Afghanistan*, p. 97. Willem Vogelsang, *The Afghans*, p. 27.

③ Sarah Chayes, *The Punishment of Virtue: Inside Afghanistan After the Taliban*, Australia: University of Queensland Press, 2006, p. 220.

④ Olaf Caroe, *The Pathans*, pp. 17, 90. H. A. Rose, *A Glossary of the Tribes and Castes of the Punjab and North-West Frontier Province*, Vol. III, p. 217. H. W. Bellew, *The Races of Afghanistan*, pp. 98–99.

加尔吉部落的各支系都已经分化为众多彼此独立的小部落。苏莱曼克（见图5—2）、霍塔克等都已衍化出数十个分支。

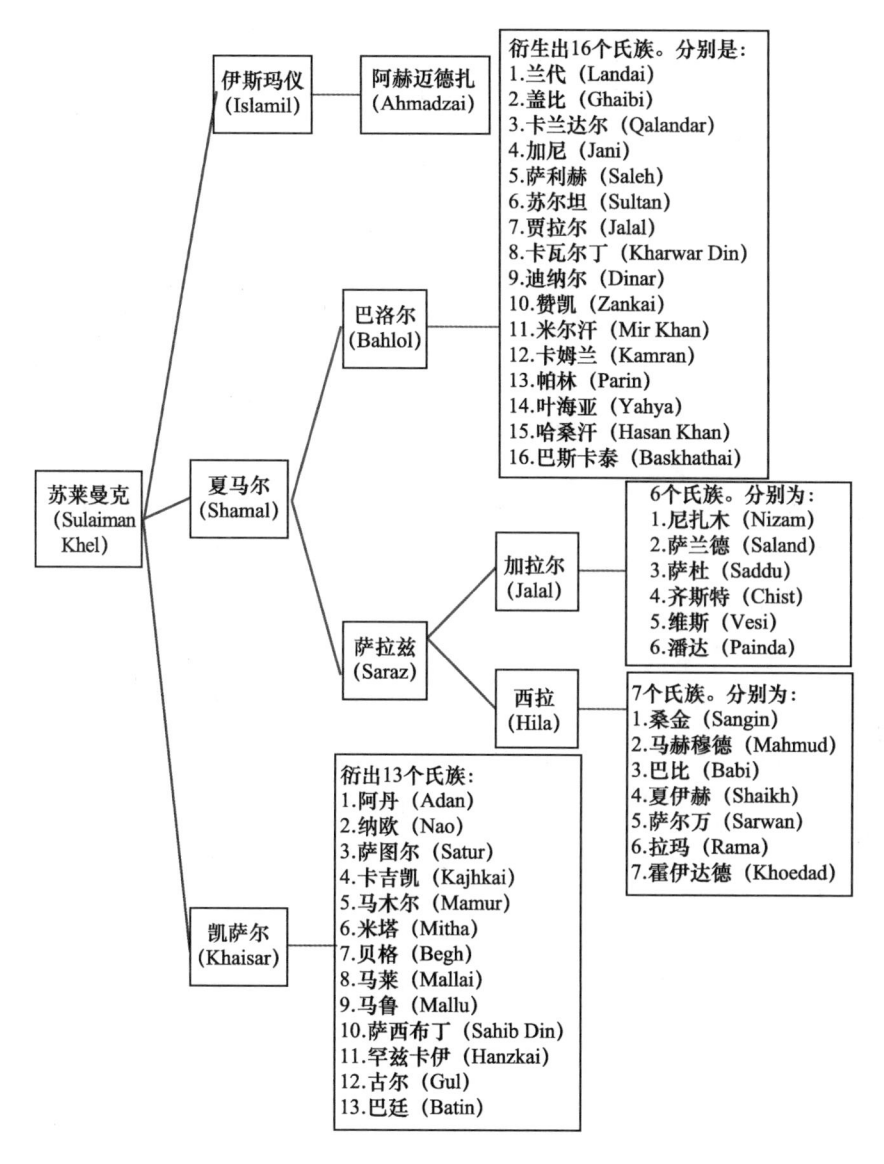

```
苏莱曼克              ┌─ 伊斯玛仪 ──── 阿赫迈德扎
(Sulaiman Khel)      │  (Islamil)     (Ahmadzai)
                     │
                     │                ┌─ 巴洛尔 (Bahlol) ── 衍生出16个氏族
                     ├─ 夏马尔 ───────┤
                     │  (Shamal)      │                 ┌─ 加拉尔 (Jalal) ── 6个氏族
                     │                └─ 萨拉兹 ────────┤
                     │                   (Saraz)        └─ 西拉 (Hila) ── 7个氏族
                     │
                     └─ 凯萨尔 ──── 衍出13个氏族
                        (Khaisar)
```

巴洛尔 (Bahlol) 衍生出16个氏族。分别是：
1. 兰代 (Landai)
2. 盖比 (Ghaibi)
3. 卡兰达尔 (Qalandar)
4. 加尼 (Jani)
5. 萨利赫 (Saleh)
6. 苏尔坦 (Sultan)
7. 贾拉尔 (Jalal)
8. 卡瓦尔丁 (Kharwar Din)
9. 迪纳尔 (Dinar)
10. 赞凯 (Zankai)
11. 米尔汗 (Mir Khan)
12. 卡姆兰 (Kamran)
13. 帕林 (Parin)
14. 叶海亚 (Yahya)
15. 哈桑汗 (Hasan Khan)
16. 巴斯卡泰 (Baskhathai)

加拉尔 (Jalal) 6个氏族。分别为：
1. 尼扎木 (Nizam)
2. 萨兰德 (Saland)
3. 萨杜 (Saddu)
4. 齐斯特 (Chist)
5. 维斯 (Vesi)
6. 潘达 (Painda)

西拉 (Hila) 7个氏族。分别为：
1. 桑金 (Sangin)
2. 马赫穆德 (Mahmud)
3. 巴比 (Babi)
4. 夏伊赫 (Shaikh)
5. 萨尔万 (Sarwan)
6. 拉玛 (Rama)
7. 霍伊达德 (Khoedad)

凯萨尔 (Khaisar) 衍出13个氏族：
1. 阿丹 (Adan)
2. 纳欧 (Nao)
3. 萨图尔 (Satur)
4. 卡吉凯 (Kajhkai)
5. 马木尔 (Mamur)
6. 米塔 (Mitha)
7. 贝格 (Begh)
8. 马莱 (Mallai)
9. 马鲁 (Mallu)
10. 萨西布丁 (Sahib Din)
11. 罕兹卡伊 (Hanzkai)
12. 古尔 (Gul)
13. 巴廷 (Batin)

图5—2 苏莱曼克部落

资料来源：H. A. Rose, *A Glossary of the Tribes and Castes of the Punjab and North-West Frontier Province*, Vol. III, p. 434。

(二) 经济生活

平原农村地区的加尔吉部落以农业为生。与杜兰尼部落相比，加尔吉部落游牧民数量更多。阿富汗南部地区的游牧民绝大多数为加尔吉人。① 数百年来，加尔吉部分游牧民从事贸易，控制着中亚—阿富汗—印度的商贸往来。还有一些部落专门从事商队托运、护航。这些游走于南北各地的加尔吉人被统称为"珀温达人"（Powindahs）。

苏莱曼克、塔拉基和卡洛提等部落都是著名的珀温达人。其中苏莱曼克人数最多、力量最强大。有人认为，苏莱曼克是加尔吉各部落中最好战的部落。英印政府时期，苏莱曼克人主要从印度（特别是加尔各答）商人手中购进商品，批发给其他珀温达人，由后者贩运到各地零售。②

贝柳认为，加尔吉经济生活的典型特点是集体主义。他们的游牧和贸易都成群结队。比如，加兹尼地区加尔吉部落民传统上的典型生活方式是：每年秋天，若干家庭集结起来，带上牛群、骆驼和来自布哈拉、坎大哈等地的货物，以行军方式穿过卡卡尔部落和瓦济尔部落地区。穿行这些地区总会发生暴力冲突。之后，他们经古马尔和兹霍布山口穿越苏莱曼山南下。进入德拉伊斯梅尔汗地区后，他们把家人和畜群安置在印度河两岸的草场上，留下约2/3的成年男子保护营地，其余人则用骆驼驮着货物前往木尔坦、拉杰普塔纳、拉合尔、德里、坎普尔、贝拿勒斯等地销售。第二年春天，他们又整队回到加兹尼山区。夏季，加尔吉男人们只身前往坎大哈、赫拉特、布哈拉等地出售从印度带来的商品。10月前后又再次集结前往印度。③

(三) 政治生活

加尔吉部落是普什图人建国和征战的先驱，他们素以骁勇善战而闻名。虽然它没能在阿富汗本土建立稳固的政权，其建国努力却早于阿富汗王国。而且他们南下印度建立的卡尔吉王朝（1290—1320年）是德里

---

① Frauke de Weijer, *Pastoralist Vulnerability Study*, AFSU/VAM Unit of World Food Program, 2002, p. 4.

② H. A. Rose, *A Glossary of the Tribes and Castes of the Punjab and North-West Frontier Province*, Vol. III, pp. 244, 435. M. Nazif Shahrani, "State Builiding and Social Fragmentation in Afghanistan", in: *The State, Religion, and Ethnic Politics: Pakistan, Iran and Afghanistan*, p. 29.

③ H. W. Bellew, *The Races of Afghanistan*, pp. 103 – 104.

素丹300年历史上的光辉篇章，特别是素丹阿拉乌丁（Alauddin Khalji）（1296—1316年在位）被史家尊为"最伟大和最强悍的德里素丹"。①

20世纪，阿富汗人民民主党"旗帜派"的骨干和首领主要来自加尔吉部落。比如，努尔·塔拉基（Nur. M. Taraki）来自塔拉基部落，哈菲祖拉·阿明（Hafizullah Amin）来自卡洛提部落，穆罕默德·纳吉布拉（N. Najibullah）来自阿赫迈德扎部落等。2014年9月当任总统的阿什拉夫·加尼（Ashraf Ghani）也出自阿赫迈德扎部落。

1. 征伐印度

加尔吉部落政治影响力的核心支柱是其卓越的军事能力。从阿拉伯帝国开始，次大陆的征服者总是格外倚重加尔吉部落。11—12世纪，加尔吉人先后作为加兹尼王朝和古尔王朝的军队主力征战印度。1206年，古尔王朝灭亡后，加尔吉人先后在德里建立卡尔吉王朝、洛提王朝和苏尔王朝。在这个过程中，加尔吉部落地域分布极大扩展，他们吸纳了若干被征服地区民众，由此既使它成为普什图第一大部落，同时也引发了有关其血统的争议。

卡尔吉王朝主政德里的时间只有31年，素丹阿拉乌丁却名垂青史。他多次成功击退蒙古人的进攻，并把疆域扩展到次大陆北部地区，被称为"印度历史上最强大的军阀"。他还建立了常备军，推行一系列措施加强中央集权，包括由中央政府统一税率和征收赋税，统一控制粮食买卖运输、市场和物价等。他严禁地主和中间商私自加税、囤积居奇，下令免除穷人课税。在征服印度的同时，他还大力推广伊斯兰教。史家一致认为，阿拉乌丁的行政和财政制度为莫卧儿帝国阿克巴大帝奠定了基石。② 同样值得关注的是他与杜兰尼国王在治国措施方面的差异。

1451年，洛提部落兴起。巴鲁勒（Bahlul Khan Lodi）在德里建苏丹国，史称"洛提王朝"。王朝政治生活的主要内容是同蒙古人作战。1526年4月，在与巴布尔大军交战的过程中，洛提王朝全军覆没，素丹易卜

---

① ［德］赫尔曼·库尔克、迪特玛尔·罗特蒙特：《印度史》，王立新、周红江译，中国青年出版社2013年版，第201页。有学者认为"卡尔吉"属于突厥人部落。卡罗伊认为"卡尔吉"就是加尔吉部落。Olaf Caroe, *The Pathans*, pp. 128–133.

② ［德］赫尔曼·库尔克、迪特玛尔·罗特蒙特：《印度史》，第200—208页。

拉欣二世被杀死。但加尔吉部落没有就此放弃。1539年，苏尔部落年轻人谢尔·沙（Sher Shah）率兵击溃胡马雍大军，夺回德里政权，史称"苏尔王朝"。1555年，谢尔·沙败于胡马雍的儿子阿克巴，失去政权。

苏尔王朝仅存在十余年，卡洛伊却称谢尔·沙是"最卓越的阿富汗人，甚至超过杜兰尼王国的缔造者阿赫迈德·沙"①，因为他执政以民为本，与民众（包括反叛者）直接接触，当面对话；他确立了奖励农耕的原则，减轻田赋，关切佃农的福利；他还以其超凡的魅力，把一盘散沙似的普什图人团结起来，使之暂时忘记私人恩怨，为集体荣誉而奋斗。

2. 与波斯较量

17世纪末18世纪初，普什图人普遍愤恨萨法维王朝强力推行什叶派教法，迫使逊尼派改宗什叶派的做法。霍塔克部落首领米尔维斯·汗代表加尔吉人前往伊斯法罕交涉。此行他看到了波斯王朝的衰落，并视之为政治机遇。1709年，米尔维斯设计杀死波斯任命的坎大哈省长乔金·汗（Gorgin Khan），宣布坎大哈脱离波斯帝国统治，建立独立国家。

波斯帝国立即派兵讨伐，试图收复坎大哈。米尔维斯先后三次打败帝国军队。1715年他病故之后，他的儿子米尔·马赫穆德（Mir Mahmud）继续守护坎大哈。1722—1723年，马赫穆德率军攻克波斯帝国南部地区和首都伊斯法罕。他急于以暴力立威，在入主伊斯法罕后，大肆屠杀波斯贵族，强力征服普什图部落首领，结果激起反叛，不久被暗杀身亡。继任的米尔·阿什拉夫（Mir Ashraf）将军英勇善战，打败奥斯曼帝国派来干涉的军队。不过他不擅政务，没能建立广泛的政权基础。

1738年，纳迪尔·沙率领波斯人夺回帝国政权。之后东进，在阿布达里部落的帮助下顺利征服坎大哈，解救了被加尔吉部落囚禁的萨多扎王子阿赫迈德·沙，将其留作贴身侍卫，并把坎大哈地区交给阿布达里部落管理。

纳迪尔·沙远征印度时招募了大批普什图军队。其中也有加尔吉部落民。但他显然更信任阿布达里部落。在他为征服印度而招募的1.6万名普什图军士中，加尔吉部落民4000人，阿布达里部落民1.2

---

① Olaf Caroe, *The Pathans*, pp. 139 – 150.

万人。①

3. 与阿富汗国家政权的关系

人们热衷于谈论加尔吉与杜兰尼部落之间的敌对斗争。时至今日，加尔吉部落还流行"好人不事政府"的价值观②，似乎也说明了这种关系。不过，它们的关系并非如此单一。

加尔吉与阿布达里部落之间的敌对关系可追溯到16世纪双方争夺坎大哈地区主导权的斗争。当时的结果是加尔吉部落获胜，阿布达里部落于是向西北迁移。17—18世纪，波斯帝国利用这两大部落之间的矛盾，巩固其对今阿富汗西部地区的统治。

阿富汗王国建立以后，提姆尔·沙和扎曼·沙执政期间，加尔吉部落公开反抗王权。多斯特执政时期，王子希尔·阿里·汗（Sher Ali Khan）主政加兹尼，与加尔吉反叛力量的战争不少于6次，最终获胜。但加尔吉部落毫不屈服，在雅库布·汗（M. Yakub Khan）执政时期继续反抗。

加尔吉部落与阿卜杜·拉赫曼汗国王的关系较为复杂。拉赫曼汗曾在今土库曼斯坦流亡11年，其间，他与家族、部落的联系遭到削弱。在决定是否返回喀布尔之前，他努力恢复与杜兰尼部落的关系，并建立了与加尔吉部落的关系。他甚至就自己是否该前往喀布尔的问题，询问了东部地区加尔吉部落权威的意见。在前往喀布尔的途中，他给加尔吉部落长老们写了上百封信，谋求支持，并承诺一旦就任，将尽全力保护他们的利益，许诺了给他们提供武器、免税等各种优惠条件。③ 就任国王之初，他又遭堂兄弟、时任赫拉特埃米尔的穆罕默德·阿尤布汗（M. Ayub Khan）的挑战。加尔吉部落介入这对堂兄弟间的权力斗争，并支持阿卜杜·拉赫曼汗。但是，拉赫曼汗王位巩固后，立即采取措施加强中央政府权力。其重要举措之一是加强对加尔吉部落的控制。双方关系由此破裂。加尔吉人为捍卫部落独立而战，并设法与前赫拉特埃米尔阿尤布汗和解、结盟，联手对付国王。拉赫曼汗经过近7年的艰苦战争，最终打

---

① Claud Herbert Alwyn Field, *With the Afghans*, p. 5.
② Sararh Chayes, *The Punishment of Virtue*, p. 221.
③ Jolanta Sierakowska-Dyndo, *The Boundaries of Afghans' Political Imagination*, p. 116.

败了加尔吉部落，之后强行将他们分散迁移到兴都库什山以北的多个地区，以防他们再度联手对抗中央政府。

1978年4月，推翻达乌德总统的人民民主党领导人塔拉基和阿明都来自加尔吉部落。于是，有人把"四月革命"说成是加尔吉部落对杜兰尼王权的革命。① "加尔吉反叛"的故事还有很多可进一步演绎的素材。比如，21世纪阿富汗第一位总统卡尔扎伊出自杜兰尼的博帕尔扎部落，而"塔利班"前最高领导人毛拉奥马尔则出自加尔吉的霍塔克部落。

上述事实似乎构成了关于二者关系的明晰主线。必须强调，它们不过是对阿富汗政治史的选择性解读，并非历史事实的全部。反例也俯拾皆是。比如，加尔吉部落参与了阿富汗建国议事会的讨论，他们赞同萨多扎的阿赫迈德汗出任阿富汗国王。加尔吉部落与杜兰尼多位国王的王权相安无事。在人民民主党政权时代，塔拉基、阿明和纳吉布拉的确来自加尔吉部落，但反人民民主党政权的穆贾希丁也有加尔吉部落成员。实际上，在美国支持的穆贾希丁队伍中，加尔吉部落武装得到了最大份额的武器。在著名的"白沙瓦七大党派"（Peshawar Seven）领导人中，希克马蒂亚尔、塞亚夫（Abdul Rasul Sayyaf）和纳比（Maulawi Mohammed Nabi Muhammadi）都来自加尔吉部落。

由此可见，所谓加尔吉与杜兰尼敌对、加尔吉的反叛等，其实只是观察阿富汗政治的诸多角度之一。必须强调的是，围绕喀布尔政权的斗争从来不是单纯的部落竞争或族群斗争，而首先是政治斗争；在其中，实际利益和政治意识形态的作用远远超过部落。

加尔吉部落和杜兰尼部落都不是铁板一块，其内部关系复杂。苏莱曼克下属的阿赫迈德扎现已被认为是独立于加尔吉部落的一个单独部落，传统上它与杜兰尼部落关系密切。不仅如此，个别次级部落究竟归属于哪个部落，也有争议，比如，努尔扎成员大多认同于杜兰尼的潘集包支系，但有人认为它属于加尔吉部落。②

---

① Rob Hager, "State, Tribe and Empire in Afghan Inter-Polity Relations", *The Conflict of Tribe and State in Iran and Afghanistan*, p. 108.

② Jon W. Anderson: "Khan and Khel: Dialectics of Pakhtun Tribalism", in: *The Conflict of Tribe and State in Iran and Afghanistan*, p. 125. Peter Bergen, Katherine Tiedemann, *Talibanistan*, p. 63, Note 32.

第三节 巴基斯坦的普什图部落

普什图人口的大多数生活在巴基斯坦。普什图人占巴基斯坦总人口的15%—20%，遍布全国各地。其中，开普省和联邦直辖部落区的居民主体是普什图人。总体而言，巴基斯坦普什图人极少游牧，主要在乡村或城市过定居生活。

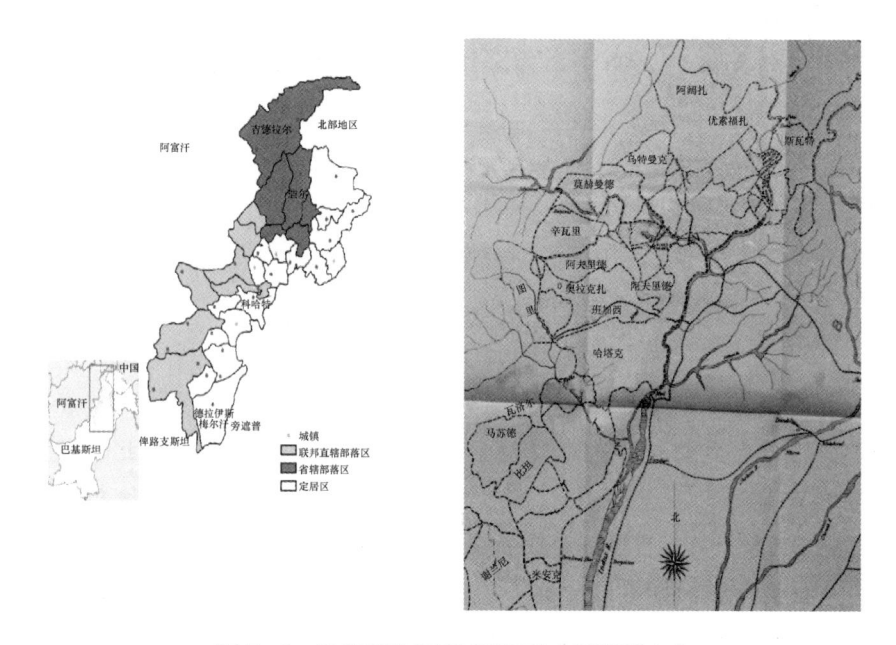

图5—3 巴基斯坦普什图地区及主要部落分布

一 普什图地区政治简况

巴基斯坦普什图地区有300多个部落。跨杜兰线而居的部落主要有优素福扎、阿夫里德、瓦济尔、马苏德、道尔、奥拉克扎、班加西、莫赫曼德、谢兰尼、比坦等。有人认为，最能代表普什图人特性的是阿夫里德部落和优素福扎部落，它们分别代表普什图人中"最野蛮和最文明的群体"。①

普什图部落地区在现当代世界政治舞台上一再以热点身份亮相。英印政府时期,西北边疆部落民不断反抗。为了镇压反叛,1849—1890 年,英国人对西北边疆部落实行 40 多次远征。② 20 世纪下半叶,巴阿两国不断为普什图尼斯坦问题争吵。21 世纪以来,它又是美国与巴基斯坦、巴基斯坦与阿富汗关系的症结。

(一) 从"西北边疆"到开普省 (KPK)

开普省面积 7.45 万平方千米,以白沙瓦为首府,现分 26 个地区。2015 年全省人口约 2500 万,占全国总人口的 12.9%,识字率为 50%,城镇化率不足 20%。普什图人是开普省最大的居民群体,占比约 70%。其他主要居民还包括克什米尔人、旁遮普人、信德人、俾路支人,以及印度教徒。③

开普省曾是阿富汗王国的一部分。白沙瓦是杜兰尼王朝的政治文化中心之一,1818 年被锡克帝国征服,1849 年被英国夺占,归旁遮普省管辖。1857 年印度大起义期间,普什图部落大多支持英国。19 世纪七八十年代开始,普什图人频繁发动武装起义,迫使英国调整治理方略。经历 1897—1898 年西北边疆大起义之后,寇松决定设立单独的西北边境省 (North-West Frontier Province,本节以下简称 NWFP),直属于印度总督。

1901 年 11 月 9 日设立单独的西北边境省,是普什图地区第一次建立正式行政单位。1932 年,NWFP 升为省级建制,与旁遮普平级。到 1947 年,英国在普什图地区颁行法律法规约 40 项,初步搭建起国家权力框架。1947 年 7 月,在印巴分治前夕,NWFP 举行关于自身政治地位的全民公决,99.02% 的投票者选择加入巴基斯坦。④

巴基斯坦建国之初,NWFP 设六个地区:白沙瓦、马尔丹、科哈特、本努、德拉伊斯梅尔汗和哈扎拉。1955 年取消 NWFP 的省级建制,与旁遮普、信德、俾路支斯坦一起组成"西巴基斯坦"。1970 年 7 月恢复各省

---

① Claud Herbert Alwyn Field, *With the Afghans*, p. 17.
② C. Collin Davies, *The Problem of the North-West Frontier 1890–1908*, Appendix B.
③ http://kp.gov.pk/page/races_and_tribes.
④ Hugh Beattie, *Imperial Frontier*, p. 210. 相关细节参见本书第六章第三节。

建制后，原 NWFP 分为定居区和省辖部落地区，省辖部落区包括上迪尔、下迪尔、吉德拉尔、斯瓦特、布奈尔、香格拉、卡拉达卡、郭锡斯坦和阿姆博等地区。

巴基斯坦建国后，NWFP 最重要的变化体现在社会经济发展方面。1948—1949 年，联邦政府在 NWFP 投入 3409.3 万卢比，1952—1953 年预算经费增至 5710.5 万卢比，大力推动灌溉系统、农牧业经济、教育事业的发展。1950 年政府创建白沙瓦大学，到 1951 年在全省建成 153 所现代公立学校。在此期间，NWFP 人口快速增长，山地部落的劫掠行为几乎消失，谋杀案数量锐减，社会秩序良好。1901 年，全省总人口约 204 万，其中 92% 是穆斯林，其余为印度教徒或锡克教徒。1951 年，人口为 569.9 万，其中 99.9% 为穆斯林。1947 年全省死于谋杀的人数为 1116 人，1951 年减至 627 人。①

20 世纪 80 年代的抗苏战争和齐亚·哈克将军的伊斯兰化政策，改变了 NWFP 的政治生态。阿富汗难民南逃，阿拉伯世界的激进思想和各国"圣战士"涌入，政治伊斯兰力量兴起。抗苏战争时期，该省是各国穆贾希丁集散地和阿富汗反苏力量的总部所在地。20 世纪 90 年代，当地民众支持"塔利班"，这是后来所谓"巴基斯坦塔利班化"的群众基础。2001 年阿富汗战争爆发后，NWFP 部分地区成为"塔利班"和外国武装力量的藏身之地，因而是巴基斯坦反恐斗争的主要战场，也是美国—巴基斯坦矛盾的焦点。2009 年，联邦政府在斯瓦特地区实施军事清剿反恐行动。2010 年，NWFP 改名为"开伯尔—普赫图赫瓦"（简称"开普省"）。2018 年 5 月底，联邦议会决定把联邦直辖部落区并入开普省。

（二）联邦直辖部落区

联邦直辖部落区（以下简称 FATA）总面积 2.72 万平方千米。下设 7 个县和 6 个边疆地区（Frontier Region，FR）。7 个县由北到南分别是：巴焦尔、莫赫曼德、奥拉克兹、库拉姆、开伯尔、北瓦济里斯坦和南瓦济里斯坦。6 个边疆地区分别是：FR 白沙瓦、FR 科哈特、FR 本努、FR 拉

---

① W. R. H Merk, "The North-West Frontier Province of India", *Journal of the Royal Society of Arts*, Vol. 59, No. 3054 (Jun. 2, 1911), pp. 745 – 763. James W. Spain, "Pakistan's North West Frontier", *Middle East Journal*, Vol. 8, No. 1 (Winter 1954), pp. 27 – 40.

克马尔瓦特（简称 FR 拉克）、FR 坦克、FR 德拉伊斯梅尔汗（简称 FR 迪汗）。如图 5—4 所示。

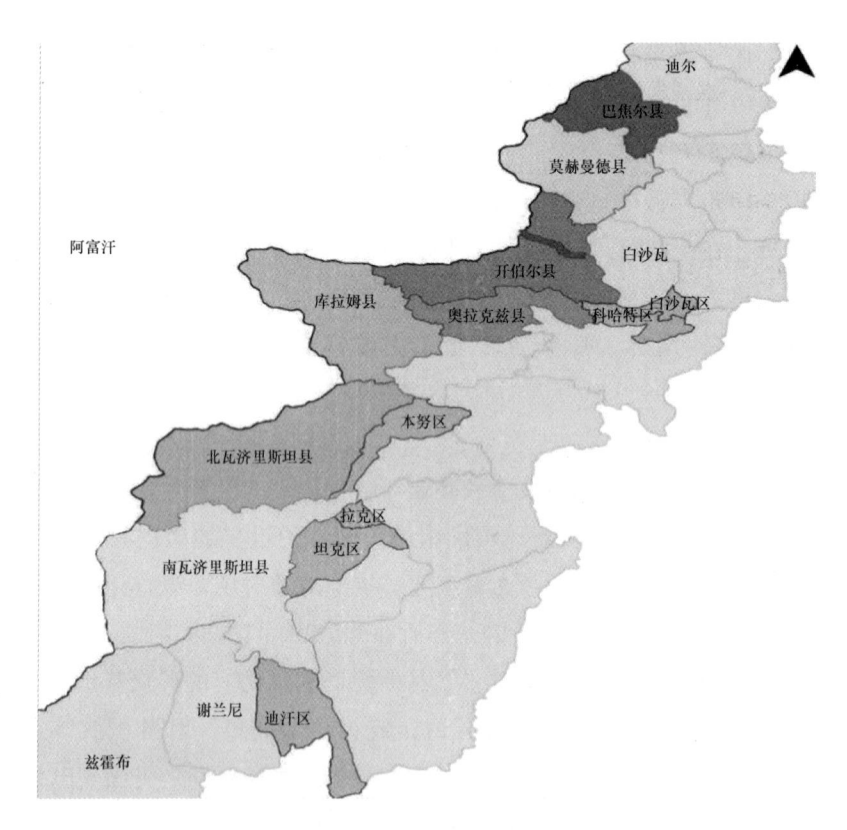

图 5—4 巴基斯坦联邦直辖部落地区

资料来源：http：//fatada.gov.pk/interactive-map-of-fata/。

13 个行政单位中，巴焦尔人口密度最大，为 461 人/平方千米，南瓦济里斯坦人口密度最小，为 65 人/平方千米①。南瓦济里斯坦面积最大，与阿富汗帕克提卡省接壤，在巴基斯坦境内同开普省和俾路支省相连，地缘战略价值十分重要。

直辖部落区 2016 年的基本数据是：总人口 480 万，95% 以上是普什图人；人口性别比为 108.4∶100，城镇化率为 2.7%，家庭平均规模约为

---

① 1998 年数据。https：//www.fata.gov.pk/Global.php？iId=35&fId=2&pId=32&mId=13。

7人；至少70%的人口生活在贫困中，女性识字率为10%，男性为36%。2001年以来，巴基斯坦军队在直辖部落区发动了约10次军事行动，打击武装力量，导致20万房屋被毁，200万人流离失所①，其中大部分人逃往开普省。

根据当地政府的官方自述，FATA的"突出特点是非常强大的部落结构、非常丰富的族群多样性和文化遗产"②。全区有十多个主要部落和若干次级部落，其具体分布可参见附录二。

FATA的行政事务并非联邦政府直辖，而由开普省代管，部落警察力量协助联邦委派的政治代表维持基本秩序。西方不少文献称之为"未治之地""独立区域""无人区""禁入区"等。这种状况其实是当地政治文化的一部分。历史上，这个地区的各个部落从未臣服于阿富汗王权，英国殖民时期在此设立了马里克制度作为权力代理人，总督派驻政治代表作为主权象征。

巴基斯坦建国后，部落区的马里克陆续与联邦政府签订加入联邦协议。各地加入巴基斯坦的时间不同。比如，南北瓦济里斯坦在建国初随NWFP一道加入联邦，莫赫曼德县是在1951年，而巴焦尔和奥拉克兹县则迟至1973年。

作为回报，联邦政府承诺保持部落地区的政治自治，准许马里克沿用普什图法则和部落惯例进行治理，并给予他们必要的资金和政治支持；联邦向各县和边疆区派驻一名政治代表，在马里克和部落警察的支持下维持公共秩序。这些基本上是英印政府政策的延续。与英印政府的不同在于，21世纪之前，巴基斯坦没有在当地布置军队。此举深受部落民和马里克欢迎，他们把这理解为联邦政府的信任和友好。

由此形成了该地区与联邦政府之间的关系格局：各部落承认巴基斯坦主权，政治代表是主权象征，他主要依靠马里克署理地方事务，联邦政府不予干涉；马里克和地方财政由联邦政府补贴。

---

① Mehreen Zahra-Malik, "In Pakistan, Long-Suffering Pashtuns Find Their Voice", Feb. 6, 2018, https://www.nytimes.com/2018/02/06/world/asia/pakistan-pashtun-long-march.html. TOLOnews.com, "Tribal Elders Oppose FATA, Khyber Pakhtunkhwa Merge", May 29, 2018, https://www.tolonews.com/afghanistan/tribal-elders-oppose-fata%C2%A0khyber-pakhtunkhwa%C2%A0merge.

② https://www.fata.gov.pk/Global.php?iId=32&fId=2&pId=28&mId=13.

在巴基斯坦联邦框架内，FATA 的政治法律地位比较特殊。直到 20 世纪末，该地区居民不享有宪法规定的公民权利，国家司法权没有扩展到此，民事和刑事纠纷还主要按照部落传统习俗调解处置，主要的成文法典还是 19 世纪 70 年代英国人颁行并在 1901 年修订的《边疆犯罪管理条例》。[①] 政党被明令禁止进入 FATA。[②] 不过，1997 年，巴基斯坦在该地区推行直接选举制度。21 世纪以来，要求打破 FATA 隔离与落后状态的声音高涨，当地民众的公民权利意识也在苏醒，与开普省合并的主张由此提上议事日程。

二 瓦济尔和马苏德部落

瓦济尔部落和马苏德部落源于同一祖先——瓦济尔，与古尔布兹等支系一起构成大瓦济尔部落。大瓦济尔属于卡兰世系。

大瓦济尔部落传统上以游牧为生，其中的古尔布兹部落目前依然过着游牧生活。达维西克和马苏德部落现多从事农耕，但其拥有的家畜数量超过其他多数普什图部落。2005 年 7 月，瓦济尔下属的乌特曼扎部落议事会宣布，把古尔布兹并入乌特曼扎。[③]

（一）大瓦济尔部落谱系

瓦济尔的家族谱系如图 5—5 所示。瓦济尔的孙辈中，穆萨·达维西（Musa Darewesh）[④] 的后代称"达维西克瓦济尔"，本书简称"瓦济尔部落"。马赫穆德的后代形成马苏德部落；穆巴拉克的后代形成古尔布兹部落。18—19 世纪马苏德部落已形成有别于瓦济尔部落的自我认同。但直到 20 世纪初，英国人还把他们统称为"瓦济尔人"，当代也有学者主张马苏德是瓦济尔部落的一部分。[⑤]

---

① https：//www.fata.gov.pk/Global.php? iId＝28&fId＝2&pId＝23&mId＝13.
② 阿富汗抗苏战争期间，"贤哲会"（Jamiat-e-Ulema-e-Islam, JUI）和"伊斯兰促进会"（Jamaat Islami, JI）等宗教政党在当地扎根。
③ "Program for Culture and Conflict Studies, Gurbaz Tribe (AKA: Gurbuz, Gurboz)", Naval Postgraduate School, Monterey, C. A., p. 2.
④ 穆萨·达维西的陵墓位于南瓦济里斯坦靠近杜兰线 1 千米左右的地方，是当地穆斯林（包括马苏德部落）参拜的圣陵之一，又称为 Musa Nikka。
⑤ Captain H. L. Nevill, *Campaigns on the North-West Frontier*, Delhi: Neeraj Publishing House 1984, p. 10. Hugh Beattie, *Imperial Frontier*, chap. 1. H. A. Rose, *A Glossary of the Tribes and Castes of the Punjab and North-West Frontier Province*, Vol. III, p. 498.

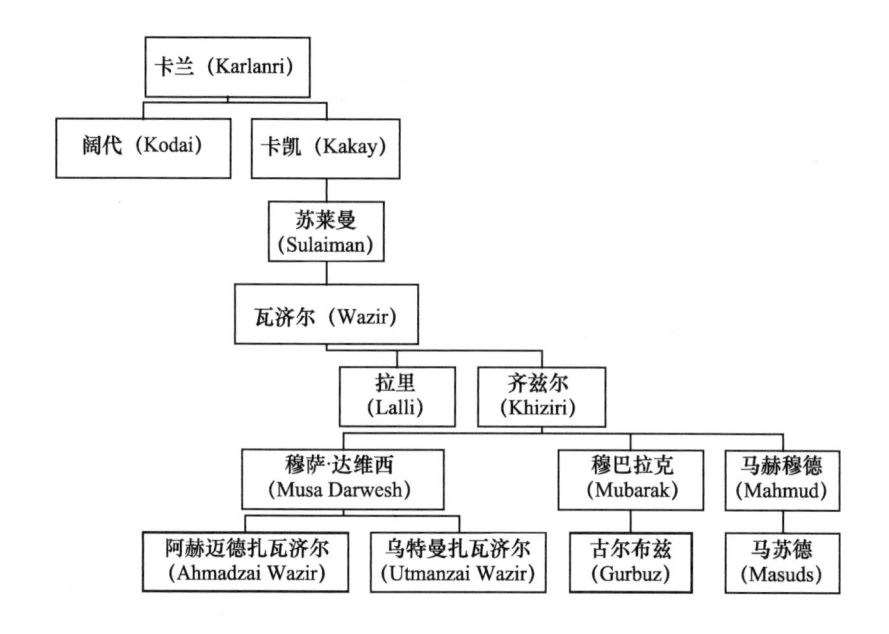

```
                    卡兰 (Karlanri)
                    ┌──────┴──────┐
              阔代 (Kodai)      卡凯 (Kakay)
                                    │
                              苏莱曼 (Sulaiman)
                                    │
                               瓦济尔 (Wazir)
                            ┌───────┴───────┐
                        拉里 (Lalli)    齐兹尔 (Khiziri)
                            │          ┌────┴────┐
                    穆萨·达维西      穆巴拉克   马赫穆德
                    (Musa Darwesh)   (Mubarak)  (Mahmud)
                    ┌────┴────┐         │          │
              阿赫迈德扎瓦济尔  乌特曼扎瓦济尔  古尔布兹  马苏德
              (Ahmadzai Wazir) (Utmanzai Wazir) (Gurbuz) (Masuds)
```

图 5—5　大瓦济尔部落

资料来源：Annonymous, *Report on Waziristan and Its Tribes*, p. 1。

大瓦济尔下属各部落与英印政府的关系各异，各部落都有著名的反英首领。马苏德部落和瓦济尔部落是 19 世纪末最强大的反英力量，特别著名的领导人物有马苏德部落的毛拉珀温达（Mullah Powinda）、瓦济尔部落的伊皮毛拉（Faqir of Ipi）等。[①]

马苏德和瓦济尔两大部落间长期敌对。但这两个部落内部都比较团结。这是它们有别于普什图其他部落的特点。[②] 马苏德部落至今还以团结著称。瓦济尔部落也少见内斗。

（二）瓦济里斯坦和部落的地区分布

大瓦济尔部落集中在瓦济里斯坦。"瓦济里斯坦"本身得名于瓦济尔部落，字面意义为"瓦济尔人的土地"。但是，瓦济尔人的居住范围不限于瓦济里斯坦，乌特曼扎和阿赫迈德扎在开普省的本努也有自己的"领地"。大瓦济尔部落也不是瓦济里斯坦的原住民。他们的原住地是今阿富

---

① 参见本书第六章。
② Captain H. L. Nevill, *Campaigns on the North-West Frontier*, p. 20.

汗比尔马勒山，约 14 世纪末东迁①，16 世纪到达今天的瓦济里斯坦定居。史家认为，他们主要依靠武力抢夺和军事征服夺取这片土地。但他们认为自己的祖先是以合法方式获取土地的：相传他们发放抵押贷款，无力偿债的原住民最后以土地偿债。②

瓦济里斯坦地区位于北纬 32 度到 33 度 22 分，东经 69 度 20 分到 70 度 36 分之间，即库拉姆到古马勒河之间，是联邦直辖部落区的中枢，总面积 1.16 万平方千米。19 世纪末，英国人把瓦济里斯坦分为南北两个部分，南瓦济里斯坦（以下简称"南瓦"）的首府在瓦纳，北瓦济里斯坦（以下简称"北瓦"）的行政中心在米勒姆沙阿。

瓦济尔部落下属的阿赫迈德扎和乌特曼扎分别踞守瓦济里斯坦南北两端，马苏德则在二者之间跨南北瓦而居。具体地说，阿赫迈德扎主导南瓦的南部和西部地区，南瓦中部和北部地区归马苏德部落。北瓦基本在乌特曼扎控制之下，只有南端小片区域归马苏德。整个瓦济里斯坦地区峰峦叠嶂，平均海拔在 1500—2500 米之间，尤其是马苏德部落居住的地区，山势格外险峻。

（三）瓦济尔部落

穆萨·达维西有两个儿子：阿赫迈德和乌特曼。由此分化出两大分支：乌特曼扎和阿赫迈德扎。如今，两大分支各自独立并进一步演化出若干次级部落。阿赫迈德扎至少有 13 个次级部落，乌特曼扎有 10 多个次级部落（图 5—7）。

阿赫迈德扎下属各部落（如图 5—6 所示）中，霍加尔克的受教育程度最高，托济克最热爱和平。势力最强、人口最多的是扎里克，他们占阿赫迈德扎人口总数的 60%，控制着瓦纳、斯宾平原、比尔马勒谷地大部分地区。③ 扎里克也是瓦济尔政治精英的摇篮，青年才俊辈出。曾任南瓦政治代表的阿克巴·阿赫迈德断言：如果没有扎里克的积极参与，瓦济尔人的政治运动很难成功。④ 巴基斯坦建国初期，主要依靠马里克管理

---

① C. Collin Davies, *The Problem of the North-West Frontier 1890 – 1908*, p. 65.

② H. A. Rose, *A Glossary of the Tribes and Castes of the Punjab and North-West Frontier Province*, Vol. III, p. 495.

③ Olaf Caroe, *The Pathans*, p. 393.

④ Akbar S. Ahmed, *Resistance and Control in Pakistan*, London: Routledge, 2004, p. 19.

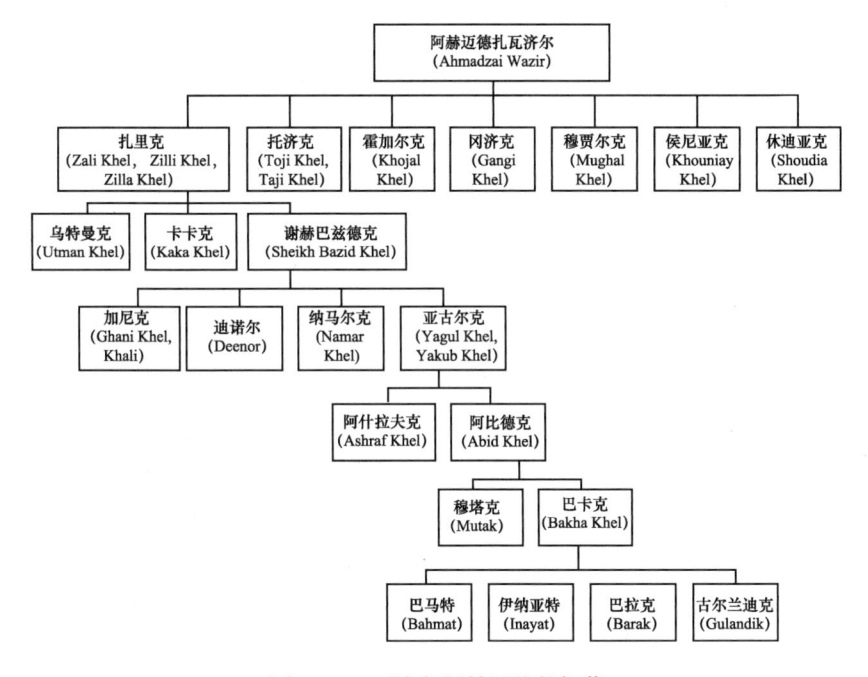

```
                    阿赫迈德扎瓦济尔
                    (Ahmadzai Wazir)
    ┌──────────┬──────────┬──────┬──────┬──────┬──────┬──────┐
  扎里克       托济克    霍加尔克  冈济克 穆贾尔克 侯尼亚克 休迪亚克
(Zali Khel,  (Toji Khel, (Khojal (Gangi (Mughal (Khouniay (Shoudia
Zilli Khel,  Taji Khel)  Khel)   Khel)  Khel)   Khel)    Khel)
Zilla Khel)
    ┌──────────┬──────────┐
  乌特曼克    卡卡克    谢赫巴兹德克
(Utman Khel) (Kaka Khel) (Sheikh Bazid Khel)
             ┌──────────┬──────────┬──────────┐
           加尼克      迪诺尔    纳马尔克    亚古尔克
         (Ghani Khel, (Deenor)  (Namar     (Yagul Khel,
          Khali)                 Khel)      Yakub Khel)
                                          ┌──────────┐
                                      阿什拉夫克   阿比德克
                                     (Ashraf Khel) (Abid Khel)
                                                  ┌──────────┐
                                               穆塔克        巴卡克
                                              (Mutak)    (Bakha Khel)
                                                ┌──────┬──────┬──────┐
                                              巴马特  伊纳亚特 巴拉克 古尔兰迪克
                                             (Bahmat) (Inayat) (Barak) (Gulandik)
```

图 5—6　瓦济尔阿赫迈德扎部落

资料来源：H. A. Rose, *A Glossary of the Tribes and Castes of the Punjab and North-West Frontier Province*, Vol. III, p. 498. Farhat Taj, *Taliban and Anti-Taliban*, pp. 110–112。

部落地区，部落民没有直接选举省议会和联邦议会议员的资格，只有马里克才有投票权。20世纪六七十年代，扎里克年轻的毛拉努尔·穆罕默德（Nur Muhammed）公开批评政府此类"不公平"政策。他绕开马里克，动员民众，自筹资金，在瓦纳建立大清真寺和宗教学校。他还要求政府改变马苏德部落垄断地区木材贸易的状况，准许瓦济尔部落自营木材贸易。马苏德部落因此失去垄断利润。两个部落的旧仇新恨在1975年集中爆发为武装冲突。瓦济尔部落民兵在冲突中毁坏瓦纳的政府建筑，还试图封锁从瓦纳到简多拉的公路，半年后，军队出面方才平息局势。

（四）马苏德部落

马苏德部落地区位于北纬32度到32度44分，东经69度38分到70度22分之间，跨南北瓦而居，扼守瓦济里斯坦腹地，与瓦济尔、比坦和谢兰尼部落比邻。其西南面是阿赫迈德扎，北面和西面是乌特曼扎，东面是比坦部落，南面是谢兰尼部落。主要的城镇中心是卡尼古拉姆和马肯。

关于马苏德部落的人口，人们的基本共识是其在20世纪增长迅速。具体数字众说纷纭。一种说法认为，19世纪末该部落有3.2万人，1946年为8.8万人，1972年为24.7万人。迅速增加的人口使当地的生活资源更趋紧张，不少人外出寻找新的生计。如今许多马苏德人生活在巴基斯坦各地城镇，除了在政府部门和教育科研与媒体工作之外，还有许多人从事交通运输和餐饮服务业。①

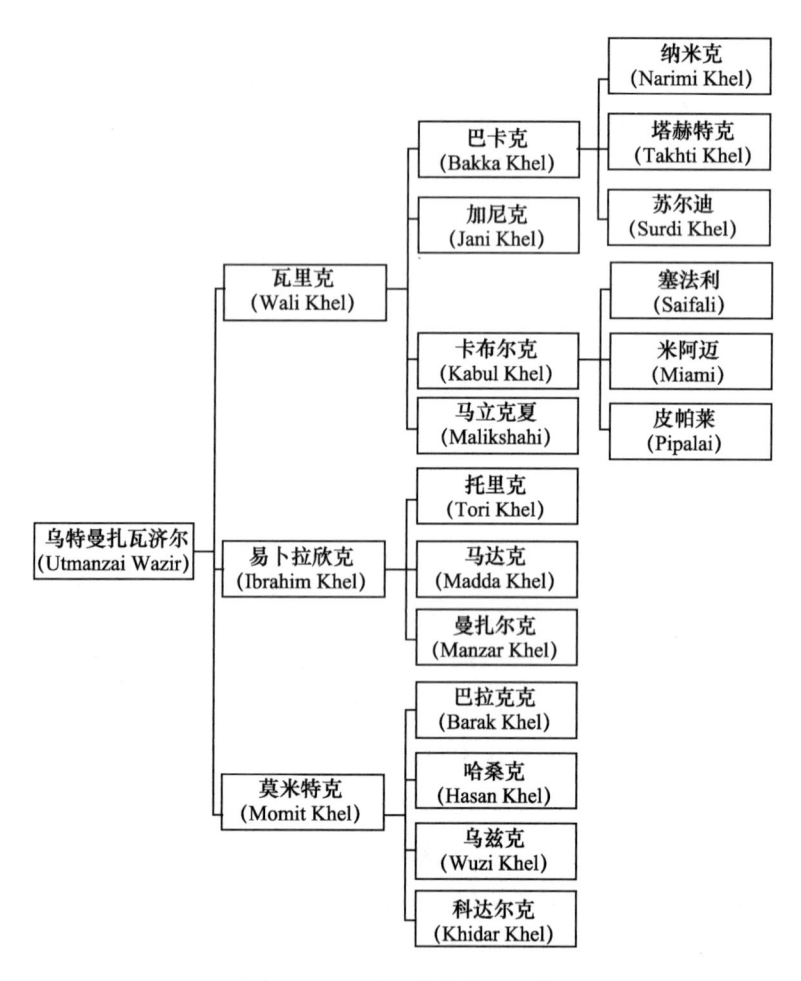

```
                                          ┌─ 纳米克 (Narimi Khel)
                            ┌─ 巴卡克 ────┼─ 塔赫特克 (Takhti Khel)
                            │  (Bakka Khel) └─ 苏尔迪 (Surdi Khel)
              ┌─ 瓦里克 ────┼─ 加尼克 (Jani Khel)
              │  (Wali Khel) │                  ┌─ 塞法利 (Saifali)
              │              ├─ 卡布尔克 ──────┼─ 米阿迈 (Miami)
              │              │  (Kabul Khel)    └─ 皮帕莱 (Pipalai)
              │              └─ 马立克夏 (Malikshahi)
 乌特曼扎瓦济尔 │              ┌─ 托里克 (Tori Khel)
 (Utmanzai   ──┼─ 易卜拉欣克 ─┼─ 马达克 (Madda Khel)
  Wazir)       │  (Ibrahim Khel)└─ 曼扎尔克 (Manzar Khel)
              │              ┌─ 巴拉克克 (Barak Khel)
              │              ├─ 哈桑克 (Hasan Khel)
              └─ 莫米特克 ──┼─ 乌兹克 (Wuzi Khel)
                 (Momit Khel)└─ 科达尔克 (Khidar Khel)
```

图5—7 瓦济尔乌特曼扎部落

资料来源：Hugh Beattie, *Imperial Frontier*, p. 252. H. A. Rose, *A Glossary of the Tribes and Castes of the Punjab and North-West Frontier Province*, Vol. III, p. 499。

---

① Hugh Beattie, *Imperial Frontier*, pp. 5, 213.

1. 世系

马苏德部落主要有三大分支：阿里扎、夏曼克和巴洛尔扎。每个分支又有若干氏族和次级部落，枝叶繁茂。主要宗族如图5—8所示。不过，马苏德各部落的分支比图中呈现的要复杂得多。比如，其三大支系中规模最小的夏曼克也有70多个宗族。①

巴洛尔扎下属的乌尔马克据说原本不属于马苏德部落。有人甚至认为他们不是普什图人，而是印度商人的后裔。② 他们早就居住在南瓦地区，自称"巴拉克人"。马苏德部落进入并主导南瓦东北部地区之后，乌尔马部落的大部分民众逃往白沙瓦和楠格哈尔，留下来的人如今被看作马苏德部落成员。目前还没有找到资料说明这个"合并与认同"的过程是如何发生的。英国人1900年的一份报告显示，乌尔马克人主要以贸易为生，不是马苏德部落议事会成员。在纳诺克下属的8个氏族中，乌尔马克人被当作"0.5个"：这意味着，将纳诺克部落的总收益均分为7.5份，其他7个氏族各取一份，乌尔马克取0.5份。③

2. 与瓦济尔部落的关系

马苏德与瓦济尔部落出自同一祖先，在体形外貌方面十分相近，内在性情却大相径庭。卡洛伊的比喻是：

> 马苏德人像狼，瓦济尔人像黑豹。狼和黑豹都是极出色的动物；（相比较而言）黑豹更狡诈、更优雅，狼群则更坚决果断、更团结，同时也更加危险。④

马苏德部落的团结由此可见。在日常生活中主要表现为两点：其一，各宗族混杂居住，没有专属某个宗族的土地，部落内部冲突相对其他部落而言很少。其二，下属各宗族对马苏德部落有强烈的认同感，普遍以

---

① Annonymous, *Report on Waziristan and Its Tribes*, p. 79. Akbar S. Ahmed, *Resistance and Control in Pakistan*, p. 20.

② Hugh Beattie, *Imperial Frontier*, p. 4.

③ Annonymous, *Report on Waziristan and Its Tribes*, p. 25.

④ Olaf Caroe, *The Pathans*, p. 393.

238 / 普什图社会的政治生活

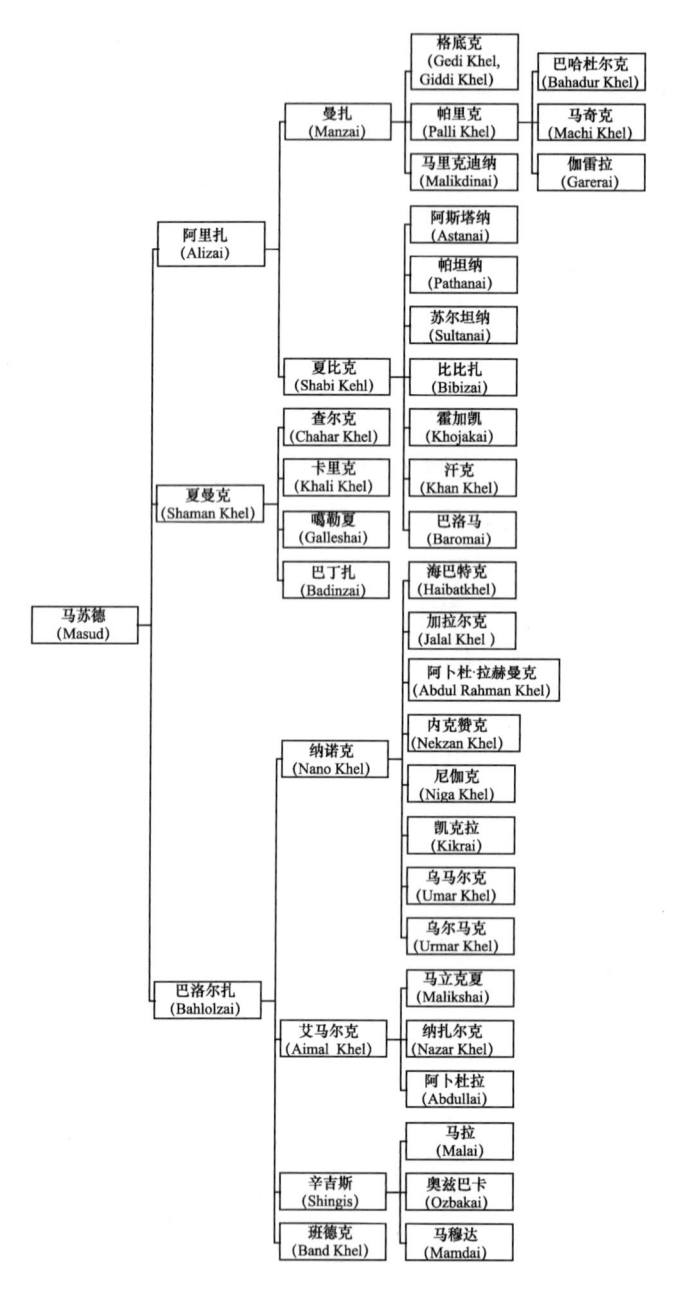

马苏德 (Masud)
├── 阿里扎 (Alizai)
│   ├── 曼扎 (Manzai)
│   │   ├── 格底克 (Gedi Khel, Giddi Khel)
│   │   │   └── 巴哈杜尔克 (Bahadur Khel)
│   │   ├── 帕里克 (Palli Khel)
│   │   │   └── 马奇克 (Machi Khel)
│   │   └── 马里克迪纳 (Malikdinai)
│   │   └── 伽雷拉 (Garerai)
│   └── 夏比克 (Shabi Kehl)
│   ├── 阿斯塔纳 (Astanai)
│   ├── 帕坦纳 (Pathanai)
│   ├── 苏尔坦纳 (Sultanai)
│   └── 比比扎 (Bibizai)
├── 夏曼克 (Shaman Khel)
│   ├── 查尔克 (Chahar Khel)
│   │   └── 霍加凯 (Khojakai)
│   ├── 卡里克 (Khali Khel)
│   │   └── 汗克 (Khan Khel)
│   ├── 噶勒夏 (Galleshai)
│   │   └── 巴洛马 (Baromai)
│   └── 巴丁扎 (Badinzai)
│   ├── 海巴特克 (Haibatkhel)
│   ├── 加拉尔克 (Jalal Khel)
│   └── 阿卜杜·拉赫曼克 (Abdul Rahman Khel)
└── 巴洛尔扎 (Bahlolzai)
    ├── 纳诺克 (Nano Khel)
    │   ├── 内克赞克 (Nekzan Khel)
    │   ├── 尼伽克 (Niga Khel)
    │   ├── 凯克拉 (Kikrai)
    │   ├── 乌马尔克 (Umar Khel)
    │   └── 乌尔马克 (Urmar Khel)
    ├── 艾马尔克 (Aimal Khel)
    │   ├── 马立克夏 (Malikshai)
    │   ├── 纳扎尔克 (Nazar Khel)
    │   └── 阿卜杜拉 (Abdullai)
    ├── 辛吉斯 (Shingis)
    │   ├── 马拉 (Malai)
    │   └── 奥兹巴卡 (Ozbakai)
    └── 班德克 (Band Khel)
        └── 马穆达 (Mamdai)

图 5—8　马苏德部落体系

资料来源：Annonymous, *Report on Waziristan and Its Tribes*, pp. 22 – 23, 79. Hugh Beattie, *Imperial Frontier*, pp. 253 – 256。

身为"马苏德人"感到骄傲。

马苏德与瓦济尔部落的对抗冲突,是瓦济里斯坦地区政治生活的主要内容。马苏德部落有劫掠商旅和城镇居民的习惯,瓦济尔人是主要受害者。在两大部落的冲突中,马苏德部落占上风的情形更多。① 近代以来,外部力量的介入使双方矛盾更趋激化。比如,19 世纪中叶,马苏德抢占瓦济尔人土地。瓦济尔人一度谋求喀布尔支持但未能遂愿。英国人到来以后,积极支持帮助瓦济尔人开垦新土地,深得瓦济尔民心。19 世纪末,阿富汗国王阿卜杜·拉赫曼汗曾试图调停两大部落的关系,期望他们团结一致对抗英国,但未能成功。

3. 经济和政治生活

马苏德部落素来桀骜不驯,他们酷爱自由,以不曾受制于任何王国和帝国而自豪。巴洛尔扎和夏比克支系中有不少游牧民,阿里扎的一些宗族主要经营贸易,包括阿富汗与印度之间的贸易。除此之外,马苏德多个部落以劫掠闻名。原因之一是当地自然地理条件恶劣,可耕地数量十分有限,土地生产不足果腹。打劫商旅和附近城镇居民,是马苏德部落许多人的生存方式,也是该部落与瓦济尔部落长期矛盾冲突的主要根源,因为许多瓦济尔人以经商、贩运食盐为生。②

比如,纳诺克支系下属的内克赞克同瓦纳地区阿赫迈德扎下属的霍加尔克、托济克等部落积怨甚深。加拉尔克部落民以劫掠托奇一带的城镇居民为生。阿卜杜·拉赫曼克长期把持古马尔山口,劫掠过往商队和游牧民,或以维持地区秩序的名义收取保护费和过路费。英国一名军官在 19 世纪 60 年代如此描述马苏德部落:

> 他们早就被称为边境地区最古老的、最根深蒂固的、最无可救药的劫匪。他们引以为傲的是,无论王朝如何兴衰更替,在阿富汗所有部落中,只有他们保持着自由,历任国王的军队从未能深入他们的地盘。在同外人打交道时,他们不遵奉任何法规。其山地附近一夜行程范围内的平原地区居民历来是他们的猎物,他们以此增加

---

① Akbar S. Ahmed, *Resistance and Control in Pakistan*, p. xii.
② Hugh Beattie, *Imperial Frontier*, p. 15.

自己的财富。①

马苏德部落民普遍把成功劫掠、英勇战斗视为"荣誉"。在英帝国时期，还有人以打劫来表达反英政治立场，或用以增加与帝国当局谈判的政治资本。② 19 世纪中后期，马苏德部落是英印帝国在普什图地区利益的最大挑战者。在英俄大博弈的背景下，他们频繁的劫掠行动直接损害了英印政府的经济贸易利益，还危及帝国政治秩序和战略利益。不过也有英国学者认为，劫掠在当地是常见现象，与伦敦街头的争吵打架并无二致，不等于政治暴动或者反叛。③

英印政府对马苏德地区的管理措施明显不同于其对其他部落地区的管理措施。比如，对道尔部落④、阿赫迈德扎瓦济尔人，英国人可推行直接统治，可随意进入村庄抓捕嫌犯。但在马苏德地区，他们却不敢如此。英印政府警察力量不进入马苏德部落地区，主要依靠扶助和支持当地马里克维持地方秩序；如果部落民违犯政府法规，英国人也不直接执法，而由马里克代理。1895 年，英印政府在马苏德部落地区扶持的马里克共有 277 人。⑤ 英印政府还设法通过资助马里克、签订和平协定、大力发展与部落民的贸易、委托部落代管交通要道、扣押部落人质、实施军事打击等方式，成功减少了当地劫掠行为的频次和规模。比如，它用金钱换取马苏德部落承认古马尔山口是"帝国道路"；取得巴洛尔扎下属的乌尔马克的暗中合作，通过他们获取有关其他马苏德人动向的情报。加拉尔克与周围城镇居民的主要关系也从劫掠改成了贸易，等等。

尽管如此，马苏德部落依然是英印政府的最大反叛者，他们不顾英国人反对，始终保持着与喀布尔政权的交往。在 19 世纪末的英国人看来，巴洛尔扎是马苏德下属最不驯服的部落，是"最臭名昭著的劫掠者

---

① Annonymous, *Report on Waziristan and Its Tribes*, p. 21.

② Hugh Beattie, *Imperial Frontier*, pp. 169 – 170.

③ W. R. H Merk, "The North-West Frontier Province of India", *Journal of the Royal Society of Arts*, Vol. 59, No. 3054 (Jun. 2, 1911), pp. 745 – 763.

④ 据卡洛伊的研究，道尔部落与瓦济尔部落、马苏德部落也有血亲关系，相传是瓦济尔的叔父苏莱曼之子西塔克 (Shitak) 的后代。

⑤ Annonymous, *Report on Waziristan and Its Tribes*, pp. 19 – 20, 29.

和盗窃者"①。不过，巴洛尔扎内部不同宗族与英国的关系各异，比如，辛吉斯和凯克拉等宗族亲近英印政府，内克赞克也积极与英国人合作。

1893年，英国人划定杜兰线，正式侵吞瓦济里斯坦，引爆瓦济尔和马苏德部落多个宗族的强烈反抗，他们武装袭击英印政府目标。1894年马苏德部落阿里扎所属夏比克的毛拉珀温达率兵起义。斗争一直持续到1913年他离世为止。武装斗争虽未能改变杜兰线的政治现实，但强化了马苏德部落及其居住地的相对独立。直到1924年，马苏德各部落才与英国达成和平协定。②

后人称毛拉珀温达领导的反英斗争为"最早的塔利班运动"。③ 历史的巧合在于，21世纪初，"巴基斯坦塔利班"第一和第二任最高领导人白图拉·马苏德（Baitullah Mehsud）、哈基姆拉·马苏德（Hakimullah Mehsud）也都出自马苏德—阿里扎—夏比克部落。

三 优素福扎部落

优素福扎部落是巴基斯坦最大的普什图部落，属于凯斯长子萨尔班世系，是所谓"东部普什图人"的代表。

优素福扎部落主要居住在开普省，小部分生活在阿富汗境内。他们自认为是普什图传统的完美承载者，是真正的普什图人，比杜兰尼部落更优秀。在他们看来，杜兰尼部落已被波斯化，而邻近的山地普什图人，比如哈塔克、阿夫里德、瓦济尔等部落虽能恪守普什图传统，但却"粗暴而野蛮"。这种认知，可从20世纪优素福扎最杰出的代表之一——汗·阿卜杜·贾法尔汗的一次公开演讲中看出来。他在演讲中说："印度人称我们为帕坦人，波斯人称我们为阿富汗人。我们真正的名字是普什图人。"④

---

① Hugh Beattie, *Imperial Frontier*, p. 41.
② Ibid., p. 205.
③ Annonymous, *Report on Waziristan and Its Tribes*, pp. 25, 27, 55, 58. Abu Bakr Amin, *Inside Waziristan: Journey from War to Peace*, Lahore: Vanguard Books, 2013, p. 42.
④ Rajmohan Gandhi, *Ghaffar Khan: Nonviolent Badshah of the Pakhtuns*, London: Penguin Books, 2008, p. 205. 这是贾法尔汗于1948年3月初在巴基斯坦议会发表的演讲。关于贾法尔汗及其思想与政治行动，详见本书第六章。

优素福扎部落的这种自我定位，得到了英国人的广泛承认。① 在不少英语作家的笔下，优素福扎部落民性格欢快，喜爱音乐、诗歌和舞台剧，举止文明优雅。

(一) 世系

优素福扎部落和瓦济尔部落一样，有广义和狭义之分。广义的优素福扎部落包括曼丹扎部落和狭义的优素福扎部落：这两个部落的始祖是亲兄弟，类似于瓦济尔人与马苏德人的关系。16—17世纪，优素福扎部落和曼丹扎部落分裂，优素福扎把曼丹扎赶出优素福平原。曼丹扎各部落如今居住在恰姆拉到印度河谷之间的地区。与优素福扎相比，曼丹扎更平和，更不好战。

狭义的优素福扎部落也已分化出五大支系，如图5—9所示。其中伊萨扎部落被称为"黑山部落"。马雷扎和穆萨扎分布在斯瓦特河谷两岸，即迪尔和潘集科拉谷地。此外还有斯瓦特各部落、乌特曼克和塔尔坎尼部落也附属于优素福扎部落。

值得一提的是，优素福扎下属一些次级部落得名于女性祖先，比如阿以莎扎和兰尼扎都是如此。穆萨的儿子伊利亚斯育有4子，幼子名叫马米（Mami），娶妻名阿以莎，他们的后代名为"阿以莎扎"。兰尼（Rani）则是阿阔的第一任妻子，其后代繁衍出六大分支，统称"兰尼扎"。

(二) 优素福扎地区

10—11世纪，优素福扎居住在坎大哈地区。15世纪末东迁至喀布尔地区，不久因与吉吉安尼、扎曼德等部落发生冲突，而被驱逐到楠格哈尔，后又进一步南迁至白沙瓦谷地。在白沙瓦，他们先是得到迪拉扎克部落②的慷慨接纳和土地馈赠，居住在多阿巴地区。1515年前后，优素福

---

① Olaf Caroe, *The Pathans*, p. 14. C. Collin Davies, *The Problem of the North-West Frontier* 1890 – 1908, p. 61. Akbar S. Ahmed, Forword for *Imperial Frontier*, p. x. T. H. Holdich, "Swatis and Afridis", *The Journal of the Anthropological Institute of Great Britain and Ireland*, Vol. 29, No. 1/2 (1899), pp. 2 – 9.

② 迪拉扎克部落属于卡兰世系。他们11世纪从阿富汗东部经开伯尔山口南下，定居在白沙瓦平原。https: //defence. pk/threads/history-of-pashtun-tribal-settlements-in-khyber-pakhtunkhwa-province. 400009/. 但有人发现，阿富汗的普什图人称迪拉扎克为印度人，认为他们不是普什图血统。T. H. Holdich, "Swatis and Afridis", *The Journal of the Anthropological Institute of Great Britain and Ireland*, Vol. 29, No. 1/2 (1899), pp. 2 – 9.

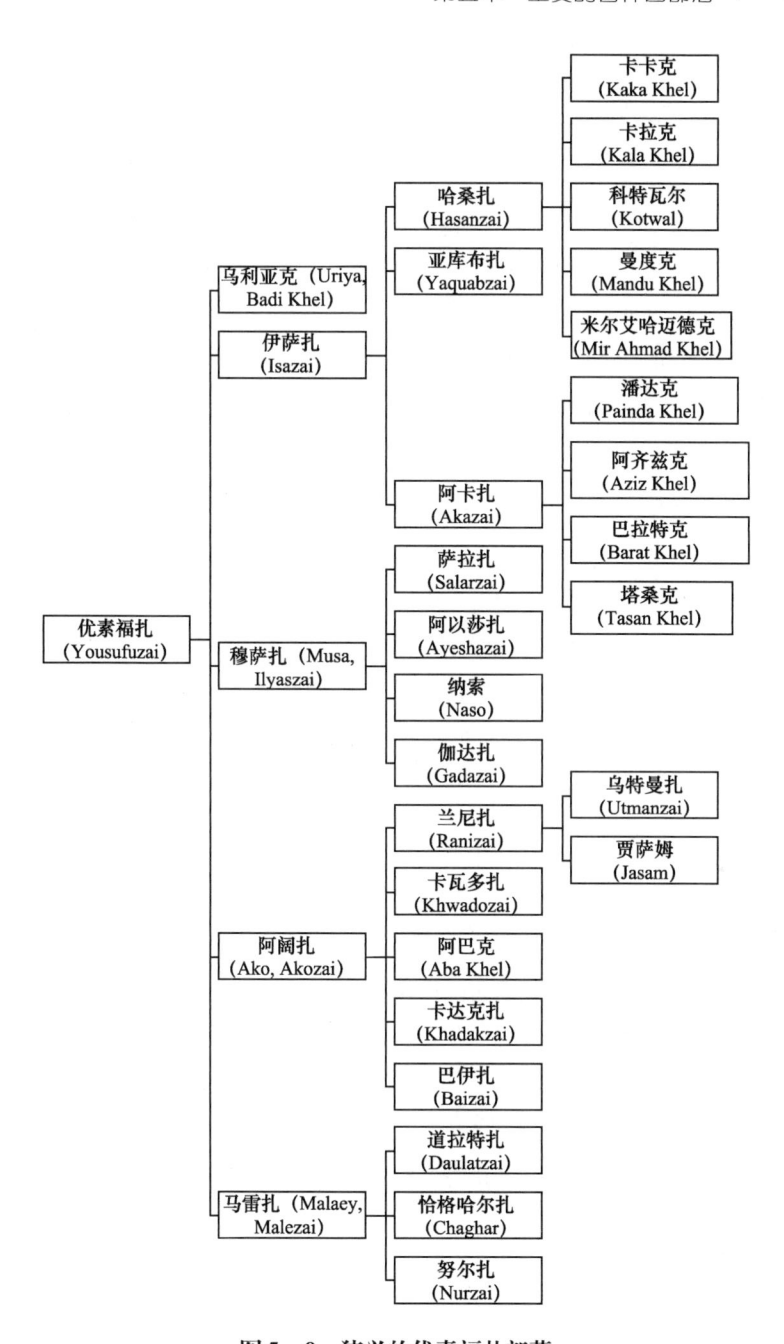

图 5—9　狭义的优素福扎部落

资料来源：Haroon Rashid, *History of the Pathans*, Vol. 2, chap. 6。

扎在头人阿赫迈德的率领下，团结吉吉安尼、莫赫曼德和乌特曼克等部落的力量，向迪拉扎克和斯瓦特人①开战。迪拉扎克逃亡；斯瓦特人被驱散。此后，优素福扎部落以斯瓦特谷地为据点，不断扩大地盘，并把新占地区更名为"优素福扎地区"。斯瓦特谷地也按照优素福扎—阿阔扎下属宗族名称而分为五个部分，即巴伊扎、兰尼扎、卡达克扎、阿巴扎和卡瓦佐扎（"卡瓦多扎"的变音）。②

阿克巴大帝之后的莫卧儿帝国、阿富汗王国、锡克帝国和大英帝国都不敢冒险闯入优素福扎部落地区。19世纪，东印度公司官员艾尔芬斯通写道：

> 优素福扎人口众多，分为多个小共同体，主要依据民主原则生活。他们占据着从乌特曼克山到印度河、兴都库什山到喀布尔河之间的广大地区，包括白沙瓦平原的北部，以及潘集阔拉谷地、斯瓦特、本努。他们还占据着印度河东岸的达姆陶尔。优素福扎平原是白沙瓦平原的一部分，沿着印度河岸和喀布尔河，从塔贝拉延伸到胡西努格，其宽度在2英里到10英里之间。③

（三）与国家政权的关系

杜兰尼王权一度覆盖白沙瓦地区，但优素福扎从未向它缴纳任何赋税。据统计，1747—1818年，阿富汗王国在白沙瓦地区的税收总计为59.9万卢比，其中莫赫曼德部落缴纳7.94万，卡里里部落缴纳8.75万卢比，卡斯巴部落缴纳7.4万卢比，多阿巴地区缴纳10.23万卢比，达乌德扎缴纳7.68万卢比，哈塔克部落缴纳6.4万卢比，阿西纳伽缴纳10万卢比。大优素福扎拒绝缴税。④

18—19世纪，优素福扎与阿富汗王国一道，抗击锡克帝国和大英帝国。

---

① 斯瓦特人自称是普什图人，挪威人类学家 F. 巴特支持这种主张。但也有人对此有争议。参见 C. Collin Davies, *The Problem of the North-West Frontier 1890-1908*, p. 61。

② Sameetah Agha, *The Limits of Empire: British-Pukhtun Encounter* 1897, Doctoral Dissertation at Yale University, May 2001, p. 36. Haroon Rashid, *History of the Pathans*, Vol. 2, pp. 30, 125.

③ Mountstuart Elphinstone, *An Account of the Kingdom of Caubul*, Vol. II, p. 6.

④ Altaf Qadir and Fatima Asghar, "Peshawar Valley Under Durranis with Focus on Its Administration, 1747-1818", *Journal of Pakistani Historical Society*, Vol. 64, No. 1 (Jan.-Mar. 2016), pp. 57-66.

斯瓦特阿訇（Akhund of Swat，1794—1877年）站在斗争前沿，吸引了来自优素福扎部落和波斯地区的数千名追随者。斯瓦特阿訇本名阿卜杜·贾法尔（Abdul Ghafur），出生于斯瓦特地区的穷人家庭，属于优素福扎部落。他早年替人放羊，后加入纳克什班迪耶教团，在印度河边隐居修行12年，40岁左右返回斯瓦特，与多斯特·穆罕默德国王一起领导抗击锡克人和英国人的斗争。因为他知识渊博而且虔信，所以又被尊为"贾法尔阿訇"。19世纪末20世纪初，西北边境地区领导反英斗争的毛拉都是他的弟子或再传弟子，后世称之为"贾法尔阿訇—哈达毛拉世系"。① 贾法尔阿訇给穷人提供餐食和其他帮助，主张和平解决争端，在斯瓦特地区建立起政治秩序，坚决抵抗英国的扩张和锡克帝国的入侵。次大陆腹地各种反英力量陆续前来寻求庇护。特别是在1857年印度起义失败后，反英力量纷纷逃往优素福扎地区。英印政府为了消除隐患，在1863年派6万大军到优素福扎地区实施清剿行动，激战六周，遭遇部落民顽强抵抗。最终，英国人凭借先进的武器勉力控制了本努地区，但付出了900名军士伤亡的沉重代价。斯瓦特和其他地区的优素福扎力量继续战斗，不断以各种方式抗击英国。

20世纪初，受次大陆民族主义运动影响，普什图地区兴起世俗的民族解放运动，优素福扎部落贾法尔汗领导的"真主之仆"站在最前沿。

四 阿夫里德部落

阿夫里德部落是开伯尔山口地区最强大的部落。② 据巴基斯坦1998年人口普查，阿夫里德部落人口为39.5万人，占开伯尔总人口的72.3%。它集中居住的地区位于东经33度32分到34度51分、北纬70度37分和77度56分之间，北邻阿富汗的白山，南接白沙瓦谷地，占开

---

① Sana Haroon, *Frontier of Faith: Islam in the Indo-Afghan Borderland*, New York: Columbia University Press, 2007, chap. 3.

② 居住在开伯尔地区的其他部落还有辛瓦里、穆拉果里、夏尔曼尼。这三个部落都来自阿富汗，因杜兰线而成为跨境部落。辛瓦里部落和穆拉果里部落属于卡西班世系。夏尔曼尼的身份归属还有争议，有人认为它出自塔吉克人，也有人认为它是莫赫曼德部落的一个分支，1998年人口约3万。辛瓦里部落出自卡西班的卡斯分支，15世纪末16世纪初与优素福扎部落一道东迁至此，数百年来同阿夫里德人和平共处，现分为三大宗族，1998年人口为8.9万人。穆拉果里部落则出自卡西班的郭里亚克分支，人口少（1998年不足2万人），但骁勇善战，多次战胜阿夫里德部落的库吉克和扎卡克支系，在开伯尔地区享有很高的威望。

伯尔地区的 80%。①

开伯尔山口是南亚和中亚的分界点与连接点，地理位置极其重要，古代丝绸之路通过这里，与阿富汗楠格哈尔省比邻而居。历史上，它是从中亚南下印度的商队和军队的必经之地，由此南下征服印度的军队统帅包括马其顿国王亚历山大、加兹尼国王马茂德、蒙古人巴布尔等等。19 世纪，开伯尔山口是英帝国商业和战略利益的生命线之一。英国人在此修建城堡、道路，委派政治代表，建立边疆警察力量和驻扎军队，一个重要的目标是确保山口通行安全。

阿夫里德部落完全生活在巴基斯坦境内。他们与马苏德部落一样桀骜不驯。英国统治时期，开伯尔山口和瓦济里斯坦并列为帝国西北边疆的"两大漩涡"②。

当前，阿夫里德部落的经济生活主要是农耕、木材及干果贸易、牲畜养殖等。肥沃的提拉谷地富产粮食蔬菜，但茶叶、食糖和衣物等其他生活必需品则来自其他地区。近年来，阿夫里德部落民开始在巴阿两国经营运输和商贸。

（一）世系

阿夫里德部落民素以"真正的普什图人"自居。斯派恩认为他们是"帕坦人的原型"："勇敢、警觉、重视荣誉、叛逆、冷酷、骁勇善战、迷信、殷勤好客、多疑而骄傲"。③ 他们出自卡兰世系，与奥拉克扎、班加西、瓦济尔、哈塔克、迪拉扎克、瓦尔达克、图里等部落有亲缘关系。但有不少人怀疑阿夫里德部落的普什图身份。埃尔芬斯通和卡洛伊认为阿夫里德部落起源不详。有人认为它源自印度，是希罗多德笔下阿帕里特人的后裔。还有人认为，阿夫里德部落是提拉地区的原住民，不是普什图人。④

---

① Teepu Mahabat Khan, *The Land of Khyber*, pp. 38, 57, 63–68, 144.

② David M. Hart, *Qabila*, p. 159. M. Athar Tahir, *Frontier Facets*, p. 55. C. Collin Davies, *The Problem of the North-West Frontier 1890–1908*, p. 135.

③ Teepu Mahabat Khan, *The Land of Khyber*, p. 59.

④ H. W. Bellew, The Races of Afghanistan, p. 77. C. Collin Davies, *The Problem of the North-West Frontier 1890–1908*, p. 62. 有人考证，阿帕里特就是今天的阿夫里德部落。其理由是，阿夫里德人自称为"阿帕里德"（Aparidi），其实是阿帕里特（Aparytae）的变音。注意，普什图语中没有 f 音。H. A. Rose, *A Glossary of the Tribes and Castes of the Punjab and North-West Frontier Province*, Vol. III, p. 216.

第五章　主要的普什图部落　/　247

阿夫里德部落如今有五大支系。如图5—10所示。各支族都有传统世

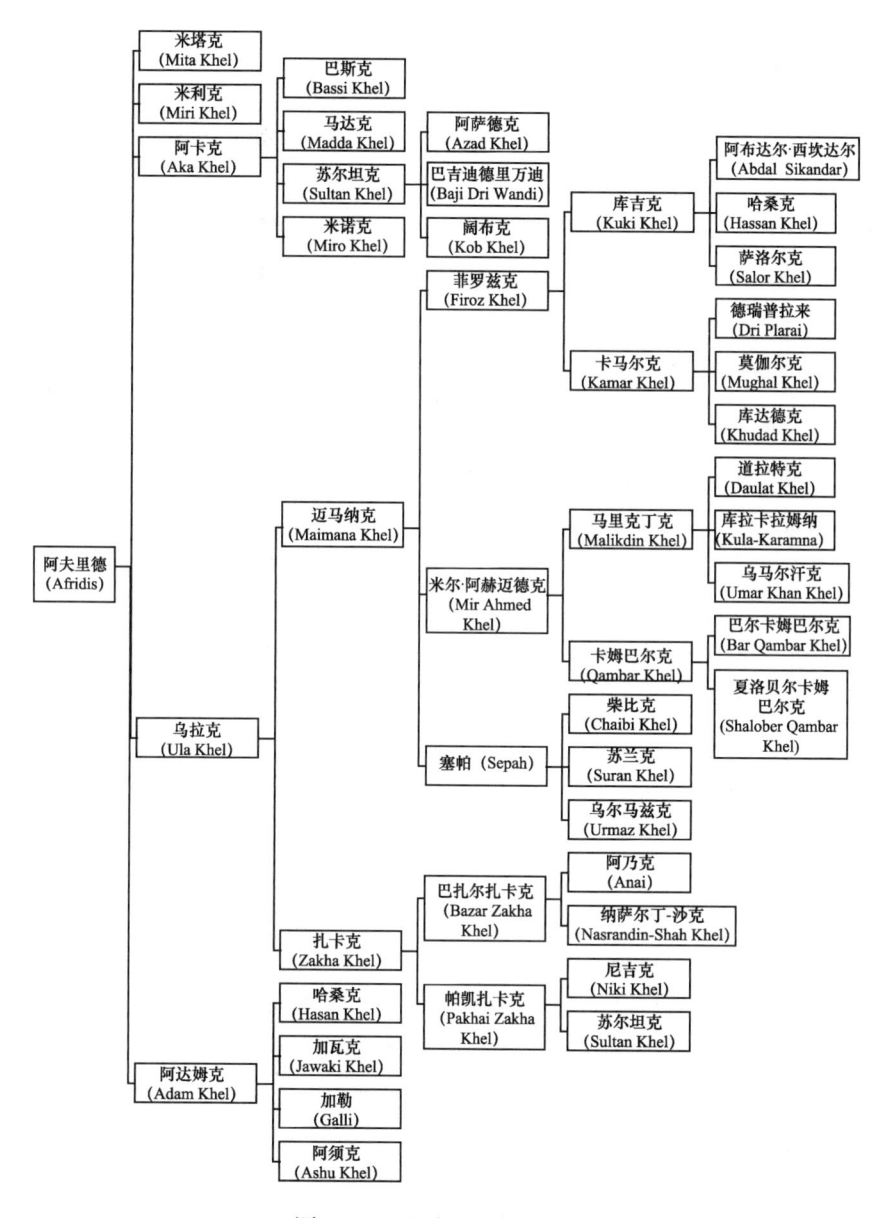

```
阿夫里德(Afridis)
├─ 米塔克(Mita Khel)
├─ 米利克(Miri Khel)
├─ 阿卡克(Aka Khel)
│   ├─ 巴斯克(Bassi Khel)
│   ├─ 马达克(Madda Khel)
│   ├─ 苏尔坦克(Sultan Khel)
│   └─ 米诺克(Miro Khel)
├─ 乌拉克(Ula Khel)
│   ├─ (分支)
│   │   ├─ 阿萨德克(Azad Khel)
│   │   ├─ 巴吉迪德里万迪(Baji Dri Wandi)
│   │   ├─ 阔布克(Kob Khel)
│   │   └─ 菲罗兹克(Firoz Khel)
│   │       ├─ 库吉克(Kuki Khel)
│   │       │   ├─ 阿布达尔·西坎达尔(Abdal Sikandar)
│   │       │   ├─ 哈桑克(Hassan Khel)
│   │       │   └─ 萨洛尔克(Salor Khel)
│   │       └─ 卡马尔克(Kamar Khel)
│   │           ├─ 德瑞普拉来(Dri Plarai)
│   │           ├─ 莫伽尔克(Mughal Khel)
│   │           └─ 库达德克(Khudad Khel)
│   ├─ 迈马纳克(Maimana Khel)
│   │   └─ 米尔·阿赫迈德克(Mir Ahmed Khel)
│   │       ├─ 马里克丁克(Malikdin Khel)
│   │       │   ├─ 道拉特克(Daulat Khel)
│   │       │   ├─ 库拉卡拉姆纳(Kula-Karamna)
│   │       │   └─ 乌马尔汗克(Umar Khan Khel)
│   │       └─ 卡姆巴尔克(Qambar Khel)
│   │           ├─ 巴尔卡姆巴尔克(Bar Qambar Khel)
│   │           └─ 夏洛贝尔卡姆巴尔克(Shalober Qambar Khel)
│   └─ 塞帕(Sepah)
│       ├─ 柴比克(Chaibi Khel)
│       ├─ 苏兰克(Suran Khel)
│       └─ 乌尔马兹克(Urmaz Khel)
├─ 扎卡克(Zakha Khel)
│   ├─ 巴扎尔扎卡克(Bazar Zakha Khel)
│   │   ├─ 阿乃克(Anai)
│   │   └─ 纳萨尔丁-沙克(Nasrandin-Shah Khel)
│   └─ 帕凯扎卡克(Pakhai Zakha Khel)
│       ├─ 尼吉克(Niki Khel)
│       └─ 苏尔坦克(Sultan Khel)
└─ 阿达姆克(Adam Khel)
    ├─ 哈桑克(Hasan Khel)
    ├─ 加瓦克(Jawaki Khel)
    ├─ 加勒(Galli)
    └─ 阿须克(Ashu Khel)
```

图5—10　阿夫里德部落体系

资料来源：H. A. Rose, *A Glossary of the Tribes and Castes of the Punjab and North-West Frontier Province*, Vol. III, pp. 252 – 253. Teepu Mahabat Khan, *The Land of Khyber*, pp. 161 – 165。

居地，比如乌拉克支系传统居住在开伯尔山口，阿达姆克则长期生活在科哈特到白沙瓦之间的山区。

部落内部各支系在兴衰更替过程中，不断分化组合。图5—10中的米塔克支系如今已不复存在。米利克并入到马里克丁和阿卡克部落中。当前，阿夫里德部落主要有八大宗族即：库吉克、马里克丁克、卡姆巴尔克、卡马尔克、扎卡克、塞帕、阿卡克和阿达姆克。其中，前六个宗族集中居住在开伯尔地区，被称为"开伯尔阿夫里德人"。阿卡克居住在巴拉河以南地区。阿达姆克占据着白沙瓦到科哈特之间的山地。① 与马苏德部落不同，阿夫里德各支系保留相对独立居住的传统。

在现有的八个宗族中，扎卡克实力最强大，向来也最不驯服，以劫掠和盗窃闻名，被称为阿夫里德部落中的强盗和说谎者。它直接控制着通往白沙瓦的交通要道。根据1998年人口统计数字（表5—4），阿达姆克人口最少，卡姆巴尔克人数最多。

表5—4　　　阿夫里德部落各宗族人口数量（1998年）　　　单位：万人

宗族	扎卡克	卡姆巴尔克	塞帕	马里克丁克	库吉克	卡马尔克	阿卡克	阿达姆克
人数	7.01	8.59	3.32	4.90	7.39	1.65	6.35	0.29

资料来源：根据Teepu Mahabat Khan, *The Land of Khyber*, pp. 61-68中的数据制作。

（二）部落特性

阿夫里德素以酷爱独立自由、骁勇善战、恪守普什图法则而闻名，有人称之为"山地最强大的部落"②。英国人统治期间，多次武装反叛的马苏德部落和优素福扎部落得到不少英国人的尊重，被称为"高贵的野蛮人"。但是，在19—20世纪英国人的相关主要文献中，却看不到对阿夫里德部落的积极评价。艾尔芬斯通称之为"劫匪中的劫匪"，贝柳称它无视任何信条，不遵守任何规则，是"不信者中的不信者"。贝柳说，阿

---

① Sameetah Agha, *The Limits of Empire*, p. 48. 也有人把阿达姆克看作与阿夫里德并列的独立部落。

② Captain H. L. Nevill, *Campaigns on the North-West Frontier*, p. 7.

夫里德部落虽自称为虔诚的穆斯林，每天也做五番礼拜，但在他们的内心世界没有任何宗教，他们不尊重毛拉和传教者，也不去邻近地区拜谒圣地，他们与所有的邻居都有冲突：

> 他们完全不识字，没有任何管制，每个人都是他自己的国王……人口的绝大多数是土匪和强盗，不尊奉任何行事法则，以眼前利益为唯一的行为动机。即便是在帕坦人中间，他们也被当作"不信者中的不信者"，被所有各方认为是最残暴、最致命的敌人。我们对他们的了解是：独立的邻居，诡计多端、不可信、充满欲望、像狼一样的野蛮人，除了抢劫和谋杀，以及由此产生的争斗，他们的生活中没有任何其他目标。①

科林·戴维斯强调阿夫里德部落内部的矛盾和冲突，他的观点与贝柳略有区别：他认为，阿夫里德人其实极少与其他部落发生冲突，他们的注意力都集中在部落内部，结果是，几乎每个乡村都是一半人反对另一半人。由于内部血亲复仇永无止境，所以他们"鲜有闲暇与周围部落相争"。戴维斯还强调，阿夫里德人酷爱自由，尚武，眼光犀利如鹰，有强烈的自豪感。他们和其他普什图人一样崇尚自由、民主和平等，但由于他们睚眦必报，所以他们的部落像一盘散沙，几乎不可能采取部落集体统一行动。他还发现，阿夫里德人在日常交往中充满戒备心，不过，"一旦消除不信任，他就能付出最大的忠诚，成为你最可靠的朋友。"②

阿夫里德没有全部落一致公认的领导人，甚至在宗族层面也没有公认的首领。下属八大宗族之间争斗不已，尤其是阿达姆克与阿卡克、库吉克与扎卡克之间长期敌对。人们以家庭为单位，奉家长旨意行事；宗族间、家族间的同盟极其少见。前述所谓"堂兄弟敌对"现象盛行。当地流行的谚语说："即便你的堂表兄弟是你的右手，那也砍掉它。"③ 在居住方式方面：他们的村庄极少有共同防御外敌的围墙；各家各户的房舍

---

① H. W. Bellew, *The Races of Afghanistan*, p. 82.
② C. Collin Davies, *The Problem of the North-West Frontier* 1890–1908, pp. 50, 63.
③ Teepu Mahabat Khan, *The Land of Khyber*, p. 37.

之间保持距离，每家院落都修建得像城堡，有高高的哨塔，戒备森严。

也不能把阿夫里德部落想象为同质体，个体间的差异始终存在。比如，在第一次世界大战期间，阿夫里德部落的一对亲兄弟米尔·马斯特（Mir Mast）和米尔·达斯特（Mir Dast）参军，都被编入英国西线战场作战。战斗中，马斯特叛逃，获得日耳曼铁十字勋章后被派往土耳其前线，造成英军大量伤亡；达斯特却始终忠诚于英帝国军队，后以战功卓著被授予维多利亚十字勋章。①

（三）与国家政权的关系

有史家提出，卡兰世系各部落都狂野、傲慢、不受控制，唯有哈塔克部落例外，而阿夫里德是卡兰世系最狂傲不驯的部落。② 其实，哈塔克部落在莫卧儿帝国时期也是坚定的反叛者，特别是在奥朗则布执政时期，胡夏尔汗·哈塔克率领哈塔克人联手阿夫里德部落武装反叛。与此同时，梳理阿夫里德部落的社会史可见，它对国家政权的态度也是在不断变化的。

1. 1878 年之前

开伯尔地区真正被纳入国家权力体系是在英国的第二次阿富汗战争后期。此前，阿夫里德部落始终游离于国家体系之外，独占开伯尔山口地区，靠收取过路费和劫掠过客为生。相传加兹尼的马茂德国王在998年率军过此地南下征战时，也给他们缴纳了过路费。③

莫卧儿帝国的疆域名义上覆盖开伯尔山口，但阿夫里德部落始终拒斥蒙古人在印度的政权。16—17 世纪，它多次与莫卧儿帝国军队交战，阻截、抢夺德里往来喀布尔的商队和军队。17 世纪下半叶，它联手哈塔克部落，武装反叛奥朗则布政权。其中最著名的一场战役发生在 1672 年，阿达姆克首领艾马尔·汗（Aymal Khan）率军大败奥朗则布皇帝的军队。

阿富汗王国建立以后，阿夫里德部落亲近并支持阿富汗政权。杜兰尼国王时期，大批阿夫里德部落民加入阿富汗军队，为国王开疆拓土。

---

① Charles Chenevix Trench, *The Frontier Scouts*, pp. 28 – 29.
② H. A. Rose, *A Glossary of the Tribes and Castes of the Punjab and North-West Frontier Province*, Vol. III, p. 253.
③ David M. Hart, *Qabila*, p. 160.

这种立场一直延续到 19 世纪上半叶。他们为此一再阻挠和破坏英国企图控制喀布尔政权的努力，同时又大力支持舒贾·沙政权。第一次英阿战争爆发后，他们为多斯特·穆罕默德而战。1839 年 7 月底，阿夫里德部落组建部落民兵，以 509 人的武装力量阻截朝喀布尔进发的万人英印军队，打死英军 22 人，打伤 158 人。①

阿夫里德部落支持阿富汗政权，与其说是基于今人所谓民族认同，不如说是基于实利。比如，他们支持杜兰尼王国，是因为能够长期从王权获得通行开伯尔山口的补偿金。而反对英国人则是因为后者损害其核心利益。他们所居住地区以北的印度河沿岸有几个著名的盐矿，传统上是印度食盐的主要来源地，食盐贩运也是他们传统的主要生计，然而，1849 年，英国人抢夺盐矿，并抽取高额盐税，这直接损害了阿夫里德部落的切身利益，所以引发激烈反抗。

阿夫里德部落并非无条件效忠于喀布尔。第二次英阿战争前夕，国王希尔·阿里给阿夫里德人提供 5000 支来复枪。战争之初，部落民兵奋勇参战。但眼见阿富汗军队溃败在即，他们便趁火打劫，大肆抢夺阿富汗人的衣物和武器弹药。②

2. 英国建立开伯尔县

19 世纪，普什图地区和阿富汗对英国的战略价值主要不在于当地的部落民和自然资源，而在于其地缘战略位置。大博弈是英国对普什图政策的根本立足点，它看重的是开伯尔山口这个中南亚交通要塞，要实现交通要道的战略价值，就需要当地居民的合作与顺从。这是英国处理与阿夫里德部落关系的基本立足点。

英国人开始主要是严惩反叛者。扎卡克是阿夫里德部落中对抗英国最为激烈的宗族。他们不断扩大对白沙瓦等定居区居民的袭扰和劫掠，通过烧毁店铺、绑架富裕的印度教徒勒索赎金等行为，来表达反抗的意志和能力。1853—1908 年，英国人专门针对它发起了至少 8 次惩罚性军事打击行动，不过每次远征都在提拉地区遭遇顽强抵抗。③

---

① M. Athar Tahir, *Frontier Facets*, p. 55.
② Teepu Mahabat Khan, *The Land of Khyber*, p. 48.
③ David M. Hart, *Qabila*, p. 165.

19世纪70年代，英国调整大博弈战略，采取更加进取的政策。1879年5月26日，英国与刚刚继位的阿富汗国王雅库布·汗签订《冈达马克协定》，获得开伯尔山口的控制权。为了落实控制权，确保地方秩序，1881年2月17日，英印政府与阿夫里德部落签订协定，共17条，主要内容如下[1]：

(1) 英国完全承认阿夫里德部落的独立地位。阿夫里德部落不与英国以外的其他力量发生关系。

(2) 英国政府给阿夫里德部落支付津贴。阿夫里德人一旦接受津贴，便承认开伯尔地区的税收权只属于英国，部落不得再对商队和旅者征收任何费用。接受津贴的部落将加强自律，不抢夺劫掠过往行人及其财物，不在英印政府辖区进行谋杀等活动。否则英国有权罚没津贴以为惩戒。

(3) 阿夫里德部落承诺，保护开伯尔山口以内地区秩序和生命财产安全，保护山口地区政府建筑物的安全，确保政治代表和其他官员到访期间的安全。涉及开伯尔山口的所有事务，尤其是涉及道路通行安全的问题，都须提交阿夫里德各宗族联合组成的委员会商议。委员会履行维护通行安全的职责，并向政治代表报告。对劫掠者的惩罚决定，须在报告政治代表后方可付诸实施。

(4) 组建开伯尔步枪队，由英国提供资金、阿夫里德部落提供人力。步枪队按照英国指令在当地履行警察职责，确保交通安全。这支警察力量听令于帝国的政治代表，总部设在贾姆鲁德，运转资金由帝国负责。如果阿夫里德部落想动用这支力量从事保护道路安全以外的其他事务，须经政治代表许可。

(5) 关于开伯尔的未来管理权，阿夫里德部落享有排他性的权利，英国政府绝不参与分割。

由此初步确立起帝国在开伯尔地区的统治秩序：英国人以出钱、出装备、派政治代表，承认阿夫里德部落自治，双方共同组建警察力量的方式，确保基本秩序和开伯尔山口的畅通。1881年，开伯尔成为英印政府在边疆地区设立的第一个县级建制。英国人给阿夫里德各宗族提供的

---

[1] 协定文本全文见 Teepu Mahabat Khan, *The Land of Khyber*, pp. 156-157。

津贴是每年 87540 卢比。①

3. 武装反抗英国

在《冈达马克协定》框架内,开伯尔山口的秩序与和平状态维持了十多年。1893 年英国划定杜兰线,成为地区秩序的转折点。

英国与阿富汗政府签订的《杜兰线协定》遭遇普什图部落的普遍反抗。1897 年 8 月 25 日,阿夫里德部落武装夺取开伯尔山口。这一天被称为英印政府历史上"最黑暗的一天"。事态平息以后,1898 年 10 月 26 日,英印政府与阿夫里德部落更新了协定,重新界定了双方在开伯尔山口地区的关系。新协定规定②:

(1)开伯尔山口开放贸易。英国政府将在该地区修建公路、铁路,在兰迪阔塔尔修建城堡,在其他地方修建驿站,确保道路状况良好。

(2)阿夫里德部落独立处理内部事务,但不得与英国以外的其他力量接触;在涉及开伯尔山口的事务中,阿夫里德部落对英国政府负责,与英国政府合作,以保持山口地区公路铁路畅通,保持沿途秩序及过路者生命和财产安全。

(3)英国政府恢复先前给各宗族发放的津贴。若阿夫里德部落行为不端,则罚没其津贴。

(4)阿夫里德部落与当地其他部落共同组建民兵武装,由英国人指挥,负责保护过往商队的安全。

可见,这前后两个协定的最大区别在于,旧协定把开伯尔山口的属地责任几乎完全委托给阿夫里德部落,新协定则由英国接管。新协定签订后,英国人立即着手改善开伯尔地区的交通状况,修建道路、铁路和通信线路。其中最重要的是 1920—1926 年间修成的从白沙瓦经开伯尔山口通往边境托克汗姆的铁路线。对地形地质结构特殊,且几乎完全没有现代交通基础设施的开伯尔地区来说,这条有 34 个隧道、92 座高桥、总投资 2.1 亿卢比的铁路线,堪称史无前例。它当时被誉为"帝国工程水平居全世界之首的标志",是世界奇迹之一。③ 铁路工程建设过程中,政

---

① C. Collin Davies, *The Problem of the North-West Frontier* 1890–1908, pp. 135–137.
② 协定文本原文参见 Teepu Mahabat Khan, *The Land of Khyber*, pp. 158–159。
③ M. Athar Tahir, *Frontier Facets*, p. 62.

府雇用大批当地部落民众，给部落首领发放额外的酬金，确保工程顺利完成。

20世纪初，南亚伊斯兰复兴运动风起云涌，西北边境省涌现一大批毛拉领导的反英斗争。阿夫里德—扎卡克部落的哈达毛拉（Mullah Hadda）是其中的重要代表之一。他组织率领部落武装反抗英国异教徒，得到喀布尔政权的暗中支持。1905年起，开伯尔地区安全局势明显恶化。为了避免再遭英国连坐式的惩罚，避免英国军事远征损害地区利益，阿夫里德部落议事会和其他宗族的马里克积极行动，想要约束扎卡克的反英力量。部落专门组建民兵与扎卡克对抗，但未能平息事态。扎卡克继续高举反英旗号，把主张遵守既有协定的其他宗族同胞斥责为"背叛祖国者"。① 1907年年底，扎卡克反英运动外溢到莫赫曼德地区。1908年年初，英印政府派兵镇压，扎卡克抵抗力量溃败。在这种情况下，2月28日，阿夫里德部落其他7个宗族召开联合议事会，3000人参加。议事会代表走访了扎卡克所有居民点，反复劝说。4月19日，议事会达成决议，各宗族马里克联名担保，今后扎卡克不再触犯英印政府的利益。② 然而，最大的反叛力量领导人穆尔坦（Multan）在议事会期间躲藏到贾拉拉巴德，拒不接受议事会劝解。实际上，当时部落地区的"反英圣战"热情之高，实非部落传统权威体系所能平抑。大约两个月之后，开伯尔几位毛拉再度集结部落民兵向英国开战。

4. 在巴基斯坦国家框架内

在英国撤离前后，阿夫里德部落大多数长老主张加入巴基斯坦。1948年，真纳在开伯尔山口宣布了联邦政府对部落地区的政策，赢得绝大多数部落民众的支持。但是1949年，青年阿夫里德党（Sarishta）宣布建立独立的普什图尼斯坦。在长老瓦里·汗（Wali Khan）的支持下，青年阿夫里德党动员组织民众破坏开伯尔地区交通通信路线。

阿夫里德部落独立收取开伯尔山口过往人畜货物费用的习俗，一直持续到1979年年底阿富汗抗苏战争全面爆发前夕。单纯从金额来看，阿夫里德部落收取的费用不算高。比如1977—1978年的标准是：乘坐客车

---

① C. Collin Davies, *The Problem of the North-West Frontier* 1890 – 1908, pp. 175, 144.
② Ibid., pp. 147 – 149.

通过山口，每人/次缴纳 6 卢比，私家车每人/次缴纳 12 卢比。① 但其内含的政治意义极为重大。首先，收取的费用归部落所有，部落民不向联邦缴纳任何税收。其次，部落以自己组建的民兵作为强制力量。这两点已足以说明它在国家政治法律体系中的特殊/地位了。

抗苏战争期间，开伯尔山口成为毒品和走私物品的主要通道。扎卡克的阿尤布·阿夫里德（Haji Ayub Afidi）是给阿富汗反苏力量运送武器的关键人物。② 除了阿夫里德部落以外，辛瓦里部落也参与种植和贩运鸦片。21 世纪以来，联邦和省政府加强了边境管制措施。阿夫里德部落一些权威积极谋求"独立"。2013 年 5 月底，阿夫里德几位部落长老从开伯尔穿过杜兰线，进入阿富汗楠格哈尔省，明确要求"祖国"——阿富汗帮助他们实现"解放"。③

第四节　部落跨境联系

普什图人的"跨界民族"身份是晚近获得的，是杜兰线的直接产物。1919 年阿富汗独立和 1947 年巴基斯坦建国，使普什图地区正式归属于两个民族国家，其跨界民族身份成为国际政治现实。

一　英国人的建构

1880 年，英印政府控制了阿富汗外交。为确保旁遮普和通往中亚道路的安全，巩固英属印度的战略防线，英国开始夺占普什图地区。掠夺行为的第一步是加强边疆控制，为此它采取了包括建立边警在内的若干措施。第二步则是话语建构，为掠夺行为"正名"。于是，英国在 19 世纪 80 年代致力于重新界定山地普什图人与阿富汗普什图人之间的关系，重点在于瓦解普什图人的跨界同胞团结和认同，使帝国的新战略得以合理化。

1887 年，英印政府在其编制的《西北边疆地名辞典》中提出，旁遮

---

① David M. Hart, *Qabila*, p. 160.

② Tom Lansford ed., *Afghanistan at War: From the 18th century Durrani Dynasty to the 21st century*, California: ABC-CLIO, LLC, 2017, p. 25.

③ National Afghanistan TV, "Pakistan Tribal Elders Seek Merger with Afghanistan", May 27, 2013, BBC Monitoring South Asia, 来自 Lexisnexis 数据库。

普边疆地区的帕坦部落在人种上不同于阿富汗普什图部落，帕坦部落在族群和地理上都不属于阿富汗。这种意图切断普什图人跨地域联系的说法，被时任旁遮普副总督的莱尔（J. B. Lyall）斥为"崭新的、毫无依据的理论"。莱尔立即致信印度政府，在信中他强调，生活在山区的普什图人的确长期保持独立和半独立状态；但是，不光印度西北边疆地区的部落如此，阿富汗国内的山区部落也是如此，"这些山地部落，包括我们所称的边疆部落，常常说他们是阿富汗人，说喀布尔的埃米尔是他们的埃米尔，尽管他们拒绝让这位埃米尔对他们征收赋税，也拒绝他委派官员来干涉他们的内部事务"①。

英印政府试图解构普什图历史文化共同体的努力并不成功。不过它攫取土地的主意已定。1893 年，英国在该地区的地缘政治改造取得突破：它划定了杜兰线，把普什图地区一分为二，攫取了杜兰线以南、以东地区。

杜兰线是英帝国的豪夺强霸，分界线是先在地图上武断划定而后才实地勘测确定的，完全不符合传统的自然边界（如高山、大河等），也未遵照各部落世居地的界线。它把若干部落划归为两个国家，阿夏克扎、瓦济尔、托里、曼伽尔、辛瓦里、莫赫曼德等部落尤为典型。不少氏族乃至同一个家庭和住所，都被杜兰线一分为二，这是杜兰线从一开始就遭到民众抵触的重要原因。

英印政府时期，阿富汗历任国王都没有公开拒绝杜兰线。然而，1947 年英国撤退后，从查希尔·沙王权到达乌德共和政权，再到人民民主党政权、穆贾希丁政府、"塔利班"，以及今天的阿富汗伊斯兰共和国政权，阿富汗始终不承认杜兰线是合法的国界线。这一立场直接决定了它与巴基斯坦关系的基本格局。

杜兰线没有真正切断其两侧部落民日常生活的跨境联系。巴基斯坦建国之初，阿富汗多次鼓动"普什图尼斯坦运动"，试图以此抹去杜兰线。然而，边界线毕竟是国家主权的核心标志之一，并非虚设。时至今日，每逢巴阿两国关系紧张，巴基斯坦都会在边境地区采取强制措施，限制居民跨境流动和贸易。这已经改变了阿富汗库奇人的生活方式。库

---

① Sameetah Agha, *The Limits of Empire*, pp. 18–19.

奇人传统的游牧范围远及次大陆腹地。20世纪60年代初巴阿关闭边境线，库奇人不再能够自由穿越巴基斯坦。目前他们只在阿富汗境内游牧。

二 巴基斯坦部落对阿富汗政治的影响

当前人们论及巴基斯坦对阿富汗的影响力，往往首先强调其三军情报局。殊不知，巴基斯坦三军情报局对阿富汗的影响力迟至20世纪80年代抗苏战争才得以确立，而且主要得益于两大基础条件：（1）美苏冷战，美国提供的慷慨援助都经三军情报局发放给穆贾希丁；（2）边境线两侧民众在历史、文化和政治经济方面的古老而深刻的联系。无论从哪个方面看，山地普什图部落对阿富汗政治的影响都比三军情报局更加古老、持久和坚固，特别是瓦济尔、马苏德、优素福扎、阿夫里德等部落，其在阿富汗王国政治经济生活中的作用举足轻重，历代国王都设法与这些部落交好，普通民众南下经商和放牧也要经过这些部落地区。

巴基斯坦山地普什图部落对阿富汗已有的政治影响主要体现在：

（1）支持阿富汗政府。杜兰尼国王对莫卧儿帝国的8次远征都得力于白沙瓦地区普什图人的支持。1838年12月，多斯特·穆罕默德国王联手瓦济尔部落抵抗和反击英国人。希尔·阿里和雅库布·汗得以在英俄博弈中勉力维持王权，离不开大瓦济尔部落的支持。1879—1880年第二次阿富汗战争期间，马苏德部落和莫赫曼德部落派兵支援喀布尔政权，同时在本地袭击英国目标。1919年，阿曼努拉·汗在马苏德、瓦济尔等部落的支持下，领导阿富汗人打败英国，获得独立。20—21世纪，巴基斯坦普什图人与阿富汗同胞并肩作战，把阿富汗变成苏联和美国军队的地狱。

（2）影响阿富汗决策。阿富汗王国建立初期，杜兰尼国王本人和他的儿子提姆尔·沙都通过联姻和提供资金的方式，交好阿夫里德、辛瓦里、优素福扎、奥拉克扎等部落，以维持王权秩序。从提姆尔·沙开始，直到1818年，白沙瓦是杜兰尼王国的冬季首都，当地聚集的普什图政治经济精英，直接参与阿富汗决策。19世纪，大瓦济尔部落的立场几乎直接决定阿富汗王子谁能主政。19世纪末，阿卜杜·拉赫曼汗依靠马苏德、瓦济尔部落的支持，镇压叛乱，确立对霍斯特和库拉姆等地的统治。1929年，纳迪尔·沙在瓦济尔民兵的大力支持下夺取喀布尔政权。

（3）庇护阿富汗权力斗争的失意者。从 18 世纪起，每逢阿富汗政局动荡，山地部落民都会给权力斗争的败落者提供庇护，无论前来求助的是叛军、民众还是落魄王子。这在很大程度上是普什图法则的作用。提姆尔·沙时期，败落的叛军首领得到阿夫里德部落庇护。王子扎曼·沙和舒贾·沙也都曾投靠阿夫里德部落。

20 世纪 80 年代以来，受世界政治和地区政治的影响，巴基斯坦普什图部落的跨境影响力进一步增强。一方面，抗苏战争和阿富汗内战期间，成千上万的山地普什图人北上参战，与在阿富汗的各国抗苏力量（包括"基地组织"）以及后来的"塔利班"建立起联系。2001 年，美国的阿富汗战争爆发后，"塔利班"和"基地组织"等外国武装力量南逃，以巴部落区为根据地，完成重组并跨境作战。2008 年，巴拉克·奥巴马在竞选美国总统时表示，阿富汗问题的关键和解决办法不限于阿富汗境内，还在于巴基斯坦部落地区。就任总统后，他发明了"阿富巴"（AfPak）一词，对阿富汗战略变成了"阿富汗—巴基斯坦战略"。

另一方面，持续的战火迫使阿富汗难民成批南逃。20 世纪 80 年代，巴基斯坦收容阿富汗难民数量曾超过 300 万人。目前滞留在巴基斯坦境内的阿富汗难民约有 200 多万，其中 85.1% 是普什图人，78% 的难民来自楠格哈尔、喀布尔、帕克提亚、坎大哈、卢格尔、昆都士和巴格兰等省。阿富汗难民在巴基斯坦主要集中于开普省和俾路支斯坦，其中开普省占 62.1%，俾路支斯坦占 20.3%。①

外国武装力量和大量难民的存在，对普什图部落社会以及巴阿两国政治生态的影响还有待进一步观察。目前，难民已成为巴阿关系、巴基斯坦国内政治的重要议题，普什图民族主义情绪正在高涨。由于阿富汗局势持续动荡，难民大多不愿返回阿富汗。但是难民的构成极为复杂。因此，难民与反恐议题挂钩，遣返难民也是近年来巴阿关系的新热点和难题。目前已经出现的规律是，每当巴阿双边关系出现问题时，巴基斯坦就高调宣称要遣返难民，以此给阿富汗施压。在巴基斯坦国内政治中，难民问题也在升温。比如，2016 年 6 月底，开普省"普赫图赫瓦民族人

---

① UNHCR, *International Conference on the Solutions Strategy for Afghan Refugees*, May 2 - 3, 2012, p. 22.

民党"主席马赫穆德·汗·阿夏克扎(Mahmood Kan Achakzai)公开强烈反对任何人驱逐阿富汗难民。他表示,开普省"属于阿富汗人",他们可以毫无畏惧地生活在这里。他说:"如果阿富汗人在巴基斯坦其他地方遭受驱逐,他们应该来到开普省,在这里无人有权让他们出示难民卡,因为这里也属于他们。"[1]

---

[1] "KP Belongs to Afghans, No One Can Force Them Out: Mahmood Achakzai", Jun. 30, 2016, http://www.dawn.com/news/1268208/kp-belongs-to-afghans-no-one-can-force-them-out-mahmood-achakzai. 该党(PkMAP)的宗旨是要统一生活在俾路支、开伯尔省和联邦直辖部落区的普什图人。

第 六 章

普什图民族主义

普什图民族主义的首次登台亮相是反英斗争。大国政治是普什图民族主义的催化剂。19世纪下半叶，英国谋求控制阿富汗政权、攫取普什图土地的政策，直接引发民众反抗。第一次世界大战前后，普什图反英斗争与次大陆民族解放运动联为一体，部落自发分散的反抗汇聚为自觉的普什图民族主义，贾法尔·汗领导的民族主义政党——"真主之仆"是重要代表。两次世界大战期间，奥斯曼土耳其帝国和德国为了削弱英国，前往阿富汗和普什图地区进行宣传鼓动，埋下了后来所谓"普什图尼斯坦"运动的种子。

普什图民族主义在阿富汗和英属印度以及后来巴基斯坦的表现各不相同。喀布尔政权反抗英国控制的斗争集中表现为三次国家间战争，但也不局限于此。还有民众自发的抗击运动。山地普什图人的反英斗争主要以部落乡村为单位，以部落武装力量为主体。用现代术语来说，它属于非对称性冲突。这类斗争在1893年杜兰线划定后走向高潮，其主要领导力量是当地的毛拉。19世纪末20世纪初，山地部落与喀布尔政权在反英过程中有多种形式的协力合作。英国撤离后，在多种因素作用下，这种联合演变为"普什图尼斯坦"运动，成为巴阿两国关系的重大障碍。

第一节 阿富汗抗英战争

19—20世纪，阿富汗三次与英国交战，史称"阿富汗战争"。其中，第一次和第二次战争是英国政府发动的，目的是为了遏制俄国南下，防止阿富汗倒向沙俄一方，因而是英俄大博弈的重要环节。从结果来看，英国输掉了第一次战争，赢得了第二次战争。第二次战争后，英国控制了阿富汗外交，夺得普什图土地。

第三次阿富汗战争发生于1919年，属于第一次世界大战后世界民族解放运动的一部分。战争由阿富汗国王阿曼努拉·汗发动，并顺利赢得战争，实现了国家独立。

一 第一次阿富汗战争（1839—1842年）

第一次阿富汗战争是帕麦斯顿政府"第一次不通过议会而进行的战争"①。英国发动这场战争的主要原因是阿富汗埃米尔多斯特·穆罕默德多次拒绝与英国结盟反对波斯和俄国，拒绝充当英国的战略工具。帕麦斯顿政府发动战争的契机在于，1838年，它以"印度政府"的名义出兵帮助阿富汗，并成功解除了波斯对赫拉特的威胁。其战争的托词包括两个方面：对英国国内，帕麦斯顿政府称多斯特是"俄国的忠实盟友"②；对阿富汗民众，英国则高举扶持王子舒贾·沙上台的旗号。

（一）英国发动战争的目的

英国早就觊觎阿富汗。它对阿富汗的政策在战略上从属于它在印度和整个亚洲的利益需求，与它在欧洲的政策息息相关。

1. 排挤法国

18世纪下半叶，印度是英国和法国全球争霸的战场之一；两国东印度公司多次发生武力冲突。七年战争（1756—1763年）结束后，英国东印度公司赶走法国人，把权力从加尔各答、马德拉斯和孟买等沿海地区扩展到北部内陆。为确保商路安全，东印度公司一面加强对印度北部地区陆路通道的勘察，一面着手在印度以北建立"缓冲地带"。它为此多次派外交使团前往波斯和阿富汗威逼利诱，竭力阻止两国与英国的战略对手建立联系。

---

① ［德］马克思：《对墨西哥的干涉》，《马克思恩格斯全集》第15卷，人民出版社1963年版，第393页。马克思指出，帕麦斯顿为了减轻责任，用伪造的文件称多斯特·穆罕默德与俄国交好，实际上，多斯特·穆罕默德是俄国的死敌。参见［德］马克思《伦敦"泰晤士报"和帕麦斯顿勋爵》，《马克思恩格斯全集》第15卷，第337、715页；［德］马克思《西方列强和土耳其》，《马克思恩格斯全集》第13卷，人民出版社1998年版，第17页。

② ［德］马克思：《西方列强和土耳其》，《马克思恩格斯全集》第13卷，第17页。

1809年2月，艾尔芬斯通率东印度公司代表团与阿富汗签订"永久友好"条约，规定"喀布尔国王不允许任何法国人进入辖地"。作为交换，英国承诺全力支持和帮助喀布尔国王抵制法国和波斯的恶意进犯。① 这个条约确立了此后百年阿富汗—英国关系的基本框架，即阿富汗的对外交往服从于英国利益，英国给阿富汗提供安全支持和保护。

2. 遏制俄国

19世纪初，沙俄积极谋求南下，意欲借道波斯向阿富汗和次大陆扩张，英俄大博弈登上历史舞台。英国的对策是，利用阿富汗人对波斯的仇恨，帮助阿富汗抵抗波斯入侵；同时利用阿富汗人对俄国的疑惧，帮助阿富汗抵御俄国。当然，如马克思所说，英国政府帮助阿富汗抵制波斯侵略、防范俄国都不是基于慈善或者正义，而是为了巩固自己在阿富汗的根基，"把阿富汗变为自己的政策工具"：

> 波斯人和阿富汗人这两个民族既然把俄国看作自己的天然敌人，逻辑的力量就迫使他把英国看作自己的天然盟友。在英国和这些亚洲民族之间并没有发生过冲突（敌对），然而既然英俄之间的斗争，是存在亚洲俄国和英属印度本身的结果，那么难道这种斗争不是必然的？因此，英国以低廉的代价在波斯人和阿富汗人那里受到欢迎，绝不是由于它的作为，而只是由于它在亚洲有领地这个事实。波斯人和阿富汗人把英国看作自己的盟友，因为英国是他们的敌人的敌人。……两国形成一道把英属印度与俄国隔开来的天然屏障，而且无论这个或那个国家都不能成为危险，因为它们是相互抑制的……因此，英国为要保持自己的统治势力，只需扮演波斯和阿富汗之间的善意调停人，并坚决反对俄国人入侵。一方面是虚假的友好，另一方面是认真的敌意，——别的就什么也不需要了。②

---

① Ahmed Shayeq Qassem, *Afghanistan's Political Stability: A Dream Unrealised*, Ashgate, 2009, p. 25.

② ［德］马克思：《英国的政治》，《马克思恩格斯全集》第15卷，第12、692页。［德］马克思：《对波斯的战争》，《马克思恩格斯全集》第44卷，人民出版社1982年版，第359页。

为遏制沙俄的南下态势，英国一面严正"警告波斯政府不要受人挑唆，不要发动对阿富汗人的战争"，称"这种战争到头来只能是浪费资财"①，一面则尽全力防止和阻挠俄阿接近，加紧控制喀布尔。

1837年9月，波斯在俄国支持下东进，围攻阿富汗战略重镇赫拉特。俄国驻波斯大使西莫尼奇伯爵亲自指挥攻城战，双方僵持不下。1838年5月，在波斯围攻赫拉特9个月之后，英国首相给波斯国王发出照会，第一次提出抗议，首次痛斥"波斯同俄国的联系"。发出照会的同时，英国还采取了两大措施：一是德里派兵从海路占领波斯湾的哈尔克岛②；二是伦敦拒绝接受波斯派驻英国大使，以此加强对波斯的压力。此时久攻不下的波斯国王已无心恋战，于8月15日撤离赫拉特。赫拉特危机解除。

3. 扶植亲英力量主政喀布尔

1835年，俄国开始结交阿富汗国王多斯特·穆罕默德，引起英国的不满。为防止多斯特政权交往俄国可能伤及英国利益，1838年，印度总督乔治·艾登决定对阿富汗采取更加积极的政策，即推翻桀骜不驯的多斯特，代之以更乐于与英国合作的前国王舒贾·沙。1809年6月，舒贾·沙曾与英国签订反对拿破仑法国的同盟条约。1836年，他与英国、锡克帝国签订三边协议，承认锡克帝国对其夺占的原属杜兰尼王朝的土地③有合法主权，并正式放弃对信德省的权利；作为回报，英国承诺帮助舒贾·沙夺回王位。

1838年，英国人以保护者和盟友的姿态解除赫拉特危机后，立即高调介入杜兰尼部落内部萨多扎和巴拉克扎之间的王权争夺战。英国的目标非常明确：用萨多扎王子舒贾·沙替换巴拉克扎的多斯特·穆罕默德。

1938年10月1日，奥克兰勋爵发表《西姆拉宣言》，对阿富汗埃米尔多斯特·穆罕默德正式宣战。宣言指责多斯特篡夺权力，背信弃义，袭击英国的锡克盟友，威胁印度的边界安全与和平。宣言表示，英国要

---

① ［德］马克思：《对波斯的战争》，《马克思恩格斯全集》第16卷，人民出版社2007年版，第26页。
② ［德］马克思：《对波斯的战争》，《马克思恩格斯全集》第44卷，第361页。
③ 锡克帝国国王兰吉特·辛格1823年从阿富汗手中夺取白沙瓦谷地。他死后，锡克帝国在1849年被英国吞并。

立即恢复舒贾·沙的王位。① 第一次阿富汗战争的序幕就此展开。

（二）英国战败

1839年2月19日，英印政府派两万士兵经开伯尔山口北上阿富汗。8月，大军占领喀布尔，立即拘押了多斯特，舒贾·沙被扶上王位。

完成政权更迭之后，阿富汗局势出现了与英国人早先预期相反的态势：普什图部落纷纷公开反抗舒贾·沙，"萨多扎子孙"的身份并没有提升舒贾·沙的威望，其地位反而岌岌可危。为保住这个听话的国王，英国派军队驻扎喀布尔和坎大哈。此举加剧了反抗者的愤怒，他们把英国军队称为"异教徒占领军"。加之英国驻军在宗教信仰、行为举止方面与普什图社会的道德习俗和传统大相径庭，喀布尔和坎大哈的普通民众也日益不满。

反感和不满最终集结发酵为憎恨。1841年11月，多斯特的儿子阿克巴·汗（Akbar Khan）领导喀布尔民众起义，展开仇杀英国人的行动。杜兰尼部落和加尔吉部落都加入起义大军，反叛力量占据上风。这时，伦敦新上台的保守党政府主张紧缩财政支出，于是不得不减少给普什图亲英部落首领的报酬。这样，原先的合作者也转而支持反叛。12月底，喀布尔的英军士气涣散，给养严重匮乏，英国被迫考虑撤离。1842年1月，英国军队在撤退途中遭遇加尔吉等部落的武装袭击，1.6万人的队伍只有一人生还②。这对英军而言是前所未有的惨败和灾难，阿富汗人则因打败世界上最强大的帝国而声名大振。

英国军队为了复仇雪耻，于1842年3月再度征讨阿富汗。同年秋天，大军夺占喀布尔，立舒贾·沙的儿子为国王。英国军队在喀布尔古城大肆烧杀掳掠，之后扬长而去，第一次英阿战争结束。

印度总督在庆祝帝国荣誉恢复，并最终取得战争"胜利"的同时，悄悄无条件释放了多斯特·穆罕默德。1842年12月，多斯特·穆罕默德重新主政喀布尔。就此而言，英国在军事意义上取得胜利，但是在政治意义上却未能成功。因为它进军阿富汗是为了完成政权更迭，并也依靠强大的军力做到了这一点。但终究没能敌过阿富汗民众的反抗。新政权

---

① Martin Ewans, *Afghanistan*, pp. 61–62.
② ［德］马克思：《印度起义》，《马克思恩格斯全集》第16卷，第387、593页。

始终未能建立起真正的统治秩序，以致最终不得不接受多斯特·穆罕默德重新上台。

二 第二次阿富汗战争（1879—1881年）

英国第二次发动阿富汗战争的目的依然是为了控制阿富汗并阻遏沙俄南下。与第一次战争相比，主要有两点不同。其一，英国得偿所愿，通过战争确立了对阿富汗的控制权。其二，英国发动战争之时没有政权更迭的计划，但战争之后却完成了政权更迭，把自己看中的阿卜杜·拉赫曼汗扶上了王位。

（一）战争缘起

第一次阿富汗战争之后，多斯特政权改善了与英国的关系，对俄交往更加谨慎。1858年春天，俄国政府派特工进入阿富汗，试图与多斯特建立更密切的联系，但遭到明确拒绝。希尔·阿里时期，阿富汗对英国的依赖逐渐加深。

与此同时，大博弈态势几经变化，英国对俄国的政策在19世纪70年代趋于强硬，从早先的积极防御为主改为锐意进取的"前进政策"。在这种背景下，阿富汗的处境极为艰难，它左右逢源的努力引起了英国的猜忌，于是爆发了第二次战争。

1. 阿富汗对英国的依赖加深

1855年，东印度公司和多斯特政权签订条约，双方承诺维护两国间和平关系，东印度公司不干涉阿富汗内部事务，多斯特答应做"（东印度）公司的朋友，做公司敌人的敌人"。1857年，波斯人再度围攻赫拉特，英国及时出手相救。东印度公司解散后，喀布尔与德里政府更新条约，英国每月给阿富汗提供价值一万英镑的军火武器，帮助阿富汗军队抵抗波斯；英国派三名军官到坎大哈监管军火分配。与此同时，英国提出要向喀布尔派驻使团。但多斯特以不能确保使团安全为由婉拒。不过，多斯特准许英国委派的印度穆斯林代表入驻阿富汗。[①]

1863年多斯特死后，希尔·阿里上台。王子间的血腥权力斗争持续5年多时间，希尔·阿里最终保住了王位。他的政权至少在三个方面有求

---

① Martin Ewans, *Afghanistan*, pp. 75–76.

于英国：一是资金支持；二是抵抗来自沙俄扩张的威胁；三是英国承认其合法性。而英国也需要借助阿富汗遏制沙俄南下。1869年，英国承诺给阿富汗提供武器和定期津贴，双方关系持续巩固。

2. 大博弈态势变化

东印度公司和英印政府都致力于拓展在印度的权力范围。19世纪40年代末，英国趁兰吉特·辛格死后锡克帝国四分五裂之机，夺占了信德、克什米尔、旁遮普和俾路支等地，把印度北部边界扩展到普什图地区。它还积极经营与普什图部落的关系，设法削弱喀布尔政权的影响力，通过提供补贴、签订和约并辅以军事征服等方式，与多个部落酋长建立密切联系。

1857年，印度发生民族大起义，英国无暇他顾。俄国乘机积极采取行动。沙皇一面积极煽动波斯攻取阿富汗，一面夺占浩罕、撒马尔罕和布哈拉等中亚汗国，直接威胁阿富汗北部地区的安全。加之欧洲局势和东方问题的变化，1872年英俄达成协议，都表示愿意解决双方在亚洲的所有争议，同意在两大帝国间设立一个永久中立带。阿富汗正是这个"隔离区"的首选。① 1873年1月，俄国承认以阿姆河为阿富汗北部边界，巴达赫尚和瓦罕属于阿富汗，并承认阿富汗属于英国势力范围，承诺绝不染指。作为补偿，俄国要求英国约束阿富汗国王，使之不要越过北部边界进行军事活动，不要煽动中亚的宗教力量对抗俄国。

协定达成后，英俄两国间暂时相安无事，但阿富汗的安全状况并未因此得到改善。俄国在中亚地区的强势扩张，特别是征服希瓦汗国，加剧了阿富汗对北部安全的担心。1873年7月，希尔·阿里派代表拜见印度总督，希望英国提供更明确和强大的支持。英国给出的答复是，英俄之间已有共识，俄国不会从北部威胁阿富汗。最后只表示愿意给阿富汗提供一些资金和武器。希尔·阿里大失所望，转而联系俄国，试图通过外交途径减轻压力。

喀布尔转向俄国的举动令英国心生芥蒂和警觉。但真正改变大博弈

---

① Martin Ewans, *Afghanistan*, p. 81. 在19世纪60年代后期，英国的目光还投向中国新疆，因为他们发现，喀什可能成为俄国军队南下印度的通道，而且英国也可通过喀什扩展到中亚。于是，新疆也成为英俄博弈的舞台，在这场较量中，沙俄攫取了伊犁大片土地，英国则积极支持阿古柏。

"平衡局势"的关键,却是英国国内政治。1874年,本杰明·迪斯累利率领保守党重新执政,他决心纠正前政府对俄国的软弱态度,"前进政策"回归,伦敦对俄态度重趋强硬,大博弈再度升温。

3. 阿富汗国王谋求中立的努力

迪斯累利政府上台后立即要求印度总督重启与阿富汗的共同防卫谈判。1875年,英国对阿富汗提出,希望能够在赫拉特或喀布尔建立永久代表处,以监视俄国在中亚的动向。

此时的希尔·阿里国王不再相信英国,也不愿开罪沙俄。他对英国代表表示,如果接受了英国使团,那就不能拒绝俄国使团。1876年,印度总督利顿勋爵再次提出英国使团进驻阿富汗的要求,并以不再支持喀布尔相威胁。希尔·阿里仍搪塞婉拒,英国大为不满。

沙俄竭力拉拢希尔·阿里。1878年7月,俄国派军事使团前往喀布尔,提出建立两国攻守同盟,俄在阿境内驻兵,连通两国道路和电报系统,阿不接纳英国使团等要求。俄国代表威胁说,如果希尔·阿里不同意与俄国缔约,俄将支持流亡撒马尔罕的阿卜杜·拉赫曼汗回国争夺王位。希尔·阿里不得不屈服。

希尔·阿里秘密接待俄国军事使团及其妥协,引爆了英国的愤怒。利顿勋爵于1878年10月给希尔·阿里下达最后通牒,要求他在三周内就拒绝英国派驻使节、秘密接待俄国使团一事向英国公开道歉,同时要求他无条件接受英国使团永久进驻喀布尔。

希尔·阿里未能按英国要求在三周内给出回复。① 1878年11月21日,英印政府对阿富汗宣战,第二次阿富汗战争爆发,希尔·阿里的中立努力宣告失败。

(二)战争及其结果

英国的进攻势如破竹。希尔·阿里连忙把政务委托给王子雅库布·

---

① 对此,阿富汗历史学家的解释是,当时正逢希尔·阿里丧子,他需要先全心料理儿子的丧事,未能及时回复。他们认为,三周的时间限制其实不过是英国进一步行动的借口而已。因为当时交通通信状况很不发达,加上俄国一直虎视眈眈,英国要求派驻使团的问题已纠结近40年,所以希尔·阿里根本不可能在三周内做出让英国满意的答复。另一个细节是,11月30日,印度政府收到了希尔·阿里的回函,同意英国派使团前往喀布尔。但这份回函没有阻止战争的发生。由此足见英国的战争意志早已确定,期限只是幌子。

汗，亲自北上向沙俄求救。但是，俄国不愿意与英国直接对抗，于是假托天气和路途遥远，军队不能在冬天赶到阿富汗参加作战等理由拒绝了他。同时还劝告他主动与英国媾和。希尔·阿里甚至没能获准进入沙俄领土。1879 年 2 月他在马扎尔谢里夫忧愤离世。

1879 年 5 月 26 日，雅库布·汗接受英国提出的停战退兵条款，签订了《冈达马克条约》。其主要内容是：（1）阿富汗把库拉姆、开伯尔山口，以及通往奎达的要塞皮辛和锡比割让给英国，以换回被英军夺占的坎大哈和贾拉拉巴德；（2）把阿富汗的外交决策权让渡给英国；（3）英国每年给阿富汗提供 60 万卢比（约合 6 万英镑）的补贴，保护阿富汗不受俄国和波斯的侵略。①

7 月 24 日，英国外交使团到达喀布尔。9 月初，使团遭喀布尔暴民屠杀。英国盛怒之下第二次派军队进驻喀布尔，雅库布·汗宣布退位，随即被流放到印度。英军在喀布尔处死了约 100 名涉嫌参与屠杀案的阿富汗人。激发各地民众的仇恨，反抗者从四面八方涌向喀布尔，加尔吉部落大毛拉丁·穆罕默德（Mir Din Muhammed）发出"圣战"号召，要求穆斯林拿起武器杀死异教徒入侵者。

英国再次深陷阿富汗全民战争的深渊之中。虽然它凭借强大的军事力量守住了喀布尔，但阿富汗局势完全失控：没有国王；各地群雄并起；反叛者既袭击英国人，彼此也互相残杀。仇恨英国的情绪迅速蔓延，英军维持秩序和治安的代价越来越高。

为了尽快脱身，1880 年 4 月，英国邀请多斯特·穆罕默德的孙子阿卜杜·拉赫曼汗出任国王。双方达成协议：英国从喀布尔撤军，留下一名穆斯林特使作为英印政府代表；阿富汗把外交权让渡给英国，喀布尔不与任何第三国发生关系；英国承诺保障阿富汗安全，提供资金支持，不干涉其内政。

（三）阿卜杜·拉赫曼汗国王

阿卜杜·拉赫曼汗在位期间始终信守与英国的协议，英国也如约不干涉其内政。拉赫曼汗充分利用内政自由和英国的大力支持，施行新政，

---

① Damodar P. Singhal, *India and Afghanistan 1876 – 1907*: *A Study in Diplomatic Relations*, St. Lucia: University of Queensland Press, 1963.

奠定了阿富汗现代国家的基础。

1. 建设现代国家

阿卜杜·拉赫曼汗的主要政策行动包括：平定各地反叛共40多起，征服哈扎拉人和乌兹别克人，对卡菲尔斯坦发动"圣战"并将之改名为"努里斯坦"，把约1万户加尔吉人迁往北部地区，扩展了王权实际统治疆域。他还重建全国贸易通道和网络，设定全国行政区划，召开全国大议事会，组建国家军队。

史家称拉赫曼汗为"铁血国王"。他的铁腕主要表现在三个方面：镇压反叛者、在混乱中建立政治秩序、建设和巩固统一的国家机器。他有效削弱并制约了各部落权力，建立起相对独立于部落地方的中央集权，把长期平行于王权的地方部落权力和宗教权威纳入国家机器。在宗教领域，拉赫曼汗宣称自己的统治权来自真主，埃米尔的责任是"协助全能的真主管理世间事务"。他以真主代治者和伊斯兰卫士的名义，大刀阔斧地推进伊斯兰化政策，强令卡菲尔斯坦的异教徒改信伊斯兰教。他还以强力整顿宗教人士队伍，清理清真寺财产，削弱宗教人士凭以独立于国家政治权力的经济基础。他又借助宗教人士的支持，建立统一的伊斯兰教教法司法体系，提出并落实了国王垄断"圣战"发动权、国王拥有最高的教法解释权等政治权力原则。

总之，阿卜杜·拉赫曼汗把阿富汗从"部落国家"领上了现代国家的发展道路。后世对他的争议主要在于杜兰线。

2. 杜兰线

1893年11月，英印政府外务秘书莫蒂默·杜兰（Mortimer Durand）与拉赫曼汗签订协定，划分了阿富汗与英印政府的边界。因为杜兰当时受命为英方代表，所以这个边界协定又称"杜兰协定"，边界线称为"杜兰线"。

"杜兰协定"主要有两大内容：（1）确认1872—1873年英俄条约关于阿富汗北部边界的条款，阿富汗力量撤回阿姆河以南地区，阿富汗东北部以瓦罕走廊为界与沙俄分隔，走廊归阿富汗所有；（2）双方组建专门边界委员会勘定双方边境线。[①]

[①] S. Fida Yunas ed., *Special Issue on the Durand Line Border Agreement* 1893, Peshawar: University of Peshawar, 2005, pp. 69–71.

1898 年 11 月 20 日，长约 1200 英里的"杜兰线"完成实地勘定，成为英属印度与阿富汗的正式界线。英国通过杜兰线攫取了阿富汗大片领土（如图 6—1 所示）。1895 年 3 月 11 日，英俄两国交换外交文书，正式确认 1893 年英阿协议，并就划分帕米尔达成一致意见：确认瓦罕走廊为英俄帝国的分界，中国的主权范围也以瓦罕为界。

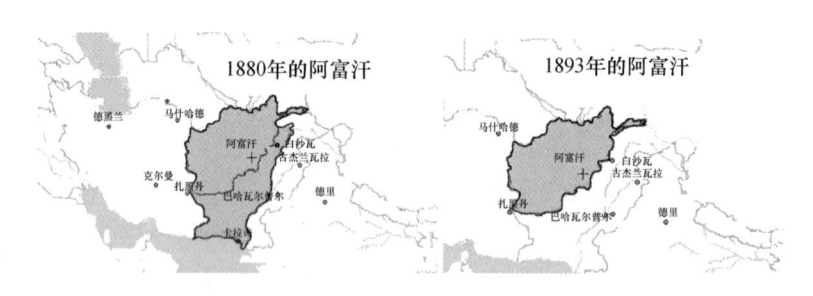

图 6—1　杜兰线与阿富汗疆域变化

"杜兰协定"签订后，英国给阿富汗的年度补助津贴从 120 万卢比增加到 180 万卢比。① 对于这个协定，当时阿富汗的王公贵族和普什图首领们没有公开抗议，但在英印政府新夺取的普什图地区，部落民反英武装斗争此起彼伏。

从英国的角度看，杜兰线是其边疆战略的内在组成部分，是帝国政策和大博弈的重要成果，是英印政府疆域的扩大，有其历史连续性。从普什图人的角度来看，杜兰线却意味着一种断裂：它割裂了普什图地区，撕裂了普什图部落社会；普什图地区和普什图社会进入全新的政治框架和政治进程。因此，19 世纪末普什图地区的抗争和反叛，是部落民对帝国巧取豪夺、人为武断分裂普什图社会的反应。

历史已经证明，英国通过杜兰线攫取的土地，即俾路支斯坦部分地区和普什图部落地区到今天依然是巴基斯坦国家稳定和中南亚地缘政治秩序的薄弱环节。普什图社会内在的历史文化联系与普什图地区政治割裂之间的张力，至今还如幽灵一般笼罩着阿富汗—巴基斯坦关系。

---

① Ijaz Hussain, "The Durand Agreement in the Light of Certain Recent International Conventions", *Verfassung and Rechts in Uebersee*, Vol. 18, No. 3 (1985), pp. 255–281.

三　第三次阿富汗战争（1919年）

这次战争与前两次战争的不同之处相当明显：首先，战争由阿富汗发动；其次，战争的国际政治环境不再是英俄较量，而是第一次世界大战和欧洲国家间斗争，以及世界范围内的民族主义浪潮；最后，战争时间短，战火持续不到一个月。阿富汗赢得了战争，进而赢得了政治自由，摆脱了英国的控制。

（一）战争缘起

基于1881年英阿协定，英国与阿富汗和平相处20年。1901年10月，阿卜杜·拉赫曼汗离世，哈比布拉汗继位。理论上，拉赫曼汗之死并不必然改变英阿关系，但印度总督寇松却想借喀布尔易主之机，扩大对阿富汗的控制权。殊不知，这一改变现状的努力不仅未能实现其初衷，反而在新的国际环境中促成了战争，最终完全改变了英阿关系格局。

1. 英国求变未遂

拉赫曼汗死后，寇松要求与新国王签订新条约。主要有两个原因。（1）阿卜杜·拉赫曼汗去世前夕，俄国正式向英国提出要求，希望与阿富汗建立直接的"非政治性"关系。英国当然不会相信这种关系会是"非政治性"的，因此没有立即作答。但沙皇的要求让寇松和英国国内的反俄派提高了警惕。基于英俄1895年协定的限制，英国只能在控制阿富汗方面下更大的功夫。（2）寇松在评估阿卜杜·拉赫曼汗时期的英阿关系的发现，英国在阿富汗的投资—收益不匹配。他认为，阿富汗坐享英国津贴，却没有付出同等回报，英国吃了亏。于是寇松设法增强英国在阿富汗的影响力。

新国王哈比布拉汗拒绝了英国订立新条约的要求，坚持1881年协定在法律上依然有效。双方的较量以哈比布拉汗胜利而结束。1904年，英国还准许阿富汗自由进口武器。[①] 这一特许可谓是一个转折点，因为它意味着英国控制阿富汗的外交紧身衣出现了裂缝。

之后，受世界政治局势新变化的影响，特别是第一次世界大战期间奥斯曼土耳其帝国的宣传动员，阿富汗民众反英情绪高涨。

---

① Martin Evans, *Afghanistan*, p. 113.

2. 世界和地区局势变化

20世纪初，直接影响英国—阿富汗关系的国际政治变量主要是大博弈结束和第一次世界大战。德国和土耳其为了削弱英国，派人前去阿富汗鼓动普什图人起来反抗英国的控制。

(1) 1907年《英俄条约》

历史学家的普遍共识是，1907年条约标志着英俄在中亚地区的和解，因而是大博弈的结束。这个协定的主要内容是英俄两国议定阿富汗、波斯和中国西藏地区的政治归属。其中涉及阿富汗的内容包括：①俄国承认阿富汗属于英国势力范围，承诺不在阿富汗派驻特工，与阿富汗的政治联系一律经过伦敦；②作为交换，俄保留在阿富汗经商的权利；③英国承诺不改变阿富汗政治现状，不鼓励阿富汗对俄罗斯采取政治行动，不与阿富汗联手破坏俄罗斯在中亚的统治。

这个条约谈判前后历时一年多，阿富汗始终被排除在外。然而条约文本又明确规定：本约的正式生效，须得到阿富汗国王哈比布拉汗的同意。

哈比布拉汗对英国的专横向来多有不满，坚决拒绝在条约上签字。这一立场振奋了阿富汗民众的反英精神。1907—1909年，在哈比布拉汗的默许下，世俗"鹰派"精英广泛展开反帝宣传动员，宗教领袖也号召穆斯林对英国发动"圣战"，其结果是阿富汗多地发生反英暴力斗争。

当然，哈比布拉汗的不配合没能阻止《英俄协定》生效。英俄遂商议决定，删去"生效须经阿富汗国王签字认可"的条款，并立即各自批准了条约。

(2) 第一次世界大战

第一次世界大战的影响至少表现在两大方面。其一，英阿关系与欧洲国际政治斗争交织。德国、土耳其与英国之间的矛盾促进了阿富汗反英力量的发展。其二，哈比布拉汗国王的中立政策遭到国内主战派的激烈反对，最终国王死于非命。

① 土耳其—德国代表团出使阿富汗

1915年9月，土耳其和德国派遣联合代表团访问喀布尔，要求阿富汗与之一起抗英，在印度开辟新战线，以分散英国在欧洲战场的战斗力。

阿富汗国内主战派积极响应，要求与英国开战。面对巨大的政治压力，哈比布拉汗召开大议事会。会议最后决定支持阿富汗参加国际"反英圣战"。在这种状况下，哈比布拉汗一面对土德代表团表态，表示愿意攻打英属印度，一面又提出近乎天价的参战条件：要求土耳其和德国必须给阿富汗提供军事支持，包括提供至少价值2000万镑的黄金、10万支来复枪、300门大炮，并要求两国派军队来阿富汗领导战争。①

国王提出天价要求的本意是为了让土德两国知难而退，但没想到代表团竟然一口应允。于是阿富汗只能与土德签订条约草案。代表团离开喀布尔后，还专程前往边境部落地区进行反英宣传动员。他们在当地大打感情牌，土耳其人着力宣扬泛伊斯兰团结，把英国人称作异教徒；德国人则强调与普什图人共有的雅利安血统，称英国人为侵略者。由于哈比布拉汗暗中作梗，普什图部落没有立即采取行动。

英国为了安抚并答谢哈比布拉汗，在保持英阿特殊关系的同时，口头承诺要放松控制，给阿富汗更多自由。1915年起，英国还较大幅度增加了给哈比布拉汗的津贴。

② 阿富汗主战派力量成长

土耳其在培育阿富汗主战派方面发挥了十分重要的作用。近代以来，阿富汗政治精英便亲近土耳其，往来密切。一则基于共同的宗教信仰；二则基于同仇敌忾的情绪，历史上两国都遭受过法国侵略，都深受波斯和英国的侵略之苦，都不喜欢俄国。第一次世界大战爆发后，土耳其从多个渠道加强对阿富汗民众的宣传动员，试图把既有的影响力转化为反英政治同盟。

20世纪初，多斯特·穆罕默德的后裔马哈茂德·塔尔齐（Mahmud Tarzi）② 深受"青年土耳其"运动的影响，在阿富汗贵族和知识精英中大力宣传现代改革思想和泛伊斯兰主义，谴责英国殖民主义，培育了一批反英"鹰派"力量，其中包括国王哈比布拉汗的兄弟纳斯鲁拉（Nasrullah Khan）、国王的两个儿子阿曼努拉和因亚图拉（Inyatullan Khan）。塔尔齐的追随者有明确的政治思想主张，核心是：亲土耳其、反英、泛伊斯兰团结。

---

① L. W. Adame, *Afghanistan 1900–1923: A Diplomatic History*, Berkeley, 1967, p. 94.
② 塔尔齐的思想对阿曼努拉汗和达乌德·汗影响很大。其基本主张见本书第七章第一节。

③国王坚持中立

哈比布拉汗始终保持着战略清醒，坚守基本政治原则，避免与英、俄作战。1915年，他被迫与土、德草签协定后，立即采取若干补救措施。一是抑制国内好战派力量；二是秘密与英国沟通，消除英国人的担心。他告诉英国人，不要看阿富汗怎么说，要看阿富汗怎么做。三是对土德代表团阳奉阴违，暗中破坏代表团在阿富汗的行动。

1916年年初，哈比布拉汗正式公开宣布，阿富汗将毫不妥协地保持中立。他仿效父亲阿卜杜·拉赫曼汗，宣布谁不服从埃米尔就等于违抗伊斯兰教。这一决定和其强硬的态度激化了国内政治矛盾，主战派的斗争目标于是从反英扩展到反国王。

3. 哈比布拉汗要求独立

尽管第一次世界大战的结果证明哈比布拉汗的决策是明智的。然而，战争期间和战后，他始终面临巨大的压力。反英派认为，国王表面中立，实为亲英。宗教权威指责国王背叛穆斯林乌玛的利益，出卖伊斯兰原则。在反对派看来，第一次世界大战期间英国增加对阿补贴，是国王出卖国家利益、出卖宗教信仰的罪证。

为了平息民怨，哈比布拉汗在一战结束后立即向英国提出，希望准许阿富汗完全独立。1919年2月底，英国还未及给出答复，哈比布拉汗就遭暗杀身亡。他的兄弟纳斯鲁拉起初被宗教保守派拥戴为新埃米尔，但随即被迫让位给王子阿曼努拉汗。

关于谁谋杀了哈比布拉汗，史家的推测主要有四种。（1）"复仇说"。认为国王死于曾被他镇压的部落民之手。（2）苏联布尔什维克的阴谋。英国人普遍采用这种说法。（3）英国人的阴谋。这是俄罗斯的反控，不少阿富汗人也相信这一点。（4）阿富汗鹰派所为，因为他们对哈比布拉汗不满已久。总之，众说纷纭。纳斯鲁拉一度因涉嫌参与谋杀而被正式起诉，但因缺乏充足证据而很快获释。一名涉嫌执行谋杀的军官已被处决。

4. 阿曼努拉汗为独立而战

1919年2月27日，阿曼努拉汗就任国王。第二天他发表《国王宣言》，明确宣布：

>阿富汗必须获得自由和独立，它必须享有其他主权国家所享有的一切权利……阿富汗人民必须获得自由，没有任何人应该受到专制压迫。①

国王同时致信印度总督柴姆斯菲尔德，宣布阿富汗为"独立和自由"的国家。总督回函未提及阿富汗独立问题，只表示稍后将考虑两国通商条约等问题。收到总督回复后，阿曼努拉汗立即正式公开宣布阿富汗"已经完全自由了，在内政外交方面都彻底自治和独立了"。他还公开支持印度的反英民族主义斗争。他说，"起来反抗和制造动荡的印度人民是正确的……英国人只把他们自己当人"。②

1919年5月3日，阿曼努拉汗在哈达清真寺正式宣布对英国发动"圣战"，号召阿富汗穆斯林和各部落起来打击英国。军队随即向边境地区集结，很快占领开伯尔山口附近一个可切断当地英国驻军水源的重镇。英国军队起而迎战，第三次英阿战争爆发。

关于阿曼努拉汗为何如此急切地对英宣战，历史学家们强调两点。(1) 子承父志。独立是哈比布拉汗未竟的心愿。(2) 顺应民心。当时阿富汗民众反英情绪高涨，新国王上台立即宣布独立，并迅速对英宣战，是顺应民心之举，有助于增进合法性。③

综观当时阿富汗国内状况和国际环境，至少还可以考虑以下几个方面的原因：

(1) 转移注意力，统一民心。哈比布拉汗的意外死亡引起舆论和民心混乱。新国王宣布独立、向英国开战，其实是制造了一个新的舆论焦点，有助于转移注意力。

(2) 让军队远离王权争夺。阿曼努拉汗为争夺王位，囚禁了叔叔纳斯鲁拉、哥哥因亚图拉和穆萨希班家族成员，此举惹怒了一些毛拉和军队高官。通过对英国开战，同时打出"圣战"旗号，既满足了毛拉的反

---

① Amin Saikal, *Modern Afghanistan: A History of Struggle and Survival*, London: I. B. Tauris, 2010, pp. 60–61.

② Martin Evans, *Afghanistan*, p. 120.

③ Amin Saikal, *Modern Afghanistan*, chap. 3. ［美］沙伊斯塔·瓦哈卜、巴里·杨格曼：《阿富汗史》，第115页。Martin Evans, *Afghanistan*, pp. 119–123.

英诉求,也给军官们找到新的任务,可重新凝聚军心和民心,打造新埃米尔的权威。

(3) 阿曼努拉汗个人的雄心和追求。阿曼努拉汗是坚定的爱国主义者。他在青年时代追随塔尔齐,是"青年阿富汗"运动的核心骨干[①],是反英鹰派的中坚,怀有强烈的反英情绪和泛伊斯兰主义感情。他致力于恢复杜兰尼帝国的辉煌,立志夺回被英俄强占的领土。他在对英宣战之前,曾亲自前往杜兰线地区进行政治军事动员,得到了瓦济尔等部落的积极响应。

(4) 政治机遇和有利的国际政治道义环境。在国际层面上,当时威尔逊和列宁公开支持民族自决原则,老牌殖民帝国的帝国主义和殖民主义行为不复拥有道义与政治合法性。在阿富汗国内,民众反英情绪高涨。更为重要的是,英属印度的社会秩序在第一次世界大战后陷入混乱:1918年物价大幅上涨,民不聊生;100多万在海外参战的印度军人复员回国,旁遮普承受巨大压力;《罗拉特法案》激起印度全民抗议运动;国大党趋于激进,穆斯林在政治上日益觉醒;甘地组织声势浩大的非暴力不合作抵抗运动;1919年4月发生的阿姆利则惨案;等等。这些都构成了阿曼努拉在1919年5月初宣战的政治机遇。

(二) 战争成果

阿曼努拉汗志在必得,且占有天时地利人和之便,深得民众的拥护和支持,但英国的军事实力更为强大。战火一开就陷入胶着状态。阿曼努拉汗无心恋战,英国也无必胜之志。1919年5月24日,他致信印度总督,表达了和平解决争端的愿望。柴姆斯菲尔德积极响应。6月3日双方就实现了停火。

总督柴姆斯菲尔德主张承认阿富汗独立。他认为,这样才能最大限度地保存英国既有的影响力。他在给伦敦提交的报告中写道:

> 我们无从回避的这个阿富汗民族充满了自决和民族自由的世界

[①] 青年阿富汗运动又称"阿富汗立宪运动"(Mashrutiya),运动的创立者是塔尔齐。阿曼努拉汗及其兄长因亚图拉自青年时代起便是该运动的骨干,这对王子还迎娶了塔尔齐的两个女儿为妻。

精神,对于刚刚摆脱专制而获得的自由,以及她将会摆脱俄国的所有威胁等,她都十分自信,她对限制其绝对独立的任何障碍都毫无耐心。要指望今天的阿富汗心甘情愿地接受之前那种容许我们控制其外交政策的条约,完全是痴人说梦。假若我们一定要立志依靠刀剑把那种条约强加给她,那么我们的目的究竟是什么?那种条约将会随刀剑入鞘而立时化为纸屑。

……

基于阿富汗对印度的经济和地理依赖,我们有理由期待:我们可以(对阿富汗)施行实质上的控制,前提是我们始终不要把她推到别处去寻求这种她天生需要的帮助。①

当时伦敦有人指责柴姆斯菲尔德为投降主义者。外交大臣寇松就竭力阻挠这个在他看来"自损威望"的行为。实际上,柴姆斯菲尔德是务实且明智的。他当时对阿富汗的洞见有助于我们理解当代印度与阿富汗关系的基础。20世纪的美国似乎不了解这一点。20世纪中叶,美国多次推开主动向它求助的阿富汗国王,直到阿富汗几已成为苏联的囊中物时,它才大动干戈地前往争夺。②

1919年8月8日,英国与阿富汗签订和平条约。条约规定:(1)阿富汗接受杜兰线为两国边界线,放弃对部落地区的权利主张;(2)英国准许阿富汗过境印度进口军火,并将补发此前暂停的津贴;(3)条约生效之日起,英国不再给阿富汗政府提供津贴;(4)双方将在6个月内签订友好条约,并勘定开伯尔山口附近的界线。

英国人在条约附带的信件中承认阿富汗在内政外交方面完全自由和独立。1921年11月22日,英国政府同阿富汗签订了《英阿条约》,正式承认阿富汗独立。

阿曼努拉汗原本希望废除杜兰线、夺回瓦济里斯坦及其附近地区。这些愿望没能实现。尽管如此,获得独立本身就是重大成就。阿富汗民众兴奋不已,他们把和平条约看作埃米尔全胜和王国新生的标志。阿曼努拉汗

---

① Martin Evans, *Afghanistan*, pp. 124–125.
② 钱雪梅:《阿富汗的大国政治》,中国社会科学出版社2017年版,第一章第四节。

的政治威望空前提高，他带着胜利的喜悦和对阿富汗美好未来的憧憬，立即启动了行政、司法、财政和社会等领域的全面现代化改革，结果却激发社会反抗，国王威望尽失，未得善终。

第二节　西北边疆的"反英圣战"

19世纪下半叶，西北边疆是英印政府最难治理、最危险和最富挑战的地区。[①] 当地普什图人的反抗斗争随着英国控制该地区的强化而升级，在杜兰线划定前后达到高潮，一直持续到印巴分治。

与阿富汗战争相比，西北边疆反英斗争的特点在于，首先，它不是国家间战争，而是强大帝国政权拓展疆域空间和统治边疆的政策所引发的反抗。1893年之前，部落抗争集中表现为反征服，之后则表现为不服从帝国统治。在英国一方，应对武装抗争的主要方式是军事远征。当时英国军官们称之为部落战事、山地战事、边疆战事等。[②] 部落民的抵抗方式主要是游击战，这一点也与阿富汗战争中的主战场明显不同。

其次，宗教权威站在边疆反英斗争的最前沿。他们高举"圣战"旗号，以部落武装的方式组建"塔利班"或"穆贾希丁"，打击英帝国目标。

此外，西北边疆部落反英斗争以暴力武装为主，但也有一个重要分支是深受甘地影响的非暴力抵抗运动，他们还组建了民族主义政党，被英国称为"红衫军"。

一　英国吞并普什图地区

1849年英国吞并锡克帝国，把控制范围扩大到普什图地区的南部和东部边缘。于是，对英国而言，获得普什图部落的政治合作与认同，变成了与印度安全息息相关的战略问题。如罗伯茨勋爵所说：

[①] Dr. Salman Bangash, "Frontier Wars During the British Rule in India (1849 – 1898)", *Journal of the Pakistan Historical Society*, Vol. 63, No. 2 (Apr.-Jun. 2015), pp. 65 – 82.

[②] T. R. Moreman, *The Army in India and the Development of Frontier Warfare* 1849 – 1947, London: Macmillan Press Ltd., 1998, p. 21.

应该让这些地区的各部落与我们站在一起，这一点至关重要……如果他们站在我们这一边，那么我们就不必担心；如果他们反对我们，那么我们将面临严重威胁，他们是印度西北边疆防卫的一个关键因素。①

之后，英国开始探索对普什图地区的政策，步步推进。大体可分为三个阶段。19世纪70年代末以前，英国名义上宣布不干涉各部落的独立地位，表示自己不谋求领土扩张，实际上却以保护旁遮普安全、维护贸易要道畅通的名义，对不予合作的多个部落实施军事打击。这一时期的军事行动多为闪电速战。② 80年代，英国的重点在于进入部落区，设法与各部落建立友好密切关系。90年代，英国正式吞并部落地区，划定杜兰线，使吞并合法化。

总体而言，东印度公司和英印政府对普什图人恩威并重，分而治之。它们在部落地区推行的政策主要有四大内容：（1）对愿意合作的部落施以恩惠，提供资金和实物支持；对公开挑衅、拒不服从的部落反叛力量实施强力打击。（2）在各部落扶持马里克，以契约方式，把部落乡村的秩序委托给马里克，给部落权威提供专门的酬报津贴。（3）促进贸易和商品流通，修建基础设施。（4）逐步推进制度建设，在德里政府设置专门机构和人员，处理部落事务，制定特别法规政策，1901年设立西北边境省。

（一）恩威并施，强力维持秩序

依靠地方权威，以物质纽带强化政治合作、扶植部落首领及其维持地方秩序的能力，是历史上各国在普什图地区维持统治地位的共同策略。相比而言，英国的特点是更积极地促进该地区商品贸易流通：他们在当地举办商品交易会，修建从山口到附近巴扎（集市）的道路。英国希望部落民知道，合作有利于他们自身的利益③。它惩罚不合作的部落，实际

---

① Dr. Salman Bangash, "Frontier Wars During the British Rule in India (1849 – 1898)", *Journal of the Pakistan Historical Society*, Vol. 63, No. 2 (Apr.-Jun. 2015), pp. 65 – 82.

② Sameetah Agha, *The Limits of Empire*, pp. 6 – 7.

③ C. Collin Davies, *The Problem of the North-West Frontier* 1890 – 1908, p. 23.

也从另一面强化这一观念。

为了确保当地和邻近地区的通行居住安全,保证基本秩序,防止部落民袭扰劫掠,英国对部落民采取了各种惩罚措施。其中值得一提的有两点:(1)英国充分利用部落共同体认同,推行连坐惩戒,即如果部落成员个人违法,责任由部落乡村集体承担,集体向英方缴纳罚款。如果被罚部落不能按时缴纳罚金,英国就会出动警力强夺各家牲畜,扣押部落成员为人质,直至缴足罚金为止;(2)实施强力打击和封锁。平叛归根结底是国家政府的本能,是维持政治秩序所需。对于有能力阻断贸易交通要道,且具有跨部落动员力量的反叛力量,英国在打击的同时还会实行封锁。比如它在19世纪末多次封锁阿夫里德部落的阿达姆克:派出武装力量包围部落乡村,阻断其与外界的一切联系,抓捕所有私自外出人员。

实施封锁和军事打击行动的频度表明了英国维持地区秩序的政治意志。据统计,1849—1890年间,英印政府对部落地区发起至少42次军事远征,付出了2173名官兵死亡的代价①。被征伐部落的损失十分惨重。据亲历者叙述,英国的远征实为扫荡:远征军进入部落乡村后,不加区分地滥施屠杀、毁坏庄稼、烧毁房屋,牲畜也不得幸免。其目的是让"受罚者"明了不合作的代价,不敢再犯。英国在军事扫荡之后,一般都会派出文官与部落头人谈判,辅以补贴承诺,换取合作。②

英印政府内部对这种先武力后怀柔的政策也有颇多微词,批评者认为,这其实是把当地"变成废墟而后称之为和平"。③

(二)制度建设,加强治理能力

英国在部落地区的制度建设早在杜兰线之前就已开始。它的一些政策改变了当地社会的政治史,将其纳入国家体系。不过这并非基于预先的谋划,而是随当地局势的变化而逐渐形成的。

19世纪70年代以前,英国几乎完全依靠马里克维护其在部落地区的

---

① Lal Baha, *N. W. F. P Administration under British Rule* 1901 – 1919, p. 5. 另有数据显示,1849—1899年间,英印政府对帕坦地区军事远征62次。

② [英]温斯顿·丘吉尔:《丘吉尔自传:我的早年生活》,张小米译,华文出版社2015年版,第121、124页。

③ C. Collin Davies, *The Problem of the North-West Frontier* 1890 – 1908, pp. 25 – 28.

利益。英国只在必要时派遣远征军，且执行完任务就撤离，善后工作完全委托给部落首领。70年代开始，随着大博弈战略的调整，对部落地区的政策也有变化。英国开始派人深入部落地区，开山修路，巩固政府联通和控制边疆的能力基础，并辅以多层面的制度建设努力。

在1876年利顿勋爵就任印度总督以前，英印政府没有设置专门的部落事务机构，部落地区事务主要由派驻哈扎拉、白沙瓦、科哈特、本努、德拉伊斯梅尔汗、德拉加兹汗等六个地区的副专员负责。利顿到任后，立即采取措施加强部落地区管理。他把上述六个地区副专员分为两个特派员小组，分别以白沙瓦和德拉贾特为总部，建立了部落行政事务的磋商协调制度。

1878—1901年，英国通过一系列措施，结束了部落地区游离于国家框架之外的历史，将其正式纳入帝国政治体系。主要包括：

（1）1878年，任命开伯尔政治代表；1880年建开伯尔县。

（2）1886年把旁遮普边防军编入印度常规军。

（3）1892年建库拉姆县；1895—1896年建马拉坎德、托奇、瓦纳县。

（4）1893年划定杜兰线。

（5）1901年设立西北边境省。

英国进入和吞并部落地区是一个渐进的过程，这个过程始终都伴随着部落民的抗争，且抗争随英国控制力的推进而增强。根据部落抗争的主要内容和目标，大体可分为反控制、抵制兼并、争取独立三个阶段。

二 劫掠、控制与反控制（1849—1890年）

普什图部落与英国冲突的常规化始于1848—1849年英国吞并锡克帝国。在那以后，东印度公司的势力范围直接与普什图地区接壤，与山地部落民的冲突机会大大增加。

部落民与英国人的冲突斗争起初并非基于理性的"民族自觉"和民族团结意识，而更多的是部落生活方式与英国人秩序观念分歧的自然表达。山地部落世代劫掠平原谷地居民的习俗，不可能因为英国人的到来而瞬间改变；部落民劫掠的对象并无定数，过客乃至本部落同胞都是其潜在的"猎物"。然而，东印度公司占据旁遮普和克什米尔后，它维持地区安全秩序的政治意志和强大的军事实力,改变了部落劫掠这一古老现象的政治含义。袭扰和劫掠行为危及英国利益,东印度公司必须予以制止和打击。由此,部落与英国之间的关系就突出表现为劫掠与控制的矛盾。随着对抗升级,劫掠逐渐成为部落民众反抗英国秩序(反控制)的一种行为表达。

(一) 主要冲突

在这一时期,抗争主要是各部落分散、独立进行的。不同部落的抗争烈度、方式与时间长短不尽相同,还没有出现跨部落的民族团结努力。只是因为他们都居住在山地,而且多个部落同时或相继采取行动,反英斗争才在时间和空间上呈现为一种"集体斗争"。

1857年印度民族大起义时,普什图绝大多数部落没有起来响应。他们与阿富汗的关系更密切。第二次阿富汗战争期间,马苏德部落、莫赫曼德部落和兹霍布地区各部落都加强了抗击英国的行动。

部落民众以劫掠、偷袭、暗杀、拒绝合作等方式表达抗争,英国则以军事远征作为回应。这一时期,优素福扎、阿夫里德、瓦济尔和马苏德等部落的反英斗争,以及英国的远征讨伐,从表6—1中可以略见一斑。

表6—1　　19世纪下半叶山地部落与英国的斗争

部落	时间/地点	抗英斗争	英国远征军	结果
优素福扎	1849年年底/斯瓦特	拒绝缴纳税款;武装抵抗	3800人	部落认缴罚款
	1852年春/斯瓦特	袭击英国辖区目标	5470人	多个村庄被毁
	1852—1853年年初/黑山	谋杀两名英国官员;拒绝和解	3800人	部落撤离;多个村庄被清洗
	1868年7—10月/阿吉	袭击地方警察局;武装抵抗英国远征军	12544人	几个村庄被毁;位于黑山和印度河之间各宗族与英国议和,英军常驻阿格罗尔谷地

续表

部落	时间/地点	抗英斗争	英国远征军	结果
优素福扎	1888年6—11月/黑山	袭击警察和英国其他目标	—	英方死亡32人，伤54人。双方协定：（1）部落缴纳罚金1.4万卢比；（2）部落承诺不袭击英国辖区，放弃黑山以东的土地；（3）英国在该地区修建道路222英里。部落不袭扰英军在本地区的行动。
阿夫里德	1850年2—11月/科哈特	拒缴盐税，袭击英国辖区道路和警察哨所	3200人	签订和平协定；英国提高资助额度，部落负责维持科哈特道路沿线地区秩序
阿夫里德	1851—1853年/科哈特	拒缴盐税，袭击并劫掠科哈特通道	1500人	多个村庄被毁；1854年2月反叛力量无条件投降
阿夫里德	1854年年底/库拉姆	劫掠和破坏白沙瓦通道	—	武装冲突；英军封锁阿卡克地区；阿卡克于1855年年底妥协
阿夫里德	1877—1878年/科哈特	劫掠科哈特交通要道	9150人	反叛力量被打死，部落与英国议和
阿夫里德	1878—1881年/开伯尔	袭扰过往商旅	6250人	多个村庄被毁；双方达成协定，英国承认部落独立，部落接受英国监管并负责维持当地秩序；英国每年给部落提供8.6万卢比，部落承诺不在英国辖区内生事
瓦济尔	1849—1852年年底/瓦济里斯坦	袭击英国目标	1500人	多个村庄被毁，英军23人死亡
瓦济尔	1859年12月/本努和科哈特	谋杀英国官员	5237人	几个村寨被毁

续表

部落	时间/地点	抗英斗争	英国远征军	结果
马苏德	1860年3—5月/坦克	劫掠城镇	6796人	部落民430多人被杀死；多个村庄被毁；对部落的封锁延续到1862年6月；英方死亡81人，221人受伤
	1878—1881年/凯索拉	袭扰英国目标，与喀布尔并肩作战	—	部落被封锁，1881年9月7日接受英国全部条件

资料来源：根据相关文献资料制作。详见 Captain H. L. Nevill, *Campaigns on the North-West Frontier*. C. Collin Davies, *The Problem of the North-West Frontier* 1890–1908. Sameetah Agha, *The Limits of Empire*。

奥拉克扎、莫赫曼德、道尔、谢兰尼等部落也频繁反叛，引发英国多次远征军行动。

(二) 英国调整目标

19世纪中叶，英国在部落地区的核心利益主要有两点。一是部落民不威胁英国辖区的安全和秩序。二是确保连接阿富汗的交通要道安全通行。在这两个利益不受侵犯的情况下，英国基本不介入各部落内部的社会政治和经济生活。

但是，部落民的袭扰和劫掠不断，英军多次远征讨伐激发更多反抗。随着英国对俄战略的变化，它调整对普什图部落地区的政策，开始主动交好部落首领，培植代理人维持地方秩序，以减少通行和秩序成本，巩固军事远征成果。这类努力取得了一些成效：有的部落首领诚心合作，不仅同意英国进入本地修筑道路、设置安全联络点，而且还接受英国驻军。比如，阿夫里德部落在1881年与英国达成协议，英国出资、部落出人共同组建550人的武装队伍，士兵每人每月领取7—8卢比薪酬，对英国负责，负责保护开伯尔山口的通行安全。①

---

① Sameetah Agha, "Sub-imperialism and the Loss of the Khyber: The Politics of Imperial Defence on British India's North-West Frontier", *Indian Historical Review*, Vol. 40, No. 2 (2013), pp. 307–330. John Adye, *Indian Frontier Policy: An Historical Sketch*, London: Smith, Elder, & CO., 1897, p. 57.

1881年英国控制阿富汗外交后，部落地区在英印政府的战略地位大大提升，直接关系到大博弈态势和帝国在中南亚地区的总体战略利益。当时英国并未掌控部落地区，部落袭扰和劫掠事件层出不穷。实际上，除了库拉姆和开伯尔等有限区域外，英国人不能自由出入部落区；与马里克签订的协议也常遭部落民破坏。英印政府当时对部落地区形势的总体判断是："不能说我们已经对他们拥有任何有效的影响力。"①

于是，控制部落地区的政治紧迫性日益加强。1887年，英印政府给旁遮普政府的公文写道：

> 印度政府认识到，现在应该采取行动把这个与我们西北边疆相连的、巨大的、独立的部落地带置于我们的控制之下，它迄今一直在反对我们，是一个重大障碍。如果有可能，应将它组织起来，以便防御外部侵略。这一努力至为重要。②

当时旁遮普政府受命管理白沙瓦和科哈特地区事务，但它没有独立决策权，只是德里政策的执行者。因此，英印政府在公函中表达的"认识"和"应该"，对旁遮普政府而言就是政令。此后，英国明显加快在部落地区的扩张，部落民抗争也随之进入新阶段。

三 抵制兼并（1890—1900年）

19世纪90年代，山地普什图人反英斗争明显升级，从此前分散的、低烈度的冲突转变为大规模、有组织的武装抵抗，暴力斗争的频率更高，伤亡代价更大。这一时期抗争的焦点是杜兰线及其勘定。瓦纳是中心舞台，大瓦济尔部落是反英先锋，阿夫里德、优素福扎等多部落联动，在1897年把斗争推向高潮，使英印政府遭遇前所未有的严峻挑战。

（一）英国划定边界

对英印政府而言，划定也阿富汗之间边界的必要性主要有两点：一是当地政治局势变化，即英国势力范围不断扩大、普什图部落持续反抗，

---

① Sameetah Agha, *The Limits of Empire*, p. 16.
② C. Collin Davies, *The Problem of the North-West Frontier* 1890–1908, p. 71.

第二次阿富汗战争期间，山地部落与喀布尔政权并肩作战；二是英国调整大博弈战略，再度推进"前进政策"。划定边界的有利条件则是英国已经控制了阿富汗外交。

1890—1891年，谢兰尼、奥拉克扎、瓦济尔、阿夫里德、优素福扎等部落继续劫掠和袭扰英国利益目标。英国发起远征，在平定叛乱的过程中夺取了兹霍布和库拉姆，控制了古马尔，占领了萨马纳山区。随后，英国又确立了在吉德拉尔、吉尔吉特等地的影响力，势力范围扩展到今巴阿边境地区。

1892年，有关英国意图划定印阿边界的传言四起。阿富汗国王阿卜杜·拉赫曼汗设法予以阻止。他主要采取了两大措施，一是婉言劝说英印政府放弃该努力，二是暗中联络和动员山地部落起来反抗。他秘密派人前往兹霍布、古马尔、瓦济里斯坦、库拉姆等地，组织当地民众举行示威抗议活动。他还正式致函印度总督兰斯顿，婉言警告此举可能产生的后果。他强调，部落地区属于阿富汗王国，如果英国人强占这个地区，对各方都没有好处：

> 如果你把这些部落从我的辖地切走，那么他们对你和对我都不再有任何用处。你将永远陷入与他们战斗的困境和其他麻烦中，他们也将继续以掠夺为生。如果贵国政府足够强大且没有战事，那么你或能以铁腕让他们保持安静，但是一旦有任何外部敌人出现在印度边境上，那么边疆的这些部落将成为你最危险的敌人……这些边疆部落是我的民族同胞，我的穆斯林兄弟，如果你把他们从我国切走的话，将损害我在王国民众中的声望，我的地位会削弱，而我的地位虚弱对贵国政府亦是有害的。①
>
> 如果把（这些部落）置于我的辖区，我当能够让他们与英国的敌人以及我自己的敌人作战，以宗教战争的名义，统一在穆斯林统治者（我自己）的旗帜之下……我将逐渐把他们转化为和平的臣民以及大不列颠的好朋友。但是如果你让他们脱离我的控制，那么他

---

① Abdurrahman, *Autobiography*, II, p. 158. 转引自 C. Collin Davies, *The Problem of the North-West Frontier* 1890 – 1908, pp. 160 – 161。

们对你、对我都将毫无裨益。①

后来的历史应验了拉赫曼汗的预言。然而，当时的英国主意已定，拉赫曼汗除了接受与合作之外，别无选择。1893年11月，杜兰使团前往喀布尔，在地图上划定了印度—阿富汗边界线，并与阿卜杜·拉赫曼汗签订了边界协定。1894年，双方组建边界勘定委员会，实地勘察核定边界。

在地图上划定边界线不难，但边界线在实地勘定中遇到许多技术和政治难题。比如，分界线沿途不少地方山势险峻，人迹罕至，实难界分；开伯尔山口的界碑该立在何处；边界线经过瓦济尔部落和莫赫曼德部落地区的具体位置；等等②，都是勘界过程中边界委员会英国代表与阿富汗代表争吵不休的问题。对于英国政府而言，真正的挑战不在于此，而在于杜兰线地区部落民的武装抵抗。

(二) 部落民武装抵抗杜兰线

在杜兰线划定之前，普什图地区在政治、经济和社会生活方面都是一个连贯的区域空间，从未有过设立国界线的先例。很难说当时部落民是否了解"国界线"的真实含义。阿富汗国王秘密派出的动员力量也主要在部落区中心城镇和交通要道沿线活动，没有真正深入每个乡村。尽管如此，两国勘界委员会进入部落区四处游走，仍引起了部落民众的警觉。他们担心，委员会中的英国人图谋不轨。于是，勘界委员会在多地遭遇部落袭击。

换言之，部落民众抵抗杜兰线的斗争起初与其说是针对杜兰线，不如说主要针对前来勘界的委员会成员。斗争的动机很难说是出于捍卫"普什图民族"或阿富汗利益的政治自觉，而主要是基于部落民朴素的安全本能，即保卫乡土安全，防止外敌入侵。

率先揭竿而起的是瓦济尔部落。1894年10月，勘界委员会刚到瓦济

---

① Amir of Afghanistan Abd al-Rahman Khan, *The Life of Abdur Rahman*, Hard Press Publishing, 2012, Vol. 1, p. 158.

② C. Collin Davies, *The Problem of the North-West Frontier* 1890-1908, p. 162. Thomas Simpson, "Bodering and Frontier-Making in Nineteenth-Century British India", *The Historical Journal*, Cambridge Univeristy Press, Vol. 58, No. 2 (2015), pp. 513-542.

里斯坦，便遭到约 1200 名瓦济尔武装力量的袭击。英国出动远征军镇压后，在瓦纳设置边防部队。基于部落间矛盾，瓦纳地区阿赫迈德扎部落议事会对英国的行动表示欢迎。① 但后来的事实证明，英国控制瓦纳地区的努力引发了更多武装反叛。

1894 年 11 月初，马苏德部落在毛拉珀温达的领导下站到反英斗争最前沿。他们公开谴责英国，武装袭击边界勘定委员会。毛拉珀温达试图借助马苏德部落议事会平台，结成全部落统一反英力量，但没有成功。不过，他得到了十多个宗族的积极响应和支持，集结了两三千人，展开武装斗争。他的反英斗争持续到 1913 年其生命终结。在他的号召下，马苏德部落以一切可能的方式袭击英国目标，包括游击战、劫掠道路、袭击哨所、绑架人质、暗杀英国官员等。德拉伊斯梅尔汗、本努、兹霍布、古马尔山口、托奇和瓦纳等地区成为英国人的危险之地。英国竭尽全力平息反叛，尝试的方法包括召开部落议事会和地区长老大会、处以罚金、多次定向军事打击、封锁等，但均未真正见效。②

为了分散马苏德部落的反叛武装，英国人决定分割马苏德部落地区。1895—1896 年，英国把马苏德的瓦济里斯坦一分为二，先后建立北瓦济里斯坦（以达塔克为中心）和南瓦济里斯坦（以瓦纳为中心），南北瓦的分界线穿过马苏德部落地区。

随后英国加紧把部落地区并入帝国政治体制。先后在马拉坎、吉德拉尔、科哈特、本努、德拉伊斯梅尔汗等地建立县级机构，派驻军队，设立检查点。这些措施在当地激发新一波武装反抗，到 1897 年发展到高潮。

（三）1897 年大起义

1897 年大起义是英国在普什图地区遭遇的最严峻挑战：多个部落相继发动武装袭击，英国在部落地区的各种目标都未能幸免。其间，英国

---

① H. C. Wylly, *The Borderland*, p. 459.
② 1900 年 12 月 1 日，英国决定对马苏德部落地区实行封锁，阻断其同外部世界的联系。这一方法起初有效，马苏德部落表示愿意缴纳罚金，交还从英军手中夺得的枪支，并释放人质。但是，1901 年 1 月马苏德部落再次反叛。瓦济尔的乌特曼扎部落也在科哈特、本努等地起义。英国再次出动远征军，1902 年之后，瓦济尔部落的大规模反叛活动基本停止，马苏德部落继续战斗，继续考验英帝国在西北边疆的秩序和能力。

不断刷新投入军力的纪录，最终以高昂的代价平定了局势。

瓦济尔部落率先起事。6月10日，驻北瓦济里斯坦的英军300多人荷枪实弹护送英国派驻托奇的政治代表前往迈扎尔村收取罚款，顺道考察新的军营选址。迈扎尔村居民是乌特曼扎瓦济尔下属的马达克部落。英国政治代表到达后，得到当地马里克盛情款待，宾主共进午餐。餐后休息时，部落民突然火力袭击随行英军，后者猝不及防，死27人（包括3名军官），伤27人。政治代表幸免于难。基于生还者的报告，英印政府断定这起事件是瓦济尔部落精心策划的阴谋，是他们背信弃义的证明。①

斯瓦特山区的优素福扎部落紧随其后。7月26日深夜，他们在"马斯坦毛拉"（Mulla Mastan）②的领导下，突袭英军重兵把守的马拉坎，抢走大批弹药，杀死23名官员，打伤36人，其中两名军官伤势过重身亡。在那之后一周时间，优素福扎部落武装每天出动，袭击范围扩至恰克达拉，主要目标依然是英国军营。③ 这一系列武装行动都遵循同一模式，即昼伏夜出、袭击军营官兵、抢夺军事物资、黎明前撤回山区。马斯坦毛拉公开宣布，他们的目标是"在8天内把英国人赶出马拉坎和恰克达拉"④。这一声明及其屡战屡胜的行动点燃了邻近其他部落的反英热情。

莫赫曼德部落的传统领地被杜兰线一分为二。1893年起，部落民众在哈达毛拉⑤的领导下，坚持以多种形式的斗争打击英国。1897年8月初，莫赫曼德部落武装袭击夏卜卡德尔城堡。

阿夫里德部落的斗争经历了从政治抗争到武装斗争的过程。他们在7月底8月初向英印政府提出三个要求：英国军队全部撤离斯瓦特谷地和

---

① Sameetah Agha, *The Limits of Empire*, p. 31.
② 马斯坦毛拉本名为萨德·乌拉（Saad Ullah），也写作 Sadulla，普什图人和今巴基斯坦人称之为马斯坦毛拉。当时和现时的英国人则多称之为"疯子毛拉"（the Mad Mullah）。
③ Sameetah Agha, *The Limits of Empire*, p. 39.
④ Ibid., p. 45.
⑤ Mullah Hadda 本名为纳吉姆丁（Najm-ud-din），又称为"阿达毛拉"（Adda Mullah），阿富汗人多尊他为 Hadda-i Sahib。19世纪初（具体时间不详），毛拉诞生于加兹尼地区，1902年12月23日去世。他曾师从于前述斯瓦特阿訇并担任其副手，之后跟随苏菲四大教团修行。返回阿富汗后在楠格哈尔省的哈达创办了一个宗教中心。该中心成为宗教和部落领导人的主要聚会场所。哈达毛拉以其虔信和渊博的学识在普什图地区享有盛名，是阿富汗东部地区影响最大的苏菲导师之一，追随者超过10万人。

萨马纳山区；调整盐税；把英国辖区的阿夫里德部落女性全部转移到部落地区。① 他们扬言，如果这些要求得不到满足，将发动武装起义。在等待英国回应的过程中，他们与奥拉克扎部落结成作战同盟，8月中旬，他们开始袭扰开伯尔山口、贾姆鲁德、科哈特等地的英军。英国最终拒绝了阿夫里德部落的要求。于是，阿卡克毛拉赛义德·阿克巴（Sayed Akbar）打出"圣战"旗号，集成1万人的部落武装。经过部署，8月23日，数千名部落民兵对阿里清真寺和开伯尔最重要的哨所——兰迪科塔尔发起进攻，并于8月25日夺取开伯尔山口。

对英印政府而言，丢失开伯尔山口不仅是空前的军事失利，还是奇耻大辱，因为那是英军重兵把守之地，且当时参战的英军人数比阿夫里德部落武装多一两千人。伦敦高官称之为英国历史上的"耻辱日"，史家则称之为英印帝国"西北边疆历史上最黑暗的一天"。②

为夺回开伯尔山口，恢复帝国荣誉，1897年9月，英印政府集结了自1857年镇压印度水兵起义以后最大规模的军队，包括两个师（7万人）的正规军兵力，辅以大量预备役和后勤保障人员，远征阿夫里德部落。英军目标直指阿夫里德部落心脏地区——提拉，因而史称"提拉远征"。英国把这次行动"看成与阿富汗战争一样严重的边境战事"。其兵力实则远远超过两次阿富汗战争中英军兵力的总和。为此，当时英印政府停止了在其他地方进行的一切军事行动，全力投入"提拉行动"。部落武装伤亡惨重，但仍拼死抵抗。11月寒冬来临，远征军不得不撤出。英军在撤退过程中遭到部落武装的猛烈打击，军队每天都损失几百名士兵和几千头牲畜，使得撤退"更像是一场大溃败，而不像对外宣称的那样凯旋"。消息传开后，英国国内的反对党抱怨连天。③

到1898年春天，山地部落的反英武装斗争高潮逐渐消退，除马苏德部落地区以外，事态基本平息。大英帝国政府给1897年的"平叛"军队

---

① Arthur Probsthain, *The Risings on the North-West Frontier* 1897-1898, Allababad: The Pioneer Press, 1898, pp. 109-110.

② Sameetah Agha, "Sub-imperialism and the Loss of the Khyber: The Politics of Imperial Defence on British India's North-West Frontier", *Indian Historial Review*, Vol. 40, No. 2 (2013), pp. 307-330.

③ ［英］温斯顿·丘吉尔：《丘吉尔自传：我的早年生活》，第138—139页。

颁发了12枚维多利亚十字勋章，战事之激烈由此可以想见。

表6—2　英国授予1897年远征军事行动的维多利亚十字勋章

军事行动地点	勋章数量	军事目标
提拉	4	阿夫里德部落和奥拉克扎部落
马拉坎	1	瓦济尔（乌特曼扎）部落
莫赫曼德谷地	4	莫赫曼德部落
斯瓦特地区	3	优素福扎部落

资料来源：M. Athar Tahir, *Frontier Facets*, p. 43。

1899年，寇松出任印度总督。为加强对部落地区的控制，决定建立西北边境省。1901年11月9日，英印政府从旁遮普省划出五个地区，即白沙瓦、科哈特、本努、德拉伊斯梅尔汗和哈扎拉，连同邻近的三个土邦（迪尔、斯瓦特、吉德拉尔）、四个部落县（开伯尔、库拉姆、北瓦济里斯坦、南瓦济里斯坦）一起，组成单独的普什图行政区，称西北边境省。边境省由总督直辖，任命首席专员担任最高行政长官。1902年4月26日，寇松主持西北边境省成立仪式，委任哈罗德·迪亚内（Harold Deane）为第一任专员，署理地方行政事务。

（四）19世纪末武装冲突升级的原因

19世纪末，普什图部落武装反英斗争是其早先与英国矛盾的延续和发展，双方矛盾仇怨的累积是武装冲突升级的重要动力，此外还有其他一些因素值得注意。

1. 英国的大博弈政策

大博弈是英国对普什图政策的重要变量。在大博弈战略问题上，伦敦决策圈始终有争议，有人主张克制，有人则主张进取。在印度历任总督中，利顿是克制论的代表，罗伯茨和寇松等人则力主进取。1880年利顿明确提出，印度不能轻率地决定在开伯尔地区永久驻军，因为"此举必将招致麻烦，而不会实现秩序"。他主张间接管理，认为只要管理得当，"山口地区各部落将是山口最好的卫士，他们有能力和意愿对我们开放山口，只要我们让他们认为值得这么做"。①

1886 年，罗伯茨以备忘录的形式提醒伦敦重视俄罗斯在中亚的扩张势头，建议推行新的政策。他主张恢复"前进政策"，并且把西北边疆防卫与帝国安全直接挂钩。在他看来，"前进政策"意味着英国控制边疆各部落，以确保帝国安全。他还两度提醒旁遮普政府重视部落地区。1889 年 10 月 17 日，英印政府致函旁遮普政府，强调②：

> 当前与旁遮普边境地区各跨境部落的关系既不合适也不令人满意。他们对比邻的英国政府完全缺乏友好谅解，这种状况随时可能产生严重危险，令人担心。这个离我们最重要的边防军驻地仅一天骑程的地区，实际还是一片"未知的土地"，而且在边境外数英里的地方，英国人就没有生命安全的保障了。频繁的远征迄今没有产生持久的效果。世界上可能再无任何地方像这里一样，经过 35 年的和平占领之后，一个伟大的文明强国对其半野蛮邻居的影响力还如此微弱，对他们的了解还如此匮乏。

为了执行前进政策，英印政府控制了库拉姆谷地，通过建立边境民兵武装、修筑道路和通信线路、设立边境检查站等措施，加强控制能力。1893 年划定杜兰线及实地勘定，也是一项重大举措。

杜兰线引发的部落民众武装反抗，特别是 1897 年大起义，迫使英国人反思其边疆政策。一些人认为，边疆动荡的根源在于德里的进取政策触犯了部落民众的切身利益。阿迪耶将军提出：

> 在我看来，我们有足够的理由认为，近年来边疆政策在许多方面太富进攻性，太不顾及各部落的权利。意图维持从斯瓦特和巴焦尔到吉德拉尔一线防御工事的行动，是刺激民众起来反对我们、导致如此大规模边疆战争（它令我们付出了沉重代价）的终极原因

---

① Gen. Sir John Adye, *Indian Frontier Policy*, p. 58.
② Sameetah Agha, *The Limits of Empire*, pp. 16 – 17. 1887 年印度政府给旁遮普的公函参见本节前文。

……如果我们继续强力前进,那么,前面还有更多代价高昂的战争在等着我们。①

2. 阿富汗国王的角色

19世纪末的阿富汗由阿卜杜·拉赫曼汗国王统治。引发山地部落武装起义高潮的导火索是杜兰线,拉赫曼汗国王以协定的形式接受杜兰线。但是他在杜兰线划定前后曾暗中动员部落地区民众反抗。关于拉赫曼汗国王是否与1897年大规模反英武装斗争有关的问题,至今人们还争执不休,主要有如下三类观点。

(1) 叛军盟友

这种论点认为,阿富汗国王对英国不满,但又不敢公开反抗,所以只能暗中支持部落民反英。他在山地部落武装抗英中的作用主要表现为:

①煽动部落民的"圣战"热情。1896年拉赫曼汗自称为"伊斯兰国王"(King of Islam)。他把自己写的书送给山地部落毛拉和民众,号召穆斯林起来杀死每一个基督徒。

②对部落首领承诺,阿富汗国家和国王本人都将支持反英斗争。

③给反英毛拉提供资金,给部落武装提供武器弹药。

④英印政府军队的逃兵和边疆部落各类嫌犯,只要能逃到阿富汗,都会得到喀布尔的热情款待。

当时英国政府不少人坚信,如果没有阿富汗埃米尔从中动员支持,山地部落不敢挑战英国人统治。科林·戴维斯明确指出,如果没有阿富汗国王的煽动,"我们驯服这些狂野部落,并使之遵守法律秩序的努力将会取得成功"。②

(2) 恪守中立

拉赫曼汗坚决否认自己涉足山地部落的反英斗争。曾参与1897年托奇远征的一位英国军官也认为,阿富汗国王在整个事件中"严守中立",他拒绝了部落民众的求助。据说1897年10月,阿夫里德和奥拉克扎部落约200人逃往喀布尔向拉赫曼汗求助但未果。这位军官还说,国王曾致信

---

① Gen. Sir John Adye, *Indian Frontier Policy*, pp. 58 - 59.
② C. Collin Davies, *The Problem of the North-West Frontier* 1890 - 1908, p. 180.

山地部落，明确表示，自己不会重蹈希尔·阿里汗的覆辙，因为情况很清楚，"你们的真实目的是想让我与英国政府打起来，假若我真的那么愚蠢去做这件事情，我相信你们到时也只会作壁上观。"①

（3）左右逢源

有人认为，阿富汗国王在这场冲突中扮演了两面派，意在两头谋利。有史家披露，1897 年 10 月中旬，拉赫曼汗知会英印政府，称已下令追捕逃入境内的哈达毛拉，表示自己将尽力防止阿夫里德和奥拉克扎部落把阿富汗领土变成反英根据地。但他同时也说，自己无力阻止部落民跨越杜兰线进入阿富汗，因为许多家庭和部落跨境而居，如果强行阻断其正常往来，恐会引起敌对。②

也有史家认为，埃米尔与山地部落毛拉们的关系并不友好，哈达毛拉曾公开称阿卜杜·拉赫曼汗是"最专制的统治者之一，阿富汗人民都憎恨他"。国王可能用虚假承诺鼓励过哈达毛拉反英，但其目的只有一个，即借英国之手让毛拉尝尝苦头。国王提出"圣战"口号，是为了团结阿富汗民众，以应对内外政治压力，不是为了发动对异教徒的战争，而是为了增强和巩固自己在阿富汗国内的地位。③

3. 山地部落民的武器装备

1890 年之前，部落的武装斗争多以失败和被迫签订和约而告终，一个关键原因是武器装备落后，主要使用棍棒、刀剑等冷兵器。尽管也有少量火枪，但主要靠抢夺和盗窃而得，数量有限，弹药也不可持续。

19 世纪末，山地部落有两大渠道获得新式武器装备：一是阿富汗政府的馈赠，二是从海湾军火市场购买。当时波斯湾军火市场已相当繁荣。现代武器装备明显提升了普什图人的游击战争技术和成效。实际上，19 世纪 90 年代的反英斗争还只是武器改进效果的初步展示。20 世纪初，枪支更加普及。比如，普什图人普遍喜爱马蒂尼—亨利步枪。在提拉地区，1906 年一支马蒂尼步枪的价格大约为 500 卢比，1908 年降至 130 卢比。

---

① Captain H. L. Nevill, *Campaigns on the North-West Frontier*, p. 212.
② Keith Surridge, "The Ambiguous Amir: Britain, Afghanistan and the 1897 North-West Frontier Uprising", *The Journal of Imperial and Commonwealth History*, Vol. 36, No. 3 (Sep. 2008), pp. 417–434.
③ Hassan Kawun Kakar, *Government and Society in Afghanistan*, pp. 156–178.

在1897年的提拉战役中，这种枪支在阿夫里德部落民兵中的持有率为1/10，1908年则人手一支。1940年4月1日，英国政府估计普什图部落地区有41.4万名武装力量，拥有枪支23.35万支。① 自此，英国用强力控制部落地区的难度和代价不断增加，部落间冲突日趋军事化。到20世纪末21世纪初，动荡和不安全已被外界当作普什图地区的"标签"。

4. 间接统治

1890年以前，英国在部落地区一面强力打压反叛者，一面实行间接治理政策，即以部落头人为中介来维持地方秩序。戴维斯认为，这种政策是19世纪末部落地区反英斗争高涨的重要原因。②

间接治理不是英国人的发明，而是历代帝国和王朝治理普什图地区的通用模式。英国实践的教训与其说在于间接统治本身，不如说在于中间人未能恪守公道。19世纪末，部落地区不少马里克在处理地方纠纷时，借机谋取私利，或把政府委托的行政管理权能作为报私仇的工具。基于马里克与政府的联系及政府给马里克提供的支持，民众往往把马里克看作政府的代表，而非单纯的本部落成员或部落首领。他们对马里克的不满很容易扩大为对英印政府的不满。寇松勋爵看到了这一点，他曾建议取消中间人制度，由德里直接与部落民众打交道；他还主张派出正规军队永久驻扎部落区，取代依靠部落民兵维持治安的惯例。但是，寇松没有得到帝国的支持。

实际上，这类状况不独存在于英国在普什图地区的间接治理实践中，而是普遍存在于许多国家的政府—社会关系中。在普通百姓眼中，基层政府和政府工作人员就是政府的代表和化身，他们的态度与形象往往直接决定政府在民众心中的形象。

5. "文明的冲突"

毛拉是19世纪下半叶普什图部落武装反英斗争的主要领导力量之一，其中著名的包括斯瓦特阿訇、哈达毛拉、疯狂毛拉、珀温达毛拉、

---

① Captain H. L. Nevill, *Campaigns on the North-West Frontier*, p. 106. C. Collin Davies, *The Problem of the North-West Frontier* 1890 – 1908, pp. 176 – 177. Milan Hauner, "One Man Against the Empire", *Journal of Contemporary History*, Vol. 16 (1981), pp. 183 – 212.

② C. Collin Davies, *The Problem of the North-West Frontier* 1890 – 1908, p. 181.

伊皮毛拉、萨托尔教法学家等。基于权力与话语之间的密切关系，人们很容易把它解读为"文明的冲突"。但是，立足于普什图人和阿富汗当时的历史环境可以看到，毛拉之所以站在反英斗争的前列，不一定在于他们的宗教性更强，而在于他们本身是乡村传统权威。毛拉领导反英武装斗争并非普什图社会所独有，非洲索马里等地也普遍存在。

温斯顿·丘吉尔曾参与"西北边疆平叛"军事行动。他在 1897 年把当地的武装冲突描述为"文明正在直面好战的伊斯兰"。① 但四年之后他表示，当地普什图人祖祖辈辈都生活在那里，对于英军的出现和驻扎，"他们绝对不能容忍。实际上，他们的反应是理所当然的，但是政府却认为这是宗教原因导致的"。② 最终，越来越多的英国人发现，边疆动荡的症结在于帝国的前进战略；普什图地区阿夫里德、马苏德、奥拉克扎等部落的反叛并非基于所谓的"宗教狂热"，而是起因于贸易和部落尊严等问题。③

四　争取独立解放（1901—1947 年）

20 世纪初，普什图人反英斗争进入新的历史阶段，与 19 世纪下半叶明显不同。简单地说，19 世纪的斗争主要以部落为单位，是自发的反抗外力控制、捍卫自身利益的斗争，跨部落联合团结是例外，而不是常态；次大陆政治思想和运动对部落地区的影响微弱，声势浩大的 1857 年起义在部落地区也没有引发共鸣。

20 世纪，普什图地区已正式成为大英帝国统治秩序的组成部分；部落反英斗争在政治属性上成为反对殖民帝国统治，争取独立和解放的斗争。部落精英在政治思想、运动和组织方面与次大陆民族主义者息息相关，其中不少人加入印度民族主义和穆斯林民族主义斗争的行列。受甘

---

① *Daily Telegraph*, Nov. 6, 1897. 转引自 Keith Surridge, "The Ambiguous Amir: Britain, Afghanistan and the 1897 North-West Frontier Uprising", *The Journal of Imperial and Commonwealth History*, Vol. 36, No. 3, Sep. 2008, pp. 417 – 434.

② ［英］温斯顿·丘吉尔：《丘吉尔自传：我的早年生活》，第 119 页。

③ Keith Surridge, "The Ambiguous Amir: Britain, Afghanistan and the 1897 North-West Frontier Uprising", *The Journal of Imperial and Commonwealth History*, Vol. 36, No. 3 (Sep. 2008), pp. 417 – 434.

地思想的影响，贾法尔汗发起了"真主之仆"运动，英国人习惯称之为"红衫军"。

（一）英国加快制度建设步伐

20世纪初，英国对部落地区的制度建设力度明显加强，主要体现为普什图地区正式建省并颁布相关法令。英印政府在印度腹地推行的宪政改革也经多种渠道影响到部落地区。

1. 西北边境省及其法制化

1901年设立西北边境省，加快了部落地区与帝国的整合进程。部落的边界和壁垒逐渐被帝国行政、法律和教育等制度建设措施软化，跨部落的普什图民族意识和认同开始萌芽，这为20世纪上半叶普什图跨部落统一政治行动奠定了基础。

1901—1921年，西北边境省政府颁布的法令主要有8项：

（1）1901年《边疆犯罪管理条例》；

（2）1901年《谋杀暴行管理条例》；

（3）1901年《西北边境省立法和司法管理条例》；

（4）1904年《法庭用语管理条例》；

（5）1911年《哈扎拉森林管理条例》；

（6）1915年《西北边境省治安法》；

（7）1920年《西北边境省合同生效和赔偿管理条例》；

（8）1921年《西北边境省安全管理条例》。

从英国的角度看，颁发上述法令的目的是在部落地区建立法律政治秩序，加强对该地区的管控。但对部落民来说，这些法令意味着外力对部落内部事务与生活秩序的限制约束，侵犯了自己的行动自由。于是，20世纪头十年，马苏德、瓦济尔、莫赫曼德、阿夫里德（扎卡克）等部落持续并不断扩大他们在19世纪末的反英武装斗争，主要形式是劫掠和袭击西北边境省定居地区居民。据统计，1907年，西北边境省定居区发生56起洗劫事件，1908年为99起，1909年增至159起。[①]

西北边境省的辖区没有覆盖帝国全部普什图部落。英印政府对那些未纳入省建制的部落地区的战略定位是：与阿富汗境内"各好战部落之

---

① 详见 C. Davies, *The North-West Frontier* 1890–1908。

间的缓冲区",准许其保持高度自治的状态。①

2. 印度腹地的宪政改革

第一次世界大战结束后,英印政府加紧在次大陆推行宪政改革,把殖民政府改建为民主政府和本地人自我管理的政府。改革不包括西北边境省。对于普什图地区,英印政府决定加强管制。1918 年,总督柴姆斯菲尔德给帝国提交报告称:

> 基于战略考虑,(西北边境省)首席专员的个人管理制度应该继续,不能推行责任政府原则。有人建议(在当地)组建某种形式的顾问委员会。不过印度政府已决定暂时搁置这个问题。②

20 世纪,印度内地与西北边境省精英的往来日益密切。英印政府对西北边境省的差别对待政策在部落政治精英中引发不满;"要求平等"逐渐成为反英斗争的新内容。1930—1931 年在伦敦圆桌会议上,阿卜杜·卡尤姆·汗（Abdul Qayyum Khan）要求把西北边疆的宪政改革列入会议议程,获得成功。1931 年 1 月 16 日,圆桌会议专门委员会建议英印政府立即在西北边境省实行宪政改革法案。1935 年英印政府决定,在西北边境省组建省级立法机构,成立责任政府。1937 年 2 月,西北边境省选举产生了完全自治政府,在政治地位和法律权利方面与其他省等同。

次大陆腹地的各种政治思想和运动,比如甘地的非暴力不合作思想与运动、印度国大党、全印穆斯林联盟、印度穆斯林的"哈里发运动"、反抗英国的"伊吉拉特运动"等,都陆续进入普什图地区。政党政治也进入西北边境省。印度国大党和全印穆斯林联盟在当地展开激烈竞争。

(二) 贾法尔汗和真主之仆

"真主之仆"（Khudai Khidmatgars）是普什图民族独立运动,也是现

---

① Robert Boggs, "Pakistan's Pashtun Challenge: Moving from Confrontation to Integration", Vol. 36, No. 2 (Mar. 2012), pp. 206–216.

② Nadia Bashir, "A Review of Political Awakening in NWFP 1901–1947", *Pakistan Annual Research Journal*, Vol. 49, 2013, pp. 59–75.

代政党。它成立于1929年11月，创立者汗·阿卜杜·贾法尔汗（Khan Abdul Ghaffar Khan，1890–1988年）来自优素福扎下属乌特曼扎部落。组织总部设在贾法尔汗的老家——白沙瓦的恰尔萨达。成员的组织和行动遵循准军事原则。他们在反英抗议游行示威中统一身着红色制服，所以被英国人称为"红衫军"。

"真主之仆"运动是普什图人反英斗争与甘地思想相结合的产物。与19世纪末的普什图反英斗争相比，它至少有三大不同：其一，它是跨部落的、正式的组织体系，特别强调民族团结；其二，它坚持非暴力斗争；其三，斗争矛头不仅指向英国，还指向普什图社会自身。

贾法尔汗认为，"真主之仆"本是一场社会运动，不是政治运动，是英国人把它变成了政治运动。① "真主之仆"以"非暴力"为根本原则，其纲领和目标是：改革普什图社会，摆脱英国实现独立，实现民族大团结。

1. 非暴力原则

贾法尔汗出生于白沙瓦，热爱普什图文化，同时深感普什图社会需要发展，普什图文化需要革新。在20多岁时，他结识了甘地和尼赫鲁，深受甘地思想影响。第一次世界大战之前，他就推广宣传并严格践行非暴力原则，被尊为"边疆甘地"和"伊斯兰甘地"。艾贾兹·阿赫迈德认为，贾法尔汗一生有两大目标：一是建立独立的、主权的、世俗的、民主多元的和不分裂的印度；二是普什图同胞的自由、自治和进步。② 时至今日，贾法尔汗还被普什图人尊为"众汗之王"和"阿富汗人的骄傲"。1937年10月，尼赫鲁在白沙瓦的一次十万人大集会上宣布，贾法尔汗是"印度人的骄傲"。③

（1）改革普什图社会

贾法尔汗毕生致力于建设更好的普什图社会。在他的构想中，理想社会是妇女享有平等权益、人人知书达理、乡村环境更加整洁、没有暴

---

① 贾法尔汗1948年12月在巴基斯坦联邦议会的辩护词。全文参见"Constituent Assembly of Pakistan Debates"，Dec. 16，1948，http：//awaminationalparty.org/main/? p=2895#more-2895。

② Aijaz Ahmad，"Frontier Gandhi：Reflections on Muslim Nationalism in India"，*Social Scientist*，Vol. 33，No. 1/2（Jan.-Feb. 2005），pp. 22-39.

③ Rajmohan Gandhi，*Ghaffar Khan*，p. 116.

力冲突的社会。为此，他反对深闺制度，号召妇女不戴面纱，呼吁中小学对女童开放。为了改变部落地区98%的居民是文盲的状况，20世纪20年代他建立了80—120所"自由学校"，无分种族、性别、宗教和种姓，对所有儿童开放。① 他的"真主之仆运动"也对妇女和其他民族敞开大门。

贾法尔汗的"非暴力"思想与甘地的影响密不可分。不过，他对"非暴力"的理解乃立足于伊斯兰教。贾法尔汗是虔诚的穆斯林。在他看来，伊斯兰教的内涵是勤勉、虔信和爱，其本质内核是"非暴力"。他反复呼吁改革普什图社会的血亲复仇法则。他提出，血亲复仇与荣誉无关，暴力不是真正的解决办法，而是问题的一部分。

"真主之仆运动"把"非暴力"确认为"生命原则"。申请加入"真主之仆"的人必须承诺停止报仇和争吵。成员宣誓全文如下②：

> 我诚实地报出我的名字，成为真正的真主之仆。
> 我为我同胞和民族的自由解放而牺牲我的财富、生命和安逸（生活）。
> 我永不加入敌视或忌恨我同胞的任何派别；而将始终与受压迫者并肩反对压迫者。
> 我不加入任何敌对组织，不加入任何军队。
> 我永远忠诚服从领导的合法指令。
> 我以非暴力为生命原则。
> 我为真主的所有造物平等服务，我的目标是争取我的国家和宗教的自由。
> 我时刻清醒，确保自己的行为正义良善。
> 我绝不贪图任何回报。
> 我所有的努力只为取悦真主，别无他求。

---

① Mazher Hussain et al., "Politics of Social Reformation in NWFP (KPK) – An Estimate of Khan Abdul Ghaffar Khan (1890 – 1988) 's Educational Philosophy", *International Journal of Social Science Studies*, Vol. 4, No. 6 (Jun. 2016), pp. 37 – 44.

② Joan V. Bondurant, *Conquest of Violence: The Gandhian Philosophy*, University of California Press, 1965, pp. 133 – 134.

对英国统治者,贾法尔汗也反对使用武装暴力手段。他指出,武装暴力"圣战"不能解救普什图人,"非暴力不合作运动"才是最有效的武器。面对普什图部落19世纪末高涨的"武装圣战"热情,贾法尔汗格外强调"圣战"的内向性和精神性,他说:

> 我们必须首先结束自己心灵中的暴力和谋杀,才能有效打击英国人。记住,克服我们自己的弱点是大吉哈德(jihad),大"圣战"。这才是真主想让我们进行的"圣战"。①

参加"真主之仆"的普什图人先后总计达12万—15万人之众。有人指出,贾法尔汗毕生最大成就之一是,他能把这么多一向以好战善战闻名于世的部落民众转变为非暴力战士。② 1985年,他获得诺贝尔和平奖提名。

(2)反对英国

贾法尔汗始终反对英国殖民统治。成立"真主之仆"以前,他专门游历各部落进行反英政治宣传动员,号召普什图人起来反对英国殖民政权。他的民族主义启蒙宣传相当简单直接。他对农民说:"牛是你们养的,英国人的孩子吃着黄油,但你们的孩子却在忍饥挨饿。"他说:

> 这是我们的国家,钱是我们的,每样东西都是我们的,但我们却食不果腹、衣不蔽体……这些道路是用我们的钱修的。这是我们的道路,他们却不允许我们在这些道路上行走。他们煽动印度教徒起来打击穆斯林,煽动锡克教徒打击穆斯林,而今天这三方都在受苦受难。谁是压迫者?谁在吸榨我们的血汗?英国人。③

---

① Jean Akhtar Cerrina, *Islam's Peaceful Warrior: Abdul Ghaffar Khan*, Bloomington: Xlibris Corporation, 2003, p. 104.
② Jamel L. Rowell, "Abdul Ghaffar Khan: An Islamic Gandhi", *Political Theology*, Vol. 10, No. 4 (2009), pp. 591-606.
③ P. S. Ramu, *Khudai Khidmatgar and National Movement: Momentous Speeches of Badshah Khan*, Delhi: S. S. Publishers, 1992, p. 61.

部落民众表示，在贾法尔汗道出实情之前，自己对英国人几乎一无所知。"他跟我们解释说，英国人如何从千里之外来占领我们的土地，这片土地不属于他们。他们来这里是为了统治我们。他说我们必须要求自由，必须为自由而战……这是普什图人第一次听说有关独立的事情。"①

"真主之仆"成立以后，贾法尔汗率领成员们继续在各地宣传和进行政治启蒙。他们批评英国对普什图地区的盘剥，号召普什图人团结起来，为自由而战。但贾法尔强调，反英斗争必须遵循非暴力原则。他说：

> 我将给你们一种武器，警察和军队都不能与之匹敌。这曾是先知穆罕默德的武器，但你们都没有意识到。这个武器就是耐心和公道。世间任何力量都不能与之匹敌。②

"真主之仆"的非暴力不合作运动与甘地的斗争方式几乎完全一样，包括不缴纳税款、从英印政府辞职、抵制英印政府的各种服务、抵制外国纺织品、使用家纺手工棉布等等。贾法尔汗还呼吁部落民在发生纠纷时，不要去政府设立的法庭，而应求助于议事屋和清真寺，因为"英国人的法庭不会给我们任何公正"。他还把反抗英国人统治与普什图荣誉法则联系起来，称接受英国人统治是普什图人的耻辱：

> 有点羞耻感吧！你们自称为普什图人……你们的头脑中却满是奴隶意识……一个男人如果听任英国（的盘剥）让自己的女人和孩子衣衫褴褛，又如何算得上有尊严的男人？③

贾法尔汗是务实的政治活动家。他很清楚，当时西北边境省有英国重兵驻守，此前各部落的武装斗争屡屡遭到残酷镇压。在他看来，非暴

---

① Mukulika Banerjee, "Justice and Non-Violent Jihad: The Anti-Colonial Struggle in the North-West Frontier of British India", *Etudes Rurales*, No. 149/150 (Jan.-Jun. 1999), pp. 181–198.

② Jamel L. Rowell, "Abdul Ghaffar Khan: An Islamic Gandhi", *Political Theology*, Vol. 10, No. 4 (2009), pp. 591–606.

③ Mukulika Banerjee, "Justice and Non-Violent Jihad: The Anti-Colonial Struggle in the North-West Frontier of British India", *Etudes Rurales*, No. 149/150 (Jan.-Jun. 1999), pp. 181–198.

力是普什图人的最大希望。因此,非暴力原则既是他的信念,也是特殊历史条件下的务实选择。

(3) 民族团结

贾法尔汗认为,民族团结既是建设更美好普什图社会所必需的,也是与英国进行斗争所必不可少的条件。他多次强调,英国人之所以能够在部落地区耀武扬威,是因为他们能够团结一心,而普什图人却各自为阵:一个部落受英国人欺负时,其他部落无动于衷。他指出,如果没有属于同一民族整体的感觉,没有统一的普什图战线,那么普什图人就抵挡不住英国人;一旦普什图人团结起来,将不需要任何暴力就可赶走英国人。[1] 他对普什图同胞说:

> 你们见过外国人么?他们是和你们一样的人。他们和你们一样只有两只手和两只脚。外国人比你们多什么呢?为什么都是一样的人,他们却凌驾于普什图人之上统治着我们?(因为)他们有一种团结的精神,这是我们的同胞极其缺乏的。[2]

贾法尔汗选择红色为"真主之仆"制服的颜色,亦非偶然,乃别有深意。他解释说,"红色衣衫象征着新的'兄弟关系',我们组成一个新的'帕坦人'。"[3] 当然,他深谙普什图部落之间的复杂关系和仇怨纷争,并没有天真地以为,普什图社会几千年的习俗文化、部落间长期的宿怨能够在一夜之间彻底改变。但他再三强调,团结是为了反对英国人;放弃普什图人内部的复仇和争吵,是民族利益的要求。他甚至对周围的人说,"英国人离开后,你们可以做你们想做的事情,但在那之前,我们需要而且必须团结起来"。根据他的要求,在"真主之仆"内部,绝大多数成员都必须坚守的原则底线是,不让个人恩怨凌驾于民族利益之上。[4]

---

[1] Mukulika Banerjee, "Justice and Non-Violent Jihad: The Anti-Colonial Struggle in the North-West Frontier of British India", *Etudes Rurales*, No. 149/150 (Jan.-Jun. 1999), pp. 181–198.

[2] P. S. Ramu, *Khudai Khidmatgar and National Movement*, p. 93.

[3] Ibid., p. 100.

[4] Mukulika Banerjee, "Justice and Non-Violent Jihad: The Anti-Colonial Struggle in the North-West Frontier of British India", *Etudes Rurales*, No. 149/150 (Jan.-Jun. 1999), pp. 181–198.

贾法尔汗在号召普什图同胞团结一致反对英国的同时，还努力培育超部落的"普什图认同"。他在各地演讲中反复强调一个主题，即"我们都是普什图人"。在很大程度上，"真主之仆"本身就为普什图人超越部落认同提供了一个真实的平台。真主之仆成员在回答别人"你是谁"的问题时，都会说"我是真主之仆"，而不是他们各自的部落归属。受贾法尔汗和真主之仆运动的影响，不少普什图人开始与其他村庄、其他部落的人交朋友，不同氏族和地区的通婚率有所提高，通婚在一些地区还成为新的婚姻时尚。

贾法尔汗不是狭隘的族裔民族主义者。他对其他所有民族和宗教信仰者都持开放包容的态度。"真主之仆"对所有人开放，无论信仰什么宗教，也无论属于哪个民族，只要遵从非暴力原则，就都可加入其中。普什图人是"真主之仆"的主体，但成员中也有印度教徒和锡克教徒。据他的传记作家描述，贾法尔罕"对所有宗教都怀着本真的热爱，他坚信人类皆兄弟"。因此，他不像全印穆斯林联盟那样强烈反对国大党，不赞成穆斯林与印度教徒敌对。20世纪三四十年代，印度多地发生印度教徒与穆斯林群体暴力冲突的事实，没有改变贾法尔汗的这一立场，也没有影响他个人以及"真主之仆"与国大党的关系。相反，在社群暴力事件增多的情况下，贾法尔汗加强了为"非暴力"而呼吁和奔走的努力。他认为，全印度居民都属于"印度人"，普什图人和其他民族一样都是构成"印度民族"的一个语言文化单位。[①]

2. 政治斗争的新形式

"真主之仆"是普什图本土第一个有统一组织的社会政治运动。它既从事反对英国殖民统治和剥削的民族主义斗争，也积极倡导改革普什图社会。其社会基础广泛，关键在于它呼应了当时各主要群体的愿望。如巴希尔所说：普什图知识分子支持它的复兴改革立场，各部落首领看重它独立自治的政治主张，乌莱玛则欢迎它的反殖民主义态度。[②]

[①] Jamel L. Rowell, "Abdul Ghaffar Khan: An Islamic Gandhi", *Political Theology*, Vol. 10, No. 4 (2009), pp. 591–606.

[②] Nadia Bashir, "A Review of Political Awakening in NWFP 1901–1947", *Pakistan Annual Research Journal*, Vol. 49, 2013, pp. 59–75.

在纲领层面，贾法尔汗把"非暴力"推崇为伊斯兰信仰的本质内涵，在实践中，他以超个人、超宗族、超部落的共同利益来克服分歧矛盾。由此，他不仅赢得了广泛的支持和尊重，还开创了普什图社会政治运动的新篇章：以非暴力不合作运动反抗英国殖民统治，以议会斗争保护普什图民众的利益。

（1）有组织的非暴力斗争

英国自进入部落地区起，便到处遭遇暴力袭击和反抗。1929年年底，"真主之仆"成立，英印政府在1930—1931年的西北边境省见证了"不可思议的现象"：武装暴力抗争数量明显减少，一向狂野暴躁的部落民在"红衫军"的组织下，展开"非暴力不合作运动"。尽管阿夫里德等部落还间或袭扰或暴动，伊皮毛拉还在瓦济里斯坦抗击英军，但不合作运动已成为反英斗争的主力。1931年夏天，它已发展到3万人规模，几乎完全控制了全省农村地区，各地农民拒绝缴纳的税款总计66.6万—80万英镑，全省法律和秩序面临全面瘫痪的危险。[①]

起初，英国人对"红衫军"的判断还受大博弈、19世纪末部落武装反抗斗争、20世纪初世界政治局势变化等先在观念的影响，认为"红衫军"要么是布尔什维主义力量（苏俄代理人），要么是阿富汗的代理人，要么则是边境地区盛行的宗教狂热分子。[②] 尽管这些推测都查无实据，但基于西北边疆省特殊的地理位置和大博弈的历史记忆，英国人始终没有放弃对"红衫军"的布尔什维克属性的猜疑。因此，英印政府对贾法尔汗和"真主之仆"的"非暴力不合作运动"的政策，与对甘地的态度大不相同。他们除了囚禁贾法尔汗、推行戒严法以外，还施行严酷的暴力镇压：抓捕数万名"真主之仆"成员并施以酷刑，扫荡村庄，焚烧粮食，毁坏庄稼，没收武器、土地和所有财产，枪杀运动骨干，等等。总之，英国穷尽了在普什图地区曾采用过的全部方法，且无所不用其极。然而，这些措施被证明无济于事，"红衫军"力量仍不断扩大。

贾法尔汗多次被捕入狱。和甘地一样，他身在囹圄仍坚持非暴力原

---

① Brandon Douglas Marsh, *Ramparts of Empire: India's North-West Frontier and British Imperialism* 1919–1947, PhD Dissertation at the University of Texas at Austin, 2009, p. 134.

② Ibid., chap. 4.

则。不同之处在于，贾法尔汗以《古兰经》为据，告诫成员要忍耐，称自我克制和忍耐是真主所喜悦的，以此巩固非暴力斗争。他在狱中继续领导"真主之仆"。英国的疯狂镇压反而令他感到兴奋和欣慰。在他看来，非暴力斗争已削弱了英国政府的根基，"正在让他们变得疯狂。我喜欢这些疯狂和暴怒的外国人，因为他们的狂吠乱咬将会让我们觉醒。如果这些外国人继续装作谦谦君子，则绝不会在我们中间激发这种精神和感情。"①

(2) 合法的政治参与

"真主之仆"给普什图人政治斗争历史至少带来两大新鲜要素：一方面，它把零星分散的部落力量团结、规训为纪律严明的政党组织，在英印政府制度框架内，借用宪政改革的机遇，以议会和政府为主要平台，用合法方式捍卫普什图人的利益；另一方面，它把普什图人争取政治自由的斗争与次大陆民族解放运动连接在一起，在省议会选举中与国大党密切合作，成为现代民族主义运动。

A. 基本背景

英国推行的宪政改革，是"真主之仆"以合法方式参与政治的前提条件。1935年，英印政府颁行《印度政府法》，把宪政改革推及西北边境省。1937年和1946年，西北边境省与其他省份一样举行了议会选举。这一时期，"真主之仆"卷入了印度国大党（以下简称"国大党"）和全印穆斯林联盟（以下简称"穆盟"）的矛盾斗争。

国大党和穆盟是1947年以前英属印度最大的两个政党。国大党成立时间更早，影响力也更大。它一向以"印度人民的代表"自居，党员中包括许多穆斯林精英，比如真纳和贾法尔汗等人。1928年8月，国大党发表《尼赫鲁报告》，导致与穆盟正式分道扬镳。1935年《印度政府法》颁布之后，两大党在印度腹地的竞争态势迅速白炽化。

当时，穆盟坚持"两个民族"观念，即强调印度教徒与穆斯林是两个不同的民族；国大党与穆盟分别是两个民族的代表；伊克巴尔（Sir Muhammad Iqbal）已经提出印度穆斯林单独建国的主张，"巴基斯坦运动"已经启航。但是，在普什图地区，"穆斯林民族"观念还没有普及，人们

---

① P. S. Ramu, *Khudai Khidmatgar and National Movement*, p. 142.

依然以"对英国殖民者的态度"来判断敌友。在普什图穆斯林看来,穆盟更热衷于与英国人做交易,没有坚定地反对英国殖民者以捍卫穆斯林的利益。①

因此,普什图穆斯林普遍不亲近穆盟。贾法尔汗和"真主之仆"中的大多数成员都是穆斯林,但与穆盟及其领导人的关系始终平平,未能建立起相互信任。相反,贾法尔汗和他的哥哥汗·萨西布医生(Dr. Khan Sahib)与甘地、尼赫鲁等国大党高级领袖私交甚密;"真主之仆"在组织、政治意识形态方面更亲近国大党。1930 年,"真主之仆"集体加入国大党,称"边疆国大党"。1934 年 8 月底,甘地邀请贾法尔汗出任国大党主席,贾法尔汗婉言谢绝。1937 年,汗·萨西布主政西北边境省后,甘地多次到访。在印巴分治的问题上,贾法尔汗兄弟站在国大党一边,主张维护印度统一。

这段历史在很大程度上决定了 1947 年之后贾法尔汗在巴基斯坦的政治处境。他在印度被尊为民族英雄,终其一生都享有崇高声誉和威望。由此可见,政治盟友与宗教身份/认同并不总是相关的。

B. 议会政治

1937 年省级议会选举之前,英印政府出于各种考虑,禁止国大党和穆盟到西北边境省竞选。但真纳在选举前获准访问边境省,他在当地动员各部落权威和穆斯林精英参选。1937 年 3 月 16 日,选举还没有举行,印度总督就任命国大党地区领导人阿卜杜·卡尤姆汗(Abdul Qayyum Khan)为边境省首席部长。选举开始后,贾法尔汗兄弟及其领导的"真主之仆"都以国大党的身份参选。选举结果是,穆盟支持的候选人没有获得席位,"真主之仆"在国大党的支持下胜出。9 月 3 日,汗·萨西布在省议会提出对卡尤姆汗政府的不信任案获得通过。9 月 6 日,汗·萨西布出任首席部长,组建省政府。

汗·萨西布政府颁行若干惠民措施,包括降低农民赋税,社会职位由之前的任命改为公开竞聘,废除《边疆犯罪管理条例》,在农村地区新建一批小学,规定普什图语为小学的教学语言,等等。1939 年年底,国大党为了抗议英国拒绝印度独立的要求,同时为了表明其反战立场,要

---

① Anatol Lieven, *Pakistan: A Hard Country*, New York: Public Affairs, 2011, p.390.

求全国所有党员辞去部长职务，汗·萨西布响应号召。

穆盟乘机发展自己的力量，反国大党之道而行。国大党发起退出政府运动，真纳则把1939年12月22日确立为"支持日"，号召穆斯林支持英印政府。此举缓解了国大党部长集体辞职带来的压力，使穆盟赢得了英国的好感。在西北边境省，穆盟领导人积极行动，提出重新组建政府，但遭到边疆国大党主导的省议会抵制。1943年5月，贾法尔汗和"真主之仆"领导人大批入狱，穆盟领导人奥朗则布·汗（Aurangzeb Khan）当选为首席部长。

奥朗则布·汗的政府表现不佳。巴基斯坦学者称其充斥着"平庸无能、派系斗争和腐败"①。1944年夏天，甘地鼓励汗·萨西布重回政坛。1945年3月，汗·萨西布对奥朗则布·汗政府提出不信任案，成功取而代之。

1946年1月底，西北边境省举行议会选举。总计50个议席，国大党赢得30个，穆盟获17个。② 汗·萨西布再度出任首席部长，组成国大党主导的政府。时值穆盟与国大党的斗争趋于白热化，败选的穆盟开始猛烈抨击贾法尔汗兄弟和"真主之仆"，称之为"印度教徒的代理人"，是"印度教神祇的奴隶"，是伊斯兰教和巴基斯坦的敌人。③

3. 结局

印巴分治前夕，西北边境省经公投决定加入巴基斯坦。1947年8月15日，巴基斯坦建国。一周之后，汗·萨西布领导的省政府被解散。阿卜杜·卡尤姆汗④被任命为新的首席部长。为了避嫌，贾法尔汗主动疏远国大党，邀请并欢迎真纳访问普什图地区。1948年3月5日，贾法尔汗

---

① Sayed Wiqar Ali Shah, *Ethnicity, Islam, and Nationalism: Muslim Politics in the North-West Frontier Province* 1937–1947, Oxford University, 1999, p. 144.

② 其余议席情况是：贤哲会（JUI）获得2个，独立候选人 Akali Dal 获得1个。Erland Janson, *India, Pakistan, or Pukhtoonistan*, Stockholm: Almaqvist and Wilsell International, 1981, p. 152.

③ Muhammad Shakeel Ahmad et al., "Electoral Politics in the North West Frontier Province of Colonial India 1946–1947", *Hsitory and Sociology of South Asia*, Vol. 8, No. 1（2014）, pp. 1–19. "Constituent Assembly of Pakistan Debates", Dec. 16, 1948, http://awaminationalparty.org/main/?p=2895#more-2895.

④ 阿卜杜·卡尤姆汗原是国大党员，1945年离开国大党，加入穆盟。这种现象在当时的印度并不少见。

在巴基斯坦议会用乌尔都语发表讲话，承认自己曾经反对印巴分治，并对印巴分治中出现的流血冲突表示痛心。他同时强调，"现在分治已经完成，分歧已经结束"，普什图人将不会动摇和削弱巴基斯坦，相反，"巴基斯坦将变得更加强大"。针对人们对普什图人的猜疑，他提出，"政府的基础是信任，而不是怀疑。"① 他后来又多次公开表示，只要巴基斯坦政府为人民和国家福祉而努力，自己必将与之并肩共同奋斗。

然而，穆盟领导人对贾法尔汗的负面定见已经形成，阿卜杜·卡尤姆汗更是忌惮贾法尔汗在西北边境省民众中的威望。1948 年，卡尤姆汗取缔"真主之仆"，并竭尽全力设法使真主之仆数万名成员加入穆盟。

20 世纪五六十年代，贾法尔汗频繁被捕入狱，1964 年在前英印政府西北边疆省长卡罗伊（Olaf Caroe）的帮助下获得前往英国就医的机会。之后，他经开罗辗转到阿富汗，被奉为国宾。70 年代他一度返回巴基斯坦，五六年之后又被迫再度流亡阿富汗。1979 年年底苏联入侵阿富汗，贾法尔汗前往印度。1987 年夏天他返回白沙瓦，被软禁在医院中，第二年 1 月 20 日离世。

相比而言，汗·萨西布的境遇稍好。虽然他在英印政府时期曾三度主持国大党省政府，但他在 1947 年以后努力修复了与穆盟和联邦政府的关系。1954 年他被委任为联邦通信部长，1955 年出任西巴首席部长，1957 年夏天卸任。1958 年 5 月 9 日，他在拉合尔遇刺身亡。

第三节 普什图尼斯坦问题

"普什图尼斯坦"（Pashtunistan）一词意为"普什图人的土地"，但不同于一般意义上的"普什图地区"或"普什图人土地"。它是一个专门术语，有特别的政治内涵。在中南亚语境中，-stan 含有国家或建国之意。"普什图尼斯坦"起先是作为一种政治主张提出来的，之后衍生出以建立"普什图尼斯坦"为目标的政治运动，进而成为 20 世纪中后期阿巴两国关系的主要症结之一。

从起源看，"普什图尼斯坦"是大国政治的产物。其始作俑者是土耳

---

① Rajmohan Gandhi, *Ghaffar Khan*, pp. 204–205.

其素丹政府。第一次世界大战期间，土耳其发明了"普什图尼斯坦"一词，以此鼓励普什图部落独立建国，旨在动摇和削弱英帝国。土耳其帝国灭亡以后，"普什图尼斯坦"理念阴魂不散，笼罩着英印政府在边疆的统治秩序、印巴分治过程，乃至当代巴阿关系。

在政治实践中，普什图尼斯坦理念先后衍化出多种形态的政治运动。简单地说，它在英帝国和巴基斯坦表现为民族独立，一度表现为分裂国土的要求。英国起先坚决打击，印巴分治前夕其立场软化。巴基斯坦联邦政府始终坚决反对。对阿富汗政府而言，"普什图尼斯坦"实际等同于领土收复主义，是可欲可喜的，喀布尔政府或明或暗给予了不同程度的支持，其中以达乌德·汗最为积极。

"普什图尼斯坦"问题典型呈现出世界政治中的一个普遍现象，即国际政治关系对国家治理（边疆治理）的重要影响。对英帝国和巴基斯坦来说，普什图地区是脆弱的边疆；但在土耳其和阿富汗那里，它却是有效的战略武器。土耳其用它来与英国争夺霸权。1947 年以后，普什图尼斯坦本是巴基斯坦内政问题，属于中央—地方关系范畴，是中央—地方关系的一种特殊表现形式，即中央—边疆关系，但是由于阿富汗政府的介入，它扩大为国际政治问题，复杂性倍增。

一 "普什图尼斯坦"概念的发明

作为政治主张的"普什图尼斯坦"是奥斯曼土耳其帝国在第一次世界大战期间发明的战略武器，第二次世界大战期间，纳粹德国照单仿制，它们瞄准的对象都是英国。

1917 年 10 月 1 日，土耳其素丹特使卡兹姆·倍（M. Kazim Bay）受命发布一系列面向世界各国穆斯林的宗教法令，其中对阿富汗穆斯林的宗教法令宣告：（1）阿富汗与印度河之间的土地称为"普什图尼斯坦"；（2）"普什图尼斯坦"的所有穆斯林，无论其教派归属为何，包括什叶派、逊尼派或瓦哈比等等，都是神圣《古兰经》的信奉者；（3）全世界穆斯林应该团结起来与基督教徒作战。①

---

① Syed Minhaji ul Hassan, *The Dawn of New Era in Khyber Pakhtunkhwa: Abdul Qaiyum Khan Chief Ministership 1947 – 1953*, Islamabad: M/s. Roohani Art Press, 2016, p. 123.

1939年第二次世界大战爆发后，德国认为阿富汗具有重要的地缘战略价值：其南部边疆可煽动反英起义，北部边境可动摇苏联政治秩序。于是，德国利用与阿富汗的友好关系①，派使团前往阿富汗，要求它帮忙拖住英国和苏联。为巩固德—阿关系的基础，纳粹意识形态专家把阿富汗建构为"雅利安人的故乡"。他们在阿富汗到处宣讲"普什图主义"，鼓动阿富汗收复普什图领土，并把瓦济里斯坦与巴勒斯坦相提并论，鼓励阿富汗政府把杜兰线两侧的普什图人重新统一起来②，以此激发阿富汗和普什图政治精英的反英热情。

奥斯曼土耳其和纳粹德国的上述宣传在西北边境省造成的具体影响还有待进一步研究。目前可以明确两点。第一，它们的说辞在阿富汗生根发芽，拥有大批追随者。当时以达乌德·汗为代表的阿富汗年轻政治精英后来成长为普什图主义的坚定信奉者。在这批精英的推动下，"普什图尼斯坦"运动茁壮成长。第二，它们给阿富汗和西北边境省的反英力量提供了资金武器支持。第二次世界大战结束后，阿富汗继续支持西北边境省的独立运动。

二 巴基斯坦的"普什图尼斯坦"运动

巴基斯坦的"普什图尼斯坦"问题首先是英国殖民统治的遗产。英国统治时期，"普什图尼斯坦"首先是指普什图人反抗英国统治的政治运动，主要有两大分支：一是前述贾法尔汗在西北边境省领导的非暴力运动；二是伊皮毛拉在瓦济里斯坦领导的暴力斗争。伊皮毛拉被视为"独立普什图尼斯坦"的象征③，长期得到阿富汗的支持。斗争一直持续到1960年伊皮毛拉去世为止。

英国撤退前夕，出现了第二种形式的"普什图尼斯坦"议题。英国

---

① 20世纪30年代，德国同阿富汗关系密切。它援建阿富汗的基础设施和工厂，给喀布尔提供武器，培训阿富汗军队。1938年德国驻喀布尔使馆是阿富汗最大的外国使馆，馆员约270人。Robert D. Crews, *Afghan Modern: The History of a Global Nation*, Cambridge: The Belknap Press of Harvard University Press, 2015, p. 164.

② Thomas Barfield, *Afghanistan*, p. 208. Amin Saikal, *Modern Afghanistan*, p. 112.

③ Milan Hauner, "One Man Against the Empire", *Journal of Contemporary History*, Vol. 16 (SAGE, 1981), pp. 183–212.

人提出"自由普什图尼斯坦"构想,以作为决定普什图地区政治前途的备选方案之一。这是分治前夕西北边境省公投的由来。尽管公投最终否决了这个方案,但"自由普什图尼斯坦"却成为贾法尔汗在巴基斯坦国家框架内追求的政治目标。

(一)作为抗争运动的"普什图尼斯坦"

这是19世纪部落反英斗争的延续。要理解该地区持续的"不驯服",需要考虑其政治文化传统。如前所述,普什图法则中的尊严、平等和荣誉等内容,使普什图人不容易接受外部力量的统治。相对于部落和乡村而言,国家权力是一种外部力量,而捍卫部落乡土安全、防止"外人"侵犯则是部落传承数千年的政治本能。实际上,各种类型的国家权力体系在该地区都未能确立直接的中央控制权,也没能解除部落民的武装。盛极一时的波斯帝国、莫卧儿帝国和大英帝国概莫能外,无论普什图地区归属于哪个国家,当地治理权都在部落首领、议事会、毛拉等传统权威手中。国家权力在普什图地区还面临客观的自然条件限制:它地处边疆,山势险峻,交通不便。英国修建公路和铁路的努力也主要集中于个别交通枢纽,没有普及部落各地。因此,相对于国内其他地区而言,部落民有更大的机会和空间来保持政治独立地位,特别是在国家失序、中央政府权能虚弱的情况下。

第二次世界大战前夕,普什图人的不驯服主要表现为对英印政府的武装反叛和政治不合作,这贯穿第二次世界大战始终。武装反叛主要以伊皮毛拉为代表,抗争主要发生在瓦济里斯坦地区,在很大程度上是19世纪末哈达毛拉和毛拉珀温达等人领导的反英斗争的延续。伊皮毛拉原名米尔扎·阿里·汗(Haji Shaib Mirza Ali Khan),1892—1897年间出生于瓦济里斯坦位于本努和拉孜马克之间一个名叫伊皮的乡村(今北瓦),属于乌特曼扎瓦济尔下属托里克部落的马达—班伽尔宗族。他自幼在家乡的宗教学校学习,不久前往贾拉拉巴德,师从于阿富汗当时最著名的宗教权威。1923年,他在麦加朝觐后回到瓦济里斯坦,长住伊皮,以宗教知识渊博而声名鹊起,被尊为"教法学家"(faqir)。

伊皮毛拉早年效忠于阿富汗国王阿曼努拉汗,是国王泛伊斯兰主义主张的坚定追随者。1929年,国王政权被推翻以后,伊皮毛拉转而反英。

1936年，他高举伊斯兰大旗①，以伊皮为根据地，从瓦济尔、马苏德、比坦、加尔吉的苏莱曼克等部落招募追随者，组建起千余人的部落武装，伺机袭击英国，目的是最大限度地给英国当局制造麻烦，迫使他们撤离部落地区。英印政府出兵镇压：1937年，它调集4万军队出征瓦济里斯坦。尽管付出了1000军士死亡、150万英镑军费的代价②，却也没有完全平息这个地区的反叛。

伊皮毛拉积极与一切反英国的力量合作，包括印度民族主义者（如国大党前主席苏巴斯·钱德拉·鲍斯，Subhas C. Bose）、德国和意大利等。他给莫赫曼德、阿夫里德、库拉姆瓦济尔以及阿富汗境内的多个部落写信，敦促他们参加"反英圣战"。1937年9月，他致信国大党主席尼赫鲁，称之为"热爱自由的人民的领袖，杰出的印度民族领导人"。1939—1941年间，意大利和德国与伊皮毛拉建立联系，给他提供资金和武器，支持他打击英国。据英印政府情报部门估计，截至1942年年底，伊皮毛拉已经从德意两国获得资金50万阿富汗尼。③ 在这种情况下，伊皮毛拉成为英国驻西北边境省军队的首要打击目标，但他神出鬼没，到处都得到部落民众的庇护和掩藏，英印政府始终没能抓到他。

伊皮毛拉的游击战争一直持续到英国撤离。巴基斯坦建国前后，伊皮毛拉依然没有放弃独立的要求，坚持建立"普什图尼斯坦"国家，为此继续武装斗争，只是队伍和规模相对以前明显减少和缩小。直到1960年去世之前，伊皮毛拉和他的追随者始终拒绝承认巴基斯坦国家的合法性。

贾法尔汗领导的"普什图尼斯坦"运动则完全不同，其目标在巴基斯坦独立前后发生了重大变化。简单地说，英国撤离以前，贾法尔汗也

---

① 事件的起因是所谓"伊斯兰·比比事件"。伊斯兰·比比（Islam Bibi）原是印度教徒女孩，与本努一位穆斯林青年相爱，在1936年3月改宗伊斯兰教，改名为伊斯兰·比比，并与男孩结婚。她的父母在地方法庭提起诉讼，导致穆斯林男青年被判6个月监禁。伊皮毛拉得知这个消息后，立即召集部落武装，准备出征本努。

② William Barton, *India's North-West Frontier*, London: John Murray, 1939, p. 228.

③ Julian Schofield, "Diversionary Wars: Pashtun Unrest and the Sources of the Pakistan-Afghan Confrontation", *Canadian Foreign Policy Journal*, Vol. 17, iss. 1 (2011), pp. 38–49. Milan Hauner, "One Man against the Empire", *Journal of Contemporary History*, Vol. 16 (SAGE, 1981), pp. 183–212.

追求建立独立国家，反对印巴分治，反对西北边境省加入巴基斯坦。巴基斯坦独立以后，他的主要目标改为：在巴基斯坦主权框架内，谋求普什图人在自己土地（"普什图尼斯坦"）上的自治权利。

"普什图尼斯坦"运动这两大支系之间的其他重要区别还包括：（1）与阿富汗政府的关系。贾法尔汗极力撇清与喀布尔的关联，在其被迫流亡客居阿富汗期间也谨言慎行，不愿意扮演阿富汗代理人的角色；伊皮毛拉则积极主动配合阿富汗政府，在1949年被阿富汗推立为"普什图尼斯坦总统"。（2）群众基础。贾法尔汗的影响更大，追随者更多，更受巴基斯坦联邦政府重视，其影响力主要在城镇；伊皮毛拉的影响力起初在瓦济里斯坦乡村，后来集中于阿夫里德部落地区。在伊皮毛拉的激励下，1949年，"青年阿夫里德党"宣布"普什图尼斯坦"建国。

（二）作为分治备选方案的"普什图尼斯坦"

1947年，英国去意已决，穆盟和国大党势同水火，次大陆分治已成定局。在西北边境省的政治归属问题上，国大党与穆盟展开激烈竞争。穆盟提出，西北边境省人口的90%以上是穆斯林，理所应当归于巴基斯坦。国大党不甘愿拱手相让，借助贾法尔汗兄弟和"真主之仆"的影响力从中阻挠。国大党也清楚，就地理位置而言，把普什图地区纳入印度领土也不太现实。在这种情况下，"自由普什图尼斯坦"就成为一种与印巴分治并立的备选方案。

首先提出"自由普什图尼斯坦"方案的，是时任西北边境省省长的奥拉夫·卡洛伊[①]。他的初衷是为了缓和国大党与穆盟的尖锐对抗，在僵局中提出第三条道路。一番波折之后，甘地表示赞同。贾法尔汗大力支持，积极准备将其付诸实践。但下面我们将会看到，这三位政治家所构想的"普什图尼斯坦"有内在联系，其动机和目标却各不相同，所以不能抽象地概而论之。

围绕"普什图尼斯坦"方案的重大政治事件至少有三个：一是国大党与穆盟的斗争；二是蒙巴顿的分治方案；三是1947年西北边境省公投。

[①] 卡洛伊在1958年出版的著作《帕坦人：公元前550年到公元1957年》（*The Pathans*：*550. B. C. – A. D. 1957*）是国际学术界公认的普什图和阿富汗研究必读书目，至2015年已再版20次。

在很大程度上可以说，政党斗争和印巴分治是"自由普什图尼斯坦"方案的原因，公投是方案的实践，也是方案在法律意义上的完成与终结。

1. 国大党与穆盟的明争暗斗

20世纪30年代，国大党与穆盟的对抗蔓延到西北边境省。史家在分析1937—1947年西北边境省的政治进程时，有人凸显国大党的成就，有人则格外强调穆盟和"巴基斯坦运动"的普及。在省议会和政府方面，国大党得益于贾法尔汗兄弟和"真主之仆"的支持，占据优势，自1937年起便居主导地位。第二次世界大战期间，国大党集体辞职，穆盟一度主持省政府。1946年省议会选举，国大党获得60%的席位，汗·萨西布任首席部长。西北边境省政府成为英属印度穆斯林人口多数省份中，唯一不支持穆盟的省份。①

1947年1月，穆盟在西北边境省发动反对国大党政府的群众运动，2月20日升级为非暴力不合作运动。穆盟声称，国大党在1946年的选举中舞弊，指责国大党省政府干涉司法、推行不平等政策，要求其辞职，重新举行议会选举。穆盟在部落地区的宣传中，把国大党政府说成是"印度教徒主导的政府"，称如果国大党继续在位，则英国人的统治将转变为印度教徒统治。此类言论引起强烈反响，部落民纷纷表示支持"巴基斯坦运动"。②

为平息两党之间的恶性竞争，防止西北边境省发生社群暴力冲突，卡洛伊在1946年年底和1947年年初向国大党提出建议，希望它放弃印度民族主义旗号，改用"普什图尼斯坦"来对抗"巴基斯坦运动"。③

国大党拒绝了这个建议。一则因为它不愿向穆盟示弱，放弃既定政治路线；二则因为它坚持自己是全国性政党，担心如果公开支持"普什图尼斯坦"，则等于把自己降格为普什图人的政党，把国大党等同于"真主之仆运动"。边疆国大党领导人汗·萨西布明确表示，不赞成"普什图尼斯坦"的主张。

---

① Robert Boggs, "Pakistan's Pashtun Challenge: Moving from Confrontation to Integration", Vol. 36, No. 2 (Mar. 2012), pp. 206 – 216.

② Muhammad Iqbal Chawla, "Mountbatten and the NWFP Referendum: Revisited", *Journal of the Research Society of Pakistan*, Vol. 48, No. 1 (Jun. 2011), pp. 1 – 58.

③ Ibid..

与此同时，穆盟的宣传动员成效明显，"巴基斯坦运动"和反国大党政府的运动规模不断扩大，国大党政府合法性面临严峻挑战。首席部长汗·萨西布下令镇压，抓捕了数千名抗议者，其中包括穆盟边境省的高级领导人如胡尔西德·安瓦尔（Khurshid Anwar）、阿卜杜·卡尤姆汗和曼基·谢里夫（Manki Sharif）等。两党关系更趋紧张，局势日益恶化。

在这种状况下，卡洛伊要求省政府改变高压政策。这引起国大党强烈不满。国大党遂把卡罗伊当作"亲穆盟"派，坚决要求英印政府撤换卡洛伊。正是在边疆地区政局一团乱麻之际，蒙巴顿走马上任总督职位，西北边境省成为他的第一个重大难题。

2. 蒙巴顿的分治方案

1947年3月，蒙巴顿出任印度总督。他首先借助两党领导人的影响力，设法平息边疆事端。他到任后亲自出面，要求甘地和真纳公开呼吁民众保持克制。随后他着手解决两党的政治矛盾，为此专门前往西北边境省实地考察。基于当地的实情，他拒绝了穆盟的要求，即解散国大党政府、重新举行议会选举。而是决定先安抚国大党，采纳了国大党要求撤换卡罗伊的呼吁，任命罗伯特·洛克哈特（Robert Lockhart）担任省长。与此同时，为了安抚穆盟，他在征得尼赫鲁和汗·萨西布的同意后提出正式建议：在西北边境省以一人一票的民主方式决定该省政治前途。真纳赞同这一建议。

1947年6月3号，蒙巴顿宣布了印巴分治的实施方案。在印巴分治的前提下，决定在西北边境省、阿萨姆省（克什米尔）和俾路支斯坦举行全民公投，一人一票，由民众决定本省加入巴基斯坦或是印度；其他省份则由省议会讨论决定其主权归属。关于西北边境省，蒙巴顿公开的说辞是：该省议会人数太少，只有50人，所以不能由其专断。①

蒙巴顿分治方案公布当天，真纳即宣布停止非暴力不合作运动，并开始为全民公投做准备。在国大党方面，事先不知内情的甘地和贾法尔汗强烈反对这个方案。当然，他们反对的其实是印巴分治本身，他们始

---

① Muhammad Shakeel Ahmad et al., "Electoral Politics in the North West Frontier Province of Colonial India 1946–1947", *Hsitory and Sociology of South Asia*, Vol. 8, No. 1 (2014), pp. 1–19.

终坚决反对印度分裂。① 这也是蒙巴顿、尼赫鲁、汗·萨西布瞒着他们而私下商定分治落实方案的重要缘由。

针对蒙巴顿的方案,甘地提出新的建议。他要求应该给予西北边境省民众以第三种选择,那就是建立独立的国家,称"普什图尼斯坦"。蒙巴顿当即表示拒绝,称之前已与国大党主席尼赫鲁达成共识,即为了避免次大陆巴尔干化,不考虑孟加拉和其他各省独立。实际上,蒙巴顿本人是不赞成西北边境省独立,不赞成"普什图尼斯坦"主张的。②

甘地提出"普什图尼斯坦"作为"第三选择"的初衷,也不是要真正谋求西北边境省独立,而更多的是出于反对印巴分治的基本立场,可以将之理解为一种权宜之计,甚或一种曲线救国的方案——西北边境省先独立,之后再加入印度。不过,要让普通民众理解这种"曲线救国"的逻辑并不容易,因为西北边境省独立建国与"印度统一"原则之间的联系绝非显而易见的。正是由于这一点,甘地的"普什图尼斯坦"主张在当时并没有产生重大影响。

贾法尔汗公开支持甘地。他也正式向蒙巴顿提出,应该把"建立独立的普什图尼斯坦"作为第三方案,与"加入印度"和"加入巴基斯坦"并列作为公投备选,让民众用一人一票的方式选择决定。蒙巴顿同样断然拒绝。

贾法尔汗没有因此放弃努力,而是积极行动,展开草根动员,明确提出要建立"一个属于所有普什图人的自由帕坦国家"。自此,"普什图尼斯坦"方案转变为"自由普什图尼斯坦"运动。

3. 西北边境省公投

尼赫鲁之所以接受蒙巴顿的公投方案,一则是因为边疆国大党领导人汗·萨西布坚持拒绝辞职,当地局势不断恶化,二则他自己心怀与穆盟一决高下的豪情。不过,彼时边境省的情形已不同于1946年选举之前,穆斯林民众对"巴基斯坦运动"的热情正在空前高涨;由于国大党政府

---

① Dr. Sher Zaman Taizi, "The Problem of Pukhtunistan", *The Statesman* (Daily, Peshawar), Feb. 24, 2003, http://www.oocities.org/tokyo/ginza/5654/TheProblemOfPakhtunistan.html. 其实反对印巴分治的人很多,其中包括毛杜迪和贤哲会的一批宗教权威。

② Muhammad Iqbal Chawla, "Mountbatten and the NWFP Referendum: Revisited", *Journal of the Research Society of Pakistan*, Vol. 48, No. 1 (Jun. 2011), pp. 1-58.

高压导致流血冲突，国大党与民众间有了隔阂。1946年10月，尼赫鲁访问边境省，在开伯尔和马拉坎遭到冷遇和袭击。国大党/印度赢得公投的希望其实相当渺茫。

于是，尼赫鲁在公投前夕发出抵制公投的号召。他发表声明：（1）边疆国大党应尽全力抵制即将进行的全民公投；（2）公投期间，现任首席部长辞职，就该省加入巴基斯坦还是"自由普什图尼斯坦"的问题重新组织选举；（3）无论该省未来如何，热爱自由的普什图人都将继续为普什图国家而斗争。①

汗·萨西布没有真正执行尼赫鲁的倡议，没有全力组织抵抗公投，也没有辞职。"真主之仆"发起了抵制公投的运动，但遵照甘地指示，贾法尔汗要求"真主之仆"不要使用暴力。

1947年6月6—17日，西北边境省举行全民公投。据统计，50.99%的民众参与投票，其中99%以上的选票支持加入巴基斯坦。具体结果如表6—3所示。

表6—3　　　　　西北边境省1947年公投结果

选民总人数	572798人
有效选票总数	292118张
支持加入巴基斯坦的选票数量	289244张
支持加入印度的选票数量	2874张

资料来源：Erland Janson, *India, Pakistan, or Pukhtoonistan*. Stockholm: Almaqvist and Wilsell International 1981, p. 222, in: Nadia Bashir, "A Review of Political Awakening in NWFP 1901 – 1947", *Pakistan Annual Research Journal*, Vol. 49, 2013, pp. 59 – 75。

公投从法律上解决了西北边境省的政治归属问题，但要把制度化的政治身份内化为民众的政治认同，还有很长的道路要走。在大局已定的情况下，贾法尔汗没有放弃努力，继续为建立"自由普什图尼斯坦"而奋斗。在他的推动下，1947年6月21—22日边疆国大党的本努会议正式

---

① Muhammad Iqbal Chawla, "Mountbatten and the NWFP Referendum: Revisited", *Journal of the Research Society of Pakistan*, Vol. 48, No. 1 (Jun. 2011), pp. 1 – 58.

宣布，普什图人不接受印度，也不接受巴基斯坦，而是谋求建立"自由普什图尼斯坦"。会议决定把"自由普什图尼斯坦"确立为党的政治目标。

（三）贾法尔汗的"自由普什图尼斯坦运动"

在卡洛伊和甘地那里，"普什图尼斯坦"只是一种政治主张，他们两人都没有坚持将其付诸实践。贾法尔汗则不然。他把"自由普什图尼斯坦"作为自己的志业，积极付诸政治实践。

无论是在边境省公投之前，还是在巴基斯坦独立之后，贾法尔汗都没有说明"自由普什图尼斯坦"中的"自由"（azad）究竟意味着什么。在乌尔都语和普什图语中，azad 有两层含义："独立"和"自治"。从政治学的角度看，这两个词汇的政治含义显然相去甚远。贾法尔汗没有明确表示，"自由普什图尼斯坦运动"的目标是什么，究竟是在主权国家框架内争取普什图人的最大限度的省级自治权，还是建立独立的普什图国家？穆盟有高级领导人称，贾法尔汗的意图是加入阿富汗。对此，贾法尔汗也只是简单否认，他强调说："我们想要的只是杜兰线这一侧的所有普什图人都团结在'普什图尼斯坦'之中。"[1] 除此之外，关于"普什图尼斯坦"与阿富汗之间的关系，他不作解释。这正是他与巴基斯坦联邦政府关系长期紧张的重要缘由。

1. 不独立，要自由

卡洛伊认为，贾法尔汗想要的不是加入阿富汗，而是在巴基斯坦主权范围内的一个普什图邦，其主旨在于确保其半自主地位。他还指出，边疆地区其实难以完全独立，它在历史上始终都需要从一个更大的、相关联的政治体那里获取包括物资在内的支撑。[2]

贾法尔汗的行为证实了卡洛伊的判断，即他所谋求的"自由普什图尼斯坦"不是独立的主权国家。他不追求西北边境省脱离巴联邦而独立建国，而是谋求在巴基斯坦主权框架内，捍卫普什图人享有与其他族裔群体平等的权利，要求把西北边境省更名为"普什图尼斯坦"。为此，他建立了政党，试图以合法方式实现这些目标。

---

[1] Rajmohan Gandhi, *Ghaffar Khan*, p. 205.

[2] Olaf Caroe, *The Pathans*, p. 436.

贾法尔汗没有公开反对 1947 年西北边境省的公投结果，也没有在分治之时前往奉他为民族英雄的印度或阿富汗。1947 年 9 月 3—4 日，"真主之仆"在阿达亚布的会议决定接受巴基斯坦建国的现实，政党成员将生活在巴基斯坦，成为它"忠诚的公民"。会议还反对真纳在 8 月 22 号宣布的解散边境省国大党政府、任命卡尤姆汗为新的首席部长的决定。但同时决定保持克制，不给新生的国家制造麻烦和困难。

更具象征意义的是，1948 年 2 月，贾法尔汗原有的印度立法院议员身份按照印巴分治协定转移到巴基斯坦联邦议会。他接受这一点，并亲往联邦议会，在新国旗下宣誓就任，承诺将全力支持新政府，成为巴基斯坦联邦议会的荣誉成员。

然而，就在议会见面之后，贾法尔汗便公开对媒体和公众大规模集会发表言论，抨击穆盟垄断联邦政府，同时赞扬印度内阁的多元和包容。他还说，巴基斯坦的许多领导人本不属于巴基斯坦，而是难民[1]，真纳也不是这个"穆斯林国家"的代表，而是英国国王任命的。他对普什图人发出呼吁：

> 我的帕坦兄弟们，你们完全有权成为巴基斯坦的 1/4……团结起来，以自决精神行动，以此摧毁巴基斯坦领导人在你们周围堆砌的沙墙……我们将一直斗争下去，直到我们成功建立起普什图尼斯坦——普什图人民享、民有和民治的普什图尼斯坦。[2]

这些言论对于新生的巴基斯坦来说显然是难以承受的。1948 年 6 月 15 日，贾法尔汗被捕入狱。[3]

2. 与联邦政府的斗争

贾法尔汗与国大党合作的政治经历、他在边境省享有的崇高威望，

---

[1] 贾法尔汗所谓"难民"（refugee）其实并不确切，印度人和巴基斯坦人通常称之为 muhajir，即"移民"（"迁徙者"）。印巴分治前后，印度教徒和穆斯林成批迁往即将和刚刚建立的新国家。从印度迁往巴基斯坦的讲乌尔都语的穆斯林被称为"移民"。

[2] D. G. Tendulkar, *Abdul Ghaffar Khan: Faith is a Battle*, Bombay: Popular Prakashan, 1967, p. 465.

[3] Rajmohan Gandhi, *Ghaffar Khan*, p. 209.

他对"普什图尼斯坦"的坚持,以及对穆盟和政府毫不留情的批评,都足以让联邦政府感到不安。基于各种缘由,西北边境省首席部长卡尤姆汗始终坚信,贾法尔汗的"普什图尼斯坦运动""意在肢解巴基斯坦国家,因而是对国家的背叛"①。

(1) 要求改省名为"普什图尼斯坦"

边境省公投后,贾法尔汗不再主张建立独立的"普什图尼斯坦"。他明确表示,既然巴基斯坦已经建立,"那么,恢复秩序和发展我们的国家就是我们的共同责任"②。

1948年3月和12月,贾法尔汗在联邦议会发表演讲和辩论,要求把西北边境省更名为"普什图尼斯坦"。他说,既然巴基斯坦其他主要省份如旁遮普省、信德省、俾路支斯坦和孟加拉省的名称均以其主要居民的民族身份命名,标明了一片土地与其居民之间的关系,那么,普什图人占多数的西北边境省也该改名为"普什图尼斯坦"。他特别强调,这片土地不能称为"帕坦斯坦"(Pathanistan),因为"帕坦"是印度人对普什图人的称呼,"我们真正的名字是普什图"。他表示,让普什图人生活在"普什图尼斯坦",符合伊斯兰原则,这样不但不会削弱巴基斯坦,反而会让巴基斯坦变得更强大。他坚信,"绝大多数困难和问题都源于缺乏信任,一旦有了信任,这些问题就会迎刃而解。政府良好运转的基础是诚信善意,而非猜疑"。③

贾法尔汗明确表示,"普什图尼斯坦"是巴基斯坦国家的一部分。他还提出,巴基斯坦"应该是自由的巴基斯坦"。根据他在联邦议会的陈述,可以看出他所说的"自由国家"主要有三层含义:(1) 国家为所有巴基斯坦民众服务,而不是操控在特殊利益群体或个人手中;(2) 国家致力于实现所有人的自由和平等,当前尤其要关心穷人

---

① Syed Minhaji ul Hassan, *The Dawn of New Era in Khyber Pakhtunkhwa*, p. xv.

② Himayatullah Yaqubi, "Leftist Politics in Pakistan: Orientation and Unification in the First Decade", *Journal of Pakistan History Studies*, Vol. LXIII, No. 2, pp. 35 – 63.

③ Dr. Sher Zaman Taizi, "The Problem of Pukhtunistan", *The Statesman* (Daily, Peshawar), Feb. 24, 2003, http://www.oocities.org/tokyo/ginza/5654/TheProblemOfPakhtunistan.html. 12月份贾法尔汗为自己辩护时再次重申了这个观点,详见"Constituent Assembly of Pakistan Debates", Dec. 16, 1948, http://awaminationalparty.org/main/? p =2895#more – 2895。

的生活与福祉；（3）国家政府由巴基斯坦人自己组成，不与英国人分享国家行政权。①

1954 年，贾法尔汗刚被解除拘押，就在联邦议会重提边境省改名的要求。3 月 25 日，他慷慨陈词，称巴基斯坦有五兄弟，即孟加拉、旁遮普、信德、俾路支和普什图人；其他四个兄弟都有以自己名字命名的一片土地，唯独普什图人没有，所以国家应同意西北边境省更名为"普什图尼斯坦"，"我们所要的就是这些，没有任何更多的要求。"他再次强调，联邦议会和政府应该相信普什图人，就如同信任其他四兄弟一样；没有信任，局势只会更加糟糕。②

（2）拒绝加入穆盟，组建反对党

1948 年年初，真纳亲自邀请贾法尔汗携"真主之仆"加入穆盟。3 月，贾法尔汗致信婉言谢绝。他写道：

> 我和我的朋友们讨论了您的建议。但是他们一致的意见是反对加入穆斯林联盟。不过，他们乐意帮助建设和发展巴基斯坦国家，同时保留批评政府政策的权利，倘若政府采取错误的、非法的、违反宪法的政策的话。③

1948 年 5 月 8 日，贾法尔汗在卡拉奇参加联邦议会期间，会同一些持相同政见的政治家建立了"巴基斯坦人民党"④，并当选为党主席。人民党对巴基斯坦所有公民（不分宗教信仰和社群）开放，奉行社会主义。党的目标是：捍卫巴基斯坦的稳定和安全；确保所有人完全自治，把巴基斯坦变成由若干社会主义共和国组成的联盟；国家权力掌握在人民手

---

① 详见 "Constituent Assembly of Pakistan Debates", Dec. 16, 1948, http：//awaminationalparty.org/main/? p＝2895#more－2895.

② 详见 "Constituent Assembly of Pakistan Debates", Mar. 25, 1954, http：//awaminationalparty.org/main/? p＝2895#more－2895.

③ Syed Minhaji ul Hassan, *The Dawn of New Era in Khyber Pakhtunkhwa*, p. 35.

④ 注意，贾法尔汗的"人民党"（Pakistan People's Party）不是今天巴基斯坦政坛上的人民党（Pakistan People's Party）。今天的人民党是阿里·布托（Z. Ali Bhutto）在 1967 年建立的。关于布托创建的人民党，可参见向文华：《巴基斯坦人民党研究》，人民出版社 2015 年版。

中；与邻国，尤其是印度和阿富汗发展密切的文化关系。① 该党吸引了一大批反穆盟的著名政治家，包括来自孟加拉省的5名前国大党高级成员。

贾法尔汗此举令真纳和穆盟深感不安。客观地说，人民党的主张与当时巴基斯坦的政治现实格格不入。特别是它提出的亲近印度、阿富汗的目标，与两国对巴基斯坦的不友好态度及其同巴基斯坦的实际关系截然相反。无论这是否表明了贾法尔汗和其他反对派政治家的理想主义或和平主张，但对当时还在为新国家的生存殚精竭虑的穆盟领导人而言，这些理念是难以接受的。加上贾法尔汗曾是国大党骨干的历史身份，更加重了穆盟的疑惧。

更进一步来说，人民党的建立本身不符合当时穆盟和边境省政府领导人的制度构想。1948年1月，边境省首席部长卡尤姆汗公开明确提出，巴基斯坦应该实行一党制。他说，新生的巴基斯坦面临诸多内外威胁，一党制更有助于应对这些问题；待情况好转后，再考虑改行多党制。同年3月，真纳也发表声明说，每个穆斯林都应该团结在穆斯林联盟的旗帜下，穆盟"是巴基斯坦的唯一监护人"。②

国家和省级领导人的公开政治表态在先，人民党建立在后，特别是人民党提出了若干不符合政治现实的主张，为政治冲突埋下了伏笔。

（3）与卡尤姆汗交锋

卡尤姆汗自担任边境省首席部长起，就对贾法尔汗充满警惕。人民党建立后，贾法尔汗回到边境省，走乡串户，宣传新政党的主张，并多次公开批评穆盟及其政府。

卡尤姆汗公开进行反击。他表示，"那些长期反对巴基斯坦的人没有权利领导巴基斯坦民众"。1948年6月15日，他依据《边疆犯罪管理条例》拘押贾法尔汗和"真主之仆"一些领导人，罪名有三项：煽动叛乱、配合印度军队（对巴基斯坦）的侵略行动、勾结"阿富汗的代理人"。③

---

① Himayatullah Yaqubi, "Lefist Politics in Pakistan: Orientation and Unification in the First Decade", *Journal of Pakistan History Studies*, Vo. LXIII, No. 2, pp. 35 – 63. Rajmohan Gandhi, *Ghaffar Khan*, p. 207.

② Syed Minhaji ul Hassan, *The Dawn of New Era in Khyber Pakhtunkhwa*, pp. 25 – 39.

③ 这里所谓"阿富汗的代理人"是指伊皮毛拉。Rajmohan Gandhi, *Ghaffar Khan*, p. 209. Syed Minhaji ul Hassan, *The Dawn of New Era in Khyber Pakhtunkhwa*, pp. 25 – 39.

卡尤姆汗此举是否预先得到了真纳或联邦政府的授权，迄今还不得而知。贾法尔汗的特殊身份和影响力，使这次抓捕行动成为各方焦点。联邦议会立即展开激烈辩论，讨论拘押贾法尔汗的合法性问题。民众在议会外举行大规模抗议活动。1948年8月12日，"真主之仆"成员在白沙瓦查尔萨达举行集会，要求释放贾法尔汗。边境省政府出警镇压，冲突导致数百人死亡，引发更多抗议活动。穆盟内部也有不少人批评卡尤姆汗政府。为缓解压力，卡尤姆汗一面继续抓捕"真主之仆"骨干，一面准备秘密文件"证明"贾法尔汗串通印度与阿富汗，图谋"消灭巴基斯坦"，称他是"印度的代理人"和"巴基斯坦的敌人"。①

1948年12月，贾法尔汗获得在联邦议会自我辩护的机会。他的发言表明，遭到拘押并没有改变他的信念和目标。相反，他变得更加直言不讳。他说：②

> 7个多月来我一直在观察巴基斯坦政府，但是我看不到现政府与英国人的政府有何区别。或许我不对，但这是人们的共识，并非我一个人这么说。如果你去问问穷人，便可证实我的说法……今天比英国政权时期更为腐败。你们可能会怀疑我的意图。可我的这番话不是破坏性的。我是以朋友的身份来到这里的，请认真考虑我告诉你们的事实……
>
> ……
>
> 有人邀请我加入穆斯林联盟。我认为穆盟已经完成了它的使命：它的任务、目标和功能是建立巴基斯坦，现在巴基斯坦已经建立起来了。我是说现在穆盟已经实现了它的目标，穆盟已经没有继续存在的任何必要了。我们这个国家应该有一些其他政党。政党应该建立在阶级的基础上，以便所有人都可加入，没有反对者。

---

① Anonymous, "Miscreants and Militants", *Dawn*（Daily, Islamabad）, Sep. 15, 2008, https://www.dawn.com/news/843044/miscreants-and-militants.

② 详见 "Constituent Assembly of Pakistan Debates", Dec. 16, 1948, http://awaminationalparty.org/main/? p=2895#more-2895.

(4) 反对联邦政府的"统一区划方案"

1954 年 11 月 22 日，联邦政府拟定"统一区划方案"（One-Unit Scheme），以缓解孟加拉与联邦政府之间积蓄已久的复杂矛盾。① 根据这个方案，巴基斯坦西部地区的 4 个省（西北边境省、旁遮普、信德、俾路支斯坦）将合并为一个行政区域，以拉合尔为首府，分 12 个地区，名为"西巴基斯坦"。孟加拉则改名为"东巴基斯坦"，首府设在达卡。

议案交国会讨论过程中，贾法尔汗组织和领导大规模民众游行示威，进行坚决抵制。他提出，统一方案并不能遏制各省地方主义。解决联邦—地方矛盾的最好办法，不是加强中央控制，而是赋予各省最大限度的自治权。他还公开批评发生在孟加拉的暴力冲突，称孟加拉动荡是联邦高压政策的直接产物。②

1955 年 9 月 30 日，统一方案获国会批准。汗·萨西布被任命为西巴首席部长。他成功劝说多名普什图政治家接受统一方案，但却未能说服自己的弟弟。贾法尔汗继续抗议活动，坚持要求保留各省建制。他还前往俾路支斯坦、信德、旁遮普、孟加拉等地进行政治动员。他对民众说：

> 我的哥哥是西巴首席部长，在普什图社会，兄长当父。但我之所以敢在统一方案问题上不服从他，是因为我认为这个方案有害于我的同胞大众。③

为防局势失控，1956 年 6 月 16 日，汗·萨西布政府逮捕贾法尔汗，罪名是"煽动对政府的仇恨"④。之后贾法尔汗频繁被捕，失去了正常活动的自由。1964 年，他获准保外就医，开始流亡生活。

贾法尔汗被囚禁期间和流亡以后，他的儿子阿卜杜·瓦里·汗（Abdul Wali Khan）继续抗争。1956 年 12 月 2 日，瓦里·汗成立"巴基斯坦民族

---

① 印巴分治时，孟加拉部分划归巴基斯坦，它与西部地区之间隔着印度。由于各种原因，孟加拉民族主义情绪在巴基斯坦建国后持续升温。为了解决这个问题，联邦政府推行"统一区划方案"。
② Rajmohan Gandhi, *Ghaffar Khan*, p. 219.
③ Ibid., p. 225.
④ Ibid., p. 227.

党"（PNP），其宗旨是反对联邦政府的统一方案，帮助巴基斯坦摆脱政治困境，保护公民应有的政治权利。民族党公开要求，取消统一方案，恢复各省原有地位，对外实行反帝和不结盟政策，与邻国及社会主义阵营发展贸易经济合作。①

1970年7月1日，叶海亚汗宣布废除统一方案，撤销西巴建制，恢复西北边境省、旁遮普、信德、俾路支斯坦四省建制。客居阿富汗的贾法尔汗通过喀布尔的广播节目公开表达对叶海亚汗的感谢。②

（四）瓦里·汗领导的普什图权利运动

瓦里·汗是贾法尔汗的长子。1956年贾法尔汗被捕入狱后，瓦里·汗继续推进"普什图尼斯坦运动"。1964年，贾法尔汗流亡国外，瓦里·汗成为"普什图尼斯坦运动"的最高领导人。

与贾法尔汗相比，瓦里·汗的主张更温和。他与联邦政府之间没有旧怨。与父亲一样，他也主要通过政党政治的方式推进"普什图尼斯坦运动"，其政党的影响力主要集中在西北边境省。不过，瓦里·汗的影响力与贾法尔汗不可同日而语。

1. 民族人民党

1957年7月，贾法尔汗、阿卜杜斯·萨马德·阿夏克扎（Abdus Samad Achakzai）、毛拉纳巴夏尼（Manlana Bhashani）、阿卜杜·卡里姆（Prince Abdul Karim）等人领导的民族主义和社会主义政治组织合并，组成民族人民党（NAP），主要在西北边境省和俾路支斯坦活动，以地主和农民无产阶级为主要群众基础。③

1970—1971年，瓦里·汗任民族人民党主席。其在西北边境省的主要目标是推进贾法尔汗的"普什图尼斯坦运动"，争取普什图地区的更大自治权。1970年巴基斯坦大选，民族人民党获人民院6个席位，在俾路

---

① Himayatullah Yaqubi, "Lefist Politics in Pakistan: Orientation and Unification in the First Decade", *Journal of Pakistan History Studies*, Vo. LXIII, No. 2, pp. 35 – 63.

② Aijaz Ahmad, "Frontier Gandhi: Reflections on Muslim Nationalism in India", *Social Scientist*, Vol. 33, No. 1/2, Jan. – Feb. 2005, pp. 22 – 39. Sher Zaman Taizi, "Bacha Khan in Afghanistan", Jun. 2002, http://www.asianreflection.com/khanafghanistan.shtml.

③ Monika Verma, *Political Parties and Party System in Pakistan*, New Delhi: Deep & Deep Publications Pvt. Ltd. , 2006, p. 24.

支斯坦省议会占 8 个席位，并成为西北边境省议会第一大党，获 13 个席位。选举之后，瓦里·汗被推选为人民院反对党领袖，同时，民族人民党与贤哲会组成西北边境省联合政府。①

民族人民党内出现分歧。一些领导人对选举结果感到失望。党的高层关于"普什图尼斯坦"所指为巴基斯坦境内哪片土地，也有不同见解。被称为"俾路支甘地"的普什图族政治家阿夏克扎②提出，应该把俾路支斯坦的普什图人地区合并到西北边境省。其他领导人表示反对。于是阿夏克扎另立普赫图赫瓦民族人民党，核心诉求是把俾路支斯坦的普什图人地区融入西北边境省。

瓦里·汗继续领导民族人民党为普什图尼斯坦的自治权而努力，其重点是捍卫普什图人的语言文化权利，争取从联邦政府获得更多的资源投入。瓦里·汗还认真履行联邦议会反对党领袖的职责，对阿里·布托的批评毫不留情。他多次公开宣称，"布托与巴基斯坦不能并行"。时值卡尤姆汗任联邦内政部长。不久，瓦里·汗被指控"阴谋分裂国家"。③

应西北边境省政府邀请，1972 年 12 月底，贾法尔汗从阿富汗回到白沙瓦④，受到当地民众热烈欢迎。但当时的政治环境并不宽松。1973 年，阿富汗达乌德政府高调提出"大普什图尼斯坦"主张。民族人民党领导人多次公开强调，自己的"普什图尼斯坦"主张不同于喀布尔政府。⑤ 联邦政府仍然保持警惕。1975 年 2 月，布托的人民党高级领导人哈亚特·穆罕默德·谢尔袍（Hayat M. Sherpao）在边境省死于炸弹袭击。阿里·布托政府宣布取缔"民族人民党"，并逮捕了贾法尔汗、瓦里·汗，以及

---

① Monika Verma, *Political Parties and Party System in Pakistan*, pp. 24 – 25.
② 阿卜杜斯·萨马德·阿夏克扎是俾路支斯坦的普什图人，曾在 1954—1956 年间建立过"普什图兄弟会"（Wror Pakhtun）。他和贾法尔汗一样，主张非暴力道路，主张政治变革。起初他的关注点主要是改变俾路支斯坦政治经济落后的状态。俾路支斯坦靠近西北边境省的地区主要是普什图人居住，省府奎达也是普什图人占人口多数的城市，1969—1970 年，奎达总人口中，普什图人同俾路支人的比例为 3∶1。
③ Monika Verma, *Political Parties and Party System in Pakistan*, pp. 25 – 26.
④ 一说为 1971 年年底。
⑤ Mohammed Ayoob, "Pakhtunistan: A Ghost Resurrected", *Economic and Political Weekly*, Vol. 8, No. 39, Sep. 29, 1973, pp. 1758 – 1759.

民族人民党 60 多名领导人和骨干。1978 年 4 月 2 日，贾法尔汗再度前往阿富汗。

事后，民族人民党进一步分化。阿杰马勒·哈塔克（Ajmal Khattak）带领激进派逃往阿富汗，宣称要通过"起义"建立独立的普什图国家。瓦里·汗和其他领导人依然明确反对"普什图尼斯坦"独立。为表明立场，瓦里·汗与谢尔哈兹·马扎里（Sherhaz Mazari）一起另组政党，称为"民族民主党"（NDP）。1977 年，民族民主党加入"巴基斯坦全国联盟"（PNA）参加大选，但合作未能长久。1978 年，民族民主党坚持拒绝随全国联盟一道参加齐亚·哈克内阁，所以宣布退出联盟。不久，瓦里·汗与马扎里之间也分道扬镳。

2. 人民民族党和普赫图赫瓦

1986 年，齐亚·哈克放松管制政策，瓦里·汗组建"人民民族党"（ANP），以普什图代表的名义参与国家政治生活。有人把人民民族党当作"贾法尔汗的'红衫军'的'直接继承人'"或"民族人民党的政治复制品"[1]。但它们之间的区别其实是明显的。比如，人民民族党奉行社会主义，这一点不同于"真主之仆"。它与民族人民党的区别则在于，它是普什图人的政党，党员都是普什图人。民族人民党在俾路支斯坦拥有一定的影响力，人民民族党则完全限于西北边境省，主要以白沙瓦和马尔丹为根据地。

20 世纪 80 年代，中南亚地区最大的政治问题是苏联占领阿富汗和阿富汗抗苏战争。瓦里·汗和他的人民民族党支持苏联[2]，由此可见社会主义认同和普什图认同在他心中的分量。1988 年大选，人民民族党在边境省议会赢得 13 个席位，在其他省毫无斩获。在 1990 年和 1993 年的选举中，其席位分别减少到 6 个和 3 个。[3]

人民民族党致力于"普什图尼斯坦"事业，但其内涵和旗号都发生了变化。从 20 世纪 90 年代开始，它主张西北边境省、联邦直辖部落区与旁遮普省和俾路支斯坦的普什图地区合并，创建一个新的普什图省份，

---

[1] Monika Verma, *Political Parties and Party System in Pakistan*, p. 26.
[2] Ibid., p. 27.
[3] Ibid., p. 95.

称"普赫图赫瓦"(Pushtunkhwa)。① 其实，用"普赫图赫瓦"取代"普什图尼斯坦"，原本也是贾法尔汗的主张。齐亚·哈克主政以后，曾表示愿意考虑改变西北边境省的名字，但又认为"普什图尼斯坦"一词太敏感，有太多争议。在这种情况下，流亡在外的贾法尔汗建议采用"普赫图赫瓦"。后齐亚·哈克犹疑不决，终未能解决这个问题。

人民民族党的"普赫图赫瓦"主张获得广泛支持，影响力逐渐扩大。1997年，人民民主党获得省议会29个席位。21世纪初，人民党、伊斯兰促进会、正义运动党②等多个政党背书"普赫图赫瓦"主张，支持者相信，把联邦直辖部落区合并到西北边境省，将有利于带动直辖部落区的发展。

2008年，人民民族党获西北边境省议会46个席位，成为第一大党③，主持省政府。2010年，西北边境省正式改名为"开伯尔—普赫图赫瓦省"，简称"开普省"。2016年12月14日，开普省议会通过决议，赞成与联邦直辖部落区合并。2017年1月底，巴基斯坦联邦政府决定同意合并，提交联邦议会讨论。

两大省级行政单位的合并牵涉多方利益变动，争论过程相当复杂。简单地说，部落地区多数民众支持合并，希望以此获得完整的公民权。联邦政府也认为，合并是部落地区一揽子改革方案的核心，有利于"把部落区纳入主流社会"。

但是，权力和利益斗争始终存在。直辖部落区（FATA）不少长老、贤哲会法兹尔派（JUI-F）都反对合并。贤哲会坚持把FATA单独列为省级机构，是为了巩固自己的政治实力，继续控制FATA议会和政府。④

---

① Annoymous, "Renaming of NWFP as Pukhtunkhwa Demanded", *Dawn*, Feb. 23, 2003, https：//www. dawn. com/news/83426/renaming-of-nwfp-as-pukhtunkhwa-demanded.

② 2018年7月巴基斯坦大选，伊姆兰汗领导的正义运动党取得117/272票，成为联邦议会第一大党。"Pakistan Election Summary 2018", https：//pakelection. pk/.

③ 在2008年中的选举中，人民民族党在人民院中也获得9个议席。Pakistan Election Summary 2008, https：//pakelection. pk/人民民族党现任主席阿斯凡迪亚（Asfandyar Walikhan）是瓦里·汗的儿子、贾法尔汗的孙子。

④ Editorial, "Merge FATA with KP", *Daily Times*, Jun. 16, 2017, https：//dailytimes. com. pk/6378/merge-fata-with-kp/. Editorial, "Shameful Retreat on FATA", *Daily Times*, May 23, 2017, https：//dailytimes. com. pk/10051/shameful-retreat-on-fata/.

2017年12月14日，FATA500多名长老举行大支尔格，反对并入开普省。他们明确表示，FATA应享有独立省份的地位，把FATA合并到开普省，将扩大最高法院和高等法院在部落地区的权力。① 支持者的态度也相当强硬。比如，伊斯兰促进会在2017年12月14日表示，如果到12月31日之前还不能正式启动合并进程，则将发动静坐抗议活动。②

2018年5月24日，联邦议会正式通过合并案，把联邦直辖部落区归并到开普省。贤哲会法兹尔派、普赫图赫瓦民族人民党等政治组织发起抗议活动。

至此，贾法尔汗发起的"普什图尼斯坦运动"终于在制度建设层面取得了重大胜利。然而一个值得注意的现象是，如今开普省和人民民族党的官网都只字不提贾法尔汗，也找不到他的信息。近年人民民族党在开普省议会的地位也大不如前：2018年7月大选结果是，正义运动党以65个议席独占开普省议会鳌头，人民民族党以6席居第三位，它在联邦议会中仅有1个席位。③

三 阿富汗的"普什图尼斯坦政策"

阿富汗有自己的"大普什图尼斯坦"构想，它是阿富汗王室复兴杜兰尼帝国荣光的一种努力。这是阿富汗"普什图尼斯坦政策"的第一个维度。

第二个维度则是它对巴基斯坦的"普什图尼斯坦运动"的态度。大体可分三个阶段：（1）巴基斯坦建国前夕，喀布尔大力支持伊皮毛拉和贾法尔汗的活动，并公开正式提出废除杜兰线的主张；（2）巴基斯坦建国初期到1963年，喀布尔提出"大普什图尼斯坦"主张并付诸建国实践，致使巴阿关系持续紧张；（3）1963年以后，阿富汗政府的普什图主

---

① "Tribal Elders Oppose FATA's Merger with KP", Dec. 14, 2017, https://www.geo.tv/latest/172306-tribal-elders-in-khyber-agency-hold-jirga-reject-fata-kp-merger.

② Editorial, "Another Setback to FATA Merger", *Daily Times*, Dec. 14, 2017, https://dailytimes.com.pk/158861/another-setback-fata-merger/.

③ "Pakistan Election Summary 2018", https://pakelection.pk/。开普省议会共99个席位，其中95个席位由选举产生。2018年选举产生的第二大党是宗教政党选举联盟"统一行动联盟"（MMA）。

义热情渐消，但没有完全熄灭。

（一）支持巴基斯坦的"普什图尼斯坦运动"

阿富汗支持巴基斯坦的普什图尼斯坦运动，这表面上属于巴阿关系范畴，实则深受世界政治局势的影响。"普什图尼斯坦"的关键在于杜兰线，而杜兰线本身是大博弈的产物。可以说，阿富汗的普什图尼斯坦政策始终含有否定杜兰线的战略追求。

1. 主要成因

"普什图尼斯坦"首先是国际政治问题。阿富汗王室的普什图人身份以及他们对普什图土地的深厚感情，是其"普什图尼斯坦政策"的生命力所在。

（1）国际政治因素

从前述可见，"普什图尼斯坦"问题的出现和演变都是世界政治格局变迁的产物。首先，"普什图尼斯坦"这一概念本身是奥斯曼土耳其的发明，纳粹德国和意大利助推之下的共同产物。它们的初衷都是为了给英国制造麻烦。

其次，"普什图尼斯坦"在政治实践中成长的分水岭是英国撤离次大陆。英国撤离印度本身是世界政治变动的结果，撤退前后卡罗伊、贾法尔汗、甘地等人的主张，才把土耳其和德国宣扬的普什图主义落实为本土政治实践，实现了"普什图尼斯坦"这一观念的本土化。

最后，1947年以后，普什图尼斯坦问题的演进也与大国政治密不可分。印度和苏联的支持直接推动了阿富汗20世纪50年代普什图主义热情高涨。1979年，苏联入侵，阿富汗普什图民族主义力量的矛头和焦点转向苏联，巴基斯坦得以确立在阿富汗的影响力，巴阿两国关系的态势发生逆转。由于数十年战火的洗劫，喀布尔几届政府自顾不暇，对普什图地区的影响力锐减。

（2）阿富汗国内因素

今巴基斯坦的白沙瓦、斯瓦特、迪尔、吉德拉尔、巴焦尔等地，是英国在19世纪中后期陆续强占的。1893年，英国又用杜兰线夺取了大片普什图地区。阿富汗许多普什图精英对这些地区充满感情，这是阿富汗王权支持"普什图尼斯坦"的关键所在。政治时机与现实政治斗争也是阿富汗"普什图尼斯坦政策"的重要变量。

A. 王族对白沙瓦的特殊感情

今开普省的白沙瓦是普什图人传统的文化中心。从提姆尔·沙国王时期到1842年，白沙瓦一直是阿富汗王国的冬都。王室对失去白沙瓦之痛耿耿于怀。卡洛伊等人曾说，在阿富汗王族子弟中间，"白沙瓦的诱惑是一种激情，镌刻在他们的心灵深处"；对他们来说，收复失地"既是个人的，也是民族的"问题，只要有一线希望夺回白沙瓦，喀布尔都会紧紧抓住。①

达乌德·汗是"普什图尼斯坦运动"的热情支持者和鼓动者。他把"普什图尼斯坦"与阿富汗国家联系在一起。他曾对高级军官训话说，"谁不支持普什图尼斯坦事业，谁就是背叛国家"②。在他担任国防部长和首相期间，阿巴之间在"普什图尼斯坦"问题上的对抗到达顶点。

B. 部落联系和民族主义感情

巴阿两国普什图部落间的关系盘根错节。19世纪中后期的抗英斗争催生了超部落、跨部落的民族意识。杜兰线没有改变这一点，也没有改变阿富汗王室对英属普什图地区的关注，王族成员与边境部落的往来从未间断。这是土耳其和德国的"普什图主义"宣传能够在当地生根开花的根本原因。

历史证明，土德两国的宣传培育了阿富汗年轻精英的"领土收复主义"信念。1919年阿富汗独立后，民族主义情绪保持在一种高昂状态，阿曼努拉汗和纳迪尔·沙国王都暗中积极支持山地部落民众的抗英斗争，阿富汗普通民众亦然。③

C. 政治机遇

阿富汗王室对英国的不满莫过于它通过杜兰线强占普什图土地，只是惮于英国的强大，始终未敢公开采取行动，只能忍气吞声。1947年巴基斯坦独立以前，阿富汗历任国王都遵循一个惯例：即位后马上正式确

---

① Olaf Caroe, *The Pathans*, p. 435. Faridullah Bezhan, "The Pashtunistan Issue and Politics in Afghanistan, 1947–1952", *The Middle East Journal*, Vol. 68, No. 2, pp. 197–209.

② Faridullah Bezhan, "The Pashtunistan Issue and Politics in Afghanistan, 1947–1952", *The Middle East Journal*, Vol. 68, No. 2, pp. 197–209.

③ Faridullah Bezhan, "The Second World War and Political Dynamics in Afghanistan", *Middle East Studies*, Vol. 50, No. 2 (Mar. 2014), pp. 175–191.

认接受《杜兰线协定》，承诺遵守国际法。1919年独立和1929年内战也没有改变这一点。

第二次世界大战后期，英国决定撤退。这意味着中南亚地区地缘政治的重大变革：杜兰线两侧政治体的实力对比发生重大变化。阿富汗政府从中看到了废除杜兰线、"收复失地"的战略机遇。它起先试图通过常规外交努力来达成"收复"土地的愿望。1946年，马赫穆德·汗首相亲赴伦敦，要求归还普什图地区，遭到拒绝。在这种情况下，贾法尔汗和伊皮毛拉的独立运动，就成为喀布尔的潜在战略同盟，自然大力支持。1947年，西北边境省公投结果出来之后，阿富汗政府表示，如果无法建立独立的普什图尼斯坦国家，则"西北边境省就应该与阿富汗合并"①。

巴基斯坦独立后，阿富汗一面在联合国平台上不承认巴基斯坦作为主权独立国家的合法权利，一面继续支持巴基斯坦的"普什图尼斯坦运动"，支持的重点在伊皮毛拉及其在阿夫里德部落的追随者。1947年至今，阿富汗历届政府都拒绝承认杜兰线是巴阿边境线。

D. 国内政治经济需要

阿富汗的"普什图尼斯坦"政策还包含其他现实考虑。1951年6月，达乌德·汗在对英国驻喀布尔大使论及支持"普什图尼斯坦"的原因时表示，"普什图尼斯坦"对阿富汗而言"是一个至关重要的经济单位"。②还有分析认为，阿富汗大力支持"普什图尼斯坦"运动，称之为"阿富汗首要任务"，是为了分散民众，尤其是反对派的注意力，维系社会团结。

值得一提的是，阿富汗决策层内部在"普什图尼斯坦"问题上也有分歧。战后初期的分歧主要集中于两点。其一，是否要"收复失地"。达乌德·汗等强硬派坚决主张收复失地；温和派则提出，部落地区难以驾驭，即便收回来，也会是烫手的山芋。其二，如何"收复失地"。达乌德·汗坚持公开全面对抗，但王叔马赫穆德·汗则主张和平解决争端。

---

① Syed Abdul Quddus, *Afghanistan and Pakistan: A Geopolitical Study*, Lahore: Ferozsons, 1982, p. 99.

② Faridullah Bezhan, "The Pashtunistan Issue and Politics in Afghanistan, 1947 – 1952", *The Middle East Journal*, Vol. 68, No. 2, pp. 197 – 209.

"普什图尼斯坦"问题就这样成为阿富汗国内权力斗争的一部分。达乌德·汗任国防部长期间,以"普什图尼斯坦"问题为抓手,反对首相马赫穆德·汗。1963年,达乌德·汗被解除公职的诸多原因之一,是他过分炒作"普什图尼斯坦"问题,给阿富汗带来若干麻烦。1973年7月,他政变上台后再打"普什图尼斯坦"牌,则既含有他个人的信念和追求,也意在以此平衡国内伊斯兰主义力量和其他反对派。

"普什图尼斯坦"问题还是阿富汗用以对巴基斯坦施压的重要工具。达乌德·汗担任总统时期,阿巴关系因此而公开对抗。在鼓励"普什图尼斯坦"运动的同时,达乌德·汗政权还给巴基斯坦俾路支武装力量(尤其是马里和门格尔)提供支持。阿里·布托政府则奋力反击,给阿富汗的伊斯兰主义反政府力量提供军事支持和庇护,并开始在国内政治中借用伊斯兰的力量。齐亚·哈克上台后,延续并发展了阿里·布托的政策,最终导致当前巴阿政治关系的基本格局。

2. 具体措施

阿富汗对贾法尔汗和伊皮毛拉的支持各有侧重,大体都包括道义支持、物资援助、政治庇护等多个方面。其中,对贾法尔汗的支持更多的是在道义和政治层面上,后容留他在阿富汗流亡多年。对伊皮毛拉则不仅提供军事物资和战备支援,还将其纳入"大普什图尼斯坦"的建国实践中,大张旗鼓地支持"普什图尼斯坦"建国。

(1) 支持和利用伊皮毛拉建国

巴基斯坦建国前后,阿富汗也加紧活动。1949年7月,伊皮毛拉前往阿富汗。9月1日,喀布尔召集普什图大议事会,邀请各大部落长老参加。议事会决定,不承认杜兰线为国界线,因为这条线是英国强加于人的;同时还宣布要建立"普什图尼斯坦国家"。会后,喀布尔组建了"普什图尼斯坦国家政府",设计制作了"国旗",伊皮毛拉被任命为"总统"。

随后,伊皮毛拉频繁往来于杜兰线两侧,组织动员部落民众反巴。1951年前后,他在提拉和郭维赫特等地建立"普什图尼斯坦议会",并以郭维赫特为"普什图尼斯坦"的政治中心。他自称其"国土"面积有5000平方英里,但实际可能不足500平方英里。①

---

① Syed Minhaj ul Hassan, *The Dawn of New Era in Khyber Pakhtunkhwa*, p. 127.

伊皮毛拉以普什图民族全体成员的名义进行多方活动，谋求其他伊斯兰国家、联合国对"普什图尼斯坦"的支持和援助。但应者寥寥。他在部落地区的影响力也大不如前，巴基斯坦学者认为主要有两大原因：一是英国人和印度人撤离部落区，毛拉号召的斗争对普通民众而言不再有吸引力，此前部落民追随他是为了驱逐外国人政权；二是因为巴基斯坦以"伊斯兰国家"的身份建国，毛拉斗争的宗教基础被大大削弱。[1]

1960年，伊皮毛拉病逝。西北边境省迪尔土邦首领（纳瓦卜）与阿富汗密谋，决定脱离巴基斯坦，在迪尔建立"自由普什图尼斯坦的首都"。他们在9月份集结2.5万名部落民兵和1000多名阿富汗军人在迪尔—巴焦尔地区与巴基斯坦军队作战，双方伤亡惨重，巴方取得最终胜利。根据美国国务院在2004年解密的文件，这场冲突导致1200名阿富汗人和80名巴基斯坦人死亡。[2]

（2）声援贾法尔汗

贾法尔汗并没有带领西北边境省"归顺"喀布尔的意图。然而，无论他的政治目标是什么，无论他赋予"自由普什图尼斯坦"和"普什图尼斯坦"的内涵是什么，阿富汗政府都搭定了贾法尔汗的"普什图尼斯坦"快车。从1947年开始，贾法尔汗与巴基斯坦联邦、省政府间的每次较量，都被阿富汗用作颠覆杜兰线的着力点。

比如，1947年公投前夕，贾法尔汗刚提出"第三方案"，喀布尔就公开表示热烈欢迎。[3] 6月，贾法尔汗提出"自由普什图尼斯坦"主张。阿富汗政府立即发表声明称，公投51%的投票率足以表明，帕坦民众对公投的选择限制不满。同时提出，应该建立独立的"普什图尼斯坦"，摒弃1893年杜兰线协定。7月3日，喀布尔分别照会德里和伦敦，正式提出，西北边境省和俾路支斯坦的民众应该有权选择：（1）独立；（2）加入巴

---

[1] Farah Gul Baqai, "Fakir of Ipi: a Brief Review of the Anti-British Activiteis of a Waziri Mujahid", *Pakistan Journal of History & Culture*, Vol. XX, No. 1 (1999), pp. 23 – 31.

[2] Feisal Khan, "Why Borrow Trouble for Yourself and Lend it to Neighbors? Understanding the Historical Roots of Pakistan's Afghan Policy", *Asian Affairs*, Vol. 37, No. 4 (Oct./Dec. 2010), pp. 171 – 189.

[3] Muhammad Iqbal Chawla, "Mountbatten and the NWFP Referendum: Revisited", *Journal of the Research Society of Pakistan*, Vol. 48, No. 1 (Jun. 2011), pp. 1 – 58.

基斯坦；（3）加入阿富汗。①

在阿富汗公开把印巴分治改换为"巴阿分治"和普什图地区独立之前，贾法尔汗兄弟就已经明白阿富汗的战略意图。他们无意与之共谋。1947年6月2日，汗·萨西布致信尼赫鲁说："我们从未想过要加入阿富汗……阿富汗政府正在利用当前的局势，试图从中牟利。" 1948年12月，贾法尔汗在巴基斯坦联邦议会明确表示，西北边境省的普什图人不会加入阿富汗。他说，帕坦人和巴基斯坦其他穆斯林是兄弟，英国人之所以要破坏帕坦人的团结，是因为他们害怕帕坦人团结起来。他强调，帕坦人不会是巴基斯坦穆斯林兄弟的威胁，所以巴基斯坦人不应像英国人一样害怕帕坦人。②

1964年，贾法尔汗获准保外就医。埃及和印度都欢迎他前往，但他表示不愿远离故乡。阿富汗及时发出邀请。客居阿富汗期间，贾法尔汗的"普什图尼斯坦运动"与阿富汗的"普什图尼斯坦"外交战略有部分重叠。每逢阿富汗官方设定的"普什图尼斯坦独立日"，贾法尔汗都会参加公众庆典，领导民众在喀布尔的"普什图尼斯坦广场"游行，并发表演讲。在那种场合，他一般会批评巴基斯坦政府不尊重民族权利，会呼吁"普什图尼斯坦"自治，但他始终没有表示过要建立独立国家。③

（二）"大普什图尼斯坦"构想

在巴基斯坦，"普什图尼斯坦"运动是一场自下而上的运动，贾法尔汗和他的追随者因此多次被捕入狱。在阿富汗，喀布尔政府是支持巴基斯坦"普什图尼斯坦"运动、倡导"大普什图尼斯坦"的主力。必须强调，阿富汗的"大普什图尼斯坦"包含着对巴基斯坦"普什图尼斯坦运动"的支持，但不等于巴基斯坦"普什图尼斯坦运动"本身。二者之间的差异主要表现在如下两个方面。

---

① S. M. M. Qureshi, "Pakhtunistan: The Frontier Dispute between Afghanistan and Pakistan", *Pacific Affairs*, Vol. 39, No. 1/2 (Spring-Summer 1966), pp. 99 – 114.

② Faridullah Bezhan, "The Pashtunistan Issue and Politics in Afghanistan, 1947 – 1952", *The Middle East Journal*, Vol. 68, No. 2, pp. 197 – 209. "Constituent Assembly of Pakistan Debates", Dec. 16, 1948, http://awaminationalparty.org/main/? p = 2895#more – 2895.

③ Sher Zaman Taizi, "Bacha Khan in Afghanistan", Jun. 2002, http://www.asianreflection.com/khanafghanistan.shtml.

1. 地理范围

印巴分治后，贾法尔汗的"普什图尼斯坦"主要着眼于西北边境省，严格将之限定在巴基斯坦国家框架内。伊皮毛拉在1949年被阿富汗推举为"普什图尼斯坦国家总统"之前，他的目标也仅限于前英属印度普什图地区，具体来说，以阿夫里德地区为根据地，主要活动范围包括瓦济里斯坦。

阿富汗政府构想的"大普什图尼斯坦"地理范围则广大得多：包括印度河以西，北起吉德拉尔，南至俾路支斯坦，东及旁遮普和克什米尔部分地区，西达伊朗边境；覆盖整个杜兰线地区，面积约19万平方英里，是谓"大普什图尼斯坦"。① 如图6—2（左）所示。

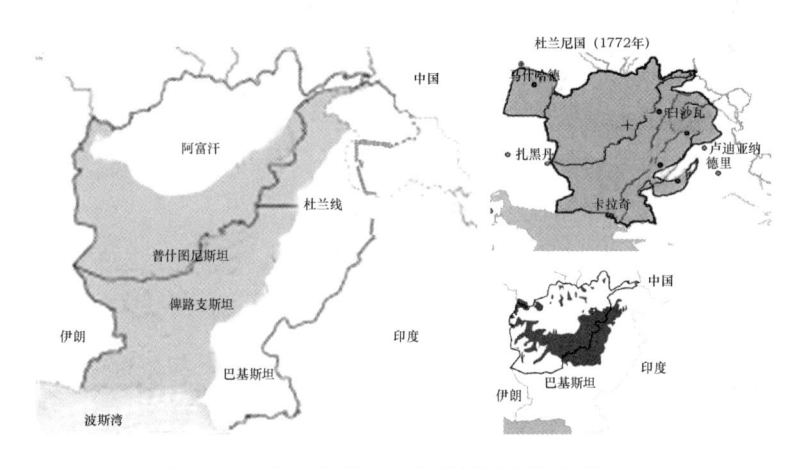

图6—2 阿富汗的"大普什图尼斯坦"构想

对照上面三个图可见，"大普什图尼斯坦"构想的蓝本并不单纯是传统的普什图地区（图6—2右下），还包括杜兰尼帝国鼎盛时期的版图（图6—2右上）。阿富汗政府并不避讳这一点。它在"普什图尼斯坦"宣传中常会提及杜兰尼王国，在解释为什么把俾路支斯坦纳入"普什图尼

---

① S. M. M. Qureshi, "Pakhtunistan: The Frontier Dispute between Afghanistan and Pakistan", *Pacific Affairs*, Vol. 39, No. 1/2 (Spring-Summer 1966), pp. 99 – 114. Mohammed Ayoob, "Pakhtunistan: A Ghost Resurrected", *Economic and Political Weekly*, Vol. 8, No. 39 (Sep. 29, 1973), pp. 1758 – 1759. Christian Wagner, Amina Khan, "The Changing of the Durand Line", *International Asienforum*, Vol. 44, No. 1 – 2 (2013), pp. 71 – 84.

斯坦"的"疆域"时，理由之一是杜兰尼国王曾统治该地区。

"大普什图尼斯坦"作为阿富汗政治构想的战略深意由此可以略见一斑。至少有两点值得注意。（1）它的首要政治功能是否定杜兰线，重新界定两国边界线，总体目标是夺回英国在杜兰线协定中掠走的土地。（2）阿富汗的终极目标不是要在巴阿之间建立一个独立的"普什图尼斯坦国家"作为缓冲带，而是模仿当年甘地的主张，即先独立，后合并，最终把巴基斯坦的普什图地区并入阿富汗，由此把国家领土疆域向东、向南推进到巴基斯坦腹地和阿拉伯海，获取出海口，改变其内陆国的地缘政治经济困境。如唐纳德·威尔伯所说：

> 阿富汗政府坚持说，500万游牧部落民的生计受到人为边界线的威胁；这些游牧部落数百年来定期在阿富汗和印度河平原之间转场放牧，现在却受到边界线的分割和局限。穆罕默德·查希尔国王告诉笔者，阿富汗对这些曾慷慨襄助阿富汗获得自由的部落负有义务，阿富汗的目标是看到这些普什图部落获得自治……在这一目标的背后，可能蕴含着阿富汗对于作为一个内陆国和不安全前景的恐惧；阿富汗人认为，一个自治的普什图尼斯坦（包括俾路支斯坦地区）将能够让他们的国家获得一个友好的出海口。①

2. 政治地位

伊皮毛拉要求"普什图尼斯坦"独立于外部统治，包括英国和巴基斯坦。在他看来，阿富汗的支持是"普什图尼斯坦"政治独立的重要依靠。贾法尔汗在公投前曾谋求"普什图尼斯坦"独立建国，但公投之后则主要致力于在巴基斯坦主权框架内捍卫普什图人的权益，实现地区自治；他认为，把西北边境省改名为"普什图尼斯坦"，是普什图人与联邦其他民族享有平等权益的基本标尺。就此而言，伊皮毛拉的主张是排他的民族主义，贾法尔汗在1947年以后谋求的是国家框架内的区域自治运动。

---

① Donald N. Wilber "Afghanistan, Independent and Encircled." *Foreign Affairs*, Vol. 31, No. 3 (Apr. 1953), p. 493.

阿富汗的构想则带有明显的"泛民族主义"和"领土收复主义"色彩。对它而言,"大普什图尼斯坦"主张不是单纯的外交政策,而是一项政治战略,是其国内政治的延伸。在实践中,喀布尔不是简单地从外部支持伊皮毛拉和贾法尔汗,而是始终在设法借力谋势。人民民主党政权上台之初,这一点表现得格外明显。1978 年塔拉基政府绘制的阿富汗地图,把巴基斯坦的西北边境省和俾路支斯坦标记为阿富汗国土的一部分,称其为"新边疆"。① 这是促成巴基斯坦全力协助美国、积极介入阿富汗内战、不遗余力地支持反政权力量的重要缘由之一。

四 巴阿两国的较量

"普什图尼斯坦"问题是 20 世纪 40—70 年代巴阿关系的焦点,也是巴阿矛盾的综合体现。在这场纠纷中,阿富汗是咄咄逼人的进攻者,巴方处于守势。1955 年和 1961 年,矛盾两度激化,致两国断交,战争一触即发。1963 年,查希尔·沙国王解除达乌德·汗的总理职务,"普什图尼斯坦"矛盾得以降温。1973 年,达乌德·汗政变上台,对抗再度升级,但气势已远不如从前。最后,由于苏联入侵阿富汗和美苏争霸,巴阿关系的基本态势发生改变。

(一) 阿富汗的攻势

阿富汗的相关努力包含内外两个维度,二者紧密交织。内政方面主要表现为一系列宣传动员和制度建设,外交努力则集中于两点:一是大力支持巴基斯坦的"普什图尼斯坦运动",高调批评巴基斯坦的普什图政策;二是积极争取国际社会的支持,推动"普什图尼斯坦"问题国际化。

1. 国内层面

阿富汗国内措施的重点在于制度建设与合法性建构。具体体现为:系统否认杜兰线的合法性、设置专门机构处理"普什图尼斯坦"问题、动员本国普什图民众的民族主义热情等。在政府的鼓励下,激进民族主义力量登上政治舞台。比如,1966 年古拉姆·穆罕默德·法哈德(Ghulam M. Farhad)创建的政党"阿富汗民族"(Afghan Millat),宣称要消灭所有"帝国主义者"和外国力量的影响,收复阿赫迈德沙·杜兰尼征服

---

① Anthony Arnold, *Afghanistan's Two-Party Communism*, p. 77.

的领土，建立"大阿富汗"。①

不过，"普什图尼斯坦"运动在阿富汗民众中的影响力其实很有限。阿富汗国内专门致力于"普什图尼斯坦"事业的政党都没能发展为全国性政党。受教育阶层普遍对"普什图尼斯坦"构想不感兴趣。在大学校园中，伊斯兰主义更加盛行；20世纪六七十年代，青年学生纷纷加入"穆斯林青年"组织，反对普什图民族主义，反对致力于"普什图尼斯坦"建国运动的各种力量。②

（1）制度建设

1921年，阿曼努拉汗成立专门机构处理部落事务。1947年以前，这个部门是副局级单位，1947年升为局级建制。1953年9月6日，达乌德·汗总理正式将它命名为"部落事务局"。1973年，达乌德·汗总统把部落事务局提升为部级单位，称为"边疆和部落事务部"。自1947年以后，这个部门的主要任务是处理"普什图尼斯坦"相关事务。扩展为部级单位后，其主要工作重点依然是普什图边疆而非普什图部落，集中资助、组织反巴普什图力量，同时在当地建立学校，系统灌输普什图民族主义思想。③

1949年7月，阿富汗政府公开表示"不承认杜兰线或任何类似分界线"。自那以来，喀布尔始终称杜兰线为"杜兰假想线"（Durand Imaginary Line）。目前边疆部落事务部官网的基本立场是："杜兰线是被强加给阿富汗人民的，阿富汗政府和人民从来没有接受过这条线……其长度约为2310千米，埃米尔阿卜杜·拉赫曼汗在100年前的1893年被迫签署了这条居心不良的杜兰线。"④

---

① Anthony Hyman, "Nationalism in Afghanistan", *International Journal of Middle East Studies*, Vol. 34 (2002), pp. 299–315.

② Oliver Roy, *Islam and Resistance in Afghanistan*, pp. 18, 71. Faridullah Bezhan, "The Pashtunistan Issue and Politics in Afghanistan, 1947–1952", *The Middle East Journal*, Vol. 68, No. 2, pp. 197–209.

③ Conard Schetter, "The Durand Line: The Afghan-Pakistani Border Region between Pashtunistan, Tribalistan and Talibanistan", *Internatoinales Asienforum*, Vol. 44, No. 12 (2013), pp. 47–70.

④ Dilip Mukerjee, "Afghanistan under Daud: Relations with Neighboring States", *Asian Survey*, Vol. 15, No. 4 (Apr. 1975), pp. 301–312. "Durand Imaginary and Borders of Afghanistan", http://mobta.gov.af/en/page/borders（2018年9月）。

纳迪尔·沙和查希尔·沙国王时期，对内实行开放党禁，放宽言论自由的政策，"普什图尼斯坦"逐渐成为政党政治的一个议题。1947年，南部和东部地区一些与政权关系密切的普什图知识分子建立"青年觉醒党"，主要目标是民族团结和民族解放，解放"普什图尼斯坦"，通过统一杜兰线两侧普什图人来实现民族团结。该党明确表示，"普什图尼斯坦"问题是阿富汗内政问题，不是外交问题。其领导人公开发表文章说："青年觉醒党希望人们能诚实地对待普什图尼斯坦问题。全民族的力量都应该集中于普什图尼斯坦的解放和建国。"他说，阿富汗肩负解放"普什图尼斯坦"的重要使命。"这不单是要提供道义支持和宣传，还要参加实际的战争，包括提供武器和人力"。①

（2）话语建构

为了证明普什图民族的整体性、"普什图尼斯坦"独立的正当性，以及阿富汗对普什图地区主权的合法性，喀布尔建构了一套新的叙事。它以古代雅利安人征服和近代杜兰尼帝国的疆域为依据，来标明阿富汗的领土权益范围。根据它的说法，"普什图尼斯坦"等于普什图人的土地，巴基斯坦的普什图地区属于"普什图尼斯坦"，有大量普什图人居住的俾路支斯坦是"南普什图尼斯坦"，因为该地区在19世纪中叶以前属于杜兰尼王国。喀布尔政府甚至提出，印度河以西地区都属于"普什图尼斯坦"，因为它们都曾是古代雅利安帝国的一部分。②

1949年"普什图尼斯坦建国"后，阿富汗政府推出一系列象征符号，建构其"国家"存在。同年7月，它把8月31日确定为"普什图尼斯坦日"③，每年由喀布尔出面组织官方庆典和大规模群众游行活动；它还把喀布尔一个大广场命名为"普什图尼斯坦广场"。其他类似措施还包括：设计制造"国旗"，发布"普什图尼斯坦"纪念邮票，在国家广播电台开辟专栏、编写若干图书以宣传推广"普什图尼斯坦"观念。阿富汗广播

---

① Faridullah Bezhan, "The Pashtunistan Issue and Politics in Afghanistan, 1947 – 1952", *The Middle East Journal*, Vol. 68, No. 2, pp. 197 – 209.

② Conard Schetter, "The Durand Line: The Afghan-Pakistani Border Region between Pashtunistan, Tribalistan and Talibanistan", *Internatoinales Asienforum*, Vol. 44, No. 12 (2013), pp. 47 – 70.

③ Dilip Mukerjee, "Afghanistan under Daud: Relations with Neighboring States", *Asian Survey*, Vol. 15, No. 4 (Apr. 1975), pp. 301 – 312.

报纸公开鼓励"杜兰线另一侧的普什图部落民"起来反抗巴基斯坦,建设普什图人自己的祖国"普什图尼斯坦"。

阿富汗政府还通过政治社会化机制来培育"普什图尼斯坦"认同。20世纪40年代末50年代初,它在巴阿边境地区创办一批"普什图尼斯坦学校",招收当地孩子。学生们身着统一校服,校服袖子上印着"普什图尼斯坦国旗"图案,学校每天早上举行升"普什图尼斯坦国旗"的仪式。①

喀布尔政府主要领导人一再发表有关"普什图尼斯坦"的公开讲话。1955年,查希尔·沙要求把"普什图尼斯坦""重新统一"到阿富汗。同年10月31日喀布尔广播电台宣布,"如果没有强加给我们的杜兰线,则信德、旁遮普和克什米尔都是阿富汗的领土"。② 1969年和1978年,阿富汗国家旅游局发行的地图直接把西北边境省标注为阿富汗国土。③

2. 国际层面

阿富汗打击巴基斯坦的第一次重大外交行动,是1947年9月在联合国投票反对承认和接纳巴基斯坦。它是当时唯一这么做的国家。它表示,不能承认西北边境省是巴基斯坦的一部分,应该在阿巴普什图部落地区建立一个新国家。④ 此举对新生的巴基斯坦而言,敌意和威胁显而易见。

1948年以后,阿富汗在"普什图尼斯坦"问题上的国际政治努力可分两类。一是不断派小支军队渗入巴基斯坦境内,从事各种破坏活动。这是达乌德·汗担任国防部长期间(1953—1963年)的主要策略,每次都引发两国小规模军事冲突。二是外交努力。主要方向是谋求在国际舞台上占据道义制高点,争取国际社会的理解支持;它还积极利用一切外

---

① Thomas H. Johnson and M. Chris Mason, "No Sign Until the Burst of Fire: Understanding the Pakistan-Afghanistan Frontier", *International Security*, Vol. 32, No. 4 (Spring 2008), pp. 41 – 77.

② S. M. M. Qureshi, "Pakhtunistan: The Frontier Dispute between Afghanistan and Pakistan", *Pacific Affairs*, Vol. 39, No. 1/2 (Spring-Summer 1966), pp. 99 – 114.

③ Conard Schetter, "The Durand Line: The Afghan-Pakistani Border Region between Pashtunistan, Tribalistan and Talibanistan", *Internatoinales Asienforum*, Vol. 44 (2013), No. 2, pp. 47 – 70. Anthony Hyman, "Nationalism in Afghanistan", *International Journal of Middle East Studies*, Vol. 34 (2002), pp. 299 – 315.

④ 张树明、李子芬:《均衡中的困境:美国对阿富汗政策研究(1947—1961年)》,中国社会科学出版社2015年版,第188页。Robert Boggs, "Pakistan's Pashtun Challenge: Moving from Confrontation to Integration", Vol. 36, No. 2 (Mar. 2012), pp. 206 – 216.

交场合公开谴责巴基斯坦,两国口水战不断。

(1) 推动问题国际化

阿富汗努力推动"普什图尼斯坦"问题的国际化,以增强对巴基斯坦的压力。它的行动主要有三类。①在联合国、"国际伊斯兰经济大会"等平台上提出普什图尼斯坦问题,设法将其纳入国际会议议程,对巴基斯坦施压。②利用一切可用的公共平台和外交场合,宣传经巧妙包装的"大普什图尼斯坦"主张。宣传要点侧重于殖民主义历史和国际政治道义原则,特别集中在两点:一是强调杜兰线是帝国主义强权和殖民主义的产物,割裂了普什图民族;二是坚持普什图民族享有民族自决权。③争取友好国家支持,结成反巴统一战线。

这方面的例子不胜枚举,因为"普什图尼斯坦"问题实际上是20世纪40—60年代阿富汗外交的重点内容。1948—1949年,阿富汗派代表前往英国、美国、苏联、印度等国,呼吁大国承认其对杜兰线以东部落的权益,强调杜兰线两侧普什图人在各方面不可切断的联系,希望各大国对巴基斯坦施压。此举没有得到英美的支持。1950年6月,华盛顿和伦敦告诫阿富汗不要支持分裂主义阴谋。[1]

伊斯兰世界的大国也是喀布尔积极争取的对象。比如,当埃及在阿拉伯和伊斯兰世界的地位如日中天时,1952年5月底,阿富汗驻埃及大使在开罗公开声明,杜兰线不是合法的国际边界线,"我们阿富汗认为,埃及的问题和阿富汗的问题很相似。你们致力于埃及与苏丹统一,而我们则在争取普什图尼斯坦和我们统一"[2]。

达乌德·汗就任总理后,高举"人权"和"民族自决"等道义旗号来动员国际社会,要求西方大国介入"普什图尼斯坦"问题,以期增强对巴基斯坦的舆论压力。比如,1955年6月,阿富汗外交部长对美国表示,阿富汗在普什图问题上的立足点是普什图人的人权和民族自决权,"阿富汗不想要巴基斯坦的一寸土地,如果巴基斯坦政府能清楚地表明,在未来一定

---

[1] 张树明、李子芬:《均衡中的困境:美国对阿富汗政策研究(1947—1961年)》,第185、189—190页。

[2] S. M. M. Qureshi, "Pakhtunistan: The Frontier Dispute between Afghanistan and Pakistan", *Pacific Affairs*, Vol. 39, No. 1/2 (Spring-Summer 1966), pp. 99–114.

时期，800 万生活在巴基斯坦的普什图人能够获得一个自己决定自己命运的机会"，则阿富汗政府将十分满意，甚至"将愿意公开与西方结盟"。① 同年 11 月 8 日，阿富汗驻英国大使给伦敦《时代》写信，提出如下五点主张，② 其核心诉求是颠覆英国和巴基斯坦拥有普什图地区的合法性。

①1947 年前普什图人与英国关系紧张，英国政府不得不经常诉诸武力镇压反叛。
②普什图人与巴基斯坦的其他民族不同，他们是一个单独的民族，应该独立。
③1947 年普什图地区是被迫加入巴基斯坦的。
④杜兰线不是真正的国际边界线，因为英国统治未曾真正进入部落地区。
⑤阿富汗政府对普什图人的支持完全没有私心，只是基于族裔纽带。阿富汗人对 1894 年英国强加给卡拉特汗的条约始终不满，因为这个条约剥夺了阿富汗的出海口。

印度是阿富汗忠实的反巴盟友。1954 年，印度政府表示，阿富汗不应该只在双边层面解决"普什图尼斯坦"问题，而应该把它国际化；并承诺阿富汗会得到印度、苏联阵营和亚洲国家的支持。1960 年，印度在联合国投票支持阿富汗提出的普什图民族自决议案。作为回报，喀布尔公开谴责克什米尔反印斗争。

苏联也支持阿富汗。1955 年，莫斯科反对巴基斯坦加入美国发起的东南亚条约组织和巴格达条约组织，公开承认阿富汗对"普什图尼斯坦"的权利主张，与喀布尔一道反对巴基斯坦调整其国内行政区划的政策。1960 年 3 月初，赫鲁晓夫访问喀布尔，两国发表联合声明，表示希望把民族自决原则适用于普什图民族。回到莫斯科后，赫鲁晓夫在公开演讲

---

① 公开与西方结盟的说法没有得到阿富汗的确认。张树明、李子芬：《均衡中的困境：美国对阿富汗政策研究（1947—1961 年）》，第 190—191 页。
② S. M. M. Qureshi, "Pakhtunistan: The Frontier Dispute between Afghanistan and Pakistan", *Pacific Affairs*, Vol. 39, No. 1/2 (Spring-Summer 1966), pp. 99 – 114.

中强调,"普什图尼斯坦自古以来便是阿富汗的一部分"。这一时期苏联的出版物都无视巴基斯坦是主权独立国家、普什图地区在政治上分属于巴阿两国的政治现实,强调所有说普什图语的人都是"阿富汗人"。①

苏联和印度支持阿富汗,与其说是基于抽象的道义原则和所谓历史依据,不如说是基于冷战和现实政治利益:巴基斯坦亲美,美苏冷战,印巴势不两立。在印巴敌对的情况下,印度与阿富汗联手始终是巴基斯坦最不愿意看到的,它从建国开始就设法避免"腹背受敌"的地缘政治厄运,而"普什图尼斯坦"正是其脆弱环节。这是我们理解巴基斯坦对贾法尔汗的不信任、其军队的"战略纵深"构想,以及它支持穆贾希丁、"塔利班"等重要政治现象的基本背景。

(2) 抨击巴基斯坦

贯穿阿富汗与巴基斯坦双边关系的一个重要现象是口水战,其具体内容随时间而变化。20世纪50—70年代,"普什图尼斯坦"是双方唇枪舌剑的主要话题。

1955年3月底,达乌德·汗以首相身份公开谴责巴基斯坦的统一行政区划,支持西北边境省的抵制行动。在他的鼓动下,阿富汗普什图人政治热情高涨,组织大规模游行示威,袭扰巴基斯坦驻喀布尔、贾拉拉巴德和坎大哈等地的使领馆,焚烧巴基斯坦国旗。巴基斯坦提出严正抗议,阿富汗政府以大议事会决议的形式,对巴提出要求:在普什图地区举行全民公投,以决定普什图人的未来。事后两国关系急剧恶化。10月,巴方召回驻阿大使。后经埃及和沙特阿拉伯出面调停,1957年6月巴阿两国才恢复外交关系。1959年9月,查希尔·沙国王和达乌德·汗总理再次发表公开讲话支持"普什图尼斯坦",双边关系再度紧张。

巴基斯坦学者发现,阿富汗在这个问题上还人为制造抨击巴基斯坦的借口——喀布尔派出代理人在巴境内制造矛盾冲突,然后嫁祸于巴方。1960年9月,阿富汗派代理人在迪尔地区挑起部落火拼。喀布尔广播电

---

① S. M. M. Qureshi, "Pakhtunistan: The Frontier Dispute between Afghanistan and Pakistan", *Pacific Affairs*, Vol. 39, No. 1/2 (Spring-Summer 1966), pp. 99–114. Julian Schofield, "Diversionary Wars: Pashtun Unrest and the Sources of the Pakistan-Afghan Confrontation", *Canadian Foreign Policy Journal*, Vol. 17, iss. 1 (2011), pp. 38–49. Anthony Hyman, "Nationalism in Afghanistan", *International Journal of Middle East Studies*, Vol. 34 (2002), pp. 299–315.

台和官方报纸立即把事件报道为巴政府武装袭击"帕坦民众"。1961年，阿富汗在巴焦尔故伎重演：派出1000多名军人乔装成游牧民穿越杜兰线入境后挑起事端，而后公开批评巴基斯坦政府用武装力量对付"帕坦异见人士"。① 事件发生后，1961年9月，两国断交。第二年，查希尔·沙召集大议事会专门讨论巴阿关系和杜兰线问题。大议事会决定，绝不向巴基斯坦妥协。② 大约两年后，1963年5月，在伊朗国王小巴列维（Mohammed Reza Pahlavi）的斡旋下，双方同意重建外交关系。

1963年，查希尔·沙国王解除达乌德·汗的首相职务，"普什图尼斯坦"问题逐渐降温，巴阿关系开始缓和。1963—1973年间，查希尔·沙顶住苏联和印度压力，维持与巴基斯坦正常外交关系。在1965年和1971年的印巴战争中，阿富汗都保持中立。

1973年，达乌德·汗发动政变推翻查希尔·沙国王，重新炒作"普什图尼斯坦"问题。在当年的不结盟运动大会上，阿富汗代表公开提出，大会应讨论"普什图尼斯坦700万被迫与阿富汗分离的人民"的问题，同时称近期在西北边境省和俾路支斯坦出现的情势令人担忧，阿富汗将不会对其坐视不理。会后，阿富汗政府在边境地区设立训练营，给数千名反巴的普什图和俾路支民兵提供游击战技能培训。③ 双方关系再度紧张，巴基斯坦的阿里·布托政府也积极采取新的应对措施，巴基斯坦政治的伊斯兰化进程由此缓慢启动，到齐亚·哈克时期明显加速。

（二）巴基斯坦的应对

20世纪五六十年代，巴方的应对措施主要着力于三个层面：一是坚持普什图问题是巴内政问题，拒绝妥协；二是设法改善普什图地区的治理；三是积极进行外交斗争。70年代，巴基斯坦开始在普什图地区培育亲巴的伊斯兰主义力量，以平衡普什图民族主义力量。80年代，它借助抗苏战争的政治机遇，扭转了被动防御的困境。

---

① S. M. M. Qureshi, "Pakhtunistan: The Frontier Dispute between Afghanistan and Pakistan", *Pacific Affairs*, Vol. 39, No. 1/2 (Spring-Summer 1966), pp. 99 – 114.

② Louis Dupree, *Afghanistan*, pp. 538 – 542.

③ Mohammed Ayoob, "Pakhtunistan: A Ghost Resurrected", *Economic and Political Weekly*, Vol. 8, No. 39 (Sep. 29, 1973), pp. 1758 – 1759. Iqbal Khattak, "Kabul Trained Baloch, Pushtoon Youth in 1970s: Ex-ANP Leader", *Daily Times*, Feb. 15, 2010.

1. 展开外交斗争

巴基斯坦在外交层面的针锋相对主要有三个维度：一是坚持杜兰线为巴阿两国国界线，依靠国际法准则捍卫杜兰线，强调普什图部落地区属于巴基斯坦主权范围，反对外国介入和干涉；二是双边关系层面，利用天然地理位置的经济影响力，抗衡/制裁阿富汗；三是借重英美力量，谋求其他国家的支持。

（1）借重国际法的权威

阿富汗主要诉诸英国帝国主义和殖民主义的历史来否认杜兰线的合法效力，巴基斯坦则借用国际法的权威来捍卫国家主权。

巴基斯坦始终坚持杜兰线是国际边界线，强调自己是英属印度领土相关地区一切权利的合法继承人，强调国家政权变更也不能改变国家边界线的现状及合法性：

> 杜兰线是一条合法有效的国际边界线，阿富汗政府多次承认并一再确认过这一点。杜兰线终结了阿富汗王国对杜兰线以东土地和民众的主权。巴基斯坦是英属印度的继承国，对这一地区及其居民拥有完全的主权，拥有一个继承国享有的全部权利和义务。①

英国政府承认巴基斯坦是英国在印度权利和义务的合法继承者，大力支持巴基斯坦的立场。1947年8月以后，每当阿富汗在"普什图尼斯坦"问题上有重要举动，伦敦都迅速公开确认杜兰线的合法性，强调巴基斯坦作为英属印度合法继承人所享有的合法主权。比如，1949年，阿富汗宣布建立"普什图尼斯坦"独立国家，1950年，英联邦事务大臣专门就西北边境省问题发表讲话，警告阿富汗不要支持分裂主义力量，重申"在国际法意义上，巴基斯坦是英印政府和联合王国政府在这些土地上权利和义务的继承人，杜兰线是国际边界线"。②

---

① Farzana Shaikh, *Making Sense of Pakistan*, New York: Columbia University Press, 2009, pp. 201–202.
② Christian Wagner, Amina Khan, "The Changing of the Durand Line", *International Asienforum*, Vol. 44, No. 1–2 (2013), pp. 71–84.

（2）以过境通道为武器予以反击

阿富汗是内陆国。传统上它有三条可行的国际贸易通道：苏联、伊朗和巴基斯坦。其中，巴基斯坦通道最便捷，也是近代以来阿富汗最常用的。英国统治时期，阿富汗进出口贸易主要通过卡拉奇转运。就此而言，阿富汗对外经济联系的生命线控制在巴基斯坦手中；如果巴基斯坦关闭海关，或拖延阿富汗过境商品运输，都可令阿富汗社会经济陷入瘫痪。这是巴基斯坦拥有的对阿富汗的天然优势地位。

在"普什图尼斯坦"冲突中，巴基斯坦多次采用限制入境、关闭边境、拖延运输等经济手段对付阿富汗的政治"挑衅"。1947年12月，为报复阿富汗在联合国投否决票，巴基斯坦关闭巴阿边境，拒绝给阿富汗提供进出口商品的过境便利。1949年，阿富汗主持"普什图尼斯坦"建国，巴基斯坦立即禁止阿富汗油罐车和游牧部落入境。这次禁运长达三个月；困窘之中的阿富汗试图另寻出路：它先转向伊朗，但是未果，于是对主动伸出援手的苏联开放国门。1950年7月18日，阿富汗与苏联签订为期4年的贸易协定。1953年6月21日，达乌德·汗代表阿富汗政府与苏联签约，阿富汗进出口贸易获准免费过境苏联。尽管北线的运输成本明显高于卡拉奇通道，但政治风险也明显更低。随着巴基斯坦禁运和限运次数的增加，阿富汗对苏联的经济依赖逐渐加深。

巴基斯坦经济制裁取得的最大成效当数迫使达乌德·汗首相下台。早在1955年4月，巴基斯坦就对美国透露过要迫使达乌德·汗下台的想法，并希望美国提供支持，联合英国与土耳其，集体对查希尔·沙国王施压，要求其解除达乌德·汗的首相职务，称这样"会开启阿巴关系的新篇章"。然而，美国出于地区稳定和冷战全局的考虑，不支持巴基斯坦的这个方案，并约束伊斯兰堡将其付诸行动。[①] 于是，巴基斯坦只能依靠自己的努力来对阿富汗施压。1960—1961年巴焦尔事件发生之后，巴基

[①] 1955年4月，美国表示："驱逐阿富汗王室而又没有备选的能维持稳定并奉行与邻国合理关系政策的政权，将会导致不确定状态及类似于过去无政府状态的骚乱。而且今天的形势甚至比过去更危险，因为其北部更富有侵略性的邻国一直寻找机会结束阿富汗的独立地位。"1956年年初，美国评估达乌德在国内的政治地位相当稳固。同年11月，美国正式决定，将保留达乌德政府，决定"对巴基斯坦可能通过危险的阴谋反对阿富汗统治者的方式解决其与阿富汗争端的倾向"尽力加以限制。转引自张树明、李子芬：《均衡中的困境》，第208—210页。

斯坦对阿富汗实行禁运，阿富汗经济濒临崩溃。① 为缓解危机，1963 年，查希尔·沙国王决定改弦更张，谋求同巴基斯坦和平相处，于是他对"普什图尼斯坦"问题的鹰派领袖达乌德·汗施压。3 月 10 日，达乌德·汗宣布辞职，5 月 28 日，两国恢复外交关系，贸易通道重开。

（3）依靠美国的支持

冷战时期，巴基斯坦是美国在南亚的战略支点，是其遏制苏联扩张的盟友和堡垒。美国在"普什图尼斯坦"问题上支持巴基斯坦，而且不限于道义层面；它利用各种机会对阿富汗施加压力。比如，1951 年，喀布尔向美国提出购买军火的请求，美国表示，可以提供价值 2500 万美元的军火，但前提是阿富汗必须减少在"普什图尼斯坦"问题上的反巴宣传。② 同年 7 月，杜鲁门政府指示驻阿富汗大使对喀布尔表明美国在这个问题上的基本立场：①"普什图尼斯坦"在经济上和政治上都不是一个能够独立生存的国家；②在当前条件下，阿富汗坚持在"普什图尼斯坦"问题上施压，不符合阿富汗的最佳利益与世界和平；③"普什图尼斯坦"自治原则在过去 20 年的实践中已经被证明是困难的。③

1954 年 10 月，达乌德·汗总理再次向美国提出军事援助请求，12 月杜勒斯给出答复：

> 经过认真考虑，给阿富汗提供军事援助将会造成诸多难以解决的问题。阿富汗不应该提出武器要求，而应该首先解决同巴基斯坦的普什图尼斯坦争端。④

阿富汗国王查希尔·沙希望美国出面调停巴阿两国间的普什图纠纷。

---

① Feisal Khan, "Why Borrow Trouble for Yourself and Lend it to Neighbors? Understanding the Historical Roots of Pakistan's Afghan Policy", *Asian Affairs*, Vol. 37, No. 4 (Oct./Dec. 2010), pp. 171 – 189.

② Abdul-Qayum Mohamand, *American Foreign Policy toward Afghanistan: 1919 – 2001*, PhD Dissertation at the University of Utah, Aug. 2007, p. 97.

③ *FRUS*, 1951, Vol. VI, Part 2, p. 1988. 转引自张树明、李子芬：《均衡中的困境》，第 198 页。

④ Leon B. Poullada, "The Failure of American Diplomacy in Afghanistan", *World Affairs*, Vol. 145, No. 3, Afghanistan (Winter 1982/1983), pp. 230 – 252.

美国很清楚喀布尔推动争端国际化的意图和后果，所以明确拒绝。它表示不愿意正式介入，建议阿富汗直接与巴基斯坦谈判解决问题，同时表示，美国愿意展开非正式斡旋，"帮助两国开展双边谈判"。1955年2月，杜勒斯表示，阿富汗反对美国的盟友巴基斯坦，如果美国在"普什图尼斯坦"问题上支持阿富汗政府，就将失去巴基斯坦，美国不能这么做。同年5—6月，美国明确告诉查希尔·沙国王，普什图问题是巴基斯坦的内政问题，"美国和其他国家政府都不能干涉"。历史证明，这是阿富汗外交政策的转折点，在一定意义上也是地区和世界政局大转折的序曲。阿富汗在遭到美国拒绝后迅速转向苏联。1955年1月，达乌德·汗向苏联提出军备购买请求，莫斯科立即慷慨解囊。同年12月，赫鲁晓夫和布尔加宁访问喀布尔，给阿富汗提供了3240万美元贷款，用于购买军火、修建4个军用机场等等。①

美国主导的中央条约组织和东南亚条约组织也支持巴基斯坦的立场。1956年3月，在美国的带领下，东南亚条约组织部长会议公开宣布，成员国政府承认杜兰线是巴基斯坦和阿富汗之间的国界线，承认巴基斯坦的主权以杜兰线为界。1960年3月，中央条约组织委员会会议召开之前，美国国务院再次强调，"普什图尼斯坦"争端是阿巴间的双边问题。

2. 维护普什图地区秩序

巩固内部统治秩序是应对外部挑战的根本。在这方面，巴基斯坦的政策可谓三管齐下：打击分裂主义力量，遏制民族主义势头；实行地方自治，响应民众要求；在当地培植亲政府力量，制衡分裂主义力量。

（1）打击分裂主义，遏制民族主义

"普什图尼斯坦运动"的灵魂人物贾法尔汗多次被捕入狱。更加激进和从事暴力分裂主义活动的政治活动家则遭到暗杀，比如法兹尔·阿克巴（Fazl Akbar，又称"古尔帕夏"）等人。由于政府的高压，分裂主义力量难以形成大规模的根据地，其中不少人往来穿梭于边境线两侧各地，伊皮毛拉就是典型。

---

① 张树明、李子芬：《均衡中的困境》，第203—204页。Angelo Rasanayagam, *Afghanistan: A Modern History*, London and New York: I. B. Tauris, 2005, p. 33.

(2) 赋予西北边境省自治权利

巴基斯坦建国之初，真纳即表示将最大限度地尊重普什图部落社会的传统习俗。为避免新法规、新制度可能引发社会震荡和不满，联邦政府在部落地区基本沿用英印政府的治理策略①，甚至相比较而言更加宽松。1947年9月，联邦政府把军队撤离瓦济里斯坦、拉姆扎克等地，联邦的主权主要通过派驻政治代表的方式来体现。在日常行政管理方面，政治代表高度依赖地方部落权威的支持。

经过1971年孟加拉独立事件的冲击后，巴基斯坦努力改进对普什图地区的政策，尽力使发展惠及普通民众。1972年开始在西北边境省推行以族群为基础的比例代表制，确保普什图精英的政治参与权利。自那以来，普什图人在军队特别是三军情报局中的人数超过其在全国总人口中的比例。据统计，普什图人占巴全国总人口的15%左右，联邦军队22%的士兵及22%—25%的军官是普什图人；在三军情报局中，普什图人占比为30%—40%。②

(3) 依靠当地民众

阿富汗在部落地区寻找代理人，以实现其利益诉求；巴基斯坦也借用部落间复杂关系，依靠部落社会内部力量，来保卫自己的利益。在这方面，部落自治和独立精神、部落民守护家园的斗志和决心，都是切实的抓手。由此，巴阿之间的较量与部落社会内部矛盾紧密交织，双方都各有根基和代理人。

巴基斯坦境内普什图人对阿富汗的认同程度有限。1747年以来，无论历代政权如何努力，山地部落都未全部向阿富汗国王纳税称臣。对他们来说，"任何来自喀布尔的控制都是可恨的。他们可能愿意为埃米尔去和异教徒作战，但绝不愿意向喀布尔纳税，也不接受阿富汗政府干扰他们的部落生活。"③ 这一政治传统决定了1947年西北边境省的公投结果。

---

① 对这一事实的另一种解读是，当时巴基斯坦国力军力孱弱，全神贯注于应付印度，无暇也无力顾及普什图问题。J. Korbel, *Danger in Kashmir*, Oxford University Press, 2002, p. 74.

② Thomas H. Johnson and M. Chris Mason, "No Sign Until the Burst of Fire: Understanding the Pakistan-Afghanistan Frontier", *International Security*, Vol. 32, No. 4 (Spring 2008), pp. 41–77.

③ S. M. M. Qureshi, "The Frontier Dispute between Afghanistan and Pakistan", *Pacific Affairs*, Vol. 39, No. 1/2 (Spring-Summer 1966), pp. 99–114.

巴基斯坦建国以后，一些部落民支持伊皮毛拉和"普什图尼斯坦运动"，但很难界定他们究竟是出于对普什图民族主义意识形态的认同，还是基于现实利益考虑。有普什图裔学者指出，巴基斯坦普什图人偶尔使用"普什图尼斯坦"的旗号，"是为了从杜兰线两侧的两国政府获取最大利益。他们绝大多数依然忠于巴基斯坦，更喜欢阿富汗的金钱"①。

伊皮毛拉的独立运动在普什图部落内部引发新的矛盾。20世纪40年代起，毛拉最重要的群众基础是阿夫里德部落，但阿夫里德部落各宗族矛盾尖锐，并非所有的宗族都支持独立。1949年，毛拉被选任为"普什图尼斯坦总统"后，阿夫里德大多数部落长老明确反对脱离巴基斯坦，与支持伊皮毛拉的部落发生暴力冲突。② 1952年年初，伊皮毛拉的追随者瓦里·汗·库吉克（Wali Khan）领导数千名部落武装，试图切断白沙瓦到科哈特的道路，把"普什图尼斯坦"的"国旗"插到印度河两岸。巴基斯坦政府得知消息后，立即动员反对伊皮毛拉的各部落长老，最后成功地阻止了这次插国旗行动。③ 1960年9月巴焦尔事件也是如此。巴联邦政府一面出动空军打击，一面依靠当地亲政府的部落力量识别伪装的阿富汗军人并予以驱逐。

一些部落首领也利用巴阿两国政府的力量谋取私利。比如，1961年5月，迪尔地区亲阿富汗的部落首领简多尔·汗（Jandol Khan）把一支阿富汗军队引进迪尔地区，目的是借阿富汗军事力量来打击他在当地的对手——亲巴基斯坦的部落首领卡尔·汗（Khar Khan）。巴基斯坦政府闻讯后，立即派军队支援卡尔·汗，但遭到部落民众的阻击。联邦政府及时调整策略，把军队撤到幕后，支持迪尔当地的部落民兵武装反击阿富汗军队。"这对巴基斯坦军队而言是一次重要经验，它表明，普什图部落如果有良好的装备和充分的自主权，那么他们不会受分裂主义的影响，将忠诚地（为巴基斯坦政府的利益）与他们的阿富汗普什图同胞作战。"④

---

① Syed Minhaj ul Hassan, *The Dawn of New Era in Khyber Pakhtunkhwa*, pp. 128-129.
② S. M. M. Qureshi, "The Frontier Dispute between Afghanistan and Pakistan", *Pacific Affairs*, Vol. 39, No. 1/2（Spring-Summer 1966）, pp. 99-114.
③ Syed Minhaj ul Hassan, *The Dawn of New Era in Khyber Pakhtunkhwa*, pp. 128-129.
④ Julian Schofield, "Diversionary Wars: Pashtun Unrest and the Sources of the Pakistan-Afghan Confrontation", *Canadian Foreign Policy Journal*, Vol. 17, iss. 1（2011）, pp. 38-49.

在应对"普什图尼斯坦"挑战的过程中，巴基斯坦对部落地区亲巴力量的依赖不断增强。依靠部落力量本身来维持地方秩序，在21世纪演化为一类特殊的政治实践，并引发巴基斯坦国内外的激烈争议，即区分"好塔利班"与"坏塔利班"并予以分别对待。

3. 培育伊斯兰主义力量

1973年达乌德·汗政变上台之后重提"普什图尼斯坦"问题，在巴基斯坦促成了一项新政策，即在部落地区培育亲政府的伊斯兰主义力量，以制衡普什图世俗民族主义的挑战。

阿里·布托本人信奉伊斯兰社会主义，但在政治实践中却大力借助伊斯兰主义力量。就普什图问题而言，他的这项政策充分考虑了当时"普什图尼斯坦运动"的实际情况，并巧妙利用了阿富汗的政治现实。一方面，高举"圣战"大旗的伊皮毛拉已经离世，追随者四处分散。在民众中还有较大影响力的贾法尔汗和瓦里·汗都是世俗民族主义政治家。另一方面，阿富汗的现代化改革屡屡遭遇普什图部落力量和伊斯兰主义力量的抵抗。基于此，阿里·布托采取的对策包括两个要点：支持阿富汗国内反政权的伊斯兰主义力量，以制衡达乌德·汗政府；在西北边境省扶持伊斯兰主义力量，以约束世俗的普什图民族主义，抵挡阿富汗的渗透和影响。

1975年，阿富汗反政府领导人布尔罕乌丁·拉巴尼（Burhanuddin Rabbani）、古尔布丁·希克马蒂亚尔（Gulbuddin Hekmatyar）和阿赫迈德沙·马苏德（Ahmed Shah Masoud）等人逃往白沙瓦。为剪除后患，喀布尔主动提议与巴基斯坦和谈。1976年6月，阿里·布托前往喀布尔与达乌德·汗会谈。这次会面是两国领导人第一次正式会见，被称为双边关系的"破冰"。根据美国中央情报局解密档案，双方达成如下重要妥协[①]：

（1）巴基斯坦表示理解，"普什图尼斯坦"是阿富汗外交政策长期以来的核心问题；

---

① "First Daoud/Bhutto Summit-Retrospection", United States Embassy at Kabul Cable Jun. 19, 1976. *CIA Covert Operations: From Carter to Obama 1977–2010.* 来自 ProQuest 数据库，http://search.proquest.com/dnsa/docview/1679076772。

(2) 阿富汗承认瓦里·汗及其被禁的民族人民党属于巴基斯坦内政范畴,不把这个问题纳入双边高层对话。达乌德·汗同意访问巴基斯坦,以继续推进双边对话。

(3) 双方都同意暂停敌对宣传。

1978年年初,达乌德·汗表示,如果巴基斯坦承认西北边境省和俾路支斯坦的自治权,那阿富汗将以正式条约方式承认杜兰线。[①] 3月份达乌德·汗访问巴基斯坦。然而,杜兰线问题还没有解决,阿富汗就发生了剧变:1978年4月人民民主党发动军事政变,推翻达乌德·汗政权。

(三)强弩之末

阿巴两国在"普什图尼斯坦"问题上的最后正面较量是在人民民主党政权与齐亚·哈克政权之间展开的。人民民主党政权的劣势十分明显,它始终未能在国内建立起真正的统治秩序,一直在为生存而苦苦挣扎。1978年,塔拉基政府公开支持普什图人自决,同时支持巴基斯坦俾路支分裂主义力量。1979年年底,阿富汗情报安全机构哈德(KHAD)积极行动,试图挑起西北边境省民众反叛,但未见明显成效。与此同时,巴基斯坦在20世纪70年代支持的阿富汗反对派大多成为"反苏圣战"的主力。

为了缓解政治危机,塔拉基在1980年主动向巴基斯坦提出,只要巴方停止支持穆贾希丁,阿富汗将承认杜兰线。但是齐亚·哈克拒绝了这个建议,因为他不愿意放弃穆贾希丁。[②] 抗苏战争期间,巴基斯坦增强了对各穆贾希丁组织的影响力。普什图世俗民族主义力量的基础削弱,普什图地区和阿富汗的政治生态发生重大变化。

巴阿两国在"普什图尼斯坦"问题上的攻防态势从此逆转。深陷战乱的阿富汗已无力推进"大普什图尼斯坦"构想,无力给"普什图尼斯坦运动"提供有效支持。巴基斯坦在阿富汗部落地区的影响力反而大大增强。

---

① Robert Boggs, "Pakistan's Pashtun Challenge: Moving from Confrontation to Integration", Vol. 36, No. 2 (Mar. 2012), pp. 206–216.

② Julian Schofield, "Diversionary Wars: Pashtun Unrest and the Sources of the Pakistan-Afghan Confrontation", Canadian Foreign Policy Journal, Vol. 17, iss. 1 (2011), pp. 38–49.

近年来，"普什图尼斯坦"一词频繁出现于西方主流媒体，其所指依然是杜兰线两侧地区，但所包含的政治性已完全不同：它不是20世纪五六十年代"普什图尼斯坦"问题的复活或重新升温，也不是指代独立普什图建国运动，亦不是一个存有主权归属争议的地域空间，而是指代恐怖主义力量集中而活跃的地带。与此相关，它还暗示该地区长期的动荡与失治状态。如今，威胁普什图地区秩序的关键因素已不再是求独立的政治力量，而是形形色色的跨国恐怖主义和极端主义力量。

阿富汗政府至今还没有公开明确表示要放弃普什图统一大业，没有公开正式承认杜兰线作为国际边界线的合法地位。在21世纪两国为反恐而进行的争吵中，卡尔扎伊多次表示不接受杜兰线，称其"在兄弟之间垒起高墙"①。2012年，阿富汗外交部长强调，阿富汗政府"拒绝任何人发表的有关杜兰线合法地位的言论"。对此，美国总统奥巴马的阿富汗—巴基斯坦事务特别代表格罗斯曼（Marc Grossman）的回应相当简单明确："美国承认杜兰线是巴基斯坦和阿富汗之间的合法国界线。"②

---

① Annonymous, "Durand Line Serves as a Line of Hate: Karzai", *AfghanMania*, Feb. 19, 2006, http://www.afghanmania.com/en/news/0, news, 4824, 00.html. Naveed Siddiqui, "Afghanistan will Never Recognize the Duran Line: Hamid Karzai", *Dawn*, Mar. 5, 2017, https://www.dawn.com/news/1318594.

② Anwar Iqbal, "Durand Line is Border, Says US", *Dawn*, Oct. 25, 2012.

第七章

现代化改革的震荡

"现代化"的内涵极其庞杂，它既是一种历史观，是人们对近代以来人类社会发展变化的一种理论解释，也是一套政策规范，用以指导国家的发展实践。本章立足于政治学，着重研究现代化政策及其后果，以此管窥普什图社会发展变迁过程的一个维度，也可称之为"发展的政治"。鉴于政策是政府自觉的、自上而下的政治实践活动，而普什图人没有长期主导巴基斯坦联邦政府，所以本章主要研究阿富汗个案。

阿富汗是伊斯兰世界在现代化道路上的先行者之一。其自觉的现代化努力可追溯到19世纪中叶。多斯特·穆罕默德、阿卜杜·拉赫曼汗和哈比布拉·汗国王的渐进改革虽有阻力，但没有引发大规模持续动荡。第一次世界大战以后，阿曼努拉汗国王仿效土耳其，试图通过现代化改革实现国家发展，但未能成功：国王被迫逊位，改革措施被新政权废除。

塞缪尔·亨廷顿在《变化社会中的政治秩序》中提出的著名论断之一是，现代性带来稳定，现代化引起动乱。他认为，贫穷、落后、动乱与暴力之间的关联性其实是一种假象：纯正的传统社会虽然愚昧贫穷，却是稳定的；20世纪中叶，当传统社会启动现代化进程，成为"过渡性社会"时，就多发生暴力冲突和动乱。所以他提出，"政治秩序混乱的原因，不在于缺乏现代性，而在于为实现现代性所进行的努力"。① 在这方

---

① [美] 塞缪尔·亨廷顿：《变化社会中的政治秩序》，王冠华等译校，上海人民出版社2008年版，第31—37页。

面，阿富汗可算典型。它的现代化进程显示，改革政策越激进，社会反抗越强烈，大刀阔斧的改革均以内战告终。除了阿曼努拉汗国王，人民民主党政权的激进改革也引发了全国大规模反抗，并因它求助于苏联军队而把国家带进万劫不复的动荡深渊。

就其动力根源而言，20世纪阿富汗的现代化改革主要是"外诱变迁"。根据罗荣渠先生的分析，现代化可分"内源性变迁"与"外诱变迁"。内源的现代化是由社会自身力量产生的内部创新，外源的现代化则是"在国际环境影响下，社会受外部冲击而引起内部的思想和政治变革并进而推动经济变革的道路"。外源现代化过程很不平稳，充满爆发性剧烈震荡，传统的权势集团反抗强烈，不容易保持改革的连续性，暴力成为常见手段，可能导致现代化的"断裂"。[①] 阿曼努拉汗和人民民主党政权的现代化改革证明了这一点。阿曼努拉汗国王改革导致内战和王权易手，而人民民主党政权的改革则以持续的战争改变了国家的命运。

第一节　阿曼努拉汗国王的现代化改革

阿曼努拉汗自称"革命的国王"，一心带领阿富汗摆脱落后状况，建成先进的、新型的国家。[②] 他的改革思想主要有两大来源：一是他在青年时代通过塔尔齐了解到的土耳其民族主义和现代主义思想[③]；二是欧洲先进文化和技术，特别是1927—1928年他的九国之行，影响最为明显。

现代化改革之初，国王的威望极高。当时他刚刚带领阿富汗打败了英国，赢得了国家独立和民族解放。因此，他的现代化改革并非迫不得已，而是主动的选择，且王权的合法性根基也十分牢固。然而，他采取的现代化改革措施仍引发了强烈反抗。1929年，国王被推翻，现代化改革宣告失败。

[①] 罗荣渠：《现代化新论》，北京大学出版社1993年版，第123—125页。
[②] 张敏：《阿富汗文化和社会》，第310页。
[③] 土耳其对阿曼努拉汗现代化改革的影响，除了思想之外，还集中体现在1923年宪法上，这部宪法是在土耳其顾问的帮助下制定的，青年土耳其党人巴德利·倍（Badri Bey）是土耳其顾问团中的核心人物。

一 改革思想奠基人塔尔齐①

马哈茂德·贝格·塔尔齐（1865—1933 年）的思想主张是阿曼努拉汗国王现代化改革实践的指导原则和理论基础，他被称为阿富汗现代化的"意识形态理论家"，是阿曼努拉汗的思想导师和岳父。阿曼努拉汗从青年时代起就追随塔尔齐，即位后又委任塔尔齐为首席顾问和外交部长。

（一）简要生平

塔尔齐是杜兰尼下属穆罕默德扎部落领导人萨达尔古拉姆·穆罕默德·汗（Sardar Ghulam Mohammed Khan）的儿子。1882 年，阿卜杜·拉赫曼汗国王以阴谋叛国罪而把萨达尔逐出阿富汗。他们一家先在卡拉奇逗留，之后前往土耳其，得到素丹阿卜杜·哈米德二世（Abdul Hamid II）的特许，居住在大马士革。

塔尔齐在大马士革和君士坦丁堡接受中小学教育，毕业之后就职于土耳其政府部门。他在学习和工作中接触到欧洲政治制度，阅读了大量法语文献，同时还深受伊斯兰现代主义思想家贾马鲁丁·阿富汗尼（Jamal ud-Din al-Afghani）思想的影响。

1902 年，哈比布拉·汗国王宣布赦免塔尔齐家族，准许他们返归阿富汗。塔尔齐回国后就开始大力宣扬和提倡社会改革。他对阿富汗教育、经济和社会落后状况的批评很快引起埃米尔的注意。哈比布拉·汗认识到，阿富汗的落后停滞和与世隔绝从长期来看是危险的，必须加以改变。于是，他任命塔尔齐为宫廷翻译局主席，翻译局的主要任务是帮助埃米尔了解伊斯兰世界和欧洲的各种情况。应该说，塔尔齐在阿富汗历史上的地位和影响力在很大程度上有赖于哈比布拉·汗的开明和进取。国王不仅对外部世界充满好奇，而且还想把阿富汗建设为强大先进的国家。

---

① 本书关于塔尔齐的生平和思想，主要参照 Vartan Gregorian, "Mahmud Tarzi and Saraj-ol—Akhabar: Ideology of Nationalism and Modernization in Afghanistan", *Middle East Jounal*, Vol. 21, No. 3, 1967. Aziz Ahmad, *Islamic Modernism in India and Pakistan 1857 – 1964*, Oxford, 1967. M. Schinasi, *Afghanistan at the Beginning of the Twentieth Century*, Naples, 1979. Asta Olesen, *Islam and Politics in Afghanistan*. Vartan Gregorian, *The Emergence of Modern Afghanistan: Politics of Modernization 1800 – 1930*, Ph. D. dissertation at Stanford University, 1964, chap. 8. （数据库 ProQuest）等文献，不再逐一专门标注出处。

他大力支持塔尔齐的主张与活动。

塔尔齐与王室成员关系日益密切，王子因亚图拉和阿曼努拉汗都是他的追随者。一大批贵族子弟也团结在他周围。在塔尔齐的领导下，他们仿照"青年土耳其"运动，成立"青年阿富汗"运动。阿曼努拉后来践行的民族独立和世俗化改革，实际正是"青年阿富汗"运动的核心主张。1911年，在因亚图拉的支持下，塔尔齐创办了阿富汗第一家现代报纸——《新闻之光》（Siraj al-Akhbar），每月出版两期，用达里语报道世界各地重大新闻，介绍"青年土耳其"运动和伊斯兰复兴思潮，讨论阿富汗的社会文化和政治经济发展。在当时的阿富汗，塔尔齐的现代主义思想相当前卫。

塔尔齐对现代化和改革充满热情。但他是务实谨慎的政治家，主张以渐进、温和的方式推进改革。正因为如此，他后来与阿曼努拉汗国王产生分歧。塔尔齐曾多次劝说国王，劝他不要冒进，但均告无效。于是，他在1925年辞去公职，离开阿富汗，前往欧洲生活。

（二）主要主张

在伊斯兰社会政治思想谱系中，塔尔齐属于现代主义派别，与19世纪中南亚地区著名思想家赛义德·阿赫迈德·汗（Syed Ahmed Khan）和贾马鲁丁·阿富汗尼相近。他们都致力于伊斯兰复兴，都认为伊斯兰世界必须走现代化道路，都积极努力地在现代世界中找到穆斯林的合适位置。①

塔尔齐的思想主要呈现在《新闻之光》中。② 大体可归纳为两个核心主张：一是以民族主义反对殖民主义和帝国主义；二是通过社会现代化实现伊斯兰复兴。二者相辅相成。他在政治上反对帝国主义和殖民主义，在实践中则主张借鉴欧洲资本主义道路来促进国家和伊斯兰世界的发展。他的伊斯兰复兴思想含有浓厚的凯末尔主义色彩，也有与赛义德·阿赫迈德·汗爵士类似的自强振兴追求。

1. 通过现代化反对帝国主义

塔尔齐明确反对帝国主义。关于帝国主义的成因，他认为，欧洲列

---

① 不过，这三位思想家的政治立场，尤其是对英国人和"圣战"的态度不同。

② 对《新闻之光》报的专门研究可参见 M. Schinasi, *Afghanistan at the Beginning of the Twentieth Century*, Naples, 1979。

强在物质财富、文明和经济方面取得巨大成就,但面临国民生活必要资源供给不足的问题,所以需要扩张,也因此导致帝国主义剥削和压榨,使其他国家民众成为牺牲品。阿富汗应该通过发展来改变历史命运,现代化是阿富汗穆斯林能够抵抗英国人的唯一方法。①

塔尔齐认为,阿富汗和其他伊斯兰国家要应对欧洲的威胁,不能只追求发展军事力量。欧洲的成功经验有可借鉴之处,但不能简单模仿,而应探索穆斯林自己的现代化道路。必须承认,欧洲权力优势的关键是他们在经济、科学、技术和文化领域取得的成就。阿富汗和其他伊斯兰国家必须通过重新组织社会、采用新的科学技术、发展本地工业等努力,才能取得与欧洲列强平等的地位。②

塔尔齐特别强调,现代科学与伊斯兰信仰并不矛盾,现代欧洲的科学根植于高度发达的中世纪阿拉伯科学。阿拔斯王朝时期,社会进步、先进技术与伊斯兰信仰并存。当前欧洲的科学技术是伊斯兰文明进步的必要条件。他提出,阿富汗的振兴道路可效法日本;日本是亚洲国家现代化的最佳范例,因为它既吸收了欧洲文明的积极元素,同时又保存了自己的习俗规范、道德与生活方式。

2. 返归伊斯兰本原

塔尔齐认为,阿富汗的发展须返归伊斯兰本原,恢复伊斯兰信仰的真正精神与品格。这首先意味着摆脱腐朽君王和愚昧无知的乌莱玛的影响。他提出,伊斯兰世界在衰退,而所有伊斯兰国家的衰落,都主要是由于伊斯兰信仰遭到侵蚀;伊斯兰信仰遭到腐蚀的关键则是君王腐朽和乌莱玛的无知,以及穆斯林在追逐世俗利益的过程中背离了伊斯兰道德标准。乌莱玛的实际作为与其应承担的社会角色相去甚远,而正是由于毛拉的负面影响,阿富汗发展教育和兴办学校的努力都未能成功,结果是教育和学校迄今还只是徒有其表。

基于此,塔尔齐提出了被称为"阿富汗启蒙哲学"的思想主张,强

---

① 在这一点上塔尔齐与赛义德·阿赫迈德汗有重要区别。阿赫迈德汗致力于修补1857年印度起义的后遗症,设法重建印度穆斯林与英国统治者的互信,把穆斯林教化为英王忠实的臣民。

② 为此,《新闻之光》的主要内容之一是介绍人类文明的最新发展成就,包括欧洲国家在科学发明、电力、化学、通信、铁路、航空等领域的最新发展。

调理性以及理性能力建设的重要价值。他说，人之不同于野兽的标志特征在于人有真主所赐的理性。穆斯林有责任充分运用理性，有责任自觉培养理性能力。否则，便是对自己和穆斯林共同体（乌玛）的伤害，是对伊斯兰信仰的伤害，也是对真主的伤害。他强调，学习知识，通过教育获取知识，让理性之光照亮心灵，是《古兰经》的精髓所在。

塔尔齐提出，返归伊斯兰本原和实现伊斯兰国家复兴，还要求解放妇女，扩大妇女的权利和自由，承认她们的能力，实行一夫一妻制，让妇女在教育和婚姻中享有平等权利。

扩大妇女权益是"青年阿富汗"运动的重要目标。塔尔齐赞颂阿拔斯王朝时期。他说，当时妇女曾发挥杰出作用，涌现了一大批著名女诗人和女艺术家，还有担任官职的女中豪杰；那是伊斯兰世界优胜于欧洲的光辉时代，那时的欧洲处于蒙昧无知的黑暗中。他认为，阿富汗从18世纪晚期开始——特别是提姆尔·沙时期——走向衰落，部分原因是统治阶层的多妻制陋习，它导致国家社会内讧与四分五裂。19—20世纪阿富汗妇女地位出现历史大倒退。政府必须着手改变这种状况，因为只有受过良好教育并完成启蒙的妇女才可能成为贤妻良母，把孩子培养成材。

3. 爱国

塔尔齐与阿卜杜·拉赫曼汗国王一样，极力捍卫国家统一和国王权威。拉赫曼汗借助伊斯兰教来证明绝对君主制的合法性，塔尔齐也把爱国与伊斯兰信仰、穆斯林道德直接联系起来，说明爱国主义与泛伊斯兰团结的关系，号召阿富汗穆斯林效力于君王和国家。

塔尔齐提出，阿富汗人皈依伊斯兰教，是真主的仁慈和意志。阿富汗是真主缔造的国家，热爱祖国是真主对阿富汗穆斯林的定制。尽管所有穆斯林都属于乌玛，但乌玛由许多政治单元（祖国，Watan）构成，每个国家的穆斯林在各自的国土上组成为民族（millat）。因此，泛伊斯兰团结和爱国并不矛盾。

为了说明民族、祖国和国王之间的关系，塔尔齐重新界定了"阿富汗"（Afghan）一词。他反复强调，国家所有居民一律平等，阿富汗人是指生活在这片国土上、信仰伊斯兰教的所有人，而不是指某一个族群。他还论证说，假若祖国是一个肌体，则民族是其骨肉，国王是其灵魂。因此，效力于自己所属的祖国、民族、君王及其政府，是每个穆斯林的宗教责任。他说:"没有民族的国家、没有国家的民族、没有政府的国家和民族、没有国王的政府,就像是一辆没有引擎的汽车残壳。"

塔尔齐由此确立了一个重要的政治命题:爱国是阿富汗穆斯林的宗教义务;现代化、知识和进步是阿富汗抵御外敌所必需。于是,在他的思想中,热爱祖国与追求现代化进步便融合为一体。他反复强调,真主制定的法律诫命是穆斯林团结的前提,穆斯林社会发生动荡分裂只会有利于伊斯兰的敌人,所以,阿富汗人的最高任务就是支持拥护国王及其中央集权,维护国家统一,确保现代化发展。

这个命题的重要性在于,它既证成了国王推行现代化改革的合法性和必要性,又证成了阿富汗民众拥戴并服从国王的政治—宗教责任。

二　国王的改革措施

阿曼努拉汗立志把阿富汗改造为现代世俗国家。根据其力度变化,可把他的改革分为三个阶段,大体呈"U"形。简单地说,1920年到1923年为第一阶段。国王疾风骤雨般地推行了若干措施①,重点是国家政治法律制度、经济和教育,取得的主要成就包括制定宪法、成立一批股份公司和贸易公司等。

1924年,霍斯特地区发生叛乱。为平息事端,国王做出妥协,放慢步伐,改革进入第二阶段,直到1927年12月。这一阶段主要集中于发展现代教育,建立了一批现代学校。到1927年,全国有322所小学,在校学生数量达5.1万人,中学和职业学校学生人数为3000人,另有几百名学生(包括女生)被派往苏联、法国、德国和土耳其接受高等教育。学校教师以阿富汗人为主,也有外国人。②

1927—1928年,国王先后访问印度、埃及、意大利、法国、德国、英国、苏联、土耳其和伊朗等九个国家。为期7个月的出访振奋和坚定

---

① 有学者统计,阿曼努拉汗在位期间(1919—1929年)总共颁布了76道现代化改革法令,其中57道是在1924年"霍斯特叛乱"以前颁布的。
② 张敏:《阿富汗文化和社会》,第311页。

了他的现代化改革意志，回国后他提出更加雄心勃勃的构想，强力推行"新风尚"，改革进入第三阶段。新改革涉及衣着习俗、妇女权益、宗教财产等敏感问题，社会矛盾和政治冲突空前激化，最终爆发内战。

（一）现代政府和法律建设

阿卜杜·拉赫曼汗建设现代国家的努力主要表现为借助伊斯兰力量超越部落林立和贵族强势的松散社会，确立统一的中央集权。阿曼努拉汗的改革更进一步：完善政府机构建设，把世俗法律纳入政权基础，用平等的权利和统一的法律来整合、规范阿富汗社会。

1919 年，阿曼努拉汗建立部长理事会，委托其管理国家事务。同时任命塔尔齐为外交部长，这是王国历史的重大变革，因为此前国家外交事务均由国王或其特使担当。在塔尔齐的推动下，阿富汗与英国、苏俄的关系取得重大进展。以苏阿贸易关系为例：1923 年，阿富汗对苏出口额为 130 万卢比，1928 年增至 1170 万卢比，从苏联的进口则从 69 万卢比增至 700 万卢比。①

1923 年 4 月初，阿曼努拉汗颁布王国历史上第一部宪法，共 73 章。② 宪法确立了自由、平等、法治等若干现代国家基本原则和理念。确立了宪法的最高权威，规定司法独立，维护司法权威。宪法保障民众的宗教信仰自由、出版自由和通信自由，保护民众的私有财产。宪法规定人人享有平等权利，履行同等义务，彻底废除奴隶制和强制劳动。宪法还规定民众享有接受免费教育的权利，确立了小学义务教育制度。还规定了国家紧急状态下的特别管制措施，等等。

宪法确立了国家现代行政管理制度的法律基础。它明确了政府的职能，划分了中央—省级政府权责，规定了中央—地方关系。根据宪法，中央政府的部长理事会改称"内阁"，由总理和若干部长组成，各部部长彼此独立。总理和部长均由国王选任，对国王负责。国王召集内阁会议；国王不在时，总理代行职责。各部在各省设分支机构，负责解决当地民

---

① S. R. Newell, *The Politics of Afghanistan*, Ithaca and London: Cornell University Press, 1972.
② 1923 年宪法文本是普什图语（张敏：《阿富汗文化和社会》，第 309 页）。宪法英文版见 http://www.afghan-web.com/history/const/const1923.html。

众的相关诉求。宪法规定，在中央政府设"国家顾问理事会"，各省、地区政府设立"顾问委员会"。理事会和委员会的职责是：分别就国家和地方的工业、商业、农业和教育发展提出决策建议，监督国家和地方的税收，监督宪法的落实等。其成员的构成方式有两类：部分成员由国王从现任官员中选任，部分成员由公共选举产生。

宪法还努力培养现代国民意识。它宣布废除奴隶制，在宪法第8章提出"阿富汗国民"概念，明确规定："阿富汗王国的所有居民，无论宗教和教派归属，都被认为是阿富汗国家的臣民。阿富汗臣民资格的获取、保有和丧失，将依照相关法律规定"。宪法规定了王权继承人须为王室男性子孙。但所有涉及臣民基本权利义务的条款，均未区分男女。其中暗含的男女平等原则，在当时具有革命性意义。

与土耳其的凯末尔革命相比，阿曼努拉汗早期的现代化改革努力更多地表现出折中与妥协精神。1923年，宪法引起部分部落贵族和宗教保守力量的不满，国王为平息事端，立即召集大议事会，专门讨论宪法修订问题，并于1925年1月28日完成修订。修正的主要内容涉及原宪法5章条款（第2、9、24、25、42章），对宗教保守派力量的妥协比较明显。比如，修正案规定，阿富汗印度教徒、犹太教徒需缴纳人头税，在公共空间要佩戴特别饰物作为记号。修正案对阿富汗国教的表述也更具体，不再泛称伊斯兰，而是专门规定为"逊尼派—哈乃斐教法学派"。

总体而言，阿曼努拉汗早期的现代化改革为伊斯兰规范和教法（沙利亚）保留了体面地位，宪法确认了伊斯兰规范和教法在公共生活中的崇高地位。同时又规定民众所有纠纷争端都应依据教法、刑法和民法进行仲裁。这实际上把世俗的法律条例提高到至少与教法比肩的位置。

1928年夏天，阿曼努拉汗宣布新的政治改革方案：要建立西欧式的立宪君主制和议会内阁制。新的方案几乎是英国政治制度的翻版：下院议员由选举产生，上院议员由国王任命。他还明确提出要实现政教分离，宗教力量不得干预政治权力[①]，同时颁布了若干直接挑战宗教权威人士和

---

① Angelo Rasanayagam, *Afghanistan*, p.21.

部落首领利益的措施。这立即引发全面反抗。宗教权威和部落首领为了捍卫自己的世俗利益，宣布国王为"叛教者"，号令民众起来进行"圣战"，推翻国王政权。

（二）发展现代教育

阿富汗现代教育的奠基人是哈比布拉·汗国王。1904年，他在喀布尔建立了第一所西式学校——哈比比亚，1909年成立全国教育委员会，负责编制审定教学大纲和教材，监督包括宗教学校在内的所有国民教育机构。阿曼努拉汗继位后加快了教育改革步伐。他们父子的基本立场完全一致，都认为现代教育直接关系到国家前途，都致力于推广义务教育。区别在于，哈比布拉·汗谋求在传统文化框架内改良，而阿曼努拉汗则试图突破传统框架。哈比布拉把学习西方知识说成是穆斯林的宗教责任；他创建现代世俗学校，同时尊重阿富汗社会传统，承认清真寺在大众教育中的地位：1903年，他要求喀布尔各清真寺召集附近街区的孩童到寺里接受教育。

阿曼努拉汗相信，教育是社会经济发展和现代化的重要手段。他以宪法的形式确立了义务教育制度。宪法第14—15章规定：实行免费教育和小学义务教育；所有臣民都有权依照教育部的规定获得教育补助。他抛开传统教育框架，规定教育主导权由国家掌握，积极推行国民教育国有化。

教育国有化的核心是国家主导教育。这在阿富汗语境中至少有两大政治内涵。一是弱化宗教人士在教育中的传统地位，兴办现代教育、扩大教育部的权限。阿曼努拉汗把教育委员会扩大为教育部，赋之以更大职权。1922年第一位教育部长走马上任，负责推动现代教育发展。二是禁止外国人插手国民教育。宪法规定，所有学校都接受国家政府监督，外国人不得在阿富汗开设任何学校，也不得负责管理学校。

阿曼努拉汗发展现代教育的成就主要表现在三个方面。（1）现代学校数量倍增，种类日益完善。短短几年，全国各地建立了一大批中小学，喀布尔新建若干职业培训学校，培养农业、手工业和行政管理等方面的专门人才。（2）扩大女子受教育的权利和机会，确保男女教育平权。1921年起，国王下令在喀布尔创办女子小学、女子中学和妇女成人教育中心。（3）建立国际教育交流机制，借助海外优质资源带动本国教育发展。政府与土耳其、法国、德国等国签署教育交流协议，根据协议，这些国家政府给阿富汗学生提供奖学金，为其培训教师，并派遣教师前往阿富汗任教交流。此外，政府也出资选拔男女学生到海外学习。

教育政策是国王与保守宗教力量的重要冲突之一。矛盾至少发生在两个方面：其一，小学义务教育制度夺占了毛拉的权威基础和空间，因为毛拉传统上是穆斯林社会初级教育的主体；其二，兴办女子学校和妇女教育中心、"男女平权"等政策和理念，有悖传统普什图社会的基本法则。实际上，女子学校是阿曼努拉汗教育改革遭遇的最大阻力。宗教人士对国王提出，兴办子女学校必须同时满足三个前提条件：（1）学校只教授《古兰经》；（2）适婚年龄的女子（9岁）或进入青春期的女子不能再上学；（3）学校男教师的年龄必须在80岁以上。[①] 这些条件显然不符合国王的现代教育理念，也不符合宪法规定的义务教育原则。国王不愿妥协，宗教保守力量十分不满。

1928年，阿曼努拉汗推行更加激进的教育改革措施：（1）把宗教教育的管辖权收归国有，宣布宗教教师任职资格由政府认定，标准由国家制定；（2）推行中小学男女生合校；（3）筹建官办学校培训宗教法官。这些措施刚一出台，就彻底激怒了宗教界，连原先坚定支持改革的穆贾德迪家族也站到反对派一边。

(三) 提倡新风尚，解放妇女

阿富汗独立之初，普遍实行严格的性别隔离制度，女子没有独立人格，在家庭婚姻关系中没有自主权。阿曼努拉汗决心改变这种状况，推动社会现代化。他的直接样板是土耳其，远期目标则是建成一个西欧式的现代社会。

1920年和1923年，国王先后两次颁布《婚姻法》。1920年法令规定了婚姻缔结的基本程序（聘礼和婚礼）规则，规定了聘礼金额上限，禁止女方家庭以任何名义向男方索取额外礼金。1923年婚姻法明令禁止童婚，规定新娘必须到达法定婚龄（16岁）方可登记结婚。法典还鼓励一夫一妻制，宣布婚姻自由，强调女性有选择婚姻的自主权利、平等继承

[①] Asta Olesen, *Islam and Politics in Afghanistan*, p. 135.

家庭财产的权利，禁止把女子作为血亲复仇的交易砝码，等等。这些规定与普什图社会传统习俗的冲突显而易见。由于普什图人习惯把女子与家族荣誉联系在一起，所以国王的改革措施和倡议被认为是对男子荣誉的侵犯。1923年宪法规定国民无分男女，人人平等，意图打破性别藩篱。部落乡村地区民众对这些措施感到不满。1924年3月，霍斯特地区的几位毛拉敏锐地捕捉到这一潜在的政治资源，积极动员民众反叛，是为"霍斯特叛乱"。

1928年，国王访问开罗期间身着西装、头戴礼帽出现在清真寺，而随行出访的王后在欧洲不戴头巾出现在公共场合，引起阿富汗保守人士的愤怒。有宗教权威宣布"国王已背离了安拉和伊斯兰"，谴责王后在国外穿戴失当，严重损害了国家荣誉，阿富汗人有责任采取行动雪耻，恢复国家荣誉。①

然而，阿曼努拉汗出访回国后，决心加速推进世俗化和现代化改革。他公开鼓励女性摘掉头巾，呼吁减少嫁妆和聘礼，提出要把男女适婚年龄分别提高到22岁和20岁。他还宣布要切实保障女子受教育、就业和离婚的权利，改变女性的社会角色。王后索拉娅（Soraya）②支持国王的倡议，公开垂范，她在1928年的一次公共集会上当众揭掉头巾③。国王还制定了国家公职人员的着装规则，要求他们在工作场所必须身着西装。1928年7月，国王召集大支尔格会议，要求所有与会者按照新规定，着西装入场。他还明令禁止政府官员一夫多妻，并提出要把每周公休日从周五改为周四，等等。这些行为和措施在保守人士看来堪称大逆不道。

实际上，阿曼努拉汗一直设法避免直接挑战伊斯兰信仰本身。相反，他还试图借用"伊斯兰"名义来推进改革。他把一夫多妻、性别隔离等习俗称为"部落陋习"，称这些陋习不符合伊斯兰规范，一夫一妻制更符合伊斯兰规范。④他还表示，解放妇女是为了让阿富汗妇女"像伊斯兰早

---

① Angelo Rasanayagam, *Afghanistan*, p. 21. Asta Olesen, *Islam and Politics in Afghanistan*, p. 146.
② 索拉娅是塔尔齐的女儿。
③ Angelo Rasanayagam, *Afghanistan*, p. 22.
④ Amin Saikal, *Modern Afghanistan*, p. 75.

期的杰出女子们那样"对社会做出应有贡献。摘头巾也只是倡议,而非强制。尽管如此,1928年的方案构想还是被传统权威认为危及他们的实际利益,因而奋起反抗。

(四)改革社会管理制度,削弱部落首领和宗教人士的权力

当时阿富汗全国绝大部分人口生活在乡村,90%以上的民众是文盲。[①] 部落是乡村和山区首要的社会组织形式。在不少地方,王权有名无实,部落首领和毛拉享有更大权威,掌握着解释、执行习俗规范的权力,是地方秩序的主导者。王权不能直接抵达民众,不能有效地调取和支配社会资源,只能通过收买、联姻、征服等手段驾驭地方权威,维持间接统治。

阿曼努拉汗决心改变这种状况。他努力打造塔尔齐所说的阿富汗民族和国家。这需要整合社会,也需要集中各类资源。社会管理制度的改革意味着权力的重新配置,必然会产生矛盾。因此,地方权威与王权间的权益矛盾和较量,贯穿改革始终。

1. 税收制度改革

财政资金的主要来源是税收。阿富汗独立时,农村赋税和经济盈余都掌握在马里克和毛拉手中。毛拉收取的"天课"归清真寺所有。乡村部落首领受王权委托征税,但他们常居间加码,盘剥民众。结果是农民的经济负担加重,国家没有受益。

1925年,国王颁行税收制度改革措施,规定所有国民都要直接向政府派驻各地的收税官缴税,每年两次,用现金缴纳,概莫能外。理论上,这项政策在经济方面对王权和农民都有好处,去除了中间环节,取消了差别对待,实现了人人平等,有利于国家社会的整合。但实践却不遂人愿。国家税收没有明显增加,现金缴税滋生了贪污腐败[②]。在乡村部落首领看来,这一措施非常不友好,使他们失去了特权,而且自己也必须缴税,遭受重大经济损失。农民的境遇也没有好转,土地税高达年度收成的45%;而且用现金税取代实物税,迫使农民向地主和放贷人借债,负

---

① 根据杜普利的估计,1900年阿富汗的识字率仅为2%。参见 Louis Dupree, *The Modernization of Inner Asia*, New York: Sarpe. 1991, p. 146。

② Thomas Barfield, *Afghanistan*, p. 184.

担日益沉重。随着现代化项目同时推进，国家财政捉襟见肘，国王减少乃至取消了给部落首领及宗教权威的津贴，同时不断增收特别附加税，民众怨声载道。①

2. 征兵制度

阿曼努拉汗立志强军。征兵权是国王与地方权贵较量的一个重要维度。阿卜杜·拉赫曼汗国王时期，就有部落首领反对"八选一"义务兵役制，他们表示，在国家危急时刻，比如同外国交战的情况下，他们愿意给国王提供志愿军，且无须国家支付报酬，但在和平时期或军事演习时，部落武装不必参与。不过，他们慑于拉赫曼汗的铁腕，极少有公开抵制的现象发生。② 到哈比布拉·汗时期，义务兵役制开始流于形式，不少部落派遣老弱病残前往充数。

为了改变这种状况，阿曼努拉汗在1923年颁行《身份证和兵役法》。国家给成年国民发放身份证，凡结婚登记、经商许可、法庭诉讼等都需出示身份证，地方政府需要先核实身份证方能颁发各类证件。法案规定，每个身体健康的成年男子都有为期两年的兵役义务。③

这项新的法规完全改变了部落权威的征兵权，剥夺了他们对本地本部落人力资源的垄断和支配权。不仅如此，他们的家人也不再享有特权，而是必须同样承担兵役义务。于是他们群起抗议。经过1924年大议事会的激烈交锋，最后达成妥协：部落首领表示支持国王改革，国王则准许用缴纳货币的方式抵充兵役义务，每个兵役价值300卢比。④

阿曼努拉汗为了军队现代化而专门从土耳其请来军事顾问。国王对土耳其顾问的倚重与偏爱，引起军队首领纳迪尔·汗将军的不满。1924年，国王解除纳迪尔·汗军队总司令一职。纳迪尔·汗流亡欧洲，直到1929年阿富汗内战爆发才返回阿富汗国内，并于同年10月夺取政权。

---

① 张敏：《阿富汗文化和社会》，第316页。
② Hasan Kawm Kakar, *Government and Society in Afghanistan*, pp. 96 – 112.
③ 1928年，国王把义务兵役时期延长到三年。
④ M. A. Khan, "The First Constitution of Afghanistan: Its Evolution and Abolition", *Central Asia*, Vol. 1, No. 1 (1978), p. 48.

3. 司法权

司法权也是改革斗争的主战场。司法权传统上主要掌握在乡村长老和宗教权威手中：长老负责落实普什图法则；宗教权威则维护伊斯兰教法秩序。司法权斗争主要发生在国王与宗教权威之间，国王的宪法并未提及普什图法则。

传统上，宗教人士通过解释和重新解释教法细则来仲裁争端，通过颁布"教法令"（法特瓦）来维持公共秩序。宗教法官必须经过系统的宗教知识学习，并须得到乌莱玛的认证。1923年宪法在确认教法特殊地位的同时，给其设置了比肩者。它规定，所有诉讼案件都要遵循教法原则和国家相关法律进行仲裁。1924年颁行了《刑法法典》。尽管国王强调，刑法法典文本以教法为基础，颁行法典只是为了更好落实教法，但法典开篇声明：刑罚判决和执行权属于国家。

由此，国王把国家确立为最高的司法权威，教法在司法实践中的地位实际次于刑法和其他法规，这引起了宗教权威的不满。直到国王在1924年宪法修订中做出巨大让步，宗教人士的怒气才稍微平息下来。

3年后的欧洲之行坚定了国王建设世俗国家的决心，改革方案也更加激进。1928年8月，国王怀着空前高涨的现代化热情召集了1000多人的大议事会，分享欧洲之行的观感，提出建设新阿富汗的构想。新方案以"与时俱进"的名义，把矛头指向宗教权威和教法习俗，提出一系列改革措施，包括改革宗教人士培养制度，由国家认证其资格；国家开设宗教法官培训学校和世俗法律学校；清理并重新登记宗教财产；取消随军毛拉；禁止政府官员一夫多妻；等等。

这些措施在宗教人士看来无异于公开宣战。加之在大议事会召开前，国王已停止发放宗教人士津贴，拒绝会见前来抗议的宗教人士代表，禁止宗教权威担任政府官职，于是他们认定，"已经到了起来捍卫自己、反对国王危险愚蠢措施的最后时刻"[①]。

[①] L. B. Poullada, *Reform and Rebellion in Afghanistan*, 1919 – 1929, Cornell University Press, 1973, pp. 125 – 126.

三 社会政治后果

阿曼努拉汗的改革先后遭遇普什图人两波大规模反抗浪潮：一是1924年霍斯特叛乱；二是1928年辛瓦里部落叛乱。霍斯特叛乱由毛拉发起，持续了9个月，以国王妥协和放慢改革步伐告终。辛瓦里反叛则是部落首领发动的，很快演变为内战，最终推翻了国王政权。

如果把阿曼努拉国王与同时代的改革者伊朗国王老巴列维和土耳其总统凯末尔相比，会发现一个重要的不同：礼萨汗和凯末尔都是军人出身，改革过程中始终紧握兵权，阿曼努拉汗则不是。1924年之前，阿富汗兵权掌握在纳迪尔·汗手中。纳迪尔·汗与国王有政见分歧。他拥兵自重，常对国王阳奉阴违，1924年霍斯特叛乱发生时，他没有出手相救。1929年他从欧洲回国，依靠反改革的部落首领支持，并凭借自己在军队的号召力夺取了政权。

（一）霍斯特叛乱与宪法修订

霍斯特叛乱是1919—1923年改革斗争的产物。国王推行的婚俗、男女平权等改革措施，不符合传统的普什图法则和伊斯兰教法习俗。这是反叛运动得以成势的群众基础。但点燃反叛运动火种的毛拉阿布达拉（Abd Allah）则是司法制度改革的直接受损者：他原是霍斯特的一位乡村法官，因国王的改革而失业。他愤怒难忍，于1924年3月说服曼伽尔部落和扎德兰部落首领起事。当时这两位部落首领也正对新的义务兵役制怀恨在心：在拉赫曼汗和哈比布拉·汗国王时期，这两个部落获国王特许免服兵役[①]，但阿曼努拉汗的新法令剥夺了这种特权。就这样，三位失利者一拍即合，发起叛乱。

霍斯特动荡很快外溢，波及邻近地区。阿曼努拉汗的反应相当迅速，立即表示愿意调整政策。7月16日，国王在帕格曼召集大议事会，全国各地1054位部落首领和宗教权威与会，专门讨论国内形势以及改革何去何从的问题。经激烈争论，大议事会决定，支持国王的改革决心，以修

---

① 这两个部落之所以获得特许，是因为它们在1878年拉赫曼汗镇压加尔吉叛乱中作出重大贡献。Ghulam Shams-Ur-Rehman, "The Emergence of Religious Elites in Modern Afghanistan (1919-1929)", *Pakistan Historical Society*, Vol. 64, iss 2 (Apr.-Jun. 2016), pp. 35-51.

改法律文本内容为前提条件，支持宪法和相关法规，支持国王的税收和征兵制度改革。

大议事会提出的建议包括：区别对待穆斯林和非穆斯林；提高宗教法官的司法权限；重新授权给"止恶扬善"机构①，使之负责监督穆斯林履行其宗教和道德义务；从本次大议事会成员中吸纳更多宗教权威进入乌莱玛委员会，负责监督阿富汗未来所有法律的草拟和制定，确保其符合伊斯兰教法；犹太教徒和印度教徒应缴纳人头税，取消婚姻法对童婚和一夫多妻制的限制；等等。总之，宪法修改建议主要针对宗教信仰自由和人人平等原则，各种建议的目标是增强伊斯兰教和宗教权威在国家政治法律生活中的地位。

国王满足了这些要求。与会宗教权威于是共同签署教法令背书国王改革。这道教法令宣布：凡反叛国王的宗教人士、部落首领都是叛徒，应受最严厉的惩罚；国王的平叛战争是"圣战"，违抗国王的命令则是亵渎真主意志。② 由此，国王的政治危机得到缓解，反叛力量完全丧失合法性。

因为有大议事会的加持，阿曼努拉汗对反叛者的态度趋于强硬。改革引发的政治斗争局部升级。加尔吉部落反叛者推举前国王雅库布·汗之子阿卜杜·卡里姆（Abdul Karim）为新埃米尔，试图推翻阿曼努拉汗政权。但未能成功，因为卡里姆原本在印度流亡，依靠英印政府生活；这个身份成为阿曼努拉汗镇压反叛的道义旗号和强大武器，加尔吉部落反叛力量被国王斥责为"英国人试图重新控制阿富汗的阴谋"。③ 改革派与反对派的政治较量摇身变成了事关民族国家生死存亡、抵抗帝国主义殖民主义阴谋的斗争。保家卫国的新旗号巩固了阿曼努拉汗的地位，因为当时民众都还记得，国王在5年前率领阿富汗人打败了英国。

斗争局势因此很快明朗，肇事的毛拉阿布达拉和他的60多名骨干成员被抓捕。1925年1月，国王在喀布尔公开处决反叛首领，局势恢复平

---

① 许多穆斯林相信，自己有责任劝人行善，止人为恶。沙特阿拉伯、阿富汗等国专门设立止恶扬善机构，专门督促穆斯林言行遵循伊斯兰教法。

② Thomas Barfield, *Afghanistan*, p. 186. M. A. Khan, "The First Constitution of Afghanistan: Its Evolution and Abolition", *Central Asia*, Vol. 1, No. 1 (1978), p. 41.

③ Thomas Barfield, *Afghanistan*, pp. 186 – 187.

静，改革继续，只是步伐明显放缓。

(二) 辛瓦里反叛

这次反叛的直接导火索是1928年夏天阿曼努拉汗出访归来发布的系列改革构想。8月，国王召集大议事会，公布新的改革方案，涉及司法、教育、妇女权益、经济发展和政治体制等各方面。10月出台的一系列政策"意在与历史决裂，建立一个新阿富汗，而且试图凭一代人的努力完全重建这个国家"①。

激进的改革措施立即引起普遍的公开抨击。宗教权威们强调，改革措施不符合伊斯兰规范，将导致阿富汗西化。国王意志坚定，态度十分强硬，而且谋求再次像1924年那样克服阻力。他召见喀布尔大法官阿卜杜·拉赫曼·贝格图特（Abdul Rahman of Begtut）等宗教权威，软硬兼施，试图争取他们的支持，但没有成功。大法官宁死不屈，很快被国王处决。乌莱玛委员会许多成员和穆贾德迪家族也因为反对改革而遭到监禁，政治对抗迅速升级。

11月，贾拉拉巴德的辛瓦里部落首领穆罕默德·阿拉姆（Mohammed Alam）和穆罕默德·阿夫扎尔（Mohammed Afzal）率部落武装袭击开伯尔地区军队哨所，发动武装起义。国王立即斥之为"英国的阴谋"。起义领导人阿拉姆和阿夫扎尔则公开说明起义的原因和目的，予以反驳。他们宣称，辛瓦里部落两万民众起来反抗，是因为国王政府嗜好颁布违反伊斯兰教教法的各种命令，以前还隐秘进行，从欧洲回来后"公开推行其邪恶的改革政策"，导致腐败成风，伊斯兰正义不复存在。他们表示，反抗国王政府完全是为了伊斯兰的荣誉和正义，没有任何私利，也"不是针对专制君主个人，只是为了取消异教徒改革措施，巩固伊斯兰教的地位"。他们自称"伊斯兰之仆"，以国王改革的十多条"邪恶政令"为据，称国王已沦为"叛教者"，必须推翻他、处死他：

---

① Thomas Barfield, *Afghanistan*, p. 189. 主要政策包括：明令禁止政府官员一夫多妻；要求政府公职人员穿西服；用世俗法官取代宗教法官；推行小学男女同校，把每周休息日从周五改为周四；义务兵役时间从两年改为三年；等等。

在此，我们愿意列举埃米尔阿曼努拉汗的违规行为如下：

（1）擅自制定他自己的法典，罔顾教法；

（2）（规定）没有确凿证据就不能受理诉讼案；

（3）《古兰经》准许娶四个妻子，他规定只能娶一个；

（4）强迫他的官员抛弃妻子们；

（5）剪掉妇女的头发，揭开妇女的披肩，让她们的胳膊和前胸裸露在外；

（6）废除妇女面纱；

（7）把长大成人的女孩子送到欧洲去；

（8）变更周五假期和朝觐日；

（9）鼓励贿赂和腐败；

（10）开设剧场、电影院和其他娱乐场所。

（11）在大议事会上，埃米尔阿曼努拉汗当着阿富汗所有长老的面，出言不逊，冒犯先知穆罕默德。

因此，他已经沦为"叛教者"，应该被处以死刑。①

辛瓦里部落首领讨伐国王的旗号是维护伊斯兰规范和伊斯兰教法。但这其实只是他们的武器，是他们凭以动员和号令民众的道义包装。真正促使他们起来反叛的缘由是国王改革措施伤害了他们的利益，主要体现在两个方面：一是直接税收制度剥夺了部落首领的传统利益；二是国王在辛瓦里部落地区派驻军队，戍管边疆要塞，直接侵犯了辛瓦里部落的利益。传统上，辛瓦里部落是开伯尔要塞的"向导"，为过往客商提供向导护卫服务，收取"保护费"。② 因此，辛瓦里反叛是部落首领抵抗国家权力渗透、争夺地方利益和主导权的斗争。

面对辛瓦里部落的"伊斯兰讨伐"，国王也求助于宗教权威。他草拟宗教法令，尽力说服乌莱玛签字背书。这道教法令谴责说，辛瓦里部落背叛国家和埃米尔的行为违反了《古兰经》和圣训，是极大的罪恶，要

---

① 全文参见 Asta Olesen, *Islam and Politics in Afghanistan*, pp. 150 – 153。

② L. B. Poullada, *Reform and Rebellion in Afghanistan*, 1919 – 1929, pp. 161 – 162. M. Chokaiev, "The Situation in Afghanistan", *Asian Review*, Vol. XXVI (1930), pp. 324 – 330.

求所有穆斯林团结起来听令于政府，打击叛贼，恢复和平。①

然而，坎大哈和喀布尔的宗教权威都不愿意签字。他们给国王开出清单，提出九大要求：（1）国王主动出面反驳关于他不敬先知的传言，用实际言行证明自己的虔信；（2）建立永久乌莱玛理事会，审核国民议会通过的所有法律；（3）召回派往土耳其学习的全部女生；（4）制定切实措施打击贪污腐败行为；（5）女子要戴头巾，不能剪短发；（6）毛拉担任教师职务无须政府颁发资格证书；（7）废除"八选一"征兵制度，以部落为单位组建国家军队；（8）取消女子学校；（9）取消有关资金借贷的任何限制。②

这份清单明白呈现出国王与宗教权威/部落首领斗争的关键症结：此次反叛与伊斯兰信仰的关联性远不如现实利益冲突。国王再度让步，释放了先前拘押的一些宗教权威，试图以此平息大局。在重重压力之下，他还在1929年1月8号宣布废除绝大多数改革措施。但为时已晚，辛瓦里部落反抗已蔓延为全国动荡，哈比布拉·卡拉坎尼（Habibullah Kalakanni）的武装力量已逼近喀布尔大门。

（三）穆萨希班王朝建立

1929年1月14日，阿曼努拉汗宣布让位给哥哥因亚图拉。三天后，塔吉克族反叛力量首领哈比布拉·卡拉坎尼攻克喀布尔，废黜因亚图拉，自立为埃米尔，史称"埃米尔哈比布拉二世"。北部各省立即向他宣誓效忠，但普什图人继续反叛。辛瓦里部落推举阿里·阿赫迈德（Ali Ahmad）为埃米尔；东部和南部地区部落以及穆贾德迪家族都拥戴纳迪尔·汗将军。阿富汗陷入内战。6月，阿曼努拉汗出走欧洲。10月10日，纳迪尔·汗推翻哈比布拉二世政权，成为埃米尔，改称纳迪尔·沙（Nadir Shah）。阿富汗王国进入穆萨希班王朝时期。

纳迪尔·沙的第一要务是稳定局势。他为此尽力安抚部落首领和宗教力量，拘押改革派骨干力量，同时强力打击反抗者。11月16日，他宣布废除阿曼努拉汗的改革政策，重新确认哈乃斐教法为国家最高原则。他放松国家对学校课程的管理，减少税收，免除大部落的兵役义务，把

---

① 教法令全文参见 Asta Olesen, *Islam and Politics in Afghanistan*, pp. 155-156.
② Asta Olesen, *Islam and Politics in Afghanistan*, p. 154.

征兵权交还给部落首领。他还赋予宗教法官更大的司法权,关闭女子学校,恢复一夫多妻制,取消普遍义务教育制度,等等。1930 年,他召集 500 多人的大议事会,颁布新宪法,废除阿曼努拉汗及其继承人的权利,理由是阿曼努拉汗违反了教法①。基于这些措施,纳迪尔·沙赢得了"虔信真主、恪守伊斯兰道路"的赞誉。② 但是,从阿卜杜·拉赫曼汗到阿曼努拉汗国王的中央集权化努力也由此被逆转,王权不得不重新依赖于部落和宗教权威,这种状况直到 1953 年达乌德·汗任总理时期才得以改变。

改革派与保守派之间的明争暗斗仍在继续。1933 年 11 月,纳迪尔·沙遇刺身亡,他的儿子查希尔·沙继位。

第二节 穆萨希班政权的现代化改革

穆萨希班政权建立之初,国王致力于安抚宗教人士和部落首领,借助他们的力量保全王位。于是,宗教权威重新执掌司法大权,乌莱玛协会成为政府的护航者,伊斯兰力量与抗争政治基本脱钩,转而支撑王权秩序。

20 世纪 40 年代中期以前,政府的主要精力在于发展经济和教育。40 年代后期开始,查希尔·沙国王开放媒体和言论自由,积极发展现代高等教育,知识精英以《祖国》、《人民之声》等杂志为阵地,呼吁改革和现代化发展。50 年代起,现代化改革又一次登上阿富汗历史舞台。

与阿曼努拉汗国王不同,穆萨希班政权的改革步伐更稳健,政府设法避免直接挑战地方权威的传统利益。因此,改革虽有阻力,但没有遭遇颠覆性的反抗。③

一 达乌德·汗总理执政

达乌德·汗是纳迪尔·沙的侄子,国王查希尔·沙的堂兄。1953 年

---

① Thomas Barfield, *Afghanistan*, p. 197.
② Ludwig W. Adamec, *Historical Dictionary of Afghanistan*, 2nd edition, p. 328.
③ 本节论述相应从略。有关这一时期阿富汗经济和文化教育发展的若干细节,可参见张敏:《阿富汗文化和社会》,第五编第一章。

被查希尔·沙任命为总理，1963年被解除职务。1973年，他趁查希尔·沙访问欧洲期间，成功发动不流血政变，废除君主制，建立阿富汗民主共和国，自任总统。

达乌德·汗分别以总理和总统的身份两度执掌阿富汗政务。西方学者一般认为，民主共和国取代君主制是政治现代化的标志之一。但从具体政策来看，达乌德·汗主持的现代化改革更多集中在他的总理任期，即1953—1963年。

达乌德·汗总理的改革在很大程度上重启了阿曼努拉汗国王的努力。社会领域的主要措施包括：重提义务教育；对女性敞开大学校门；提倡废除头巾；倡导西方着装和社交礼仪；等等。改革同样引发反对。不过，经过20世纪三四十年代的现代经济和教育事业的发展，大城市出现了中产阶级，他们的思想更加自由开放，而且世俗派主导的公共媒体也积极支持总理改革。

改革派和反对派之间在1959年有一次重大交锋，导火索是女子头巾问题。1959年宰牲节庆典上，达乌德·汗、皇室成员和政府高官携妻女出现在庆典上，女眷都没有戴头巾。达乌德·汗在讲话中公开鼓励女子自愿摘除头巾。庆典结束后，宗教人士代表团面见达乌德·汗，指责他不遵守伊斯兰原则，把异教徒的衣着方式引入阿富汗。达乌德态度强硬，称如果宗教权威能在伊斯兰教教法中找到阿富汗现行深闺制度和头巾规则的确凿依据，那么自己将立即改弦更张，率先在自己家里推行；假若不能，则头巾在阿富汗将不再是女子必须遵守的社会规范，而只能是基于女子本人自愿的行为，其他任何人（包括其家人）都无权干涉。

达乌德·汗知道，在《古兰经》圣训和哈乃斐教法中，都没有对头巾的统一具体规定，只是强调女子衣着行为应该端庄得体。宗教权威自然也明了这一点。所以，他们无法进一步公开回应，只能暗中煽动民众。结果在坎大哈发生骚乱，激进和极端分子在街上辱骂、殴打不戴头巾的女性。

骚乱引起中产阶级和开明人士的不满。在媒体的宣传动员下，阿富汗出现了第一次妇女游行示威活动：5000多名女性上街要求严惩凶手。[①]

[①] M. H. Kakar, "The Fall of the Afghan Monarchy in 1973", *International Journal of Middle East Studies*, Vol. 9, No. 2 (1978), pp. 195-214. Asta Olesen, *Islam and Politics in Aghanistan*, p. 214.

保守阵营发生分裂，因为公开辱骂、殴打女子的行为严重侵犯了普什图法则中的"荣誉原则"。普什图男人把保护女眷人身安全与尊严视为荣誉，坎大哈每位受冲击的女性背后都有至少一名成年男子深感屈辱。因此，这次妇女游行示威所蕴含的社会愤怒，远远超过实际走上街头的女性人数。在这种情况下，达乌德·汗政府拘押监禁煽动骚乱的宗教领袖，赢得斗争胜利。

达乌德·汗的现代化建设成就斐然。政府创建官办宗教学校，在大学开设伊斯兰教教法学系，培养现代宗教人才，打破了宗教权威依靠世系传承的师生网络。政府培养了一批思想开明的乌莱玛，他们任职于政府部门，被嵌入国家机器和官僚体系。① 由于拥有现代宗教权威的支持，在很大程度上减小了改革的阻力，增强了改革的合法性。

达乌德·汗改革成功的另一个有利条件是，他在担任总理之前任国防部长，在军队有很高的威望。就任总理后，他仿效铁腕国王阿卜杜·拉赫曼汗，用国家暴力机器坚定推进改革。

二 查希尔·沙国王的改革

查希尔·沙在 1963 年解除达乌德·汗的总理职务，改变了其即位以来王权实际由总理掌控的局面，恢复了国王的最高权威。此后十年被称为阿富汗"民主的十年"。客观地说，阿富汗的民主改革始于达乌德·汗任总理时期，他曾尝试推行议会民主制，但未能敌过 1962 年国王增进王权的努力，于 1963 年被迫辞去总理职务。

1964 年 10 月，查希尔·沙颁布新宪法，正式确立议会制度和政党制度。阿富汗政治进入立宪君主时期。1964 年宪法可谓阿富汗政治现代化建设的一个里程碑。宪法规定国王是国家主权的象征，王权在穆罕默德·纳迪尔·沙家族中传承；国家公民在法律面前一律平等，享有同等权利义务；国家保护公民个人的自由和尊严；公民依法享有言论出版自由、和平结社集会自由；公民享有组建政治党派的自由，只需要满足两

---

① 比如穆罕默德·穆萨·夏菲克·卡玛维（Mohammad Moosa Shafiq Kamawi），他的父亲是乌莱玛委员会成员。他从喀布尔大学沙利亚学院毕业后，前往爱资哈尔留学，学成回国担任达乌德政府司法部的法规局局长。

个前提条件，一是政党的目标、活动和理念不违背宪法价值观，二是政党的组织和财政来源对外公开；国家免费给公民提供义务教育，国家有权利和义务建立并监管公立学校和高等教育机构；议会是人民意志的体现，是全国人民的代表，阿富汗人民通过议会参与国家政治生活；议会设两院，即人民院和长老院，人民院成员由所有具备选举资格的阿富汗人依法自由、无记名、直接选举产生，任期4年；长老院成员1/3由国王任命，任期5年，其余2/3由选举产生，任期3—4年。[①]

由此，国王大力推行政治民主化改革，设法扩大议会基础，允许自由结社，提倡言论自由，鼓励各党派代表通过自由选举竞选议员。这一时期，各种政治思潮涌入阿富汗落地生根。现代教育也在这一时期迅速普及，1954年，阿富汗中小学在校学生为11.42万人；1970年增至58万人，中小学校数量已达3000多所。[②] 妇女地位发生重大改变，到20世纪70年代初，社会各领域都活跃着妇女的身影，特别是教育、医疗卫生和政府部门，女子就职比例不断提高，宗教保守力量也逐渐接受妇女参与社会公共生活的现实。在喀布尔等大城市，年轻女性出入社交场所，中上层人士热衷于迪斯科舞厅聚会，街头随处可见迷你短裙和西式服装，呈现出一派现代景象。

阿富汗的政治生态逐渐发生变化。在社会结构方面，流动性增强，分化加深，不再以传统的部落、教派为界线，新的群体分界线变成收入、职业、受教育程度、意识形态等现代要素。1964年宪法确立的政党制和议会制，给不同社会阶层和多元思想的信奉者提供了表演和角逐的舞台。左翼力量、受现代教育影响的宗教学者同时兴起，积极谋求变革。在意识形态领域，伊斯兰主义、马克思列宁主义和普什图民族主义等思潮流行，各有其阵地和代言人，伊斯兰主义者与共产主义者之间彼此敌对。1965年1月1日，一批信奉共产主义的知识分子组建了阿富汗人民民主党（PDPA），塔拉基在人民民主党第一次全国大会上发表主旨演讲说：

> 过去两年我们已经完全理解了彼此的意识形态，我们的道路已

[①] 1964年宪法全文参见 https://www.afghan-web.com/history/afghanistan-constitution-of-1964/。

[②] Thomas Barfield, *Afghanistan*, pp. 201, 210.

经相当清楚。我们知道自己代表一些阶级在与另一些阶级进行斗争，我们将在反对剥削的社会原则基础上建设新社会。①

三 1973 年政变

1973 年政变是达乌德·汗发动的，其"政治机遇"是国王查希尔·沙出访欧洲。政变之所以能够成功，关键在于社会各方力量对查希尔·沙政权的腐败现象感到不满。1971—1972 年因自然灾害而加重的经济危机引爆社会矛盾。因此，达乌德的政变几乎没有遭遇真正的抵抗，是不流血的政变。

20 世纪 60 年代末 70 年代初，阿富汗的社会政治运动主要有伊斯兰主义、共产主义和民族主义三大潮流，达乌德本人就是民族主义的核心。这些社会政治力量都得益于查希尔·沙的民主化改革。他们在 20 世纪五六十年代依据宪法结成政党，一起参与国家政治生活。

（一）新伊斯兰主义

"新伊斯兰主义运动"在阿富汗的兴起的标志是，喀布尔大学青年教师古拉姆·穆罕默德·尼亚孜（Ghulam Muhammad Niazi）1957 年在帕格曼的阿布·哈乃斐讲习班上建立专门学习小组。当时尼亚孜刚从爱资哈尔大学取得硕士学位回国。在讲习班上，他召集几位志同道合的教师一起学习讨论埃及穆兄会的政治思想。1969 年，学习小组改为政治行动小组，尼亚孜担任组长。

新伊斯兰主义运动与阿富汗传统伊斯兰主义运动不同，其主力是大学教授和青年学生，其早期核心人物包括尼亚孜、拉巴尼（Burhanuddin Rabhani）、赛义德·穆萨·塔瓦纳（Sayyid Musa Tawana）和青年学生希克马蒂亚尔等。喀布尔大学伊斯兰教教法学院（沙利亚学院）是他们的根据地。新伊斯兰主义运动格外关切和强调伊斯兰信仰的价值与纯洁性，反对无神论，与人民民主党矛盾重重。

尼亚孜、拉巴尼和塔瓦纳等人都曾留学爱资哈尔大学，回国后都在喀布尔大学任教。他们利用讲台和教师身份，介绍传播埃及穆兄会的思

---

① Mohammad Amin Wakman, *Afghanistan at the Crossroads*, New Delhi: ABC Publishing House, 1985, p. 90.

想主张,并通过大学生传播到社会各层面。他们主要生活在城市,大多不是专职的宗教人员,但在城市穆斯林中享有崇高威望。

(二)左翼力量

阿富汗左翼力量主要受马列主义思想影响,其形成和壮大至少有三大机制。一是20世纪20年代开始阿富汗与苏联关系日益密切,苏联援助阿富汗的力度在20世纪50年代明显增强。① 二是20世纪初阿富汗开始的经济社会现代化努力,特别是现代教育发展和西方思想涌入,促成年轻一代政治价值观的变化。受现代教育的阿富汗年轻人普遍认为,君主制是国家进步和个人发展的绊脚石。三是1964年宪法确立的政党和议会制度,给左翼力量的发展和政党化提供了必要条件,阿富汗人民民主党得以迅速发展。

(三)"参与爆炸"

"参与爆炸"是亨廷顿在《变化社会中的政治秩序》一书中的关键概念之一,用来描述亚非拉国家在现代化过程中的一类现象。简单地说,它是指社会经济发展导致社会动员程度提升,民众政治参与热情高涨,远远超出现有制度的容纳力,进而导致社会出现动荡的状况。他提出,"参与爆炸"往往是革命的前奏。②

达乌德·汗发动政变前,左翼力量和伊斯兰主义力量都对查希尔·沙国王不满,受现代教育的年轻人反对政府腐败,积极要求参与公共政治生活。20世纪五六十年代,高中和大学毕业的年轻人几乎都能够到政府部门任职③,70年代初,政府官僚体系已趋于饱和,现代经济部门增长缓慢,接纳新人的容量相当有限。年轻人实现自我价值的愿望普遍受挫,变革现状的呼声不断高涨。加上其他一些因素,当时的阿富汗出现了明显的"参与爆炸"。

20世纪60年代末70年代初,伊斯兰革命和共产主义革命的种子在阿富汗同时发芽开花,但二者的目标诉求相去甚远:前者追求纯正的"伊斯兰",要求建立伊斯兰式的社会正义;后者追求共产主义,不相信

---

① 钱雪梅:《阿富汗的大国政治》,第一章第四节。
② [美]塞缪尔·亨廷顿:《变化社会中的政治秩序》,第一章。
③ Thomas Barfield, *Afghanistan*, p.212.

有救世主。不过他们都反对现状，都要求变革。

1971—1972年，阿富汗发生大面积旱灾，食品价格飙升，经济形势恶化，政治危机加深。1973年，达乌德·汗在军队和人民民主党（主要是"旗帜派"）的支持下发动宫廷政变，宣布废除查希尔·沙国王，自立为阿富汗民主共和国（Democratic Republic of Afghanistan）总统。他在政变后第一次对全国发表的广播讲话中宣布，废除国王是为了让阿富汗政府回归伊斯兰原则，挽救国家的经济灾难，消除腐败，实现政治民主、经济发展、社会改革和社会公正。他还批评1964年宪法是"假民主"。

（四）政变之后

政变意味着王国时代的结束和共和国时代的开始。但不少历史学家依然把达乌德·汗领导的共和国也算作"穆萨希班王朝"，原因在于达乌德·汗是纳迪尔·沙的亲侄子。但背后更重要的原因是，除名号和标签之外，达乌德的总统制与查希尔·沙的君主立宪制其实鲜有区别，都具有明显的王朝政治的特点，巴菲尔德称之为"专制"。①

达乌德·汗上台后，以建立"新民主"的名义，解散了"国王的议会"，把司法权收归政府（总统）管辖。组建政府时，他没有兑现当初对左翼力量的分权承诺，反而把人民民主党党员赶出喀布尔，遣往农村基层政府任职。达乌德对伊斯兰主义者态度强硬，称他们涉嫌阴谋推翻总统，予以高压。1975年，一些伊斯兰主义者起而反抗，其中包括后来的塔吉克族抗苏英雄马苏德，不过规模都不大。为了确保统治地位和秩序，达乌德·汗仿效伊朗巴列维国王，建立秘密警察，加强社会控制，清除巴基斯坦和穆斯林兄弟会在阿富汗的力量。拉巴尼和希克马蒂亚尔等人被迫流亡巴基斯坦。总统还以清查政变阴谋的名义整顿军队，削弱了左翼力量在军队中的地位。1977年1月，达乌德·汗召集大议事会通过新宪法。新宪法巩固了总统制和一党制，削弱了议会和司法体系的权力，逆转了查希尔·沙时期的民主化实践。

达乌德·汗着力发展社会经济。1975年8月，他推行土地改革政策，规定每户家庭拥有土地的最高上限，多余的土地由国家征收并重新分配给无地农民。每个家庭土地面积的上限根据地力差异而有所区分，比如

---

① Thomas Barfield, *Afghanistan*, pp. 215–216.

一年可产两季的上好灌溉地不得超过 100 贾里布①，年产单季作物的灌溉地上限为 150 贾里布，旱地为 200 贾里布。由于各种原因，这个方案没有得到落实。

民主化进程的曲折性、脆弱性和可逆转性，是亚非拉地区政治发展的共同特征。不过，亨廷顿提出，民主就像"病毒"，一旦感染便无法消除。② 阿富汗的经验证明了这一点。经历过 20 世纪 60 年代查希尔·沙的政治民主化改革以后，人们在发现达乌德·汗根本无心兑现当初的政治承诺时，都纷纷起来反抗。达乌德·汗的回应是进一步强力高压。

1978 年 4 月 17 日，人民民主党领导人米尔·阿克巴·开伯尔（Mir Akbar Khyber）③ 遭遇暗杀身亡，19 日的葬礼演变成为反对政权的大规模抗议示威。25—26 日，达乌德·汗下令抓捕包括塔拉基、卡尔迈勒等在内的人民民主党领导人。阿明（Hafizullah Amin）侥幸逃脱，并立即联系一批军官，在 27 日发动政变。政变当天，达乌德总统及其家人（约 30 人）和卫兵（1800 人）被打死，大批故旧亲信和政府高官被拘押，他建立的阿富汗民主共和国依然存在，只是执政者变成了人民民主党。这次流血政变共造成 1 万多人死亡，3 万多人受伤。④

第三节　人民民主党政权的现代化改革

人民民主党刚上台就制定了一系列大刀阔斧的改革政策。其改革力度比阿曼努拉汗更大，覆盖范围更广，步伐更急。特别是土地改革和农村现代化发展方案，实际上是现代化改革力量第一次深入阿富汗农村，冲击到传统秩序的根本。改革引发的广泛抵抗迅速升级为政治动荡。1979 年 12 月底，苏联派兵进入阿富汗，以帮助人民民主党稳住政权。阿

---

①　1 贾里布（jarib）约合 0.2 公顷。

②　[美] 塞缪尔·亨廷顿:《第三波：20 世纪后期民主化浪潮》，刘军宁译，上海三联书店 1998 年版，第二章。

③　米尔·阿克巴·开伯尔是阿富汗马列主义思想的先驱和奠基人之一，在"旗帜派"享有很高威望。卡尔迈勒在他的影响下走上了马列主义道路。关于谋杀他的凶手，其实并无定论。有人说是达乌德总统的秘密警察，有人说是"人民派"所为，还有人认为是其他左翼派别。

④　Anthony Arnold, *Afghanistan's Two-Party Communism*, p. 62.

富汗就此卷入冷战漩涡，成为美苏对抗的前沿阵地。现代化改革实际已难以推行。

苏联的出兵改变了阿富汗政治斗争的属性。反改革、反政权的力量纷纷打出捍卫国家独立、抵御外敌入侵的旗号，反改革斗争变成反侵略战争。美国的高调介入和大力支持，又进一步把战争升级并扩大为超级大国的较量。历史已经证明，这既是人民民主党政权的悲剧，也是阿富汗国家和人民的悲剧。

一　上台初期的大改革

阿曼努拉汗和达乌德·汗改革的重点主要集中在大城市，涉及农村的改革措施主要指向社会权力结构，特别是部落首领和毛拉，而非普通农民。人民民主党政权则把农村和农民日常生活的现代化作为改革重点，大力推行土地改革和农村扫盲运动。

（一）基本方针

人民民主党称其1978年的政变为"四月革命"，于4月30日组建了新政府。努尔·穆罕默德·塔拉基任革命委员会主席、总统和总理，被尊为"伟大领袖""伟大导师"。5月6号，塔拉基通过广播发布《阿富汗民主共和国政府革命任务基本路线》，宣布革命的首要任务是确保国家的主权独立和领土完整，促进所有民主、进步、爱国力量的团结合作。他还宣布，革命政权将推行一系列改革：

> 清除国家机器中的反革命、反民主力量……创建民主善治的国家行政机构以服务于人民，保护国内工业不受国外竞争之害……采取有效措施消灭贪污腐败、繁文缛节、囤积居奇、高利贷和走私……①

塔拉基表示，新政权采取的改革措施将包括：（1）民主土地改革，宗旨是保护农民的利益；（2）消灭封建制和奴隶制生产关系，增强公有制经济，推动公共生活的民主化；（3）确保妇女参与公共生活的权益，

---

① Mohammad Amin Wakman, *Afghanistan at the Crossroads*, p. 95.

在公平正义的基础上解决民族问题，清除新殖民主义和帝国主义对国家经济、文化和意识形态的影响；（4）在外交方面，革命政权将坚守不结盟道路，坚持和平共处基本原则。①

5月9日，人民民主党中央发布《阿富汗民主共和国政府的基本革命方针》②，共30条。其中，涉及国内民主改革的内容有23条，外交方针7条。民主改革的核心内容包括：实行土地改革，保护劳苦农民的利益，消灭"旧的封建和前封建生产关系"；确保妇女在社会经济政治文化各领域享有与男子同等的权利；所有学龄儿童都应接受免费义务教育，采取一切必要措施消灭文盲；采取有效措施消灭一切形式的专制、剥削、失业、腐败、走私等现象。

人民民主党政权上台半年之内连发8道政令，其中5道涉及社会政治改革，如表7—1所示。

表7—1　　　　　人民民主党政权的八道政令（1978年）

政令序号	发布时间	主要内容
第一号	4月30日	宣布塔拉基为最高领袖。
第二号	5月1日	宣布卡尔迈勒为副主席，公布革命政府成员名单。
第三号	5月14日	废除1977年宪法，组建新的法院和军事法庭，强调要迅速恢复民政服务和教学秩序。
第四号	6月12日	宣布要采用新的国徽和国旗。强调全国所有族群和语言群体平等。（该政令第一次不使用穆斯林传统的称名句即"奉真主之名"。）
第五号	6月14日	剥夺穆罕默德扎（达乌德·汗家族）23名首领的公民身份。
第六号	7月12日	改革农村信贷，废除土地抵押贷款制度。
第七号	10月17日	宣布男女平等，废除新娘聘礼制度。
第八号	11月28日	土地改革，鼓励建立农业合作社。

许多文献把这8道政令当作人民民主党政权现代化改革决心和力度的证据。从其内容可见，其中4道（第1、2、3、5号）政令乃政权建设本身，即废旧立新；第6、7、8号政令则直接针对农村，意在推动农村现

---

① Girish Mathur, *New Afghanistan*, New Delhi: Sterling Publishers Private Ltd., 1983, p. 89.
② 全文可参见Girish Mathur, *New Afghanistan*, pp. 98 – 101。

代化。

人民民主党政权农村改革的总目标是消灭剥削和压迫,解放农民,建立新的、平等的生产关系,促进农业生产和农村经济的发展,改善国家的粮食供应状况,为其他领域的发展奠定基础。因此,它在推进土地和农村生产关系改革的同时,鼓励发展农业生产合作社,建设机械化国营农场①,设法提高农民的知识文化水平,提倡男女平等。

改革引发多地民众反抗,阿明政府对苏联也表现出越来越强的独立意识。1979年12月底苏联出兵击毙阿明,扶植卡尔迈勒上台。1980年春,卡尔迈勒表示,革命政权将继续推进四月革命。他还把四月革命同十月革命相提并论,称四月革命是"1917年俄国十月革命开启的、推翻剥削和压迫的伟大革命进程的一部分"。他强调,人民民主党政权的目标是"实现社会、经济和文化转型……由此在阿富汗建立新的、正义的、民主的社会,彻底消灭人剥削人、饥饿、贫困、失业和文盲等现象。"②

卡尔迈勒对苏联言听计从。在当时特殊的国内政治形势下,他其实也别无选择,因为政权的生存基本依靠苏联军队。他还调整了塔拉基和阿明的一些激进政策,试图以此缓和社会矛盾。但是,由于苏联占领军的存在,放慢改革步伐也没有换得反对派的谅解。在很大程度上可以说,1980年之后,阿富汗抗争政治的主要矛头已不是现代化改革,而是指向外国侵略者。

(二)土地和农村信贷制度改革

土地是农业的根本,土地抵押借贷在阿富汗农村十分普遍。塔拉基政府第六号和第八号政令就直接指向大地主和乡村食利阶级——他们凭借手中的土地或资金,长期剥削、压榨无地和少地农民。

在阿富汗农村地区,无地农民靠租佃地主土地为生,饱受剥削压迫。农村小土地所有者大多没有剩余,无钱购买种子、肥料和农具。春耕季

---

① 阿富汗第一个农业合作社出现于20世纪60年代末,是联合国和瑞典政府援助推动的结果。第二个合作社1971年在巴格兰成立。人民民主党政权上台后,把农业合作社作为农村生产新模式大力推广,到1981年夏天,全国建立了1210个农业合作社。此外还有9个手工业合作社和4个商业合作社,分别有18.3万农民、1万手工业者和数千名商人参加。

② M. Nazif Shahrani, "Marxist Revolution and Islamic Resistance in Afghanistan", *Revolutions and Rebellions in Afghanistan*, p. 11.

节，他们常不得不以土地为抵押，借钱购买生产资料。若逢荒年，抵押土地的农民数量会增多，以换取食物和生活必需品。农村常见的土地抵押借贷现象还包括为婚丧嫁娶和治病而借款。

在阿富汗，借贷普遍有额度不等的利息，50%的超高利息也相当普遍。借钱的农民如果到期不能偿还本息，则抵押的土地将归债主所有。就此而言，第六号政令所废除的土地抵押信贷制度正是阿富汗乡村金主和大地主掠夺土地的重要手段，是农村剥削关系得以延续和巩固的关键。

1. 第六号政令

20世纪六七十年代，阿富汗过半数农民债务负担沉重，小土地所有者失去土地的风险极高。据1969年对8省17个乡村的调查，56.8%的家庭平均负债400美元（1.63万阿富汗尼），57%的家庭不得不靠借债度日。而联合国的统计数字显示，1975年阿富汗人均年收入为160美元。苏联估计的数字则为年人均收入不足100美元。[①]

1978年7月12日，新政府颁布第六号政令，规定：（1）凡拥有土地数量不超过相当于一级土地[②]10贾里布的农民，在1974年3月前抵押给别人的土地，待1978年秋收完成后，一律物归原主，原抵押贷款关系取消。（2）1974年3月后，因借贷而抵押的土地，也要归还给借款人。同时，借方需支付给债主一定比例的借款；借款日期越接近本政令发布之日，所应偿还比例越高：1974年抵押土地的借款偿还比例为20%，1977年借款的偿还比例为90%。（3）抵押借款人的偿债期限为5年，从1979年7月算起。（4）为落实本规定，政府在各省各地区级行政单位设"农民问题解决委员会"，由地区专员牵头，委员会成员包括当地负责资产的官员和司法、教育、农业部门以及农民代表。

---

① Hugh Beattie, "Effects of the Saur Revolution in the Nahrin Area of Northern Afghanistan", *Revolutions and Rebellions in Afghanistan*, p. 188. United Nations, *Yearbook of National Accounts Statistics Vol. 2* (1978), p. 14. A. S. Grachev, ed., *The Undeclared War: Imperialism vs. Afghanistan*, Moscow: Progress Publishers, 1980, p. 23.

② 阿富汗的耕地按位置、水源、墒情和产量等分为7个等级。一级土质最高，七级最低。比如一级土地水源充沛，一年能够产两季，而七级土地则是旱地，两年或两年以上产一季作物。不同等级的土地之间有约定俗成的换算方法。

第六号政令的内容在阿富汗史无前例，是新政权的创举。① 塔拉基政府估计，这项政令能够免除农民所欠债务总计约 300 亿阿富汗尼。② 但政令的落实很快遇到麻烦，难点在于：如何确定早先所抵押土地的所有权，如何区分抵押所获土地与购买所得土地。

执行政令的障碍至少有三点。首先是证据缺乏。抵押借贷是商业行为，但在阿富汗，农村借贷和抵押大多没有书面合同，只有口头约定和中人担保。在清偿债务而发生土地所有权转移时，借贷双方一般也不会重新登记土地，更新土地持有凭证。其次，用政令方式强制取消 1974 年之前的抵押借贷关系，严重损害了贷方的利益，靠借贷获得土地的人不愿轻易让步，他们坚称，自己的土地都是用钱买来的。最后，如果所争议土地不再是耕地，而改作住房或商业用地，建起了房屋，则矛盾更加复杂。

农民问题解决委员会实际无能仲裁相关纠纷。于是，为了解决上述难题，从根本上改造农村旧的生产关系，人民民主党颁行第八号政令。

2. 第八号政令

1978 年 11 月 28 日，塔拉基政府颁布第八号政令，核心内容是重新分配土地，又称"土地改革法令"。具体内容包括：（1）每户拥有土地的上限是相当于一级土地 30 贾里布。多余的土地交由国家土地改革部统一支配。全国的土地所有者必须在法令颁布一年内，到相应机关登记核实土地。严禁谎报瞒报，所报误差率不得超过 20%，否则予以重罚。（2）国家征收的土地和国有土地无偿分配给"应该得到土地的人"。现有土地按质量差异划分为不同的单位——比如一级土地 5 贾里布，二级土地 6 贾里布，七级土地 50 贾里布等——进行重新分配。（3）阿富汗化肥公司、农村发展银行等机构协助推进土地改革，给有需要的农民提供必要帮助。（4）在省、地区两级行政单位设立专门委员会，负责落实本法令并解决争端。

可见，这项法令含有"均田地"的色彩，力图改变普遍存在的缺地

---

① Hugh Beattie, "Effects of the Saur Revolution in the Nahrin Area of Northern Afghanistan", *Revolutions and Rebellions in Afghanistan*, p. 184.

② M. Nazif Shahrani, "Marxist Revolution and Islamic Resistance in Afghanistan", *Revolutions and Rebellions in Afghanistan*, p. 13. 当时的 300 亿阿富汗尼约合 1222.5 万美元。

现象。政令还试图以国家信贷来取代传统的农村私人信贷关系，防止金主以资金攫取穷人土地。实际上，与伊朗、印度和巴基斯坦等国相比，阿富汗农村土地集中现象不算严重。1978年，全国私有土地的60%以上归小地主所有，40%的土地集中在不足10%的大地主手中。阿富汗是典型的小土地所有制国家。按照家庭来看，75%的家庭拥有土地，但29%的家庭所拥有的土地面积不足一级土地5贾里布（约合1公顷），属于"缺地户"；另有25%的家庭完全没有土地，全国无地和缺地家庭总计29.6万户。①

人民民主党政权强力推行第八号政令。到1979年夏天，政府已经把约25万公顷土地重新分配给19.6万个农户。②

3. 改革的障碍

土地改革在任何国家都是艰难的，阿富汗也不例外。土地改革的实际结果是，农村各阶层都不满意。

两道政令公布之初，即遭到农村显贵的反对。大地主不甘心土地被无偿征收，乡村金主则因赔钱赔地而愤怒不已。其影响不限于农村地区，因为乡村显贵与政府军队高官或宗教权威有千丝万缕的联系。宗教权威也质疑政府无偿征收并重新分配土地的合法性，因为伊斯兰教尊重和保护个人私有财产。基于这个逻辑，宗教权威们认为，政府设定土地最高限额也是悖逆伊斯兰规则的。部分地区甚至出现无地农民拒绝接受政府分配的土地，或把土地归还给其原所有者（大地主）的状况。

改革措施的实际受益者也并不满意。无地农民虽分得一些土地，但数量有限，供求之间有巨大缺口。据估算，要满足无地和缺地户的基本需求，至少需要65万—90万公顷土地，这远远超出了人民民主党政权的资源抽取和调配能力。更为重要的是，二次分配的土地大多远离水源而

---

① D. Wilber, *Afghanistan: Its People, Its Society, Its Culture*, New Haven: Human Relations Area Files Press, 1962, p. 226. Louis Dupree, "USAID and Social Scientists Discuss Afghanistan's Development Prospects", *AUFS Reports*, South Asia Series, Vol. 21, iss. 2 (1977), p. 5. F. Halliday, "Revolution in Afghanistan", *New Left Review*, Nov. – Dec. 1978, pp. 3 – 44. M. Nazif Shahrani, "Marxist Revolution and Islamic Resistance in Afghanistan", *Revolutions and Rebellions in Afghanistan*, p. 18.

② Amin Saikal, *Modern Afghanistan*, p. 189.

且贫瘠，无地户和缺地户的生活困境并没有得到实质改善。

政府的准备亦不充分。在废除土地抵押信贷制度后，农村发展银行和政府资金信贷工作未能及时跟上，贫穷农民需要资金购买生产资料却无处借取。1979年春耕时节，不少地区的农民因此无法耕种土地。

（三）社会改革

新政权的社会改革措施主要集中于三大领域：一是解放妇女，使之享有平等的社会政治权利，实现人人平等的原则；二是改革婚姻制度，特别着力革除童婚和重礼习俗；三是改变农村社会文化落后的状况，扫除文盲。

1. 妇女权益

这是20世纪阿富汗现代化改革的首要社会目标。阿曼努拉汗国王和达乌德·汗总理都曾试图打破根深蒂固的性别隔离传统，实现男女平等，提高妇女的社会地位和能力。1976年当选人民民主党中央委员的女医生阿娜西塔（Anahita Ratebzad）可谓早年妇女解放运动的标志性成果，她在1978年被新政权任命为社会事务部部长。①

人民民主党政权也致力于增进妇女权益，但其立足点与国王政权有区别。在它看来，妇女是社会的被压迫群体，革命政权的目标是解放她们，唤醒她们的政治觉悟。因此，提高妇女社会地位，是它推进阶级解放事业的有机组成部分。塔拉基在1978年8月表示，"如果没有劳动妇女参与，任何与劳动阶级有关的运动都不能取得胜利，因为妇女构成社会的一半"。9月初，他接受波兰记者采访时强调："人民政府不仅要保护妇女自由出行，而且将集中采取有效措施，实现男女权利平等。从现在起，阿富汗妇女将获得真正的自由，享有与男人同样的权利。"11月初他宣布："通过颁行第六号和第七号政令，辛劳的农民得以挣脱压迫者和高利贷者，买卖女孩的情况也将永久结束，从今往后，阿富汗任何人都不得买卖女子。"1979年3月初，他对《喀布尔时报》说，对阿富汗国家来

---

① 阿娜西塔出身名门，她的母亲是塔尔齐同父异母的妹妹，她本人与"旗帜派"领袖卡尔迈勒关系特殊，因此受人民民主党派系斗争牵连。1978年7月，阿娜西塔被指派为驻南斯拉夫大使，她负责的社会事务部由此解散，妇女事务划归教育部负责。

说，男人和女人"就像是鸟的两只翅膀"，二者缺一不可。①

为此，塔拉基政权从婚姻制度、受教育权利、就业机会、医疗服务、衣着习俗等领域全面推进改革。新婚姻制度的重点在于，改变妇女长期被视为家庭附属品和男性家长私有财产的旧观念，确认妇女的独立人格地位。毫无疑问，家庭是社会的基本单元，改变妇女在家庭婚姻中的地位权利，是实现社会平等的基础和前提。落实男女平等受教育的权利，既是男女权益平等的重要内容，也是培育妇女社会参与能力，使之获得平等就业机会的重要环节。衣着改革的重点是脱掉罩袍。从社会学角度看，罩袍的直接功能是表征和巩固性别隔离——即便女子置身于大街上和人群中，从头到脚遮盖严实的罩袍也足以把她与社会公共空间隔离开来。它同时还是把女子固化为家庭私有财产的标记，即女子的面容专属于其直系亲属，他人不得偷窥。

新政权鼓励女子自由参加社会活动，强调女子有受教育的平等权利，任命女子担任政府公职。在社会保守力量看来，这些举措严重扰乱了社会秩序和风化，令社会陷入混乱。

1979年的人口普查政策也引起了民众的反感和不满。政府派出工作人员到农村挨家挨户登记所有居民（包括女子）的姓名、年龄和婚姻状况等，让村民感觉私有财产受到侵犯。在政治反对派的宣传下，村民担心"共产主义者正试图把妇女转变为公共财产，将推行共产共妻制度"②。

2. 扫盲运动

扫盲运动也非人民民主党政权首创。1969年，查希尔·沙国王政权在喀布尔建立了"扫盲行动局"，但成效不明显。人民民主党上台以后重组"扫盲行动局"，并以政治运动的方式在各地落实为行动。

塔拉基政府认为，愚昧无知是腐朽习俗和传统的根源。它特别强调，

---

① Nancy Tapper, "Causes and Consequences of the Abolition of Brideprice in Afghanistan", and Nancy Hatch Dupree, "Revolutionary Rhetoric and Afghan Women", *Revolutions and Rebellions in Afghanistan*, pp. 291, 317.《喀布尔时报》1979年3月8日内容转引自 Nancy Hatch Dupree, "Revolutionary Rhetoric and Afghan Women", *Revolutions and Rebellions in Afghanistan: Anthropological Perspectives*, p. 319。

② Amin Saikal, *Modern Afghanistan*, p. 189.

妇女识字和教育至关重要，因为如果母亲不识字，就不能恰当地处理家庭事务，不能养育健康聪明的孩子。基于这种理念，1979 年年初，政府举办扫盲教师培训班。3 月 8 日，宣布发起"扫盲圣战"，号召全国民众自愿参加。

扫盲很快演变成为轰轰烈烈的政治运动。自愿原则被抛之脑后，扫盲小组用各种手段强令民众（尤其是女子）接受扫盲。1979 年 8 月，全国扫盲班登记在册的男女学生总计 92.6 万人。[①] 扫盲班的运行模式与普什图社会习俗格格不入：强制扫盲侵犯了他们珍视的自由；男女共在一个房间学习违反了性别隔离制度；年轻的扫盲教师对部落乡村长老们颐指气使，冒犯地方权威，有辱部落的尊严荣誉。不仅如此，许多地方的扫盲班变成了意识形态灌输班：识字和扫盲被边缘化，多数课程时间用于宣讲人民民主党的思想主张。

因此，扫盲运动引起多种形式的抵抗：消极的抵抗者携带家人逃往国外；积极和激进的抵抗者则挑起正面冲突。1979 年 3 月，坎大哈民众杀死数名扫盲志愿者。赫拉特市也爆发骚乱，当地民众追杀政府官员和苏联人，政府派出空军轰炸之后，局势才逐渐恢复。[②]

3. 婚俗改革/第七号政令

早在 19 世纪末，阿卜杜·拉赫曼汗国王就曾设法禁止童婚、禁止买卖婚姻和强迫婚姻，他设定了聘礼上限（30 卢比），规定不得强迫寡妇改嫁给亡夫的兄弟。哈比布拉汗首倡妇女教育权利。阿曼努拉汗下令废除童婚和强迫婚姻，要求女童接受义务教育，确保妇女婚姻自由。达乌德·汗总理推行一夫一妻制，倡议妇女揭掉面纱。实践证明，所有这些改革努力都未能敌过传统习俗的巨大惯性。时至 20 世纪 70 年代，寡妇改嫁亡夫直系亲属、童婚和超高聘礼等现象依然普遍存在。比如，1971—1972 年，杜兰尼部落女孩的聘金平均为 6.5 万阿富汗尼，约合 800 美元，

---

① Nancy Hatch Dupree, "Revolutionary Rhetoric and Afghan Women", *Revolutions and Rebellions in Afghanistan*, p. 321.
② 赫拉特民众打死上百名苏联人，政府派出空军轰炸，才控制住局势。有分析认为，赫拉特事件是苏联决定出兵阿富汗的转折点。从阿富汗国内政治来说，这次事件也是界碑，标志着中央政府不再垄断国内暴力机器，军官伊斯梅尔汗（Ismail Khan）率部哗变，参与抵抗的散兵游勇聚集在他的麾下，地方武装力量进入规模发展时代。

相当于阿富汗普通家庭年均收入的数倍。① 穷人的聘金负担更重——即便其支付的聘金绝对数额少于富人家，却仍须大举借债。

1978年10月17日，塔拉基签发改革婚姻习俗的第七号政令，题为《聘礼和婚礼费用支出令》。政令的目标是"确保男女在民法领域内权益平等；消除夫妻间不公正的封建家长制关系；巩固更加真挚的家庭纽带关系"。政令共6条，主要内容可归纳为以下4点：（1）禁止买卖婚姻，"任何人都不得用女孩子的婚姻作为商品，交换现金和其他物资"。缔结婚姻时，男方支付给女方家庭的聘礼（包括实物）总额不得超过300阿富汗尼。（2）禁止强迫婚姻。"订婚和结婚应基于当事人双方的完全自愿"，任何人不得强迫寡妇改嫁，亦不得阻止她再婚。男女都有自由选择婚姻对象的权利。（3）禁止童婚，设定最低婚龄。规定结婚时男子必须年满18岁，女子年满16岁。（4）违反上述规定者将处以6个月到3年的监禁；超出本政令规定数额的婚礼财物将被没收充公。

可见，七号政令的目标是消灭结婚重债现象，禁止早婚，确保婚姻双方和妇女权益。政令内容与阿富汗王国时期的相关努力没有明显区别。拉赫曼汗国王改革婚俗的措施得到宗教权威的背书，因为宗教人士也普遍认为，高额聘礼习俗和繁琐的婚姻程序不符合伊斯兰原则，让许多家庭陷入经济危机，应予以改变。② 时隔80多年之后，塔拉基在颁布第七号政令时也诉诸伊斯兰合法性。他提出，新政权设定300阿富汗尼为聘礼上限，完全是基于伊斯兰教法："根据伊斯兰教教法，举行婚礼时，丈夫付给新娘支付的礼金数额为10迪拉姆，转换为阿富汗本地货币，就是300阿富汗尼。"③

七号政令与普什图法则和部落习惯法出入甚远，再度激活了阿曼努拉汗改革遭遇的价值观冲突。普什图社会没有女性婚姻自主的传统，男性家长对家庭女性成员的绝对控制权不容置疑，代偿婚姻和互换婚习俗

---

① Nancy Tapper, "Causes and Consequences of the Abolition of Brideprice in Afghanistan", *Revolutions and Rebellions in Afghanistan*, p. 298.

② M. H. Kamali, *Law in Afghanistan: A Study of the Constitutions, Matrimonial Law and the Judiciary*, Leiden, 1985, p. 36.

③ Nancy Tapper, "Causes and Consequences of the Abolition of Brideprice in Afghanistan", *Revolutions and Rebellions in Afghanistan*, p. 292.

普遍存在。不仅如此，第七号政令的推行损害了许多人的利益。比如，规定婚龄门槛和婚姻自由，使不少已议定的婚娶计划被推迟乃至落空。有的准新郎已支付全部聘礼，女方家长可能出于各种原因，以七号政令为依据，称女儿未到婚龄或不情愿等理由拒绝履约，并拒绝返还已收聘礼，致准新郎一方人财两空。政令还使穷人与残疾人结婚的希望更加渺茫，因为从前他们还有可能靠聘金打动女方家长，但新的聘金上限规定和自主婚姻则切断了这条道路。

二 社会反抗：从反对具体改革措施到反对政权

人民民主党政权改革引发的社会反抗经历了两次转变。第一次是从反对具体改革措施的零星分散抵抗到自觉反对政权及其秩序，从自发的社会抵抗演变为自觉的政治抵抗。第二次转变的分水岭是1979年12月苏联出兵，反政权的斗争扩大和升级为抗击外敌入侵的全面战争。

（一）自发抵抗（1978年5月到8月）

人民民主党在1978年4月发动的流血政变和达乌德总统及其亲信遇害，在民众中间并未引起多大反响。人们起初对新政权的新方针不太关心，当时正值春耕农忙季节，而且阿富汗素来有春耕时节搁置纷争冲突的传统习俗。[1]

严格说来，直到第六号政令发布之初，阿富汗都没有出现自觉的政治抗争，没有出现有组织、大规模的抵抗运动。个别地区和群体对新政权的政令偶有批判和反抗，主要是急剧改革措施的冲击所致，价值观念层面的激荡比较明显。比如，新政权从第四号政令开始取消了"奉真主之名"的象征，宣布废除农村信贷制度、推广扫盲运动，引发不满。扫盲小组和土地改革工作组成员在一些地方遭遇袭击，出现伤亡。但主要原因还在于工作人员个人，特别是民众认为他们态度傲慢，言语不恭，不尊重本地头人和权威，有违伊斯兰规范和部落传统习俗等。

---

[1] Louis Dupree, "The Marxist Regimes and the Soviet Presence in Afghanistan: an Age-old Culture Responds to Late Twentith-Century Aggression", *Revolutions and Rebellions in Afghanistan*, pp. 66–67.

这一时期的袭击和暗杀行动并不是针对政权及其整体改革方案的，但新政权不能容忍这种目无法纪的情况，于是以"反革命"的名义在各地抓捕改革的反对者。1978年5月已逮捕1万多人。①

此后，社会对抗逐渐升级，暴力对抗开始形成恶性循环。在这场对抗中，政权为秩序和权威而战，全力推进改革；民众，尤其是普什图人反对一些改革措施，为利益、荣誉和复仇而战。随着更多改革措施冲击更多人的实际利益，暴力对抗的参与者越来越多，覆盖面迅速扩大。

（二）自觉反抗政权（1978年9月到1979年12月）

1978年秋收基本结束后，努里斯坦省发生大规模起义，哈扎拉人紧随其后，暴力反抗运动很快蔓延到库纳尔谷地其他地区。及至年底，各省都爆发了一定规模的反抗斗争。1979年春耕期间也没有休战。9月，阿明夺取实权，他对反抗者的态度比塔拉基更强硬，全面推行高压政策。1979年2月，政权杀死宗教权威穆贾德迪家族约70名男性成员，4月又在库纳尔的克拉拉村杀死了1100多名反叛的村民。② 武装抵抗愈演愈烈。

在这种情况下，反抗者的矛头已经不再是具体的改革措施，而是为推翻政权而战。值得注意的是，尽管当时人民民主党政权已经延聘苏联军事教官、使用苏制武器来镇压反叛，但抗争者目标是阿明政权本身。1979年秋天，抵抗力量领导人盖兰尼（Sayyid Ahmed Gailani）在伦敦接受BBC采访时表示："我们的斗争不是针对苏联或苏联人民，我们是在和喀布尔的人民民主党政权作战，只要这个政权垮台，我们不会干扰苏联同阿富汗的特殊关系。"③

民众反叛阿明政权的热情不断高涨。苏联也早就怀疑阿明亲美，对其叛逆莫斯科的行为多有不满，当然也不愿放弃阿富汗。于是，勃列日涅夫政府希望通过"换人"来保住人民民主党政权，平息阿富汗局势。应该说，更换政权是顺利的。1979年12月24日深夜，苏联出兵阿富汗，

---

① Barnett Rubin, *The Fragmentation of Afghanistan*, London: Yale University Press, 1995, p. 115. Martin Ewans, *Afghanistan*, p. 142.

② Barnett Rubin, *The Fragmentation of Afghanistan*, p. 115. Martin Ewans, *Afghanistan*, p. 142.

③ Louis Dupree, "The Marxist Regimes and the Soviet Presence in Afghanistan: an Age-old Culture Responds to Late Twentith-century Aggression", *Revolutions and Rebellions in Afghanistan*, p. 69.

打死阿明，建立卡尔迈勒政府。

勃列日涅夫下令出兵阿富汗时，希望能够在三四周的时间内完成"镇压阿富汗反革命势力"的任务，本无意驻军阿富汗。① 然而，局势变化却完全出乎意料。阿明政府垮台后，阿富汗民众继续反抗。而且，抗争的性质和目标发生了根本变化，斗争矛头对准苏联，局势迅速失控。

（三）抗苏战争

从1979年12月底开始，直到1989年2月完成撤军，苏联的阿富汗战争持续近10年。在此期间，人民民主党政权主要依靠苏联军队的支持和帮助维持统治地位，但始终未能恢复基本政治秩序；原先反改革、反政权的力量扩大为抗苏力量，得到美国、巴基斯坦和沙特阿拉伯等国的支持，反政权斗争变成美苏对抗的一部分，武装冲突不断升级。

三　政策调整

20世纪80年代，现代化改革和发展已不再是阿富汗政治的主要内容。汹涌澎湃的抗苏斗争席卷全国，这极大削弱了人民民主党政权的治理能力。政治生存成为政权的首要任务。为平息局势，卡尔迈勒和纳吉布拉政府在很大程度上放弃了人民民主党当初的雄心壮志，对反抗者妥协，调整塔拉基和阿明的激进改革方案。

（一）卡尔迈勒政府（1980—1985年）

1979年12月底，巴拉克·卡尔迈勒上台，其首要目标是稳定政权、平息局势。为此，他在1980年年初发起凝聚共识运动，主要采取三大措施：加强政权建设、修正激进的改革政策、安抚伊斯兰力量。

1. 加强政权建设

卡尔迈勒巩固政权的措施主要有三个维度：一是巩固与苏联的关系；二是加强执政党建设；三是扩大政权的代表性和基础。

苏联军队在阿富汗各地作战，帮助维持人民民主党政权的生存。卡尔迈勒上台就立即公开确认苏联驻军的合法性与必要性，同时又表示，一旦阿富汗政治危机解除，苏联将会撤军。为巩固两国关系，他把政府

---

① ［美］德瑞克·李波厄特：《50年伤痕：美国的冷战史观与世界》下卷，郭学堂等译校，上海三联书店2012年版，第602—603页。

绝大多数官员派到苏联接受培训，并尽力把政府间友好关系推进到社会大众层面，巩固和促进两国全方位的友好联系。1984 年起，阿富汗每年派送 834 名 7—9 岁的孩童到苏联学习 10 年。截至 1986 年，全国总计 9 万名技术人员接受过苏联培训。①

人民民主党掌控国家军队和秘密警察机构。据估计，60% 的军官和 99% 的国家情报部门工作人员是人民民主党党员。为了巩固政权基础，卡尔迈勒还积极打造"民族联合政府"的形象，把非党员纳入政府。1980 年 1 月到 3 月间补缺的 103 个政府职位中，45 人不是党员；3—5 月间补缺的 191 个政府职位中，有 78 名非党员。1985 年，他改组革命委员会和政府，政权构成多元化进程明显加快：革委会成员数量从 69 人增至 148 人，其中非党员代表数量从 2 人猛增至 58 人；18 名常委有 6 人不是党员；新增补 13 名国家领导人有 9 位党外人士；新任命 21 位部级干部有 15 名非党员；选举委员会 37 人中，10 人为非党人士；新组建 74 人的宪法起草委员会中，党员为 47 人。②

卡尔迈勒重视人民民主党自身组织队伍建设。据其官方数字，1980 年年底有党员 4 万人，1983 年年底达 9 万，1986 年年底增至 14 万，1987 年 10 月扩至 18.5 万，约 7 年时间增加了 3.5 倍。③

卡尔迈勒努力团结青年、妇女、农民、工人和商人。1981 年 6 月正式成立"全国爱国阵线"。他把男女平等提升为"衡量进步政权的一个重要尺度"，致力于唤醒"阿富汗妇女的政治觉悟"，以赢得她们的支持。

值得一提的是，当时，穆贾希丁积极动员受过现代教育的女子参与反政府的"不合作运动"，号召她们离开学校和公职回家，用罢课、罢工

---

① Anthony Arnold, "The Ephemeral Elite: The Failure of Socialist Afghanistan", in: Myron Weiner and Ali Banuazizi (eds.), *The Politics of Social Transformation in Afghanistan, Iran, and Pakistan*, New York: Syracuse University Press, 1994, p. 68.

② Fred Halliday, Zahir Tanin, "The Communist Regime in Afghanistan 1978 – 1992", *Europe-Asia Studies*, Vol. 50, No. 8 (Dec. 1998), pp. 1357 – 1380. Antonio Giustozzi, *War, Politics and Society in Afghanistan 1978 – 1992*, Georgetown University Press, 2000, p. 54. Richard Starr, ed., *Yearbook on International Communist Affairs* 1987, Standord: Hoover Institution Press, 1987, p. 420.

③ Fred Halliday, Zahir Tanin, "The Communist Regime in Afghanistan 1978 – 1992", *Europe-Asia Studies*, Vol. 50, No. 8 (Dec. 1998), pp. 1357 – 1380. 也有人认为这个数字是统计泡沫，称其真正党员数量不过三四万人。

等实际行动来抵抗苏联和卡尔迈勒政权。他们作出承诺，一旦赶走苏联侵略军，将立即重开女子学校，让她们返回学校和公职。在贾拉拉巴德，穆贾希丁还给楠格哈尔大学的女生发放回家交通费和每人额外200阿富汗尼的补贴。① 在帕克提卡和巴达赫尚等地，穆贾希丁组建了妇女民兵武装，参与地方安全保卫工作。

针对穆贾希丁的这些措施，卡尔迈勒加大力度发展女子教育和就业，吸纳更多女子进入工厂、政府部门、医院和学校。1975年到1985年间，小学男生入学率从44%降至27%，中学男生入学率从13%降至11%，女生小学入学率则从8%升至14%，中学入学率从2%升至5%。1986年全国大学生总数为8800人，其中女生超过一半。在就业方面，1978年工作的女性仅为5000人，1986年增加到27万人。1988年，妇女在国营企事业单位员工中的比例为18.6%，在教育部门占43%。②

2. 缓和社会对抗

鉴于社会反抗发端于塔拉基和阿明的激进改革措施，卡尔迈勒主动修订政策，对传统力量和反抗力量做出妥协姿态。

卡尔迈勒领导的党中央公开承认之前改革中的失误。比如，它承认人民民主党起初"没能适当考虑宗教、部落和族群要素"，土地和水资源改革方案考虑不周，"自上而下推行妇女解放的做法与教法相矛盾"等等，认为这些过失是人民民主党没能在民众中获取支持的原因。③ 作为补救措施，人民民主党党中央制定了新党章，重新规范党员行为。1980年年初，卡尔迈勒宣布恢复议事会制度，恢复1978年4月革命前的国旗。同年4月21日新政府颁布《阿富汗民主共和国基本原则》，作为国家宪法，重新确认了伊斯兰教是国家和宪法的基石，承诺要保护公民信仰自由。但它同时也明确规定："任何公民都不得利用这个机会（即宗教自由）从事反国家和反人民的宣传，不得以此从事违反阿富汗民主共和国利益的活动。"④

---

① Nancy Hatch Dupree, "Revolutionary Rhetoric and Afghan Women", *Revolutions and Rebellions in Afghanistan*, p. 334.
② Antonio Giustozzi, *War, Politics and Society in Afghanistan 1978 - 1992*, pp. 20 - 21.
③ Asta Olesen, *Islam and Politics in Afghanistan*, p. 270.
④ Ibid., p. 258.

卡尔迈勒废除和调整了塔拉基与阿明时期引发深刻民怨的政策。他首先取消阿明政府的严格管控和高压措施，1980年1月25日，他通过喀布尔广播电台宣布大赦逃亡者，承诺将归还他们的财产。1981年夏天，他宣布废除原土改政策，把中小地主被没收的部分土地物归原主，并适当放宽土地持有限额，政府出资兴修水利灌溉设施，政府出资给农民发放化肥和粮食种子、提供小额贷款。1981年8月和1984年2月，他先后两次修订塔拉基的第八号政令，准许毛拉、部落首领、军官和具备农业机械化生产能力的现代农场主拥有更多土地，对土地被无偿征收且所征土地已完成二次分配的大地主，给予资金补偿。他还以优先分得土地的承诺鼓励农民自愿送儿子参军。1982年至1984年间，政府给10万—12万农民提供为期一年的小额信贷。1982—1983财政年度国家发展规划中，农业投入占政府财政预算的10.4%。1983—1984年政府发放11.2万吨化肥和1.3万吨小麦种子。1985—1986财政年度分别增至13万吨和1.5万吨，其中包括苏联援助的化肥2.4万吨、小麦种子1万吨。①

卡尔迈勒继续推进文化教育建设，加大扫盲运动力度。他主政期间，参加扫盲课程的教员和学员数量如表7—2所示。

表7—2　　阿富汗扫盲课程教学人员规模变化：1980—1986年

年份	学员人数	教员人数
1980年	347714	17540
1981年	550000	13750
1982年	632500	15812
1983年	306628	14686
1984年	376106	12485
1985年	317071	12491
1986年	325300	12731

资料来源：E. P. Belozershev, *Narodnoe Obrazovanie v Respulike Afganistan*, Moscow Pedagogika 1988, in: Antonio Giustozzi, *War, Politics and Society in Afghanistan* 1978 – 1992, p. 252。

---

① Antonio Giustozzi, *War, Politics and Society in Afghanistan* 1978 – 1992, pp. 24 – 25.

1985年11月，卡尔迈勒公开讲话承认，人民民主党政权长期受困于政治失序，并重申如下10条主张①：

（1）国内政治的全部问题都应该通过和平方式解决；

（2）中央政府，尤其是革命委员会，应该更广泛地代表"各阶层和群体"，"人民民主党不应垄断国家政权"；

（3）鼓励私人部门发展，以促进农业生产。国营农场只能建立在未开垦的土地上；

（4）鼓励国家贸易和工业资本主义的发展，这对经济发展至关重要；

（5）准许建立独立的知识分子组织；

（6）加强边境地区普什图人和俾路支人的自治；

（7）扩大全国爱国阵线。准许建立和发展其他组织，只要它们不反对政权并与政权合作；

（8）伊斯兰教应该得到尊重；

（9）应该巩固国家武装力量，一旦"外国干涉"②停止，苏联军队将撤离；

（10）阿富汗民主共和国对外奉行"积极的不结盟"和"睦邻友好"政策。

3. 安抚伊斯兰力量，积极利用伊斯兰符号

1980年4月，卡尔迈勒开始在官方文件中重新使用"奉真主之名"的开场句，在国内和国际政治舞台上大量使用伊斯兰符号，以安抚民众的伊斯兰感情。1980年1月14日，卡尔迈勒公开呼吁霍梅尼与阿富汗团结一致反对美国。把苏联驻军称为"真主的意志"③，之后又表示阿富汗将参加伊斯兰国家外长会议④。

---

① Anthony Arnold, "The Ephemeral Elite: The Failure of Socialist Afghanistan", *The Politics of Social Transformation in Afghanistan, Iran, and Pakistan*, pp. 53 – 54.

② 注意，这里卡尔迈勒所说的"外国干涉"，是指美国和巴基斯坦。

③ Anonymous, "Chronology December 1979 – May 1980", *Pakistan Horizon*, Vol. 33, No. 1/2 (1st and 2nd Quarters 1980), p. 160. ［美］沙伊斯塔·瓦哈卜、巴里·杨格曼：《阿富汗史》，第182页。

④ 实际上，会议主办国沙特阿拉伯没有邀请人民民主党政权，而是邀请了白沙瓦的穆贾希丁代表。

在国内政治中，卡尔迈勒用伊斯兰符号重新建构政权与反对派之间的关系。1980年夏天，他在全国第一届乌莱玛和宗教人士大会上，把政权反对者与《古兰经》中的阿德人和赛莫德人①相提并论，称："他们在城市叛乱，播撒分裂和动荡的种子。造物主必对他们施以严惩。安拉必在观察人们的行为。"他表示，这些反革命分子将被带上安拉的法庭，依据教法和宪法接受惩罚。他要求高级官员参加宗教公共庆典，用国家机器惩罚不守斋戒的人。为了强调政权的亲伊斯兰立场和反革命的反伊斯兰属性，官方报刊还把因公殉职的党员称为"殉道者"，把政权打击反革命力量的斗争称为"吉哈德"（"圣战"），扫盲运动也是"吉哈德"，称穆兄会为"撒旦兄弟会"。政府把各种反政权力量统称为"伪信者"，称他们的行动不是为了捍卫伊斯兰信仰，而是为了捍卫他们自己反动的封建利益。白沙瓦穆贾希丁各党派被称为"反动封建力量"，其中，盖兰尼是勾结英国殖民者的封建资产阶级代表，纳比是大地主，拉巴尼和希克马蒂亚尔则是埃及穆兄会和美国中央情报局的代理人等等，不一而足。②

卡尔迈勒设法倚重伊斯兰信仰的权威。他把宗教人士纳入政府体系，扩大政权合法性基础。20世纪80年代初，宗教人士占全国地方政府工作人员数量的20%。政府给约1.2万名毛拉发放工资和特殊福利，还资助朝觐者，给民众分发《古兰经》。政府出资修缮和新建500多座清真寺。在中央一级政府设立"伊斯兰事务部"，下设"乌莱玛高级委员会"。卡尔迈勒强调，这两个机构不同于以前的乌莱玛协会：前政权的乌莱玛协会是司法部下属一个普通机构，新建的"伊斯兰事务部"直属于总理办公室，是国家宗教组织机构的中心，其核心职责是尊重和保护伊斯兰教，由著名乌莱玛担任部长，根据革命委员会的法律法规和行政条例来处理宗教事务；乌莱玛高级委员会是事务部下属的决策协商机构，成员由总理根据事务部部长提名予以任命。

1985年，中央进一步明确了"伊斯兰事务部"的基本职能：组织朝

---

① 在《古兰经》中，阿德人和赛莫德人都是悖逆真主召唤而坚持谬误的人，因而将"永遭诅咒"。关于阿德人，可参见《古兰经》7：65—71，11：60等章节。关于赛莫德人，可参见《古兰经》11：61—68等。

② Asta Olesen, *Islam and Politics in Afghanistan*, pp. 258–263.

觐事务；管理清真寺和圣陵等礼拜场所；举行宗教会议；促进宗教问题的研究；传播"正确的伊斯兰知识"。所谓"正确的伊斯兰知识"主要包括：(1) 四月革命的目标和国家基本法的价值，建立在确保遵守维护伊斯兰信仰的基础上；(2) 团结全体穆斯林劳动人民，为国家独立、主权领土完整、捍卫四月革命成果和共和国人民政权而奋斗，为抵御反革命、帝国主义、霸权主义、殖民主义和反动派而奋斗；(3) 揭露国内伊斯兰敌人、反革命分子和国际帝国主义的阴谋意图，他们打着保卫伊斯兰教的旗号，从事有害共和国新政权、阿富汗人民和伊斯兰教的活动；(4) 防止在学校、宗教机构、清真寺、出版物、广播电视中出现对伊斯兰原则的错误解读和不正确宣传；(5) 防止伊斯兰信仰被用作服务于四月革命的敌人的工具，或谋取个人私利的工具；(6) 遏止扰乱社会秩序和国家经济生活的封建迷信和习俗。① 总之，伊斯兰事务部是人民民主党政权适应社会文化，并试图规范社会力量的制度建设努力。

卡尔迈勒争取著名宗教人士合作的努力并不成功，真正支持政府的宗教权威人数极少，进入政府和"伊斯兰事务部"的宗教人士多为寻常之辈，其中绝大多数是乡村清真寺的毛拉，有的人甚至没有接受过系统的伊斯兰教育。

在抗苏战争的背景下，阿富汗人更多地把卡尔迈勒政府看作苏联的代理人。在美国和巴基斯坦的公开支持下，反苏战士/穆贾希丁的战斗热情不断高涨。卡尔迈勒的怀柔妥协政策未能取得预期效果，阿富汗局势持续恶化。卡尔迈勒政府承诺的诸多行政经济改革措施无力落实，导致苏联的不满。1985 年年底，戈尔巴乔夫发出最后通牒，要求卡尔迈勒立即采取有效措施平息局势。第二年 5 月，苏联用纳吉布拉取而代之。半年之后，卡尔迈勒被流放到莫斯科。

(二) 纳吉布拉政府 (1986—1992 年)

1985—1986 年间，阿富汗战争处于胶着状态。人民民主党的力量与 1980 年相比有较大发展。1986 年，阿富汗已建成一支 16 万人的军队，安全部门雇员达 2 万人，党员人数增至 14 万。不过，政府权能只限于主要城市和交通通信要道，其余地区要么在穆贾希丁手中，要么是双方争夺

---

① Asta Olesen, *Islam and Politics in Afghanistan*, p. 259.

的对象。当时阿富汗政府官方估计，政权真正有效控制的地区占全国领土的1/3，支持政府的民众约500万，不足总人口（1800万）的1/3。①

穆贾希丁力量稳步发展，战事不断升级。1985年是阿富汗战争最血腥的一年②，农村一半以上的农田被毁，难民数量剧增。苏联终于认识到自己很难取得胜利，于是转而谋求用非军事办法解决问题。

这是纳吉布拉上台接替卡尔迈勒的基本背景。纳吉布拉1981年进入中央政治局，1985年11月辞去情报部部长职务，次年5月接任党中央总书记职务，1987年年初"当选为"革命委员会主席。

纳吉布拉保留了卡尔迈勒扩大政权基础和革命委员会的代表性、吸纳非党员进入政府领导机构等政策。1986年11月，革命委员会进一步扩大为172人。为了稳定局势，他的努力主要集中于三个方面：继续加强安保；夺取乡村和民心；谋求政治和解。

1. 加强安保力量建设

1985年年底，苏联去意已决，喀布尔政权独立生存问题变得更加紧迫。纳吉布拉一方面继续加强与苏联的联系，把更多学生送往苏联留学。1988年1月，阿富汗留苏青年学生为8500人，同年从苏联学成归国1000人。另一方面，他着力加强安保力量建设，包括情报机构（KHAD，卡德）和军队。纳吉布拉曾领导卡德，就任革委会主席后，他下令在卡德框架内新建一支由年轻党员组成的特别安保部队。1992年，特别安保部已扩至2万人，军队规模增至20万人。③

纳吉布拉鼓励亲政府的军阀建立地方民兵组织，以巩固政权基础。其中最有名的是乌兹别克军阀阿卜杜·拉希德·多斯塔姆（Abdul Rashid Dostum）——他长期支持政府，率领民兵与穆贾希丁作战；1991年，他

---

① Fred Halliday, Zahir Tanin, "The Communist Regime in Afghanistan 1978 – 1992", *Europe-Asia Studies*, Vol. 50, No. 8 (Dec. 1998), pp. 1357 – 1380.

② Anthony Arnold, "The Ephemeral Elite: The Failure of Socialist Afghanistan", *The Politics of Social Transformation in Afghanistan, Iran, and Pakistan*, p. 52.

③ Fred Halliday, Zahir Tanin, "The Communist Regime in Afghanistan 1978 – 1992", *Europe-Asia Studies*, Vol. 50, No. 8 (Dec. 1998), pp. 1357 – 1380. Anthony Arnold, "The Ephemeral Elite: The Failure of Socialist Afghanistan", *The Politics of Social Transformation in Afghanistan, Iran, and Pakistan*, pp. 55 – 56. 关于阿富汗军队人数，一直有争议。

的军队规模扩大到4万人①，由各民族组成，靠政府提供装备，替政府守护北部中心地区。

整肃和扩大人民民主党队伍也是纳吉布拉维护政权的重要举措。截至1987年3月，全国约5千名审查不合格的党员被开除党籍。1988年1—2月，新增党员1.1万人。1990年6月，人民民主党改名为"祖国党"，登记党员人数为17.36万人。②

2. 争夺民心和乡村

纳吉布拉努力加强党与民众的联系，争取民心。人民民主党本身是精英政党，政权也主要限于城市地区，与广大农村地区及农民的联系微弱。1985年，全国约9%的乡村在人民民主党政权的控制之下；人民民主党省委书记一级的领导干部，只有两人不住在喀布尔。党员在农民中比率极低，比如，1986年，巴尔赫省只有0.1%的农民是党员，农村党员中约一半是文盲。

纳吉布拉决心改变这种状况。他规定，政治局成员必须经常走访各省，促进基层党组织在质和量两方面的进步。但是，这一规定受战火限制，难以落实。其实即便落实也难产生预期效果，因为出于安全考虑，政治局委员的行程不能提前公开，而秘密突然走访很难真正推进地方党组织的发展。1986年夏天，中央委员会147名委员和候补委员中，只有46人自称到过两个省份走访。针对这种情况，纳吉布拉在1987年进一步提出量化要求，要求政治局委员每30个工作日必须有20天在各省工作。③ 这是几乎不可能实现的。不过它反映了纳吉布拉对当时执政党困境之紧迫性的基本认识，以及他试图扭转大局的急迫态度。

为谋求部落乡村长老的支持，纳吉布拉努力扩大政权基础，把地方权威纳入政权体系，并采用更传统的方式收买人心，即给地方权威提供武器和资金，扶持地方亲政府力量，借助他们抵抗穆贾希丁。

在土地改革问题上，纳吉布拉与卡尔迈勒有明显区别。卡尔迈勒调

---

① ［美］沙伊斯塔·瓦哈卜、巴里·杨格曼：《阿富汗史》，第211页。

② Anthony Arnold, "The Ephemeral Elite: The Failure of Socialist Afghanistan", *The Politics of Social Transformation in Afghanistan, Iran, and Pakistan*, p.56.

③ Ibid..

整原先的激进土改政策是策略性的，是局部调整，目的是缓和社会矛盾，同时也为了更好地推进土地改革。喀布尔派往各地负责落实土地改革的工作队在1983年为609个，1985年增至1363个。但在战乱环境中，工作队的工作很不顺利。据估计，截至1986年年底，全国土改计划完成约1/3，约33.5万户家庭分得土地，约60万户家庭依然没有土地。重新分配的土地也仅约1/4有人在耕种，大部分土地撂荒。1986年，国营农场的生产计划只完成不足60%。①

纳吉布拉调整土地改革政策的首要目标不再是社会主义改革和建立公正平等的社会，而是实现社会和解。他认为，既然土改导致许多冲突，就应该坚决摒弃。1986年，他直言土地改革已经失败，并且表示，土地改革的路线和方法都是错误的。他说："我们试图通过发布抽象的文件来解决土地和用水等至关重要的问题，用文件轰炸农民。我们的农业改革一开始就是错误的，它破坏了既有的生产关系，完全无视本国习俗、传统和规范。"② 此后，土地改革逐渐淡出政府议程。

3. 政治和解

这项政策是纳吉布拉与塔拉基、阿明、卡尔迈勒政府的主要区别。纵观这四位领导人对待抵抗力量的态度，可以发现一条明显的从"压制"、"高压"、"妥协"到"和解"的演变轨迹。

表面上，"和解"的主要原因是战局僵持，是人民民主党政权在"高压"和"妥协"均未能奏效、战事愈演愈烈、苏联想要抽身离去的困境中作出的新选择。实际上，"和解"作为人民民主党政权的一项政策，首先是基于苏联方面的"建议"，而非喀布尔的创制和自主选择。阿富汗语境中的"全国和解"（national reconciliation）是戈尔巴乔夫在1986年7月28日的讲话中提出来的。③ 3个多月后，苏联正式宣布撤军。于是，"全

---

① Antonio Giustozzi, *War, Politics and Society in Afghanistan 1978–1992*, pp. 29–32.

② Amin Saikal, *Modern Afghanistan*, p. 189.

③ Anthony Arnold, "The Ephemeral Elite: The Failure of Socialist Afghanistan", *The Politics of Social Transformation in Afghanistan, Iran, and Pakistan*, p. 58. 其实早在1981年，勃涅日列夫政府就提出"和平谈判解决"阿富汗问题的构想。但当时主要是为了应对国际舆论的压力，战场上的军事行动并未相应减弱。这是他与戈尔巴乔夫以"民族和解"作为战略方针不同。戈尔巴乔夫提出和解倡议不久，就公布了撤军计划。

国和解"就成为纳吉布拉政权的核心任务。

1987年1月,纳吉布拉政府正式公开倡议"全国和解"。他表示,"全国和解"意味着三个方面的内容:放弃军事手段;放弃政府专断;努力建立联合政府。① 之后,他逐渐把卡尔迈勒的"全国联合政府"、"扩大政权基础"、"礼敬伊斯兰"等政策的目标,从改善政权生存环境的战术层面提高为国家战略,并落实为一系列政策措施。具体而言,纳吉布拉政府的努力主要包括以下十大内容②:

(1) 停火。1987年1月15日,政府宣布单方面停火6个月。同年7月和次年1月,又两次单方面延长停火期限。

(2) 大赦政治犯。1987年春天,宣布特赦政治犯。赦免名单包括在押的前"人民派"17名领导人,意在推动党内和解。

(3) 号召难民返归。呼吁流亡伊朗和巴基斯坦的阿富汗人回国,号召国内流离失所的民众返归故里,重建家园。政府组建全国和解委员会,到全国各地联系抵抗力量、难民和流亡者,并予以劝返。政府还建立了数百家"自由旅店",帮助重新安置难民。1988年9月,政府宣布已有16万难民回国。

(4) 重申伊斯兰教的崇高地位。政府公开尊奉伊斯兰原则,在宣传和政策阐释方面着力减弱马列主义和社会主义色彩。1986年,政府给约1万名毛拉支付工资。1987年,纳吉布拉给军队委派426名伊玛目,给警察部门委派420名伊玛目。1986年开始,苏联和阿富汗媒体都公开强调,阿富汗民主共和国不是,且从来不是社会主义国家,而是伊斯兰国家。媒体公开报道也不再称人民民主党总书记为"纳吉布同志",而是改用更具伊斯兰色彩的"纳吉布拉"③。

(5) 重新包装国家各项制度和机构。把国家名称从"阿富汗民主共和国"改为"阿富汗共和国",国家领导人的称呼从"革委会主席"改

---

① Ali T. Sheikh, "The New Political Thinking: Gorbachev's Policy toward Afghanistan and Pakistan", *Asian Survey*, Vol. 28, No. 11 (Nov. 1988), pp. 1170 – 1187.

② Anthony Arnold, "The Ephemeral Elite: The Failure of Socialist Afghanistan", *The Politics of Social Transformation in Afghanistan, Iran, and Pakistan*, pp. 58 – 61.

③ Najibullah 是他的全名,但是1986年之前,人们习惯称他为"纳吉布同志"(Commrade Najib)。二者相比,不同在于与宗教相关的一个字符 ullah(意为"真主的")。

为"总统"。1990年6月,人民民主党改名为"祖国党",组织结构也有重大调整,比如,"党支部"改称"选区","政治局"改为"理事会"等等。旨在团结社会各派力量的"爱国阵线"先是改组为"国民阵线",1990年11月又重组更名为"和平阵线"。

（6）扩大妇女的社会政治参与。1987年10月,阿富汗妇联（原名为"阿富汗民主妇女组织"）成员一年内翻了一番,达12万人;妇女在党员中的比例为3.6%,在工会中的比例为6%。在教育部门,43%的雇员是女性。1990年,祖国党中央委员会200多名委员和候补委员中有5名女性。

（7）继续推动地方选举。举行地方选举是卡尔迈勒时期确立的政策,初衷是加强党对农村地区的领导和建设。但由于政治动荡,地方选举一再推迟。纳吉布拉设法在有条件的地方予以推动。

（8）鼓励私营经济发展。苏联为此提供5000万卢比援助,用于解决创业所需贷款。1988年3月遴选工作完成,在100名申请者中批准了43笔贷款,涉及自行车组装、面食制作、食盐净化、甜食加工、羊毛清洗加工、纺纱、禽肉加工等行业。

（9）实行多党制。1987年夏天,政府颁行《政党管理条例》,年底生效。该条例意在推动抵抗力量及其组织的合法化、给异见者提供表达渠道,把各种力量纳入国家政治法律体系以利于政府对其规范和约束。1988年9月,纳吉布拉宣布全国有12个政党,并宣布对穆贾希丁开放政府28个部长级职位。

（10）制定新宪法。1987年7月制定新宪法草案,同年11月召集大议事会通过。新宪法确认将实行多党民主制和总统制。

根据新的宪法,1988年5月底,阿富汗举行议会选举,全国200万人参与投票,选举产生国民议会,在此基础上组成新政府,无党派人士哈桑·夏克（Hassan Sharq）任政府总理。新内阁31名成员中,人民民主党成员为15人。新政府表示,其首要任务是实现全国和解。

（三）失去政权

纳吉布拉的和解政策颇有诚意,得到北部塔吉克人和乌兹别克人的良好反响,但普什图抵抗力量拒绝和解。苏联军队的存在,继续给他们的武装抵抗和"圣战"旗号提供合法性依据。1988年春天,苏联开始撤军,这鼓舞了穆贾希丁的斗志,极大地降低了他们的军事成本。因此,1987年年初纳吉布拉宣布单方面停火后,南部和东部地区的战事毫无缓和,局部战事更趋激烈。1989年2月苏联完成撤军前,抵抗力量在白沙瓦成立了"流亡政府",3月,流亡政府下令对贾拉拉巴德等地发动猛烈攻势,军事冲突升级。

纳吉布拉没能与抵抗力量领导人达成谅解。执政党内部的派系斗争也远未平息。相反,苏联军队撤离加剧了军事冲突以及执政党和政权内部派系斗争。1988—1990年,"人民派"力量多次试图推翻纳吉布拉未遂,引发政权和军队内部反复大清洗。1989年2月,纳吉布拉宣布解散选举产生的哈桑·夏克政府,用自己的亲信替代10名在任部长。同年12月,"人民派"的又一次未遂政变导致124名军官和600多名政府官员被捕,其中包括政治局和最高国防委员会的6名成员。

1991年4月,穆贾希丁攻占纳吉布拉的老家霍斯特省府。年底,叶利钦决定终止援助阿富汗。第二年3月,多斯塔姆背弃纳吉布拉,投奔马苏德,两大军阀合力夺取北方重镇马扎尔谢里夫。纳吉布拉政权四面楚歌。1992年3月18日,纳吉布拉正式宣布,接受俄罗斯的建议,将辞去总统职务,让位于全国团结政府。

1992年4月17日,纳吉布拉宣布退位,同时呼吁各派别"积极加入政治进程,以和平方式解决阿富汗问题"。随后,他打算前往印度,但被穆贾希丁堵在机场,遂和家人、亲信一起躲进喀布尔的联合国代表处。1996年9月26日,"塔利班"攻陷喀布尔,纳吉布拉被处死。

四　改革失败的主要原因

人民民主党从1978年政变上台,到1992年被军阀推翻,始终没有真正建立有效的政治秩序,现代化改革启动不久就被战火淹没。阿富汗人民民主党政权的改革及其结局,被当作20世纪"自上而下革命失败"的典型案例。[①] 从理论研究的角度看,阿富汗案例的典型意义主要在于两个层面:一是政治文化环境和国情对政策的制约作用;二是国际政治对国内政治的深刻影响。从经验及实证研究来看,人民民主党政权改革失败

---

① Barnett Rubin, *The Fragmentation of Afghanistan*, p. 111.

的主要原因在于:执政党的群众基础和思想基础不牢固,导致政权力量虚弱;改革冒进引发社会政治危机,政权为了求生而向外求救,苏联介入遂激发美国干涉,于是,阿富汗国内政治矛盾全面失控,转变为美苏对抗的前沿战场。

(一) 政权根基不稳

人民民主党政权的现代化改革与阿曼努拉汗和达乌德·汗改革的最大区别在于,它立足未稳便匆忙改革,后两者的改革都是在政权享有较高威望时期启动的。1920年,阿曼努拉汗国王权威正值鼎盛,达乌德·汗总理时期,国王政权根基也相当稳固。1978年4月,人民民主党只有一万多名党员,属于精英政党。它通过流血政变夺取政权,随即因派系斗争而发动党内大清洗,实际上等于自毁实力,但它凭着一腔革命热情,在半年多的时间里连续颁布大刀阔斧的改革政策。这种行为方式几乎已注定其失败的结局。

1. 舶来的意识形态

人民民主党与苏联的关系几乎众人皆知。但在政变之初,它为了安抚民众,竭力否认这种关系,否认共产主义政党的身份。1978年5月4日,塔拉基在新政权第一次新闻发布会上表示,阿富汗人民民主党的名称中不包含"共产主义",阿富汗没有共产主义政党;阿富汗没有与任何大国结盟,不会成为苏联的卫星国。他还说,自己既不是马克思主义者,也不是共产主义者,无意把阿富汗带入苏联轨道。他称伊朗和巴基斯坦为"伊斯兰兄弟国家"。发布会之后,《纽约时报》评论说,阿富汗可能亲苏联,但不大可能成为苏联的傀儡,阿富汗人民民主党是民主的、伊斯兰的、改革的、不结盟的。然而在执政的第一个月,人民民主党政权就与苏联签署了20多个协定,苏联派往阿富汗的顾问数量增长三倍,阿富汗党政机构设置越来越像苏联。1978年年底,阿富汗国旗也改换为苏联式的红旗,阿明还明确宣布,人民民主党政权的目标是"建立完全的社会主义社会,消灭私有制,建立集体农业(经济)"。①

人民民主党信奉苏联式的马列主义思想,在意识形态和政治目标方面与阿富汗传统政治文化相去甚远。党的基本纲领提出,阿富汗历

---

① Anthony Arnold, *Afghanistan's Two-Party Communism*, pp. 61 – 62.

史上的苦难和当前的落后，其根源是"封建阶级的经济政治主导权"，要解决各种问题，须尽快建立"人民民主政府"。新政府的政治基础应该是"爱国力量和各民主进步力量的人民统一战线，包括工人、农民、进步知识分子、手工业者、小资产阶级和民族资产阶级，他们正在为民族独立、社会生活民主化和反帝反封建运动的成功而奋斗。"它提出，要实现阿富汗的解放，需改革法律和官僚体制，实行自由选举，确保言论自由。①

对阿富汗普通大众而言，这是一套全新的价值体系和意义框架。传统上，穆斯林以"真主意欲"来解释世界。就政治制度而言，阿富汗人习惯了君王家族统治。人们并不真正理解人民民主党的纲领主张。相反，20世纪六七十年代伊斯兰主义者对共产主义的抨击，以及把"共产主义"简化为"无神论"的观点，对广大民众来说更加印象深刻。而"无神论"是阿富汗多数穆斯林难以接受的，对于未接受现代教育的穆斯林而言，没有真主的世界不可想象，否认真主（救世主）的存在则是大逆不道。人民民主党政权起初大量使用马列主义术语来宣传动员民众和发布改革法令。1978年4月到1979年9月间，政府法令文件和会议一律不提"奉真主之名"这个合法性符号，对阿富汗穆斯林民众来说也是前所未有的强大冲击。

人民民主党是精英政党，规模不大。1978年4月，其党员数量约1.1万到1.2万人②，党员总人数最多的1988年也不超过21万人，正式党员有据可查的最高点是1987年，为12.5万人（如图7—1所示）。尽管单纯从政党规模来看，在十年之内人数翻了十番，可谓发展迅速，但在治理国家、应对层出不穷的反叛方面，却明显力不从心。

人民民主党党员主要是教师、军官和政府官员等城市精英。1981年，知识分子占党员总数的60.7%，农民占比不足17%。纳吉布拉上台时，农民在党员中的比例也仅为18%，具体数字如表7—3所示。

---

① Girish Mathur, *New Afghanistan*, pp. 79–80.
② Amin Saikal, *Modern Afghanistan*, p. 188.

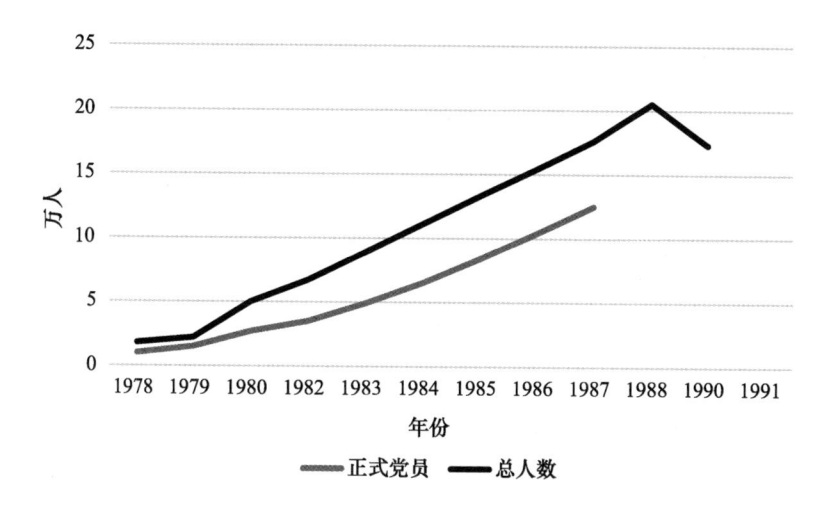

图7—1　阿富汗人民民主党规模变化：1978—1990年

资料来源：根据相关数据制作。可参见 Antonio Giustozzi, *War, Politics and Society in Afghanistan 1978 – 1992*, p. 253。

表7—3　　　　　　　　　人民民主党的党员结构　　　　　　　　单位：%

	1981/82年	1982/83年	1983/84年	1984/85年	1985/86年	1986/87年
工人	11.2	11.2	12.7	13.7	14.1	14.1
农民	16.7	17.1	17.2	18.3	17.9	18.5
手工业者	0.7	1.0	1.0	1.2	1.6	2.1
知识分子	60.7	62.0	58.9	57.0	55.8	54.4
小地主	0.3	0.2	0.1	0.1	0.1	—
学生	9.7	8.2	9.6	9.0	9.5	8.9

资料来源：*Organizational Structure and Composition of the PDPA*, Quoted in Antonio Giustozzi, *War, Politics and Society in Afghanistan 1978 – 1992*, p. 258。

图7—1和表7—3足以表明人民民主党在社会尤其是在农村根基之薄弱。应该说，它的初衷很美好，它意图通过改革，把阿富汗建设成为自由、平等、民主的现代国家。但由于它的思想主张和改革措施不符合国情，脱离了文化传统，这个愿望最终未能实现。

2. 执政党内部派系斗争激烈

执政党内部分裂和派系权力斗争是亚非拉地区的常见现象，同时也是国家社会发展建设的重大障碍，人民民主党政权在这方面可谓典型。尽管其核心领导人都信奉马列主义，但由于来自不同的社会阶层，对现实问题的见解和主张各异，人民民主党分裂为尖锐对立的"人民派"和"旗帜派"。从1978年该党上台执政到1979年12月底苏联出兵，卡尔迈勒、塔拉基和阿明三个人之间的权力斗争，是阿富汗政治生活的主要内容。

人民民主党成立于1965年。成立不久，党的领导人在民族关系、个人崇拜，以及该如何对待查希尔·沙政权等问题上发生分歧并各执己见。他们分别在两份党刊《人民》和《旗帜》上发表观点，逐渐形成两大派别——"人民派"和"旗帜派"，这是其派系分裂的原型。党的总书记塔拉基和核心骨干阿明属于"人民派"，卡尔迈勒和意识形态专家米尔·阿克巴·开伯尔属于"旗帜派"，纳吉布拉也属于"旗帜派"。两派在意识形态和政治方面都亲苏联，但社会政治主张各异。大体来说，"旗帜派"更温和，"人民派"更激进。

"旗帜派"领导人与王国统治阶级的关系更近。卡尔迈勒本人出身显贵，父亲是国王军队高官，阿克巴·开伯尔在查希尔·沙国王的内政部工作近十年，都是传统政治精英群体的成员。卡尔迈勒在喀布尔大学政法学院读书期间，一度因参与反国王运动被捕入狱；1961年大学毕业后进入教育部和计划部工作，后当选为议会议员；1965年参与创建人民民主党。他主张渐进改良，在议会演讲中称查希尔·沙国王是"亚洲最进步的国王"。[1] 他认为，人民民主党领导人应该对国王做出一些让步，以避免被取缔的厄运。

"人民派"的革命色彩浓厚得多，主张社会政治革命。其核心领导人多来自社会中下层。比如，塔拉基来自普通家庭，自学成才，始终在旧政权体系的边缘生活和工作，对底层民众怀有天然的亲近和同情。据马瑟考证，塔拉基的共产主义道路可能始于他在孟买接触到的苏维埃革命思想[2]，当时他在坎大哈的一家小公司工作。1953—1963年间，他先后在阿富汗驻美国使馆、美国驻阿富汗使馆担任文员和译员工作。工作之余，

---

[1] Mohammad Amin Wakman, *Afghanistan at the Crossroads*, p. 91.

[2] Girish Mathur, *New Afghanistan*, p. 77.

他撰写并发表若干小说，主题都是阿富汗农民的艰难生活。上台执政后，他不断公开表达自己的普什图认同，比如，公开讲话只用普什图语，还尝试用普什图语取代波斯语（达里语）在公共生活中的地位。①

阿明的经历更加复杂。他来自加尔吉部落一个没落贵族家庭。他的家族在19世纪末参与反叛拉赫曼汗国王的武装斗争，遭强力镇压。有人认为，阿明是在充满部落仇恨和激进反抗精神的社会环境中长大的。② 但实际上，阿明在青年时代并没有表现出明显的革命热情。他先在阿富汗教师培训学校学习，之后进入喀布尔大学学习数学和物理。1954年被政府公派前往美国哥伦比亚大学学习。在哥大期间他选修了若干政治学和经济学课程。1959年返回喀布尔大学任教。1965年，他参加议会竞选，败给卡尔迈勒。同年，喀布尔大学开除他的教职。在这种双重打击之下，阿明立志推动政治变革。他超凡的见识和组织才干很快得到了塔拉基的赏识。在塔拉基的帮助下，他进入党中央，成为"人民派"书记。

1977年夏天，苏联劝说两大派系摒弃前嫌，建立统一中央委员会，应对达乌德·汗总统的排挤措施。塔拉基当选为统一中央委员会总书记。1978年4月27日，阿明联手"人民派"领导人瓦坦加尔（M. Aslam Watanjar）少校发动军事政权，推翻达乌德·汗政权。人民民主党政权第一届政府构成是：塔拉基任总书记和革命委员会主席，卡尔迈勒任副主席、副总统和副总理，阿明和瓦坦加尔任副总理。

但是，两派的政治分歧始终存在，组织上的统一也未持续多久。新政权建立之后，"人民派"加紧巩固自己的力量：阿明被提升为政府总理，随即开始排挤打压"旗帜派"。1978年7月，塔拉基任命包括卡尔迈勒和纳吉布拉在内的"旗帜派"6名领导人为阿富汗驻外大使，其实是对他们进行政治放逐。8月，"旗帜派"策划的政变阴谋曝光后，军队政府中的"旗帜派"成员被清洗，卡尔迈勒等人也由大使变为流亡者。1978年秋天，阿富汗政权已完全掌握在人民派手中（如表7—4所示）。

---

① 卡尔迈勒上台以后，人民民主党政权的普什图色彩逐渐淡化。
② Fred Halliday and Zahir Tanin, "The Communist Regime in Afghanistan 1978 – 1992: Institutions and Conflicts", *Europe-Asia Studies*, Vol. 50, No. 8 (Dec. 1998), pp. 1357 – 1380.

表7—4　　人民民主党政权的派系构成（1978年年底）　　　单位：人

决策机构	总人数	"人民派"	"旗帜派"
中央政治局	7	7	0
中央委员会	36	30	6
革命委员会	45	39	6
政府各部	17	14	3
总计	105	90	15

资料来源：Amin Saikal, *Modern Afghanistan*, p.189。

清除"旗帜派"力量以后，"人民派"在激进改革的道路上越走越远，而且派内有派。1978年年底，总理阿明架空总统塔拉基，成为实际掌权者，用强力推进改革。他明确表示，凡是不热情支持改革的，就都是敌人和反革命，都是严厉镇压的对象。① 他还试图摆脱苏联控制，结果却把自己送上了绝路。

1979年12月25日，卡尔迈勒在苏联的支持下上台，改革步伐明显放慢，伊斯兰符号重新得到尊重。当然，这不仅是由于"旗帜派"一向坚持温和渐进路线，更主要的是基于平息事态的现实考虑。

在一定意义上，可以把人民民主党政权的现代化改革看作其四月政变的延续。不过，社会改革显然不同于政治革命。历史证明，成功夺取政权的人民民主党，最后没能成功通过国家治理和社会发展的考验。

（二）卷入美苏冷战

苏联是否直接参与了人民民主党的四月政变，至今仍众说纷纭。人民民主党政权与苏联的特殊关系则是公开的事实。1978年四月政变以后，美国并未做出强烈反应。人民民主党政权起初也宣称保持中立和不结盟。

1978年12月5日，阿富汗与苏联签订友好合作条约。条约第4款规定，苏联将在必要时派军队进驻阿富汗，"以确保阿富汗的安全、独立和领土完整"②。条约签订后，苏联增加向阿富汗派驻军事顾问的规模。

---

① Louis Dupree, "The Marxist Regimes and the Soviet Presence in Afghanistan", *Revolutions and Rebellions in Afghanistan*, p.63. 有人认为，阿明采取的高压政策，比阿卜杜·拉赫曼汗国王有过之而无不及。

② 这是1979年12月底苏联出兵的"法律依据"。

1978年8月，苏联在阿富汗军事顾问约700人，主要在师级单位供职，到1978年年底，苏联顾问约2000—2500人，已普遍分布到团级干部队伍中。1980年，阿富汗在对外贸易、外国援助方面对苏联的依赖程度已达80%以上。在这种情况下，为了"遏制苏联共产主义的扩张"，美国增加了对阿关注和投入。1979年年初，美国驻阿使领馆人员从350人猛增至3000人。①

人民民主党政权的激进改革政策引发阿富汗军队官兵、伊斯兰主义力量和普通民众的不满，社会动荡加剧。1979年春夏，阿富汗全国28个省中的24个都发生了武装抵抗运动。特别是驻守赫拉特的第17步兵师，在伊斯梅尔·汗（Ismail Khan）的领导下整建制哗变，杀死上百名俄罗斯人及其家属，把缴获的武器分发给当地民众。事件发生后，苏联立即派出300多辆坦克从土库曼斯坦南下镇压，导致当地两万多人死亡，伊斯梅尔·汗和他的武装力量转入地下，在农村地区坚持抗苏，幸存的赫拉特居民数万人逃往伊朗，沦为难民。阿富汗政治局势全面恶化。与此同时，实权在握的阿明表现出远苏亲美的趋势，令苏联深感不安。12月底，苏联以"应邀帮助阿富汗稳定政局"的名义出兵。美苏在阿富汗的较量由此展开。

1980年1月，美国开始向阿富汗抵抗力量提供武器弹药和资金、战术方面的支持。阿富汗原本属于国内政治范畴的抗争迅速扩大和升级，成为美苏全球争夺的一部分。里根上台后，决心把莫斯科的影响力推回苏联边境线以内，下令使用"所有的必要方法"，在阿富汗对抗苏联。此后，美国对穆贾希丁的支持不断加强。② 自此，发端于阿富汗革新政府与社会保守力量之间的斗争，完全淹没在美国支持的反苏战争中。

阿富汗人始终是反苏战争主力。另有数以万计的外国穆斯林志愿者，以及美国和巴基斯坦等国家卷入这场巨大的战争旋涡。参战各方追求的目标各异。在反苏力量方面，大多数阿富汗人为反抗苏联占领军及其傀

---

① Barnett Rubin, *The Fragmentation of Afghanistan*, p. 112. Amin Saikal, *Modern Afghanistan*, p. 191. Syed Shabbir Hussain, Absar Husain Rizvi, *Afghanistan: Whose War?* Islamabad: El-Mashriqi Foundation, 1987, p. 91.

② ［美］德瑞克·李波厄特：《50年伤痕：美国的冷战历史观与世界》下卷，第686页。

傀政权而战，宗教权威称之为"圣战"。外国穆贾希丁宣称是为了声援阿富汗兄弟，保卫伊斯兰土地而战。美国在后台提供各种支持，巴基斯坦负责协调军备物资的分配。它们的矛头所指都是苏联占领军。战争的另一方是苏联及其支持的人民民主党政权，它们致力于平息叛乱，维持政权生存，恢复统治秩序。在这种情况下，人民民主党政权的首要政治目标是维持政权生存，已不再是现代化改革，其成功与否已退居次要地位。

第八章

抗苏战争

抗苏战争与19世纪普什图人反英斗争有三大相似之处：其一，都是反抗外国强权的斗争；其二，宗教符号和宗教权威的重要作用都很明显；毛拉号令穆斯林"圣战"，抗战者被称为"穆贾希丁"；其三，斗争双方在军事技术和装备方面对比悬殊。主要的不同在于，19世纪末，普什图人反英主要是山地部落自发的斗争，抗争者没有形成全民族自觉团结，也没有外部强国持续提供支持。抗苏战争则促成了跨部落、跨国的泛伊斯兰团结，吸引世界各地的穆斯林政治和武装力量参与，结成了跨国伊斯兰主义网络，产生了至今依然活跃的激进极端和恐怖主义力量。在反苏战争中，美国、巴基斯坦、沙特阿拉伯和伊朗等国大力支持穆贾希丁，并积极推动他们组建为政党。

苏联的阿富汗战争与英国的三次阿富汗战争之间的主要区别包括：首先，英国没有派军长期驻扎阿富汗，基本不干预其内政，只谋求控制其外交。苏联则以驻军平叛的方式，卷入阿富汗内政，并控制其外交。其次，英印政府在意识形态方面与阿卜杜·拉赫曼汗政权没有亲缘性；人民民主党则从意识形态到组织和政权结构，都与苏联紧密相关。最后，英国的三次阿富汗战争主要是和国王军队较量①，在战争之后，喀布尔都建立了相对稳固的政权，统治秩序覆盖全境；苏联则与人民民主党政权军队携手对抗反叛力量，抗苏战争之前、之中和之后，人民民主党政权的基础不断削弱，从未建立起真正有效的国家秩序。

---

① 第一次阿富汗战争的后半场例外——主要是和当时已被推翻的多斯特·穆罕默德的支持者作战。

抗苏战争不仅是阿富汗历史的转折点，而且也极大地改变了普什图社会的政治生态。它最重要的副产品是把阿富汗变成了全世界穆斯林武装力量的练兵场，极大增强了阿富汗穆斯林的国际联系，打造出包括"基地组织"在内的跨国伊斯兰主义网络，并且在本地培育出一大批军阀和散兵游勇。历史的讽刺在于，苏联出兵的初衷是为了平定阿富汗局势，结果却把阿富汗牢牢锁定在无政府状态囹圄中。这种无政府状态在20世纪90年代促成了阿富汗本地穆贾希丁队伍的变化：大军阀彼此混战，鱼肉百姓，对此不满的几十位穆贾希丁战士起来组建了"塔利班"，试图恢复秩序。短短几年之后，普什图地区和阿富汗又成为美国反恐战争的主战场。

第一节 战争的基本情况

1979年12月24日深夜，苏联军队入侵阿富汗，抗苏战争正式爆发。1989年2月15日苏联完成撤军，战争结束。

一 战争性质

抗苏战争在阿富汗呈现出来的外观是：大多数民众参与抗战，国土到处都是战场。军事上，这场战争的根本属性是游击战。对苏联正规军而言，这是极为严峻的挑战，因为他们接受军事训练的内容和目的都不是为了从事游击战争。在大多数情况下，战役的主动权掌握在反抗力量手中，他们利用有利的时机实施打击，放下武器便是平民，很容易隐身于普通民众和崇山峻岭中。

基于苏联军队长期驻扎阿富汗并参战的事实[①]，可以说抗苏战争首先是一场反侵略战争。抗苏力量得到了美国的大力支持，因而又从属于美苏对抗。如果着眼于阿富汗国内政治，特别是考虑到穆贾希丁的矛头也对准人民民主党政权，则应该说，抗战也是内战，含有"反叛"色彩。1989年2月，苏联完成撤军，反侵略战争结束，但阿富汗抵抗力量仍继

---

① 关于苏联为什么要出兵阿富汗的问题，已有诸多文献。鉴于这个问题不是本书的重点，加上笔者已在另一本书中讨论过，所以此处不再赘述。可参见钱雪梅《阿富汗的大国政治》。

续战斗。及至1992年4月人民民主党政权下台后，政局也未平息，军阀之间混战不已。因此，抗苏战争很复杂，交织着美苏较量、阿富汗人民反抗外国控制、反抗政权这三重高级政治目标。在抗苏、反政权之余，各抗战力量之间也相互冲突。

具体而言，反苏战争的政治属性至少有如下五个紧密结合的维度：

其一，它是阿富汗民众反对人民民主党政权的斗争。斗争由现代化改革政策而起，因苏联出兵相助而加剧，斗争的焦点是政权合法性。苏联派兵介入后，喀布尔政权被穆贾希丁称为"苏联的傀儡"，完全丧失其合法性。

其二，它是阿富汗人反抗苏联军事侵略和占领的斗争。抵抗力量称之为"圣战"，是解放战争和领土保卫战。

其三，它是美苏冷战的重要分战场，含有"代理人战争"的性质。战争期间，美国给穆贾希丁提供的援助总计约52亿美元。[1] 苏联始终面临巨大的国际舆论压力。美苏两大阵营在联合国和其他多边平台上展开激烈的外交斗争。

其四，它促进了穆斯林的国际主义团结，同时也是激进和极端穆斯林政治军事力量的练兵场和孵化器，堪称政治伊斯兰发展历程的分水岭。这场战争把巴基斯坦和阿富汗塑造成跨国政治伊斯兰力量的集散地，孕育了后来撼动世界政治局势的"基地组织"，孵化出如今活跃在克什米尔和巴阿边境地区的多个激进武装和政治力量。

最后，它还携带着阿富汗社会的政治基因，特别是根深蒂固的族群、部落、派系矛盾。表现在外是形形色色的敌对力量相互争斗，军阀混战只是其中之一。其结果，抵抗力量各自为政、彼此为敌。不少学者研究发现，在阿富汗的反苏穆贾希丁中，一些力量更热衷于打击其他穆贾希丁，而不是打击苏联人。[2]

---

[1] Marvin G. Weinbaum & Jonathan B. Harder, "Pakistan's Afghan Policies and Their Consequences", *Contemporary South Asia*, Vol. 16, iss. 1 (2008), pp. 25 – 38.

[2] Ali Ahmad Jalali, Lester W. Grau, *Afghan Guerrilla Warfare: In the Words of the Mujahideen Fighters*, St. Paul: MBI Publishing Company 2001, p. 401.

二 战争进程

勃涅日列夫决定出兵阿富汗的初衷是更换并稳定人民民主党政权，恢复政治秩序。他原本希望速战速决。的确，政权更迭是顺利的：苏联军队占领喀布尔的第二天就宣布卡尔迈勒为革委会主席。然而，稳定政权和政局的目标直到1982年11月勃涅日列夫去世前也没能实现。安德罗波夫（Yuri V. Andropov）上台之初，也曾希望在一年或最多一年半的时间内结束阿富汗战争。结果未能如愿。契尔年科（Konstantin U. Chernenko）时期，阿富汗战局胶着如泥潭沼泽，苏联难以自拔。1985年3月，戈尔巴乔夫（Mikhail Gorbachev）入主克里姆林宫，下令在一年内赢得阿富汗战争。但经过增兵和数场激战后，他终于明白，苏联红军不可能赢得这场战争。于是他决定撤军，并"建议"喀布尔政权通过民族和解来改善自身的处境和国内局势。

苏联军队自始至终都有统一部署，阿富汗抵抗力量则不然。针对苏联人的"圣战"起初完全是阿富汗民众的自发反应。参与"圣战"者没有统一组织，更无统一调度。毛拉们各自发布"圣战"号令，人人都可为"圣战士"，即穆贾希丁。他们主要以游击战的方式袭击苏联驻军和人民民主党政权的目标。1980年，巴基斯坦和伊朗分别出面，试图规范穆贾希丁队伍的组织结构。巴基斯坦在白沙瓦确认了七大穆贾希丁政党，但它们远非抵抗力量全部，而且它们都是党内有派，派内有系的状况。美国和其他国家提供的军火情报等支持，也没能把穆贾希丁组建成统一力量，抵抗力量始终各自为政，在方便的时间地点打击苏联和喀布尔政权，同时彼此交战。当然，穆贾希丁也有跨派系的协调合作（比如坎大哈地区），但其主动的合作不是常态，更非定制。

穆贾希丁称自己的战争为"圣战"。他们不关心国家局势是否稳定或何时稳定。他们的首要关切是，如何在困境和战火中生存下来，以便继续抗击苏联。换句话说，他们只关心如何赢得"圣战"，赶走侵略者。在军事方面，他们不看重具体战役的胜利。阿里·贾拉里等人的访谈发现，穆贾希丁普遍认为，战场上的胜负无关紧要，伤亡代价也是不必计算的。他们相信，殉道者自有真主赏赐，"圣战士"的责任和目标就是"实施打击、设法存活并再次出击"；绝大多数穆贾希丁"明知没有获胜的希望却依然战斗，因为他们相信这样做是正确的。"①

基于此，只能根据苏联战略和战术的调整来勾勒战争的进程。可分如下4个阶段。

第一阶段：1979年12月到1984年9月。这一时期苏联政治意志坚定，目标明确，即坚决打击反叛者，力求速战速决，尽快平息局势。所以这一时期，苏联在战术上以进攻为主。它从1979年12月底开始派兵，到1980年1月，驻阿军队已达8.5万人，1981年和1982年每年增兵1万。抵抗力量要赶走苏联军队的态度也很坚决。战争因此格外残酷。比如1980年8月，苏联军队围攻坎大哈市，战火持续一周，打死500多名抵抗力量，1000多人被监禁，此外又抓捕了2500多人。② 同年9月，在赫拉特也发生类似事件。战事不断升级，其中，库纳尔和巴达赫尚地区的斗争格外激烈。

勃涅日列夫和安德罗波夫没能实现其打败穆贾希丁的目标。1983年春天，苏联向潘杰希尔抵抗力量领导人马苏德提出停火建议，马苏德同意停火。1984年9月，马苏德拒绝延长停火协议。当时，穆贾希丁的活动范围已占阿富汗国土面积的85%，主要以农村为根据地。乡民源源不断的食物和武器弹药支持，是抗战得以持续的关键。一些穆贾希丁在驻地建立税收制度，设卡征收通行费，以维持开销。在这种状况下，苏联决定调整战略，战争的重点变为切断抵抗力量的补给。

第二阶段：1984年9月到1985年3月。美国加大支持抗苏力量的力度，苏军打击的重点改为切断反叛力量的支持和补给系统，加强对大城市和交通要道的防卫。

为了摧毁反叛力量的根基，苏军主要采取了三类行动：（1）强迫村民整体搬迁；（2）用武装直升机摧毁相关地区的生活生产资料，包括水井、庄稼、牲畜等，力求釜底抽薪之效；（3）在穆贾希丁迁移过程中实施空中打击，重点打击交通运输线，同时在乡村田间道路安放大量地雷，以抵消美国增援的后果。

穆贾希丁也采取新的对策。他们原先主要依托本乡本土的支持，转而躲进崇山峻岭中，建立新的根据地，并开始组建专门的运输护卫力量。

---

① Ali Ahmad Jalali, Lester W. Grau, *Afghan Guerrilla Warfare*, pp. xx, 399, 401.

② Martin Ewans, *Afghanistan*, pp. 159–160.

这一时期，战争导致的伤亡和财产损失严重，数百万人流离失所。美国加强了舆论攻势，苏联面对的外交压力和道义谴责日益增强。苏联有军官向契尔年科建议考虑撤军，遭到拒绝。

第三阶段：1985 年 3 月到 1988 年 2 月。戈尔巴乔夫上台以后，宣布大幅度增兵阿富汗，要求苏联军队在一年内赢得战争。苏军重点集中于搜寻穆贾希丁根据地并予以摧毁。

1985 年 4 月，美国总统里根宣布要"使用一切手段"迫使苏联离开。随之加大支持穆贾希丁的力度，为其提供包括毒刺式导弹和吹管飞弹等地对空武器。在巴基斯坦三军情报局的推动下，穆贾希丁主要派系加强协作努力，组建"统一军事指挥中心"，但它并没有存在多久。

苏联扭转战局的计划落空后，表示愿意接受联合国提出的和谈、撤军建议。1986 年 7 月，戈尔巴乔夫宣布，为表达诚意，将在 10 月之前撤走 8000 军队。当时苏联驻阿军队有 15.5 万人，其中 12.5 万人驻守阿富汗各地，约 3 万人卫戍边境地区。[1] 11 月 13 日，克里姆林宫宣布撤军的计划，开始与阿富汗和巴基斯坦商讨具体撤军方案。但此时战事仍在继续，穆贾希丁与苏联的军事冲突数量增加。1986 年 1—5 月，穆贾希丁对苏联利益目标的袭击平均每月 42 起，1987 年 1—5 月增至 126 起。[2] 1988 年 2 月 8 日，戈尔巴乔夫正式宣布，将从 3 月 15 日起撤军，10 个月内完成。

第四阶段：1988 年 3 月到 1989 年 2 月。这一时期的主题是撤军。1988 年 4 月，苏联、阿富汗、巴基斯坦、美国共同签署关于阿富汗问题的《日内瓦协定》。苏军撤离过程中，在昆都士等地遭遇袭击。穆贾希丁同时加强打击喀布尔政权的力度。1989 年 2 月 15 日，苏联军队完成撤离。

苏联军队完全撤离，意味着抗苏战争正式结束。但战火还在继续。穆贾希丁的首要目标改为推翻纳吉布拉政权。反侵略战争转变为争夺政权的政治斗争，其间包含着争夺地盘、派系矛盾和复仇等原生基因。

三 战争的影响

战争给苏联、阿富汗和世界政治都带来了深远影响。简单地说，它

---

[1] Zalmay Khalilzad, "The War in Afghanistan", *International Journal*, Vol. 41, No. 2, Southwest Asia (Spring 1986), pp. 271 – 299.

[2] Antonio Giustozzi, *War, Politics and Society in Afghanistan* 1978 – 1992, p. 278.

是苏联的历史转折点，是苏联的最后一场战争。对阿富汗，它加剧了政治动荡，极大地改变了国内政治生态。抗苏战争还推动了政治伊斯兰力量的大发展，遗患无穷，留下了当代国家治理的大难题。

（一）对苏联的影响

不少学者把苏联的阿富汗战争与美国的越南战争相提并论，称阿富汗为"苏联的越南"。苏联为战争付出了沉重代价。1979—1989 年间，苏联先后共派出 62 万人次进入阿富汗，驻阿军队规模最多时超过 15 万人。据苏联国防部统计，在阿殒命的苏联人共 13833 人，受伤 49985 人，失踪 330 人。大部分官兵死于 1986 年之前。1980—1986 年，苏军有 1.17 万官兵战死沙场，占死亡官兵人数的 84.7%。1984 年战事尤为激烈，致 2300 多名官兵死亡，其中包括 305 名军官和 2038 名士兵。直接经济损失至少 180 亿美元，其中包括 118 架战机，333 架直升机，147 辆坦克，1314 辆装甲车和 11369 辆卡车。非官方的估计数字更高，死亡人数有 4 万和 7 万之说，经济损失估计为 360 亿美元。[①]

苏联在战争中的投入远不止于军队和武器装备。它出兵的目的之一是为了巩固阿富汗人民民主党政权。为此，它在武力"平叛"的同时，还投入阿富汗的生产建设，帮助修建公路、大坝、水电站，开辟国营农场，推动工农业生产发展。战争期间，约 3000 名苏联顾问和专家在阿各部门帮助发展，民政援助也不断增加。苏联占领阿富汗期间，给阿富汗提供的非军事援助总计达 600 亿卢布，约合 24 亿美元。[②] 远远高于对阿军费援助（见表 8—1）

表 8—1　　　　苏联给阿富汗的军费援助：1980—1990 年　　　单位：亿卢布

1980 年	1981 年	1982 年	1983 年	1984 年	1985 年	1986 年	1987 年	1988 年	1989 年	1990 年
2.67	2.31	2.78	2.21	3.66	5.16	5.79	10.63	16.29	39.72	22.00

资料来源：Antonio Giustozzi, *War, Politics and Society in Afghanistan* 1978–1992, p. 274。

---

① Gregory Fiefer, *The Great Gamble: The Soviet War in Afghanistan*, New York: Harper, 2009. Oleg Sarin and Lev Dvoretsky, *The Afghan Syndrome: The Soviet Unions' Vietnam*, Novato: Presidio Press, 1993, pp. 146, 187.

② 这是苏联官方数字。Oleg Sarin and Lev Dvoretsky, *The Afghan Syndrome*, p. 146. 另一说为 75 亿美元。见 Rob Johnson, *The Afghan Way of War*, Oxford University Press, 2011, p. 210。

对阿援助和战争开支最终成为拖垮苏联的若干要素之一。不少学者认为，阿富汗战争加速了苏联的衰亡，它"不仅是苏联第一次输掉的战争，而且也是苏联的最后一场战争"①。此外，美苏之间的外交斗争也让苏联付出了沉重代价：它在战争期间始终面临巨大的外交压力和道义谴责，撤军也没能改变它的国际形象。

（二）对阿富汗的影响

战争给阿富汗造成的破坏更为严重，影响更为深远。阿富汗在战争中死亡100万—200万人（战前总人口约为1550万），其中包括约10万名穆贾希丁，5万名政府军队战斗人员。表8—2中数据是阿富汗军队在战争中的损失。除此之外，全国一半的城镇（约1.2万个），以及无数桥梁、灌溉工程、房屋和田地被毁，数百万人因地雷和炸弹致残。战争结束时，阿富汗有500万人在巴基斯坦和伊朗避难，另有200万人在国内流离失所，无家可归。

表8—2　　　　阿富汗军队的人员和装备损失：1980—1988年

年份	战斗机和直升机（架）	坦克（辆）	装甲车（辆）	枪支和迫击炮（架）	战斗人员伤亡人数（人）		
					死亡	受伤	失踪/被俘
1980年	4	21	52	65	9051	10087	3187
1981年	6	23	49	40	3303	8323	2341
1982年	15	21	45	62	2885	7819	500
1983年	21	37	141	90	3408	9242	1327
1984年	24	32	77	29	3353	9011	432
1985年	50	32	89	35	3690	8898	556
1986年	29	25	51	47	5772	11876	1162
1987年	54	27	57	33	6229	12786	986
1988年	68	144	243	349	10127	16529	3809

资料来源：Antonio Giustozzi, *War, Politics and Society in Afghanistan* 1978 - 1992, pp. 271 - 272。

---

① Martin Ewans, *Afghanistan*, p. 172.

阿富汗至今还没有摆脱苏联战争的阴影。这场战争深刻地改变了这个国家的政治生态，至少表现在四个方面。（1）战争加剧了无政府状态，使之沦为"普力夺社会"：军阀割据且激烈竞夺资源和权力，人们不知有中央权威，社会严重分裂。这是当前和未来一段时间喀布尔政权面临的重大挑战。（2）暴力冲突成为通行的社会行为模式。人们不仅暴力抗苏，还以暴力彼此争斗。有人统计发现，战争期间的暴力事件多数是阿富汗抵抗力量之间的冲突。[1] 苏联撤军后，一批"职业圣战士"未能及时完成从军人到平民的转型，他们骤然失去了公开的敌人（苏联），又没有其他谋生方式，加上激进和极端政治伊斯兰思想广泛传播，社会普遍激进化，暴力冲突不断实现其自身的再生产。（3）十年抗战几乎摧毁了国家和社会经济肌体：战争伤亡和致残人数、难民外逃改变了人口自然增长的轨迹，经济基础及其自我循环系统遭到严重损害，毒品经济畸形快速发展。无处不在的地雷给农牧业生产和社会生活恢复造成极大阻碍。数百万国内流离失所的民众增加了城市和社会管理的负担。（4）战争养育了后来创建"塔利班"政权的核心成员。

（三）对世界政治的影响

阿富汗抗苏战争对世界政治的首要影响是加速了苏联解体的进程，开启了国际关系和世界政治的新阶段。美苏冷战退场之后，世界政治舞台上各种新矛盾凸显，其中之一是激进政治伊斯兰力量及其跨国联系和跨国活动，给相关国家带来巨大挑战和冲击。抗苏战争在催生这一政治现象方面发挥了重要作用。抗苏战争期间，激进政治伊斯兰的思想和组织四处扩散，来自世界各地的穆贾希丁携手并肩作战，奠定了今天跨国激进力量团结的基础。1989 年苏联撤军以后，至少 3 万名外国穆贾希丁滞留在普什图地区[2]，不仅构成后来美国所称的"恐怖主义震源"，而且也极大地推动了部落地区和部落社会的激进化。

在阿富汗战场上，伊斯兰力量与政治的交织联合程度加深，这一点

---

[1] Mohammad Yousaf and Mark Adkin, *Afghanistan: The Bear Trap*, London: Leo Cooper, 1992, p. 56.

[2] Humayun Khan, "The Pashtuns", in: Lisa Choegyal ed., *Afghanistan Revealed*, p. 96.

仅从穆贾希丁（mujahidin）这个集体名号就可以看出来。"穆贾希丁"是阿富汗抗苏力量的总称。其本意是"圣战士们"，得名于人们普遍把抗苏战争称为"反苏圣战"。十年的抗苏战争，把"圣战"变成了阿富汗穆斯林日常宗教实践的一部分。加上近代以来政治伊斯兰意识形态专家们的论证，"武装圣战"在20世纪末普及为穆斯林抗争政治的一种模式。21世纪，武装圣战中的小部分力量进一步演化，成为极端主义和恐怖主义力量，挑战政治秩序和公共安全。这实际上在更大范围内也伤害了伊斯兰教自身——极端主义和恐怖主义力量把自己打造为穆斯林的代表乃至所谓"真正伊斯兰教"的代言人，极大地损毁了伊斯兰教的声誉和绝大多数穆斯林的形象。

四 阿富汗本土抗苏力量的构成

反苏战争的主力是阿富汗人。美国等国家主要提供后勤、资金、情报和组织方面的支持。来自其他国家的穆斯林战士总数在5000人到2.5万人之间，以阿拉伯人为主，一般称之为"阿拉伯阿富汗人"（Arab Afghans）①。

（一）基本特点

抗苏战争起初是阿富汗人自发的、自下而上的反抗，在组织方面呈现出两大特点：一是多数民众参与；二是缺乏统一的组织和领导。美国、巴基斯坦、伊朗等国从中进行协调敦促，也没有改变抵抗力量各自为政的情况。

反苏力量的另一个特点与阿富汗政治文化密切相关。阿富汗绝大多数民众是穆斯林，伊斯兰教是其基本的文化框架和价值体系，宗教人士普遍享有较高权威，由此，抗苏战争被称为"圣战"，反苏力量领导人多为宗教权威。这一点从稍后讨论的白沙瓦七大党派中可以看出来。实际上，阿富汗逊尼派与什叶派穆斯林各自组建相对独立的反苏力量，也是宗教影响力的一种表现。

---

① Thomas Hegghammer, "The Rise of Muslim Foreign Fighters: Islam and the Globalization of Jihad", *International Security*, Vol. 35, No. 3 (Winter 2010/11), pp. 53 – 94.

1. 人民战争

反苏战争是阿富汗的人民战争。其一，喀布尔政权和军队与苏联站在一起。其二，抗苏力量并不是专门的武装力量或职业军人，而是由各地区各行业的民众自发组成。主要有两种组成方式：一是早先的政治反对派把斗争目标对准苏联；二是各地民众团结在德高望重的人身边，拿起武器抗击苏联及其支持的喀布尔政权。其三，各大抵抗力量的领导人都不是王族或部落首领。除了早先的反对派精英以外，不少领导人乃时势所造，阿赫迈德·沙·马苏德就是典型例子：苏联入侵后，这位温和的塔吉克族大学生放弃在喀布尔工学院的学业返回家乡，组建了一支民兵武装，在潘杰希尔打击苏联，成为反苏力量中的传奇英雄，被称为"潘杰希尔雄狮"。

阿富汗究竟有多少穆贾希丁，这些穆贾希丁又划分为多少个组织群体，目前还没有公认的数据。20 世纪 80 年代初，逊尼派穆贾希丁组建了100 多个党派，仅在白沙瓦设立办公室的就有 60 多个，什叶派也有数十个集团。①

（1）兼职战士

阿富汗的绝大多数穆贾希丁主要在本地作战，且多为兼职战士。战事需要时，他们是穆贾希丁；没有战事或不适宜发动攻击的情况下，他们就是教师、小店主、农民、手工业者、政府官员等正常的国民。一位穆贾希丁曾对西方记者说："你为什么要区分战士、老人和妇女儿童？如果你勇敢而且珍爱自由，那你就是'圣战士'。我们全都是穆贾希丁。"②

在普什图地区，男孩子从小就熟悉枪支武器，并学习在实战中如何与对手周旋以及如何抓住有利时机实施打击。不过，普什图人在抗苏力量中的地位起初并不特殊，只是在 1984 年秋天苏联调整军事战略、重点转为打击乡村居民点后，不少穆贾希丁搬迁到巴阿边境地区，普什图人和普什图地区的地位才逐渐凸显。

穆贾希丁的组织方式与普什图部落民兵传统相近。普通战士自带

---

① Bernt Glatzer, "The Pashtun Tribal System", *Concept of Tribal Society*, pp. 265–282.

② Rob Johnson, *The Afghan Way of War*, p. 208.

武器军火乃至粮食入伙，没有统一制服，作战不领取薪水，是真正意义上的志愿者。指挥官起初多为推举产生，他们极少有正规军事培训的背景，之所以被推举为指挥官，主要是基于既有的威望，而非军事才能。有统计显示，穆贾希丁所有领导人中，职业军官人数不超过15%。①

随着战事发展，特别是美国和巴基斯坦援助力度的增强，阿富汗逐渐出现"专职的穆贾希丁"——他们大多是25岁以下的青年男子，作战范围不限于本乡本土，而是跨境作战，有时还会因参战或协助作战而领到一些佣金。

（2）全民支持

抗苏力量得到广泛的社会支持，村民、城市工商业者，乃至政府官员和军队官兵都以自己的方式支持抗苏力量。村民和城市工商业者是穆贾希丁的主要后勤补给者。喀布尔政权和军队中也有穆贾希丁的同情者和支持者。他们的支持方式包括拒绝服从政权命令、暗中掣肘苏联军队、直接起来反对人民民主党政权和苏联等。

苏联入侵以后，阿富汗政府、军队和运输部门有许多人辞职。截至1980年4月，离开军队的官兵人数超过1.7万，1981年和1982年增至年均3万到3.6万人。到1980年年底，阿富汗军队人数从1979年年底的9万人减至大约3万人。②

许多留任者也参与反抗。国防部、军队和安全部门都有人暗中给穆贾希丁传递情报，不少高官秘密加入穆贾希丁政党。1985年5月，阿军情报参谋部部长卡里尔将军（General Kahlil）和他的十名手下被捕，罪名就是给马苏德提供情报。③卡里尔将军被判处死刑后，穆贾希丁仍源源不断地得到"内部情报"。这是苏联在阿富汗的真正困境所在：它不得不几乎完全独自与穆贾希丁作战，以保护喀布尔脆弱的、不得人心的政权。这在很大程度上已经决定了它不可能赢得战争。

---

① Ali Ahmad Jalali, Lester W. Grau, *Afghan Guerrilla Warfare*, p. 401.
② Martin Ewans, *Afghanistan*, p. 159. 关于阿富汗军队的人数，历来有多种说法。
③ Rob Johnson, *The Afghan Way of War*, p. 216.

(3) 多民族成分

阿富汗各民族都有著名的抗苏英雄。塔吉克人和乌兹别克人的抗苏领导人包括拉巴尼教授、传奇英雄马苏德、伊斯梅尔·汗等人。

拉巴尼任职于喀布尔大学。他是阿富汗20世纪六七十年代伊斯兰主义思想的主要传播者和伊斯兰主义组织的奠基人之一。1971年，他和尼亚孜教授一起建立的"伊斯兰促进会"群英荟萃，其骨干成员来自各民族，许多人后来在抗苏战争中独挡一方，包括阿卜杜·拉苏尔·塞亚夫（Abdul Rasul Sayyaf）、大毛拉云努斯·凯里斯（M. Ynnus Khales）、希克马蒂亚尔等。抗苏战争期间，马苏德和伊斯梅尔·汗也加入了"伊斯兰促进会"。马苏德力量扼守苏联南下喀布尔的交通要道潘杰希尔谷地，一再沉重打击苏联军队，是苏军后勤补给的最大威胁和挑战，在各民族穆贾希丁中享有极高威望。①

哈扎拉人的抗苏力量大约有一两万人的规模，主要依靠伊朗支持，集中在哈扎拉贾特地区作战。分散居住在其他地区的哈扎拉人也积极参与当地各民族领导人召集的抗苏力量。什叶派政党"统一中心"的领导人赛义德·穆罕默德·侯赛因（Sayed Muhammed Hussein）是哈扎拉抗苏英雄的代表。

阿富汗是多民族国家，穆贾希丁力量（党派）的队伍不以民族为基础和界分，各大抵抗力量都由多民族成员组成。拉巴尼和马苏德的追随者遍布各民族，普什图人希克马蒂亚尔手下的战士也有乌兹别克人、哈扎拉人和塔吉克人。

2. 缺乏统一组织和领导

抗苏战争之初，阿富汗就形成了100多个抵抗组织。十年战争并没有在庞大的穆贾希丁队伍中产生真正的"中央领导"权威。抵抗力量各自为政，团结在自己的首领周围，根据实地情况和战机分别打击共同的敌人。长时间的战争培育出一大批军阀。基于美国、巴基斯坦和伊朗对各派军阀的非均衡支持，一些军阀的力量迅速崛起。

抗苏战争产生了若干英雄和传奇故事，但没能自然形成号令各方的

---

① 1996年"塔利班"夺取喀布尔政权后，马苏德领导北方联盟坚持抵抗"塔利班"。2001年9月初他被"基地组织"炸死，这一事件对阿富汗政局影响巨大。

领导核心。比如，拉巴尼和马苏德在穆贾希丁内部的影响超越地区和民族界线，却始终没有得到普什图军阀的普遍认可，希克马蒂亚尔与他们之间的争执和冲突贯穿抗苏战争始终。

美国、巴基斯坦和伊朗都曾试图居间调停①，整合抗苏力量。巴基斯坦在美国的支持下建构了白沙瓦七大穆贾希丁党派，并委托七大党派管理在巴基斯坦的阿富汗难民。然而，马苏德和伊朗支持的什叶派抵抗力量都不在七大党派之列，七大党派之间也不断明争暗斗，缺乏有效合作，各有自己独立的监狱和执法规则。

阿富汗穆贾希丁自觉联合的努力也没有成功。1984年，一些军阀打出前国王查希尔·沙的旗号，试图团结抗苏力量队伍，因遭到盖兰尼和希克马蒂亚尔等人的强烈反对而作罢。

因此，尽管在各方努力下，抵抗力量在战争期间先后组成若干松散联盟如"解放阿富汗伊斯兰联盟"、"解放阿富汗伊斯兰联合会"、"什叶派穆贾希丁组织"、"北方指挥委员会"等，但都未能久存。从战术层面看，抵抗力量各自为政也是苏联和喀布尔政权难以取得决定性军事胜利的关键：穆贾希丁队伍分散，无王可擒；消灭一个指挥官，立即有新的指挥官兴起。

3. 派系争斗

阿富汗穆贾希丁队伍不仅没能建立起统一组织和领导，而且连和平共处也没能做到。他们一面反苏，一面内斗。军阀派系和山头始终存在，党派争斗常爆发为火拼。根据安瓦尔的研究，抗苏战争期间，阿富汗穆贾希丁之间的血腥冲突几乎是一种规范，而非例外。他们为了彼此斗争，甚至不惜借助苏联和喀布尔政权的力量来打击对手。这正是阿富汗的悲剧所在：

> 他们出于相互仇恨，甚至毫不犹豫地把自己同胞的情报提供给苏联人。苏联军队每一场胜利的行动都离不开反叛者给他们提供的

---

① 阿富汗不少学者认为，巴基斯坦三军情报局并不希望阿富汗抵抗力量团结起来，所以刻意保持七大党派并立的局面，以便将其掌控在自己手中。美国在这方面与巴基斯坦有分歧，但美国援助需要依靠巴基斯坦来传递和发放，对其也无可奈何。

情报……所有的战争都是悲剧,但是阿富汗战争比近代史上其他许多战争更加悲惨。在今天的阿富汗,每个武装集团都有他们自己的战争法则。①

信奉同一种意识形态的军阀之间也彼此为敌,拉巴尼与希克马蒂亚尔就是如此。在意识形态方面,他们都属于阿富汗穆贾希丁中的"激进派"或"原教旨主义派",抗苏战争之前,他们曾共同战斗。严格说来,20世纪60年代末70年代初,拉巴尼是希克马蒂亚尔等青年学生在思想上和政治上的引路人和导师,青年学生们因追随拉巴尼而加入"伊斯兰促进会"。1978年,希克马蒂亚尔另立山头,成立"伊斯兰党"。抗苏战争期间,双方矛盾激化。拉巴尼加强与马苏德、伊斯梅尔·汗等人的合作,马苏德也站到了对抗"伊斯兰党"的前沿。值得一提的是,如果单纯透过"民族"的棱镜,这好像是普什图军阀与塔吉克军阀之间的敌对,但他们之间的斗争其实并非基于抽象的民族认同,而是为了争夺现实利益。以1988—1989年双方的一次冲突为例。1988年,希克马蒂亚尔和马苏德力量同时进入塔罗坎地区,双方起先协商划定各自的范围。事后不久,希克马蒂亚尔的手下决定抢占马苏德辖地,于是对马苏德力量发起伏击,致其36人死亡。②

抗苏战争期间,共同的外敌没能促成穆贾希丁内部团结协作,战争结束后,抗苏力量失去共同目标,彼此之间的冲突更趋激烈。这是1992—1996年间穆贾希丁政府有名无实、各大军阀混战不已的关键所在,其直接结果是"塔利班"力量的兴起。

(二) 白沙瓦七大党派

白沙瓦七大党派是巴基斯坦识别和承认的阿富汗穆贾希丁力量。当时在白沙瓦其实有60多个穆贾希丁组织,但巴基斯坦只承认其中的7个党派,它们大多由多个抵抗团体组成,总部设在白沙瓦。

---

① Raja Anwar, *The Tragedy of Afghanistan: A First-hand Account*, trans. by Khalid Hasan, London: Verso 1988, pp. 238–239.

② Gilles Dorronsoro, *Revolution Unending: Afghanistan, 1979 to the Present*, New York: Columbia University Press, 2005, p. 152.

1980年四五月间，巴基斯坦军方在白沙瓦主持召开阿富汗难民大议事会，旨在建立抗苏统一阵线。议事会决定，三个伊斯兰主义组织和三个温和派组织组成联盟，名为"解放阿富汗伊斯兰联盟"，由阿卜杜·拉苏尔·塞亚夫担任主席。会后不久，联盟即宣告破裂，希克马蒂亚尔首先率领伊斯兰党退出，随后三个温和派组织也宣布退出，但联盟的躯壳和部分力量保存下来，塞亚夫继续担任主席。1981年，在巴基斯坦的协调和推动下，原先六大组织加上塞亚夫的"伊斯兰联盟"，重新组建为更加松散的"阿富汗穆贾希丁伊斯兰联盟"，简称"七派联盟"（Union of the Seven），俗称"白沙瓦七大党派"。

　　由此可见，七大党派实际上是巴基斯坦军方整合、规范穆贾希丁队伍的一种努力，目的是把各自为政的抗苏力量团结起来，更好地配合落实美国的战略，打败苏联。基于七大党派在抗苏战争和美苏较量中扮演的特殊角色，白沙瓦实际成为"反苏战争"的指挥中枢。

　　1. 基本情况①

　　七大党派分别是：拉巴尼领导的"伊斯兰促进会"、盖兰尼领导的"全国伊斯兰革命阵线"、穆贾德迪（Sebghatultah Mujaddidi）领导的"民族解放阵线"、纳比·穆哈迈迪领导的"伊斯兰革命运动"、塞亚夫领导的"伊斯兰盟"、希克马蒂亚尔领导的"伊斯兰党"，以及凯里斯领导的"伊斯兰党"。其中，希克马蒂亚尔及其领导的"伊斯兰党"是巴基斯坦的"最爱"，所获支持最多，稍后再专门介绍。这里先简要介绍一下其他党派及其领导人的情况：

　　（1）"伊斯兰促进会"（Jamiat-i Islami Afghanistan）

　　1976年，布尔汗乌丁·拉巴尼（1940—2011年）教授率领一批与查希尔·沙国王关系密切的阿富汗政治知识精英成立了"伊斯兰促进会"，总部设在巴基斯坦，在伊朗有分支机构。组织创建之初的政治目标是：反对达乌德·汗政权，反对苏联帝国主义。1978年4月政变后，"伊斯兰

---

①　参见 John L. Esposito, *The Oxford Encyclopedia of the Islamic World*, Vol. 1 – 4, Ludwig W. Adamec, Historical Dictionary of Afghanistan, 2nd edition，以及 Asta Olesen, *Islam and Politics in Afghanistan*. Robert D. Kaplan, *Soldiers of God: With the Mujahidin in Afghanistan*, Boston: Houghton Mifflin Company 1990. Oleg Sarin and Lev Dvoretsky, *The Afghan Syndrome: The Soviet Unions' Vietnam*. Mark Urban, *War in Afghanistan*, London: MacMillan 1990 等文献。

促进会"的目标有所调整：反对人民民主党政权。同时还提出"伊斯兰正义"的口号，致力于在阿富汗建立伊斯兰共和国。

促进会的党员主要是毛拉、地主、官僚，大多来自哈扎拉族和塔吉克族。政党的主要根据地在哈扎拉贾特、赫拉特、法拉、古尔、巴德吉斯、巴米扬等省，以及哈扎拉人和塔吉克人集中居住的其他地区。它的思想宣传阵地是《亚洲之心》《信仰战士》和《血滴》等报刊。

拉巴尼教授是塔吉克人，出生于巴达赫尚，从喀布尔大学毕业后前往爱资哈尔大学进修。1968年获硕士学位后回到喀布尔大学伊斯兰教教法学院任教。他是阿富汗新伊斯兰主义思想和运动的领军人物，参与建立了大学生伊斯兰主义团体穆斯林兄弟会。拉巴尼在各民族享有较高威望，在抗苏战争后期与阿赫迈德·沙·马苏德和伊斯梅尔·汗等人合作。1993年3月他当选阿富汗总统；1996年9月被"塔利班"推翻；2010年出任阿富汗高级和平委员会主席。2011年被"塔利班"杀害。

(2)"全国伊斯兰阵线"（Mahaz-i Milli-yi Islami）

"全国伊斯兰阵线"创始人和领导人赛义德·阿赫迈德·沙·盖兰尼（1932年—）是苏菲派卡迪里耶教团创始人阿卜杜—卡迪尔·盖兰尼（Abdul-Qadir Gailani）的后裔，阿拉伯（伊拉克）人。他出生于楠格哈尔省，妻子是哈比布拉国王的孙女。他于1954年毕业于喀布尔大学伊斯兰教教法学院；1964年接任卡迪里耶教团领导人；1965—1970年间担任查希尔·沙国王的宗教顾问，负责确保宪法和法律的落实符合伊斯兰教法。

1978年4月政变之前，盖兰尼是一名商人，在喀布尔有几家标致汽车销售公司，在贾拉拉巴德有大片土地。人民民主党政权没收了他的财产和土地之后，1978年12月，他前往巴基斯坦，走上反对人民民主党政权的道路，首要的行动就是创建"全国伊斯兰阵线"。阿富汗许多大地主和政府官员都追随他。抗苏战争期间，人们称他为"穆贾希丁之父"。

该组织的政治目标是捍卫伊斯兰在阿富汗的地位。加入组织的誓词是承诺"牺牲我所有的财产和生命，为宣扬安拉的诫命、荣耀伊斯兰和解放阿富汗而斗争到底。"

"全国伊斯兰阵线"与美国政府和欧洲反苏力量的关系密切。它支持查希尔·沙国王重新主政,主张以大议事会为阿富汗国家基石。其武装斗争的根据地主要在加兹尼、帕克提卡、查布尔、喀布尔和坎大哈南部地区。

(3)"阿富汗民族解放阵线"(Jabha-i-Nijat-Milli)

创始人和领导人赛布格图拉·穆贾德迪(1925—2019 年)来自苏菲纳克什班迪耶教团导师世家,在整个伊斯兰世界都享有广泛影响。他出生于喀布尔,在喀布尔上完高中后前往爱资哈尔大学学习,获得教法学学士和硕士学位,1953 年返回喀布尔任教。由于他积极参与和领导伊斯兰运动,是阿富汗穆兄会的灵魂人物,在达乌德·汗担任总理时期被监禁 4 年。出狱后流亡国外,先在利比亚和丹麦生活十年,而后到白沙瓦。1978 年四月革命后在巴基斯坦成立"阿富汗民族解放阵线"。

解放阵线的目标是:在公正、平等和民主传统的基础上建立伊斯兰社会;遵守伊斯兰原则,捍卫阿富汗的独立、文化、历史、国家荣誉和尊严;捍卫真正的伊斯兰传统和道德价值观;让阿富汗人民远离新殖民主义、无神论和马克思主义。它在 1979 年 5 月 12 日公开宣布对阿富汗政府发动"圣战",号召阿富汗人起来推翻喀布尔政权。它的政治议程是:推翻人民民主党政权,建立伊斯兰政权,即把伊斯兰原则确立为政治、经济和公共事务的基础,确保个人自由和公共自由。

"阵线"成员自称"真理道路的圣战士"。它忠诚于前国王查希尔·沙,主张重建大议事会。它在阿富汗北部、东部和东南部各省的普什图地区都有大量追随者,根据地主要在坎大哈。

1989 年穆贾德迪当选为阿富汗过渡政府(AIG)/穆贾希丁流亡政府总统,1992 年 4—6 月任穆贾希丁临时政府总统。

(4)"伊斯兰革命运动"(Harakat-i Inqilab-i Islami Afghanistan)

1978 年 6 月,毛拉维穆罕默德·纳比·穆哈迈迪(1921—2002 年)会同三四十名对四月政变不满的宗教学者,在巴基斯坦创建"伊斯兰革命运动"。

纳比出生于帕克提亚地区①，毕业于宗教学校，早年是穆兄会的骨干成员，20世纪60年代任国会议员。1973年因编写、出版和散发反政府诗歌被捕，他反对达乌德·汗总统的亲苏联政策。1978年4月，人民民主党政变上台，纳比前往巴基斯坦，创建"伊斯兰革命运动"。和其他主要的抗苏党派一样，革命运动的总部设在白沙瓦，在伊朗也设有分支机构。运动的中央委员会由几个部分组成：军事、政治、文化活动、反情报、移民和财政。

"伊斯兰革命运动"的群众基础包括毛拉、官僚，以及对现状不满的年轻人。它的政治目标与希克马蒂亚尔的伊斯兰党接近，有21条政纲，核心内容是：以"圣战"打击敌视伊斯兰的力量，创建真正的"阿富汗伊斯兰共和国"，捍卫非伊斯兰国家中穆斯林群体的权益。

"伊斯兰革命运动"武装力量十分强大。在巴基斯坦它得到瓦济尔部落和马苏德部落的支持。在阿富汗，它的游击队遍及各省，在卢格尔、萨曼甘、法里亚布、法拉和尼姆鲁兹等省格外强大。在加兹尼、喀布尔、帕克提亚、赫拉特、坎大哈、赫尔曼德等地区也相当活跃。

1992年，纳比当选为穆贾希丁拉巴尼政府的副总统。1995年3月，他承认"塔利班"的合法性。

(5)"伊斯兰盟"（Ittihad-i Islami Baraye Azadi-ye Afghanistan）

阿卜杜·拉苏尔·塞亚夫（1946年—）来自加尔吉部落，出生于帕格曼谷地。从喀布尔大学毕业后他前往爱资哈尔大学学习，获神学硕士学位。在开罗期间他加入了当地的穆斯林兄弟会，20世纪60年代末返回阿富汗，任教于喀布尔大学，与尼亚孜、拉巴尼等人一起宣扬伊斯兰主义思想，鼓励穆斯林青年的伊斯兰主义运动。1974年被达乌德·汗总统监禁，直到1980年才出狱，之后前往白沙瓦，并被选为"解放阿富汗伊斯兰联盟"主席。由六大党派组成的联盟解体以后，他继续担任伊斯兰联盟领导人。他与沙特阿拉伯等海湾国家关系密切，在抗苏期间得到阿拉伯穆贾希丁支持。

1996年，塞亚夫促成拉巴尼与希克马蒂亚尔的和解。"塔利班"政权

---

① 有人认为纳比·穆哈迈迪来自卢格尔的加尔吉部落，但也有人把他的家谱追溯到先知伙伴、第二任正统哈里发欧麦尔。

时期，他是北方联盟中唯一的普什图成员。2013 年 8 月被卡尔扎伊总统推为总统候选人。

（6）"伊斯兰党"（Hizb-i Islami，IPA-Khales）

大毛拉穆罕默德·云努斯·凯里斯（1919—2006 年）的"伊斯兰党"与希克马蒂亚尔的"伊斯兰党"同名，成立于 1979 年。凯里斯和希克马蒂亚尔分道扬镳的主要原因是，希克马蒂亚尔要求穆贾希丁所有党派都接受伊斯兰党的领导，都向他本人报告；而凯里斯虽然赞成阿富汗各穆贾希丁党派团结起来，但坚决反对希克马蒂亚尔的专断和独裁。在其他方面，两个伊斯兰党的主张大同小异。

云努斯·凯里斯反复强调，阿富汗的唯一宪法是《古兰经》，因而被尊为"虔信者"。他来自加尔吉部落库格安尼支族，出生于贾拉拉巴德。1974 年因为写书批评达乌德·汗总统而被追捕。反苏战争期间，他的部队以有效暗杀、绑架人民民主党政权和苏联军官而闻名。凯里斯曾多次亲自到阿富汗前线指挥作战，这一点不同于其他党派领导人。[①] 他的主要根据地在楠格哈尔、帕克提亚和卢格尔等省，在喀布尔、贾拉拉巴德、加兹尼和坎大哈的普什图人中间也有深厚根基。他被选举为阿富汗穆贾希丁伊斯兰联盟主席。

抗苏期间，后来的"塔利班运动"创始人毛拉穆罕默德·奥马尔等人曾在云努斯·凯里斯的麾下战斗。他的副手贾拉鲁丁·哈卡尼（Jalaluddin Haqani）是"哈卡尼网络"[②] 的创始人。

2. 政治功能和外部标识

七大联盟成立后，巴基斯坦继续谋求用该联盟来整合散乱的穆贾希丁队伍。齐亚·哈克政府宣布，在阿富汗抵抗力量中，巴基斯坦只承认这七大党派，凡通过巴基斯坦发放的资金和军备物资，都只提供给七大党派；凡不愿意加入七大党派的穆贾希丁都不得在白沙瓦设置代表处。

[①] Syed Shabbir Hussain, Absar Husain Rizvi, *Afghanistan: Whose War?* p. 25.

[②] 21 世纪，美国媒体常把哈卡尼网络等同于"塔利班"。其实，哈卡尼网络比"塔利班"早得多，它交好巴基斯坦的历史也远在抗苏战争之前。创始人贾拉鲁丁·哈卡尼与巴基斯坦的渊源可追溯到 1964 年他在巴基斯坦接受宗教教育。1973 年达乌德·汗政变上台不久，贾拉鲁丁宣布发起对达乌德·汗总统的圣战，遭政府打击，1975 年逃往巴基斯坦，得到巴基斯坦的支持和保护。巴基斯坦支持贾拉鲁丁的重要背景是前述达乌德·汗总统的"普什图尼斯坦"战略。

在当时的地区政治舞台上，七派联盟的首要目标是抗苏，次要任务则是管理滞留在巴基斯坦的数百万阿富汗难民；它们负责给难民发放身份证和定量供应卡，由此把难民纳入抵抗力量体系。

七大党派的首要外部标识是"伊斯兰"，它们都高举"圣战"旗号。七大党派领导人中，只有希克马蒂亚尔不是宗教学者。塞亚夫和拉巴尼毕业于爱资哈尔大学，纳比·穆哈迈迪和云努斯·凯里斯是宗教权威；穆贾德迪和盖兰尼都出自苏菲世家，分别领导着阿富汗的纳克什班迪耶教团和卡迪里耶教团。这些宗教权威在民众中间都具有强大的感召力。

西方媒体和学者习惯把七大党派区分为激进派与温和派、原教旨主义派与自由派、传统派与革命派等等。主要依据是各派领导人的政治立场和武装斗争方式。但是从总体原则来看，七大派别之间的区分并不明显。他们都武装反抗苏联和人民民主党政权，都主张把阿富汗建成伊斯兰国家，以教法为国家基础。

各抵抗力量的组合也被西方世界纳入到"激进"与"温和"的分类中。比如，1981年夏天，纳比·穆哈迈迪领导的"伊斯兰革命运动"、穆贾德迪领导的"民族解放阵线"，以及盖兰尼领导的"全国伊斯兰阵线"组成的联盟被称为"自由派联盟"；同年秋天，塞亚夫领导的"伊斯兰盟"、希克马蒂亚尔领导的"伊斯兰党"、云努斯·凯里斯领导的"伊斯兰党"、拉巴尼领导的"伊斯兰促进会"组成联盟，被称为"原教旨主义"。因而也"有三大温和派""四大激进派"之说[1]。1985年年初，这两大联盟都宣告解体。

1985年5月，在巴基斯坦的斡旋下，白沙瓦七大党派同意搁置分歧，建立统一阵线，团结起来打击共同敌人。6月，他们创建"最高委员会"作为统一最高领导机关。第二年，七党联盟宣布要在纽约和吉达开设联盟办事处，以整合国际资源。1987年12月，联盟发言人公开拒绝纳吉布拉总统的停火建议，表示将继续战斗，直到推翻纳吉布拉政府，代之以

---

[1] Sabahuddin Kushkaki, "An Assessment of the New Mujaheddin Alliance", in *The Tragedy of Afghanistan: The Social, Cultural and Political Impact of the Soviet Union*, eds. by Bo Huldt and Erland Jansson, London: Croom Helm, 1988, p. 164.

伊斯兰政府。1989年苏联撤军完成前夕，巴基斯坦三军情报局召集七党联盟在拉瓦尔品第成立"阿富汗过渡政府"，即穆贾希丁流亡政府。同年年底，希克马蒂亚尔宣布退出，流亡政府徒留其名。1992年4月，七党联盟签署《白沙瓦协定》，建立两大领导机构"临时伊斯兰委员会"和"领导委员会"，分别由穆贾德迪和拉巴尼教授领导，同时规定他们两人将先后担任穆贾希丁政府总统，接替纳吉布拉政权。由于两大委员会之间权责不清，特别是由于希克马蒂亚尔拒绝合作，"穆贾希丁政府"只在协定文本中存在。纳吉布拉宣布辞职后，穆贾希丁军阀混战立即爆发，续写阿富汗的政治动荡。1993年3月，巴基斯坦和沙特阿拉伯出面促成新的协定，即《伊斯兰堡协定》，但军阀混战正酣，新的协定依然成为一纸空文。

（三）什叶派抵抗力量

白沙瓦七大党派主要是逊尼派和苏菲派抵抗力量，什叶派"圣战士"另有自己的组织体系，他们组建了多支抵抗力量，有"八大党派"之说①。苏联入侵不久，阿亚图拉比合西提（Ayatullah Sayyed Ali Bihishti）领导的"伊斯兰团结委员会"就解放了哈扎拉贾特。

什叶派抵抗力量大多得到伊朗的支持，但未得到巴基斯坦的承认。什叶派穆贾希丁与伊朗的关系也有亲疏之别。活跃在坎大哈、喀布尔一带的阿亚图拉穆斯尼（Ayatullab Asif Muhsini）始终坚持只在宗教事务上遵从伊朗领导，在其他问题上独立自主，他领导的伊斯兰运动在抗苏战争期间与伊朗关系紧张。亲伊朗的抵抗力量主要有"伊斯兰胜利组织""革命卫队""真主党等"。

什叶派穆贾希丁在1984年成立"团结委员会"。1987年夏天，8个什叶派政党在马什哈德组建了另一个联盟，名叫"阿富汗革命阵线"。苏联撤军后，1990年7月，什叶派武装力量在伊朗的调停下组建统一政党——"团结党"，谢赫阿里·马扎里（Abdul Ali Mazari）任主席。但是，和白沙瓦七大党派一样，团结党也未能久存。

---

① 这八个政党是：Nohsat-i Islami（伊斯兰复兴），Sazman-i Pasdaran（革命卫队），Jihad-i Islami（伊斯兰圣战），Jabha-i Motahed-i Islami（伊斯兰解放阵线），Sazman-i Nasr（胜利组织），Hizbullah（真主党），Hizb-i Dahwat-i Islami（宣教党），Harakat-i Islami（伊斯兰运动）。

表8—3　　　　　　　阿富汗穆贾希丁主要派别（1988年）

教派	名称	领导人	组织规模（万人）	主要阵地
逊尼派	伊斯兰促进会	布尔汗乌丁·拉巴尼	1.5—3	潘杰希尔谷地、赫拉特、法拉、巴德吉斯、巴尔赫、萨曼甘、坎大哈、巴达赫尚、巴格兰、昆都士、喀布尔、法里亚布、朱兹詹等地
	伊斯兰党（HIK）	云努斯·凯里斯	1.7	帕克提亚、帕克提卡、喀布尔、楠格哈尔、卢格尔、坎大哈等地
	伊斯兰党（HIG）	古尔布丁·希克马蒂亚尔	2—3	卡皮萨、帕克万、楠格哈尔、拉格曼、巴格兰、喀布尔、巴米扬、昆都士、巴尔赫、法里亚布、帕克提卡、法拉、赫尔曼德、坎大哈、乌鲁兹甘
	全国伊斯兰阵线	赛义德·盖兰尼	1.8	瓦尔达克、坎大哈、帕克提亚、楠格哈尔、加兹尼、乌鲁兹甘、塔卡尔、帕克提卡
	伊斯兰革命运动	穆罕默德·纳比·穆哈迈迪	2	卢格尔、法拉、科萨非、加兹尼、赫尔曼德、赫拉特、法里亚布、坎大哈、帕克提亚、古尔
	伊斯兰联盟	阿卜杜·拉苏尔·塞亚夫	0.4	喀布尔、坎大哈、帕克提亚、赫尔曼德、法拉
	民族解放阵线	赛布格图拉·穆贾德迪	0.35	库纳尔、赫尔曼德、坎大哈
什叶派	伊斯兰团结革命委员会	赛义德·阿里·比合西提	0.8	瓦尔达克、加兹尼巴米扬、巴格兰、巴尔赫等省的哈扎拉地区
	伊斯兰运动	谢赫阿塞夫·穆斯尼	1.5	巴米扬、乌鲁兹甘、法里亚布、朱兹詹、巴尔赫、喀布尔、萨曼甘
	革命卫队	乌斯塔德·阿克巴里	0.8	古尔、赫尔曼德、巴米扬、赫拉特（与伊朗关系密切）
	真主党	阿里·乌苏基	0.3	赫拉特、古尔、赫尔曼德
	伊斯兰胜利组织	米尔·侯赛因·萨迪克	N. A.	哈扎拉地区（与伊朗关系密切）

(四) 国内穆贾希丁

除了白沙瓦七大党派和什叶派八大政党之外，阿富汗还有自力更生独立作战、不依靠外国支持的抵抗力量。其领导人主要有潘杰希尔的马苏德、巴尔赫的兹比乌拉（Zibihullah）、赫拉特的伊斯梅尔·汗、瓦尔达克地区的阿明·瓦尔达克（Amin Wardak）等，或可称之为"国内穆贾希丁"。

国内穆贾希丁也没有统一指挥中心，而是分散在各地，主要在各自根据地附近地区作战。在戈尔巴乔夫做出"增兵"、"战胜"和"撤军"的一系列决定后，一些指挥官意识到加强彼此合作的必要性。1987年7月，伊斯梅尔·汗在古尔召集第一届"国内穆贾希丁大会"，共有1200多名指挥官参加。会议主要讨论了喀布尔政府的民族和解倡议，通过了20项决议。其中第一条决议是，拒绝纳吉布拉政权的和解倡议，因为"决定阿富汗未来命运的权利属于殉道士及其后继者，属于正在各地前线作战并随时准备殉道的穆斯林，其他任何人都不能决定这个国家和民族的前途。"指挥官们表示，今后要加强全面协作，统一管理，但拒绝白沙瓦七大党派的领导权。决议还宣布："不能让苏联人在不支付战争赔偿的情况下安全离开阿富汗。"[①]

苏联撤军后，国内指挥官们关切的首要问题是国家何去何从。1990年7月，来自29个省的300多名指挥官在帕克提亚开会。会议重申，阿富汗的前途必须由穆贾希丁领袖和阿富汗穆斯林民众决定。不过，与会者的共识没有改变阿富汗的政治命运。国内指挥官之间有深刻分歧，白沙瓦七大党派的斗争也愈演愈烈。在这种情况下，1990年10月，"指挥官全体委员会"在巴达赫尚召开，主要讨论了两大问题：一是如何在战场上加强协作；二是如何重建安全秩序，重新统一国家。会议提出，要重建阿富汗安全与统一，需采取六大步骤：（1）制定统一的军事行动战略；（2）把国家分为九大区域，由乌莱玛、指挥官和长老协同管理；（3）组织专门力量确保供给路线安全；（4）建立联合办公室，负责协调各指挥官的行动；（5）呼吁纳吉布拉政权集体辞职；（6）确保赦免愿意

[①] Ralph H. Magnus, Eden Naby, *Afghanistan: Mullah, Marx, and Mujahid*, Colorado: Westview Press, 1998, pp. 153–154.

合作的穆贾希丁。①

这些决议表明了国内穆贾希丁的政治立场和本土关切。他们担心内战和国家分裂，努力重建和平秩序。但他们没有建立专门的机制来加以推进落实。为了避免让人觉得他们试图挑战"白沙瓦机制"，他们再三辩白，表明自己无意挑战白沙瓦各党派领导人的权威。②

事态的发展已经表明，"国内穆贾希丁"大多未能真正有效参与战后政治安排，主导阿富汗政局的是有外国支持的穆贾希丁，特别是白沙瓦各大力量。伊斯梅尔·汗和马苏德因与拉巴尼结盟而被纳入白沙瓦机制：拉巴尼力荐马苏德为穆贾希丁政府的国防部长。但是并没有由此建立起"国内穆贾希丁"和白沙瓦七大党派的合作，相反，马苏德与希克马蒂亚尔的矛盾冲突进一步加深。这是1989—1992年穆贾希丁流亡政府、临时政府和过渡政府一再瘫痪的重要原因，也是军阀内战的重要环节。1992年，"圣战"旗号成为军阀谋取私利的遮羞布，殃及百姓。数十名不满现状的穆贾希丁战士揭竿而起，建立了"塔利班运动"。

（五）恢复政治秩序的努力

苏联撤军末期，拉巴尼与希克马蒂亚尔的火拼不断升级。巴基斯坦和沙特阿拉伯联合施压，于1989年年初召集阿富汗逊尼派抵抗力量建立"阿富汗穆贾希丁伊斯兰团结阵线"。2月10日，巴基斯坦召集七大党派和阿富汗国内各抵抗力量（包括"哈扎拉贾特统一委员会"等什叶派穆贾希丁）的代表共400多人开会，讨论组建过渡政府、实现政治和解等事宜。会议决定，成立临时政府，其使命是遵照《古兰经》建立伊斯兰秩序。会议选举穆贾德迪为总统，塞亚夫为总理，并决定每个党选派两名代表进入内阁担任部长。

这次会议未能吸纳人民民主党政权、部落和世俗民族主义力量代表参加。就此而言，会议所创建的临时政府存在代表性不充分的先天缺陷③，加之各军阀派系间素来缺乏协作，这两点直接决定了临时政府的脆弱性。由于政府主要由军阀及其代表组成，且当时人民民主党政权还在台上，所以一般称之为"穆贾希丁流亡政府"。

---

① Ralph H. Magnus, Eden Naby, *Afghanistan: Mullah, Marx, and Mujahid*, p. 154.
② Ibid..
③ 大约11年之后，波恩会议重蹈覆辙。没有邀请塔利班与会。

1992年4月,纳吉布拉宣布辞职,人民民主党政权走向终结。巴基斯坦总理纳瓦兹·谢里夫(Nawaz Sharif)立即在白沙瓦召集抵抗力量代表开会,签订了《白沙瓦协定》。根据协定,穆贾德迪担任总统职务两个月,其后让位于拉巴尼教授;拉巴尼主政期限为4个月,之后由舒拉选举产生新的过渡政府,过渡期为两年。

1992年4月28日,穆贾德迪正式就任临时政府总统。希克马蒂亚尔立即表示不合作,内战爆发。1993年,拉巴尼当选为穆贾希丁政府总统,希克马蒂亚尔再度公开强烈反对,拉巴尼拒绝做出让步。直到1996年5月"塔利班"势如破竹之际,二人才达成和解,希克马蒂亚尔同意出任拉巴尼政府的总理,但穆贾希丁政府很快被"塔利班"推翻。

第二节 普什图抵抗力量

阿富汗各民族都参与了抗苏战争。普什图人在其中的特殊地位主要体现在两点:其一,普什图人是阿富汗人口最多的民族;其二,普什图纽带把巴基斯坦与阿富汗政治空前紧密地联系在一起,建构起新的地缘政治格局。七大党派和难民汇聚巴基斯坦,巴基斯坦政府、军队和普什图部落民积极支持抗苏战争,由此形成了当前和未来一段时期巴基斯坦对阿富汗的特殊影响力。

一 普什图人抗苏

如果一定要从民族构成着眼,那么可以看到,阿富汗抵抗力量在人数、分布地区、战争规模和烈度等方面,存在普什图与非普什图的差别。简单地说,普什图抵抗力量人数更多。以1983年为例,普什图人武装抵抗力量约50万人,而非普什图人游击队不超过20万人,如表8—4所示。

表8—4   阿富汗各民族武装抵抗力量(1983年)   单位:万人

普什图各部落	塔吉克族	哈扎拉族	乌兹别克族	土库曼族
51.5—54.3	6	6	4	1.5—2

资料来源:Antonio Giustozzi, *War, Politics and Society in Afghanistan 1978 – 1992*, p.280。

不过，反苏战争不是普什图人一家的抗战。如前所述，抗苏战争在阿富汗是人民战争，各民族都有自己的抵抗力量。在白沙瓦七大党派领导人中，拉巴尼是塔吉克人，穆贾德迪和盖兰尼是阿拉伯人后裔，其余主要是普什图人。伊朗支持的什叶派八大抵抗力量领袖主要是哈扎拉人。在国内抗苏的马苏德和伊斯梅尔·汗是塔吉克人。实际上，如果仅就反抗斗争而言，1979年12月之前率先揭竿而起的是努里斯坦人，紧接着是哈扎拉人。①

过分执着于民族视角的有限性还在于，抵抗力量所打击的喀布尔政权及其军队在民族构成方面同样是多元的。普什图人是阿富汗军队中最大的群体，塔吉克人位居第二，这种状况与阿富汗总人口的族群构成基本一致，当然具体比值不同（见表8—5）。

表8—5　阿富汗军队中的普什图人和塔吉克人比例（1978—1989年）　　单位:%

时间	统计类别		普什图人	塔吉克人
1978年	军官	高级军官	70	20
		低级军官	45	35
	士兵		60	30
1985年	官兵总数		50	—
1987/88年	高级军官和部队指导员		55	35
1989年	士兵		约50	35—40

资料来源：Antonio Giustozzi, *War, Politics and Society in Afghanistan 1978-1992*, p. 276。

二　抗苏力量的部落结构

观察白沙瓦七大党派的部落结构，可以发现一个比较明显的现象：杜兰尼部落成员在领导和骨干队伍中人数很少，加尔吉部落则有多位著名军阀。比如，七大党派领导人中没有来自杜兰尼部落的成员，希克马蒂亚尔、云努斯·凯里斯和纳比·穆哈迈迪都来自加尔吉部落，他们与巴基斯坦关系密切。实际上，杜兰尼部落所属多个次级部落的地方权威，包括萨多扎、博帕尔扎、巴拉克扎等在内，公开反对七大党派。

---

① P. Bajpai & S. Ram (eds), *Encyclopaedia of Afghanistan*, Vol. 1, New Delhi: Anmol Publications Pvt. Ltd., 2002, p. 279.

有分析认为，杜兰尼部落自 1747 年起就主导阿富汗国家政治生活，他们在穆贾希丁领导层中的缺位，是 1992 年之后坎大哈地区民众坚决反对穆贾希丁政府的重要原因，坎大哈数百年来一直是杜兰尼部落政治精英的根据地。① 实际上，坎大哈民众在 1992—1996 年时期的反叛，与其说是基于杜兰尼部落与加尔吉部落间的世仇，不如说是当时军阀混战大局的一部分。当然，部落分野在一定程度上决定了抵抗力量的党派组织结构，因而是穆贾希丁难以形成团结和统一领导中心的重要原因，不少研究显示，在凯里斯、穆哈迈迪等人领导的抵抗力量中，骨干多出自同一部落。

杜兰尼部落和其他小部落其实也有自己的抵抗力量。他们只是没有参加白沙瓦机制而已。杜兰尼部落抵抗力量在 1983 年达到 7 万—10 万人左右，他们主要在坎大哈地区活动。如表 8—6 所示。

表 8—6　　阿富汗普什图部落的武装抵抗力量（1983 年）　　单位：万人

部落名称		人口	武装力量	
杜兰尼	博帕尔扎	10—15	1.0—1.8	7.5—10.3
	巴拉克扎	20—25	2.0—3.0	
	努尔扎	15—20	1.5—2.0	
	其他支系	50	3.0—3.5	
加尔吉	苏莱曼克	25—30	3.0	9.0
	哈塔克	4—6	1.0	
	其他支系	90—105	5.0	
其他部落	卡卡尔	25—30	2.5	22.0
	瓦济尔	20	2.0	
	阿夫里德	25	4.0	
	莫赫曼德	10—13	4.0	
	优素福扎	70	8.0	
	辛瓦里	—	1.5	

资料来源：Antonio Giustozzi, *War, Politics and Society in Afghanistan 1978 - 1992*, p.280。

---

① S. M. Tarzi, "Politics of the Afghan Resistance Movement: Cleavages, Disunity and Fragmentation", Asian Survey, Vol. XXI, No. 6 (1991), pp. 479 - 495.

三 希克马蒂亚尔及其伊斯兰党

2014年5月，阿什拉夫·加尼（Ashraf Ghani）在竞选总统时对媒体表示，希克马蒂亚尔是阿富汗现代五大魅力型领导人之一。① 抗苏战争时期，希克马蒂亚尔是普什图社会最活跃的抵抗力量，是最富影响力的穆贾希丁领导人之一，格外受巴基斯坦青睐。苏联撤军后，他多次被推选为穆贾希丁政府高级领导人。他的不合作是穆贾希丁政权瘫痪的重要原因。2001年阿富汗战争打响后，他又活跃在抗美战场上。2016年，他与加尼政府和解，并宣布要参加2018年大选。

（一）青年时代

古尔布丁·希克马蒂亚1947年②出生于昆都士省伊玛目萨西布地区的一个富裕地主家庭，属于加尔吉部落（卡洛提氏族）。据他自己回忆，在昆都士读高中期间，就感到需要建立一个伊斯兰组织来对抗无神论。③ 为此，他在喀布尔大学工程学院读大学期间（两个学期）积极参加伊斯兰主义运动。拉巴尼教授是他的引路人之一。

1969年喀布尔大学伊斯兰教教法学院的尼亚孜教授创建政治行动小组，大力向青年教师和学生传播伊斯兰主义思想。同年创建青年学生分部，称"穆斯林青年"（又称"穆斯林兄弟会"），宗旨是反对政府腐败和各种背离伊斯兰原则的政策行为。1970年，刚刚进入大学校园的希克马蒂亚尔加入其中，很快成为核心成员。1971年，政治行动小组正式扩建为"伊斯兰促进会"（以下简称"促进会"），拉巴尼任主席，不便出面的尼亚孜被奉为最高领袖。④ "穆斯林兄弟会"也一并改组加入"伊斯兰促进会"，希克马蒂亚尔成为12名领导人之一。

促进会在题为《我们是谁？我们想做什么？》的小册子中阐明了组织

---

① 另外4位魅力型领袖是：阿赫迈德沙·马苏德，阿卜杜·阿里·马扎里，阿卜杜·拉希德·多斯塔姆和毛拉穆罕默德·奥马尔。Kate Clark, "2014 Elections (20): The Ashraf Ghani Interview", May 18, 2014, https://www.afghanistan-analysts.org/2014-elections-20-the-ashraf-ghani-interview/.

② 一说为1944年。

③ M. Hassan Kakar, *Afghainstan*: *The Soviet Invasion and the Afghan Response*, 1979–1982, Berkeley: University of California Press, 1995, p. 81.

④ 尼亚孜教授当时是喀布尔大学伊斯兰教教法学院院长。他职位敏感，因而他既不是促进会的正式成员，也不公开参加其会议。

宗旨。宣称其目标是"把阿富汗人民从各种专制压迫下解放出来，复兴伊斯兰教"。希克马蒂亚尔的立场更加激进，他把促进会的宗旨解读为"推翻现存统治秩序，代之以伊斯兰秩序，在政治经济和社会生活中推行伊斯兰规范"。①

促进会的行动很快受阻。1972—1973 年，希克马蒂亚尔因为激进主张而被国王监禁。1973 年达乌德·汗政变上台后，释放了一批政治犯，希克马蒂亚尔出狱。他立即转而反对达乌德·汗总统，称之为"腐败的、非伊斯兰的"领导人。此时，达乌德·汗政府应苏联要求，积极压制国内伊斯兰主义力量：促进会被取缔，大批骨干被抓，拉巴尼和希克马蒂亚尔等组织领导人逃往巴基斯坦。

（二）与巴基斯坦的联系以及与拉巴尼的分歧

流亡巴基斯坦之初，拉巴尼和希克马蒂亚尔主要托靠于"巴基斯坦伊斯兰促进会"②，并没有得到巴政府和军队的支持。但是，随着达乌德·汗总统对巴基斯坦大打"普什图尼斯坦"牌，巴阿关系恶化，巴基斯坦政府和军队开始寻找和支持阿富汗本国的反政权力量，遂与拉巴尼、希克马蒂亚尔等人建立联系，并给他们提供支持和军事培训。

在此期间，促进会的主要领导人在阿富汗形势和伊斯兰革命等重大问题上的分歧加深。拉巴尼认为，伊斯兰革命还处于准备阶段，武装斗争的时机尚未成熟，应该通过温和的社会运动推动自下而上的变革。在他看来，达乌德·汗总统是穆斯林，只不过他周围的人是无神论者。因此，伊斯兰斗争的重点是"清君侧"，而非推翻政权本身。希克马蒂亚尔则坚持主张，应该立即发动伊斯兰革命，通过武装斗争夺取政权，自上而下地实现社会变革。

希克马蒂亚尔的主张正中巴基斯坦下怀，也决定了双方长期密切的合作关系。在巴基斯坦的支持下，希克马蒂亚尔努力把革命武装斗争的理念付诸实践。1975 年 7 月，他开始武装袭击阿富汗政府目标，在帕尔

---

① M. Hassan Kakar, *Afghanistan: The Soviet Invasion and the Afghan Response, 1979 – 1982*, p. 87.

② "巴基斯坦伊斯兰促进会"是印度著名政治思想家毛杜迪（Abul Ala Mawdudi）在 1941 年创建的，其组织目标是培育伊斯兰精英，推进和领导次大陆的伊斯兰复兴。

万、拉格曼和乌鲁兹甘等省动员组织反国王的武装起义。

埃斯波西托认为，拉巴尼和希克马蒂亚尔之间的分歧实际上反映出埃及穆兄会成立早期的路线之争：拉巴尼走哈桑·班纳（Hassan al-Banna）的路线，希克马蒂亚尔则效仿库特布（Sayyid Qutb）。[①] 实际上，库特布对班纳的态度与希克马蒂亚尔对拉巴尼的态度大不相同。但无论如何，他们之间的政治立场难以调和，两人在党内又都各有自己的追随者。其结果就是1978年促进会正式分裂。希克马蒂亚尔与穆罕默德·阿明·维卡德（Muhammed Amin Wiqad）组建新政党"伊斯兰党"（Hizb-e Islami），纳比·穆哈迈迪也单独成立"伊斯兰革命运动"，拉巴尼则继续领导促进会。[②]

1979年大毛拉云努斯·凯里斯脱离促进会，组建了与希克马蒂亚尔派别同名的"伊斯兰党"。为了区分这两个同名政党，人们在"伊斯兰党"后面加上了领导人的名字——希克马蒂亚尔的"伊斯兰党"写作Hizb-e Islami Gulbuddin（HIG）；凯里斯的"伊斯兰党"则写作Hizb-i Islami Khales（HIK）。

（三）伊斯兰政党和抗苏战争

1976年，希克马蒂亚尔整合几个反对派组织，成立"阿富汗伊斯兰党"，总部设在白沙瓦，同时在伊朗设立支部。在中央层面，核心领导机构分设六大委员会，分别负责军事、文化、宣传、财政、行政管理、信息和法律事务。在地方层面，分别在阿富汗各省、地区和乡村设立支部。

在意识形态方面，希克马蒂亚尔的伊斯兰党堪称阿富汗最激进的政治伊斯兰力量之一。政党在成立之初的主要目标是推翻达乌德·汗政府的统治，减少西方影响，恢复伊斯兰传统的生活方式，包括性别隔离、官员身着民族服装而非西装、禁止酒精饮料和赌博等。1978年，达乌德·汗政权被推翻以后，希克马蒂亚尔继续推进他的伊斯兰

---

① John L. Esposito, *The Oxford Encyclopedia of the Islamic World*, Vol. 1, p. 42.
② 这些由"伊斯兰促进会"裂变而生的组织，加上原本独立于"伊斯兰促进会"之外的其他伊斯兰主义力量，比如穆贾德迪创建的"穆斯林乌莱玛协会"和"解放阵线"等，便构成了苏联入侵之前阿富汗伊斯兰主义的核心，也是20世纪80年代站在"反苏圣战"前沿的宗教政治力量。

主义斗争。

　　"伊斯兰党"的党章宣称，政府变革是社会改革和个人改变的前提条件，要用伊斯兰来重组阿富汗。① 希克马蒂亚尔是坚定的"革命派"。他坚决反对恢复1973年以前的君主制，反对查希尔·沙复位，反对用大议事会来解决国内冲突，称大议事会为"腐朽的部落制度"。在他看来，国家领导人应当由阿富汗人民选举产生，而非由任何力量以任何形式予以指定；无论是王位世袭还是外国扶持的政府，都不具合法性。他发誓要与外国人指定的政府血战到底，就像当年与卡尔迈勒政权作战时一样。他还宣称，大议事会并不是真正的议事会，而是那些试图控制喀布尔政权的政治精英们所盗用的符号，是为了盗用其追随者的名义，自立为王，因而是借口。②

　　政治实践中的希克马蒂亚尔相当务实，注重实利。他规定，要加入"伊斯兰党"，必须有一名党员推荐，并且缴纳500阿富汗尼的入党费用。人民民主党上台以后，"伊斯兰党"与其他抵抗力量的不同之处在于，它积极推进伊斯兰政治秩序，但不坚决反对人民民主党政权。1979年1月，希克马蒂亚尔率领数千名武装力量进入库纳尔省，袭击人民民主党政权。同年10月底，他与阿明政府达成建立联合政府、分享权力的协议。根据协议，希克马蒂亚尔同意加盟阿明政府，出任总理。③ 然而，这个政治约定在12月底被苏联的出兵变成废纸，希克马蒂亚尔于是转而成为抗苏勇士，并坚决反对取代阿明的巴拉克·卡尔迈勒。

　　抗苏战争期间，希克马蒂亚尔始终都是巴基斯坦最喜欢的穆贾希丁领袖，也是美国、沙特阿拉伯援助的重点扶持对象，被推举为反对派力

---

① M. Hassan Kakar, *Afghanistan: The Soviet Invasion and the Afghan Response, 1979 – 1982*, p. 90.

② S. M. Tarzi, "Politics of the Afghan Resistance Movement: Cleavages, Disunity and Fragmentation", *Asian Survey*, Vol. XXI, No. 6 (1991), pp. 479 – 495. https://janes.ihs.com/DefenceWeekly/Display/1162101. 值得一提的是，如果说反对查希尔·沙还可从加尔吉部落与杜兰尼部落间关系模式中找到一点点缘由，反对大议事会的主张则是希克马蒂亚尔不同于绝大多数普什图人的特殊见解。批评者认为，希克马蒂亚尔的目标是夺取权力，而非解放阿富汗人民。

③ 另一说为出任部落事务部长。M. Hassan Kakar, *Afghanistan: The Soviet Invasion and the Afghan Response, 1979 – 1982*, pp. 44, 330. Oleg Sarin and Lev Dvoretsky, *The Afghan Syndrome: The Soviet Unions' Vietnam*, p. 45.

量的头号人物。他的伊斯兰党主要在喀布尔、楠格哈尔、库纳尔、卢格尔、昆都士和巴达赫尚等地区活动,纪律严明,战斗力强。党员宣誓加入组织时要承诺忠诚于伊斯兰事业,违背诺言者一律处以死刑。有研究发现,美国中央情报局援助阿富汗抵抗力量物资总额的 1/3 都给了希克马蒂亚尔。他的"伊斯兰党"还是首批获得大量防空导弹的抵抗力量。①苏联撤军以后,无论希克马蒂亚尔如何捣乱,都多次被巴基斯坦召集的穆贾希丁党派会议选举为总理。直到 1994 年他在军阀冲突中连吃败仗,又在 12 月中旬把战略重镇斯宾博达克输给"塔利班"之后,他对巴基斯坦的战略价值才急剧下降。当时贝·布托(Benazir Bhutto)政府渴望联通中亚,于是,黑马一般崛起的"塔利班"才引起伊斯兰堡注意,并很快取代热衷于内斗的穆贾希丁军阀,成为巴基斯坦在阿富汗利益的新盟友。②

(四)苏联撤军之后

1989 年苏联撤军后,希克马蒂亚尔再度公开与人民民主党"人民派"合作,试图联手推翻纳吉布拉("旗帜派")政府。此举引起党内一批高级领导人的强烈反对,"伊斯兰党"(HIG)组织分裂。

1992 年 4 月,希克马蒂亚尔拒绝出席巴基斯坦总理纳瓦兹·谢里夫在白沙瓦召集的会议。会议缺席选举他任临时政府总理。然而,这个职位没把他改变成为战后重建的建设性力量。他坚持拒绝与临时政府总统穆贾德迪及稍后成立的穆贾希丁政府总统拉巴尼合作,他身为总理,与政府军在喀布尔附近公开武装冲突,致使穆贾希丁政府的合法性大打折扣,无力维持基本政治秩序,终致陷入内战。

希克马蒂亚尔在军阀内战中格外活跃。据国际红十字会统计,1992 年 8 月,他的武装部队用火箭炮袭击喀布尔居民,导致 1000—2000 人死

---

① [美]沙伊斯塔·瓦哈卜、巴里·杨格曼:《阿富汗史》,第 195 页。
② 贝·布托政府并没有立即承认这一战略变化。1995 年 2 月,贝·布托公开声明,划清同"塔利班"的界线,她表示,"我国并没有干涉阿富汗内政,也没有扶植任何代理人"。([巴基斯坦]艾哈迈德·拉希德:《塔利班》,第 18 页。)实际上,巴基斯坦从支持穆贾希丁军阀到转而支持"塔利班",是当时阿富汗现实政治局势和巴基斯坦联通中亚的需求所决定的,而非像许多人想象的那样,主要基于抽象的观念和超验的认同,抑或基于宗教学校和意识形态联系。

亡，另有八九千人受伤。①

1993年3月初，谢里夫再次出面召集白沙瓦七大党派代表以及什叶派抵抗力量（"伊斯兰运动"）领导人阿亚图拉穆斯尼（Awef Mahsini）在伊斯兰堡开会，商讨阿富汗问题。会议达成《伊斯兰堡协定》，决定将拉巴尼总统的任期从两年缩短至一年半，由希克马蒂亚尔任政府总理，或由他委派本党代表担任总理职务。

会后，拉巴尼与希克马蒂亚尔在内阁组成人选上发生严重分歧。焦点是国防部长人选。拉巴尼推举马苏德，希克马蒂亚尔坚决反对，并发生火拼。1993年4月底，双方在贾拉拉巴德达成协定，同意停火，由马苏德任国防部长；作为交换条件，内政部长由希克马蒂亚尔任命。同年6月中旬，穆贾希丁新政府成立。但希克马蒂亚尔不信任拉巴尼和马苏德，所以他的总理办公室不设在喀布尔市内，而设在市郊的达乌拉曼，内阁会议室也设在喀布尔以南他的大本营——恰尔阿夏。

穆贾希丁政府建立后，军阀继续明争暗斗，政府有名无实。1993年11月起，内战愈演愈烈。为了夺取地盘和权力，希克马蒂亚尔一面与亲伊朗的"团结党"合作，一面用火箭弹袭击喀布尔市内马苏德领导的力量（即政府军），大肆血腥屠杀平民，被称为"喀布尔屠夫"②。1996年6月，他重新加入穆贾希丁政府。大约三个月之后，"塔利班"夺占喀布尔，他逃往伊朗，逐渐淡出阿富汗政治舞台的中心。

（五）21世纪以来

2001年"塔利班"政权垮台后，"伊斯兰党"的其他高级领导人积极参与阿富汗新政权，比如瓦西杜拉·萨巴文（Wahidullah Sabawun）③在2002年年初加盟新政府。哈立德·法鲁其（Khalid Faruqi）和阿卜杜·哈迪·阿甘笛瓦（Abdul Hadi Argandiwal）等人在2005年建立新的伊

---

① http://www.afghanistanjusticeproject.org/the-wars-in-afghanistan/。也可参见 Fazal Muzhary, "Moving Out of Shamshatu: Hezb-e Islami's Refugee Followers between Hope of Return and Doubts about the Peace Deal", Apr. 14, 2017, https://www.afghanistan-analysts.org/moving-out-of-shamshatu-hezb-e-islamis-refugee-followers-between-hope-of-return-and-doubts-about-the-peace-deal/。

② Shereena Qazi, "UN Lifts Sanctions against Gulbuddin Hekmatyar", *Al Jazeera News*, Feb. 4, 2017（数据库 ProQuest）。

③ 萨巴文曾担任希克马蒂亚尔的情报部门负责人。

斯兰党，阿甘笛瓦还加入了内阁。

2003年，曾大力支持希克马蒂亚尔抗苏的美国将其列入外国恐怖分子名单，称他支持"基地组织"。联合国安理会也对他实施制裁，采取冻结资产、禁止旅行、实行武器禁运等限制措施。在美国的阿富汗战争期间，希克马蒂亚尔行踪不定，他的"伊斯兰党"积极参与反叛斗争，袭击喀布尔政权和外国驻军，制造若干恐怖袭击事件，但活动能力和政治影响力都远远不及"塔利班"。希克马蒂亚尔已不再是阿富汗政治的主角。但有三点值得一提：（1）希克马蒂亚尔因其既反苏也反美的斗争经历，被称为"双料圣战埃米尔"，"圣战资历"超过"塔利班"；（2）尽管"伊斯兰党"（HIG）在组织和行动上都已分化乃至分裂，但党内各派都承认他的最高领导地位；（3）有人认为，把党员分为若干派别，从事不同的政治活动，并非他管理不力，而是他的战略设计，意在多面下注①。

2016年9月29日，加尼总统与希克马蒂亚尔签署和平协定。希克马蒂亚尔代表"伊斯兰党"承诺，停止军事行动，完全尊重阿富汗各项法律。加尼政府则承诺，将努力说服联合国和相关国家撤销对"伊斯兰党"领导人及成员的制裁，赦免"伊斯兰党"领导人和成员过去的罪行，释放在押的"伊斯兰党"成员，同意把"伊斯兰党"武装人员编入阿富汗国民安全部队（Afghanistan National Security Force，ANSF），安置"伊斯兰党"下属的、侨居在巴基斯坦的两万户难民家庭，给他们颁发阿富汗城市居民的身份。对希克马蒂亚尔个人，喀布尔政府为了表彰他"为阿富汗和平和自由而战斗"的经历，给他提供了几套住房和荣誉身份。协定签署后，加尼称之为"阿富汗政府15年来第一个重要的和平成就"②。2017年2月4日，联合国安理会宣布解除对希克马蒂亚尔的制裁。同年5月，他返回喀布尔，准备参加2018年阿富汗的大选。但大选未能如期举行。

希克马蒂亚尔是一位意志力和行动力都超强的领袖人物。他对自己

---

① Borhan Osman, "Charismatic, Absolutist, Divisive: Hekmatyar and the Impact of His Return", May 3, 2017, https://www.afghanistan-analysts.org/charismatic-absolutist-divisive-hekmatyar-and-the-impact-of-his-return/.

② Ibid..

的描述是：目光远大的领导人、伊斯兰思想家、宗教权威。他在自传《梦境与解释》中写道，曾有一位阿拉伯战士做梦，梦到希克马蒂亚尔能够成为马赫迪。① 不过，别人对他的评价却不尽相同。人们大多说他易怒急躁，易走极端，生性多变。

希克马蒂亚尔曾追随塔吉克人拉巴尼教授。他自立山头后，其追随者也来自多个民族。但是2002年起，他公开强调普什图人面临边缘化的危险②，宣称自己作为强大的伊斯兰主义者，能够把普什图人统一起来，成为普什图人的"萨拉丁"。③ 综合考虑他与前穆贾希丁力量之间的恩怨，特别是与伊斯兰促进会（现任领导人为阿卜杜拉·阿卜杜拉博士，Dr. Abdullab Abdullah）之间的长期敌对，这位强人究竟会给阿富汗政治生活带来怎样的影响，还有待进一步观察。

第三节 穆贾希丁老兵创建"塔利班"

反苏战争最重大的政治遗产是形成了一大批穆贾希丁军阀，并催生了非人道的暴力文化。苏联撤军后，军阀相互混战，欺压百姓，这是"塔利班运动"兴起的直接推动力。"塔利班运动"的创立者、带领"塔利班运动"夺取喀布尔政权的领袖和骨干，绝大多数是穆贾希丁老兵。塔利班在执掌政权后推行的若干政策，也与穆贾希丁有许多类似之处。

一 "塔利班"的兴起

1992年4月，纳吉布拉政府解散，穆贾希丁临时政府成立。军阀继

---

① Borhan Osman, "Charismatic, Absolutist, Divisive: Hekmatyar and the Impact of His Return", May 3, 2017, https://www.afghanistan-analysts.org/charismatic-absolutist-divisive-hekmatyar-and-the-impact-of-his-return/.

② Andrew Chang, "Meet Afghanistan's Next Bogeyman", Oct. 7, 2002, http://abcnews.go.com/International/story?id=79830&page=1.

③ Borhan Osman, "Charismatic, Absolutist, Divisive: Hekmatyar and the Impact of His Return", May 3, 2017, https://www.afghanistan-analysts.org/charismatic-absolutist-divisive-hekmatyar-and-the-impact-of-his-return/. 萨拉丁（1137—1193）是伊斯兰历史上著名的军事家和政治家，率领阿拉伯人抗击十字军并获得胜利，在欧洲中世纪历史和穆斯林的集体记忆中被尊奉为"英雄"。

续割据混战，战火殃及无辜平民。不仅如此，军阀还恃强凌弱，鱼肉百姓。据统计，1992年到1994年，军阀武装冲突导致4.5万人死亡，仅1994年上半年，就有2500多人死于同胞之手，1.7万人严重受伤。① 这种状况在坎大哈及周围地区尤为严重，多名指挥官长期抢夺强占民女，民怨沸腾。

毛拉穆罕默德·奥马尔和另外几位穆贾希丁老兵对此深感愤怒。他们认为，指挥官们无意也无力改变现状，他们已经腐朽，与此同时，无政府状态持续下去，只会令民众遭受更多苦难。于是他们决心采取行动，"扭转残破的时局"，消除军阀犯罪，救国救民于水火之中。为了区别于已经变质的军阀，他们不再使用"穆贾希丁"的身份，而是称为"塔利班"。虔信伊斯兰教的毛拉奥马尔当选为运动领导人。1994年九、十月间，"塔利班"创始人经反复讨论，草拟出行动章程，明确提出四大主张：解除军阀武装；打击那些不愿意解除武装的军阀；在"解放区"实行伊斯兰教教法；保住"塔利班"的控制区②。

这就是"塔利班运动"的兴起。与当时横行霸道的军阀相比，这些穆贾希丁老兵和他们聚集的三五十位名不见经传的宗教学校学生，以及他们的"塔利班"称号，起初毫不惹眼。这些老兵虽然决心要重建和平，但"都没有十足的把握，甚至认为行动必将失败"。③ 事实证明，实力派军阀们的恶性争斗及其迫害民众的行为，给"塔利班"提供了充分的成长空间和群众基础。1994年11月起，"塔利班"势如破竹，并于1996年9月夺取喀布尔政权。

二 "塔利班"与穆贾希丁的关系

"塔利班"与穆贾希丁的关系至少有三个维度：相似性和内在联系；差异性；共时性互动。

首先，"塔利班"是几位穆贾希丁老兵创建的，且同样以"伊斯兰"的名义而战。

---

① Kamal Matinuddin, *The Taliban Phenomenon*, p. 10.
② Ibid., p. 26.
③ ［巴基斯坦］艾哈迈德·拉希德：《塔利班》，第9页。

"塔利班"的几位创始人主要来自云努斯·凯里斯领导的伊斯兰党（如表8—7所示）以及纳比·穆哈迈迪领导的伊斯兰革命运动。"塔利班"成立后，全国伊斯兰阵线领导人盖兰尼的儿子赛义德·哈米德·盖兰尼（Sayed Hamid Gailani）表示，自己手下的指挥官可以加入这个新成立的伊斯兰组织①。这大大振奋了"塔利班"的士气，增强了它的实力。

表8—7　　　　"塔利班"主要创始人及其所属部落

姓名	"塔利班"政权内职务	所属部落	抗苏战争期间的派别
毛拉奥马尔	埃米尔（最高领袖）	霍塔克（加尔吉）	云努斯·凯里斯的伊斯兰党
毛拉穆罕默德·拉巴尼	最高舒拉主席	卡卡尔部落	同上
毛拉巴拉达尔	军委副主席	博帕尔扎（杜兰尼）	同上
哈吉穆罕默德·高斯	外交部长	努兰尼（杜兰尼）	同上
穆罕默德·阿巴斯	坎大哈市长，公共卫生部长，负责联系联合国	阿夏克（加尔吉—霍塔克）	同上
阿米尔汗·穆塔基	信息文化部部长	库奇人	纳比·穆哈迈迪的伊斯兰革命运动

"塔利班"的创建者是普什图人。但是，它和穆贾希丁一样，始终有外国战士参与作战。据估计，1994—1999年间，有超过8万名来自巴基斯坦各行各业的人员与"塔利班"并肩作战，此外还有来自阿拉伯世界、非洲、东亚和中亚的穆斯林"圣战士"。"基地组织"的055旅（约2000人）也被整编为"塔利班"武装力量。②

其次，"塔利班运动"的组织方式起初明显不同于穆贾希丁。抗苏战争之初，穆贾希丁战士就团结在地方权威的周围。战争期间形成的军阀

---

① Kamal Matinuddin, *The Taliban Phenomenon*, p. 27.
② S. Yaqub Ibrahimi, "The Taliban's Islamic Emirate of Afghanistan (1996 – 2001): War-Making and State-Making as an Insurgency Strategy", *Small Wars and Insurgencies*, Vol. 28, No. 6 (2017), pp. 947 – 972.

多是在枪林弹雨中拼打出来的，以军事才干而与众不同，从而号令下属。"塔利班运动"起先不是以权威为中心。它高举道义旗帜，推举奥马尔为埃米尔。根据艾哈迈德·拉希德的研究，奥马尔在"塔利班"创始人中间并没有出众的政治才干和军事才能，"他之所以成为领袖，纯粹是因为他对于伊斯兰信仰那份不二的虔诚"。穆贾希丁老兵普遍承认，奥马尔的虔信堪称表率。但奥马尔并不是单纯为信仰或抽象教条而战的人。他认为，"塔利班"无疑要信仰真主，但首要任务是解救民众的现实苦难。他说，"我们拿起武器，是为了实现阿富汗圣战的目标，打倒所谓的穆贾希丁组织，拯救饱受摧残的人民。我们永远不会忘记对万能的安拉的信仰。安拉可以保佑我们取胜，也能把我们推入失败的境地。"①

就此可以说，"塔利班运动"是穆贾希丁队伍自下而上的政治军事运动，是普通穆贾希丁战士对大军阀的宣战，意在改变穆贾希丁军阀混战的状况。他们放弃"穆贾希丁（圣战士）"的身份，采用"塔利班"（宗教学校学生）这个新身份，以表示其脱离、反对军阀的决心。他们提出的解除军阀武装、重建和平的目标，在很大程度上与穆贾希丁政府本应履行的使命一致。1992年年初，穆贾德迪领导的穆贾希丁临时政府就提出过"解除军阀武装"的目标。1993年3月的《伊斯兰堡协定》重申"各方同意结束武装对抗和冲突"。

最后，穆贾希丁军阀混战是"塔利班"崛起的基本政治环境。"塔利班"兴起之时，穆贾希丁军阀割据，国家四分五裂，政府有名无实。1992年五大武装力量的控制地盘分别是：（1）多斯塔姆控制北部与中亚相邻的六个省份，已在当地建立起有效的行政、税收和公共秩序机构；（2）拉巴尼与伊斯梅尔·汗、马苏德人联手，控制着喀布尔、赫拉特、巴达赫尚等地；（3）阿卜杜·阿里·马扎里控制着中部哈扎贾特地区；（4）纳比·穆哈迈迪控制着喀布尔以南、赫尔曼德与乌鲁兹甘交界地；（5）希克马蒂亚尔的势力分散在喀布尔、拉格曼、坎大哈、赫拉特、古尔、巴德吉斯等地。②

---

① ［巴基斯坦］艾哈迈德·拉希德：《塔利班》，第10页。
② *Far Eastern Economic Review*, Feb. 18, 1992: 23. Ralph H. Magnus, Eden Naby, *Afghanistan: Mullah, Marx, and Mujahid*, p. 153.

1994年年底,"塔利班"夺取坎大哈并站稳了脚跟,次年年初开始参与内战。当时依然有四大政治武装力量:一是总统拉巴尼和国防部长马苏德领导的政府军,以塔吉克族为核心;二是希克马蒂亚尔领导的伊斯兰党,以普什图人为主体,长期得到巴基斯坦的支持;三是乌兹别克军阀多斯塔姆,是内战中军事实力最强的派系;四是什叶派的伊斯兰统一党,以哈扎拉人为主,与伊朗关系密切。

当时,人们对异军突起的"塔利班"的背景和意图有多种猜测:有人称它是前国王查希尔·沙的追随者;有人认为它是美国用以遏制伊朗并在土库曼斯坦争夺天然气资源的战略工具;还有人认为它是巴基斯坦的马前卒[①];等等。

实际上,"塔利班"本是社会反抗运动。激发它的首要因素不是外国力量,也不是抽象的主义,而是当时阿富汗动荡环境中民不聊生的悲苦现实。虽然它一开始就高举"伊斯兰教法统治"的大旗,但并没有详细阐述其具体内容。对当时的"塔利班"来说,那是一个遥远的、不知道能否实现的目标,因为与强大的军阀相比,他们势单力薄;在建立任何有效的新秩序之前,他们首先要打败军阀。

三 "塔利班"政权及其垮台

"塔利班运动"的斗争矛头起初直接指向军阀欺男霸女的具体恶行,讨伐恶霸,扶危救困。因此,它在初兴之时赢得民众的普遍赞颂和追随,力量迅速增强。

"塔利班"第一次引起人们关注是在1994年3月。当时一直低调居住在坎大哈省梅万德地区辛格萨尔村的奥马尔,在得知当地军阀强抢两名少女的消息后,立即召集30人,带上16支枪,突袭军阀营地,成功救出少女,打死军阀并曝尸示众,还缴获了大批军火物资。这次义举后,"塔利班"队伍迅速扩大到约200人。同年夏秋,奥马尔率人介入两大军阀为争夺一个少年而发生的武装冲突,成功解救少年。"塔利班"从此声名大振,投奔者纷至沓来,其中包括前穆贾希丁老兵、在巴基斯坦求学

---

① Larry P. Goodson, *Afghanistan's Endless War: State Failure, Regional Politics, and the Rise of the Taliban*, Washington: University of Washington Press, 2001, p.108.

的阿富汗年轻人，以及巴基斯坦本国的年轻人。截至1994年12月，"塔利班"一共接收了1.2万名宗教学校的学生兵。① 到1996年夺占喀布尔前，"塔利班"队伍已扩至8万到10万人。

1996年9月26日，"塔利班"夺占喀布尔，建立新政权，改国号为"阿富汗伊斯兰埃米尔国"（the Islamic Emirate of Afghanistan）。它不承认任何其他政党和政治力量的合法性，谋求排他性的统治。奥马尔在一道教法令中宣称："既然'塔利班'已经掌权，就没有必要设立任何大议事会或任何第三党派。"他还宣布，既然伊斯兰是政府的合法性来源，塔利班政府无须依靠族群、部落或教派为基础。②

"塔利班"执政时期，最高政治—军事领导权在坎大哈，但国家行政管理中心在喀布尔。坎大哈设中央委员会；喀布尔各部长组成"部长委员会"（又称"喀布尔委员会"）。权力体系的基本格局是：坎大哈决策，喀布尔执行。喀布尔政府各部负责人和部长委员会成员由坎大哈派任；喀布尔要害部门首长和重要省份省长都是坎大哈决策机构成员，包括司法部长、国防部长、外交部长、内政部长、信息部长和中央银行行长等。各部负责人定期前往坎大哈讨论和汇报工作。

尽管"塔利班运动"的初衷是要建立伊斯兰秩序，捍卫阿富汗统一，但在夺取喀布尔政权之前，它的主要政治实践集中于暴力冲突和战争，对于如何在全国范围内被数十年战火毁坏的废墟上建立伊斯兰秩序，如何管理失序已久的社会，如何维护国家统一团结等重大政治问题，完全没有经验。对它来说，执掌国家政权是一项全新的任务。

1997年到1999年是"塔利班"巩固和扩大权力的关键时期。当时"塔利班"政权的生存环境可谓内外交困：在国内，北方联盟与它武装对峙多年，陷入僵持状态，一些地方民众开始起来反抗，政权内部高层的矛盾也逐渐公开化；对外，它始终没得到广泛的国际承认，直到2001年，也只有巴基斯坦、沙特阿拉伯、阿联酋三个国家承认

---

① ［巴基斯坦］艾哈迈德·拉希德：《塔利班》，第18页。
② 转引自 S. Yaqub Ibrahimi, "The Taliban's Islamic Emirate of Afghanistan (1996 – 2001): War-Making and State-Making as an Insurgency Strategy", *Small Wars and Insurgencies*, Vol. 28, No. 6 (2017), pp. 947 – 972.

"塔利班"政权。印度和俄罗斯公开支持反塔联盟。国际社会保持对"塔利班"政权的高压，尖锐批评它拒绝建立联合政府、违犯人权、滥用刑罚、毁坏文物古迹等行动。塔利班与伊朗、美国的关系持续紧张：1998 年美国对阿富汗发动导弹袭击，以报复它对"基地组织"的庇护；第二年，美国和联合国安理会（1267 号决议）分别在 7 月和 11 月宣布对它实行经济制裁。

奥马尔应对困境的策略是，对内压制反抗者，清理异己力量，设法扩大政权基础，积极改善对外关系。1998 年，他扩建喀布尔委员会，17 名成员中，8 人来自杜兰尼部落，3 人来自加尔吉部落，非普什图成员增至两人。同年 9—10 月，他在政权内部展开大清洗，主要针对前人民民主党党员。1999 年 10 月，他又对内阁和重要省份的组织人事做出重要调整。调整的总体方向是增强喀布尔行政机构队伍，特别是加强外交、信息和国防力量建设。主要任用包括：任命埃米尔的私人发言人毛拉瓦基尔（Wakil Ahmed Mutawwakil）为外交部长；任命库德拉图拉阿訇（Qudratullah Akund）为信息文化部长；任命毛拉奥拜杜拉（Mullah Obaidullah）为国防部长；任命前国防部副部长拉扎克（Abdul Razzaq）为内政部长，任命毛拉巴拉达尔（Abdul Ghani Baradar）为军委副主席，掌管全国军事基地等等。此外还重新任命了驻喀布尔、赫拉特等地的军队司令，撤换了一些省长。

"塔利班"行政管理制度的"现代化"建设在 2001 年有重大进展。这一年 5 月初它颁布了《部长委员会法案》，规定部长委员会的主要职责是：贯彻伊斯兰教教法，领导内外政策，管理并负责军队和国防事务，组织全国各省社会、经济、文化和行政事务。① 如果这项法律得到落实，那么坎大哈决策机构的权力将有很大一部分转移到喀布尔。然而，阿富汗战争打断了这一进程。

政治上，"塔利班"政权有一点与之前的人民民主党政权、穆贾希丁政权相似，即从始至终都没能真正建立起对内主权。1996—2001 年，北

---

① S. Yaqub Ibrahimi, "The Taliban's Islamic Emirate of Afghanistan (1996 – 2001): War-Making and State-Making as an Insurgency Strategy", *Small Wars and Insurgencies*, Vol. 28, No. 6 (2017), pp. 947 – 972.

部一些地区始终在反塔联盟的控制下。就国土面积而言,"塔利班"政权鼎盛时期控制面积约占全国的 90%—94%。它在所控制地区强力推行的伊斯兰教法统治,以及它垮台后持续不断的暴力反击活动,给阿富汗和地区政治生态都产生了重大影响。

结　　语

　　普什图社会在长期的历史演进中形成了自己的政治结构和政治文化传统。部落议事会和部落首领是其原生政治制度。伊斯兰教是普什图社会的重要规范之一，普什图法则是更古老的规范，二者有差异，但长期并存，都是普什图社会秩序不可或缺的柱石。部落纽带、普什图法则和伊斯兰信仰是普什图政治文化的内核，近代以来的历史证明，各种正式制度都必须主动适应其文化环境，才能成活生长。

　　普什图社会始终与外部世界密切互动。在这个过程中，它接受了伊斯兰教，与邻近的波斯帝国和中亚各族建立起盘根错节的关系。它一度西进主政波斯，多次南下德里建立素丹政权。近代以来，世界政治的重大变局对普什图地区都有不同程度的震动，比如，波斯帝国衰落直接促成了1747年阿富汗王国的建立；19世纪英俄大博弈衍生了把普什图地区一分为二的杜兰线；20—21世纪苏联和美国的两场阿富汗战争，改变了普什图社会的政治生态，把部落地区变成跨国激进武装力量的集散地和避风港。

　　18世纪以来，普什图地区经历了从部落社会到民族国家的演进。杜兰线是英国帝国主义和殖民主义的产物，也是把普什图地区嵌入现代国家主权和世界政治版图的关键。普什图社会由此发生重大变化：部落民成为国家公民，若干部落乃至家族和家庭被国界线分割，普什图人成为法理意义上的"跨界民族"。20世纪，阿富汗多届政权励精图治，大力推动现代化改革，试图依照欧洲或苏联模板建设新社会。然而，由此引发的抗争表明，社会内在的秩序结构和文化传统具有强大的生命力，不是听任"外力"随意改造的客体，它的主体性不容小觑。实际上，部落政治结构和文化规范千百年来一直是各类国家政权在此地立足的基石。迄今为止，国家主权没有摧毁普什图地区的部落结构，现代宪法和法律没有取代和完全排斥普什图法则，国界线也没有切断部落纽带和往来。未来一段时期，部落秩序与国家秩序还将长期共生，在密切互动中相互塑造，共同演进。

丰富多彩的普什图社会拒绝任何抽象的标签和刻板印象。观察研究普什图政治进程和发展轨迹，需自觉避免简单套用抽象的概念和理论，特别是对某些理论背后的预设及其具有的规范作用，要保持清醒的认识。实际上，研究普什图社会政治生活经验本身，有助于摆脱某些教条化的理论定见，反省某些习以为常的思路，识别政治学研究中的真假问题。

一 民主与民主化

"民主"和"民主化"是当代政治学的核心论题之一。无论在学术研究还是在政治实践领域，都有许多人把"民主化"当作衡量亚非拉政治发展的重要尺度，将其设定为发展中国家政治发展的目标方向。和其他许多发展指标一样，这个尺度也来自对欧美国家发展经验的总结和理论抽象。人们一般认为，现代民主起源于西方[①]，政治发展等于民主化。亨廷顿在《第三波：20世纪后期民主化浪潮》中明确表示，民主制度植根于欧洲社会文化土壤，第三波民主化浪潮的未来则取决于这种西方文化的产物在多大程度上能够适应非西方社会文化环境。

从时间来看，阿富汗经历了亨廷顿所论的第二波民主化。查希尔·沙国王执政时期，特别是20世纪40年代末到60年代后期，阿富汗推行了政治自由化、准许建立政党和政治组织、确立宪政民主制度等措施。这些努力以1973年达乌德·汗的政变而告终。之后短短五年，社会在动荡和战乱中四分五裂，政治发展进程遭遇重挫，安全和政治秩序完全丧失，"民主化"成就化为泡影。1996年，"塔利班"高举恢复和平、重建秩序的旗号夺取政权，但尚未打败北方联盟，也没有来得及推进政权建设和发展，就受"基地组织"之累，被美国推翻。2001年年底，"民主

[①] ［美］亨廷顿：《第三波：20世纪后期民主化浪潮》，第363页。"西方"本身的内涵值得再探究，而且有人在审视现代西方民主与古希腊民主之间的关系。不过总体上还少有人质疑民主的西方"属性"。

化"回潮阿富汗；波恩会议决定在阿富汗重启"民主化"进程。随后，阿富汗制定了宪法，确立了类似于美国的总统制和选举制度。

阿富汗通过过去十多年的发展努力，在制度层面取得了一些成就，建立了政权和军队，局部恢复了秩序。但局势依然不稳定，国家的高级政治生活也不断出现重大问题，比如2014年总统选举之争、总统与最高行政长官相互掣肘、近年来的选举制度改革之争，以及一再被推迟的议会选举和总统选举，等等。不少人认为，阿富汗战后重建受挫、政治民主化进程艰难、新建政治制度失灵的关键原因，在于它缺乏适合民主制度生长的土壤。这个论断说明了自上而下建设制度之难。但它预设的民主制度完全异在于阿富汗社会（这基本上是西方比较政治学通行的"公理"），也是有问题的，没有看到阿富汗原生的政治文化中的民主要素。

阿富汗社会文化的首要特征是其伊斯兰信仰。伊斯兰教与西方民主之间的关系迄今没有定论。亨廷顿认为，伊斯兰教含有既有利于又不利于民主的成分。但普什图部落社会原生的政治传统却是民主的。

关于部落社会的政治制度，人类学家的观察不同于现代西方比较政治学通行的一般理论定见。摩尔根指出，在前国家时代，氏族、胞族和部落社会都是按民主原则组织起来的，"氏族在本质上是民主的"。他还提到了阿富汗部落社会，不过他不确定阿富汗部落是否与印第安人的社会结构类似："据说阿富汗人部落也分为若干克兰；但这些克兰究竟是不是真正的氏族，这一点还未能肯定。"①

基于本书第四章的讨论，我们可以肯定，普什图部落社会也是民主的。按照西方现有解释框架，或可称之为"氏族民主"制。但实际上，普什图原生制度——议事会的构成、运转和权能，与雅典民主接近，与现代盛行的代议制民主反倒有些区别。区别主要在于两点。一是决策方式。普什图部落议事会采用"一致同意原则"，代议制民主则普遍适用多数决原则，即所谓赢家通吃。应该说，"一致同意原则"在很大程度上避免了历代自由主义思想家所说的民主悖论，即"多数人的暴政"。二是政治体系的结构。普什图部落社会没有制度化的权力等级结构，成年男子人人平等不仅是一种理念，而且是基本规范和日常现实，与尊严和荣誉

---

① ［美］摩尔根：《古代社会》，第66、362页。

密切相关。部落成员的充分协商和一致同意，既彰显了普什图法则中的平等与尊严，又把个体独立意识很强的普什图人集合在一起，像润滑剂一样谐调个体间关系，维护社会基本秩序。

因此，阿富汗当前遭遇的政治挑战的关键不是有无民主土壤的问题，而是"特定形式的民主制度"是否适宜于当地传统的政治文化，以及如何医治数十年战火的创伤，如何在复杂的世界政治环境中重建阿富汗社会的问题。贝柳早在 19 世纪中叶就发现，阿富汗普通人对现代政治制度、政府管理的知识和了解，远远超出人们的预料。[①] 这从另一个层面说明了阿富汗原生制度与所谓"现代政治制度"之间的相似性。还有学者提出，普什图议事会"代表着民主制度的实质"。认为它所体现的民主是一种精神和道德力量，不是简单的投票机器。斯派恩甚至称普什图部落民主是一种"最纯粹的民主"，比雅典民主更具普遍性，因为在普什图社会，不会区分奴隶和自由民（公民），每个成年男子都有权利和责任参与议事会。[②]

关于普什图原生民主制度与雅典民主、西方代议制民主、阿富汗现行民主制度之间的关系，还有许多细节值得深入探究和思考。无论如何，普什图部落民主的古老实践（议事会）足以告诫我们，不能预设民主为西方独享，唯有现代西方式的民主才为"本真"，更不能以之为唯一标尺，去质疑乃至否定非西方社会的政治传统。真正有益的比较研究需要开放心灵，尽力平等对待所有研究对象，避免盲目采用"西方—非西方"的二分法，参与把非西方建构为西方之"他者"的努力，同时还要避免预先给某种制度和政治运转方式贴上唯一标准和"产地"所有权，然后郑人买履般只信度而不信实。

放弃主观的理论预设和偏执，深入了解各个社会的生活实践，了解人类社会不同群体的共性与差异，有助于增进我们对人类本身的认识的理解。

[①] H. W. Bellew, *Journey of a Political Mission to Afghanistan in 1857*, London: Smith, Blder and Co. 1865, pp. 121 – 122. 以今天的时间看，贝柳所说的"现代"实为近代。

[②] Hasan M. Yousufzai & Ali Gahar, *Towards Understanding Pukhtoon Jirga*, pp. 18, 50. James W. Spain, "Pakistan's North West Frontier", *Middle East Journal*, Vol. 8, No. 1 (Winter 1954), pp. 27 – 40.

二　部落、民族、国家关系

近代以来，西方政治学通常预设国家与社会对立。从这个角度出发，部落认同、民族认同都是（多民族）国家认同的"对手"，是国家建设（nation-building）的重大挑战。近年来，西方有学者把普什图社会的议事会、部落首领、舒拉都界定为"市民社会"，把阿富汗和巴基斯坦政治发展之难点归于"强社会、弱国家"。

普什图地区的政治现实是，部落结构与国家制度并存互补，国家与社会力量的关系不是简单的二元对立。在现当代持续战乱、国家秩序和服务缺位的情况下，部落是民众的依靠和安全庇护。反苏战争时期，阿富汗国家—社会的关系或可表述为对立，因为人民民主党政权与苏联结盟，许多民众反对苏联占领，也反对喀布尔政权。但当时的普什图各部落其实都有三类基本政治力量：人民民主党政权的同情者与合作者、政权的死敌、观望的民众。因而也不能简单二分。有学者发现了一类有趣现象：当时不少普什图家庭"多面投注"：送一人加入人民民主党政权体系，另外一两人加入不同的穆贾希丁组织，再送一人去欧洲或美国避难，其余成员则在巴基斯坦难民营安家。当然，家人之间保持着联系。①

（一）部落与国家

基于部落—国家对立的预设，部落之为个人与国家间中介的政治事实，常被转化为部落认同与国家认同孰强孰弱的问题。实际上，这种竞争性关系是人为建构，不是普什图社会生活的常态。现代普什图人兼有"部落民"和"国家公民"身份，二者不必然相互排斥。唯当部落—国家利益发生矛盾对抗，或部落权威（政治精英）与国家政权（及其代理人）的关系紧张时，个人同时拥有的这两种身份才会转化为两大对抗者争夺民心的潜在抓手，民众才可能面临在两种认同间做出唯一选择的压力。相应地，在这种情况下，人们的认同越集中于一端，则国家—部落关系越紧张。

身份政治/认同政治近年来正是热点话题，本书未及专门展开。但普什图社会的经验表明：（1）社会中的个人都有多重身份。个人是"认同"

---

① Bernt Glatzer, "The Pashtun Tribal System", *Concept of Tribal Society*, pp. 265–282.

和"忠诚"的主体,可以选择自己认同和忠诚的对象。这意味着"认同"不是唯一的、固定不变的、超验的存在,而是深嵌入社会情境中,随社会情境的不同而变化的。换言之,"认同"不仅是多元的,而且是可塑造、可谈判的。(2)一般意义上,绝大多数普通人的选择行为主要基于现实需要、审美和习惯等具体而内在的缘由,极少有人纯粹依照抽象的伦理道义原则做出选择。抽象原则常难匹敌现实生活的需求。谁能够在日常生活中、在危机和动荡中提供更多的安全保障、更便捷高效的服务和支持,人们一般就会选择和谁站在一起。部落权威往往依靠提供餐食、礼物、谋生手段、分享红利等方式来维持自身的影响力。同样,国家政权增强影响力(国家认同)的关键之一,也在于提供更多、更好的公共服务。

"部落"和"国家"归根结底都是社会组织/联合的形式,都由个人组成。在普什图历史上,对成年男子而言,部落是平等人的联合体,它以血亲和地域为纽带,不剥夺个人的独立与自由。历代各类国家政权也没有或没能剥夺部落的权力。有效的治理是设法把部落纳入国家框架中,在国家机器中增设部落管理体系,把国家权力扩展到部落地区,把部落秩序塑造为国家秩序的内在环节。理论上,人们尽可以假设没有国家的部落和没有部落的国家,但在近代以来的普什图地区,没有摆脱国家框架的纯粹部落,也暂时看不到不依靠部落结构而能有效运转的抽象国家;在未来很长一段时间,部落仍将是国家政权与普什图地区民众之间的中介。

总之,部落与国家普遍对抗和势不两立的假说,其实更多的是研究者构想的问题,不是现实情形本身。安德森早就发现,普什图部落与国家并非必然的矛盾关系,也不是像两个彼此分离的体系那样分立对峙。二者的接触发生在许多层面,其连接的方式远远超出我们在理论上建构的部落与国家之间的关系。我们的建构使得二者之间的关系成为问题。①

(二)普什图民族

归根结底,"民族"是用来划分人群的一种工具。这个概念原生于欧

---

① Jon W. Anderson, "Khan and Khel: Dialectics of Pakhtun Tribalism", *The Conflict of Tribe and State in Iran and Afghanistan*, p. 147.

洲，用于指代一类特殊的群体，比如共同的语言、文化、地域、经济生活等；它把人类社会分为不同的群体（民族），预设每个人都归属并认同于自己的民族。近代以来，它流行成为一种范式，被用来划分世界，并解读人类社会的多种现象。以赛亚·柏林（Isaiah Berlin）甚至认为，民族主义已经渗透到其他各种形式的意识形态（主义）之中，其影响无处不在，只有程度强弱之别。[①]

普什图部落已有数千年历史。关于普什图民族的形成时间，目前还没有定论。现在主要有16世纪、17世纪和19世纪三类观点。这三种说法表面上差异悬殊，跨度以百年计。实际上，它们都强调"外敌"在推动普什图民族意识形成中的重要作用，不过"外敌"所指分别为莫卧儿帝国、波斯帝国和大英帝国而已。这三种说法都值得进一步研究。比如，17世纪伟大的普什图诗人和军事家胡夏尔汗·哈塔克曾呼吁各部落联合反抗莫卧儿帝国，但没有成功。19世纪反英斗争中，各部落也主要是自主分散行动，没有建立协调统一的政治军事中心，没有统一的民族反抗阵线。实际上，到目前为止，各部落之间的差异也是比较明显的。

政治学研究中所称的"民族主义运动和斗争"，在普什图社会的历史进程中，与其说是基于明晰的民族意识，不如说是古老普什图法则（尤其是"独立、自由"和"尊严"）的政治表达，是珍视独立、自由和荣誉的部落民自发反抗外力统治征服的斗争。这类斗争在普什图历史上主要以部落为单位；他们所反抗的"外力"和外敌，没有特别的地缘政治、意识形态和民族属性所指，凡未经本地/部落民众同意便试图侵略该地区的力量，都是"外力"，都会遭遇强烈反抗。

不过，也不能把这种情形无限放大为"部落主义"。"部落"是"民族"的基础。近代以来的外敌入侵逐渐把"普什图部落"打造为普什图民族。米纳汗曾经指出，历史上"一波接一波的入侵者，把普什图各部落变成了战斗民族，通常被认为是世界上最优秀的游击队战士"。[②] 同时也不能把普什图民族想象为一个同质体。到目前为止，部落意识还是

[①] Isaiah Berlin, *Against the Current: Essays on the History of Ideas*. ed. by Henry Hardy. Oxford. Oxford University Press 1981, pp. 355 – 356.

[②] James B. Minahan, *Ethnic Groups of North, East, and Central Asia*, p. 221.

其民族意识的底色。在阿富汗，近现代以来，普什图反抗外敌的斗争始终交织着部落间较量，外敌撤离之后，内战还会继续。这已是阿富汗和平建设面临的最大挑战。

如前所述，在巴基斯坦，普什图的民族意识和民族认同已经扎根。贾法尔汗的"普什图尼斯坦运动"因西北边境省最终改名为"开普省"而可算作成功。当前和未来一段时间，开普省政治宗教精英的本土意识，他们对阿富汗难民的态度，也会是联邦政府在国家建设方面的一个挑战。

三 现代化

现代化和社会发展是当前和未来很长一段时期普什图社会的重要议题。时至今日，普什图地区在经济、社会文化教育方面还相当落后，男子受教育比率不足20%，女子则不足5%，医疗卫生设施严重不足。在阿富汗，普什图人和其他各民族同胞一样，还在为和平而努力。巴基斯坦部落地区40%的民众已经走出大山①，前往其他地区和城市谋生。

任何国家的现代化进程都不会一帆风顺，普什图社会亦然。20世纪，阿富汗的现代化改革屡屡导致政权生存危机。国王政权和人民民主党政权应对危机的措施大体相似：都有政治高压的努力，都有局部妥协，都没有完全放弃改革路线。不同在于，在高压和妥协都不足以平息局势的情况下，阿曼努拉汗国王主动退位，人民民主党政权则求助于苏联。两种策略都导致了内战。两次内战时间长短不同，但最终结果相似，都推翻了改革政权，新政权上台后都废除了现代化改革措施。

经典现代化理论格外强调传统社会结构和传统文化对现代化转型的阻碍作用。表面上，阿曼努拉汗国王和人民民主党政权的改革都直接指向部落权力体系、传统普什图部落习俗和伊斯兰习俗；他们都被反抗者批判为"离经叛道者"；普什图反叛力量都高举"圣战"和伊斯兰旗号进行抗争。不过不能以此简单推论说普什图社会必然反现代化。在普什图地区，近现代法律法规与传统习俗法则（普什图法则和伊斯兰教）共同规范着社会日常生活秩序。议事会在今天的阿富汗已成为国家政治制度的重要环节，从大议事会到国民议会到乡村议事会，贯通公共政治生活

---

① Humayun Khan, "The Pashtuns", in Lisa Choegyal ed., *Afghanistan Revealed*, p. 91.

的各个层级。在巴基斯坦部落地区,议事会也是民事和刑事诉讼案的仲裁主体,是国家司法制度体系的有机组成部分。

伊斯兰教与现代化和现代性之间的关系,学界已争论了几十年。有人把阿曼努拉汗时期发生的"霍斯特叛乱"和"辛瓦里反叛"简化为"伊斯兰抵抗现代化",还有人提出,阿曼努拉汗本人相信,伊斯兰信仰是国家落后的原因。① 的确,阿曼努拉汗的改革动摇了伊斯兰教在阿富汗国家政治生活中至高无上的地位,宪法和法律得以与教法并列。但是,与凯末尔革命相比,国王的改革措施温和得多。他一再以各种方式确认伊斯兰教的权威,在1928年之前也一直得到若干宗教权威的支持。

前述可见,国王现代化改革遭遇的真正阻力是来自形形色色的既得利益者。改革措施直接动摇既有的利益结构,这是两次反抗运动爆发的根本原因。改革政策其实激发了三个层面的斗争:国王与宗教权威之间;国王与部落首领之间;国王与普什图社会传统家长之间。在前两个层面上,斗争的核心是社会权力。在第三个层面,冲突的关键则是男性家长对家庭成员的主宰权。

无论是国王政权时期还是人民民主党政权时期,引领反改革运动的精英都主要是部落首领和宗教权威,他们都以伊斯兰为旗号争夺权益。之所以选择这个旗号,在于伊斯兰教是阿富汗人共同的宗教信仰,是能够最广泛地动员和团结民众的工具。如前所述,政权在推行改革的过程中也曾积极借用伊斯兰的力量。因此,不能简单地把伊斯兰教定性为反现代化力量,应该仔细识别是哪些人在什么历史条件下、本着何种目的、如何利用伊斯兰符号从事政治斗争。

在阿富汗历史上,部落和伊斯兰规范本来就既是政治秩序创建者/维护者的有效支柱,也是反叛者的方便武器。阿卜杜·拉赫曼汗国王借助这两大力量成功扩大了政治控制、巩固了王权、建立了近代政治体系。阿曼努拉汗国王在1919年也以此二者赢得了战争胜利和国家独立。他在推行现代化改革之初,被宗教权威法兹尔·穆罕默德(Fazir Mohammed)推崇为"穆斯林世界唯一独立的统治者,现在是伊斯兰的领导人,应该

---

① M. Nazif Shahrani, "Introduction: Marxist Revolution and Islamic Resistance in Afghanistan", in: *Revolutions and Rebellions in Afghanistan*, p. 32.

成为哈里发"。① 三年之后却因其改革措施伤及部落首领既得利益而成为霍斯特地区、哈扎拉人、辛瓦里部落"圣战"的讨伐对象。1929年，塔吉克人哈比布拉·卡拉坎尼得以在内战中胜出的主要原因之一是，他设法争取到多位毛拉的支持，并且巧妙利用普什图部落之间的矛盾，特别是杜兰尼部落和加尔吉部落的矛盾。同年年底，纳迪尔·汗将军之所以能推翻卡拉坎尼政权，不单在于他的杜兰尼血统，更在于他对部落领导人和毛拉们承诺：一旦即位，将废除阿曼努拉汗的改革措施。

可见，以伊斯兰名义发起的反现代化改革运动，其核心要旨与其说是为了捍卫伊斯兰价值观，不如说是为了争夺和保护世俗政治经济利益。对反改革的精英和抗争运动领导人来说，"伊斯兰"和"圣战"是一种包装和工具，是其用以占据道义高地、团结动员更多民众的旗号，其目的是借助民众力量捍卫既有秩序，防止变革带来的利益损害。

在现代化改革问题上，宗教权威内部常有多种声音；他们的立场与他们同执政者的私人关系、他们自己的价值观、世界观和知识结构等密切相关。卡迪里耶教团始终支持阿曼努拉汗国王，直到20世纪30年代末还忠诚于他。但另外一些毛拉认为，国王的所有改革措施都是大逆不道的，毫无可取之处。大多数情况下，具体改革措施对宗教权威个人权益的潜在影响，是决定性的因素；如果改革有助于增进利益则能得到支持协作，损害利益则可能导致抗争，无增无减则多观望或从众者。归根结底，宗教权威也首先是凡人。

阿富汗现代化改革进程还伴随着宗教权威内部的世俗利益冲突。比如，20世纪50年代初，法兹尔·奥马尔·穆贾德迪（Fazl Omar Mujaddidi）与古拉姆·哈桑·萨菲（Ghulam Hassan Safi）的较量。萨菲在报纸上公开批评穆贾德迪的追随者把原本该用于建造学校的建筑材料用来建造一座供奉"据说是先知毛发"的房子。他怀疑这"先知毛发"是假的。穆贾德迪立即反击，称萨菲亵渎伊斯兰教，并以教法为据，要求判处萨菲石刑。双方都动员各自部落和其他宗教人士。著名宗教人士米安古尔·萨西布（Mian Gul Sahib）发布宗教法令支持萨菲，称萨菲质疑该先知毛发的真实性并不离经叛道。但是，由于穆贾德迪家族与王室乃世交，

---

① Asta Olesen, *Islam and Politics in Afghanistan*, p.146.

最终萨菲被判定亵渎罪，遭到监禁。有人认为，这场冲突是20世纪60—70年代阿富汗政治对抗的先导。①

总之，围绕现代化改革进行的斗争首先是现实利益的斗争。透过阿富汗现代化的历史经验去分析普什图传统社会与现代化的关系，须注意三点：（1）历次启动现代化改革的行为主体主要是普什图人，他们都不曾公开放弃自己的穆斯林身份；（2）普什图社会和穆斯林群体是多元的，现代化改革在社会中既有反对者，也有支持者；（3）改革是多种社会力量的竞争。它首先意味着利益结构变动，因而往往衍生新的矛盾。改革在任何社会都不是万众一心、步调一致的行动，任何改革措施都有反对者。改革进程总是充满政治斗争，蕴含着政治风险。改革者与反改革者之间不存在抽象的部落、民族、宗教和意识形态界线。

阿富汗的经验还表明，现代化改革是可逆转的，局部的倒退真实存在。这其实是亚非拉20世纪现代化实践的常见现象：1930年，纳迪尔·沙废除了阿曼努拉汗的改革措施；1980年，卡尔迈勒开始调整塔拉基和阿明的改革政策，现代化脚步放缓；1985年纳吉布拉上台以后，则改弦更张，以谋求政治和解为最高目标。阿富汗现代化进程的真正逆转，一般认为是在"塔利班"政权时期（1996—2001年）。"塔利班"一心建立他们自己理解的教法秩序，导致这个国家从19世纪中期开始的近代化努力前功尽弃。2001年，美国发动战争推翻"塔利班"，重启现代化发展议程。但事实证明，现代化发展的首要障碍是战乱。时至今日，阿富汗的内战还没有停止，局势依然动荡，社会经济和政治发展举步维艰。

如何衡量现代化改革和政治发展的成败，历来见仁见智。可以确定的是，倘若一届政府在推行改革和发展政策的过程中，不能维持基本的社会政治秩序，出现大规模失控和动荡，民众安全得不到基本保障，则难以算作成功。毕竟，安全是国家的美德。② 不过，一届政府的改革政策

---

① M. H. Kakar, "The Fall of the Afghan Monarchy in 1973", *International Journal of Middle East Studies*, Vol. 9, No. 2 (1978), pp. 195–214.

② ［荷］斯宾诺莎：《政治论》，谭鑫田等译，广西师范大学出版社2016年版，第3页。

不成功，或者发展失败，是否能够等同于政权失败或国家失败？恐怕还需要深入的研究和反思，最好不要轻率使用"失败国家"或"脆弱国家"等概念。毕竟，国家和社会的发展进程从来都不是平坦的。

附　　录

附录一　普什图政治大事记（截至 2001 年）

18 世纪以前

971—1030 年　加兹尼王朝马茂德国王强力推行伊斯兰，普什图社会伊斯兰化。

1290 年　加尔吉人建立卡尔吉王朝（1290—1320 年）。

1451 年　加尔吉人建立洛提王朝（1451—1526 年）。

1526 年　莫卧儿帝国建立。

1539 年　加尔吉人建立苏尔王朝（1539—1555 年）。

18 世纪

1709 年　米尔维斯·霍塔克建立霍塔克帝国（1909—1938 年）。

1722 年　马赫穆德·霍塔克打败萨法维帝国，成为波斯国王。

1738 年　侯赛因·霍塔克被纳迪尔·沙杀死，霍塔克帝国灭亡。

1747 年　阿赫迈德·沙·阿布达里被大议事会推举为国王，杜兰尼王朝建立。

1761 年　杜兰尼国王攻入德里。

1773 年　阿赫迈德·沙·杜兰尼离世，提姆尔·沙继位，王国首都从坎大哈迁往喀布尔。

1793 年　提姆尔·沙离世，王子间内战持续到 1826 年。

1794 年　斯瓦特阿訇（阿卜杜·贾法尔）出生。

19 世纪

1826 年　　　　多斯特·穆罕默德被推举为阿富汗埃米尔，开始巴拉克扎王朝。

1839 年　　　　第一次英国—阿富汗战争爆发。多斯特·穆罕默德逃往印度。英国人扶持舒贾·沙登上王位。英军遭到阿夫里德部落袭击。

1841 年　　　　多斯特的儿子穆罕默德·阿克巴·汗发起反英起义。

1842 年 9 月　　多斯特·穆罕默德重新登上王位。

1849 年　　　　英国吞并锡克帝国，英国在印度的势力范围扩至普什图地区，普什图事务归属于旁遮普省。优素福扎和瓦济尔部落反抗英国。

1850 年　　　　阿夫里德部落反抗英国。

1855 年　　　　阿富汗与英国签订《白沙瓦条约》，两国恢复外交关系。

1857—1858 年　普什图人在印度大起义中保持中立。

1860 年　　　　马苏德部落反叛英国。

1877 年　　　　斯瓦特阿訇去世。

1878 年 11 月　 第二次英国—阿富汗战争爆发。

1879 年 5 月　　雅库布·汗与英国签订《岗达马克条约》。

1880 年　　　　阿卜杜·拉赫曼汗就任阿富汗埃米尔。第二次阿富汗战争结束。英国建立开伯尔县。

1888—1893 年　阿卜杜·拉赫曼汗镇压哈扎拉人反叛。

1890 年　　　　英国设立库拉姆县。

1893 年　　　　英国划定杜兰线，作为阿富汗与英属印度边界线。加尔吉人北迁到塔吉克人和乌兹别克人传统居住地。

1894 年　　　　瓦济尔部落和马苏德部落袭击英国勘界委员会。毛拉珀温达起义。

1895—1896 年　阿卜杜·拉赫曼汗废除奴隶制。英国人把瓦济里斯坦切分为南瓦济里斯坦和北瓦济里斯坦。

1897—1898 年　印阿边境地区部落反叛，英国发动"提拉远征"。

20 世纪

1901 年　　　阿卜杜·拉赫曼汗离世，王子哈比布拉·汗继位。寇松设立西北边境省。

1914—1918 年　哈比布拉·汗在第一次世界大战中保持中立。

1919 年 2 月　　哈比布拉·汗遇刺身亡，王子阿曼努拉汗继位。

5 月　　　　　第三次英国—阿富汗战争爆发。

8 月　　　　　英阿签订《拉瓦尔品第条约》，结束战争，英国正式承认阿富汗独立。

1920 年　　　阿曼努拉汗国王开始现代化改革。

1921 年 2 月　　阿富汗与苏联签订友好条约，苏联在阿富汗的影响力逐渐形成。

1924—1925 年　霍斯特叛乱，反对阿曼努拉汗的现代化改革。

1928 年　　　辛瓦里部落讨伐阿曼努拉汗国王。

1929 年 1 月　　阿富汗内战，阿曼努拉汗国王逊位，流亡印度。王兄因亚图拉继位，三天后被塔吉克领袖哈比布拉·卡拉坎尼推翻。

10 月　　　　穆罕默德·纳迪尔·沙率军攻克喀布尔，被推举为国王。阿富汗王国进入穆萨西班王朝时代。

11 月　　　　沙·阿卜杜·贾法尔汗创立"真主之仆"运动。

1933 年 11 月　纳迪尔·沙遇刺身亡。王子穆罕默德·查希尔·沙继位。

1934 年　　　阿富汗加入国联。

1936—1939 年　英国在瓦济里斯坦围剿伊皮毛拉。

1939—1945 年　阿富汗在第二次世界大战期间保持中立。

1946 年 11 月　阿富汗加入联合国。

1947 年　　　蒙巴顿宣布分治方案。英属印度西北边境省举行公投，决定加入巴基斯坦。巴基斯坦建国。

1949 年 9 月　　阿富汗主持建立"普什图尼斯坦"国家，伊皮毛拉为总统。

1953 年 9 月　　穆罕默德·达乌德·汗就任阿富汗首相。

1955 年 4 月　　"普什图尼斯坦"问题引发巴基斯坦与阿富汗关系

危机。

1958年5月　　汗·萨西布遇刺身亡。

1960年　　伊皮毛拉病逝，迪尔宣布为"自由普什图尼斯坦首都"。

1961年　　巴阿边境持续发生冲突，巴基斯坦关闭边境，中止与阿富汗的外交关系。

1963年3月　　达乌德·汗首相辞职，查希尔·沙国王的权力增强，启动一系列改革措施。

5月　　阿富汗与巴基斯坦恢复正常关系和贸易。

1964年　　阿富汗大议事会通过新宪法。宪法保护言论、出版自由。

1965年　　阿富汗人民民主党成立。

1967年　　阿富汗人民民主党分裂为"人民派"和"旗帜派"。

1973年7月　　穆罕默德·达乌德·汗发动不流血政变，废黜查希尔·沙国王，自任总统。

1975年　　巴基斯坦收留阿富汗反政府力量领导人古尔布丁·希克马蒂亚尔等人。

1978年4月　　人民民主党发动流血政变（四月革命），夺取政权，努尔·塔拉基任总统。

5月　　第一个穆贾希丁训练营在巴基斯坦建立，越来越多阿富汗民众发起反叛。

1979年3月　　反对人民民主党政权的运动迅速蔓延。抗争者占据赫拉特，打死苏联人，苏联加强对喀布尔政权的支持。

7月　　美国总统卡特下令资助阿富汗穆贾希丁，美国中央情报局筹划"飓风行动"。

9月　　哈非祖拉·阿明罢黜塔拉基的最高领袖职务。塔拉基被杀身亡。

12月　　苏联军队进入阿富汗，杀死阿明，扶持巴拉克·卡尔迈勒上台。本·拉登前往阿富汗参加抗苏战争。

1980年11月　　里根当选美国总统，美苏在阿富汗的较量全面展开。联合国大会以压倒性多数要求"外国军队"撤离阿富汗。

1981 年　　　　阿富汗穆贾希丁伊斯兰联盟成立，白沙瓦七大党派形成。

1982 年　　　　苏联在阿富汗军队达到 12 万人。在巴基斯坦的阿富汗难民数量超过 250 万人。欧洲议会公开承认阿富汗抵抗运动是"合法的民族解放运动"，承诺给予"一切必要的支持"。

1983 年 1 月　　联合国秘书长特使开始斡旋结束阿富汗战争。

1984 年　　　　苏联军队在潘杰希尔谷地使用化学武器。巴基斯坦全民公投，同意推行伊斯兰化政策，齐亚·哈克连任总统。

1986 年 11 月　卡尔迈勒下台。穆罕默德·纳吉布拉就任阿富汗新总统。

1988 年 1 月　　阿卜杜·贾法尔汗病逝。

4 月　　　　　　巴基斯坦、阿富汗、苏联和美国签署《日内瓦协定》，规定苏联从当年 5 月 15 日开始撤军。

8 月　　　　　　本·拉登在阿富汗成立"基地组织"。

1989 年 2 月　　苏联军队撤离阿富汗。伊斯兰主义反对派在巴基斯坦组建阿富汗临时政府（穆贾希丁流亡政府）。阿富汗军阀之间矛盾激化。

1991 年 2 月　　美国停止对阿富汗各派的军事支持。

12 月　　　　　苏联停止给纳吉布拉政府提供武器援助。

1992 年 4 月　　纳吉布拉辞职，人民民主党政权终结。阿富汗穆贾希丁党派在巴基斯坦召集下签署《白沙瓦协定》，改国名为"阿富汗伊斯兰国"，穆贾德迪任临时政府总统。

6 月　　　　　　布尔汗乌丁·拉巴尼成为过渡政府总统。阿富汗内战爆发。

12 月　　　　　联合国成立"阿富汗特别事务部"，协调难民的回归安置问题。

1993 年 3 月　　阿富汗穆贾希丁达成《伊斯兰堡协定》。内战继续。

1994 年 1 月　　希克马蒂亚尔和阿卜杜·拉希德·多斯塔姆袭击喀布尔。

11 月　　　　　"塔利班"夺取坎大哈，标志着"塔利班"地位的巩固。

1996 年 5 月　　希克马蒂亚尔加盟拉巴尼领导的联合政府，担任总理。

8月　　　　　本·拉登对美国宣战。

9月　　　　　"塔利班"夺取喀布尔，改国名为"阿富汗伊斯兰埃米尔国"。

1997年5月　　巴基斯坦、沙特阿拉伯、阿联酋承认"塔利班"政权是阿富汗合法政府。

1998年8月　　美国对"基地组织"在阿富汗的训练营发射巡航导弹，以惩戒"基地组织"对美国驻内罗毕和达累斯萨拉姆使馆的汽车炸弹袭击。

1999年　　　美国要求"塔利班"引渡本·拉登。"塔利班"拒绝。美国对"塔利班"实施经济制裁。联合国安理会通过1267号决议，把"基地组织"和"塔利班"列为恐怖主义组织，对其实施经济和军事制裁。

2001年3月　　"塔利班"炸毁巴米扬大佛。

9月　　　　　"基地组织"杀死北方联盟领导人阿赫迈德·沙·马苏德；对美国发动恐怖袭击。美国国会授权总统使用军事力量打击"9·11事件"嫌犯。沙特阿拉伯和阿联酋宣布与"塔利班"断交。

10月　　　　美国发起"持久自由行动"，阿富汗战争爆发。

11月　　　　"塔利班"放弃喀布尔。

12月　　　　联合国、北方联盟和阿富汗其他反"塔利班"力量达成《波恩协定》。联合国安理会通过1386号决议，组建"国际安全援助部队"（ISAF）。哈米德·卡尔扎伊成为阿富汗临时政府领导人。

附录二　巴基斯坦联邦直辖部落区的部落分布

县、区	面积（平方千米）	人口（万）	主要部落（以人口多少为序）
巴焦尔	1290	109	优素福扎部落。主要是乌特曼克，塔尔坎尼下属萨拉扎，兰尼扎，萨菲
莫赫曼德	2296	60＋	莫赫曼德部落，以盖兰尼为主。此外有萨菲，乌特曼克
开伯尔	2576	90	阿夫里德部落和辛瓦里部落。此外有莫拉果里，夏尔曼尼
奥拉克兹	1538	304	主要是奥拉克扎和班加西部落。人口最多的是阿里克。大部落还包括伊斯梅尔扎，道拉特扎，阿里扎，穆罕默德克，苏尔，谢汗
库拉姆	3380	600＋	图里，班加西，曼伽尔
北瓦济里斯坦	4707	约600	瓦济尔乌特曼扎占总人口80%左右。还有道尔部落，托里克
南瓦济里斯坦	6620	42.9	阿赫迈德扎瓦济尔，马苏德，比坦，布尔克，多坦尼
白沙瓦区	261	5.4	阿夫里德下属阿达姆克，哈桑克，加瓦克，贾纳阔，阿须克
科哈特区	261	8.8	扎洪克，阿霍瓦尔，谢拉卡，托尔查培，博斯提克，加瓦克
本努区	745	2.6	阿赫迈德扎瓦济尔，乌特曼扎瓦济尔
拉克马尔西特区（拉克区）	132	0.7	比坦下属博巴，博巴克，瓦尔伽纳部落
坦克区	1221	2.7	塔塔，瓦拉斯蓬，达纳
德拉伊斯梅尔汗区（迪汗区）	2008	3.9	谢兰尼，乌斯拉纳

资料来源：主要根据 FATA 政府官网数据制作，https://www.fata.gov.pk/，人口数字为 1998 年全国人口普查数据。

附录三　阿富汗普什图族国王的家族世代谱系和执政时间

杜兰尼部落下属		家族世代	国王及其在位时间
萨多扎		第一代	阿赫迈德·沙（1747—1772年）
		第二代	提姆尔·沙（1772—1793年）
		第三代	扎曼·沙（1793—1800年）
			马赫穆德·沙（1800—1803年；1809—1818年）
			舒贾·沙（1803—1809年；1839—1842年）
巴拉克扎	多斯特世系	第一代	多斯特·穆罕默德·汗（1819—1839年；1842—1863年）
		第二代	希尔·阿里·汗（1863—1866年；1869—1879年）
			阿夫扎尔·汗（1866—1867年）
			阿萨姆·汗（1867—1869年）
		第三代	雅库布·汗（1879年）
			阿卜杜·拉赫曼汗（1880—1901年）
		第四代	哈比布拉·汗（1901—1919年）
		第五代	阿曼努拉汗（1919—1928年）
	苏尔坦世系（穆萨希班政权）①	第四代	纳迪尔·沙（1929—1933年）
		第五代	查希尔·沙（1933—1976年）
			达乌德·汗总统（1976—1978年）

---

① "苏尔坦世系"之源头苏尔坦·穆罕默德·汗（Sultan Mohamed Khan）是多斯特·穆罕默德·汗的亲兄弟。